国家出版基金项目
NATIONAL PUBLICATION FOUNDATION

丝绸之路历史文化研究书系

第三辑　　杨富学　主编

# 从长安到西域

## 石刻铭记的丝路文史

王庆卫　著

甘肃文化出版社

图书在版编目（CIP）数据

从长安到西域：石刻铭记的丝路文史 / 王庆卫著.
-- 兰州 ： 甘肃文化出版社，2023.10
（丝绸之路历史文化研究书系 / 杨富学主编. 第三
辑）
ISBN 978-7-5490-2616-6

Ⅰ. ①从… Ⅱ. ①王… Ⅲ. ①长安（历史地名）－ 文化
史 － 文集②敦煌学 － 文集 Ⅳ. ①K294.11-53
②K8706-53
中国国家版本馆CIP数据核字(2023)第188479号

# 从长安到西域：石刻铭记的丝路文史

CONG CHANGAN DAO XIYU  SHIKE MINGJI DE SILU WENSHI

王庆卫 ｜ 著

项目策划｜郎军涛　王天芹
项目统筹｜周乾隆　贾　莉　甄惠娟
责任编辑｜何荣昌
封面设计｜马吉庆

出版发行｜甘肃文化出版社
网　　址｜http://www.gswenhua.cn
投稿邮箱｜gswenhuapress@163.com
地　　址｜兰州市城关区曹家巷 1 号｜730030(邮编)

营销中心｜贾　莉　　王　俊
电　　话｜0931-2131306

印　　刷｜北京联兴盛业印刷股份有限公司
开　　本｜787 毫米 × 1092 毫米　1/16
字　　数｜400 千
印　　张｜32.75
版　　次｜2023 年 10 月第 1 版
印　　次｜2023 年 10 月第 1 次
书　　号｜ISBN 978-7-5490-2616-6
定　　价｜150.00 元

# 总　序

　　丝绸之路是一条贯通亚、欧、非三洲经济文化交流的大动脉。自古以来，世界各地不同族群的人都会在不同环境、不同传统的背景下创造出独特的文化成就，而人类的发明与创造往往会突破民族或国家的界限，能够在相互交流的过程中获得新的发展。丝绸之路得以形成的一个重要原因，就在于东西经济文化的多样性和互补性。

　　在中西交往的经久历程中，中国的茶叶、瓷器及四大发明西传至欧洲，对当时的西方社会带来了影响，至今在西方人的生活中扮演着重要角色。反观丝绸之路对中国的影响，传来的大多是香料、金银器等特殊商品，还有胡腾舞、胡旋舞等西方文化。尽管这些西方的舶来品在考古现场有发现，在壁画、诗词等艺术形式上西方的文化元素有展示，但始终没有触及中华文明的根基。

　　早在远古时期，虽然面对着难以想象的天然艰险的挑战，但是欧亚大陆之间并非隔绝。在尼罗河流域、两河流域、印度河流域和黄河流域之北的草原上，存在着一条由许多不连贯的小规模贸易路线大体衔接而成的草原之路。这一点已经被沿路诸多的考古发现所证实。这条路就是最早的丝绸之路的雏形。

　　草创期的丝绸之路经历了漫长的历史演进，最初，首要的交易物资并不是丝绸。在公元前15世纪左右，中原商人就已经出入塔克拉玛干沙漠边缘，购买产自现新疆地区的和田玉石，同时出售海贝等沿海特产，同中亚地区进行小规模贸易交流。而良种马及其他适合长距离运输的动物也开始不断被人们所使用，于是大规模的贸易往来成为可能。比如阿拉伯地区经常使用的耐渴、耐旱、耐饿的单峰骆驼，在公元前11世纪便用于商旅运输。而分散在亚欧大陆的游牧民族据传在公元前4世纪左右才开始饲养马。双峰骆驼则在不久后也被运用在商贸旅行中。另外，欧亚大陆腹地是广阔的草原和肥沃的土地，对于游牧民族和商队运输的牲畜而言可以随时随地安定下来，就近补给水、食物和燃料。这样一来，一支商队、旅行队或军队可以在沿线各强国没有注意到他们的存在或激发敌意的情况下，进行长期、持久而路途遥远的旅行。

随着游牧民族的不断强盛，他们同定居民族之间不断争斗、分裂、碰撞、融合，这使原始的文化贸易交流仅存于局部地区或某些地区之间。不过，随着各定居民族强国的不断反击和扩张，这些国家之间就开始了直接的接触，如西亚地区马其顿亚历山大的东征，安息王朝与罗马在中亚和地中海沿岸的扩张，大夏国对阿富汗北部、印度河流域的统治以及促使张骞动身西域的大月氏西迁。这些都说明上述地区之间进行大规模交通的要素已经具备，出入中国的河西走廊和连通各国的陆路交通业已被游牧民族所熟知。

丝路商贸活动的直接结果是大大激发了中原人的消费欲望，因为商贸往来首先带给人们的是物质（包括钱财等）上的富足，其次是来自不同地域的商品丰富了人们的精神文化生活。"紫驼载锦凉州西，换得黄金铸马蹄"，丝路商贸活动可谓奇货可点，令人眼花缭乱，从外奴、艺人、歌舞伎到家畜、野兽，从皮毛植物、香料、颜料到金银珠宝、矿石金属，从器具牙角到武器书籍乐器，几乎应有尽有。而外来工艺、宗教、风俗等随商进入更是不胜枚举。这一切都成了中原高门大户的消费对象与消费时尚。相对而言，唐代的财力物力要比其他一些朝代强得多，因此他们本身就有足够的能力去追求超级消费，而丝路商贸活动的发达无非是为他们提供了更多的机遇而已。理所当然的就有许许多多的人竭力囤积居奇，有钱人不仅购置珍奇异宝而且还尽可能在家里蓄养宠物、奴伎。诚如美国学者谢弗所言：七世纪的中国是一个崇尚外来物品的时代，当时追求各种各样的外国奢侈品和奇珍异宝的风气开始从宫廷中传播开来，从而广泛地流行于一般的城市居民阶层之中。古代丝绸之路的开辟，促进了东西方的交流，从而大大推动了世界各国的经济、政治发展，丰富了各国人们的物质文化生活。

丝绸之路上文化交流，更是繁荣昌盛。丝绸之路沿线各民族由于生活的环境不同，从而形成不同的文化系统，如印度文化系统、中亚诸族系统、波斯—阿拉伯文化系统、环地中海文化系统、西域民族文化系统、河西走廊文化系统、黄河民族文化系统、青藏高原文化系统等等。而在这其中，处于主导地位的无疑是中原汉文化、印度文化、希腊文化和波斯—阿拉伯文化。

季羡林先生曾言："世界上历史悠久、地域广阔、自成体系、影响深远的文化体系只有四个，即中国、印度、希腊和伊斯兰……目前研究这种汇流现象和汇流规律的地区，最好的、最有条件的恐怕就是敦煌和新疆。"这两个地方汇聚了四大文化的精华，自古以来，不仅是多民族地区，也是多宗教的地区，在丝绸之路沿线流行过的宗教，如萨满教、袄教、佛教、道教、摩尼教、景教、伊斯兰教，甚至还有印度教，以及与之相伴的各种文化，都曾在这里交汇、融合，进而促成了当地文化的高度发展。尤其是摩尼教，以其与商人的特殊关系，始终沿丝绸之路沿线传播。过去，学术界一般认为摩尼教自13世纪始即已彻底消亡，而最近在福建霞浦等地发现了大批摩尼教文献与文物，证明摩尼教以改变了的形式，在福建、浙江一带留存至今。对霞浦摩尼教文献的研究与刊布，将是本丛书的重点议题之一。

季先生之所以要使用"最好的"和"最有条件"这两个具有限定性意义的词语，其实是别有一番深意的，因为除了敦煌和新疆外，不同文明的交汇点还有许多，如张掖、武威、西安、洛阳乃至东南沿海地带的泉州，莫不如此。新疆以西，这样的交汇点就更多，如中亚之讹答剌、碎叶（今吉尔吉斯斯坦托克马克）、怛罗斯、撒马尔罕、布哈拉、塔什干、花剌子模，巴基斯坦之犍陀罗地区，阿富汗之大夏（巴克特里亚）、喀布尔，伊朗之巴姆、亚兹德，土耳其之以弗所、伊斯坦布尔等，亦都概莫能外，其中尤以长安、撒马尔罕和伊斯坦布尔最具有典型意义。

西安古称长安，有着 1100 多年的建都史，是中华文明与外来文明的交流的坩埚，世所瞩目的长安文明就是由各种地域文化、流派文化融汇而成的，其来源是多元的，在本体上又是一元的，这种融汇百家而成的文化进一步支撑和推动了中央集权制度。在吸收整合大量外域文化之后，长安文明又向周边广大地域辐射，带动了全国的文明进程，将中国古代文化的发展推向高峰，并进一步影响周围的民族和国家；同时中国的商品如丝绸、瓷器、纸张大量输出，长安文明的许多方面如冶铁、穿井、造纸、丝织等技术都传到域外，为域外广大地区所接受，对丝绸之路沿线各地文明的发展产生了重大影响，体现出长安文化的扩散性和长安文明的辐射性。这是东西方文化长期交流、沟通的结果。在兼容并蓄思想的推动下，作为"丝绸之路"起点的长安，不断进取，由此谱写了一部辉煌的中外文化交流史。长安文化中数量浩繁的遗存遗物、宗教遗迹和文献记载，是印证东西方文化交流、往来的重要内容。

撒马尔罕可谓古代丝绸之路上最重要的枢纽城市之一，其地连接着波斯、印度和中国这三大帝国。关于该城的记载最早可以追溯到公元前 5 世纪，其为康国的都城，善于经商的粟特人由这里出发，足迹遍及世界各地。这里汇聚了世界上的多种文明，摩尼教、拜火教、基督教、伊斯兰教在这里都有传播。位于撒马尔罕市中心的"列吉斯坦"神学院存在于 15—17 世纪，由三座神学院组成，他们虽建于不同时代，但风格相偕，结构合理，堪称中世纪建筑的杰作。撒马尔罕的东北郊坐落着举世闻名的兀鲁伯天文台，建造于 1428—1429 年，系撒马尔罕的统治者、乌兹别克斯坦著名天文学家、学者、诗人、哲学家兀鲁伯所制，是中世纪具有世界影响的天文台之一。兀鲁伯在此测出一年时间的长短，与现代科学计算的结果相差极微；他对星辰位置的测定，堪称继古希腊天文学家希巴尔赫之后最准确的测定。撒马尔罕北边的卡塞西亚，原本为何国的都城，都城附近有重楼，北绘中华古帝，东面是突厥、婆罗门君王，西面供奉波斯、拂菻（拜占庭）等国帝王，这些都受到国王的崇拜。文化之多样性显而易见。

　　伊斯坦布尔为土耳其最大的城市和港口，其前身为拜占庭帝国（即东罗马帝国）的首都君士坦丁堡，地跨博斯普鲁斯海峡的两岸，是世界上唯一地跨两个大洲的大都市，海峡以北为欧洲部分（色雷斯），以南为亚洲部分（安纳托利亚），为欧亚交通之要冲。伊斯坦布尔自公元前658年开始建城，至今已有2600年的历史，其间，伊斯坦布尔曾经是罗马帝国、拜占庭帝国、拉丁帝国、奥斯曼帝国与土耳其共和国建国初期的首都。伊斯坦布尔位处亚洲、欧洲两大洲的结合部，是丝绸之路亚洲部分的终点和欧洲部分的起点，其历史进程始终与欧亚大陆之政治、经济、文化变迁联系在一起，见证了两大洲许许多多的历史大事。来自东方的中华文明以及伊斯兰教文化和基督教文化在这里彼此融合、繁荣共处，使这里成为东西方交流的重要地区。

　　综上可见，丝绸之路上的文化多元、民族和谐主要得益于宗教信仰的自由和民族政策的宽松——无论是中原王朝控制时期，还是地方政权当政期间，都不轻易干涉居民的宗教信仰和民族之间的文化交流。丝绸之路上各种思想文化之间相互切磋砥砺，在这种交互的影响中，包含着各民族对各种外来思想观念的改造和调适。"波斯老贾度流沙，夜听驼铃识路赊。采玉河边青石子，收来东国易桑麻。"通过多手段、多途径的传播与交流，中西文化融会贯通，构成一道独具魅力、异彩纷呈的历史奇观。从这个意义上说，丝绸之路可称得上是一条东西方异质经济的交流之路和多元文化传播之路，同时又是不同宗教的碰撞与交融之路。

　　为了进一步推进"丝绸之路"历史文化价值的研究，本人在甘肃文化出版社的支持与通力合作下策划了"丝绸之路历史文化研究书系"，得到全国各地及港澳台学者的支持与响应。幸运的是，该丛书一经申报，便被批准为国家出版基金资助项目。

　　"丝绸之路历史文化研究书系"为一套综合性学术研究丛书，从不同方面探讨丝绸之路的兴衰演进及沿线地区历史、宗教、语言、艺术等文化遗存。和以往的有关丝绸之路文化方面的论著相比，本套丛书有自身个性，即特别注重于西北少数民族文献与地下考古资料，在充分掌握大量的最新、最前沿

的研究动态和学术成果的基础上，在内容的选取和研究成果方面，具有一定
的权威性和前沿性。整套丛书也力求创新，注重学科的多样性和延续性。


杨富学

2016 年 8 月 23 日于敦煌莫高窟

# 序

　　至今学界没有办法解释,北魏至隋唐碑刻大盛,作者何啻百千,但就是没有出现专学之著作,讲作法的没有,加以批评谈论的没有,选本可能有过,也不曾留下有资探讨的记录。硬是把建立金石学的荣誉,留给北宋文学盟主欧阳修,实在匪夷所思。从目前可知的线索分析,欧阳修的最初兴趣源自地方做官时偶见之荒废古碑,后来官大文名更盛,于是公然打出旗号说送其他礼都不喜欢,就喜欢古物残碑,越多越好,越古越好,积累二十多年,居然所得过千种,于是编为《集古录》。《集古录》其实由三组著作构成:一是金石拓本的汇编,以得到先后编号,南宋时尚有孑存;二是《集古录跋尾》十卷,总数三四百篇,将前述拓本后所题文字辑录出来,宋代传本众多,以南宋周必大校定本为最佳;三则为《集古录目》十卷,所署是欧阳棐之名,其实很明显是老子操刀,至少曾亲当助手。欧阳修文章名气很大,他的爱好奠定一门学术,绝非偶然。其论金石之价值,多年前曾概括云可以见世事隆替,可以见古人书迹风神,可以见古诗文之盛衰,可据以校订史籍。他兴趣广泛,许多题跋都写于政事烦冗间午休之时,好发议论又未必能精研文本史实,因此而留下许多可供后人补充校订的话题。

　　继起者为宋徽宗时学者赵明诚著《金石录》三十卷。明诚生于宰相之家,财富学厚,又得才媛之助,利用北宋末最繁华的十多年时间,穷搜极讨,研深究极,所得居然倍于欧阳公,所著其实也是前述的三件套,他全家南奔时装家资之大车浩浩荡荡,其中必含此书众拓本。《金石录》前十卷为目录,后二十卷为题跋，是将欧公后二书合为一编。赵是冷峻而理性的学者，议论非其所长，兴趣全在据石刻以校史，考订之精密远胜欧公。世以欧、赵齐名，良有以也，二人各擅其长，相得益彰，带动南宋金石学研究的繁荣。

大约就在宋徽宗前后，以青铜礼器研究著录为主的金学（即铜器学），与以汉唐碑志研究为主的石刻学，逐渐分家。南宋文化高度发达，石刻也备受重视，最重要的著作当然是洪适《隶释》，此书将当时得见的汉碑作了全面记录释读。可能唐碑数量太多，不胜备录，出现了若干题跋或录目类的专著，尤以《通志·金石略》《舆地纪胜·碑记》《宝刻丛编》《宝刻类编》为要。

石刻学在清代乾嘉以后进入全盛时期，代表著作是王昶《金石萃编》与陆增祥《八琼室金石补正》。王著全录所得金元以前金石，尤以石刻为大宗，其书忠实记录原石之所在及大小，记录原题与全文，汇编历代的题跋研究。陆书是王著的补遗订正专书，录文更追求准确无误，且对各地所得无论保存文字多少的石刻皆加以认真记录。王、陆二书其实已经深受西方学术求全、求深、求准的影响，汇录前人研究，足备学者取资。清末民初之石刻专著，以端方《匋斋藏石记》与罗振玉《冢墓遗文》系列著作最为重要，如果加上稍后于右任、李根源和张钫所藏石刻之流布，其刊行传存采取了许多新的手段，但就研究著录来说，大体仍沿用欧、赵以来著录、题跋的方法，其中著录是对碑石所在地点、刻石时间和书撰人之客观记录，题跋则以随笔方法揭示石刻之书法、文献和史料价值。题跋的好处是简捷明快，揭示要义，局限也很明显，即抉其一义，任意发挥，学者之学养与兴趣不同，见解也有差异。端方《匋斋藏石记》是邀其幕僚代撰的，李详（审言）执笔部分，其后曾收录于其本人文集，大约较明显地见到这一倾向。

20 世纪前中期有两位学者之石刻研究，代表传统石刻学向现代石刻研究的学术转型。一是岑仲勉的《贞石证史》等系列论文，后结集为《金石论丛》。岑氏早年痴迷西方植物分类学，后以此种刻意求全、求精、求细之态度通治唐代文献，他认为史书反映一代史事，石刻专为某人某事而作，坚决反对清人动辄说石刻可补史阙之套话。在梳理唐代全部史籍、诗文、笔记、杂著后，对石刻之定时、定人、定事、定地、定制度有数量巨大的揭示,是今人治唐绕不过去的高山。一是赵万里《汉魏南北朝墓志集释》,采取珍拓影印、附录题跋与释解,便于学术取资。其中北魏迁洛后宗室墓志数量巨大,赵书采取《魏书》各帝各房子孙逐次编录的体例,学者称便。

在我开始学术研究的 20 世纪 80 年代,石刻文献的利用极其困难,仅有少数大图书馆藏有丰富的石刻拓本,借阅利用都很不方便。那时读到学人利用石刻所作之唐诗人研究,如傅璇琮对王之涣生平及卢纶家族的分析,郁贤皓利用石刻解读李白诗中崔侍御及其初次入京时间与人事交往的新见,周勋初《高适年谱》利用高氏家族墓志揭示高适是名将高侃之孙,都给人耳目一新的感觉。我本人所写石刻考史的第一篇论文,是发表在 1986 年第 4 期《中华文史论丛》上的《〈新唐书·宰相世系表〉校订二则》,是第一时间购买文物出版社汇印出版的张钫《千唐志斋藏志》后比读史籍写成的,所考为上党苗氏与江夏李氏两家的世系,深切体会到史籍疏误之多,不经考订,难以尽信。石刻之价值,也获直观感受。

1990 年前后,20 世纪新出土的石刻得以大规模地影印出版,便于一般读者阅读利用的《唐代墓志汇编》《唐代墓志汇编续集》《全唐文补遗》(十辑)也先后出版,但形成研究的热潮则是在 21 世纪初,特别是在唐代文史研究界,可以认为是敦煌遗书及其相关研究大端告竣后的新的学术生长点。最近二十多年,以洛阳、西安为中心的新见墓志收藏和发表,更波澜迭起,新品奔涌,研究发表更显得新见纷呈,热闹非凡,也不免高下参差,一般介绍和稍作史籍比较后的分析文章居多,重复影印与研究亦不少。我本人大约也曾写过一些综述与专题研究的论文,阅读较宽,希望将特别重要的告诉读者,对一些重要的新见墓志,也曾写过考释文字。比方因见孟氏家族墓志,考定《本事诗》作者应是孟启,旧说孟棨为传误;考释新见名相杜佑晚年为其以妾为妻之密国夫人李氏墓志,拓清杜佑婚姻之真相与世俗之反映;考释曾撰写《颜氏家传》与《颜鲁公行状》的殷亮墓志,揭示颜、殷两家七代通婚的始末与从政、家学方面之互相影响;得到张读墓志,据以考清他的生平,揭出晚唐著名志怪集《宣室志》是他二十岁左右所编著。其他涉及面尚多,举这些例子不是要表彰自己的成绩,而是要说明到了我的年纪,囿于治学习惯与知识结构,虽然也有意追随前沿的风气,做尽可能不太平庸的研究,但与更有朝气、更富创造力的年轻一代学者相比较,说得好听是老派遗风尚在,说得难听则是早就落伍了。近年读过许多学者的优秀研究,如陆扬对刘辟之乱真相之分析,仇鹿鸣用《罗让碑》对魏博兵变与内部权力结构之研究,唐雯用葛福顺墓志对唐隆、先天两次政变真相的抉发,夏婧对孙偓人生经历与唐末乱中士人进退之分析。特别是上官婉儿墓志出土后,诸多年轻学者对唐隆政变那晚各方角力真相之分析,特别是上官夹在各方势力中左支右绌的困境和投机失败的惨死,读来直呼痛快,也自感达不到这样深入、充分、多元研究与分析问题的水平。后浪猛进,气象日新,这是必然的规律,不必讳避,应该为年轻一代的崛起而感到高兴。

庆卫是近二十年间研究唐代石刻文献活跃而有明显成就的年轻学人。在他同年龄的学人中,他的求学与就职经历都很特殊。就求学来说,他在三个不同的大学分别修读了考古与文献两个不同的专业,其间经常旁听历史专业的课程,使他能亲身体会南北、东西学风之不同,体悟不同专业之治学精神与学术追求,培养广泛的学术兴趣,培养不同立场思考问题、研究课题的能力。就职业来说,他长期供职于中国最古老的石刻博物馆——西安碑林博物馆,是文博单位的专职研究员。碑林馆方对他的学术发展非常重视,推荐他以在职的身份到复旦大学从我读博士学位,其间绵历达五年之久,更称难得。他生长在关中的一个县城,修学与任职所在的西安是汉唐古都,地表与地下无数的名胜与古物,对他来说如数家珍,呼吸间都能体会到古意的浸润。有这些有利条件,或者说几乎是当代学界难得其二的经历与机遇,加上他的努力勤奋,发为文章,自然可成气象。

收在本书里的文章,许多我都曾在他思考与写作过程中有所了解,并曾在第一时间读到。全书以《从长安到西域》为总题,分为"国家与民族""敦煌与西域""知识与图像"三部分,收录二十四篇论文,涉及众多重大课题。就政治史来说,裴寂是唐开国之首任宰相,新出墓志可以解决与他生平及唐开国史实有关的问题。郭晞是唐中兴名臣郭子仪第三子,生平涉及安史乱后到建中兵变中的众多问题。所考张淮澄墓志,是敦煌归义军张氏家族核心成员墓志首次在关中出土,对理解瓜沙归唐后中央朝廷与归义军关系提供了重要史实补充。就艺术文化史来说,郑译不仅是隋代开国名臣,更是开皇乐议之核心人物,他以五弦琵琶为据的八十四调旋宫学说,在中国音乐史上有重要地位,郭沫若曾加以表彰,庆卫据新见墓志更多有发明。窦师纶在任益州大行台期间,对蜀锦图样作了创造性的改造,华丽庄重,兼容东西艺术,世称陵阳公样,《历代名画记》评价很高,庆卫对其墓志释读结合艺术考古所见,堪称难得。崔安潜在晚唐也算名相,庆卫更关心墓志中所云:"自制《劝善文》,刻版印纸散下,部内民果迁善,速于置邮。"咸通年间崔任江西观察使期间曾大规模雕版印文以教化劝善,这是印刷史的重大发现。本书有多文对西域史事考究发微,如突厥王族史善应墓志之解读,从《赵士达墓志》讨论贞观十四年(640年)交河道行军之诸问题,其间涉及唐对高昌政权的平定,而对《麴嗣良墓志》分析,则考索入唐高昌麴氏的家国认同,其他如以《杨弘礼墓志》为中心探讨贞观二十二年(648年)昆丘道行军事实,就李元谅子李准墓志谈安史乱后粟特武将家族的发展史,也都是很重要而有趣的话题。还有涉及梵文经幢刻立与不空三藏身后事之发隐,有关墓葬中窣堵波图像的解读,释迦降伏外道造像的诠解,我以往不太理解,读来兴趣益然,但学力不足以作出评判。

就本书所见治学追求来说,庆卫充分地利用了长期在碑林工作的优越条件,与陕、豫公私藏家有很广泛而密切的交往,与高校及研究机构的中古文史学者也多有深厚友谊,很多重要的碑志,他都有机会第一时间得到消息,或获授权作首度的公开与研究。在论文写作中,他也怀抱强烈的问题意识,不作简单的发表介绍,务求从墓志中抉发出有重大学术意义的内容,作狭窄而深入的专题研究。前举各文,都具备以上特点。我在此还愿特别透露一个重要的治学方法,庆卫所涉多端,兴趣广泛,不断能有成绩,还得力于他在最近十年间一直在经营着一个宏大的计划,用通俗一些的话说,就是在做一个大箩筐。这个箩筐的设想受到饶宗颐先生主编《通鉴史料长编稿》体例的启发,着眼于唐代文史研究的全局，长期不断地积累文献，做唐代石刻可补证唐史的史事编年长编的工作，且以此一课题之前半部获得复旦大学文学博士学位。全书近三百万字，已经在做最后定稿，不久可交付出版，面世后可以总体提升石刻补唐史之研究层级，谨表期待。从这本文集中，可以体会作者用力之勤，涉及之广，探究之深，见解之新，也得力于上述课题的取资参照。

谨此为序。

陈尚君

2022 年 6 月 25 日

# 目　录

## 下篇　知识与图像

上 篇

国家与民族

# 再论司马芳残碑刊刻的年代及其背景

　　魏晋嬗代给中国历史带来的影响,一直是学界关注的焦点之一。作为司马氏先世唯一的石刻史料司马芳残碑,其价值不言而喻。司马芳残碑在1952年西安市西大街北广济街修下水道时被发现,即入藏西安碑林。此碑现存上半部分,且裂为3截,残高约106厘米,宽约98厘米。篆额题名为"汉故司隶校尉京兆尹司马君之碑颂"。碑阳(图一)文字16行,中间2行损泐,存142字。碑阴(图二)上部14行刻属吏名讳,下部18行疑刻司马氏世系,惜残不成文。司马芳残碑的书法和历史价值弥足珍贵,由于此碑保存不全,无法确知其具体的年代,只能根据现存的内

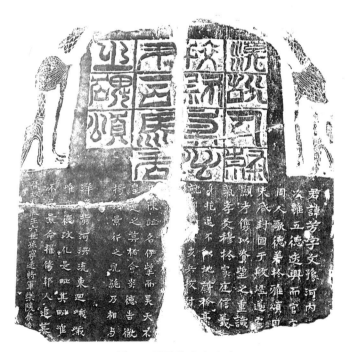

图一　司马芳残碑正面

图二 司马芳残碑背面

容推断。关于此碑的刻立年代学界争论颇多,我们在前人讨论的基础上提出自己的看法,并从具体的历史背景下对此碑的价值作进一步的分析。希望通过讨论可以促进对相关问题的研究,故论述如下,以求教于方家。

一

关于司马芳残碑的刻立年代,目前有五种观点:1. 汉碑说。毛远明通过对碑阳文字的考释,认为此碑刻立于司马防过世后不久,当定在东汉建安二十四年(219 年)。而碑文中的"晋故扶风王六世孙宁远将军乐陵侯追"此行题衔,字体与碑文正文有所不同,或是司马准在原碑上补刻而成的。①2. 三国说。井波陵一指出碑文后面的题衔有追刻的可能,认为司马芳残碑刻立于三国时代的可

_____

① 毛远明:《汉魏六朝碑刻校注》第二册,北京:线装书局,2008 年,第 95 页。

能性最大。①3. 曹魏说。仇鹿鸣认为该碑初立于司马防离任或去世之后不久,至
北魏时由司马准重新整修或翻刻。后来对这一观点进行了修正,指出此碑当立
于司马防去世之后不久的曹魏初年,而碑阳的题衔和碑阴下部的文字应是后来
北魏补刻的。②4. 东晋说。段绍嘉考证扶风王六世孙当是司马懿第七子扶风王司
马骏之六世孙,再结合此碑形制书法特征,认为该碑的刻立时间在东晋时期。③
5. 北魏说。目前关于此说的支持最众。杨励三认为题衔中的乐陵侯指的是北魏
时期的司马准,故该碑为北魏时所立。④路远根据司马准降魏时间和其卒年,指
出此碑刻立年代在 430 年至 454 年之间。⑤西林昭一认为此碑当属于平城魏碑,
刻立时间当在北魏兴光元年(454 年)之前。殷宪根据碑阴下部残存的文字内容,
认为此碑应刻立于太平真君元年(440 年)。⑥

　　每一方石碑都有自己独特的物质形态和文本形态。物质形态包含石碑的
形制尺寸、文字书写呈现出的书法面貌,以及文字排列的外在形式。文本形态
则是可以脱离石碑独立存在的文献文本,主要以碑文内容和语言来表现文学
或史料价值。关于司马芳残碑的刊刻时代,我们在上述观点的基础上,通过这
两方面的考察对其进行分析和判断。

　　在以上五种观点中,前三种较为接近,只有个别时间段或说法存在差异。
碑阳文字残存"君讳芳,字文豫,河内温……显考儁,以资望之重,识"等文字,
碑主是司马懿的父亲司马防,司马防曾任京兆尹,且父名讳与碑文契合,这一
点已被学界所承认。不过关于司马防为何在碑文中写作司马芳,杨励三提供了
一种解释,认为史传中的写法是司马彪为了避曹芳讳而改写⑦,不过根据现有
材料并不能证明司马彪撰《续汉书》成书于魏末,而且《晋书·宣帝纪》中司马懿

　　① [日]井波陵一:《魏晋石刻资料选注》,京都:京都大学人文科学研究所,2005 年,第 269—273 页。
　　② 仇鹿鸣:《〈司马芳残碑〉补释——以中正成立的年代为中心》,《史林》2009 年第 1 期, 第 130—134
页,修订后收入氏著《魏晋之际的政治权力与家族网络》,上海:上海古籍出版社,2012 年,第 302—303 页。
　　③ 段绍嘉:《司马芳碑出土经过及初步研究》,《人文杂志》1957 年第 3 期,第 69 页。
　　④ 杨励三:《司马芳残碑》,《文物》1965 年第 9 期,第 22—23 页。
　　⑤ 路远:《司马芳碑刻立年代考辨》,《文博》1998 年第 2 期,第 72—75 页。
　　⑥ 殷宪:《司马芳残碑》,《书法报》2006 年 8 月 9 日第 32 期。
　　⑦ 杨励三:《司马芳残碑》,《文物》1965 年第 9 期,第 22—23 页。

之父亦写作司马防，可见碑文作司马芳并非出于避讳，可能有着别的原因。目前材料并不能解决这个问题，只能期待新证据的出现。

中国古代历来都有为尊者讳的传统，碑文有"会炎德告微"语，不避晋武帝司马炎的名讳，故其为晋碑的可能性不大。[①]司马炎沿袭了曹操时期禁止立碑的法令，于咸宁四年（278 年）下诏说："碑表私美，兴长虚伪，莫大于此，一禁断之。"[②]晋代实行比较严格的禁碑令，才导致后来墓志的大量出现，所以司马芳残碑刻立于东晋的说法是难以让人信服的。

碑文有"不吊，景命摧伤；邦人追慕"语，仇鹿鸣据此文字指出立碑的时间在司马防去世之后，同时结合碑阴所刻的属吏名单，认为立碑者是追念逝者的邦人，而非司马氏成员。而"会炎德告微"一句似乎暗示着汉祚已倾，不过根据当时的社会情况，合理的推测是司马芳碑可能受到禁碑或汉魏嬗代的影响，至曹魏初年方刻立完成。[③]司马防曾经任京兆尹一职，董卓西迁之时杨彪任京兆尹，后来杨彪转光禄大夫，司马防当是继杨彪任此职的，碑阴上部的题名应当为当时京兆尹的僚佐人员。在 14 人的属吏当中，功曹吏韦诞和主簿杜畿在史书中有载。韦诞，出身于京兆韦氏，太仆端之子，有文才，善属辞章，建安时曾任本郡上计吏[④]，比之碑文，两者应是同一人。杜畿，京兆杜陵人，年二十为郡功曹[⑤]，与碑文中的杜畿出身、字均合，唯官职一为功曹一为主簿，这是官品迁转中的正常变化。属吏题名及碑文中的"邦人"一词，都说明了司马防碑属于故吏纪念府主所刻立的石碑，这种情况和东汉末的同类型石碑性质是一致的。

汉初命正朔为水德，到汉武帝时又改正朔为土德，直到王莽建立新朝，方认为汉朝属于火德。光武帝光复汉室之后，正式承认了这种说法，从此确立了汉朝正朔为火德，《后汉书》《三国志》皆采用了这种观点，因此汉朝也被称为

---

① ［日］井波陵一：《魏晋石刻资料选注》，京都：京都大学人文科学研究所，2005 年，第 269—273 页。
② ［唐］房玄龄等撰，吴士鉴、刘承幹注：《晋书斠注》，北京：中华书局，2008 年，第 1007 页。
③ 仇鹿鸣：《〈司马芳残碑〉考释——以中正成立的年代为中心》，《史林》2009 年第 1 期，第 130—134 页，修订后收入氏著《魏晋之际的政治权力与家族网络》，上海：上海古籍出版社，2012 年，第 302—303 页。
④ ［晋］陈寿：《三国志》卷二一《刘邵传》，北京：中华书局，2011 年，第 620—621 页。
⑤ ［晋］陈寿：《三国志》卷一六《杜畿传》，北京：中华书局，2011 年，第 493—494 页。

"炎汉"。碑文"炎德告微",炎德就是汉为火德的观念表现,《梁书》卷一一《张弘策传》"齐德告微,四海方乱,苍生之命,会应有主"①,从"告微"一词用例来看,似乎还不能证明汉祚已倾,而可能表示的是汉室处于将亡之时。司马防卒于219年,220年10月曹丕代汉为魏,所以我们以为司马防碑应属于汉碑,刻立时间当是司马防亡故后到曹魏建立前的这一段时间里。

关于碑文中的题衔"乐陵侯",学者论述颇多,应该是北魏的司马准。"侯"字下面的文字虽有残缺,但仔细甄别可以看出应为"追"字,另碑阴下部有"六年"字样,好像与立碑时间有关。北魏太武帝朝年号有六年的只有太延和太平真君两个年号,碑阴文字中的"六年"可能指的是太延六年(440年)或太平真君六年(445年),即碑文题衔和碑阴下部文字刊刻的年代。

通过对司马芳残碑整体文本形态的分析,我们发现碑文主体文字和碑阴的属吏名字时代应是汉末,而碑文中的题衔和碑阴下部的文字时代应是北魏(440年或445年),一为汉末,一为北魏早期。同一石碑的文本年代为何会出现如此矛盾的地方?我们再从物质形态来看,可能会有所收获。

司马芳残碑碑额为浅浮雕螭首,这种形制不会是汉代所有,而是东晋以后的石碑式样,是由汉代碑晕向隋唐高浮雕螭首演变时期的典型风格。碑额的篆字同北魏早期的嵩高灵庙碑、平国侯韩弩真妻碑的碑额篆字颇相似,只是笔画更加圆厚肥重,字体圆曲随意。碑阳文字介于隶楷之间,碑文主体和题衔书法虽有所不同,不过总体来看都显示出了北魏早期铭刻体的基本特点,笔画的右昂,入笔的方截,横笔的方磔上收,捺、提、折、点的楷法,与平城时代刻石中的南巡碑、王忆变碑十分相近。②碑阴下部文字的书法特点与碑阳主体文字基本相同,上部的属吏名字撰写则显得有些粗疏,少了几分规整而略显朴拙生动,表现出平城体书风的另一种面貌。

据此可知碑阳的主体文字和题衔书艺的差异应当是当时刻意为之的,是

① [唐]姚思廉:《梁书》,北京:中华书局,1973年,第206页。
② 殷宪:《司马芳残碑》,《书法报》2006年8月9日第32期。

为了说明这两种文本不同的来源。通过上文分析司马芳残碑物质形态和文本形态两方面的内容,我们认为:现在看到的此碑在物质属性上整体文字均刊刻于北魏早期;文本属性上有两个方面,碑文主体和属吏名字属于汉末,题衔和碑阴下部的司马氏世系文字属于平城时期。总体来说,此碑应该是初刻于汉末,到了北魏时期司马准重新刻石,不过在内容上增加了题衔和司马氏世系文字部分。

《水经注》卷一九《渭水》云:"明渠又东经汉高祖长乐宫北,本秦之长乐宫也。……故渠北有楼,竖汉京兆尹司马文预碑。"①文中郦道元所看到的可能就是汉末初刻的司马防碑。北魏时期素有重刻、修葺汉晋旧刻的习惯,如《水经注》卷十《浊漳水》载:"铜鞮水又东经李憙墓,墓前有碑,碑石破碎,故李氏以太和元年立之。"②李憙是西晋一代名臣,墓前的石碑经过岁月的侵蚀已经破碎,所以当地的李氏后裔重新刻石以资纪念。司马准在泰常末年由南朝奔魏,他在北魏朝廷受到重视的一个重要原因是他具有高贵的西晋皇族血统,因此司马准重刻先祖司马防之碑,对于司马氏而言有着特别的政治和现实意义。

二

司马芳碑最早是作为属吏追念府主的德政碑刻立的,北魏时期重新刊刻不仅出于司马氏家族记忆的需要,也是作为历史性的象征存在的。"述德崇圣,嘉贤、表忠、旌孝,稚子石阙,鲜于里门,以逮郡吏长史之德政碑是也"③。在古人心目里,石碑作为一种独特的景观形式,表达着一种不朽的观念。秦汉时期,德政碑往往是地方乡老属吏故旧自发刻立的,背后并没有太多国家权力机构的身影,到了唐代德政碑不仅成为国家体制下理想政治秩序的象征物,也是普通民

---

① [北魏]郦道元撰,杨守敬、熊会贞疏:《水经注疏》,南京:江苏古籍出版社,1989年,第1600页。
② [北魏]郦道元撰,杨守敬、熊会贞疏:《水经注疏》,南京:江苏古籍出版社,1989年,第921页。
③ [清]叶昌炽撰,柯昌泗评:《语石·语石异同评》卷三,北京:中华书局,1994年,第180页。

众感知国家权威存在的重要方式。①

司马芳残碑重刻于太延六年(440年)或太平真君六年(445年),时值太武帝时期。明元帝时北魏周边的政治格局十分复杂,柔然、北燕、大夏、西凉等政权环绕四周,太武帝继位后制定了主动进攻的军事方略,他率兵前后8次深入漠北讨伐柔然,尤其在429年大举北伐,进入漠北后舍弃辎重轻骑奔袭,大败柔然,经此之战后柔然的统治基础几乎全被摧毁,再也没有能力威胁北魏北部边境的安全。真兴六年(424年),大夏诸子夺位,使得关中大乱,北魏太武帝趁机派兵西伐。经过长期的战争,到了431年大夏国被灭,至此北魏全据关中之地。关陇之地是中国北方几大区域之一。周秦以降,关中就是政治文化中心,在历史上具有十分重要的战略地位,可以说北魏拥有关中后,它所具有的政治局面为之一变,为北魏统一北方奠定了基础。太延五年(439年)六月,太武帝领兵征讨北凉,一路进军顺利。同年九月,北凉君臣降魏,北凉灭亡,河西走廊归入北魏版图。至此,中国北方终于在百年战乱之后重新归于一统,这个时间也成为北魏历史上重要的一个节点,故440年太武帝改元"太平真君",预示着北魏政权一个新的开端。

太武帝在北方即将统一的时候,加强了意识形态领域里的王朝合法性建构,其中最主要的一项措施便是编撰国史。太武帝在灭北凉后任命崔浩主持北魏《国书》编写,同时开始派人整理鲜卑语的《真人代歌》。《真人代歌》以"真人"为名,"真人"既可指得道之人,也可指受命之君,同时在北方还流传着真人出北方的谣谶之言,受寇谦之指点太武帝把这多种内容相综合,改元为"太平真君",这亦是王朝合法性建设的一个重要方面。

北魏作为鲜卑拓跋氏建立的政权,在塑造自己的历史记忆时,必须站在北方民族的立场上。族群的发展与重组以结构性失忆及强化新集体记忆来完成,在这个过程中人们利用过去来解释当前的群体关系,而民族史则成为合理化

---

① 仇鹿鸣:《权利与观众:德政碑所见唐代的中央与地方》,荣新江主编《唐研究》第19卷,北京:北京大学出版社,2013年,第79—111页,收入氏著《长安与河北之间:中晚唐的政治与文化》,北京:北京师范大学出版社,2018年,第124—173页。

及巩固现实人群利益的手段。①基于此考虑，嘎仙洞事件的出现就容易理解了。太平真君四年（443年）乌洛侯国来朝，"称其国西北有国家先帝旧墟，石室南北九十步，东西四十步，高七十尺，室有神灵，民多祈请。世祖遣中书侍郎李敞告祭焉，刊祝文于室之壁而还"②。太武帝打败柔然、灭北燕后，整个东北亚的政治形势发生了巨大变化，灭北凉重新统一北方之后，北魏政权真正开始了从征服者到统治者的转变。为了宣传其政权的合法性，出身东北地区的鲜卑拓跋氏必须寻找属于自己过去的历史记忆。历史是共同体的想象获得合法性的重要途径，因此讲述历史的权力是共同体政治权力的一部分，被讲述的历史理应服务于共同体当前的政治利益。嘎仙洞的出现正符合太武帝进行拓跋集团历史建构的营造，在这个背景下乌洛侯使者的报告正是北魏所需要的，或者可以说正因为有了太武帝的需要才有了乌洛侯报告的事件。③

在太武帝塑造北魏政权合法性的时候，先后采取了告祭嘎仙洞、编修《国书》、整理《真人代歌》、改年号等措施，这一切都基于统治形式的要求。在太武帝时期，刻立有嵩高灵庙碑、东巡碑等，太平真君三年（442年）阴山广德宫完成后崔浩亦撰文立碑。从这几方石碑来看，它们不仅是国家政治权力的表现，同时亦有着对普通民众宣示统治秩序的意义。

回过头来，我们再探讨司马芳残碑刊刻的有关内涵。司马芳残碑不仅仅是为了司马氏家族追念先祖刻立，它所刊刻的时代正是北魏统一北方之后，司马准作为西晋皇族后裔在此时立碑应该有着独特的政治考虑。太武帝改元预示着北魏政权已成为胡汉民族的共同体，为了更好地处理民族之间的关系，太武帝十分重视崔浩等汉人士族，推行了大量的汉化政策促进胡汉之间的融合。当时在统治上层中汉人大族地位较低，而且极不稳定，针对这种状况，崔浩提出了"分明姓族"和"改降五等"的主张。分明姓族就是看重出身，以士族旧籍作为

① 王明珂：《华夏边缘：历史记忆与族群认同》，杭州：浙江人民出版社，2013年，第21—31页。
② ［北齐］魏收：《魏书》（修订本）卷一〇〇《乌洛侯传》，北京：中华书局，2017年，第2409页。
③ 罗新：《民族起源的想象与再想象——以嘎仙洞的两次发现为中心》，《文史》2013年第2辑，第5—25页，收入氏著《王化与山险：中古边裔论集》，北京：北京大学出版社，2019年，第171—196页。

主要依据,同时亦有提高汉人高门地位的作用。①其实这个政策也针对鲜卑贵族,只是因族群不同而有所差异。崔浩的做法是希望北魏的统治能够回归魏晋以来中原政治的门阀制度。改降五等是为了建立以宗室拱卫帝室、汉族士人辅佐期间的王权体制。②这是面对北魏统一北方后的政治格局,促进汉族士人进入统治层的积极做法,从而调和胡汉种族间的矛盾,使鲜卑贵族和汉人士族两种不同文化和政治背景的人群可以整合到统一的政权体制里。

在太武帝的政策下,汉人士族为了彰显自己的门第血统,重塑家族的历史荣耀就成为必然之事。司马芳残碑的刻立也是基于现实的政治需要而产生的,我们怀疑北魏时期许多碑石的刻立也有类似的原因。经过百年战乱,到了北魏时期,家族记忆已经模糊不清,冒籍现象时有发生,为了证明家族记忆有汉魏以来的正当性,重刻修缮汉碑就成为重要的方式之一。除此之外,司马氏作为皇族后裔不同于一般的世家大族,他们刻立石碑还有着北魏朝廷重塑自身的天命正统的行为,只有司马氏族人承认他们的合法性,北魏政权才可以把自己塑造成是继承中原正统的政权。司马芳残碑的形制与南巡碑十分接近,似乎说明司马芳残碑的刻立背后有着王朝政治的身影。

司马景之、司马准兄弟明元帝时期归阙,一直受到北魏朝廷的重视。在和司马准兄弟同时代奔魏的还有司马楚之,司马楚之曾于太延五年(439年)随太武帝"征凉州,以功赐隶户一百","诸司马以乱亡归命。楚之风概器略,最可称乎? 其余未足论也。而以往代遗绪,并当位遇"③。司马准是司马懿的七世孙,司马楚之是司马懿弟司马馗的八世孙,司马防是司马懿、司马馗兄弟的父亲,北魏司马氏众人为诉求共同的祖先记忆,他们选择为司马防这位共同的先祖立碑来表达他们复杂的心情,合于情理也有条件。选择在长安立碑,不仅因为司马防原碑刻立于此,而且关中初定,有助于北魏朝廷稳定关中地区的统治秩

① 唐长孺:《论北魏孝文帝定姓族》,《魏晋南北朝史论拾遗》,北京:中华书局,1985年,第79—90页;陈寅恪讲、万绳楠整理:《陈寅恪魏晋南北朝史讲演录》,合肥:黄山书社,2000年,第249页;周一良:《北朝的民族问题与民族政策》,《魏晋南北朝史论集》,北京:北京大学出版社,2010年,第102页。
② 陈爽:《世家大族与北朝政治》,北京:中国社会科学出版社,1998年,第10—28页。
③ [北齐]魏收:《魏书》(修订本)卷三七《司马楚之传》,北京:中华书局,2017年,第948、955页。

序。碑阴下部有"茔十二""阙"等字样,似乎说明当时不仅仅是立碑行为,还有一系列的建筑活动。

上文论述了太武帝时期的政治格局,结合各种政权合法性构建的措施,以及融合汉人士族的种种方法,我们以为司马芳残碑的重刻应该在太平真君六年(445年),在此年刻石正契合太武帝统一北方后的总体政治局面。

## 结　语

石碑可视作历史印象的遗存,它们在某种个人或社会的主观意图下被创造并保存下来。司马芳残碑的重刻是多种因素下产生的政治秩序的体现。这种石质的纪念碑是探索古人思想以及社会背景的一把钥匙,在族群记忆的选择或遗忘中思考文物本身所蕴含的过去,是理解古代社会的重要途径。

(原刊《文博》2015 年第 6 期)

# 新出郑译墓志所见隋初的乐治与国家

　　关于乐治在国家中的作用,隋文帝曾下诏言:"在昔圣人,作乐崇德,移风易俗,于斯为大。"[1]隋代乐制上承两晋南北朝,下启唐代,在中国音乐史上具有重要的地位,尤其是隋文帝开皇时期乐制改革的影响很大。隋代音乐本身及制度的研究历来是音乐史的关注点。近年来,学界多从国家与社会的视角分析隋代乐制,目前已有宏大精彩的专论出版。[2]隋开皇年间,文帝举行的音乐改革出于多种目的,郑译作为重要的参与者在其中发挥了积极的作用。前贤对此多有讨论[3],而较少从政治史的视角分析郑译及开皇乐制改革的问题,故还有进一步

---

① [唐]魏征等:《隋书》(修订本)卷二《文帝纪》,北京:中华书局,2018 年,第 43 页。

② [日]渡边信一郎:《中国古代の楽制と国家:日本雅楽の源流》,东京:文理阁,2013 年;高明士:《中国中古礼律综论:法文化的定型》,新北:元照出版公司,2014 年;[日]户川贵行:《東晋南朝における傳統の創造》,东京:汲古书院,2015 年。

③ [日]林谦三:《隋唐燕乐调研究》,北京:商务印书馆,1936 年,第 1—20 页;沈冬:《隋代开皇乐议研究》,《新史学》1993 年第 1 期,第 1—38 页;王嵘:《苏祇婆与龟兹音乐的东传》,《西域研究》1996 年第 4 期,第 11—17 页;郑祖襄:《"开皇乐议"中的是是非非及其他》,《中国音乐学》2001 年第 4 期,第 105—121 页;李石根:《隋代的一次声律学大辩论——开皇乐议》,《交响(西安音乐学院学报)》2001 年第 1 期,第 5—9 页;王立增:《开皇乐议与隋初政治》,《天籁(天津音乐学院学报)》2003 年第 4 期,第 33—36 页;孙晓辉:《两唐书乐志研究》,上海:上海音乐学院出版社,2005 年,第 182—200 页;沈冬:《中古长安,音乐风云——隋代"开皇乐议"的音乐、文化与政治》,陈平原主编:《西安:都市想象与文化记忆》,北京:北京大学出版社,2009 年,第 152—181 页;王志芳:《浅议"开皇乐议"》,《大舞台》2010 年第 7 期,第 108—109 页;孙英刚:《音乐史与思想史:〈景云清河歌〉的政治文化史研究》,《魏晋南北朝隋唐史资料》第 26 辑,武汉:武汉大学文科学报编辑部出版,2010 年,第 103—130 页;葛恩专:《开皇乐议研究》,西安:陕西师范大学硕士论文,2011 年;翟源:《论"开皇乐议"的历史功绩》,《南京艺术学院学报》2012 年第 3 期,第 39—42 页;沈冬:《东风不竞乐调西来——试探林谦三〈隋唐燕乐调研究〉与"开皇乐议"》,吴相洲主编:《乐府学》第十二辑,北京:社会科学文献出版社,2015 年,第 92—113 页;[日]六朝楽府の会:《〈隋書·音樂志〉訳注》,东京:和泉书院,2016 年,第 254—285 页。

探讨的余地。基于此，本文试在钩稽文献的基础上，结合新发现的郑译墓志对此问题再作申论，相信随着研究的深入，将有利于促进我们对隋代音乐史的认识。

### 一、开皇乐议中的郑译

隋文帝之建国，名曰禅让，其实不然。隋文帝在立国之后就进行了礼法制度的改革，以此来昭示国家权力的正统性和合法性，这是一个重要的政治意识。音乐作为彰显国家权力的外化手段，在构建一统王朝的过程中具有不可忽视的作用。《隋书》卷一四《音乐志中》云：

> 开皇二年，齐黄门侍郎颜之推上言："礼崩乐坏，其来自久。今太常雅乐，并用胡声，请冯梁国旧事，考寻古典。"高祖不从，曰："梁乐亡国之音，奈何遗我用邪？"是时尚因周乐，命工人齐树提检校乐府，改换声律，益不能通。俄而柱国、沛公郑译奏上，请更修正。于是诏太常卿牛弘、国子祭酒辛彦之、国子博士何妥等议正乐。然沦谬既久，音律多乖，积年议不定。高祖大怒曰："我受天命七年，乐府犹歌前代功德邪？"命治书侍御史李谔，引弘等下，将罪之。谔奏："武王克殷，至周公相成王，始制礼乐。斯事体大，不可速成。"高祖意稍解。①

从开皇二年（582年）颜之推上言正雅乐开始，围绕着乐律的争议一直持续到开皇十四年（594年），这场长达十多年的乐制讨论贯穿了整个开皇时期，在当时的社会文化中影响颇大，音乐史上将此事件称之为"开皇乐议"。开皇乐议不但将胡乐端上了台面，也使得南北朝以来的雅乐和胡乐的冲突更加明显，可以说是中原音乐胡化过程中重要的一场攻防战。②此次乐议涉及的人员之多、

---

① ［唐］魏征等：《隋书》（修订本），北京：中华书局，2018年，第373—374页。
② 沈冬：《隋代开皇乐议研究》，《新史学》第四卷第一期，1993年，第3页。

时间之久在历代都是罕见的。根据开皇乐议事件的发展变化,可分为两个阶段:第一个阶段为开皇二年至九年(582—589 年),其中开皇七年(587 年)为争论的高潮点;第二个阶段为开皇九年至十四年(589—594 年),以平定南陈为此次乐议之分界线。①开皇乐议主要针对的是雅乐问题,在北魏、西魏、北周、东魏和北齐时,宫廷雅乐多采用和本民族有关的音乐,以洛阳旧乐为代表。隋建立后雅乐制度较为混乱,乐制整理则成为新王朝首先需要面对并解决的问题。开皇元年(581 年),隋文帝即位后着手礼乐律令的修订,以苏威为太常卿,完善宗庙乐、朝会乐和卤簿鼓吹等。开皇二年(582 年),朝廷所用的雅乐还是北周旧乐,这与塑造隋的正统地位是不合的,故颜之推上书建议以梁国音乐为基础来重新回归传统。此建议被隋文帝否定,之后命齐树提等检校声律,但问题依然没有解决,乐议事态反而进一步扩大。

开皇二年至七年,牛弘、郑译、辛彦之、何妥、崔赜、房晖远、萧吉等人参与乐议。到开皇七年时乐制仍议不定,隋文帝大怒,欲治牛弘等人之罪,后意稍解。开皇六年(586 年)牛弘为太常卿,开皇七年总知乐事,组织众人参详乐制,参与者主要有郑译、苏夔、万宝常、何妥、卢贲、明克让等。开皇七年乐议时郑译提出了自己的乐论主张,对此《隋书》卷一四《音乐志中》记载详备:

> 又诏求知音之士,集尚书,参定音乐。译云:"考寻乐府钟石律吕,皆有宫、商、角、徵、羽、变宫、变徵之名。七声之内,三声乖应,每恒求访,终莫能通。先是周武帝时,有龟兹人曰苏祇婆,从突厥皇后入国,善胡琵琶。听其所奏,一均之中间有七声。因而问之,答云:'父在西域,称为知音。代相传习,调有七种。'以其七调,勘校七声,冥若合符。一曰'娑陀力',华言平声,即宫声也。二曰'鸡识',华言长声,即商声也。三曰'沙识',华言质直声,即角声也。四曰'沙侯加滥',华言应声,即变徵声也。五曰'沙腊',华言应和声,即徵声也。六曰'般赡',华言五声,即羽声也。七曰'俟利箑',华言斛牛

① 葛恩专:《开皇乐议研究》,西安:陕西师范大学硕士论文,2011 年,第 23 页。

声,即变宫声也。"译因习而弹之,始得七声之正。然其就此七调,又有五旦之名,旦作七调。以华言译之,旦者则谓"均"也。其声亦应黄钟、太簇、林钟、南吕、姑洗五均,已外七律,更无调声。译遂因其所捻琵琶,弦柱相饮为均,推演其声,更立七均。合成十二,以应十二律。律有七音,音立一调,故成七调十二律,合八十四调,旋转相交,尽皆和合。仍以其声考校太乐所奏,林钟之宫,应用林钟为宫,乃用黄钟为宫;应用南吕为商,乃用太簇为商;应用应钟为角,乃取姑洗为角。故林钟一宫七声,三声并戾。其十一宫七十七音,例皆乖越,莫有通者。又以编悬有八,因作八音之乐。七音之外,更立一声,谓之应声。译因作书二十余篇,以明其指。至是译以其书宣示朝廷,并立议正之。①

开皇乐议中最核心的是音律问题。开皇初年,音律多乖和当时并用胡乐有一定的关联,这种情况主要是音阶和宫调使用的混乱。针对这种现状,郑译在学习苏祗婆五旦七调的基础上提出了自己的音乐理论八十四调。在郑译的理论提出后,他的观点受到了苏夔的质疑。苏夔乃苏威之子,在音乐方面颇有造诣。史传云:"驳译曰:'《韩诗外传》所载乐声感人,及《月令》所载五音所中,并皆有五,不言变宫、变徵。又《春秋左氏》所云:七音六律,以奉五声。准此而言,每宫应立五调,不闻更加变宫、变徵二调为七调。七调之作,所出未详。'译答之曰:'周有七音之律,《汉书·律历志》,天地人及四时,谓之七始。黄钟为天始,林钟为地始,太簇为人始,是为三始。姑洗为春,蕤宾为夏,南吕为秋,应钟为冬,是为四时。四时三始,是以为七。今若不以二变为调曲,则是冬夏声阙,四时不备。是故每宫须立七调。'众从译议。译又与夔俱云:'案今乐府黄钟,乃以林钟为调首,失君臣之义,清乐黄钟宫,以小吕为变徵,乖相生之道。今请雅乐黄钟宫,以黄钟为调首,清乐去小吕,还用蕤宾为变徵。'众皆从之。"②通过郑译与苏夔二人的辩论,众人基本赞同了郑译提出的乐理。然而郑译的乐论先后受到了

---

①　[唐]魏征等《隋书》(修订本),北京:中华书局,2018年,第374—375页。
②　[唐]魏征等《隋书》(修订本)卷一四《音乐志中》,北京:中华书局,2018年,第375页。

万宝常和何妥的反对。

《隋书》卷七八《万宝常传》载："开皇初，沛国公郑译等定乐，初为黄钟调。宝常虽为伶人，译等每召与议，然言多不用。后译乐成奏之，上召宝常，问其可不，宝常曰：'此亡国之音，岂陛下之所宜闻！'上不悦。"①万宝常所言郑译之乐为亡国之音，可能与郑译的乐论结合了中原和西域的乐理有关。除此之外，万宝常亦有八十四调、一百四十四律和一千八声的乐论。万宝常的八十四调是依据《周礼》旋宫之义而来的，以声音雅淡为特点，在当时可以说是较为正宗的华夏之音了。

针对郑译提出的乐理，何妥提出了不同的主张，他否定了旋相为宫理论，选取黄钟一宫，采用清商三调。《隋书》卷一四《音乐志中》载：

> 而何妥旧以学闻，雅为高祖所信。高祖素不悦学，不知乐，妥又耻己宿儒，不逮译等，欲沮坏其事。乃立议非十二律旋相为宫，曰："经文虽道旋相为宫，恐是直言其理，亦不通随月用调，是以古来不取。若依郑玄及司马彪，须用六十律，方得和韵。今译唯取黄钟之正宫，兼得七始之妙义。非止金石谐韵，亦乃箫虚不繁，可以享百神，可以合万舞矣。"而又非其七调之义，曰："近代书记所载，缦乐鼓琴吹笛之人，多云'三调'。三调之声，其来久矣。请存三调而已。"……是时竞为异议，各立朋党，是非之理，纷然淆乱。或欲令各修造，待成，择其善者而从之。妥恐乐成，善恶易见，乃请高祖张乐试之。遂先说曰："黄钟者，以象人君之德。"及奏黄钟之调，高祖曰："滔滔和雅，甚与我心会。"妥因陈用黄钟一宫，不假余律，高祖大悦，班赐妥等修乐者。自是译等议寝。②

何妥的"黄钟一宫"乐论从音乐角度是难以实现的，但他将政治与音乐紧密联系在一起，以达到乐与政通的目的，进一步发挥音乐"移风易俗，莫善于

---

① ［唐］魏征等：《隋书》（修订本），北京：中华书局，2018 年，第 2003 页。
② ［唐］魏征等：《隋书》（修订本），北京：中华书局，2018 年，第 375—376 页。

乐"的社会作用，来加强维护隋朝的政治统治。①何妥的乐论基础就是为皇权服务的，《隋书》卷七五《何妥传》载："臣闻明则有礼乐，幽则有鬼神，然则动天地，感鬼神，莫近于礼乐。又云乐至则无怨，礼至则不争，揖让而治天下者，礼乐之谓也。臣闻乐有二，一曰奸声，二曰正声。夫奸声感人而逆气应之，逆气成象而淫乐兴焉。正声感人，而顺气应之，顺气成象，而和乐兴焉。故乐行而伦清，耳目聪明，血气和平，移风易俗，天下皆宁。……案圣人之作乐也，非止苟悦耳目而已矣。欲使在宗庙之内，君臣同听之则莫不和敬；在乡里之内，长幼同听之则莫不和顺；在闺门之内，父子同听之则莫不和亲。此先王立乐之方也。"②据此，其意明矣。

第一阶段的乐议以郑译乐论寝罢而终。开皇九年（589 年）隋灭陈之后，南朝大量的音乐材料进入隋朝，牛弘的建言再次将开皇乐议掀到了一个高潮。此次平陈，在音乐方面的具体收获有南朝旧乐清商乐、江左旧工、四悬乐器、十二枚律管、十五等尺等入隋，在此条件下隋文帝命牛弘、万宝常、何妥、苏夔、姚察、虞世基、刘臻、许善心等再次定乐，而郑译再没有参与乐议事宜。第二阶段的乐议最后延续的依然是何妥的观点，开皇十四年（594 年）所定的隋代雅乐，唯奏"黄钟一宫"而已。

郑译的乐论对后世音乐产生了积极影响。对于郑译在开皇乐议中的作用，隋文帝评价为："律令则公定之，音乐则公正之。礼乐律令，公居其三，良足美也。"③郑译的理论在开皇乐议中虽然被否定了，但仍然被用于当时的音乐实践，尤其在燕乐七部乐和九部乐中表现得较为明显。④现在看来，郑译在中外音乐交流、推广西域音乐、推动隋唐音乐进步等方面均有不可或缺的贡献，在当时代表着较为先进的音乐理论，促进了中国音乐史的发展。⑤郑译的音乐理论在开皇乐议中

---

① 陈四海、葛恩专：《何妥与开皇乐议》，《陕西师范大学学报》（哲学社会科学版）2010 年第 4 期，第 160—164 页。
② ［唐］魏征等：《隋书》（修订本），北京：中华书局，2018 年，第 1921 页。
③ ［唐］魏征等：《隋书》（修订本）卷三八《郑译传》，北京：中华书局，2018 年，第 1290 页。
④ 郑祖襄："开皇乐议"中的是是非非及其他》，《中国音乐学》2001 年第 4 期，第 105—121 页。
⑤ 刘镇钰：《隋代音乐家郑译》，《中国音乐学》1991 年第 3 期，第 84—88 页；葛恩专：《隋代音乐家郑译及其音乐思想》，《兴义民族师范学院学报》2011 年第 5 期，第 87—90 页；张帆、石敦岗：《隋代音乐家郑译的成就述略》，《兰台世界》2013 年 5 月，第 124—125 页。

被隋文帝否定,其缘由史传记载主要有二:一是该乐论不如"黄钟一宫"理论那样可以最大限度地表现帝王的政治思想需要,二是含有所谓的亡国之音。那么,原因只是如此吗?通过文献的细微审视,发现其背后还蕴含着更深层次的理由和历史背景,而这正和郑译的生平历程息息关联。

## 二、郑译其人其事

郑译,《周书》《隋书》《北史》均有传。他在杨坚以隋代周过程中用功颇多,到了隋代开皇时期又在音乐、法律修订方面卓有建树,素为研究者重视。令人欣喜的是,时隔千年,郑译墓志出现在我们面前。此墓志近年出土于西安地区,志盖拓本(图一)长 40.5 厘米、宽 41.5 厘米,盖题 4 行,每行 4 字,篆书"隋故岐州刺史上柱国沛国达公郑君铭";志石拓本(图二)长宽均 52 厘米,36 行,满行 37 字,正书,有方界格。先录文并标点如下:

图一 郑译墓志盖拓本

图二　郑译墓志石拓本

隋故岐州刺史上柱国沛国达公郑君墓志之铭

　　君讳译,字正议,荥阳开封人也。胄绪之兴,鸿源斯远。自郐邑肇基,光配天之业;岐阳留爱,阐仁化之风。司徒善职,忠规之义斯重;典午勤王,夹辅之功为大。自兹已降,英灵不绝。祖琼,魏太常卿、青州刺史。厘综五礼,宣奉六条。迈稷嗣之通博,兼阳乡之明允。父道邕,周少司空、大将军、金乡文公。庄敬表于闺门,政绩宣于州部。清风重誉,见美当时。公禀德辰象,降灵川岳。气调不群,风标特秀。幼而笃志坟史,游艺丝桐,备览百家,旁该六乐。起家奉敕,事辅城公,即周高祖武皇帝也。曳裾盛府,整笏霸朝。武帝深加礼异,用光寮彩。转帅都给事中士,任中侍上士、平东将军、右银青光禄大夫、左侍上士,迁左官伯上士。及居外忧,毁几灭性,表求终制,优敕不许,仍授使持节、车骑大将军、仪同三司。天和七年,晋公护伏罪,武帝始览万机,仍授御正下大夫。东宫初建,以公为太子宫尹下大夫。建德二年,奉诏聘齐,公辞令优敏,文史该洽。拭玉专对,皇华斯在,因撰《行记》及《齐地图》,还以陈奏。四年,从皇太子伐吐谷浑,以破贼功,赐爵开国子,邑三百户。五年,授相州吏部大夫兼大使,慰劳青齐等六州。公驻车理讼,襄帷求瘼,辎轩所至,秋毫无犯。夏六月,武帝崩,宣帝即位,授使持节、开府仪同三司、大将军、内史中大夫、归昌县开国公,邑一千户。遂委政事,参赞机密。大象元年,进位内史上大夫,封沛国公,邑五千户。大象二年,隋高祖自以外戚之重,每以安危为念,常思外任,以事托公。会帝命公南征,公因奏请隋国公为元帅,未发之间,主上遘疾,公乃奏留高祖。初,公与高祖有布衣之款,早怀攀附,披衿解带,分好甚隆。高祖作相,册公为柱国、相府长史、内史上大夫。八月,丞相总百揆,授公天官都府司会,总六府事。时逆臣尉迥、王谦、司马消难等或称兵内侮,或窃地外奔。高祖神谟上略,三方克殄,以公预谋帷幄,叶赞经纶,诏加上柱国。及火德膺运,宝历惟新,以公佐命殊勋,礼数崇重,回归昌县公封第二子善愿、第三子元琮城皋郡公,第四子元珣永安县男。公虽命属兴王,身名俱泰,每深蓼莪之感,常怀风树之悲,乃拜表陈诚,请以上柱国、沛国公,赠父贞公,诏追赠使持节、大将军、徐衮曹亳陈黎六州刺史,改谥文公。七年,诏公修事,公斟酌简要,删略烦苛,法古适今,有如画一。公志性知足,常思外出。四年,遂除使持节、隆州诸军事、隆州刺史。六年,入朝。公常以乐章残废,多历年所,乃研精覃思,博采经籍,更修《乐府声调》八篇,上表陈奏。其月,诏以为岐州诸军事、岐州刺史。公下车布政,民安吏肃。宽猛相济,条教有章。方当比迹伊睪,齐衡稷禹,而钟箭不留,蕣蕣遂远。十一年八月一日薨于岐州,春秋五十二。诏谥达公,礼也。惟公少有英才,长怀奇节,升车揽辔,志清区宇。耻一物之不知,毕天下之能事,莫不穷理尽性,探微索隐。及时值龙颜,才膺豹变,谋定帷扆,赞成鸿业。早擅辞彩,文义精新，勒成卷轴，凡廿卷。夫人兰陵萧氏，梁太宗简文皇帝之孙，当阳王大心之女。德行聿修，言容光备，闺门之训，芬若椒兰。长子太常卿、上柱国、沛国公元璹肃承家业，克隆基绪。值隋德云季，海内群飞，言望旧茔，山川退阻，乃以武德五年十二月戊申朔十四日寄窆于雍州万年县黄台乡小陵原。虽复盛烈高风，与暄寒而永久。惧山移海变，随丹壑而湮亡。是用敬勒遗芳，播之金石。乃作铭云：

赫赫华胄，昭昭世祀。玉铉高门，朱轩贵仕。比踪七叶，联晖十纪。爰挺哲人，克光前构。拂日孤耸，披云独秀。学冠书林，才高文囿。幼怀负鼎，弱冠升朝。以斯民誉，爰应嘉招。曳裾菀菀，曾飞凤条。版荡帝图，凌夷王室。逆鳞箴谏，正辞匡弼。子云百上，展禽三黜。运属夏迁，时逢舜换。伊挚翼商，仲华匡汉。业冠三杰，功参十乱。天道斯昧，人生何促。千月不留，百龄难续。溘尔朝露，飘然风烛。出宿不归，戒行无反。鸟归林暝，烟生松晚。敬镌徽烈，铭之沉琬。

据志文，郑译卒于开皇十一年（591 年），春秋五十二，则其生于西魏大统六年（540 年）。本传与《册府元龟》均载郑译字正义，今从墓志来看当为正议，志是。关于郑译父祖的情况，郑译本传载为"祖琼，魏太常；父道邕，周司空"，志文较史传为详。《北史》卷三五《郑伯猷传》云，郑琼字祖珍，位范阳太守，后因其弟受宠，被赠为青州刺史。《北史》卷三五《郑道邕传》记载郑道邕生平甚详，其妻为魏李宪第五女稚瑗。郑译有子四人，分别为元璹、善愿、元琮、元珣，其中元璹为唐代第一任太常卿，任职于武德元年至武德四年（618—621 年），事详见两《唐书》本传。

《隋书》卷三八《郑译传》："译从祖开府文宽，尚魏平阳公主，则周太祖元后之妹也。主无子，太祖令译后之。由是译少为太祖所亲，恒令与诸子游集。年十余岁，尝诣相府司录李长宗，长宗于众中戏之。译敛容谓长宗曰：'明公位望不轻，瞻仰斯属，辄相玩狎，无乃丧德也。'长宗甚异之。文宽后诞二子，译复归本生。"①关于郑译曾经一度出为从祖文宽之嗣事,志文没有记载,史传则对其幼年生活经历有更为明晰的记载。

魏恭帝元年(554年)四月,宇文邕被封为辅城公,时邕年十二,郑译十五岁,武成元年(559年)九月宇文邕晋封为鲁国公,据志文知郑译始事宇文邕在恭帝元年四月至武成元年九月间,疑在宇文邕封为辅城公后不久。

志云:"转帅都给事中士,任中侍上士、平东将军、右银青光禄大夫、左侍上士,迁左宫伯上士。及居外忧,毁几灭性,表求终制,优敕不许,仍授使持节车骑大将军、仪同三司。"郑译居外忧事,本传记载较详。《隋书》卷三八《郑译传》载:"周武帝时,起家给事中士,拜银青光禄大夫,转左侍上士。与仪同刘昉恒侍帝侧。译时丧妻,帝命译尚梁安固公主。"②梁安固公主,乃梁太宗简文皇帝之孙、寻阳王大心之女,郑译尚公主约在周武帝宇文邕保定年间。萧大心于中大通四年(532年)被封为当阳公,大宝元年(550年)晋封为寻阳王,而志文则言萧氏为当阳王大心女,乃误混也。大宝二年(551年)秋,萧大心因侯景之乱遇害亡,年二十九岁,据此对萧氏的年龄可以作大概的推断。

晋公护,即宇文护。护,宇文泰侄。西魏恭帝三年(556年)九月,宇文泰卒于出巡途中,将家国后事尽托付于宇文护。宇文护拥立宇文觉即位,自任大司马,架空北镇元老赵贵及独孤信,并任命亲信为柱国,完成了权力结构从北镇势力到宇文氏家族的转变,可以说是确立北周宇文氏政权的一大功臣。③从北周建立到武帝亲政期间,朝政大权尽归于宇文护。宇文护先后废杀孝闵帝、毒杀明帝,武帝即位后通过迎合宇文护等手段发展自己的势力,到了天和七年(572年)宇文护自同州还朝,武帝利用其入宫觐见的时机,与卫王直等诛杀了宇文护。《周书》卷一一《晋荡公护传》载:"七年三月十八日,护自同州还。帝御文安殿,见护讫,引护入含仁殿朝皇太后。先是帝于禁中见护,常行家人之礼。护谒太后,太后必赐之坐,帝立侍焉。至是护将入,帝谓之曰:'太后春秋既尊,颇好

① [唐]魏征等:《隋书》(修订本),北京:中华书局,2018年,第1287页。
② [唐]魏征等:《隋书》(修订本),北京:中华书局,2018年,第1288页。
③ 吕春盛:《关陇集团的权利结构演变——西魏北周政治史研究》,新北:稻乡出版社,2002年,第177页。

饮酒。不亲朝谒，或废引进。喜怒之间，时有乖爽。比虽犯颜屡谏，未蒙垂纳。兄今既朝拜，愿更启请。'因出怀中《酒诰》以授护曰 ：'以此谏太后。'护既入，如帝所戒，读示太后。未讫，帝以玉珽自后击之，护踣于地。又令宦者何泉以御刀斫之。泉惶惧，斫不能伤。时卫王直先匿于户内，乃出斩之。"①宇文护卒后，武帝始真正亲政，郑译作为武帝亲信之人，得授御正下大夫，东宫初建，郑译又为太子宫尹下大夫。

《周书》卷五《武帝纪上》："（建德二年二月）壬戌，遣司会侯莫陈凯、太子宫尹郑译使于齐。"②到了六月，北齐复遣使聘周。这个时候双方的使节来往并不表示两国已经消除敌对状态，更多可能是势均力敌状态下的暂时和平，对于北周而言武帝不乏麻痹北齐之意，这和武帝与南陈通谋孤立北齐的政策是一体两面的。③此次出使北齐，武帝以其亲信大臣郑译为副使，还肩负探查北齐军事虚实和了解地理交通的用意，墓志言郑译回国后撰有《行记》《齐地图》，即为明证。

郑译为太子宫尹之后，"时太子多失德，内史中大夫乌丸轨每劝帝废太子而立秦王，由是太子恒不自安。其后诏太子西征吐谷浑，太子乃阴谓译曰：'秦王，上爱子也。乌丸轨，上信臣也。今吾此行，得无扶苏之事乎？'译曰：'愿殿下勉着仁孝，无失子道而已。勿为他虑。'太子然之。既破贼，译以功最，赐爵开国子，邑三百户。后坐亵狎皇太子，帝大怒，除名为民。太子复召之，译戏狎如初。因言于太子曰：'殿下何时可得据天下？'太子悦而益昵之"④。吐谷浑在今青海一带，随着突厥势力的兴起，吐谷浑的处境日益艰难。建德五年（576 年），吐谷浑国内发生动乱，值此之机武帝派太子领兵征伐，郑译为太子属官亦在出征之列，"军渡青海，至伏俟城。夸吕遁走，虏其余众而还"⑤。宇文赟领兵征讨吐谷浑

① ［唐］令狐德棻：《周书》，北京：中华书局，2003 年，第 175—176 页。
② ［唐］令狐德棻：《周书》，北京：中华书局，2003 年，第 81—82 页。
③ 吕春盛：《关陇集团的权利结构演变——西魏北周政治史研究》，新北：稻乡出版社，2002 年，第 229 页；吕春盛：《北齐政治史研究——北齐衰亡原因之考察》，新北：台湾大学出版中心，1987 年，第 122 页。
④ ［唐］魏征等：《隋书》（修订本）卷三八《郑译传》，北京：中华书局，2018 年，第 1288 页。
⑤ ［唐］令狐德棻：《周书》卷五〇《吐谷浑传》，北京：中华书局，2003 年，第 914 页。

事,《周书》卷六《武帝纪下》载:"(五年)二月辛酉,遣皇太子赟巡抚西土,仍讨吐谷浑,戎事节度,并宜随机专决。"①八月军还,乙卯至自云阳宫,据此来看郑译"进爵为子,邑三百户"事当在建德五年八月后。墓志言,郑译在建德四年(575年)随宇文赟征吐谷浑,疑误,当以史传记载为是。

建德五年十月,周武帝伐北齐,十二月两军大战,齐军溃败。建德六年(577年)正月,周军入邺城,擒获齐主,北齐亡。郑译为相州吏部大夫兼大使,慰劳青、齐等六州事,从周齐政治与军事情况来看当发生在建德六年,而墓志载为建德五年,疑误。

宣政元年(578年)六月,周武帝崩,皇太子宇文赟即位,是为周宣帝,时赟二十余岁。到了第二年,即大象元年(579年),宇文赟就让位于七岁的宇文衍,自己为太上皇,不过仍然执掌朝政。大象二年(580年),宇文赟崩,时外戚随国公杨坚掌握大权,到了次年即以隋代周。武帝死后短短四年,北周就以亡国结束,这与宣帝在位后的暴政有关联,宣帝登基后进行了一系列政治改革。这些政治改革有许多是荒诞不经的,促使社会状况更加恶化。郑译在宇文赟为太子时即为其亲信,其官职一步步得到了升迁。关于郑译这几年的情况,《隋书》卷三八《郑译传》载:

> 及帝崩,太子嗣位,是为宣帝。超拜开府、内史下大夫、封归昌县公,邑一千户,委以朝政。俄迁内史上大夫,进封沛国公,邑五千户,以其子善愿为归昌公,元琮为永安县男,又监国史。译颇专权,时帝幸东京,译擅取官材,自营私第,坐是复除名为民。刘昉数言于帝,帝复召之,顾待如初。诏领内史事。初,高祖与译有同学之旧,译又素知高祖相表有奇,倾心相结。至是,高祖为宣帝所忌,情不自安,尝在永巷私于译曰:"久愿出藩,公所悉也。敢布心腹,少留意焉。"译曰:"以公德望,天下归心,欲求多福,岂敢忘也。谨即言之。"时将遣译南征,译请元帅。帝曰:"卿意如何?"译对曰:"若定江

---

① [唐]令狐德棻:《周书》,北京:中华书局,2003年,第94页。

东，自非懿戚重臣无以镇抚。可令隋公行，且为寿阳总管以督军事。"帝从之。乃下诏以高祖为扬州总管，译发兵俱会寿阳以伐陈。行有日矣，帝不念，遂与御正下大夫刘昉谋，引高祖入受顾托。既而译宣诏，文武百官皆受高祖节度。时御正中大夫颜之仪与宦者谋，引大将军宇文仲辅政。仲已至御坐，译知之，遽率开府杨惠及刘昉、皇甫绩、柳裘俱入。仲与之仪见译等，愕然，逡巡欲出，高祖因执之。于是矫诏复以译为内史上大夫。明日，高祖为丞相，拜译柱国、相府长史、治内史上大夫事。及高祖为大冢宰，总百揆，以译兼领天官都府司会，总六府事。出入卧内，言无不从，赏赐玉帛不可胜计。每出入，以甲士从。拜其子元璹为仪同。时尉迥、王谦、司马消难等作乱，高祖逾加亲礼。俄而进位上柱国，恕以十死。译性轻险，不亲职务，而赃货狼藉。高祖阴疏之，然以其有定策功，不忍废放，阴敕官属不得白事于译。译犹坐厅事，无所关预。译惧，顿首求解职，高祖宽谕之，接以恩礼。①

宣帝即位后，郑译所任官职志文载为内史中大夫，而本传载为内史下大夫，《周书》卷二六《斛斯徵传》亦载宣帝拜郑译为内史中大夫，根据郑译前后历官变化来看，当以内史中大夫为确。关于郑译在大象年间的情况，本传记载颇详，为我们呈现出了周隋易代之际风云变幻的政治争斗，而郑译与隋文帝少为同学，在拥立隋文帝建国过程中出力甚巨，乃是隋朝的重要开国功臣之一。

隋文帝建国后，郑译因佐命殊勋，诸子均得以进封。《隋书》卷三八《郑译传》载："及上受禅，以上柱国公归第，赏赐丰厚。进子元璹爵城皋郡公，邑二千户，元珣永安男。追赠其父及亡兄二人并为刺史。译自以被疏，阴呼道士章醮以祈福助，其婢奏译厌蛊左道。上谓译曰：'我不负公，此何意也？'译无以对。译又与母别居，为宪司所劾，由是除名。下诏曰：'译嘉谋良策，寂尔无闻，鬻狱卖官，沸腾盈耳。若留之于世，在人为不道之臣，戮之于朝，入地为不孝之鬼。有累

① [唐]魏征等：《隋书》（修订本），北京：中华书局，2018年，第1288—1289页。

幽显,无以置之,宜赐以《孝经》,令其熟读。'仍遣与母共居。"①志文则言"回归昌县公封第二子善愿,第三子元琼城皋郡公、第四子元珣永安县男",与本传迥异,一般而言志文可靠性较高,其因俟考。墓志言郑译拜表陈诚,指的是在隋文帝疏远其后以道士祈福被奴婢告发,同时又因与母别居为人弹劾而除名之事,志乃讳言矣。

隋文帝开皇元年(581年)二月即位,随即命人修订律令。《隋书》卷二五《刑法志》:"高祖既受周禅,开皇元年,乃诏尚书左仆射渤海公高颎,上柱国沛公郑译,上柱国清河郡公杨素,大理少卿平源县公常明,刑部侍郎保城县公韩浚,比部侍郎李谔,兼考功侍郎柳雄亮等,更定新《律》,奏上之。"②据其他文献知当时参与的人员有十四人,还有苏威、裴政、李德林、于翼、元谐、赵芬、王谊,而此年修律实际上是编纂律令格式四法③,而郑译则参与了律令二法的编纂工作。开皇二年(582年),律令格式基本完成奏上。开皇三年(583年),隋文帝因览刑部奏,断狱数犹至万条,以为律尚严密,人多陷罪,又敕苏威、牛弘等人,更订新律。关于郑译参与修订律令事,墓志载:"七年,诏公修聿,公斟酌简要,删略烦苛,法古适今,有如画一。公志性知足,常思外出。"志文言"七年"误,是否乃"其年"或"元年"之讹,待考。本传言,"未几,诏译参撰律令,复授开府、隆州刺史",似乎郑译完成修订律令后就出为隆州刺史。郑译出刺隆州在开皇四年(584年),志文所言郑译"删略烦苛"亦与开皇三年(583年)修律主旨相合,隋文帝说郑译"律令则公定之"。据此片段信息推断,似乎郑译亦参与了开皇三年修订律令之事,而这也和隋文帝对郑译的态度是一致的。

关于郑译在开皇后期的生命历程,《隋书》卷三八《郑译传》载:"请还治疾,有诏征之,见于醴泉宫。上赐宴甚欢,因谓译曰:'贬退已久,情相矜愍。'于是复

---

① [唐]魏征等:《隋书》(修订本),北京:中华书局,2018年,第1289—1290页。
② [唐]魏征等:《隋书》(修订本),北京:中华书局,2018年,第786—787页。
③ 高明士:《律令法与天下法》,上海:上海古籍出版社,2013年,第46—55页。关于开皇修律时格、式是否已是两部形态独立的法律问题,有学者提出不同意见,参[日]滋贺秀三《中国法制史论集:法典と刑罚》(东京:创文社,2003年,第72页)、楼劲《隋无〈格〉、〈式〉考——关于隋代立法的法律体系的若干问题》(《历史研究》2013年第3期),本文对此争论无意涉及,暂以高氏意见行文。

爵沛国公,位上柱国。上顾谓侍臣曰:'郑译与朕同生共死,间关危难,兴言念此,何日忘之!'译因奉觞上寿。上令内史令李德林立作诏书,高颎戏谓译曰:'笔干。'译答曰:'出为方岳,杖策言归,不得一钱,何以润笔。'上大笑。未几,诏译参议乐事。译以周代七声废缺,自大隋受命,礼乐宜新,更修七始之义,名曰《乐府声调》,凡八篇。奏之,上嘉美焉。俄迁岐州刺史。在职岁余,复奉诏定乐于太常,前后所论乐事,语在《音律志》。"①结合志文来看,郑译还朝在开皇六年(586年),而历史上有名的典故润笔之事就发生在此时。史传言,郑译上《乐府声调》在隋文帝诏郑译参议乐事之后,而从志文来看似乎郑译上书乃个人行为,在他上书之后隋文帝方诏其定乐,通过时间排比可知郑译在开皇六年从隆州还朝,然后奏上《乐府声调》一书,当月复被隋文帝任命为岐州刺史,直到开皇七年方被诏参与乐议之事。

《隋书》卷二《高祖纪下》:"(十一年八月)乙亥,至自栗园。上柱国、沛国公郑译卒。"②而墓志则言郑译卒于八月一日,一日为庚戌日,与史传记载有异,疑以志为是。志言郑译有文集二十卷,可补史阙。史传与志文所言郑译上《乐府声调》八篇,《隋书》卷三二《经籍志一》载郑译撰有《乐府声调》六卷本和三卷本两种③,三者名称相同而篇章有别,关于它们之间的关联不明,俟考。④郑译在开皇十一年(591年)卒于岐州,而直到武德五年(622年)方寄窆于雍州万年县,其间到底有何不为人知的缘由,还需要进一步探讨。

### 三、政治漩涡中的郑译

通过前文的分析,可以对郑译其人有一个简单的归纳,首先是世家子弟,文采出众;其次是一代宠臣,先后与周太祖宇文泰、周武帝、周宣帝和隋文帝关

---

① [唐]魏征等:《隋书》(修订本),北京:中华书局,2018年,第1290页。
② [唐]魏征等:《隋书》(修订本),北京:中华书局,2018年,第40页。
③ [唐]魏征等:《隋书》(修订本),北京:中华书局,2018年,第1047页。
④ 郑祖襄:《〈隋书·经籍志〉音乐书述略》,《中央音乐学院学报》2006年第3期,第65—70页。

系颇深,一生均处于政治浪潮之中。

郑氏家族属于关陇集团的核心成员。郑译颇有学识,善骑射,精通音乐,对于美术亦有一定的造诣。志言:"幼而笃志坟史,游艺丝桐,备览百家,旁该六乐。"周宣帝时郑译曾监修国史,出使北齐时还作有齐地图。《周书》卷二六《斛斯徵传》:"帝之为太子也,宫尹郑译坐不能以正道调护,被谪除名。而帝雅亲爱译,至是拜译内史中大夫,甚委任之。译乃献新乐,十二月各一笙,每一笙用十六管。帝令与徵议之,徵驳而奏,帝颇纳焉。及高祖山陵还,帝欲作乐,复令议其可不。徵曰:'《孝经》云"闻乐不乐"。闻尚不乐,其况作乎。'郑译曰:'既云闻乐,明既非无。止可不乐,何容不奏。'帝遂依译议。译因此衔之。"①郑译祖父郑琼在北魏时曾任太常卿,父道邕学识广博、兼通音律,他从小耳濡目染,在音乐上也十分精通,所以在宣帝时献上新乐,正是其音乐才华的一次集中展现。②郑译献笙,显然是效法《礼记·月令》所载的"随月用律"之法,可见郑译对律学有独到的修养,依据十二律制作了十二笙。③

《隋书》卷一四《音乐志中》对郑译的乐论作了详细的记载,郑译的音乐理论受到龟兹人苏祇婆的很大影响。关于苏祇婆的音乐理论来源目前有三种观点:向达、林谦三、渡边信一郎的印度来源说④,关也维的龟兹来源说⑤,沈冬的波斯来源说⑥。现在支持印度来源说者最众。除此之外,音乐史研究者还对郑译的具体音乐理论和实践作了探讨,成果繁多且并无定论。我们并非专业的音乐史研究者,故本文对此问题搁置不论。开皇七年(587年)朝廷所用的还是周乐,

① [唐]令狐德棻:《周书》,北京:中华书局,2003年,第433页。
② 关于郑译是否有音乐才华,郭沫若以为郑译不学无术,其论见《隋代大音乐家万宝常》一文(《郭沫若全集·历史编4》,北京:人民文学出版社,1982年,第133—165页),之后经过学者讨论多以为郑译精通乐律,详参刘镇钰《隋代音乐家郑译》,葛恩专《隋代音乐家郑译及其音乐思想》,张帆、石敦岗《隋代音乐家郑译的成就述略》,雷华《被误解的隋代音乐家郑译的艺术生涯》(《兰台世界》2014年6月下旬)等。
③ 沈冬:《隋代开皇乐议研究》,《新史学》1993年第1期,第10页。
④ 向达:《龟兹苏祇婆琵琶七调考原》,《唐代长安与西域文明》,北京:生活·读书·新知三联书店,1957年,第252—272页;[日]林谦三:《隋唐燕乐调研究》,北京:商务印书馆,1936年,第14页;[日]渡边信一郎:《中国古代の楽制と国家:日本雅楽の源流》,东京:文理阁,2013年,第223页。
⑤ 关也维:《关于苏祇婆调式音阶理论的研究》,《音乐研究》1980年第1期,第43—47页。
⑥ 沈冬:《隋代开皇乐议研究》,《新史学》1993年第1期,第18—35页。

当时在中土朝野的音乐中,以龟兹乐最为盛行,而周乐中亦已吸收了龟兹乐的元素,故隋文帝对此现象感到忧心,至此方有乐议的高潮出现,而郑译的乐论在多方意见下被隋文帝所寝罢。

关于郑译乐论被隋文帝放弃的原因,除了前文所讲的何妥和万宝常两条意见外,还有另外的因素需要考虑。开皇乐议的研究视角应当不止于"音乐内部"的探讨,其"音乐外部"的梳理可能更为重要。①

北周建立后,政治立场"多依古礼,革汉、魏之法"②,隋文帝杨坚代周立隋,在开皇元年(581年)二月即位于临光殿。是日,隋文帝即发布了一项重要的国策。《隋书》卷一《高祖纪上》载:"易周氏官仪,依汉、魏之旧。"③这不仅是隋朝的官制变化,也是文化政策宣言。通过分析不同政治集团的人物情况,甘怀真指出,北魏时期孝文帝汉化政策的支持者是以洛阳为根基的胡汉统治集团,而掀起六镇之乱的下层城民、府户,或北镇统治集团,在文化态度上都是和洛阳集团相对立的。西魏、北周政权中,宇文氏代表的是北镇集团的势力,而洛阳公卿集团和关陇汉人豪族则处于被打压的状态。西魏北周府兵系统之外还有乡兵体系,乡兵体系内的人员借助彼此之间的府主僚佐、旧君故吏关系,发展成了一个强大的统治集团,而这个集团的代表人物就是隋文帝杨坚。故杨隋建国后,此集团便恢复了北魏后期洛阳公卿集团的文化理念,并且进一步将这种文化主张转化为立国的精神。④隋文帝实施的文化政策,具体来讲就是礼乐律令的修订。

开皇三年(583年),隋文帝令牛弘、辛彦之等人进行礼制方面的改革,至开皇五年(585年)完成。《隋书》卷六《礼仪志一》:"高祖命牛弘、辛彦之等,采梁及

---

① 沈冬:《中古长安,音乐风云——隋代"开皇乐议"的音乐、文化与政治》,陈平原主编:《西安:都市想象与文化记忆》,北京:北京大学出版社,2009年,第153页。
② [唐]令狐德棻:《周书》卷二四《卢辩传》,北京:中华书局,2003年,第404页。
③ [唐]魏征等:《隋书》(修订本),北京:中华书局,2018年,第13页。
④ 甘怀真:《隋朝立国文化政策的形成》,《皇权、礼仪与经典诠释:中国古代政治史研究》,上海:华东师范大学出版社,2008年,第315—338页。

北齐《仪注》,以为五礼。"①在编纂过程中,牛弘认为,隋文帝制定的立国政策并不能完全适用当时的实际情况,北魏、北齐遵用的礼仪乃王俭《仪注》,有违"制礼作乐,是归元首"的基本要求,西魏、北周的宾嘉之礼并未详定,所以上书文帝依据北齐《仪注》来修订,最后形成了百卷的《隋朝仪礼》,即《开皇礼》。《开皇礼》透过礼典以显示皇帝为天神之化身,并借此以巩固政权之合法性,而收中央集权之效。②修礼议乐本为一体,开皇乐议的原则依然是沿袭汉魏故事,从礼仪制度来看采用的是北魏、北齐的传统,旧史往往以汉魏制度称之。在开皇乐议的第一个阶段,隋文帝以牛弘总知乐事。当时郑译、苏夔、何妥皆提出自己的观点,众人说法纷纭,不能统一。最后,何妥请隋文帝试听乐奏,并强调黄钟一宫以表示人君之德。隋文帝听乐之后采纳了何妥的观点,郑译等人乐论寝罢。《隋书》卷七五《何妥传》载:

> 先是,太常所传宗庙雅乐,数十年唯作大吕废黄钟。妥又以深乖古意,乃奏请用黄钟。诏下公卿议,从之。③

据此来看,隋文帝采用了何妥的乐论主张是经过群臣讨论的,而郑译乐论没有得到隋文帝的认可,或因其观点不完全符合汉魏旧的立国政策。④郑译出身于关陇贵族,在北周时习乐,深受苏祇婆影响。有学者认为郑译给正声音阶披上了龟兹音阶的外衣,然后上陈给隋文帝,用以勘正乐府所用的下徵音阶;⑤亦有学者以为,郑译主张的是借鉴龟兹五旦七调理论而扩充、演变所形成的八十四调理论。⑥对于郑译乐论的具体问题,不管争论如何,有一点可以确认,他

---

① [唐]魏征等:《隋书》(修订本),北京:中华书局,2018年,第121页。
② 高明士:《中国中古礼律综论:法文化的定型》,新北:元照出版公司,2014年,第185—188页。
③ [唐]魏征等:《隋书》(修订本),北京:中华书局,2018年,第1923页。
④ 高明士:《中国中古礼律综论:法文化的定型》,新北:元照出版公司,2014年,第191页。
⑤ 徐荣坤:《解读"开皇乐议"中的几个谜团》,《天籁(天津音乐学院学报)》2012年第3期,第48—55页。
⑥ 王嵘:《苏祇婆与龟兹音乐的东传》,《西域研究》1996年第4期,第11—17页;葛恩专:《开皇乐议研究》,西安:陕西师范大学硕士论文,2011年,第35—37页。

的音乐理论不适合隋文帝所提倡的汉魏旧的立国政策,郑译的音乐理论悉因袭于北周,故被寝罢也是情理之中的了。

陈寅恪云:"所谓北魏、北齐之源者,凡江左承袭汉、魏、西晋之礼乐政刑典章文物,自东晋至南齐期间所发展变迁,而为北魏孝文帝及其子孙摹仿采用,传至北齐成一大结集者是也。"①隋文帝以源于北魏鲜卑族的《簸箩回歌》《真人代歌》等北狄乐为核心,结合汉魏以来传统的南朝清商乐,重新编制鼓吹乐,以此来显示隋朝的一统天下,既不是复古性地回归汉代以来的传统王朝权力,也不是单纯地融合胡汉政权,而是有歌颂西魏、北周的权力基础渊源于鲜卑北魏的意图,并将其政治文化置于权力中枢。②隋朝建立后,首先由文化认同入手,进而积极加强中央集权,以达到内外安定的局面,当内外问题都解决了之后,才进行统一南方的部署。这些举措共费时七年(587 年),开皇七年正是隋对陈由守转攻的关键性节点。③礼乐是文化宣传中的重要方面。开皇七年,礼仪、律法基本修订完成,唯有乐制一直拖延不决,这不仅对于塑造隋朝的正统性不利,而且对于南北统一大业有负面影响,只有完成了乐制改革才可以更好地争取南朝士人的支持和拥护。所以,针对当时的乐制纷争,隋文帝大怒曰:"我受天命七年,乐府犹歌前代功德邪?"隋文帝得政之始,北周宗室和大臣纷纷叛乱。隋文帝除采取了镇压措施之外,还需要在舆论上宣传禅让代周的合理性,以树立正统地位,而礼乐改革是正名分的最好途径,隋文帝采用何妥黄钟一宫理论是为了宣示隋朝的合理性和皇帝的唯一性。④隋文帝在对陈完成军事等各种准备后,于开皇七年选择何妥的黄钟一宫理论是从各个方面综合考虑的。

开皇乐议中郑译的音乐理论没有得到隋文帝采用,除了其乐论不符合隋朝初的文化政策之外,还和隋初的政治格局息息相关。杨隋代周后,隋文帝开

① 陈寅恪:《隋唐制度渊源略论稿》,北京:生活·读书·新知三联书店,2009 年,第 3 页。
② [日]渡边信一郎:《隋文帝的乐制改革——以鼓吹乐的再编为中心》,《日本学者中国法论著选译》,北京:中国政法大学出版社,2012 年,第 237—254 页;[日]渡边信一郎:《中国古代の楽制と国家:日本雅楽の源流》,东京:文理阁,2013 年,第 265—292 页。
③ 高明士:《中国中古政治的探索》,新北:五南图书出版公司,2006 年,第 127—167 页。
④ 王立增:《开皇乐议与隋初政治》,《天津音乐学院学报(天籁)》2003 年第 4 期,第 33—36 页。

始组建新的中央领导班子,为了树立其权威,大力抑制原北周勋贵阶层,尤其是排斥军人对朝政的干预,希望从组织上巩固新的政权,贯彻不同于前代的政治路线。①

周宣帝时期,促立杨坚执掌朝政并代周建隋的开国功臣以郑译、刘昉和卢贲为代表。周宣帝卒后,静帝年幼,郑译与刘昉积极策划,矫诏迎立杨坚入宫辅政,至此拉开了建立隋朝的序幕,史传称此次宫廷政变为"刘昉牵前,郑译推后"②。杨坚为大丞相之后,刘昉得封黄国公为相府司马,郑译任相府长史。虽然如此,作为周隋之际政变的功臣和关键人物,他们的境遇在入隋后却发生了巨大的变化。开皇元年二月隋文帝即位后,刘昉进位柱国,改封舒国公,"闲居无事,不复任使";郑译以上柱国、沛国公归第,后又因事除名;卢贲亦未受到隋文帝的重用。他们三人的情况和当时的国家用人原则是一致的,隋文帝的用人首先看政治态度,以忠诚于皇帝和新朝为根本要求,以共同的政治目标为考量标准;其次,必须具备文武才干,且恪尽职守,兢兢业业;再次,与北周的关系不能太深。③北周政权是打天下者坐天下,国家以官职品衔以酬功臣,而隋文帝具有雄才大略,他需要加强皇帝的个人权威,加强中央集权制度,开辟一个新的盛世,所以他打破了北周的用人方针,把权力、官职与功勋分开,在开皇时期隋文帝需要抑制北周时掌权的关陇勋贵,对执掌兵权的武将尤其打压。

隋文帝一方面抑制北周贵族,另一方面大力启用中下层官员,如高颎、虞庆则、苏威、赵芬、杨素、柳机、李德林、辛彦之、牛弘、长孙平、杜杲等人。这些人有的任职三省六部,有的执掌军队。在这种局面下,郑译的乐论没有得到隋文帝的采用也是可以理解的。《隋书》卷七八《万宝常传》:

> 开皇初,沛国公郑译等定乐,初为黄钟调。宝常虽为伶人,译等每召与

① 韩昇:《隋文帝的雄猜与开皇初期政局》,《史学月刊》1999年第3期,第31—36页。
② [唐]魏征等:《隋书》(修订本)卷三八《刘昉传》,北京:中华书局,2018年,第1284页。
③ 张先昌、陶伟乔:《隋文帝"薄于功臣"辨析》,《华东师范大学学报》(哲学社会科学版)2009年第1期,第51—57页。

议，然言多不用。后译乐成奏之，上召宝常，问其可不，宝常曰："此亡国之音，岂陛下之所宜闻！"上不悦。宝常因极言乐声哀怨淫放，非雅正之音，请以水尺为律，以调乐器。上从之。宝常奉诏，遂造诸乐器，其声率下郑译调二律。并撰《乐谱》六十四卷，具论八音旋相为宫之法，改弦移柱之变。为八十四调，一百四十四律，变化终于一千八百声。①

　　万宝常为隋朝乐工，身份低微，却颇负音乐才华，因为身份缘故其乐论不为权贵接受。开皇乐议中，隋文帝召见万宝常，询问他对郑译乐论的意见。这说明他的音乐造诣得到了隋文帝的赞同，同时隋文帝亦不乏出于抑制郑译的考虑。

　　郑译乐论在开皇乐议中寝罢，还有一个重要因素就是他的身份情况。郑译可以称得上是一代宠臣，先后得到四位帝王的信任。②郑译小时候曾一度过继给从祖郑文宽，郑文宽尚魏平阳公主，郑译自小就受到宇文泰的宠爱，并与宇文氏子弟一起游集。稍长之后，郑译就成为宇文邕的僚佐，宇文邕即位后，无疑属于宇文邕的亲信人员。宇文赟为皇太子，郑译又出为太子府属官，受到宇文赟的极大信任。郑译在北周时一直是多位皇帝亲近的人员，身上深深烙印上了北周政权的印痕，可以说郑译是关陇贵族的核心人物，并且成为朝中举足轻重的皇帝宠臣。

　　郑译与隋文帝有同学之谊，在隋文帝代周的过程中发挥了重要的作用，可以说隋文帝登上权力的顶峰离不开郑译的助力。作为杨隋的开国元勋，他在隋立国后却被迫离开了权力中心，这种和北周时期截然不同的身份形成了强烈对比。郑译虽然没有做出刘昉等人的叛乱之举，但心里也会产生一些怨气。不过郑译一直处在权力中心，对于和杨坚由同学至君臣关系的转变有着清晰的认识，尤其经过与母别居等事件的影响，郑译摆正了自己的身份位置，从而在

① ［唐］魏征等：《隋书》（修订本），北京：中华书局，2018 年，第 2003 页。
② 关于历史上相似的君臣情况讨论，可参阅侯旭东：《宠·信—任型君臣关系与西汉历史的展开》（上），《清华大学学报》（哲学社会科学版）2016 年第 6 期，第 64—102 页；侯旭东：《宠·信—任型君臣关系与西汉历史的展开》（下），《清华大学学报》（哲学社会科学版）2017 年第 1 期，第 90—123 页。

一定程度上得到了隋文帝的垂念,先是参与了开皇律令的修订,后于开皇四年(584年)得到隆州刺史的职位,重新有了比较重要的官职。

在开皇乐议中,郑译提出的"考校太乐所奏,林钟之宫,应用林钟为宫,乃用黄钟为宫;应用南吕为商,乃用太簇为商;应用应钟为角,乃取姑洗为角"等音乐理论,实际上仍然是维护隋文帝的帝王地位,这和何妥的观念本质上是相同的。《隋书》卷三八《卢贲传》载:"夫乐者,治之本也,故移风易俗,莫善于乐,是以吴札观而辩兴亡。然则乐也者,所以动天地,感鬼神,情发于声,治乱斯应。周武以林钟为宫,盖将亡之征也。且林钟之管,即黄钟下生之义。黄钟,君也,而生于臣,明为皇家九五之应。又阴者臣也,而居君位,更显国家登极之祥。斯实冥数相符,非关人事。伏惟陛下握图御宇,道迈前王,功成作乐,焕乎曩策。臣闻五帝不相沿乐,三王不相袭礼,此盖随时改制,而不失雅正者也。"①郑译倡导的雅乐以黄钟为宫,依然宣扬的是君臣之意,以附会先儒宫浊羽清之说。《乐纬·动声仪》云:"宫为君,君者当宽大容众,故其声弘以舒,其和情也柔,动脾也。商为臣,臣者当以发明君之号令,其声散以明,其和温以断,动肺也。角为民,民者当约俭,不奢僭差,故其声防以约,其和清以静,动肝也。徵为事,事者君子之功,既当急就之,其事当久流亡,故其声贬以疾,其和平以功,动心也。羽为物,物者不有委聚,故其声散以虚,其和断以散,动肾也。"②乐纬不但以五音比附五行、五脏,而且以八音比附八卦,黄钟象征君王。郑译的乐论符合音乐史发展的现状,虽然没有何妥的黄钟一宫理论纯粹,但并未成为隋文帝绝对反对的理由。

隋文帝音乐修养高深③,评价郑译的音乐理论时说"音乐则公正之",可见郑译的乐论其实得到了隋文帝的认可,不采用其乐论更大可能是其他原因所致。郑译身上带着浓厚的北周因素,甚至可以说在一定程度上成为一种象征的符号,隋文帝为了隔绝对北周的政治因袭,自然对于他所提出的乐论会产生不好的印象。《隋书》卷一五《音乐志下》载:"牛弘遂因郑译之旧,又请依古五声六

---

① [唐]魏征等:《隋书》(修订本),北京:中华书局,2018年,第1295—1296页。
② [日]安居香山、中村璋八:《纬书集成》,石家庄:河北人民出版社,1994年,第524页。
③ 高明士:《中国中古礼律综论:法文化的定型》,新北:元照出版公司,2014年,第203—213页。

律,旋相为宫。雅乐每宫但一调,唯迎气奏五调,谓之五音。缦乐用七调,祭祀施用。各依声律尊卑为次。高祖犹忆妥言,注弘奏下,不许作旋宫之乐,但作黄钟一宫而已。"①到了开皇乐议第二阶段,牛弘重新提议以郑译音乐理论为定乐的标准,依然被隋文帝坚决否定了。隋文帝还是采用了何妥的黄钟一宫理论,在开皇十四年(594年)三月最终定乐。郑译一代宠臣的身份在很大程度上成为隋文帝否定他乐议理论的缘由。

## 结　语

《旧五代史》卷一四五《乐志下》载:"隋朝初定雅乐,群党沮议,历载不成。而沛公郑译,因龟兹琵琶七音,以应月律,五正、二变,七调克谐,旋相为宫,复为八十四调。工人万宝常又减其丝数,稍令古淡。隋高祖不重雅乐,令儒官集议。博士何妥驳奏,其郑、万所奏八十四调并废。隋氏郊庙所奏,唯黄钟一均,与五郊迎气,杂用蕤宾,但七调而已;其余五钟,悬而不作。三朝宴乐,用缦乐九部,迄于革命,未能改更。"②开皇乐议中郑译乐论的寝罢,和隋文帝立国的文化政策依"汉魏之旧"有关。在开皇初年文帝加强中央集权的方针下,为了一统天下的目的,对于一代宠臣郑译的任用及其乐论的态度,都是我们需要综合考虑的,唯如此方可以透过音乐制度的改革来理解开皇政局。

（原刊中国社会科学院历史研究所文化史研究室主办《形象史学》,社会科学文献出版社,2017年第1期）

---

① ［唐］魏征等:《隋书》(修订本),北京:中华书局,2018年,第381—382页。
② ［宋］薛居正等:《旧五代史》(修订本),中华书局,2015年,第2258—2259页。

# 新见初唐名臣裴寂墓志及相关问题

  在高祖李渊从太原起兵到建立唐朝的过程中，身边最信任的无疑应属武德名臣裴寂，"高祖视朝，必引与同坐，入阁则延之卧内，言无不从，呼为裴监而不名"①。裴寂作为唐代第一任宰相，在唐朝建立过程中发挥了重要的作用，在新旧《唐书》功臣列传中名居其上。后来为人们所津津乐道的裴寂与刘文静事件，因为其中夹杂着一代雄主李世民的身影，在初唐政治史上留下了一抹浓浓的影像。随着裴寂墓志的发现，相关问题引起了我们进一步的反思和探讨。裴寂墓志近年出土于山西地区，志石拓本（图一）长宽均 80 厘米，48 行，满行 47 字，正书，有方界格。谨移录并标点志文如下：

   大唐故司空魏国公赠相州刺史裴公墓志铭

   夫地绝天倾，齐圣以斯濡足。飚回雾塞，通贤由此沃心。若蛟龙之得云，喻鲲鲸之纵壑。是故轩营载路，翼七佐以增飞。周历膺期，驭十乱而长骛。推昏亡如反掌，取寰区犹拾遗。若乃经启睿图，宣调气序。陶甄稷契，囊括萧曹。反黔首于羲皇，致我君于尧舜者，其在司空魏国公乎。公讳寂，字真玄，河东闻喜人也。汾阴瑞彩，五色云披。砥柱荣光，千里波属。禀其灵者人杰，标其秀者国桢。贯三古以开基，绵百代而繁祉。故能清通着目，

---

  ① ［后晋］刘昫等：《旧唐书》卷五七《裴寂传》，北京：中华书局，2007 年，第 2287 页。

图一 裴寂墓志拓本

天下归其识鉴;领袖驰声,海内挹其模楷。儒雅之风潜被,钟鼎之祚遄宣。高祖会,魏秘书监。曾祖韬,历左民郎尚书□丞、散骑常侍、集州刺史。并垂仁扇俗,迈德成风。外含文而柳华,内处静而惩躁。宣柔嘉以宪物,陈宏暮以佐时。祖融,周司木中大夫、蜀道行军总管,赠康成二州刺史,谥曰襄贞。蹈节为基,怀忠植性。忘身徇烈,千金与蝉翼同轻;蹈义如归,七尺共鸿毛齐致。父瑜,周齐御史大夫、骠骑将军,赠绛州刺史,谥曰康。德宇虚凝,道风清穆。饰忠信而形国,怀冰霜而澡身。升降庙堂,神游江海之上;勤劳周卫,志逸云霄之表。公以岳灵降祉,昂精垂贶。丕承绪业,振动家风。文梓才生,有识知其构夏;明珠始育,金议归其照车。许之远大,彰乎髫发。适年数岁，便处内艰。一溢冥心，非有由于闻礼。孺慕成性，寔暗合于天经。从祖黄门，当朝藻镜，见而称异，因谓人曰："此儿志力天挺自然，乃岷山之一片，必吾家之千里。"由是四海拭目，嗟其老成。五宗引领，伫其光覆。及登志学，神解艺文。羽陵汲冢之丛残，鸿宝圯桥之陕秘。连山十翼，玄首四重。莫不穷神索隐，因心朗照。加以沉机先物，望景知微。筹千变于桓辰，笼万象于方寸。清衿映俗，威容绝人。凌景山而独高，涵巨壑而逾濬。鸾皇比质，自表仁义之文；虬螭兼资，素韬风云之气。登高揽控，志澄天壤。拥膝长吟，思逢启圣。年十有四，召为本州主簿。虽复英髦解褐，用表清阶。世胄高踪，盖遵常辙。若乃青衿之岁，首应焚林；纨绔之年，超登制锦。辟强入侍，迮此非奇。子晋游仙，方之已老。逮乎！十八郡察孝廉，例以门资授左亲卫。位颂执戟，宠冠期门。譬鸣凤之将翻，由丹穴而仪阿。阁类鹖明之䴘，举起沮泽而负。高旻尺木，滥觞斯之谓矣。仁寿二年，应诏举除齐州司户参军事。职效一官，声高百郡。巇闲化其文教，稷下议其廉平。考绩居多，迁侍御史。豸冠在位，百辟耸其威风。骢骑出游，九有倾其震电。虽汉皇之褒郑，据晋弼之启孙，絑弗能加也。寻属时网颓纲，回耶挠栋，恶直成侣，同阘高明。肤受既行，竟疵文雅，由是左迁为晋阳宫监。伊尹五就于此，长辞尚父。六韬兹焉，未遇于时。有随二世，迁播三江。耽泽国以忘归，乐水乡而不反。王梁策马，已告亡征。蚩尤建旗，先彰乱兆。褛秾天而莫悟，虹贯日而无悚。封豕长蛇，因机电发。共巾青犊，候鄜风驰。万乘于此，土崩九县，由斯悃裂。慄慄黎首，转深沟而莫救。蠢蠢生灵，与焚原而共尽。太上皇沉迹列位，韫庆灵图；总戎式遏，韬光勿用。公乃绸缪潜德，崎岖草昧之间。纷纭外攘，献替经纶之始。既齐未济，等同舟之一心。非亡追亡，犹共身之二手。翼在田而或跃，匡纳麓而不迷。响应玄功，谋符圣作。既复丹书告庆，赤伏呈祥，而天眷不回，謉然沉首。緊赖元宰，潜起圣怀；是用奉天，肇膺灵命。义师爰集，蒙授金紫光禄大夫。霜朝初建，擢为大将军府长史。谅由唐年，元恺委质。虞庭汉代，贾荀当官。魏握譬以石而投水，喻凭舟而济川，于是白旄南鹜，朱旗西指。行届霍邑，乃遇随师。犹且吠尧，莫知讴舜。圣情仁恻，不忍战民。欲偃伯于参墟,翼凤沙之自缚。公又扣马切谏,必请乘黎挥刃,断鞅固争,回旆遂奋威略,一鼓就擒。整众通行,万里无累。念功畴赏,进授光禄大夫。前次绛州,迩于桑井,乃驰一札,喻此百城。老幼相携,如归景亳。襁负俱至,若就岐阳。是用赐册,为闻喜县开国公,邑一千户。而蒲州负阻,情未反迷,独为匪民,尚婴穷垒。武臣争奋,志在攻屠。公乃请箸为筹,引衣献策,缓前禽而趋牧野,纵困兽而赴咸阳。既克镐京,尽收图籍。市无改肆,民有息肩。道致生平,并公之力。太上皇负孺临朝,光膺历试,乃复引公为相府长史,进爵魏国公,加邑三千户,别赐甲第一区、公田千顷。桓珪传瑞,照里光衢;舞簜充庭,化家为国。含天宪于王室,运神枢于宰朝。武德元年皇唐受命,六月一日册拜尚书右仆射,领京兆尹。自魏晋作故,事归台阁。文昌首席,务总阿衡;百工请决,神无滞用。万邦酬抗,笔不停毫。复大礼于维新,致胜残于伊始,故以蹈夔龙之阃域,掇孔坒之菁华。岂直桓范留台,魏帝还而绝奏;谢琰高选,晋后谓其无准,若斯而已哉。二年,授汾州道行军大都督。三年,有诏特免再死。六年四月,转授尚书左仆射。历居端揆,允厘庶政,谭思旧章,弥纶彝典,冕旒穆而垂拱,严廊肃而无事,以圣得贤,验于兹矣。寻授尚书令,固辞不拜。九年,册拜司空。公上总九奎,下均七赋。帝道以之熙载,台耀于是扬辉。前后累增邑七千户,别食益州,封一千五百户。贞观之初,以公事免,寻降敕召,载病就征,以六年六月奄薨于路,春秋六十。神襟振悼,追赠相州刺史。粤以其年龙集庚辰十一月庚辰朔十一日庚寅迁厝于蒲州桑泉县三疑之南原,惟公智含神契,命偶天飞。作相升陋,嘉猷不世。隐如敌国,元功绝伦。揭日月以增华,造区夏而宣用。洎乎倒戈,赤县推毂。紫宸职参,百揆望隆。三事规摸,寄其弘远。神化仗以丹青,故可方驾韦彭,齐踪风力。孰与夫申屠蹑蹑,胡广容容,度长絜大,同年而语也。庶当乞言辟水,养齿虞庠。乘安车于分丘,定升中之大典。何谓藏舟从壑,朽壤颓峰。去千祀之昭世,与万化而同往。第二子律师,切风树之无及,痛斡流之若驰。将恐陵谷贸迁,徽猷方远。敢旌幽壤,乃勒铭云:

汤武格天,伊周翊圣。风云冥感,允龚灵命。于惟我皇,登期比盛。锡兹良弼,光前无竟。爰初匡景,体道攸尊。身随远牒,心王丘园。适时舒卷,应物飞翻。藏用不测,韫智难源。否泰迭兴,昏明相复。天聪厌乱,神谋改卜。顺动相时,转危激福。思附鳞羽,规清墋黩。风驱云扰,景烛雷屯。宣功启睿,庙算几神。偃兵犹草,造物如钧。皇基所仗,帝迹斯因。翼风参墟,从龙渭汭。长驱凌险,鼓动摧脆。重立乾巛,再宁华裔。君臣叶力,首肱齐契。朝端具美,时令资和。高临山魏,下晒荀何。傍抽石室,俯定金科。爽憩无萌,旦艺惭多。照灼槐庭,雾霏露冕。经文业畅,通幽化阐。道致休明,声谐御辩。如何不整,翻乖与善。泉途黝黝,玄夜沉沉。风来杨啸,雾结松深。壮志安往,萱魂莫寻。式刊真宅,方昭德音。

## 一、裴寂之家族世系

中古家族研究中,河东裴氏作为关陇郡姓高门一直受到学界的关注,研究成果丰硕,此不赘述。在当时的社会影响中裴氏居于第一等士族之列,裴寂家族属于西眷裴一房,"领袖驰声,海内挹其模楷;儒雅之风潜被,钟鼎之祚遐宣",墓志所言不为过也。

对于裴寂的高祖和曾祖,《新唐书·宰相世系表》和《古今姓氏书辩证》只记载了其名讳,对于职官没有提及,今据墓志"高祖会,魏秘书监;曾祖韬,历左民郎尚书□丞、散骑常侍、集州刺史",可补史阙。

裴寂祖父裴融,两《唐书》载其官为司木大夫。[①]墓志云:"祖融,周司木中大夫、蜀道行军总管,赠康成二州刺史,谥曰褒。"《古今姓氏书辩证》卷五《裴》:"景惠生会、他。会生韬,韬生后周司木大夫融,融生仪同大将军孝瑜,居蒲州桑泉。生寂,字立真,相唐高祖,司空、尚书左仆射。"[②]比较不同史料的记载,司木大夫当是司木中大夫之省[③],司木中大夫是北周五命之官品,《周书》卷三四《杨

---

① [后晋]刘昫等:《旧唐书》卷五七《裴寂传》,北京:中华书局,2007年,第2285页。
② [宋]邓名世:《古今姓氏书辩证》,南昌:江西人民出版社,2006年,第80页。
③ 王仲荦:《北周六典》卷七《冬官府》"司木中大夫"条,北京:中华书局,1979年,第477页。

敷传》记载"五年转司木中大夫、军器副监"①,即是明证之一。《唐六典》卷二三《将作监》:"后魏太和初,将作大匠从第二品下;二十二年,降为从三品。北齐因之。后周有匠师中大夫一人,掌城郭、宫室之制及诸器物度量;又有司木中大夫一人,掌木工之政令。"②裴融曾经担任将作监之技术官员,墓志记载其还任职过蜀道行军总管,根据墓志后文的"负蹈节为基,怀忠植性;忘身徇烈,千金与蝉翼同轻;蹈义如归,七尺共鸿毛齐致"来看,裴融很可能是亡故于军旅之事的。

墓志:"父瑜,周齐御史大夫、骠骑将军,赠绛州刺史,谥曰康。"《旧唐书》卷六一《裴寂传》:"父瑜,绛州刺史。"③裴瑜官职当以墓志记载为是。对于史传所讲的裴瑜为仪同大将军一事,产生的原因值得探讨。《周书》卷六《武帝纪下》:"(建德四年)冬十月戊子,初置上柱国、上大将军官,改开府仪同三司为开府仪同大将军,仪同三司为仪同大将军,又置上开府、上仪同官。"④仪同三司与骠骑将军在官阶中一为散官一为军号,在北周的官号双授制度中,骠骑将军与右光禄大夫对应,仪同三司与车骑大将军对应,在西魏颁行九命之后军号与散官便建立了制度化的对应⑤,而史传记载裴瑜官号中的仪同大将军,可能就是散官号与勋官之间的分合升降所造成的。

裴寂子律师尚太宗妹临海长公主,官至汴州刺史,据墓志律师为裴寂第二子。⑥裴寂女为李渊第六子赵王元景之妃,河东裴氏与唐朝皇室婚媾,是从裴寂作为李唐的开国功臣开始的。从某种意义上来讲,正由于裴寂与李渊之间的密切交往,给后来裴氏和李唐王室之间更加亲近的关系奠定了基础。

《新唐书》卷九一上《宰相世系表》载裴寂有二子——律师和法师,今据墓志知裴寂至少有三子,长子现不知名姓,第二子律师,第三子法师。从裴寂对其

① [唐]令狐德棻:《周书》卷三四《杨敷传》,北京:中华书局,2003 年,第 600 页。

② [唐]李林甫:《唐六典》卷二三《将作监》,北京:中华书局,2008 年,第 593 页。

③ [后晋]刘昫等:《旧唐书》卷五七《裴寂传》,北京:中华书局,2007 年,第 2285 页。

④ [唐]令狐德棻:《周书》卷六《武帝纪下》,北京:中华书局,2003 年,第 93 页。

⑤ 陈苏镇:《北周隋唐的散官与勋官》,《北京大学学报》(哲学社会科学版)1991 年第 2 期, 第 29—36 页;阎步克:《品位与职位:秦汉魏晋南北朝官阶制度研究》,北京:中华书局,2009 年,第 496—523 页。

⑥ 关于武德时期公主下嫁功臣子弟的讨论可参阅[日]布目潮渢《隋唐史研究:唐朝政权の形成》,京都:中村印刷株式会社,1968 年,第 314—367 页。

子的命名来看,他对佛教有着异乎寻常的态度,从中可以对裴寂本人的思想和裴氏家族的信仰有一定的直观了解。

## 二、裴寂之生平历程

《旧唐书》云裴寂字"玄真",《新唐书·宰相世系表》作"真玄",赵超已经指出了两者间的差异。①《古今姓氏书辩证》载裴寂字"立真",立字当是玄字之讹,墓志为"真玄",裴寂表字当以"真玄"为是。

贞观六年(632年)裴寂薨于路,卒年六十岁,可知裴寂当生于建德二年(573年)。关于裴寂的墓所在地文献多有记载,《元和郡县图志》卷一二《河东道一》:"桑泉故城,在县东十三里。左传曰'重耳围令狐,入桑泉',谓此也。故司空魏国公裴寂墓,在县东北十七里。"②《太平寰宇记》卷四六《河东道七》:"故司空裴寂墓,在县东北十七里。墓碑即秘书虞世南之文,率更令欧阳询书。"③此裴寂墓碑由虞世南撰文,欧阳询书丹,不过此碑早已不知踪迹。本文所要讨论的裴寂墓志文字典雅,用典工整,可知乃是第一流的文者所为。裴寂墓志撰书者不明为谁,但从书法来看与虞体十分接近,用墓志文体对比虞体其他作品风格如出一辙。

从裴瑜历官来看,他应该卒于周齐之际,随后裴寂"适年数岁,便处内艰",据此可知裴寂父母早逝,一直为诸兄抚养长大。关于裴寂的父祖世系情况,以及裴寂是否可以归于贵族的行列,矢野主税和布目潮沨有比较详尽的讨论。④我们认为,裴寂在父母过世后虽由诸兄抚养,但并没有改变他的身份,依然属于世族中的一员。裴寂自幼聪慧过人,"及登志学神解艺文,羽陵汲冢之聚残,

---

① 赵超:《新唐书宰相世系表集校》,北京:中华书局,1998年,第3页。

② [唐]李吉甫:《元和郡县图志》卷一二《河东道一》,北京:中华书局,2008年,第336页。

③ [宋]乐史:《太平寰宇记》卷四六《河东道七》,北京:中华书局,2007年,第958页。

④ [日]矢野主税:《唐初の貴族政治について》,《东方学》第9辑,1954年;[日]矢野主税:《裴氏研究》,《社会科学论丛》第14卷,1965年,第17—48页;[日]布目潮沨:《隋唐史研究:唐朝政權の形成》,京都:中村印刷株式会社,1968年,第155—156页。

鸿宝圯桥之隩秘。连山十翼,玄首四重。莫不穷神索隐,因心朗照。加以沉机先物,望景知徽,筹千变于桓晨,笼万象于方寸"。墓志所讲不乏夸张之处,不过亦可从中看出裴寂少年时就已经与众不同,故此才有从祖黄门对外"此儿志力天挺自然,乃岷山之一片,必吾家之千里"一言。从祖黄门,指的当是裴矩。裴矩"博学,早知名",为隋文帝所重,入唐后相高祖朝,贞观元年(627年)卒。裴矩以文采闻名天下,撰有《西域图记》三卷、《开业平陈记》十二卷,还与虞世南共撰《吉凶书仪》一书。①裴矩大业初任黄门侍郎参与朝政。黄门自汉代以来就是清贵官的一种,受到时人的重视,墓志不言裴矩最高官职而以黄门指称,正反映了历史语境下的情景与观念。

开皇七年(587年)裴寂十四岁时被召为本州主簿,之后又迁为左亲卫,墓志言"十八郡查孝廉,例以门资授左亲卫",至此对于裴寂任左亲卫的缘故有了比较清楚的了解。左亲卫乃荫任之官品,裴寂"位颁执戟,宠冠期门"。到了仁寿二年(602年)应诏举除齐州司户参军事,"职效一官,声高百郡。巘间化其文教,稷下议其廉平"。隋唐三卫是介于官民之间的一种身份,这种身份是由其候选官的功能决定的,得到三卫只是具备了任官资格,这与唐代登科之后的士人状态是相似的。②裴寂应诏举后担任职事官,这为了解左亲卫一职在隋代官品序列中的真正内涵提供了例证。《新唐书》卷八八《裴寂传》:"大业中,为齐州司户参军,历侍御史,晋阳宫副监。"③《旧唐书》则载:"大业中,历侍御史、驾部承务郎、晋阳宫副监。"④关于裴寂任齐州司户参军事的时间,墓志和《旧唐书》所载相同,并且说明了裴寂是由于应诏而获得授官的。到了大业年间,裴寂在被考核后任从七品侍御史,至此裴寂进入中央官序列。关于裴寂在侍御史之后的任官,《旧唐书》记载还经历过驾部承务郎一职,不过从墓志和《新唐书》来看,裴

① [后晋]刘昫等:《旧唐书》卷六三《裴矩传》,北京:中华书局,2007年,第2406页。
② 孙正军:《官还是民:唐代三卫补吏称"释褐"小考》,《复旦学报》(社会科学版)2013年第4期,第35—42页。
③ [宋]欧阳修、宋祁:《新唐书》卷八八《裴寂传》,北京:中华书局,2006年,第3736页。
④ [后晋]刘昫等:《旧唐书》卷五七《裴寂传》,北京:中华书局,2007年,第2285页。

寂应该是从侍御史任上左迁为晋阳宫副监的。裴寂任侍御史时，"豸冠在位，百辟耸其威风。骢骑出游，九有倾其震电。虽汉皇之褒郑，据晋弼之启孙，綝弗能加也。寻属时网颓纲，回耶挠栋，恶直成侣，同阙高明。肤受既行，竟疵文雅"。由此可知裴寂任晋阳宫副监也是不得已而为之的事情。

隋炀帝巡游扬州之后，隋朝日渐没落，各地烽火并起。在此情况下，李渊集团经过周全的准备，于大业十三年(617年)六月成立了大将军府，宣告晋阳起兵。晋阳起兵，是李渊集团开始脱离隋朝、夺取最高权力的历史亮相，从此以后李渊集团开始了平定天下、建立李唐政权的过程。在李渊晋阳起兵的过程中，裴寂发挥了重要的作用。李渊欲反隋而不露声色，"沉迹列位，韬庆灵图；总戎式遏，韬光勿用"，李世民和刘文静想起兵却又不知李渊心思，故托裴寂来劝导李渊，李渊亦顺水推舟同意了这个重要的决定。或者说，裴寂和李渊早就谋划起兵事宜，在李渊、李世民各自不同的历史叙事中，裴寂充当着沟通两者和传递彼此消息之人。符应数术在古代社会政治中具有特殊的地位和影响，李渊起兵前也需要有祥瑞抑或异象来支持所谓天命上的合法性。在史传中对于晋阳起兵前的此类事件少有记载，墓志载裴寂"响应玄功，谋符圣作；既复丹书告庆，赤伏呈祥，而天眷不回，謏然沉首；医赖元宰，潜起圣怀，是用奉天，肇膺灵命"，正为我们了解当时的符应营造提供了珍贵的线索。

晋阳起兵是以李渊为首的军事政治集团看到隋朝大势已去所谋划的夺取最高权力的重大事件，这个集团的最高决策者和全局指挥者当然是李渊。①在晋阳起兵中除李渊外，最重要的三个人分别是李世民、裴寂和刘文静，他们在此事中由于职责分工不同，分别发挥了自己的作用，但后来史传都突出了李世民的功劳。而裴寂在李渊起兵后"进宫女五百人，并上米九万斛、杂彩五万段、甲四十万领，以供军用"，可见他在晋阳起兵前后均发挥了重要的作用，所以"霸朝初建，擢为大将军府长史"，成为李渊重要的亲信人员。

① 综合性论述，参见胡戟等主编《二十世纪唐研究》，北京：中国社会科学出版社，2002年，第27页。

《大唐创业起居注》卷一载：

> 裴寂等请进位大将军，以隆府号，不乖古今，权籍威名。帝曰："卿以二立相期，欲孤为霍光之任，威在将军，何关大也。必须仍旧，亦任加之，署置府僚长史已下，功次取之，量能受职。"裴寂等又请置诸军，并兵士等总号。帝曰："诸侯三军，春秋所许。孤今霸业，差拟晋文，可作三军，分置左右。谋简统帅，妙选其人。诸军既是义兵，还可呼为义士。昔周武克殷，义士非其薄德。况今未有所克，敢忘义士者乎。"[①]

随后李渊又以李建成为陇西公，为左领军大都督；李世民为敦煌公，为右领军大都督；裴寂、刘文静为大将军府长史司马，以殷开山、刘正会、温大雅、唐俭、权弘寿、卢阶、思德平、武士彟等为掾属、记室参左等官，以鹰扬王长阶、姜宝谊、杨毛、京兆长孙顺德、窦琮、刘弘基等分为左右统军、副统军，自此以后文武职员，随才铨用。晋阳起兵前后的舆论塑造，李渊集团的人员组成框架，都为唐朝平定诸路义军打下了重要的政治基础。墓志所谓"谅由唐年，元恺委质；虞庭汉代，贾荀当官"，正是李渊集团内部人员真实的写照。正因为晋阳起兵在唐朝历史上具有无与伦比的重要性，所以墓志对于裴寂在此事中的作用着重进行了描述，给我们提供了同史传不同的历史叙事。

在李渊领军进至霍邑之时，传出了刘武周联合突厥大军进攻太原的消息，是继续攻取霍邑还是回师太原，当时李渊集团有着不同的意见，不过李渊最后听取了世民和建成的意见决定攻占霍邑。唐军以调虎离山之计诱使宋老生出城，"渊乃与建成陈于城东，世民陈于城南；渊、建成战小却，世民与军头临淄段志玄自南原引兵驰下，冲老生陈，出其背"[②]，最后一举斩杀宋老生，占领霍邑。在霍邑之战中，史传对于裴寂的作用没有记载，墓志云："行届霍邑，乃遇随师。

---

① ［唐］温大雅：《大唐创业起居注》卷一，上海：上海古籍出版社，1983年，第11—12页。
② ［宋］司马光：《资治通鉴》卷一八四"隋恭帝义宁元年八月"条，北京：中华书局，2007年，第5748页。

犹且吠尧，莫知讴舜。圣情仁恻，不忍战民。欲偃伯于参墟，异凫沙之自缚。公又扣马切谏，必请乘黎挥刃，断鞅固争，回斾遂奋威略，一鼓就擒。"我们怀疑建成和世民劝谏李渊的时候裴寂发挥了不可低估的作用，最终促成了李渊进攻霍邑的决心，所以战后李渊论功行赏的时候，裴寂被封为光禄大夫。

《新唐书》卷八八《裴寂传》："下临汾，封闻喜县公。"①李渊军占据霍邑后的军事目标就是河东，在行军途中队伍不断壮大，在下临汾之后裴寂被封为闻喜县公。对于此事墓志记载得比较清楚，"前次绛州，迳于桑井，乃驰一札，喻此百城。老幼相携，如归景亳。襁负俱至，若就岐阳。是用赐册，为闻喜县开国公，邑一千户"。裴寂身属河东裴氏，在当地有着很高的民望，为李渊集团在政治上带来了重要的影响，"丙申，至汾阴。遣书招冯翊贼帅孙华，华所部强兵，至于数千，积年劫掠，非常富实，涑水以北莫敢当之。帝书到，华喜而从命"②。从墓志记载来看，书信一事与裴寂有着莫大的关系，而裴寂亦因此事获得了李渊的进一步器重。

唐军兵临黄河东岸，隋朝河东守将为屈突通，一时不可能占领河东，此时唐军针对下一步的军事行动有两种意见，以裴寂为主的一派认为："今通据蒲关，若不先平，前有京城之守，后有屈突之援，此乃腹背受敌，败之道也。未若攻蒲州，下之而后入关。京师绝援，可不攻而定矣。"③墓志说裴寂"请箸为筹，引衣献策"一语正是此事。而以李世民为首的一派认为："兵法尚权，权在于速。宜乘机早渡，以骇其心。我若迟留，彼则生计。且关中群盗，所在屯结，未有定主，易以招怀，贼附兵强，何城不克？屈突通自守贼耳，不足为虞。若失入关之机，则事未可知矣。"④李渊同时采取了两种意见，一边派人监视隋军，一边领军急进关中。十一月九日，唐军攻克大兴城，李渊入城后被封为唐王，"乃复引公为相府长史，进爵魏国公，加邑三千户，别赐甲第一区、公田千顷"。

① ［宋］欧阳修、宋祁：《新唐书》卷八八《裴寂传》，北京：中华书局，2006年，第3737页。
② ［唐］温大雅：《大唐创业起居注》卷二，上海：上海古籍出版社，1983年，第30页。
③ ［后晋］刘昫等：《旧唐书》卷五七《裴寂传》，北京：中华书局，2007年，第2286页。
④ ［后晋］刘昫：《旧唐书》卷五七《裴寂传》，北京：中华书局，2007年，第2286页。

武德元年（618 年），唐朝建立，六月一日裴寂任尚书右仆射，领京兆尹。关于裴寂领京兆尹一事史传没有记载，《旧唐书》卷一《高祖纪》："（武德元年六月）壬辰，加秦王雍州牧，余官如故。"[1]京兆府，隋京兆郡，武德元年五月十五日改为雍州，置牧一人，以亲王为之，以别驾理州事。永徽中改别驾为长史，开元元年（213 年）改雍州为京兆府，改雍州长史为京兆尹。[2]《旧唐书》卷四八《职官三》："京兆、河南、太原牧及都督、刺史掌清肃邦畿，考核官吏，宣布德化，抚和齐人，劝课农桑，敦敷五教。……尹、少尹、别驾、长史、司马掌贰府州之事，以纲纪众务，通判列曹。"[3]武德时期，李世民多征战在外，长安的具体负责者不是身为雍州牧的李世民，而是其属官。武德元年雍州置七职，以萧瑀为州都督、韦让为州别驾。今据墓志可知，裴寂当时是兼任京兆尹的。李渊虽然封李世民为雍州牧，但实际权力让自己的亲信裴寂掌握。李渊晋封唐王之后，十一月"以太宗为京兆尹，改封秦公"，墓志言裴寂领京兆尹事当是李世民晋为雍州牧之后才发生的。

裴寂在唐朝伊始就参与了多项事务，正如后来李世民评价裴寂"武德之时，政刑纰缪，官方弛紊，职公之由"[4]，此亦证明了武德时期政刑等一切事务均由裴寂辅佐李渊实施并全面负责。"自魏晋作故，事归台阁。文昌首席，务总阿衡，百工请决，神无滞用。万邦酬抗，笔不停毫。复大礼于维新，致胜残于伊始，故以蹈夔龙之阃域，掇孔垒之菁华。岂直桓范留台，魏帝还而绝奏；谢琰高选，晋后谓其无准，若斯而已哉"，墓志所言当是实情。

武德二年（619 年），刘武周兵进太原，李元吉部姜宝谊、李仲文所率唐军被击败，"寂自请行，因为晋州道行军总管，得以便宜从事"[5]。裴寂领军出征被宋金刚打败，随之还朝被李渊谴责。史书记载裴寂乃是自行请令征伐刘武周，墓

① ［后晋］刘昫等：《旧唐书》，北京：中华书局，2007 年，第 7 页。
② 关于唐代京兆尹的相关研究请参阅张荣芳《唐代京兆尹研究》，新北：台湾学生书局，1987 年。
③ ［后晋］刘昫等：《旧唐书》，北京：中华书局，2007 年，第 1919 页。
④ ［后晋］刘昫等：《旧唐书》卷五七《裴寂传》，北京：中华书局，2007 年，第 2288 页。
⑤ ［后晋］刘昫等：《旧唐书》卷五七《裴寂传》，北京：中华书局，2007 年，第 2287 页。

志只云"二年,授汾州道行军大都督",裴寂自跟随李渊起兵以来素无军事才能,所以我们怀疑裴寂领兵应不是其本意,而是李渊的安排。并州是唐朝根基所在地,皇子元吉兵败之后,裴寂率兵出征,在此事背后一定贯穿着李渊的意图,不然在裴寂大败还京后不可能很快就被李渊"顾待弥重"。正因为如此,墓志才对此事只用寥寥数语一笔带过。

墓志:"三年,有诏特免再死。六年四月,转授尚书左仆射。历居端揆,允厘庶政,谭思旧章,弥纶彝典,冕旒穆而垂拱,严廊肃而无事,以圣得贤,验于兹矣。寻授尚书令,固辞不拜。九年,册拜司空。公上总九奎,下均七赋。帝道以之熙载,台耀于是杨辉。前后累增邑七千户,别食益州,封一千五百户。"从《唐大诏令集》记载知裴寂等特诏免死在武德元年,"有诏以太原元谋立功,尚书令秦王某,尚书左仆射裴寂及文静,特恕二死"①,今据墓志可知裴寂等再诏免死事在武德三年(620年)。武德六年(623年)裴寂由右仆射转左仆射,李渊赐宴含章殿,荣宠一时。墓志言裴寂寻授尚书令一事不见于史传,唐代自从李世民担任尚书令一职后,此职再没有授予其他人,裴寂亦知尚书令一职的特殊性,所以固辞不受。"高祖极欢,寂顿首而言曰:'臣初发太原,以有慈旨,清平之后,许以退耕。今四海乂安,伏愿赐臣骸骨。'高祖泣下沾襟曰:'今犹未也,要相偕老耳。公为台司,我为太上,逍遥一代,岂不快哉!'"②裴寂对李渊讲,愿卸职归田一语,我们怀疑正是针对赐授尚书令一事的,后来到了武德九年(626年)裴寂又被册拜为司空,这未必不是武德六年授尚书令一事的余波所及。

李世民继位之后,裴寂的仕宦进入了同武德时期截然不同的境遇,"贞观之初,以公事免,寻降敕召,载病就征。以六年六月奄薨于路,春秋六十"。裴寂步入贞观之后的生命历程墓志只用十六个字作了简单的叙述。俗话讲,一朝天子一朝臣。裴寂位高权重作为李渊的心腹之人,对于李世民来讲是一个隐患。贞观三年(629年),裴寂因为法雅一事被免官,甚至想居住京师亦不被太宗允

---

① [后晋]刘昫等:《旧唐书》卷五七《刘文静传》,北京:中华书局,2007年,第2294页
② [后晋]刘昫等:《旧唐书》卷五七《裴寂传》,北京:中华书局,2007年,第2288页。

许，只能回归蒲州。"未几，有狂人自称信行，寓居汾阴，言多妖妄，常谓寂家童曰：'裴公有天分。'于时信行已死，寂监奴恭命以其言白寂，寂惶惧不敢闻奏，阴呼恭命杀所言者。恭命纵令亡匿，寂不知之。寂遣恭命收纳封邑，得钱百余万，因用而尽。寂怒，将遣人捕之，恭命惧而上变。"①太宗大怒，于是徙裴寂于交州，又流放静州。后来山羌为乱，裴寂率家童破贼，太宗思寂佐命之功征入朝，年老带病的一代名臣裴寂不堪路途之苦而逝于行旅之中，时年六十。

史传记载，法雅和信行两位僧人给裴寂带来了厄运。法雅之事涉及初唐政局中的重大变化，在此事中密切关联的有三个人：裴寂、法雅和马三宝。马三宝深得高祖信任，并且与李唐皇室人员关系密切。马三宝最初是以仆童身份成为平阳公主的主要助手，之后又与太宗有着非比寻常的交往。不论李唐建立之初还是太宗继位时，马三宝都是其中不可缺少的重要人物之一。武德时期，马三宝与法雅为友，在多次军事行动中有过合作关系，但随着玄武门事件的发生，天生对政治有着敏感触觉的马三宝立刻加入太宗的阵营。我们知道，太宗继位后首先要处理的就是与高祖李渊的关系，为了政权的需要，高祖李渊最重要的两个亲信裴寂和法雅必然成为牺牲品，而马三宝的反戈一击就成为贞观朝清理武德旧臣的明显信号。法雅作为武僧，在李唐建立过程中有着非常重要的影响，他不仅用实际行动直接支持李渊军事集团，并且在宗教方面有着重要的示范作用，是沟通世俗权力与宗教派别的关键人物。裴寂作为李渊最信任的大臣，屡有功绩，可以说法雅和裴寂两个人都是太宗必须打击的对象，故他们成为太宗塑造自身行为合法性的牺牲品。②

信行，可能就是《慧赜传》中记载的那位同名僧人，他在慧赜拒绝为他剃度之后，又转投其弟子明胤门下。③裴寂曾是佛教的强力推动者，尤其是慧赜集团的支持者。裴寂在高祖打算抑制佛教之际对佛教的努力保护，获得了当时僧团

---

① ［后晋］刘昫等：《旧唐书》卷五七《裴寂传》，北京：中华书局，2007 年，第 2289 页。
② 陈金华：《初唐"武僧"法雅（？—629 年）考论：隋唐时期僧侣的军事活动与政教关系发端》，《华林国际佛学学刊》第 3 卷第 2 期，新加坡：世界学术出版社，2020 年，第 75—125 页。
③ ［唐］道宣：《续高僧传》卷一八《隋西京禅定道场释惠赜传》，北京：中华书局，2014 年，第 674 页。

的感激。裴寂"第中别院置僧住所,邀延一众,用以居焉"①,他两个儿子的名字,分别是"律师"和"法师",即佛教大师中的两种类型。②尤其值得注意的是裴寂与慧瓒领导的僧侣们关系密切,甚至慧瓒的接任者志超还是常驻其家族道场的僧侣中的一员。③道宣曾经对裴寂与慧瓒的另一位弟子志满的交往有过记载。④因此,尽管裴寂卷入信行所传播的谣言一事可能是捏造的或夸大的,但他与慧瓒的关系与交往成为指控他的一项重要的证据。

两《唐书》裴寂本传云,"赠相州刺史、工部尚书、河东郡公"。汉魏南北朝以来,官员死后朝廷的赠官从单纯的赠爵位到爵位、官位并赐,再到爵位、散官、职事官同赐,有着长期而复杂的过程。初唐延续北朝制度,对于功臣多给予三官或二官同赠、内外职事合一的待遇,但是仅以职事官一官为赠的现象在唐代逐渐普及。⑤唐高祖、太宗朝赠以三官的现象十分少见,目前可以确定的只有王君愕。王君愕于贞观十九年(645年)战死辽东,"赠左卫大将军、都督幽易妫平檀燕六州诸军事、幽州刺史,进爵邢国公,食邑三千户,赙绢布一千二百匹,赐以东园秘器,鸿胪监护。丧事所须,随由官给"⑥。王君愕的爵位可以视作其死于王事的追赠或加封,除此之外高祖、太宗朝对于大臣都是赠以二官或一官的。裴寂亡故后被赠以三官,而墓志记载裴寂死后被追赠为相州刺史,未有"工部尚书河东郡公"二官。一般来讲墓志记当时的人和事,尤其赠官是关于个人及其家族声望的大事,如果裴寂当时也得到了这二官的赠官,在墓志中应该有所提及。唐高宗总章元年时所颁的《授武士彠等子孙官诏》中,裴寂的赠官已经是三官了。唐皇甫文房妻裴氏墓志:"父寂,皇朝尚书左仆射、司空、魏国公,

① [唐]道宣:《续高僧传》卷二〇《唐汾州光岩寺释志超传》,北京:中华书局,2014年,第755页。
② [后晋]刘昫等:《旧唐书》卷五七《裴寂传》,北京:中华书局,2007年,第2289页;[宋]欧阳修、宋祁:《新唐书》卷七一上《宰相世系表一上》,北京:中华书局,2006年,第2181页。
③ [唐]道宣:《续高僧传》卷二〇《唐汾州光岩寺释志超传》,北京:中华书局,2014年,第753—756页。
④ [唐]道宣:《续高僧传》卷一九《唐并州义兴寺释智满传》,北京:中华书局,2014年,第712页。
⑤ 吴丽娱:《终极之典:中古丧葬制度研究》,北京:中华书局,2012年,第712—763页。
⑥ 周绍良、赵超:《唐代墓志汇编续集》贞观〇四一《唐故幽州都督邢国公王公墓志》,上海:上海古籍出版社,2001年,第32页。

以公事免，赠工部尚书、河东郡公。"①裴氏先嫁于赵王元景，永徽四年（653年）元景因房遗爱事被赐死，裴氏当是此后改嫁于皇甫文房的。在裴氏墓志所讲裴寂赠官中无相州刺史，只有工部尚书、河东郡公二官，虽然没有具体的材料证明，但我们怀疑裴寂这二官可能是高宗朝的追赠。唐裴迥墓志："高祖寂，皇朝司空、魏国公，赠相州刺史，食邑三千户。"②裴迥墓志与裴寂墓志记载一致，同时根据太宗对于裴寂的态度和当时其余功臣的赠官情况来看，裴寂在当时只得到了相州刺史这一个赠官。

### 三、隋唐政局中的裴寂

初唐武德时期的政治格局，自宋代以来就有着无数争论，对于处于漩涡之中的武德名臣裴寂而言，历来更是毁誉不一。《欧阳文忠公集》外集卷二三《读裴寂传》曰：

> 予尝与尹师鲁论自魏、晋而下佐命功臣，皆可贬绝，以其贰心旧朝，叶成大谋，虽曰忠于所事，而非人臣之正也。及读《裴寂传》，迹其终始，良有以哉。始寂为晋阳宫监，私以宫人馈高祖，因见亲昵，可谓贰隋矣。及太宗以博弈啖之，遂开义师之谋，卒成唐室。武周为寇，请行自败，不即就诛者，非特佐命有功，岂非曩时私狎之恩哉？坐交沙门，法虽免官见放，复有所陈。太宗数之曰："计公勋庸，不至于此。"数以武德时政之缪，皆归其人。又闻妖言不自明，乃欲杀人缄口，遂被流放。列其四罪，贷不致理。盖由进身之私恩衰即败也。韩、彭之功犹终不保，况寂也哉！③

① 赵君平、赵文成：《秦晋豫新出墓志蒐佚》，北京：国家图书馆出版社，2012年，第726页。
② 齐运通：《洛阳新获七朝墓志》，北京：中华书局，2012年，第107页；赵君平、赵文成：《秦晋豫新出墓志蒐佚》，北京：国家图书馆出版社，2012年，第274页。
③ ［宋］欧阳修撰，洪本健校笺：《欧阳修诗文集校笺》，上海：上海古籍出版社，2009年，第1921页。

千年前自欧阳修伊始，到今天学界仍多认为裴寂在军事、政治上均无可称道的历史功绩，是一个只见恩宠不见勋业之人，尤其是裴寂与刘文静事件，更是给裴寂身上增加了一份诟病的缘由。

史传记载，裴寂因与刘文静有隙，故借机构陷而致刘文静之死，其实此事发生之时裴寂正领兵在外与刘武周作战，《资治通鉴考异》已经指出："《高祖实录》《唐书》《唐历》等皆以文静之死由于裴寂。今据《实录》，裴寂此年六月（武德二年）为晋州道行军总管，讨刘武周，此月丁丑，为宋金刚败于介州，去文静死才七日，此时不当在京师。"①刘文静是晋阳起兵的主要谋划者之一，是李渊集团中仅次于裴寂的人物，不过两者不同的是裴寂为李渊的亲信，而刘文静则是李世民的坚定支持者。李渊为防止内部出现派系小集团而蓄意剪除了李世民的羽翼刘文静，此事亦是李世民集团与李建成集团斗争即将公开化的标志，以后所发生的重大事件如玄武门之变等，均和此事有一定的联系②，史传把这一切都归过于裴寂则是史书书写的政治考虑。

裴寂在历史上为人们所不齿还有几个原因，一是在李渊任太原留守时用晋阳宫人私侍李渊，二是在突厥寇关中时主张迁都。《册府元龟》卷五七《帝王部·英断》记载如下："太宗为秦王时，有说高祖曰：'突厥频寇关中者，徒以府藏子女之在京师故也，若焚烧长安而不都，且胡危自止。'高祖惑之，遣中书侍郎宇文士及瑜南山以至樊、邓，行可居之地，将徙都焉。隐太子、巢刺王及裴寂并赞成此计。"③《资治通鉴》《旧唐书》亦有相关记载。此事中裴寂只有附和之言，在太宗言明利害之后很快不再坚持迁都之议，其实这说明了裴寂不是愚见之人，反而善于听取别人的意见，因此将此事视为裴寂的污点是有失妥当的。④裴

---

① ［宋］司马光：《资治通鉴》卷一八七"唐高祖武德二年八月"条，北京：中华书局，2007 年，第 5862 页。

② 对于此事专论者甚多，如黄永年：《唐史十二讲》，北京：中华书局，2007 年，第 3—6 页；董理：《刘文静之死探析》，《渭南师专学报》1993 年第 3 期，第 51—55 页；吴浩：《刘文静之死与玄武门之变》，《扬州教育学院学报》1999 年第 3 期，第 31—35 页；程义：《刘文静之死与初唐党争之关系》，《史学月刊》2006 年第 4 期，第 26—30 页；张耐冬：《太原功臣与武德政争》，《北京理工大学学报》（社会科学版）2006 年第 4 期，第 77—80 页。

③ ［宋］王钦若等：《册府元龟》卷五七《帝王部·英断》，北京：中华书局，2010 年，第 635 页。

④ 宁志新：《略论裴寂》，《安庆师范学院学报》1990 年第 4 期，第 50—55 页。

寂在任晋阳宫监时用宫女伺侍李渊,前人往往将此视作裴寂二心于隋的行为。裴寂在李渊还未起家之前就针对李渊的癖好与之交好,这其实证明了裴寂具有常人所不及的眼光和魄力。裴寂不拘束于世俗所见而用宫女一事来向李渊表明自己的态度,一方面是为了与隋室割断关系,另一方面则把李渊视为追随的明公,可以说从那时候开始两个人之间就有着一种君臣相宜的情意。到了晋阳起兵之时,"寂进宫女五百人,并上米九万斛、杂彩五万段、甲四十万领,以供军用"①,如此庞大的钱粮布甲等军用物资,裴寂一定是早有所准备,一旦举事,这些物资可以马上转化为李渊巨大的政治资源,这也反映了裴寂对于后勤事项的重视和这一方面的才能。

既然裴寂在唐朝建立中立有卓越的功勋,史书为何反而对其诋毁呢?玄武门之变后李渊的政权为李世民所夺取,各种政治势力发生了极大的变化。贞观朝纂修的《高祖实录》中就把太原起兵说成是李世民所主谋,统一天下也几乎全是李世民的功劳,李渊尚被诬为坐享其成,裴寂的作用自然被一概抹杀。②后来国史两《唐书》等因之而不改,于是史传中才出现裴寂只纪恩宠不见勋业的现象。③仔细分析各种史料中隐藏的蛛丝马迹,还是可以对裴寂有一个比较客观的评价。裴寂是创建唐朝的重要功臣,前辈学者分别从参与策划太原起兵、参与制定夺取关中的战略决策、主持制定唐朝的典章制度、协助高祖处理军国大事等方面作了分析④,我们以为所言有理,今结合墓志材料再作进一步的申论。

《唐大诏令集》卷六四《裴寂等恕死诏》:"朕自起义晋阳,遂登皇极。经纶天

---

① [后晋]刘昫等:《旧唐书》卷五七《裴寂传》,北京:中华书局,2007年,第2286页。
② 刘后滨等先生认为所谓的李世民篡改国史实录的说法,是值得深思的,李世民在建唐中的功业也许就是史传记载的那样,而对于李渊的作用史传只是选择性地有所遗忘,参阅刘后滨等著《大唐开国》,北京:中华书局,2007年,第104—111页。
③ 黄永年:《论武德贞观时统治集团的内部矛盾和斗争》,《唐史十二讲》,北京:中华书局,2007年,第4页;牛致功:《唐高祖传》,北京:人民出版社,1998年,第341—357页。
④ 黄永年:《论武德贞观时统治集团的内部矛盾和斗争》,《唐史十二讲》,北京:中华书局,2007年,第3—6页;孟宪实:《孟宪实讲唐史:从玄武门之变到贞观之治》,桂林:广西师范大学出版社,2007年,第24—26页;宁志新:《略论裴寂》,《安庆师范学院学报》1990年第4期,第50—55页。

下,实仗群才。尚书令秦王某、尚书右仆射寂,或合契元谋,或同心运始,并蹈义轻生,捐家殉节。艰辛备履,金石不移。论此忠勤,理宜优异,官爵之荣,抑惟旧典,勋贤之议,宜有别恩,其罪非叛逆,可听恕一死。其太原元谋勋效者,宜以名闻。(武德元年八月)"①高祖李渊言裴寂:"使我至此,公之力也";"义举之始,公有翼佐之勋";"公复世胄名家,历职清显,岂若萧何、曹参起自刀笔吏也!唯我与公,千载之后,无愧前修矣"②。从李渊所言可以看出他是把裴寂视作帮助自己建唐的不二功勋之人。李世民对裴寂的不满言论——"公有佐命之勋","计公勋庸,不至于此,徒以恩泽,特居第一"③,亦可以作为反向的证明。李渊甚至认为裴寂是超越萧何、曹参的僚佐,诚然在中古以士族为根基的政治情况下,出身河东士族的裴寂对李渊集团所起的作用不是出身下层的萧何和曹参所能比拟的。高祖、太宗时以宗室、姻戚、功臣、士族为基本权力结构④,裴寂身具三种身份,加之具有各方面的才华,故其对唐朝建立所起的作用实不亚于萧何之于汉朝。

对于任何一个政权来讲,合法性或正当性是必要的。⑤中古时期,统治合法性的思想,已经渗透到政治宣传和政治活动的方方面面。以五德终始、天人感应为核心学说的神文主义意识形态,潜移默化地存在于人们的观念当中。隋末天下混乱,此时关陇集团正值壮年,谁可以再度凝结这个集团的向心力,占有关陇核心地区,让府兵制正常运转,谁就可以安定局势。⑥李渊集团正符合这个基本要求,在政治军事上比其他集团更具独特的优势。除此之外,政治合法性的宣传也成为政权建设中重要的一种舆论宣传,在李唐建立初期这种诉求体

---

① [宋]宋敏求:《唐大诏令集》卷六四《裴寂等恕死诏》,北京:中华书局,2008 年,第 353 页。
② [后晋]刘昫等:《旧唐书》卷五七《裴寂传》,北京:中华书局,2007 年,第 2287—2288 页。
③ [后晋]刘昫等:《旧唐书》卷五七《裴寂传》,北京:中华书局,2007 年,第 2288 页。
④ 雷家骥:《隋唐中央权力结构及其演进》,新北:东大图书公司,1995,第 7—42 页。
⑤ 孙英刚:《神文时代:中古知识、信仰与政治世界之关联性》,《学术月刊》2013 年第 10 期,第 133—147 页。
⑥ 毛汉光:《李渊崛起之分析——论隋末"李氏当王"与三李》,《"中研院"历史语言研究所集刊》第 59 本第 4 分册,1988 年,第 3344 页;李锦绣:《论"李氏将兴——隋末唐初山东豪杰研究之一"》,《山西师大学报》(社会科学版)1997 年第 4 期,第 30—36、40 页。

现得尤为突出，一次是晋阳起兵时制造的天命符应，一次是武德初所谓的"符命十余事"。

符瑞是王权争夺和转移的筹码，在每个王朝初建或新君继位时，往往依靠多种符瑞来制造其受命于天的神学依据，以此论证其所作所为的合法性和神圣性。①《大唐创业起居注》卷一：

> 康鞘利将至，军司以兵起甲子之日，又符谶尚白，请建武王所执白旗，以示突厥。帝曰："诛纣之旗，牧野临时所仗，永人西郊，无容预执，宜兼以绛，杂半续之。"诸军幞幡皆放此。营壁城垒，幡旗四合，赤白相映若花园。开皇初，太原童谣云："法律存，道德在，白旗天子出东海。"常亦云："白衣天子。"故隋主恒服白衣，每向江都，拟于东海。常修律令，笔削不停，并以彩画五级木坛，自随以事道。又有《桃李子歌》曰："桃李子，莫浪语，黄鹄绕山飞，宛转花园里。"案：李为国姓，桃当作陶，若言陶唐也。配李而言，故云桃花园，宛转属旌幡。②

在鼓吹晋阳起兵合理合法的过程中，李渊占据着主导地位，"吾当一举千里，以符冥谶"。从墓志文字来看，裴寂似乎在其中也起着重要的作用。裴寂少年时，"及登志学，神解艺文。羽陵汲冢之聚残，鸿宝圯桥之隩秘。连山十翼，玄首四重。莫不穷神索隐，因心朗照。加以沉机先物，望景知徽，筹千变于桓晨，笼万象于方寸"。虽然说对于《周易》等经典的研习是古代士人最基本的功课，不过根据墓志所呈现出的内涵，似乎可以看出裴寂自小对和天命有关的经书就有着浓厚的兴趣，这也为他后来帮助李渊构建政治合法性的舆论宣传奠定了一定的基础。

---

① 牛来颖：《唐代符瑞与王朝政治》，郑学檬、冷敏述主编：《唐文化研究论文集》，上海：上海人民出版社，1994年，第537页；[日]气贺泽保规：《大唐创业起居注的性格特点》，刘俊文主编《日本中青年学者论中国史·六朝隋唐卷》，上海：上海古籍出版社，1995年，第212—234页；高明士：《中国中古政治的探索》，新北：五南图书出版公司，2006年，第23—30页。

② [唐]温大雅：《大唐创业起居注》卷一，上海：上海古籍出版社，1983年，第11页。

李渊进入长安后，隋恭帝欲禅位于李渊，李渊固辞不受，裴寂说"桀、纣之亡，亦各有子，未闻汤、武臣辅之，可为龟镜，无所疑也；寂之茅土、大位，皆受之于唐，陛下不为唐帝，臣当去官耳"，又利用所谓的"符命十余事"以言说，李渊终于许之。符命十余事，成为李渊登基前重要的政治符号，有歌谣诗谶、白雀大鸟、甲子天数、云气五星、植物异相等。《大唐创业起居注》卷三：

> 裴寂等又依光武长安同舍人强华奉赤伏符故事，乃奉："神人太原慧化尼、蜀郡卫元嵩等歌谣、诗谶。"慧化尼歌词曰："东海十八子，八井唤三军。手持双白雀，头上戴紫云。"又曰："丁丑语甲子，深藏入堂里。何意坐堂里，中央有天子。"又曰："西北天火照龙山，童子赤光连北斗。童子木上悬白幡，胡兵纷纷满前后。拍手唱堂堂，驱羊向南走。"又曰："胡兵未济汉不整，治中都护有八井。"又曰："兴伍伍，仁义行，武德九九得声名。童子木底百丈水，东家井里五色星。我语不可信，问取卫先生。"蜀郡卫元嵩，周天和五年闰十月，作诗："戊亥君臣乱，子丑破城隍，寅卯如欲定，龙蛇伏四方。十八成男子，洪水主刀傍，市朝义归政，人宁俱不荒。人言有恒性，也复道非常，为君好思量，何□□禹汤。桃源花□□，李树起堂堂。只看寅卯岁，深水没黄杨。"①

这是将原有的与新造的各种祥瑞全部统一附会在李渊身上，给李渊身上披上了多层神秘的外衣。在符应构建中，为了和隋朝有一定的区别，各种祥瑞在王朝舆论生产中被不断完善或抛弃。唐朝对隋朝的立场，无论继承，还是革命，都是当时话语生产过程中的历史存在，看似相悖，却并不矛盾。②这种历史叙事在符应塑造中有着同样的过程，各种祥瑞的寓意要契合李渊集团代隋的

---

① [唐]温大雅：《大唐创业起居注》卷三，上海：上海古籍出版社，1983年，第55—56页。
② 李丹婕：《承继还是革命——唐朝政权建立及其历史叙事》，《中华文史论丛》2013年第3期，第123—156页。

社会背景。武德时期裴寂为"当朝贵戚,亲礼莫与为比",与其在晋阳起兵和李渊登基两件重要的建唐政治事件中充当舆论宣传的推手有着密切的关系。

在唐军攻克大兴城后,李渊效仿汉高祖刘邦事,"封府库,收图籍,禁掳掠。军人勿杂,勿相惊恐。太仓之外,他无所于。吏民安堵,一如汉初入关故事"①。同时与隋朝约"毋得犯七庙及代王、宗室,违者夷三族"②,此举为李渊代隋奠定了重要的民众思想基础。墓志云:"既克镐京,尽收图籍。市无改肆,民有息肩。道致生平,并公之力。"据此可知,当时安定局面、收藏图籍的事务亦有裴寂参与其中。

图籍事关天下山川形便、户口钱赋等多种因素,《汉书》卷三九《萧何传》:"沛公至咸阳,诸将皆争走金帛财物之府分之,何独先入收秦丞相御史律令图书藏之。沛公具知天下阸塞,户口多少,彊弱处,民所疾苦者,以何得秦图书也。"③刘邦进入咸阳后,萧何独收藏秦所留图书,为刘邦建汉奠定了重要的基础,而此事亦为萧何成为"汉初三杰"的重要功劳之一。萧何在建立汉朝中的功绩,可以用"镇国家,抚百姓,给馈饷,不绝粮道"概括。如果从这几方面来看裴寂,裴寂在武德时期作为李渊最重要的助手掌管中枢运行,处理国家机要,"务总阿衡,百工请决",这和萧何处于同等重要的位置。

律令是一个王朝行政运作的基础之一。武德元年高祖命人修撰唐律,两《唐书》《新唐书·刑法志》《通典》《唐会要》等记载刘文静是主持制定的负责人,"时制度草创,命文静与当朝通识之士更刊隋开皇律令而损益之,以为通法",而《资治通鉴》则载"(武德元年五月)壬申,命裴寂、刘文静等修订律令"④,《旧唐书》卷一《高祖纪》载高祖继皇帝位后,"命相国长史裴寂等修律令",两者之间的差异如前文所言当是太宗登基后政治原因所导致的。墓志云:"自魏晋作故,事归台阁。文昌首席,务总阿衡,百工请决,神无滞用,万邦酬抗,笔不停毫。

① [唐]温大雅:《大唐创业起居注》卷二,上海:上海古籍出版社,1983 年,第 37 页。
④ [宋]司马光:《资治通鉴》卷一八四"隋恭帝义宁元年十月"条,北京:中华书局,2007 年,第 5761 页。
③ [汉]班固:《汉书》卷三九《萧何传》,北京:中华书局,1996 年,第 2006 页。
④ [宋]司马光:《资治通鉴》卷一八五"唐高祖武德元年五月"条,北京:中华书局,2007 年,第 5792 页。

复大礼于维新,致胜残于伊始,故以蹈夔龙之阃域,掇孔垒之菁华。岂直桓范留台,魏帝还而绝奏;谢琰高选,晋后谓其无准。"关于裴寂在武德元年(618 年)的行为,墓志用桓范、谢琰等典故来比拟,据此综合文献记载,我们倾向于武德元年修订律令的主持者应当是裴寂,或者说裴寂、刘文静均参与了此次律令的修订①,不过裴寂发挥的作用似乎更大一些。

武德四年(621 年),高祖命人再定律令,先后有多人参加,一直到武德七年(624 年)方修订完成。关于参加修订律令之人,《新唐书》卷六二《刑法志》言"诏仆射裴寂等十五人更撰律令"②,《新唐书》卷五八《艺文志》列十二人,"尚书左仆射裴寂、右仆射萧瑀、大理卿崔善为、给事中王敬业、中书舍人刘林甫颜师古王孝达、泾州别驾靖延、太常丞丁孝乌、隋大理丞房轴、天策上将府参军李桐客、太常博士徐上机"③,除以上人员外,据《唐六典》可知有殷开山,《唐会要》又增加郎楚之、沈叔安、李纲,两《唐书》本传中记载还有窦威、韩叔良、陈叔达、虞世南。这样看来参加修订律令之人超过了二十位,而《艺文志》只列十二人,当为书成奏上时所列,衔名悉具,其余之人当时恐不在位或未始终其事而未列。④在长达四年的过程中,裴寂自始至终参与其中。⑤值得注意的是,史传载窦威对朝典创定贡献颇多,高祖称其为"叔孙通不能加"。另外,《旧唐书·萧瑀传》载萧瑀是律令修订的实际主持者。⑥墓志言裴寂"历居端揆,允厘庶政,谭思旧章,弥纶彝典,冕旒穆而垂拱,严廊肃而无事",由此来看裴寂亦居功甚多。

《大唐故康府君(婆)墓志铭》:"武德中,左仆射裴寂挹君名义,请署大农。

---

① 关于裴寂在武德时期主持编撰律令的作用,高明士先生认为不容忽视,参见氏著《律令法与天下法》,上海:上海古籍出版社,2013 年,第 83—99 页。

② [宋]欧阳修、宋祁:《新唐书》卷六二《刑法志》,北京:中华书局,2006 年,第 1408 页。

③ [宋]欧阳修、宋祁:《新唐书》卷五八《艺文志》,北京:中华书局,2006 年,第 1494 页。

④ [清]沈家本:《历代刑法考》之《律令四·武德律》,北京:中华书局,1985 年,第 927 页。

⑤ 学界倾向于裴寂在武德年间修订律令,因其为宰相,只是领衔而已,并没有实际参与律令的修订工作,参见黄正建《有关唐武德年间修订律令史事的若干问题——唐代律令编纂编年考证之一》,载中国社会科学院历史所编《隋唐辽宋金元史论丛》第 3 辑,上海:上海古籍出版社,2013 年,第 20—33 页。

⑥ 雷家骥:《隋唐中央权力结构及其演进》,新北:东大图书公司,1995,第 172—177 页。书中指出裴寂似乎不是实际主持此事的宰相,不过据墓志所言,似乎对于裴寂在武德时期先后两次参与修订律令一事的作用亦不宜低估。

君感知己之深，衔一顾之重，乃降情屈志，俯而从之。既而来往许史之庐，出入金张之馆，虽复一行作史，而未废平生之欢。自裴侯下世，君亦辞位高蹈，闲居养志而已。"①康婆出自昭武九姓，本康国王之裔，在武德时期应裴寂请出仕大唐，在裴寂去世后辞官归隐。从据此材料，可以对裴寂的为人有所了解，此记载也为探讨裴寂与粟特胡人之间的关系提供了线索。

在隋唐政治史上，裴寂无疑是极其重要的人物之一。李渊对裴寂的评价是有道理的，裴寂对建立唐朝立有不可磨灭的功勋，到了贞观时期裴寂接连被贬等事件只是初唐政治权力斗争的延续而已。关于裴寂的历史定位，在高宗总章元年（668 年）时所颁《授武士彟等子孙官诏》中，裴寂被列入第一等功臣之列；唐德宗时期"精加检勘，审定名迹"②，仍把裴寂列为武德以来第一等功臣之首。裴寂与武则天之父武士彟一起参与了晋阳起兵，都是建唐之功臣，在贞观时又先后被贬，两人有着相似的经历，如果说对于裴寂子孙的关照有可能出于怜悯之心的话，那么德宗时期史馆的奏书应该是比较客观地反映了裴寂的历史地位。唐德宗时期是中央朝廷与地方藩镇关系确立的一个重要阶段，德宗通过各种措施稳定了中原，把河北藩镇的势力局限于固定的地域，进而确立了一种新的政治秩序。③在德宗的政治方略中，对建唐以来功臣的重新定位占据着重要的地位，而此时对裴寂地位的再次确立则具有了独特的意义。故此，把裴寂称为武德第一名臣，当为不虚矣。

《旧唐书》把裴寂列为功臣之首，《新唐书》则把刘文静列为功臣之首，关于这种差异，清代学者钱大昕已经有所察觉④，这种史传的序列变化值得注意。史书书写多表达着官方的态度，而墓志的撰文更多是在私的层面的个人或家族记忆⑤，史传、墓碑、墓志的信息来源一般都是出自亡者的行状，从行状到不同

---

① 周绍良、赵超：《唐代墓志汇编》贞观一三九《大唐故康府君墓志铭》，上海：上海古籍出版社，1992 年，第 96 页。
② ［宋］王溥：《唐会要》卷四五《功臣》，上海：上海古籍出版社，2006 年，第 942 页。
③ 张文昌：《唐德宗重建礼制秩序与〈大唐郊祀录〉的编纂》，《兴大历史学报》2007 年第 19 期，第 1—44 页。
④ ［清］钱大昕：《廿二史考异》，上海：上海古籍出版社，2004 年，第 654 页。
⑤ 卢建荣：《北魏唐宋死亡文化史》，新北：麦田出版，2006 年，第 37—50 页。

文体的转变,都经历着朝廷对他们的形象塑造,以此建构官方的话语体系。而原本比较接近于真实的行状在经过精心刻意的改造之后,呈现在当时以及后世的读者面前的历史书写,一些真相就被层层掩盖。①比照史传和墓志内容,在两《唐书》中裴寂的形象充斥着太宗朝篡改高祖事迹的印记,作为高祖最亲信之人的裴寂不可避免地成为历史上的针砭对象;而观察墓志行文,则是从正面对裴寂盖棺定论的书写,对于裴寂个人不光彩的生命历程则一笔带过。两者一褒一贬不同的撰文倾向,共同组成一个人完整的生命历程。只有综合不同传记的文本,才可以走进真实的历史,从而发现不同史料背后隐藏的历史细节。而裴寂作为历史上褒贬不一又极其重要的争议人物,其墓志的出土无疑给我们提供了与史料记载不同材料。

## 四、结语

"大凡为文为志,纪述淑美,莫不盛扬平昔之事,以虞陵谷之变,俾后人睹之而瞻敬。"②墓志不仅记叙着个人之生平,也是公与私两个层面上的微妙表述,裴寂墓志给我们呈现出了和传世文献不一样的裴寂人生的画卷,在不同史料的虚与实、异与同的比较中,我们才可以逐渐了解一个历史上真实的裴寂。进而在此基础上,对于唐初政治格局中的变化也可以有进一步的思考,墓志材料为我们从细节上理解历史提供了一面真实的镜子,在这个镜子中可以反思历史书写在不同语境下的选择和甄别。

(原刊中古史集刊编委会编《中国中古史集刊》第 2 辑,商务印书馆,2016年)

---

① 唐雯:《盖棺论未定:唐代官员身后的形象制作》,《复旦学报》(社会科学版)2012 年第 1 期,第 85—94页。

② 周绍良、赵超:《唐代墓志汇编》咸通○一四《唐范阳卢夫人墓志铭》,上海:上海古籍出版社,1992 年,第 2388 页。

# 新见唐代突厥王族史善应墓志

唐贞观初年，李靖率军进攻突厥，经过屡次大战，颉利可汗退至铁山，欸谋南奔吐谷浑，在荒谷被小可汗苏尼失部所擒送至长安，东突厥汗国至此灭国，其部众均内附成为唐朝的属民。对于突厥部众，唐朝令散属州县，各使耕耘，同时置都督府进行管理，以其酋长统之。《资治通鉴》卷一九三"唐太宗贞观四年六月"条："六月，丁酉，以阿史那苏尼失为北宁州都督，以中郎将史善应为北抚州都督。壬寅，以右骁卫将军康苏密为北安州都督。"①阿史那苏尼失为东突厥王族，康苏密是颉利可汗的亲信，这两个人在唐朝和突厥的关系中发挥着重要的作用，而与此二人一起被封为都督的史善应，在史书上则没有留下相关的记载。

史善应和苏尼失、康苏密三人前后成为管理突厥属众的都督，根据唐朝的规定，史善应是突厥贵族无疑。随着史善应墓志的出土，让我们对隋唐之际东突厥的政治历史变化有了更多的了解，也显现了一位在历史上湮没的突厥王族人物的真实人生。史善应墓志近年出土于西安市长安区，拓本（图一）长宽均73厘米，27行，满行27字，正书，有方界格。谨移录并标点志文如下：

> 大唐故左卫将军弓高侯史公墓志铭
> 公讳善应，字智远，河南洛阳人也。其先夏禹之苗裔，历殷周秦汉，雄

---

① [宋]司马光：《资治通鉴》，北京：中华书局，2007年，第6079页。

图一　史善应墓志拓本

据幽朔。晋末,托跋氏南迁,芮芮部乖散,掩有其地,与中国抗衡。本起突厥山,因以为号。曾祖颉杰娑那可汗,祖乙史波罗可汗,并威振龙乡,势横鲲海。详诸国史,可得略焉。父褥檀特勤,随(隋)开皇中因使入朝,值本国丧乱,遂留不返,随(隋)文帝授上柱国,封康国公。君即第四子也。幼清警有局量,天性忠孝,才兼文武。仁寿初,追入宿卫。大业五年,授朝散大夫。频从炀帝征辽东,累迁右光禄大夫、右武卫武牙郎将,仍从幸江都。逢宇文化及杀逆,大唐武德元年与兄达漫等自山东归义,蒙授柱国。三年,除左翊卫骠骑将军。后从皇上讨平东夏,恒冠军锋,策勋第一,加上柱国,封弓高侯,转任中郎将。前后蒙赏奴婢五十余口,杂彩二千余段,玉环金装宝刀一口,金带及金银器等不可胜数。贞观四年,除都督、北抚州诸军事、北抚州刺史。十二年,追为左卫将军。惟公降纬象之淑灵,挺珪璋之秀质,清明外映,和顺内融,宾敬著于闺闱,信义彰于朝野。属云雷之际,赞天地之功。迹亚夔龙,名参耿寇。虽曰碑仕汉,由余宦秦,望我清晖,远有惭德。宜膺分福,永锡休光。岂谓中年,奄先风露,以十六年十一月廿二日遘疾,薨于隆庆里第,春秋卌有九。粤以十七年岁次癸卯二月辛巳朔廿二日壬寅葬于雍州万年县洪原乡之少陵原。背城阙之威纡,赴荒阡之迢遘,象生平于具物,委菁华而辞世。惧陵谷之将迁,叹衡纪之逾逝。敢图芳于泉户,庶飞英之无替。其词曰:

黄神启命,素灵分绪。瀚海龙飞,天山凤举。威加百代,庆接千古。载挺异人,聿来中土。其一。庭兰既植,家声允济。武贯韬铃,文探象系。清机玄警,通方靡滞。入赞神功,出扬天惠。其二。如何促运,奄谢昭辰。陪风坠翮,纵壑摧鳞。云丛委玉,桂薄销春。奔羲遽寝,阅世徒新。其三。卜远戒期,哀终备典。玄房已闵,神庭浸缅。雾苦晨严,风凄树翦。人灵虽隔,徽猷方阐。其四。


### 一、史善应之族属与世系

关于史善应的族属问题,胡三省说是"阿史那种,史单书其姓耳"[1],马长寿则认为属于突厥化的粟特胡人酋领[2],根据墓志可知史善应是东突厥王族,本姓阿史那氏。

墓志:"晋末,托跋氏南迁,芮芮部乖散,掩有其地,与中国抗衡。本起突厥山,因以为号。"对于突厥的来源,一直存在着两种看法:《周书》和《隋书》均认为后魏太武灭沮渠氏之时,阿史那以五百家奔茹茹,世居金山,工于铁作。金山状如兜鍪,俗呼兜鍪为"突厥"。另一种看法则认为,突厥一词是由属于蒙古语系的柔然人介绍到中土来的,它是蒙古语 Turk 复数形式的汉译。[3]现今学者基

---

① [宋]司马光:《资治通鉴》卷一九三,北京:中华书局,2007 年,第 6079 页。
② 马长寿:《突厥人和突厥汗国》,桂林:广西师范大学出版社,2006 年,第 55 页。
③ [法]伯希和:《汉译突厥名称的起源》,冯承钧主编《西域南海史地考证译丛续编》,北京:商务印书馆,1962 年,第 48—53 页。

本认同第二种看法,墓志说汉籍中的金山在突厥人的语言中被称为突厥山,金山和突厥山应当是一体异名,这也和该少数民族早期历史发展情况相吻合。

突厥人居住在金山一带,为柔然的锻奴,墓志所言之"芮芮",指的就是茹茹,即蠕蠕(柔然)。西魏大统十二年(546年),土门打败合并了铁勒各部五万余众,力量更加强盛。到了西魏废帝元年(552年),土门发兵大败柔然于怀荒北,遂在漠北草原建立突厥汗国,自称伊利可汗。不久其弟俟斤(燕都)立,号木杆可汗,突厥势力进一步发展,西破嚈哒,东走契丹,北并契骨,威服塞外诸国。其地东自辽海以西,西至西海万里,南自沙漠以北,北至北海五六千里,尽有塞表之地,控弦数十万,志陵中夏,与西魏、北齐鼎足而立,成为漠北草原的霸主,故志云可以"与中国抗衡"。

突厥之所以成为北方草原的统治者,除了外部势力的变化外,也与其熟练的炼铁技术密不可分。除此之外,还有一个很重要的因素就是他们改信了新的宗教(即拜火教),从而突破了旧的社会传统,获得了族群凝聚的新的精神力量。在突厥发展史上,粟特人发挥了重要的作用。史善应作为东突厥王族,改定姓氏为史姓,说明和粟特人有着密切的关联。粟特人和突厥人经常通婚,文化渊源十分紧密,这从墓志记载中也可见一斑。

墓志:"曾祖颉杰娑那可汗,祖乙史波罗可汗,并威振龙乡,势横鲲海。详诸国史,可得略焉。父褥檀特勤,随(隋)开皇中因使入朝,值本国丧乱,遂留不返,随(隋)文帝授上柱国,封康国公。"史善应曾祖、祖、父名在史书上没有完全一致的记载,不过从文献中亦可以找到相对应的人物。

在东征西讨的过程中,在突厥汗国内部逐渐形成了以土门系为主体的东突厥和以室点密系为主体的西突厥两大系统,在突厥汗国发展的早期,东突厥一直保持着大可汗的地位。史善应家族是东突厥的王族,其祖父乙史波罗可汗,应该就是突厥汗国中占有重要地位的沙钵略可汗摄图,摄图继可汗位后,"号伊利俱卢设莫何始波罗可汗,一号沙钵略"[1],这与墓志中所讲的乙史波罗

---

① [唐]魏征等:《隋书》(修订本)卷八四《突厥传》,北京:中华书局,2018年,第2099页。

可汗的称呼十分相近,很可能是汉语音译中产生的差异。①始波罗或乙史波罗可汗都是突厥人自己的译法,沙钵略则是中土给予突厥带有贬义性的称呼。沙钵略或始波罗,虽然含义上一贬一褒,但原文则是 ishbara,两种译法都省略了词首的元音。墓志译作乙史波罗,完整地译出了词首的前元音 i-,是更准确的音译。《文馆词林》卷六六四《隋文帝颁下突厥称臣诏》载:"沙钵略称雄漠北,多历世年,左极东胡之上,右苞西域之地,遐方部落逾,皆所吞并,百蛮之大,莫过于此。"②志文所言"威振龙乡,势横鲲海"不为过也。

史善应曾祖颉杰娑那可汗,从突厥历史中找不到可以与之对应的可汗名姓,不过从其祖父名讳可以推断出曾祖当是乙息记可汗。突厥在土门时期,先打败铁勒人,收其部众,势力大涨;之后又击败柔然汗国,于公元 552 年模仿柔然官制,自号伊利可汗,建立了突厥汗国。土门可汗死后,其子科罗立③,号为乙息记可汗。科罗和摄图的可汗号均为乙字开始,是否说明在突厥早期历史上父子的可汗号之间有着某种命名规律,这需要引起我们的重视。乙息记可汗的突厥名称为颉杰娑那可汗,通过与《北史》卷九八《蠕蠕传》所记载的柔然十二个可汗号的名号比较,可知这种称呼还有着浓重的柔然化色彩。④墓志中所讲的"颉杰娑那",与文献中的"乙息记"是同音异译的关系。沙钵略可汗的儿子都蓝可汗的可汗号全称是颉伽施多那都蓝可汗,其中"颉伽施多那"其实就是"颉杰娑那"的异译。"乙息记""颉杰娑那"和"颉伽施多那"这三种译法,对应的是同一个突厥语名号(可汗号),三者在语源上到底处于怎样的对应关系,这还需要阿尔泰语言学研究方面的论证。突厥学习并继承了柔然、高车和铁勒诸部许多

① [法]伯希和:《汉译突厥名称的起源》,冯承钧主编《西域南海史地考证译丛续编》,北京:商务印书馆,1962 年,第 48—53 页。

② [唐]许敬宗:《日藏弘仁本文馆词林校证》,北京:中华书局,2001 年,第 243 页。

③ 关于土门与乙息记可汗等四位突厥早期历史上可汗的关系,至今还有争论,本文采取岑仲勉先生的看法。关于争论的不同观点可参阅岑仲勉《突厥集史》(北京:中华书局,1958 年)、马长寿《突厥人与突厥汗国》(桂林:广西师范大学出版社,2006 年)、薛宗正《突厥史》(北京:中国社会科学出版社,1992 年)、吴玉贵《突厥汗国与隋唐关系史研究》(北京:中国社会科学出版社,1998 年),[日]石见清裕《唐の北方問題と國家秩序》(东京:汲古书院,1998 年)、刘锡淦《突厥汗国史》(乌鲁木齐:新疆大学出版社,1996 年)。

④ 罗新:《可汗号之性质》,《中古北族名号研究》,北京:北京大学出版社,2009 年,第 1—26 页;芮传明:《古突厥碑铭研究》,上海:上海古籍出版社,1998 年,第 197—215 页。

政治文化传统。从说古蒙古语的鲜卑,到说古突厥语的突厥,其间北族的政治制度有着连续性和继承性。"颉杰娑那"可汗的名号,无疑正是突厥早期历史发展中保留下来的一个很重要的符号。

突厥王族子弟谓之特勤。史善应父褥檀特勤,在开皇年间出使隋朝,《隋书》卷八四《突厥传》:"(开皇十一年),(都蓝可汗)遣其母弟褥但特勤献于阗玉杖,上拜褥但为柱国、康国公。"①但定母旱韵,檀定母寒韵,但、檀二字在中古音韵接近。结合墓志所言和史传记载,可知褥但特勤和褥檀特勤实为一人。《元和姓纂》卷六《史·河南》:"本姓阿史那,突厥科罗次汗子,生苏尼失。入隋,封康国公。怀德郡王。生大奈,子仁表,驸马。"岑仲勉据《旧唐书》卷一〇九《苏尼失传》所记世系,推断苏尼失为沙钵略可汗之子,并且认为"入隋封康国公"的文字是错简所致,应该置于史大奈之下,康国公指史大奈。②王义康则认为苏尼失就是史籍中的褥但特勤③,入隋封康国公指的实为史善应之父。《隋书》卷一二《礼仪七》:"(大业)三年(607年)正月朔旦,大陈文物。时突厥染干朝见,慕之,请袭冠冕。帝不许。明日,率左光禄大夫、褥但特勤阿史那职御,左光禄大夫、特勤阿史那伊顺,右光禄大夫、意利发史蜀胡悉等,并拜表,固请衣冠。"④阿史那职御,乃史善应之父。根据史善应墓志的记载,阿史那职御的出身及经历可以得到清楚的阐释。都蓝可汗继位之后,突厥政权处于风雨飘摇之中。开皇十七年(597年),都蓝与突利相互攻伐,开皇十九年(599年)都蓝被部下所杀,继而成为大可汗的是西突厥系统的达头可汗,达头可汗的继位引起了突厥各部的强烈反对,并导致了国内大乱。墓志说"本国丧乱",指的就是汗位更迭引起的突厥动荡。史善应之父阿史那职御正是在这种情况下留在了中原,而没有再回到漠北草原。

通过史善应墓志可以比较明晰地认识其父祖等的情况。《隋书》记载其父还是姓阿史那氏,那么史善应是何时何原因改为史姓的呢? 还需要从他个人的

---

① [唐]魏征等:《隋书》(修订本),北京:中华书局,2018年,第2106页。
② [唐]林宝撰、岑仲勉校:《元和姓纂(附四校记)》,北京:中华书局,2008年,第825页。
③ 王义康:《突厥世系新证——唐代墓志所见突厥世系》,《民族研究》2010年第5期,第87—94页。
④ [唐]魏征等:《隋书》(修订本),北京:中华书局,2018年,第303页。

身份履历中进一步推断。

### 二、史善应之仕宦历程

史善应贞观十六年（642年）卒，享年四十有九，当出生于开皇十四年（594年）。阿史那职御于开皇十一年（591年）出使隋朝而未再归突厥，可见史善应是阿史那职御留守隋朝后成婚所生下的儿子。墓志说史善应排行第四，根据阿史那职御的情况，史善应很可能是阿史那职御在中土的第一个儿子，前面三子有可能是出生在突厥的。墓志对于史善应的母系情况没有记载，不过根据常理推测属于胡人的成分居多。

仁寿年间史善应不过9~11岁，就被隋文帝召为宿卫。一般来讲，入宿卫者本质上都属于蕃将，宿卫一事是隋唐时期对外关系的一个特性。①入宿卫者往往是番邦的质子，史善应入宿卫，不知是否具有一定程度上的质子身份。中古时期的质子多具有王子或王弟身份，突厥王族史善应作为质子是可以的，不过根据当时突厥王庭的政治情况，史善应入宿卫很可能只是隋文帝对于留在中土的突厥王族子弟的一种恩遇而已。

大业五年（609年），史善应16岁被授予朝散大夫。朝散大夫，从五品散官，这比中古时期同年龄世家大族子弟的官品高出了很多。大业八年（612年）至十年（614年），隋炀帝多次率军出征高丽。大业八年史善应已经19岁，突厥胡人一般都勇力超群，墓志说史善应才兼文武，无疑是作为主要的胡将而参与的。他在隋炀帝的东征中累迁至右光禄大夫，已经成为具体的职事官右武卫武牙郎将了。出征高丽也吹响了隋朝灭亡的号角。在隋末农民起义的浪潮之中，隋炀帝为了延缓隋朝的命运避难江都，史善应是其随从。当时江都粮竭，随从卫士多关中人，谋逃归乡里，右屯卫将军宇文化及等煽动卫士数万人攻入宫中，逼迫隋炀帝自尽。在这场兵变之中，史善应适逢其会。从出征高丽到江都之变，

---

① 章群：《唐代蕃将研究》，新北：联经出版事业公司，1990年，第96页。

史善应在隋末风起云涌的历史浪潮中书写着一幕幕刀光剑影的人生，平添了几许起起落落的场景。

墓志："大唐武德元年与兄达漫等自山东归义，蒙授柱国。三年，除左翊卫骠骑将军。"达漫，根据史籍记载应该就是突厥汗国中的阿波系的处罗可汗。《资治通鉴》卷一八〇"隋炀帝大业元年"条："初，西突厥阿波可汗为叶护可汗所虏，国人立鞅素特勒之子，是为泥利可汗。泥利卒，子达漫立，号处罗可汗。"①达漫和史善应两个人从血缘关系来讲，都是土门可汗的后人，在行辈上属于兄弟，所以墓志中称呼达漫为史善应之兄。

《旧唐书》卷一九四下《突厥下》："处罗可汗，隋炀帝大业中与其弟阙达设及特勒大奈入朝。仍从炀帝征高丽，赐号为曷萨那可汗。遇江都之乱，从宇文化及至河北。化及败，归长安，高祖为之降榻，引与同坐，封归义郡王。"②隋炀帝在出征高丽及从幸江都之时，达漫与史善应均在炀帝左右。大唐初建二人即共同投唐，由于达漫身份特殊，所以不久之后就遇害身亡。《隋书》卷六七《裴矩传》："还至涿郡，帝以杨玄感初平，令矩安集陇右。因之会宁，存问曷萨那部落，遣阙达度设寇吐谷浑，频有虏获，部落致富。"③达漫降隋后曾被封为曷萨那可汗，这个可汗号中的曷萨那是由其部落名号而来的。史善应曾祖为颉杰娑那可汗，曷萨那与颉杰娑那读音十分相近，那么，颉杰娑那可汗的称呼是否也是由所属的部落名称而来的呢？这种情况为进一步了解突厥甚至中古北族可汗号提供了新的思路。

史善应入唐之后，"从皇上讨平东夏，恒冠军锋，策勋第一，加上柱国，封弓高侯，转任中郎将。前后蒙赏奴婢五十余口，杂彩纶二千余段，玉环金装宝刀一口，金带及金银器等不可胜数"。

王世充在隋末起兵之后割据为王，唐朝建立后屡屡败于唐军，在此情况之下王世充向窦建德求援。窦建德率军十万来援，武德四年（621 年）李世民率军

---

① ［宋］司马光：《资治通鉴》，北京：中华书局，2007 年，第 5622 页。

② ［后晋］刘昫等：《旧唐书》，北京：中华书局，2007 年，第 5180 页。

③ ［唐］魏征等：《隋书》（修订本），北京：中华书局，2018 年，第 1774 页。

出击窦建德。《旧唐书》卷二《太宗纪上》："建德自荥阳西上，筑垒于板渚，太宗屯武牢，相持二十余日。谍者曰：'建德伺官军刍尽，候牧马于河北，因将袭武牢。'太宗知其谋，遂牧马河北以诱之。诘朝，建德果悉众而至，陈兵氾水，世充将郭士衡阵于其南，绵互数里，鼓噪，诸将大惧。太宗将数骑升高丘以望之，谓诸将曰：'贼起山东，未见大敌。今度险而嚣，是无政令；逼城而阵，有轻我心。我按兵不出，彼乃气衰，阵久卒饥，必将自退，追而击之，无往不克。吾与公等约，必以午时后破之。'建德列阵，自辰至午，兵士饥倦，皆坐列，又争饮水，逡巡敛退。太宗曰：'可击矣！'亲率轻骑追而诱之，众继至。建德回师而阵，未及整列，太宗先登击之，所向皆靡。俄而众军合战，嚣尘四起。太宗率史大奈、程咬金、秦叔宝、宇文歆等挥幡而入，直突出其阵后，张我旗帜。贼顾见之，大溃。追奔三十里，斩首三千余级，虏其众五万，生擒建德于阵。"①在太宗打败窦建德的战役中，史大奈、程咬金、秦琼等人居功至伟。从墓志记载来看，史善应也作为太宗所属参加了这次战斗，至于史善应是否能称得上策勋第一，从之后被加封为上柱国、弓高侯可见其战功不可小觑。同时似乎也说明，入唐后史善应与李世民关系非同一般，或许他也是秦王府的一员。

《史记》卷九三《韩信列传》："信之入匈奴，与太子俱；及至颓当城生子，因名曰颓当。韩太子亦生子，命曰婴。至孝文十四年，颓当及婴率其众降汉。汉封颓当为弓高侯，婴为襄城侯。"②颓当，县名，在匈奴故地。河间有弓高县，唐代属河北道景州。历史上封弓高侯者乃是匈奴胡人颓当，而唐王朝册封史善应为弓高侯，正与汉朝所举有着异曲同工之妙。

之后史善应转任中郎将，获得赏赐颇多，这也应该和其在初唐屡获战功不无关联。《通典》卷一九七《边防十三突厥上》："豪酋首领至者，皆拜将军，布列朝廷，五品以上百余人，殆与朝士相半。"③中郎将，正四品衔，在军伍中占有重

① ［后晋］刘昫等：《旧唐书》，北京：中华书局，2007 年，第 27 页。
② ［汉］司马迁：《史记》，北京：中华书局，1999 年，第 2635—2636 页。
③ ［唐］杜佑：《通典》，北京：中华书局，2008 年，第 638—644 页。

要的地位。史善应拜中郎将,和唐初投降的一般酋首情况有所不同,他虽然也是突厥王族,但是生在中原长在中原,和后来所讲的客将基本相类。在隋代史善应父亲还保留着阿史那的姓氏,对于改姓墓志中没有提及。史大奈是由于平定窦建德有功被唐朝改姓史氏,我们怀疑当时改姓氏的非史大奈一人,史善应很有可能是和史大奈一并被赐姓的, 这也和墓志所记载史善应所获得的厚赏晋爵相符。

史善应"贞观四年,除都督、北抚州诸军事、北抚州刺史。十二年(638年),追为左卫将军"。东突厥汗国灭国后,唐为突厥诸部置都督府统之,粟特人之胡部由史善应、康苏密统领。史善应初从阿史那思摩徙居河北,后又渡河,移居灵、夏二州之南境。贞观四年(630年)平突厥后,又置北开、北宁、北抚、北安四州都督府以安置内附之突厥人。①对于内附突厥的处理是初唐的重大政治事件, 不仅奠定了唐朝对番邦的大政方针, 也为多民族的融合创造了有益的条件。唐代的羁縻州府设立都督、刺史、司马、参将等职官,都督和刺史这些长官都由本部首领担任,都是世袭职务。史善应和苏尼失、康苏密等人均为羁縻州都督、刺史。从前文论述可见,史善应的身份并不逊色于他们,而且史善应作为在中原长大的突厥王族出任北抚州都督更有着非同寻常的意义。一方面,史善应无疑受到唐太宗的信任,另一方面也与他的出身有着很大的关联。康苏密是正宗的粟特人,而史善应乃是突厥王族之后,唐朝让史善应和康苏密为粟特胡部都督,让他们来统治粟特胡部是否还有别的原因呢?

粟特人和突厥人的关系在历史上一直非常密切,可以说正是由于有了粟特人的帮助,突厥人才可以建立强大的突厥汗国,而且两个种族之间通婚。以前学者均认为史善应是昭武九姓粟特人,从他都督北抚州来看,我们怀疑史善应的母族很有可能是粟特贵族,当然这种推断没有资料依据,不过这种可能是存在的,这样史善应出仕北抚州刺史更顺理成章。

①［宋］欧阳修、宋祁:《新唐书》卷四八下《地理志》,北京:中华书局,2006 年,第 1125 页。

左卫将军,从三品,掌统领宫廷警卫之法令,以督其属之队仗,而总诸曹之职务。史善应在贞观十二年(638年)担任左卫将军,步入了唐代三品高官的行列,这在内附之阿史那族中亦不多见。史善应被授予此官职,不仅仅因为东突厥王族的身份,其与唐朝的亲密关系起了更为重要的作用。

### 三、墓志所见胡汉之关系

史善应墓志为我们了解中古的胡汉关系提供了重要的材料。

志文对于突厥早期的历史不无赞美之词,"与中国抗衡","威振龙乡,势横鲲海"。史善应的父祖是突厥历史上举足轻重的人物,可以说他从一出生就深深地烙下了突厥人的民族情结。但是,他作为一个生长在中原的胡人,深受中原文化的熏陶并以此自豪。中古社会世家大族占据着重要的地位,为了追求更多的文化和政治资源,攀附或伪冒士籍的情况在史书和墓志中不绝如缕。其他多方突厥阿史那氏墓志书写籍贯时,多称为"代人""阴山人"等,像史善应墓志这样称"河南洛阳人也,其先夏禹之苗裔,历殷周秦汉,雄据幽朔"的情况并不多见。墓志中对于郡望的模式化构建,正是社会性的华夏边缘的一种体现,通过姓和与姓相关联的祖源历史记忆,以及与姓相关联的地望,可以和黄帝或炎帝发生联系的华夏族群逐渐在汉民族之外的种族以及下层扩展。①史善应墓志的书写体现出了对英雄祖先和华夏认同既统一又相背离的印记,这种民族血统和文化授受上的矛盾性,构成了史善应墓志在历史记忆和情节诠释方面的特色。这是中古胡人进入中原后面对的共同情况,在中原成长的北族人身上体现得尤为明显。

无论哪一个种族通过何种方式进入中原王朝的政治体系当中,进入的族群或迟或早都会通过文化整合认同该王朝的主流文化,入主或实现取代的族

---

① 王明珂:《英雄祖先与弟兄民族》,北京:中华书局,2009年,第232页。

群也会维持该王朝的意识形态的连续性,以获得政治上的合法性。历史记忆一经改变,就会认同中原王朝的政治体系,成为中华的一份子。①墓志云:"虽日碑仕汉,由余宦秦,望我清晖,远有惭德。"墓志把史善应与金日磾、由余相比,他们都是从少数民族地区进入中原的,有着相似的生命历程。史善应正是在历史的潮流中走出了自己的人生轨迹,并在中原王朝的历史进程中留下了自己浓重的一笔。

史善应父亲褥檀特勤的情况正是隋朝和突厥关系的一个缩影。沙钵略可汗继位后进一步强化了凌轹中夏的思想意识,但到了开皇五年(585 年),他的民族关系思想有了变化。早期,隋文帝改变了西魏北周所奉行的处理与突厥关系的思路和民族政策,激起了沙钵略的不满。隋文帝想改变原来以钱财换和平的思路,把送于突厥的钱财用于对突厥的战争上面,以战止战,由此引起沙钵略大怒。当时突厥势力强盛,具有进攻中原的实力,突厥和隋朝处于敌对状态。但随着对隋用兵的多次失利,沙钵略思想发生了变化,对于隋朝的政策逐渐变为"终不违负",最后确定为藩附。突厥的内讧削弱了沙钵略部的势力,使其丧失了与中原抗衡的资本。他钵可汗死后,由于争夺王权,出现了沙钵略、大逻便(阿波可汗)、庵罗三位可汗分而治之的情况,最后出现达头、阿波和地勤察联合对付沙钵略的情况,沙钵略统治处于危险之中。突厥分为东西两部分之后,西突厥的阿波逐渐强大,对沙钵略构成了主要的威胁,同时沙钵略还要防备东部契丹的威逼。在这种情况下,沙钵略主动提出愿向隋"称臣朝贡,请永为藩附"。同时,隋朝的军事打击和离间之计进一步削弱了沙钵略的统治,使得沙钵略无法与隋朝抗衡。沙钵略在和隋朝的战争中败多胜少,军事实力逐渐衰落。在这个时候,千金公主"请为一子之例"的做法给了沙钵略一定的思想启发,为他的思想转变作了铺垫。在这种情况下,交好隋朝、依隋为援就成为沙钵略的主要选择了。

---

① 王小甫:《唐五代北边的内外之际与国家认同》,荣新江主编《唐研究》第 16 卷,北京:北京大学出版社,2010 年,第 5 页,收入氏著《中国中古的族群凝聚》,北京:中华书局,2012 年,第 181—209 页。

随着东突厥汗国的灭亡,唐朝改变了对内附蕃部的政策。这个时期的夷夏观比较开明进步,是对隋文帝时期政策的延续和发展,形成了初唐的蕃臣关系类型。①关于这个时期羁縻府州的研究先贤论述颇多,此不赘述,我们想强调的是,唐代羁縻州的特征是周边族群在保留原有政治体系的情况下,以僚属资格从形式上进入中央王朝的政治系统,同时内附蕃部必然尽可能地维护其自主性,以保护部落贵族的利益和族群的特殊权益。羁縻州的州县化和首领的官僚化,都体现了内附族群与唐朝之间的互动。唐朝与蕃部正是在这种长期的、反复的相互作用中创造着各自的和共同的历史。

史善应担任羁縻府州的都督、刺史的情况在目前所见材料中唯此一例,这种事例不可以常理观之,其背后一定隐藏着唐朝对内蕃、熟蕃的态度和做法,内蕃和熟蕃的差异以及两者间的共同之处。这些都需要进一步梳理材料,探讨其背后隐藏的深层内涵。在王朝时代,除了地理条件的制约外,支配其核心区的本质性力量,是活动在核心区内外的族群,特别是被分化成为不同归属的以族群为基础的政治性集团。②史善应可以视为一个突厥贵族向唐朝行政官员演变的熟蕃胡人的典型,通过这个案例可以认识到族群差异背景下关于历史记忆和民族认同上的统一。

史善应作为一个汉化程度比较高的蕃将,并没有自己的部众,他在唐初政权里属于少数人群。在唐朝的创建过程之中,史善应跟随唐军四处征战,是统一王朝的积极参与者,并且在胡汉事务中身体力行,发挥了重要的作用。东突厥阿史那家族入唐后,其汉化现象主要表现在几个方面:一是模仿汉人取"字"及论字排辈之习俗,二是因生活方式的改变葬俗也随之发生了变化,三是开始在长安或洛阳附近营建家族墓地。③史善应葬于长安,籍贯河南洛阳,这正符合蕃将汉化中居处、新籍贯和葬地内地化的特征,说明史善应已经归化于汉族的共同

① 李大龙:《汉唐藩属体制研究》,北京:中国社会科学出版社,2006年,第302—350页。
② 李鸿宾:《唐朝的地缘政治与族群关系》,《人文杂志》2011年第2期,第135—140页。
③ 马驰:《唐代蕃将》,西安:三秦出版社,1990年,第196—237页;朱振宏:《东突厥处罗可汗与颉利可汗家族入唐后的处境及其汉化》,杜文玉主编《唐史论丛》第12辑,西安:三秦出版社,2010年,第203页。

体当中了。"其先夏禹之苗裔"透露出他与汉人相同的民族意识和心理状态。

书法是中原文化核心的代表之一，史善应墓志书法颇佳，出欧入虞，刚柔相济，虽未脱北朝旧体，但已濡染南朝风尚。虽不知书者为谁，但其书艺与初唐圣手相比肩而不逊色。史善应墓志的书法正契合于初唐的楷法时尚和流行于京师的"长安式样"，除此之外，从志文"芮芮部乖散"的用语来看，其志文当是由有南朝文化背景的士人撰写的。史善应墓志的撰者和书者身上都有着深厚的汉人传统文化，这也从另一个方面反映了史善应及其家族在文化上的追求和选择。

只有把握个人在家国转折中的命运，才能理解史善应墓志文字背后隐藏的真实的历史片段。新史料固然只是历史的碎片，但其毕竟给我们提供了有关历史的鲜活文本，使我们能够在具体史实面前重新对正统史书记载的历史进行思考，从而真正了解墓志书写的世界。

（原刊《中国国家博物馆馆刊》2014 年第 4 期）

## 玄宗时代的纪念碑:
## 试论天宝四载石台孝经的刻立问题

　　西安碑林中收藏的唐代碑刻,多是当年长安城中重要的政治、文化遗存,记录着唐朝重要的历史事件、人物、典章制度、文化建设等,如果把这些碑刻一一还原到它们原来所在的长安的城市空间里,再结合碑志刊刻时的历史场景,有助于我们深入理解长安乃至更大时空内的历史内涵。[1]在众多唐代碑刻中,无论历史价值,还是艺术特征,能够浓缩盛世大唐一个时代的无疑要属石台孝经碑。作为开元时期长安城内刻立的重要的石刻景观,石台孝经碑需要在现代学术视野中进行新的观察和审视。

　　石台孝经碑从北宋时就入藏西安碑林中,历代金石学书籍对其关注较多,也是为人们所熟知的唐代名碑。但是在以往的研究中,学者们主要对唐玄宗的隶书特征和《御注孝经》在经学史、思想史上的意义进行探讨,而少有关注其刊刻缘由、形制来源和人文地理空间下的帝王书法表现,故本文在长安学的理念下,着重从社会史和考古学的角度对这三方面的问题进行分析,以期全面透视唐玄宗时代。

---

　　① 荣新江:《碑志与隋唐长安研究》,西安碑林博物馆编《纪念西安碑林920周年华诞国际学术研讨会论文集》,北京:文物出版社,2008年,第46—54页,收入氏著《隋唐长安:性别、记忆及其他》,上海:复旦大学出版社,2010年,第142—151页。

## 一、石台孝经的刻立原因

天宝四载（745年）九月一日，银青光禄大夫、国子祭酒、上柱国李齐古上《进御注孝经表》，言道：

> 臣齐古言：臣闻《孝经》者，天经地义之极，至德要道之源，在六籍之上，为百行之本。自文宣既殁，后贤所注，虽事有发挥，而理成乖舛。伏惟开元天宝圣文神武皇帝陛下，敦穆孝理，躬亲笔削。以无方之圣，讨正旧经；以不测之神，改作新注。朗然如日月之照，邈矣合天地之德。使家藏其本，人习斯文，普天之下，罔不欣戴。仍以太学王化所先，《孝经》圣理之本，分命璧沼，特建石台，义展睿词，书题御翰，以垂百代之则，故得万国之欢。今刊勒既终，功绩斯著。天文炳焕，开七耀之光辉；圣札飞腾，夺五云之气色。烟花相照，龙凤杳起，实可配南山之寿，增北极之尊。百寮是瞻，四方取则。岂比《周官》之礼，空悬象魏；孔氏之书，但藏屋壁。臣之何幸，躬睹盛事。遇陛下兴其五孝，忝守国庠，率胄子歌其六德，敢扬文教，不胜忭跃之至。谨打《石台孝经》本分为上下两卷，谨于光顺门奉献两本以闻。臣齐古诚惶诚恐，顿首顿首，死罪死罪。谨言。①

对于李齐古的表文，唐玄宗敕批曰："孝者德之本，教之所由生也。故亲自训注，垂范将来。今石台毕功，亦卿之善职。览所进本，深嘉用心。"②这两段文字均镌刻在石台孝经东柱面的上方位置，表文小字正书，敕文大字行草书，乃唐玄宗的笔迹，据此来看石台孝经的正式落成时间约在天宝四载八月，而李齐

---

① ［清］董诰等编：《全唐文》卷三七七，北京：中华书局，1983年，第3831—3832页。
② ［清］董诰等编：《全唐文》卷三七《答李齐古石台孝经表批》，北京：中华书局，1983年，第408页。

古上表与唐玄宗批答乃是在石台孝经刻立后。

李齐古,两《唐书》无传,李唐宗室大郑王一系,《新唐书·宗室世系表》载其官职为少府监。父李条,司农少卿。李条有子二人,依次为陕王府户曹参军李齐宴和李齐古。李条弟御史中丞李汶有子四人,分别为文部侍郎李昕、刑部侍郎李晔、符宝郎李旿、中书舍人李猷。①新出《李齐之墓志》云:"季弟齐物,河南尹。堂弟齐古,国子祭酒。昕,中书舍人兼捡校礼部侍郎。晔,库部郎中。旿,赞善大夫。"②李齐之,淮安郡王李神通之裔,先后任黎州刺史、南州刺史、沂州刺史、泗州刺史、东阳太守、新平郡太守、延王傅等。天宝八载(749年)卒,春秋六十九,则当生于唐高宗开耀元年(681年)。李齐物,两《唐书》有传。李旿和李昕,不知是否为同一人。墓志在书写李齐之家族重要的人物时,特别提到了李齐物和李齐古家族兄弟多人,据此可以对李齐古的年龄和生平情况有所推断。

玄宗时期,先后担任过国子祭酒的主要有褚无量、元行冲、杨玚、徐坚、韦嗣立、李麟、赵冬曦、班景倩、李道坚等人。他们中或以学问高深享誉学林,或因刚正不阿垂范士林,故后人评价道:"唐之儒学,唯贞观、开元为盛,其人才之所成就者,亦可睹矣。"③唐代前期,各个帝王重视儒学教育,选用国子祭酒坚持学术与品行并重,被选用者绝大多数是名重一时的大儒。④开元盛世,经籍大备,与唐玄宗使用的国子祭酒人选关系密切,对比褚无量等人,李齐古的人品学问亦当为一时之选。

国子祭酒,从三品;少府监,从三品,"监之职,掌供百工伎巧之事,总中尚、左尚、右尚、织染、掌冶五署之官属,庀其工徒,谨其缮作。少监为之贰。凡天子之服御,百官之仪制,展采备物,皆率其属以供之"⑤。国子祭酒和少府监品级相

① [宋]欧阳修、宋祁:《新唐书》卷七○上《宗室世系表上》,北京:中华书局,2006年,第2009页。
② 齐运通、杨建锋:《洛阳新获墓志二〇一五》,北京:中华书局,2017年,第211页。
③ [宋]吕祖谦:《东莱音注唐鉴》卷五,杭州:浙江古籍出版社,2017年,第40—41页。
④ 董坤玉:《浅析唐代国子祭酒的选任变化》,《贵州文史丛刊》2005年第3期,第9页;董坤玉:《从国子祭酒的选任变化看唐代统治者对待儒学态度的转变》,《青岛大学师范学院学报》2006年第1期,第58—60页。
⑤ [后晋]刘昫等:《旧唐书》卷四四《职官志三》,北京:中华书局,2007年,第1893页。

同,但重要性有很大差别。李齐古终官为少府监,他转任少府的时间约在天宝九载(750年)左右,接替李齐古任国子祭酒的疑为赵冬曦。李道坚,唐高祖子鲁王李灵夔之裔,开元二十一年(733年)任国子祭酒,开元二十二年(734年)检校魏州刺史。①《旧唐书》卷一一二《李麟传》载:"(天宝)七载,迁兵部侍郎。同列杨国忠专权,不悦麟同职,宰臣奏麟以本官权知礼部贡举。俄而国忠为御史大夫,麟复本官。十一载,迁银青光禄大夫、国子祭酒。十四年七月,以本官出为河东太守、河东道采访使,为政清简,民吏称之。"②李麟,皇室之疏族,太宗之从孙,肃宗朝宰相。这个时期内先后担任此职的李道坚、李齐古和李麟,均属于李唐宗室,其中是否有唐玄宗特别的政治考虑,值得进一步讨论。

李齐古表文对于石台孝经的营建缘由进行了简要说明,主要是基于唐玄宗御注《孝经》的重要性而阐发。关于唐玄宗御注《孝经》的原因和过程,古胜隆一、朱海、岛一、手岛一真和麦谷邦夫等学者均有详尽讨论,我们也从孝治天下、统合三教、德礼再造三个方面进行了分析③,但是有关石台孝经的刻立原因,学者则少有关注。除了李齐古表文所讲的理由外,结合天宝初期的历史背景,其主要原因有两方面:一是唐玄宗个人功业的纪念碑,二是唐玄宗儒家形象的纪念碑。

第一个方面,石台孝经是昭示帝王不朽功业的纪念碑。开元时期,经过唐玄宗君臣的共同努力,沿东海到西域,从南海至北疆,政令通达,文化繁荣,人民富庶,大唐迎来了一个新的盛世。在这种情况下,唐玄宗的治国方略和思想随之发生了很大变化,个人权威进一步扩大,求道问仙思想逐渐增强,从而给唐朝的政治社会带来了深远的影响。

开元三十年(742年)正月,改元"天宝"。天宝三年(244年)正月,改"年"为"载","二月丁亥,群臣上尊号曰开元天宝圣文神武皇帝。辛卯,享玄元皇帝于

① 李坤:《唐嗣鲁王李道坚墓志铭释读》,《考古与文物》2019年第6期,第87—88页。
② [后晋]刘昫等:《旧唐书》,北京:中华书局,2007年,第3339页。
③ 王庆卫:《敦煌写本P.3816〈御注孝经赞并进表〉再考》,《国学学刊》2021年第3期,第52—56页。

新庙。甲午,享于太庙。丙申,合祭天地于南郊,大赦"①。唐代皇帝加尊号是政治生活中的一件大事,往往在帝王加封尊号后,还会有大赦天下或举行国家祭祀的活动,使之成为一系列新政颁布的形式,对国家政治、地域社会和普通民众都影响深远。②改年号是古代国家政治文化中的大事,对于唐玄宗改元"天宝"的过程,《历代崇道记》有较为详细的记载,其文为:

> (开元)二十九年正月七日,陈王府参军田同秀于丹凤门外忽见紫云自西北映楼,又见混元乘白马,侍从二童子。二童子谓同秀曰:"我昔与尹喜将入流沙之日,藏一匮灵符在桃林故关尹喜旧宅,汝可请帝取之。"同秀具事闻奏,敕差内使李志忠监同秀往陕州桃林县南十二里故函谷关墟求访之。俄有紫云白兔现于枯桑之下,便乃穿掘,下至水际,得石函、金匮、玉板,朱书细篆。帝闻奏大悦,即令京师列十部乐,歌舞鼓吹,自通化门入。其文于宝舆中五色放光,洞照天地。帝于丹凤楼上,身披龙衮,手执金炉,六宫嫔媛,竞于楼上焚香散花,遥自作礼。帝又令乱撒金钱于楼下,纵令士庶分取,以为欢乐。斯须,山呼之声,震动京邑。帝令置宝符于灵昌殿,是夜楼阁林树之上,皆有神灯。乃于正月一日改开元三十年为天宝元年,改桃林县为灵宝县。其后三年,帝见灵符有"天宝千载"之字。"天宝"已应改元之号,遂改"年"为"载",乃于其地长乐亭置天宝观,御制并书灵符,铭立于所获之处。又于大内置灵符殿,赐同秀五品正员官。宰相请加尊号为"开元天宝神武"之字,制可之。乃大赦天下。③

唐代改年号有多种缘由,一是新君即位改元,二是因某种祥瑞改元,三是国家大祭改元,四是为国祈福改元,五是重大事件改元④,而天宝就属于因祥瑞

---

① [宋]欧阳修、宋祁:《新唐书》卷五《玄宗纪》,北京:中华书局,2006年,第142页。
② 孟宪实:《唐代尊号制度研究》,包伟民、刘后滨主编《唐宋历史评论》第八辑,北京:社会科学文献出版社,2021年,第53—71页。
③ [唐]杜光庭:《历代崇道记》,北京:中华书局,2013年,第364—365页。
④ 王晓:《唐代年号研究》,重庆:西南大学硕士论文,2015年,第31—40页。

而改元的情况。年号作为古代纪年制度中的特殊符号，有利于强化和巩固中央集权的统治，而年号从一出现就成为皇帝神圣统治权威的象征和体现。①《新唐书》卷五四《食货志四》载："武德四年，铸'开元通宝'，径八分，重二铢四参，积十钱重一两，得轻重大小之中，其文以八分、篆、隶三体。"②武德四年(621年)，唐廷平定了窦建德、王世充，统一局面基本明朗，唐高祖此时发行开元通宝，无疑具有鼎命革新的宣言作用，而唐玄宗改元"开元"，其中蕴含的特殊意义亦不言而喻。开元更新，物华天宝，从进取到守成，从开放到保守，"国家将兴，必有祯祥"③，因祥瑞改元的背后，隐藏的是国家政治心态的变化。

《尔雅》云："载，岁也。夏曰岁，商曰祀，周曰年，唐虞曰载，岁名。"对此，《白虎通》言道："或言岁，或言载，或言年何？言岁者以纪气物，帝王共之，据日为岁。年者，仍也。年以纪事，据月言年。《春秋》曰'元年正月'，'十有二月朔'。有朔有晦，故据月断为年。载之言成也，载成万物，终始言之也。二帝言载，三王言年，皆谓窥窬。"④二帝指的是唐尧和虞舜，在他们统治的时代，岁时以"载"指示。《大唐创业起居注》卷一载："又有《桃李子歌》曰：'桃李子，莫浪语，黄鹄绕山飞，宛转花园里。'案：李为国姓，桃当作陶，若言陶唐也；配李而言，故云桃花园，宛转属旌幡。"⑤据此可以看出李唐建国的谶纬和山西地区陶唐帝尧的传说关系密切，甚至自许为帝尧之后，以宣传李唐之天命所归和国号背后的深层次含义。⑥"唐虞之际，焕乎可述，用是钦若旧典，以协惟新，可改天宝三年为载"⑦，尧舜作为古之圣王，是后世所有帝王企望达到的一个目标，而唐玄宗在改元之

① 辛德勇：《年号背后的玄机与深意》，《人民论坛》2021年9月下，第109页。参氏著《建元与改元：西汉新莽年号研究》，北京：中华书局，2013年。
② [宋]欧阳修、宋祁：《新唐书》，北京：中华书局，2006年，第1384页。
③ [清]朱彬：《礼记训纂》卷三一《中庸》，北京：中华书局，1996年，第777页。
④ [汉]班固撰、[清]陈立疏证：《白虎通疏证》卷九《四时·论三代岁异名》，北京：中华书局，1994年，第430—431页。
⑤ [唐]温大雅：《大唐创业起居注》，上海：上海古籍出版社，1983年，第11页。
⑥ 胡阿祥：《吾国与吾名：中国历代国号与古今名称研究》，南京：江苏人民出版社，2018年，第155—165页。
⑦ [清]董诰等编：《全唐文》卷二四《改年为载推恩制》，北京：中华书局，1983年，第282页。

后，又在天宝三年正月把汉唐以来贯称的"年"改为了"载"，正式把这种年号代表的政治文化辐射到了国家的各个角落和每个人的生活当中，隐晦地透露出在他的心目中，天宝时期已经可以和尧舜治理的时代媲美，他本人的功业也可与古之圣王比肩了。

唐玄宗对传统儒家的政、刑、德、礼四个方面进行了一系列改造。开元时期的礼法再造，突破了汉唐以来政治制度的旧格局，突出了帝王权威在经典中的主导作用，使帝王权威高于经典权威。这个时期内形成的四部典籍——《御注孝经》《唐六典》《大唐开元礼》和《唐月令》，均是唐玄宗个人权威的体现，其旨在塑造开天盛世的文本纪念碑。①在这四部经典中，《御注孝经》是唐玄宗亲自注解的，从而使《孝经》从孔子为后世制定典宪的政治书，变成了时王教诲万民的伦理书。②

与青铜相比，石材坚固耐久的属性使其与永恒观念紧密相连，尤其是石头和文字组合而成的碑志，树立在特殊的空间内具有神圣的权威性，成为某一特定政治文化空间里的礼仪化表达，以至演化成中国古代历史上纪念碑性建筑的核心部件。③长安城国子监内，贞观四年（630年）刻立的孔子庙堂碑由虞世南撰并书，它和孔子庙堂的整个建筑相映生辉。庙堂和石碑的落成，是当时政治生活中的一件大事。特殊的地理位置、著名文人的作品，构成一组纪念碑性质的政治文化景观，深刻地冲击着京城文人的精神世界。可以说，在唐太宗时期长安城内重要的文化景观当属孔子庙堂和孔子庙堂碑，它不仅是国家教育的象征，也体现出国家的政治权威。④在唐太宗的榜样作用下，《御注孝经》的刻石就成为唐玄宗昭示功业的最佳选择，故天宝三载十二月第二次御注《孝经》完成

---

① 王庆卫：《敦煌写本 P.3816〈御注孝经赞并进表〉再考》，《国学学刊》2021 年第 3 期，第 55—56 页。

② 陈壁生：《明皇改经与〈孝经〉学的转折》，《中国哲学史》2012 年第 2 期，第 44—51 页，收入氏著《孝经学史》，上海：华东师范大学出版社，2015 年，第 214—228 页。

③ [美]巫鸿：《中国古代艺术与建筑中的"纪念碑性"》，上海：上海人民出版社，2009 年，第 154—177 页。

④ 荣新江：《碑志与隋唐长安研究》，西安碑林博物馆编《纪念西安碑林 920 周年华诞国际学术研讨会论文集》，北京：文物出版社，2008 年，第 46—50 页，收入氏著《隋唐长安：性别、记忆及其他》，上海：复旦大学出版社，2010 年，第 142—147 页。

后,除了"诏天下民间家藏《孝经》一本"之外①,石台孝经碑的刊刻工作就正式开始了,次年八月就耸立在国子监里了。

第二个方面,石台孝经是构建玄宗儒家形象的纪念碑。唐玄宗在开元十年(722年)第一次御注《孝经》完成后,又分别于开元二十一年(733年)完成御注《道德经》、开元二十三年(735年)完成御注《金刚经》。御注《道德经》敕令家藏一本,不久之后,长安龙兴观道士司马秀上书,言道:"玄元皇帝《道德经》御注,右检校道门威仪龙兴观道士司马秀奏,望两京及天下应修官斋等州,取尊法物,各于本州一大观造立石台,刊勒经注,及天下诸观并令开讲。"②唐玄宗同意了司马秀的建议,于是各州纷纷刊立《御注道德经》。现在保留下来的《御注道德经》石刻主要有四种,分别是山西浮山县庆唐观石刻、河南鹿邑县太清宫石碑、河北邢台龙兴观刻石和河北易县开元观刻石。前面两种《御注道德经》属于特殊地址而非州郡宫观所刊刻,一为经幢形制,一为石碑形制;后面两种《御注道德经》均为地方州郡所立,基本仿照了经幢外观。③

上述四种《御注道德经》碑幢,都深刻地烙印着唐朝学术政治的身影,庆唐观和太清宫由于特殊的地理属性,给《御注道德经》的刊刻增添了无数神秘的色彩。各个州郡地方长官在有官方背景的宫观内刻立御注石台,会给道俗两界带来引领和示范效果,对于《御注道德经》的宣传具有极大的促进作用,进而达到国家在思想领域的统一,并宣示了玄宗个人的权威,可以说政治和文化的双重作用,使玄宗御注经典的影响越来越大。

开元二十三年(735年)六月三日,"都释门威仪僧思有表请,至九月十五日经出,合城具法仪于通洛门奉迎。其日表贺,便颁示天下,写本入藏,宣付史官。其月十八日,于敬爱寺设斋庆赞"④。御注《金刚经》完成后,僧侣们也建立了类似《御注道德经》经幢的般若石台,《贞元新定释教目录》卷一四载:

① [后晋]刘昫等:《旧唐书》卷九《玄宗纪下》,北京:中华书局,2007年,第218页。
② 陈尚君:《全唐文补编》卷三三《请刊勒御注道德经奏》,北京:中华书局,2005年,第390页。
③ 王庆卫:《石台孝经》,西安:西安出版社,2020年,第106—120页。
④ 陈尚君:《全唐文补编》卷一三六《御注金刚般若波罗蜜经注序》,北京:中华书局,2005年,第1656页。

时圣上万枢之暇,注《金刚经》,至(开元)二十三年著述功毕。释门请立般若经台,二十七年其功终竟。僧等建百座道场。七月上陈,墨制依许。八月十日,安国寺开经。九日暮间,西明齐集,十日迎赴安国道场,讲御注经及《仁王般若》。①

般若经台落成后,八月十日高僧大德正式在大安国寺宣讲《御注金刚经》。安国寺是长安城内重要的寺院之一,由皇家宅邸改建而成,一直受到李唐皇室的关照,而般若经台很可能是建立在这里的。

根据俄藏敦煌文书《开元廿九年授戒牒》(Дx.2881+Дx.2882)的记载,开元二十九年(741年)二月九日,大安国寺和尚道建受命赴沙州主持当地僧人的授戒仪式,作为授戒过程的重要组成部分,他还花了两周时间为大云寺的僧众讲授了《御注金刚经》《法华经》和《梵网经》三部经书。②道建作为大安国寺僧人前往沙州,一定肩负官方的使命。沙州地处丝路交通的重要位置,是中外各种宗教汇集的主要地点,道建到此显然是以皇家代言人的身份宣传《御注金刚经》的。③这种举措相信在全国范围内都会一一举行,进而促进了《御注金刚经》的传播和民众对帝王的崇敬之感。

在御注三经中,《御注孝经》第一次以文本形式发行天下,《御注道德经》与《御注金刚经》刊刻成石。《御注孝经》第二次修订完成后,国子祭酒李齐古上表建议刻立经石,其原因约和天宝三载(744年)的一项政策有很大关联。《册府元龟》卷五四《帝王部·尚黄老二》载:

(天宝)三载三月,两京及天下诸郡于开元观、开元寺,以金铜铸帝等

① [唐]圆照:《贞元新定释教目录》,《大正新修大藏经》第2157号第55册,东京:日本大正一切经刊行会出版,1934年,第878页。
② 俄罗斯科学院东方研究所圣彼得堡分所、俄罗斯科学出版社东方文学部、上海古籍出版社:《俄藏敦煌文献》第10册,上海:上海古籍出版社,1998年,第109—110页。
③ 荣新江:《盛唐长安与敦煌——从俄藏〈开元廿九年(741)授戒牒〉谈起》,《浙江大学学报》(人文社会科学版)2007年第3期,第16—24页。

身天尊及佛各一。①

在有官方背景的宫观内供奉的各类帝王像一般都是前朝皇帝,因为圣像的存在,这些宫观就多多少少带上了皇家宗庙的色彩,帝王逐渐被神化,构成了佛道二教与国家祭祀的合流,从而具有了某种"公"的性质。②在寺观内塑造当朝帝王的等身像,目前所知较早的记录是在隋文帝时期,《大隋河东郡首山栖岩道场舍利塔之碑》载:

> 洎将升鼎湖,言违震旦,垂拱紫极,遗爱苍生,乃召匠人铸等身像,并图仙尼,置于帝侧,是用绍隆三宝,颁诸四方。欲令率土之上,皆瞻日角;普天之下,咸识龙颜。以仁寿四年岁在甲子,发自镐京,降临河曲,风伯前驱,雨师清道。绀马逐日,王女焚香,若升忉利之宫,如上须弥之座。寻而洮颍大渐,厌世登遐,故知圣智见机,冥兆先觉。昔者法王将逝,化佛遍于花台;金棺既掩,见影留于石室。以兹方古,异世同符。皇上钦明缵历,重光绍祚。道洽百神,智周万物。定鼎卜世,永固洪基。测圭建都,乃均职贡。巡游河洛,式遵元扈之仪;登降云亭,方具介邱之礼。垂旒渊默,负扆克庄,高泳熏风,光显慧日。宏宣二祖之业,总持三乘之教。配天配帝,尽孝敬于郊礼;依佛依经,乃庄严于塔庙。巍巍乎其有成功也,荡荡乎民无能名焉。③

隋文帝在仁寿四年(604年)令匠人铸自己的等身像,并在旁边绘制有神尼智仙之像,这种做法颁布于全国各个寺院,其目的主要是"率土之上,皆瞻日角;普天之下,咸识龙颜"。到了天宝三载(744年),唐玄宗把自己的等身佛像和天尊像树立于各地的开元观和开元寺内,无疑是隋文帝做法的继承和发展。开

---

① [宋]王钦若等:《册府元龟》,北京:中华书局,2010年,第599页。
② 雷闻:《郊庙之外:隋唐国家祭祀与宗教》,北京:生活·读书·新知三联书店,2009年,第101—132页。
③ 陈尚君:《全唐文补编》卷三,北京:中华书局,2005年,第30—31页。

元二十六年(738 年),唐玄宗敕令各地因地制宜建立开元寺和开元观,开元寺和开元观无疑是开天时期官方寺观的代表。[①]如此来看,天宝三载唐玄宗下令在开元观寺内铸造个人的等身像,昭示着唐玄宗帝王权威的加强,个人自信进一步增强,其实质在于偶像崇拜。唐玄宗欲将自己比肩于佛陀与天尊,向境内的万民展示君王的神圣功业。[②]佛道的信仰崇拜与塑像关系密切,而儒家则讲究立德、立功、立言,立言作为士大夫心目中极重要的追求,可以传播久远影响后世,唐玄宗御注《孝经》,正是他古为今用思想的集中体现,开启了中晚唐"自名其学"的经学新路径。

在开元寺和开元观铸造唐玄宗等身像的行为,一定会给儒家士人很大影响。作为儒家官方教育最高机构的国子监,针对这种情况一定会有所作为想办法应对,故李齐古上表请示刻立石台孝经,可能就是此事的应对之举。天宝四载(745 年)是唐玄宗的本命之年,帝王的本命年和生日在开元、天宝时期逐渐成为国家政治生活中的大事,不断有各种庆典举行,以此来宣传帝王的偶像崇拜。借鉴佛道塑造唐玄宗等身像的做法,会加深对儒家礼制的影响,将帝王转化为一个偶像,成为神圣般的化身。[③]在石台四面刊刻《御注孝经》文本,经文前面是唐玄宗作的序文,其文字内容均由唐玄宗亲自书写,帝王的注解和书法相得益彰,加上石台孝经独特的石碑形制,共同组成长安城内大唐文化的权威宣言。与佛道的等身像相比,石台孝经可以被视为一座由文字和书法构成的玄宗儒家形象,至此儒释道三教都营建出了表现帝王权威的纪念物,正可以和御注三经相表里。

---

① 聂顺新:《唐玄宗开元官寺敕令的执行及其意义》,《华东师范大学学报》(哲学社会科学版)2019 年第 1 期,第 132—139 页;雷闻:《帝乡灵宇:唐两京开元观略考》,《首都师范大学学报》(社会科学版)2021 年第 5 期,第 17—27 页。

② 聂顺新:《唐玄宗御容铜像广布天下寺观考辨》,《唐史论丛》第 21 辑,西安:三秦出版社,2015 年,第 108—126 页,收入氏著《唐代佛教官寺制度研究》,北京:中国社会科学出版社,2020 年,第 229—247 页。

③ 吕博:《本命与降诞:唐代道教"投龙简"再读》,《世界宗教研究》2019 年第 2 期,第 91—101 页。

## 二、石台孝经的形制来源

石台孝经碑（图一）刊刻完成后，矗立在长安城务本坊国子监内。碑身呈方柱体，通高 620 厘米，南面为碑石正位，整体四面阅读以顺时针方向为序。《御注孝经》的序言、正文和注释文字均由唐玄宗御笔隶书撰写，序文和正文用大字书写，注释为双行小字。东面上层右半为李齐古表文，左半为玄宗亲笔批答敕文，下层四列为朝廷官员题名。碑石三层台阶侧面刻着生动传神的蔓草和瑞兽图案，有神兽、狮子、勇士等组合，动物和植物浑然一体。额题为"大唐开元天宝圣文神武皇帝注孝经台"，篆书，出自太子李亨手笔。碑额上方是出檐式云盘盖石，盖石边缘雕刻着形态飘逸的卷云纹，卷云纹自下而上呈三层级，逐级向上蔓延扩大，支撑着上方的碑顶。碑顶为平面式九宫格布局，正中方格位置上有一个正方形高台，高台上是一个平顶的圆柱状玉石；在紧挨着正中方格的四侧方格内，有四座山岳状的高浮雕，增添了几许肃穆和庄重之感。

目前对石台孝经形制问题作过讨论的主要是罗宏才，他指出石台孝经碑代表的是"天宝样式"的艺术风格。关于天宝样式的内涵，大致可以分为 12 个方面：1. 雕刻背景与皇室

图一　石台孝经

有关;2. 选材精当,雕刻精美;3. 碑文由玄宗或权臣书写;4. 体量硕大,石碑高度基本在 620~900 厘米之间;5. 碑顶起翘高耸;6. 碑身均为规制统一的四面柱状体;7. 方形碑座;8. 融合皇家风格、时代风尚与精湛设计于一体,看起来端庄威严;9. 至晚到天宝年间,碑顶流行屋顶起翘翻覆的新样式;10. 碑顶翻覆外伸,逐层增加了云纹图案;11. 可以看出初唐以来巨碑变化的发展轨迹;12. 具有一定示范作用,对于后世碑刻形制影响深远。① 石台孝经坐落在双层碑亭之下,体量巨大,但关于碑顶的造型在民国时期就搞错了,从地面观看石台孝经,实际上看不到碑顶真实的情况,从而影响了学者们对石台孝经形制问题的讨论。

图二　石台孝经立体图

2018 年,在进行国宝文物数字化扫描时,我们才在真正意义上第一次看到了石台孝经的顶部造型(图二),其碑顶由平面状九宫格组成,在五个方格内分布着高浮雕的山岳和方台,并在方台上镶嵌着圆柱状的汉白玉。石台孝经的完整造型由三层石台、方柱形碑身、出檐式云盘、九宫格碑顶组成,其形制主要来源于三个方面:1. 三层石台和碑顶的九宫格式布局,出自古代儒家对《孝经》等经文的注疏,表达的是《孝经》本身所蕴含的经学思想;2. 出檐式云盘的做法来自嵩阳观纪圣德

---

① 罗宏才:《唐〈石台孝经碑〉相关问题的观察与讨论》,西安碑林博物馆编《碑林集刊》第 22 辑,西安:三秦出版社,2016 年,第 114—124 页。

感应碑;3. 石碑的正方形形制承袭了乾陵述圣纪碑的外观。简要言之,石台孝经的形制就是嵩阳观纪圣德感应碑、述圣纪碑的样式和《孝经》注疏经义的组合体,它是具有唯一性和独特性的石碑纪念物。

第一,三层石台和碑顶的九宫格布局是儒家经义的视觉化呈现。

在历代帝王的推动下,《孝经》有着其他经书无法比拟的地位,既是儒学的基本经典,也是仕宦科举的必读作品,既是规范人伦纲常的要籍,也是流行极广的教化读本。《孝经》作为一种规范,要求以孝道为道德准则,构建一个联系上下不同等级人群的政治秩序,进而达到天下大治的目的,故对于历代帝王而言,《孝经》的重要性是不言而喻的。

汉唐是充满神秘色彩的神文时代。纬者,经之支流,衍及旁义。"圣人作经,贤者纬之"①。纬书盛行于汉代,白虎观会议使谶纬成为国家化的经典,一方面纬书配合六经,形成了六纬之书;另一方面则进一步神化孔子,形成了汉代经学的重要特点,如郑玄训注经书就大量利用了纬书。②到了唐代,纬学虽然势弱,但在国家政治许多层面都发挥着重要的作用,如唐代帝陵的选址就深受吕才的影响,孔颖达等人注疏五经时大量使用谶纬之学,在张说、陈子昂等人的文章中屡屡隐现着谶纬的影子。

《论语》《孝经》均是孔子与弟子间的对话体论著。在古人的心目中,《论语》在广义上是包含《孝经》在内的。唐玄宗御注《孝经》时,对于谶纬之书体现出的天道思想、让君王成为宇宙力量的代表者、宣示帝王权威的合法性问题都会着迷,进而会加强帝王的某种天命诉求。《孝经纬·孝经援神契》载:"圣不独立,智不独治,神不过天地,同灵造虚,由立五岳,设三台。"③《论语纬·论语摘辅象》云:"兖豫属上台,荆扬属下级,梁雍属中上,冀州属错,青州属下上,徐州属下下。注曰:九州系于三台。下级,上之下等。一台各有上下。中台之上。错,杂

---

① [清]赵在翰辑:《七纬》卷三八《春秋纬叙目》,北京:中华书局,2012 年,第 755 页。
② 华喆:《礼是郑学:汉唐间经典诠释变迁史论稿》,北京:生活·读书·新知三联书店,2018 年,第 26—88 页;冯茜:《唐宋之际礼学思想的转型》,北京:生活·读书·新知三联书店,2020 年,第 24—58 页。
③ [日]安居香山、中村璋八:《纬书集成》,石家庄:河北人民出版社,1994 年,第 960 页。

也,属中台之下,下台之上。下台之上。下台之下也。"①在《孝经纬》和《论语纬》中,提到了三个重要的概念——三台、五岳和九州。三台、五岳和九州,属于中国王土秩序体系中的重要地理概念,有着独特的政治文化内涵。

九宫九州,"茫茫禹迹,画为九州",九州是先秦时期的地理概念,后来却属于一种超越自然地理的文化指称。②九州在两汉逐渐被盛行的十三国和十二州系统所取代,十三国是在春秋战国以来的"天下大国十二"加上周王室拼凑出来的分野系统,十二州是汉武帝时大一统思想下的政治地理分区,至东汉以后,发展出以十二州为主兼容十三国的分野学说。③但在《隋志》编撰中,天文分野地理学说重新回到了《禹贡》的九州模式之下,以九州系统为基础,糅合了传统的十二州分野理念,形成了一种不受朝代更迭与地区变迁影响的长期稳定的分野系统,对后世影响很大。④在唐代人的观念中,九州既是当时的天文地理知识系统,也是文化中国的一个政治符号,是传统王朝意识形态的有机组成部分。

《公羊传》云:"天子三台,诸侯二。天子有灵台以观天文,有时台以观四时施化,有囿台以观鸟兽鱼鳖。诸侯当有时台、囿台。诸侯卑,不得观天文,无灵台。"⑤三台,古代天子、诸侯尊卑地位的礼仪化标识,也和九州分野紧密联系在一起。《论语谶》道:"上台上星主兖豫,下星主荆扬,中台上星主梁雍,下星主冀州,下台上星主青州,下星主徐州。星非其故,以占其邦。"⑥石台孝经以三层石台作为碑座,无疑是把抽象化的"三台"概念用立体的形象表示出来,除了隐喻着天子地位之外,也包含着地理观念下的九州方位,和碑顶的九宫布局形成呼

---

① [日]安居香山、中村璋八:《纬书集成》,石家庄:河北人民出版社,1994年,第1072—1073页。

② 李零:《茫茫禹迹:中国的两次大一统》,北京:生活·读书·新知三联书店,2016年,第161—204页。

③ 邱靖嘉:《"十三国"与"十二州":释传统天文分野说之地理系统》,《文史》2014年第1期,第5—22页。

④ 邱靖嘉:《山川定界:传统天文分野说地理系统之革新》,《中华文史论丛》2016年第3期,第36—58页。

⑤ [清]陈立:《公羊义疏》卷二六,北京:中华书局,2017年,第957页。

⑥ [日]安居香山、中村璋八:《纬书集成》,石家庄:河北人民出版社,1994年,第1084—1085页。

应关系。

古人常以山岳配天。五岳，指的是东岳泰山、南岳衡山、西岳华山、北岳恒山、中岳嵩山，是和九州、四方等概念类同的标志中国疆域范围的坐标符号，也是超越自身属性的礼法地理标识，兼具政治地理和文化地理的双重属性，与政治有关又超越了政治，一方面以礼仪道德的形式支持着对疆域的一统性建设，另一方面则展示了礼法政治内涵附加在山岳身上使其成为华夏的地理语言。① 对于五岳的封爵制度，唐代加强了"五岳视三公"理论，并和皇权深度结合，给五岳祭祀增加了更多的神性色彩。②在上古地理思想中，四方框架之上的中心位置越来越重要，于是四方位就变成了五方位，不过由于五方位并不完整，要表示完整的地方，就还要加上四隅，共同组成了一个九宫格布局。③可以说九宫式和五方位是内在关联的，五方五岳、九宫九州，构建出了一个地理上的文化中国和华夏天下的象征符号。不过在《禹贡》所列的九州山脉中，只提到了东南西北四岳，没有提到中岳嵩山，可见四岳才具有天下疆域的标界意义。"中"和"中国"，既是现实社会秩序的表现，也是政治道德文化的核心。《法言》卷六《问道》载：

> 或问："八荒之礼，礼也，乐也，孰是？"曰："殷之以中国。"或曰："孰为中国？"曰："五政之所加，七赋之所养，中于天地者，为中国。过此而往者，人也哉。"④

中岳不具有标识疆域的意义，取而代之的自然就是占据国家中心位置的都城了。在王朝地理观中，都城与四岳关系密切，素有"岳镇方位，当准皇都"之

---

① 唐晓峰：《从混沌到秩序：中国上古地理思想史述论》，北京：中华书局，2010 年，第 234—237 页。
② 雷闻：《郊庙之外：隋唐国家祭祀与宗教》，北京：生活·读书·新知三联书店，2009 年，第 133—219 页；牛敬飞：《古代五岳祭祀演变考论》，北京：中华书局，2020 年，第 161—181 页。
③ 李零：《思想地图：中国地理的大视野》，北京：生活·读书·新知三联书店，2016 年，第 7—21 页。
④ ［汉］扬雄撰，汪荣宝注疏：《法言义疏》，北京：中华书局，1987 年，第 119 页。

说①，虽然汉唐时期京都长安实际上在西岳之外，但在古人思想中，理想的状态是把都城置于岳域和九州内的核心位置，即中央之位，这样一来王都与岳域在标识古代边疆都城的正统性问题上就形成了完美的统一。②都城，不管在政治地理还是自然地理意义上，都是一个王朝的代表所在，是标志国家疆域的核心处所，在古代社会中具有中心性、权威性、至高性的地位，是一处更加宏伟而庞大的纪念碑性景观。

三台、四岳、都城、九州是大一统王朝的文化疆域和帝王权威的符号，也是《孝经纬》体现的经学思想。石台孝经的三层石台座正是《孝经纬》提到的三台表现。碑顶九宫方位中的东、南、西、北四座高浮雕山峰，指示的正是四岳，中岳所在的位置则被象征长安城的方形石台所代替。九宫格布局代表的是天下观念中的九州分野。碑顶正中方位的石台座上嵌有一圆柱形玉石，上下相连，隐喻着唐人所认知的"玉京"。孟郊《长安旅情》："尽说青云路，有足皆可至。我马亦四蹄，出门似无地。玉京十二楼，峨峨倚青翠。下有千朱门，何门荐孤士。"③玉京有都城之义，在石台孝经碑顶塑造出京都长安，正和九州、四岳和三台等天下观念相辅相成，共同组成大唐人文地理视野中的空间格局。另外，玉京在道教思想中具有特殊意义，值得关注。

第二，石台孝经出檐式云盘的做法源于嵩阳观纪圣德感应碑。

开元末天宝初，唐玄宗的崇道措施一步步加强，正如杜牧在《华清宫三十韵》中写道："至道思玄圃，平居厌未央。钩陈裹严谷，文陛压青苍。"④这不仅和唐玄宗的政治理念有关，也和他求仙问道的思想变化有关。《资治通鉴》卷二一五"唐玄宗天宝四载（745年）正月"条载：

春，正月，庚午，上谓宰相曰："朕比以甲子日，于宫中为坛，为百姓祈

① ［清］赵尔巽等：《清史稿》卷二六六《徐元珙传》，北京：中华书局，1977 年，第 9949 页。
② 唐晓峰：《王都与岳域：一个中国古代王朝边疆都城的正统性问题》，《九州》第 4 辑，北京：商务印书馆，2007 年，第 203—213 页。
③ ［唐］孟郊著，韩泉欣校注：《孟郊集校注》卷三《咏怀上》，杭州：浙江古籍出版社，2012 年，第 128 页。
④ ［唐］杜牧撰，吴在庆校注：《杜牧集系年校注》，北京：中华书局，2008 年，第 161 页。

福,朕自草黄素置案上,俄飞升天,闻空中语云:'圣寿延长。'又朕于嵩山炼药成,亦置坛上,及夜,左右欲收之,又闻空中语云:'药未须收,此自守护。'达曙乃收之。"太子、诸王、宰相,皆上表贺。[①]

"嵩山炼药"指的疑为道士孙太冲事。孙太冲隐于嵩山。天宝三载(744年),河南尹裴敦复上言:"太冲于嵩山合炼金丹,自成于灶中,精光特异,变化非常。请宣付史官,颁示天下,以彰灵瑞仙圣之应。"[②]唐玄宗从之,而嵩阳观纪圣德感应碑镌刻的内容就是孙太冲为唐玄宗于嵩山炼丹之事。

《嵩阳观纪圣德感应碑》(图三),天宝三载(744年)二月五日刻[③],坐落在今天中岳嵩山南麓距离登封市北约3公里处的嵩阳书院门外,上下5层结构,共由6块巨石组成,自上而下分别为碑顶、云盘、碑额、碑身和碑座,通高约9米,重达60余顿。碑顶为一高耸的二龙嵌珠形。碑额篆书"大唐嵩阳观纪圣德感应之颂",裴迥题。碑额之上为大云盘,大云盘由两块石头拼合而成,下窄上宽,四围呈斜弧面状,很像庑殿式建筑的飞檐,明显模仿的是屋顶起翘的翻覆样式。碑身为长方柱形,高383厘米、宽204厘米、厚104

图三 嵩阳观纪圣德感应碑(仇鹿鸣摄)

---

① [宋]司马光:《资治通鉴》,北京:中华书局,2007年,第6863页。

② [宋]王钦若等:《册府元龟》卷九二八《总录部·好丹术》,北京:中华书局,2010年,第10951页。

③ 张越祺通过对该碑的撰者、书者等相关人物的官职履历考察,认为其刻立时间应在天宝九载(750年)下半年内,但是对于碑身上所刻之具体时间,仍无法得到合理的解释,故本文延续传统说法,以碑身刻立时间为据。参张越祺《唐天宝时期东京留守及河南尹考——以〈大唐嵩阳观纪圣德感应之颂〉为线索》,叶炜主编《唐研究》第26卷,北京:北京大学出版社,2021年,第441—457页。

厘米,正面镌刻纪圣德感应颂文,李林甫撰文,著名书家徐浩书丹。碑座呈长方形,长 315 厘米、宽 206 厘米、高 95 厘米,上下各有横枋,中间部分显现出浅束腰状,在束腰的四边分别雕刻着壶门,前后两面有三龛壶门,左右两侧有二龛壶门,壶门内是浅浮雕的神王像。[①]这 10 尊神王像和龙朔三年(663 年)褚遂良书同州圣教序碑座上的 12 尊神王像十分相似,嵩阳观纪圣德感应碑座的做法可能受到了同州圣教序碑的影响。

嵩阳观纪圣德感应碑出檐式大云盘的做法,似乎是从乾陵述圣纪碑的庑殿式碑顶变化而来的,其主要特征是云盘上雕刻着瑞云图案,看起来如山奔水涌一般。孙逖《为宰相贺中岳合炼药自成兼有瑞云见表》云:

> 臣某言:臣等伏见道士孙太冲奏,事奉进止,令中使薛履信监臣于中岳嵩阳观合炼,其灶中着水,置炭于灶侧,对三却回,已经数月,泥拭既密,缄封并全,即与县官等对开门,其炭并尽,灰又别聚,不动人力,其药已成。初乃五色发瑞,终则太阳晖于垆际。又河南裴敦复所奏,并奉敕令右补阙李成式往验并同者。臣闻神变无方,式昭于幽赞;圣心有感,必验于玄通。陛下至德奉天,精诚契道,动无不应,事若合符。故得炼药之所,瑞云先见,丹垆不蓺,金液自成。太阳降精,宜假于人工;飞廉扇炭,谅关于神力。殊祥特异,旷古未闻。灵迹既彰,用资于圣寿;群生何幸,永睹于昌期。况在微臣,实倍常品,无任抃跃之至。谨奉表陈贺以闻。[②]

据此文,在孙太冲炼丹完成后有瑞云出现,瑞云在唐代被视为重要的祥瑞之一,多称作“景云”或“庆云”。嵩阳观纪圣德感应碑出檐式云盘是唐代石碑的新样式,其上的云纹图案所体现的也应为景云。

---

① 张家泰:《艺术丰碑:记登封〈大唐嵩阳观纪圣德感应之颂〉碑的艺术成就》,《中原文物》1984 年第 2 期,第 104—108 页。

② [清]董诰等编:《全唐文》卷三一一,北京:中华书局,1983 年,第 3157 页。

《新唐书》卷四六《百官一》载："凡景云、庆云为大瑞，其名物六十有四；白狼、赤兔为上瑞，其名物三十有八；苍乌、朱雁为中瑞，其名物三十有二；嘉禾、芝草、木连理为下瑞，其名物十四。大瑞，则百官诣阙奉贺；余瑞，岁终员外郎以闻，有司告庙。"①在中国古代，多有"景云现，河水清"的说法，属于太平之应。唐代之前，景云就和有德之君"受命于天"联系在了一起，到了唐代更是成为祥瑞中的大瑞，化作天人之际的神圣符号之一。《孝经纬·孝经援神契》云："天子孝，则庆云见。"②《孝经纬·孝经援神契》言："元气混沌，孝在其中。天子孝，天龙负图，地龟出书，妖孽消灭，景云出游。"③睿宗即位，改元"景云"。中晚唐时期景云的观念依旧深入人心，佛教经典中多有景云的描述，佛教徒们甚至把景云改造成了佛法的征祥。由此可见，在唐代，景云的太平之应和圣王象征是僧俗界共同理解的基本内涵。④不仅如此，在道教经典中对于景云同样推崇备至，如唐代《太上洞玄灵宝五岳真符》载：

> 正月甲午，于历山下祭图玄符。到四月，神使骑白鹿，言西王母，以白环献舜。元年二月，舜以授禹。其年六月，景云三见。祭法鼓吹大鼓，召直符。一直符，二鼓音，二直符，二鼓音，千二百直符到。⑤

嵩阳观纪圣德感应碑和道教关系密切，出檐式云盘上的景云图案，不管对于道教徒或世俗界而言都是很容易理解的祥瑞，如此来看，石台孝经碑的出檐式云盘虽然模仿了嵩阳观纪圣德感应碑的做法，但其内涵更多的是和国家政治中的天命圣王观念相关联，同嵩阳观纪圣德感应碑的表现侧重点有所差异。

---

① [宋]欧阳修、宋祁：《新唐书》，北京：中华书局，2006年，第1194页。
② [日]安居香山、中村璋八：《纬书集成》，石家庄：河北人民出版社，1994年，第973页。
③ [日]安居香山、中村璋八：《纬书集成》，石家庄：河北人民出版社，1994年，第971页。
④ 孙英刚：《神文时代：谶纬、术数与中古政治研究》，上海：上海古籍出版社，2014年，第176—183页。
⑤ [唐]佚名：《太上洞玄灵宝五岳真符》，《道藏》第6册，北京：文物出版社、上海：上海书店、天津：天津古籍出版社，1988年，第364页。

第三,石台孝经的碑顶、碑身和碑座,俯瞰呈正方形,而这种形制正承袭了乾陵述圣纪碑的形态。

图四　乾陵述圣纪碑

述圣纪碑(图四),位于乾陵朱雀门外司马道的左侧,与右侧的无字碑对称分布。石碑通高 730 厘米,由碑座、碑身和碑首组成。碑身方柱形,宽约 186 厘米,由 5 块高 120 厘米的石料垒叠而成。底座高约 120 厘米、四边长 294 厘米,由 4 块规格相同的青石拼接组合成正方形基座。在碑座东、西、南三面镌刻了大量精美纹饰,有花卉、猛兽和云纹,布局均衡,线条流畅。述圣纪碑碑首高 40 厘米,其形制和以前的石碑迥异,乃是一座高等级的庑殿顶式的碑首,建筑技法精巧,惟妙惟肖,雕刻出了屋脊、筒瓦、滴水、勾头等外形。[①]述圣纪碑文由则天后撰写,有 5100 多字,是她所写文章中篇幅最长的,大约在文明元年(684 年)正月完成;书者为唐中宗李显,"字法遒健,深得欧虞遗意"[②]。李显在弘道元年(683 年)十二月即位,次年二月就被武则天废为庐陵王,五月迁于均州,故述圣纪碑的书写时间当在 684 年的正月至二月。石碑剥落严重,多数文字已漫漶不可识,只有部分文字依稀可见。

关于述圣纪碑的性质,一直都是学者们关注的焦点,综合来看可分为以下几种意见:1. 非碑论。张沛指出述圣纪碑和无字碑均不属于碑,而属于左祖右

---

① 贺梓城:《乾陵述圣记碑和它的现存文字》,《文物》1961 年第 3 期,第 33—37 页;樊英峰:《武则天与乾陵述圣纪碑》,《武则天研究论文集》,太原:山西古籍出版社,1998 年,第 187—194 页。

② [明]赵崡:《石墨镌华》卷二,《石刻史料新编》第一辑第 25 册,新北:新文丰出版公司,1982 年,第 18604 页。

社的布局,其中,述圣纪碑为"社",无字碑为"祖"①。2. 颂德碑。明代赵崡称呼其为述圣纪碑,自此一直延续至今,成为此碑的惯称②。3. 墓表。清代王昶《金石萃编》认为:"陵前之立述政记,犹公卿大夫之有墓表,与高宗为太子宏撰《睿德记》同一例也。"③4. 神道碑。沈睿文从考古学的视角,对无字碑和述圣纪碑进行了详尽的讨论,认为该碑属于帝王神道碑。④5. 神道阙。王名峰认为述圣纪碑的设计与石阙有关,不属于石碑,当是神道阙之设置,可称之为"表"。⑤那么,述圣纪碑的功用到底属于什么呢?

《述圣纪》云:"易□茹荼之恨□尽唯思赞述,少慰抽擢,但元宸位尊,丹碑所绝,遐观列代,莫树丰琼,所以略苻传纪,弗存铭颂,庶(下缺)……"⑥虽然碑文中言"碑",但有可能是泛指,对于"碑"的含义,《语石》有较为完整的解释:

> 立碑之例,厥有四端:一曰述德崇圣、嘉贤、表忠、旌孝,稚子石阙,鲜于里门,以逮郡邑长吏之德政碑是也。一曰铭功,东巡刻石,登岱勒崇,述圣纪功中兴叡德,(孝敬皇帝叡德碑)以逮边庭诸将之纪功碑是也。一曰纪事,灵台经始,斯干落成,自庙学营缮,以逮二氏之宫是也。一曰篆言,官私文书,古今格论,自朝廷涣号,以逮词人之作是也。举此四例,若网在纲。此外石刻为碣、为表、为志、为菊、为石阙、为浮图、为幢、为柱、为摩厓、为造象、为井阑、为柱础。其制为方、为圆,或横而广,或直而修,或觚棱,或莘确,皆非碑也。因流以讨源,循名以核实,亦可得而扬觯也。⑦

---

① 张沛:《乾陵"无字碑"别论》,《文博》2000 年第 6 期,第 44—49 页。

② [明]赵崡:《石墨镌华》卷二,《石刻史料新编》第一辑第 25 册,新北:新文丰出版公司,1982 年,第 18604 页;王翰章:《关于乾陵无字碑等问题的商榷》,《文博》2001 年第 2 期,第 57—59 页;樊英峰:《武则天与乾陵述圣纪碑》,《武则天研究论文集》,太原:山西古籍出版社,1998 年,第 187—194 页。

③ [清]王昶:《金石萃编》卷六〇,《石刻史料新编》第一辑第 2 册,新北:新文丰出版公司,1982 年,第 1023 页。

④ 沈睿文:《唐陵的布局:空间与秩序》(增订本),北京:文物出版社,2021 年,第 265—279 页。

⑤ 王名峰:《唐代乾陵石刻模式形成研究》,西安:西安美术学院博士论文,2018 年,第 108—124 页。

⑥ [清]董诰等编:《全唐文·唐文续拾》卷一,北京:中华书局,1983 年,第 11185 页。

⑦ [清]叶昌炽撰,柯昌泗评:《语石·语石异同评》卷三,北京:中华书局,1994 年,第 180—182 页。

对比分析可知,述圣纪碑的功用符合《语石》所论。唐代帝陵,是神圣空间和最高权力秩序的投影,而述圣纪碑作为帝陵的重要组成单元之一,必须从乾陵的整体规划来讨论其性质。《唐会要》卷二一《诸陵杂录》载:

> 开元二年,昭成皇后靖陵在洛阳,上令舅希瓘往树碑。上曰:"其文须取第一手。"遂令魏知古宣旨,令中书侍郎苏颋为碑文。颋因极言:"帝王及后,礼无神道碑。近则天皇后崇尚家代,犹不敢称碑,刻为述圣纪。且事不师古,动不合法。若靖陵独建,即陛下祖宗之陵,皆须追建。"上从其言而止。①

从礼仪制度来看,唐人多认为帝王和帝后陵墓是不立神道碑的。从述圣纪碑的名称分析,人们多认为此碑是歌颂帝王功业的,则天后撰文气象恢宏,典雅有则,与一般官员的神道碑文在用词章法上有很大差异。不过从其本质上来看,述圣纪碑属于一种特殊的神道碑,是专属于帝王身份等级的,为了区别于普通的神道碑,帝王神道碑以"某某纪"而不云"某某神道碑",可能受到了史传中帝王本纪和列传的书写模式之影响,正是皇权至上的一种表现。

高宗朝后期,则天后的权力已经达到了高峰,为了削弱关陇集团的势力,唐朝的政治中心逐渐向洛阳转移,而作为国家政治秩序重要体现的陵墓制度,无疑具有重要的指向作用。"朕以其孝于承亲,恭于事上,意欲还京卜葬,冀得近侍昭陵,申以奉先之礼,顺其既往之志。但以农星在候,田务方殷,重归关辅,恐有劳废,遂割一己之慈。"②唐高宗"尽用天子之礼"下葬太子李弘,故则天后借助李弘之死,创造出了孝敬皇帝睿德纪碑这种不合乎传统礼法的准帝王神道碑。这种做法,一直延续到了昊陵和顺陵的改造过程中。武士彟昊陵的大周

---

① [宋]王溥:《唐会要》,上海:上海古籍出版社,2006年,第486页。
② [清]董诰等编:《全唐文》卷一五《孝敬皇帝睿德纪》,北京:中华书局,1983年,第186页。

无上孝明高皇帝碑,则天后母亲杨氏顺陵的大周无上孝明高皇后碑,因他们二人并不是真正意义上的帝王帝后陵墓,故其神道碑以"碑"为名,而没有采取专属于帝王、帝后的"纪"称,实际上在乾陵树述圣纪碑和在恭陵立睿德纪碑的理念是一致的。①乾陵的述圣纪碑和恭陵的睿德纪碑,本质上都是则天后礼制改革塑造武周政权正统性和权威性的体现,不过这种做法不合乎礼法制度的规范,因此在乾陵之后的唐陵石刻中就很少再刻立以"纪"为名的帝王神道碑了。

述圣纪碑是以"纪"名的帝王神道碑,与碑文名义相表里,石碑形制也要符合帝王身份,故此述圣纪碑创造出了石碑形制上的一个最高等级,模仿了宫殿建筑的外表,形成了以庑殿顶、方柱形碑身、方形碑座为基本形式特征的石碑样式,以昭示帝王的至高权威。"天道曰圆,地道曰方"②,古人以大地为方形,而帝王作为"天之子"来管理四土和百姓,在天文地理中五方位和九宫式是一体的,方正就成为中国人文秩序中的根本模式③,所以在帝王神道碑中,方形碑制是最核心的元素,而碑文的撰者、书者也是不可或缺的重要组成部分。以此来看,嵩阳观纪圣德感应碑的长方形形制无疑是低于述圣纪碑一等的,不过嵩阳观纪圣德感应碑的出檐式云盘是玄宗时代的新变化。石台孝经采用的方形碑顶、方柱形碑身和方形碑座,都是延续了述圣纪碑的设计思想,加上《御注孝经》的帝王注疏文本和书法,共同组成了表现帝王身份的一座石刻纪念碑。

石台孝经三层石台四侧的纹饰采取了百花卷草的基本模式,在各类植物纹中穿插着奔跑的各种瑞兽,比较特殊的是最上面一层石台东侧有两幅人物狮子图,两幅图左右对称,内侧为狮子,外侧为人物,左边的人物左手拽着缰绳,右手举着前端弯曲如环状的棍形物;右边的人物形象上部有所剥泐,不过

---

① 沈睿文:《唐陵的布局:空间与秩序》(增订本),北京:文物出版社,2021年,第265—279页。

② [清]王聘珍:《大戴礼记解诂》卷五《曾子天圆》,北京:中华书局,1983年,第98页。

③ 李零:《中国方术考》(修订本),北京:东方出版社,2001年,第89—176页;李零:《中国方术续考》,北京:东方出版社,2000年,第255—269页;唐晓峰:《从混沌到秩序:中国上古地理思想史述论》,北京:中华书局,2010年,第183—204页;王爱和:《中国古代宇宙观与政治文化》,上海:上海古籍出版社,2011年,第44—95页。

仍可以看出双手紧拽缰绳。同武惠妃石椁的勇士神兽图构图一致，石台孝经上镌刻的人物狮子图也是力士狮子图，可能是赫拉克勒斯和狮子的图像，不过力士的造型与希腊原始的力士形象不同，但是他们象征性的角色——勇士和护卫者的身份一直不曾改变。①石台孝经作为唐玄宗的纪念碑性景观，表达着至高的皇权和威望，在基座上面雕刻力士狮子图的目的和犍陀罗地区在金币上刻画赫拉克勒斯的目的是一致的。力士狮子图有两方面的内涵：对于佛教来说是护法者，对于世俗社会来讲则是王权的守卫者。这在石台孝经和武惠妃石椁中分别表达着不同的思想与意识倾向。

### 三、宸翰：书法政治的纪念碑

《御注孝经》文本留存在经学发展的脉络深处，不因为时空的改变而变化。对于具体的石刻来讲，文本性和物质性是统一不可分割的，融文本、物质于一体，才是纪念碑性石刻的完整面貌。石台孝经的物质属性以外观形制为主要方面，另外还有一种物质表现，就是石台孝经文字的书法呈现。《历代名画记》卷一载："按字学之部，其体有六：一古文，二奇字，三篆书，四佐书，五缪篆，六鸟书。在幡信上书端，象鸟头者，则画之流也。颜光禄云：'图载之意有三：一曰图理，卦象是也；二曰图识，字学是也；三曰图形，绘画是也。'"②书法是图识的重要表现，和文本关系密切，又有着较为独立的特征，在某种意义上来说，它具有文本性和物质性的双重特征，可以长久保存，可以复制。书法既是文本的物质化外观，也是文本文字的内在品质。

"文变染乎世情，兴废系乎时序"③，盛唐文化一扫初唐的纤细之风，呈现出

---

① 王庆卫：《墓葬中的窣堵波：再论武惠妃石椁勇士神兽图》，《敦煌学辑刊》2014 年第 1 期，第 145—158 页。

② [唐]张彦远：《历代名画记》卷一《叙画之源流》，北京：人民美术出版社，2004 年，第 2 页。

③ [梁]刘勰著，黄叔琳注，李详补注，杨明照校注拾遗《增订文心雕龙校注》卷九《时序》，北京：中华书局，2012 年，第 538 页。

瑰丽雄伟的气象，"开元文盛，百家皆有跨晋、宋追两汉之思"①。唐代帝王善书者众多，在石台孝经上面，即刊刻有唐玄宗的隶书和行草书、太子李亨的篆书。在唐玄宗的垂范和引领下，盛唐书坛群星璀璨，名家辈出。唐代窦臮《述书赋》言："开元应乾，神武聪明。风骨巨丽，碑版峥嵘。思如泉而吐凤，笔为海而吞鲸。诸子多艺，天宝之际。迹且师于翰林，嗟源浅而波细。"②明皇隶书新体，一改汉隶的艺术风格，以肥厚为基，使隶书在唐代为之一兴。

唐玄宗的书法，作为开元盛世的文化符号之一，政治性的指向尤为突出和明确。《鹡鸰颂》是现存唐玄宗唯一的行书墨迹写卷，藏于台北"故宫博物院"，主要讲述了唐玄宗与其兄弟之间的手足之情，"纸本，高七寸八分，长五尺八寸，纸凡四接，岐缝内俱有'开元'二字小印。结构精严，笔法敷畅，迥非唐以后人所能为之。有蔡京、蔡卞二跋，前后俱有宣和、政和小玺，盖宋时曾入内府者"③。目前能看到的唐玄宗书法作品主要是碑刻，除了为亲人书写的郎国长公主碑、凉国长公主碑和金仙长公主碑外，其他知名者有杨珣碑、一行和尚碑、裴光庭碑、华山铭、石台孝经、纪泰山铭、庆唐观纪圣铭和阙特勤碑等。④历史上官方的政治意志一直左右着书法艺术，帝王书法因皇帝的个人权威，成为全社会的模仿对象，以至被当作时代书法的标准范式。书法政治之内涵，即可以构建政权的合法性问题，可以通过赏赐御书来表示恩宠或褒功之举，可以通过纪功与纪念来表达特殊的政治目的，显示政治权力、传达政治信息、表示个人权威等。⑤帝王书法在不同地方书写，预示着不同的政治社会诉求，尤其在特殊地

① 吴文治编：《韩愈资料汇编》，北京：中华书局，1983 年，第 1587 页。

② ［唐］张彦远纂辑，刘石校理：《法书要录》卷六《述书赋下》，北京：中华书局，2021 年，第 298 页。

③ ［清］钱泳：《履园丛话》，北京：中华书局，1979 年，第 264 页。关于《鹡鸰颂》的流传经过，参乌莹君《唐玄宗〈鹡鸰颂〉考论》，《中国书法》2012 年第 10 期，第 54—59 页。

④ 唐玄宗的书法作品，《通志》记载主要有：《道德经并注》《孝经》《纪太山铭》《谒混元皇帝庙齐庆坛诗》《岳寺大照和尚普寂碑阴批答》《鹡鸰颂》《卢怀慎碑》《真源观钟铭》《老子庙碑》《登道遥楼诗》《凉国长公主碑》《后土神祠碑》《郎国长公主碑》《卢奂听事赞》《金仙长公主碑》《上党宫燕群臣故老诗》《龙角山庆唐纪圣之铭》《上党宫启圣颂》《赠兵部尚书杨元琰碑》《贞顺皇后武氏碑》《侍郎裴光庭碑》《题桐柏观颂》《道德经幢》《武部尚书杨郇碑》。参［宋］郑樵《通志二十略·金石略》，北京：中华书局，1995 年，第 1876 页。

⑤ 李彤：《政治权力与话语霸权——论封建皇权对书法艺术的统摄》，《南京艺术学院学报》2005 年第 3 期，第 67—70 页；朱玉麒：《郎国长公主碑——衔书刻石与文本流传》，《唐研究》第 23 卷，北京：北京大学出版社，2017 年，第 247—250 页；闫章虎：《政治制度视角下的唐代书法史研究》，长春：吉林大学博士论文，2019 年，第 57—82 页。

点书写的帝王书法,更是国家权威的昭示,可以说在纪念碑性景观上镌刻的帝王书法,无疑是皇权、政权和国家观念的浓缩和表现。在这些碑刻中,石台孝经、纪泰山铭、庆唐观纪圣铭和阙特勤碑都是在特殊地点刻立的具有纪念碑性质的石刻景观,构建出了玄宗时代的国家地理格局。

唐代新体隶书在开元时期正式形成,定鼎之作无疑是唐玄宗御制御书的纪泰山铭。开元十三年(725年)十一月,唐玄宗率领百官到封禅泰山。开元十四年(726年)九月,玄宗亲自撰书《纪泰山铭》,被摹刻于岱顶大观峰。纪泰山铭摩崖石刻(图五)保存较为完好,通高13.3米,宽5.3米,碑文24行,满行51字,全文约1000字,除了"御制御书"和题款时间用楷书书写外,其他文字均为隶书书写,碑体遒劲婉转,雄浑有力,笔画宽博,字势横逸,一扫初唐隶书方硬劲折的特点,属于汉代以来碑碣中的雄篇巨制。

图五 纪泰山铭

在以德配天思想下,封禅泰山是隆重的祭天之仪,"始受命之时,改制应天,天下太平,物成封禅,以告太平也"①。封禅是古代国家政治生活中极其隆重的政教大典,属于宗教性和政治性结合的神圣礼仪活动。纪泰山铭文为:

> 朕宅帝位,十有四载。顾惟不德,懵于至道。任夫难任,安夫难安。兹
> 朕未知,获戾于上下。心之浩荡,若涉于大川。赖上帝垂休,先后储庆,宰衡

---

① [清]阮元校刻:《十三经注疏·毛诗正义》卷一九,北京:中华书局,2009年,第1268页。

庶尹，交修皇极。四海会同，五典敷畅，岁云嘉熟，人用大和。百辟佥谋，倡予封禅，谓孝莫大于严父，谓礼莫尊于告天。天符既至，人望既积，固请不已，固辞不获。肆予与夫二三臣，稽《虞典》，绎汉制，张皇六师，震叠九宇，旌旗有列，士马无哗，肃肃邕邕，翼翼溶溶，以至于岱宗，顺也。《尔雅》云："泰山为东岳。"《周官》曰："兖州之镇山，实惟天帝之孙，群灵之府，其方处万物之始，故称岱焉。其位居五岳之伯，故称宗焉。"自昔王者受命易姓，于是乎启天地，荐成功，序图录，纪氏号。朕统承先王，兹率厥典，实欲报玄天之眷命，为苍生之祈福，岂敢高视千古，自比九皇哉。故设坛场于山下，受群方之助祭；躬封燎于山上，冀一献之通神。斯亦因高崇天，就广增地之义也。乃仲冬庚寅，有事东岳。类于上帝，配我高祖，在天之神，罔不毕降。粤翌日，禅于社首，侑我圣考，祀于皇祇，在地之神，罔不咸举。既壬辰，觐群后，上公进曰："天子膺天符纳介福，群臣拜稽首千万岁，庆答欢同，陈诚以德。"大浑叶度，彝伦攸叙，三事百揆，时乃之功，万物由庚，兆人允殖，列牧众宰，时乃之功。一二兄弟，笃行孝友，锡类万国，时惟休哉。我儒制礼，我史作乐，天地扰顺，时惟休哉。蛮夷戎狄，重译来贡，累圣之化，朕何慕焉。五灵百宝，日来月集，会昌之运，朕何感焉。凡今而后，儆乃在位，一王度，齐象法，摧旧章，补缺政，存易简，去烦苛，思立人极，乃见天则。于戏。天生蒸人，惟后时乂，能以美利利天下，事天明矣。地德载物，惟后时相，能以厚生生万人，事地察矣。天地明察，鬼神著矣。惟我艺祖文考，精爽在天，其曰懿予幼孙，克享上帝，惟帝时若，馨香其下。丕乃曰有唐氏文武之曾孙隆基，诞锡新命，缵戎旧业，永保天禄，子孙其承之。予小子敢对扬上帝之休命，则亦与百执事，尚绥兆人，将多于前功，而愍彼后患。一夫不获，万方其罪予；一人有终，上天其知我。朕惟宝行三德，曰慈、俭、谦。慈者覆无疆之言，俭者崇将来之训，自满者人损，自谦者天益。苟如是，则轨迹易循，基构易守。磨石壁，刻金记，后之人听词而见心，观末而知本。①

① ［后晋］刘昫等：《旧唐书》卷二三《礼仪三》，北京：中华书局，2007 年，第 901—903 页。

整篇铭文以儒家思想为基础,充满了君权天授的政治天命观和敬天法祖的宗法观念,同时浸透着浓厚的道家思想,强化了国家祭祀的神圣性,是开元君臣向上天昭示的政治宣言。[1]唐玄宗傲视天下,一反以前帝王封禅时在上天面前战战兢兢的形象,自信豪迈之情跃然石上,体现了开元时期唐玄宗务实奋进的政治追求。

庆唐观纪圣铭,刻立于开元十七年(729 年)九月,唐玄宗御制御书。碑身通高 269 厘米,宽 103 厘米,厚约 32 厘米,龟趺高 73 厘米,全碑高度近 350 厘米,属于盛唐时期的巨型石碑之一。龙角山,原名羊角山,不管在体国经野的王朝地理还是在洞天福地的宗教地理观念中,都是一座寂寂无闻的山脉,但因为政治现实的需要,国家权力把羊角山和山脚下的老君祠塑造成了唐朝的一处神圣空间,并于开元十六年(728 年)正式把玄元皇帝庙改名为庆唐观,还御题了观额。[2]庆唐观纪圣铭为唐朝的建立提供了思想支持和天命基础,铭文文本是政治天命观的集中表现,主要记载了从李渊太原起兵到盛唐时期老子多次显灵事件,并对唐高祖、唐太宗等皇帝的功业进行了回顾。先天二年(713 年)七月,唐玄宗派长安太清观的道士杨太希为功德使,来庆唐观进行系列祭祀活动。据说到了开天时期,庆唐观里又出现了诸多预示国运的祥瑞,为营造盛世提供了舆论宣传的作用。纪圣铭坐

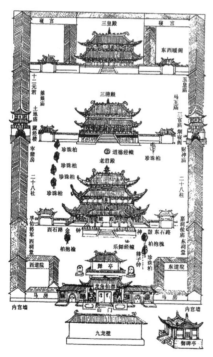

图六 庆唐观示意图(采自雷闻文)

---

① 雷闻:《郊庙之外:隋唐国家祭祀与宗教》,北京:生活·读书·新知三联书店,2009 年,第 133—219 页;陈金凤、汪超:《唐玄宗泰山封禅与道教之关系》,《北京联合大学学报》(人文社会科学版)2014 年第 1 期,第 39—44 页;孟凡港:《〈纪泰山铭〉与唐玄宗东封》,《历史文献研究》2017 年第 1 期,第 114—128 页。

② 雷闻:《龙角仙都:一个唐代宗教圣地的塑造与转型》,《复旦学报》(社会科学版)2014 年第 6 期,第 88—97 页。

落在庆唐观九龙壁的右侧处(图六)，高耸的碑身、充满神圣感的文章，配合玄宗方严厚重的隶书，表现了肃穆的皇家威严感和权力感。

与碑阳文字相比，碑阴的题名或许给人的印象更为深刻，这些题名从上到下可分成三个大的类别，第一类是皇子宗亲，有太子、诸皇子、郡王、嗣王等二十九人；第二类主要是宰相和朝廷官员，包含了六部、九寺、五监的长官，京兆、河南、太原三京的府尹等三十四人；第三类是具体营造纪圣碑的官员、杨思勖和高力士等玄宗亲近宦官、高级军将等九人。[①]与石台孝经的题衔相比，纪圣铭的题名多了皇子宗亲，这是因为庆唐观所宣扬的老子和李唐皇室之间有联系，使得庆唐观不仅具有官方道观的性质，同时具有皇家宗庙的特点，在唐朝的政治人文空间版图中占据着特殊的神圣位置。而且在庆唐观中，老子的雕像非常特殊，"衮龙克光于像设，冕旒追尊于帝位"[②]，身着皇家的服饰，这和西安碑林藏老君像着大氅道服的形象完全不同，可能与长安太清宫内的塑像形象一致，强烈地暗示着李唐皇室的天命正统。

与石台孝经、庆唐观纪圣铭和纪泰山铭不同的是，阙特勤碑本质上属于个人神道碑，不属于纪功纪言的帝王石刻，但因为其特殊的个人身份和刻立地点，同前面三者具有了某种相似的国家地理寓意和政治宣言。

阙特勤，骨咄禄可汗之子，卒于开元十九年(731年)，墓碑刻立于开元二十年(732年)。毗伽可汗碑和阙特勤碑，均立于蒙古国鄂尔浑河旧河道及和硕柴达木湖附近，距离乌兰巴托约400公里，此地当是毗伽可汗和阙特勤的墓园之地。二碑相距约一公里，用青石雕刻而成，均四面刻字，除了西面为汉文内容外，其他三面鲁尼文部分由二人的外甥特勤撰写，内容多有重复之处。在阙特勤墓园中，阙特勤碑占据着中央位置，东边入口处还保存有石人、石羊和数百块杀人石，体现出明显的突厥文化风格。从墓地入口到祠堂的道路两侧，还残

---

① 雷闻：《龙角仙都：一个唐代宗教圣地的塑造与转型》，《复旦学报》(社会科学版)2014年第6期，第92页。

② [清]董诰等编：《全唐文》卷三〇三《金箓斋颂》，北京：中华书局，1983年，第3083页。

图七　阙特勤碑(倪润安摄)

存四个石像,分别为三男一女。再往后有一座庭院式建筑遗址,墙壁残留有壁画痕迹,原来是一座16根立柱支撑的大殿。在祠堂西侧有一块巨型石块,呈长方形,中间凸起,有一空洞,可能是祭祀所用。[①]阙特勤碑(图七),1889年被俄国学者发现,石碑螭首,高约333厘米,上宽122厘米,下宽132厘米,厚44~46厘米。阙特勤碑圭首上镌刻"故阙特勤之碑",碑文乃唐玄宗御书,字体工整,笔法森严,正是唐隶新变的典型风格。

《旧唐书》卷一九四上《突厥上》载:

> (开元)二十年,阙特勤死,诏金吾将军张去逸、都官郎中吕向赍玺书入蕃吊祭,并为立碑,上自为碑文,仍立祠庙,刻石为像,四壁画其战阵之状。二十三年,小杀为其大臣梅录啜所毒,药发未死,先讨斩梅录啜,尽灭其党。既卒,国人立其子为伊然可汗。诏宗正卿李佺往申吊祭,并册立伊然,为立碑庙,仍令史官起居舍人李融为其碑文。[②]

阙特勤墓园是唐玄宗应毗伽可汗之请,派遣唐代工匠建造的,实际负责者是张去逸。张去逸,唐玄宗表弟,昭成皇后妹妹之子,天宝七载(748年)卒,春秋五十六。关于开元二十年(732年)赴突厥之事,《张去逸墓志》载:"明年,诏择使

---

① 罗丰:《蒙古国纪行:从乌兰巴托到阿尔泰山》,北京:生活·读书·新知三联书店,2018年,第128—139页。

② [后晋]刘昫等:《旧唐书》,北京:中华书局,2007年,第5177页。

匈奴者,以公为专对之选,俾膺是行,仍赐紫金鱼袋,以极绂冕之宠饰也。终克
煇扬皇威,允副朝寄,旋蒙赏命,时论荣之。加光禄卿。"①对应张去逸出使突厥
事的墓志铭文为:"龙城勒石,何惭燕然。"龙城原意指匈奴王庭,此处乃隐喻突
厥王庭,龙城勒石指的是阙特勤碑,燕然指的是燕然山铭。燕然山铭,刊刻在蒙
古国中戈壁省偏西南的杭爱山支脉岩石上,宽 130 厘米,高 94 厘米,目前还可
辨识的文字有 220 多个,主要记载了后汉车骑将军窦宪领兵北击匈奴,彻底歼
灭了其主力,宿世之耻一朝雪洗,拓宽疆域,振兴大汉的事迹。②窦宪此次军事
行动结束了汉匈百年之间的战争,影响极为深远,燕然遂成为后世建立不朽功
业的代名词。铭文把阙特勤碑与燕然山铭比称,体现了唐人对于阙特勤碑的理
解和政治象征。

　　开元时期,围绕西域的控制权吐蕃和唐朝进行着激烈的争夺,唐军多次击
溃了吐蕃军队,牢牢占据着主导地位。在金城公主和亲之后,唐朝和吐蕃的关
系随之缓和下来。在此情况下,唐朝对突厥展开了政治攻势,毗伽可汗一方面
求亲唐朝,一方面和唐玄宗结为父子关系,甚至把吐蕃暗中联系突厥的密信汇
报给了唐玄宗,唐廷和突厥的关系密切起来,并于开元十五年(727 年)开始了
双方的互市贸易,人员经济往来进一步加强。③对于唐朝来说,稳定而亲唐的突
厥政权是十分重要的,阙特勤作为突厥政权中的核心人员,对其葬事的隆重安
排是唐朝的重要外交措施。为了提高毗伽可汗对唐朝的忠诚度,唐玄宗亲自为
阙特勤撰书碑文,并且以其表弟为使。以此来看,御书的阙特勤碑正是唐朝、吐
蕃和突厥三方政治势力的外交表现物, 也是唐朝政治及权威的纪念碑性质的
石刻景观。

　　长安、龙角山、泰山和漠北草原,分别刻立着唐玄宗御书的石刻,不同的文

---

① 周绍良、赵超:《唐代墓志汇编》,上海:上海古籍出版社,1992 年,第 1621 页。
② 熊双平、柳园:《〈燕然山铭〉摩崖现状及其书法特质》,《中国书法》2020 年第 6 期,第 194—199 页。
③ [日]菅沼爱语:《唐玄宗"御制御书"阙特勤碑文考——唐·突厥·吐蕃をめぐる外交關係の推移》,《史
窗》2001 年第 58 期,第 329—339 页,收入氏著《7 世紀後半から 8 世紀の東部ユーラシアの国際情勢とそ
の推移:唐·吐蕃·突厥の外交関係を中心に》,广岛:渓水社,2013 年,第 150—162 页。

本内容、不同的石刻形制,加上同样的帝王书法,承载着唐玄宗天下观念的君王梦。这四种"国家景观",体现了唐朝的意识形态观念,成为展示国家权威、合法性、国家特性与形象的重要场所,并在刻立之后不断被认知和建构,形成了更深层次的内涵。[1]章法整饬、行列有序的玄宗隶书,标识着盛世大唐的高贵气度和富有四海的政治雄心;气象博大的四种刻石,万里山河,九重城阙,共同构建着唐朝开放强盛的国家政治地理格局。帝王书法在此基础上也具有了特殊的意义。

## 结　语

作为玄宗时代的纪念碑,石台孝经的刻立,一方面是为了塑造唐玄宗个人不朽功业的纪念碑,一方面是用文字和书法营建出一座具有儒家内涵的玄宗像,而其形制主要来源于儒家经义的视觉化呈现、嵩阳观纪圣德感应碑和乾陵述圣纪碑三个方面,组成了融三台、五岳、九州、都城、方形碑顶碑身碑座、出檐式景云图案云盘为一体的唐朝最高等级的纪念碑性景观。加上唐玄宗御书的纪泰山铭、庆唐观纪圣铭和阙特勤碑,四种国家景观互为关照,映现着大唐昭示天下的政治权威。一个盛世的营造,离不开政治宣传和文化观念的表达。石台孝经作为蕴含着玄宗时代色彩的石刻景观,成为盛唐历史书写中重要的政治文化符号,构建了唐朝的人文地理格局。

(原刊《国学学刊》2023 年第 2 期)

---

① 关于国家书写及国家景观的论述,参韩文彬:《文字的风景:早期以及中古中国的石刻》(Robert.E.Harrist Jr.,The Landscape of Words:Stone Inscriptions from Early and Medieval China),西雅图:华盛顿大学出版社,2008 年,第 254—260 页;鲁西奇:《中国历史的空间结构》,桂林:广西师范大学出版社,2014 年,第 35—45 页。

# 新见唐代郭晞夫妇墓志及其相关问题

安史之乱对唐代社会的走向影响深远。在平乱过程中,居功至伟的无疑当属一代人杰郭子仪,其第三子郭晞时常伴随其父戎马作战,在其中发挥了重要的作用。2007年底,西安碑林博物馆征集到郭晞墓志及郭晞妻长孙璀墓志。这两方墓志为我们进一步了解平定安史之乱及其郭氏家族的情况提供了重要的线索和依据。本文公布此两方墓志,并稍作考证,以期对研究这段历史有所助益。

## 一、墓志录文

郭晞墓志与长孙璀墓志 2007 年于西安市长安区出土,郭晞墓志盖(图一)长宽均为 76 厘米,志题 3 行,篆书为"大唐故郭府君墓志铭";志石(图二)长宽均为 76 厘米,40 行,满行 42 字,正书,有方界格。长孙璀墓志石(图三)长宽均为73 厘米,23 行,满行 28 字,有方界格,隶书。谨移录并标点志文如下:

(一)郭晞墓志

大唐故开府仪同三司捡校工部尚书兼太子宾客上柱国赵国公赠兵部尚书郭公志铭并序

银青光禄大夫行尚书吏部侍郎上柱国郑县开国公杜黄裳撰

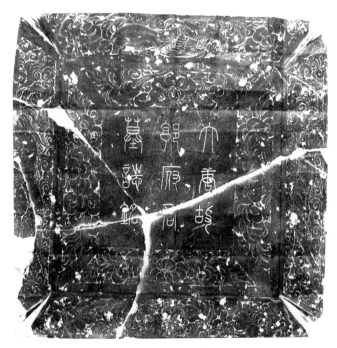

图一　郭晞墓志盖拓本

正议大夫行秘书少监上柱国原武县开国男赐紫金鱼袋郑云逵书

维唐贞元十祀夏五月壬午捡校工部尚书兼太子宾客郭赵公薨于位,春秋六十有二,明年夏五月癸酉葬于万年县之凤栖原。夫人祔焉,礼也。公讳晞,字晞,本系太原汉右冯翊孟儒之后。子孙因官徙关右,今为郑县人也。高祖昶,随凉州法曹掾。曾王父通,皇朝美原县主簿,赠兵部尚书。大王父敬之,渭绥吉寿四州刺史,赠太保。王父子仪,太尉、中书令,册号尚父,赠太师。公即尚父之第三子,气质端茂,风姿伟迈。粹灵蕴中,英华发外,识者目为公侯间人。初尚父领北庭副都护,公未弱冠,即补骑士,从讨葛禄,以功授轻车都尉。自兹征伐,皆得随侍焉。天宝末逆安起幽,潜窃中夏。玄宗命尚父统朔方之师,东向问罪,由是招高秀严于大同,走蔡希德于嘉山,破竹之势,覆巢可企。拜左赞善大夫。属潼关失守,灵武望幸,尚父匡戴本朝,即日斑(班)师,既至行在,公入在侍臣之列。及从尚父救河中,命公迎法驾于彭原,会军师于歧阳。又会战于京南,乘胜追奔,下华阴、弘农

图二　郭晞墓志石拓本

二郡。逆竖庆绪，遣伪将收合败卒十五万，拒我于陕西，依高死战，王师少退，元帅遽命回纥逾险以袭其后，骤遣公引骁骑当前击之，贼徒大溃，斩九万级，遂复东周，加银青光禄大夫、鸿胪卿同正员，封隰城男。居二年，朝廷念陕郛之功，赏典犹薄，累加特进，策勋上柱国，进封隰城侯。厥后属绛台失驭，众叛将亡，三军嚣然，浃旬靡定。诏起尚父以元帅统临之，先使公驰驲谕旨。公之至也，老安少怀，如涸斯沃。既而为乱者外同众顺，内畜阴猜，潜构凶党，将乐前祸。公密查之，言于尚父，遂选精卒重于中军，诫严以伺，果获戎首，益封太原郡公，改殿中监同正员。逆臣仆固怀恩，诱结二蕃，犯我亭障，擢兼御史中丞，统朔方先军以讨之。尚父牢让，至于数四。诏曰："高门积庆，垂裕后昆，爱子象贤，仰遵先哲。爰加台宪，用壮军威，俾展节于家邦,伫效能于君父,断来表也。"其时贼军乘秋大下,尚父使领步骑一万当锋,以挫其锐。怀恩遂与回纥首领及吐蕃大相驱铁骑四万阵于泾北,烟尘横亘仅廿里。公乃选神将提步骑三千以当吐蕃,公自将五千以当回纥,初则示羸不战以怠寇,迟暮乘退,伺其半涉,大破之,斩五千级。诏曰:"巨猾凭凌,敢犯王略,闻郭晞与浑瑊于泾北岸背水而阵,大破坚敌,煞伤甚众,深所嘉叹。"贼退保白骥原,公以锐卒二千伺夜犯营,余党大骇,应时宵遁。诏兼御史大夫,振旅而还,拜左散骑常侍。从容近密,沉静寡言,非因召见,未尝及时政得失。代宗深爱赏之,以其戚属,竟未专任,加拜开府仪同三司,封赵国公,食邑三千户,以奖前劳。后丁内艰,哀毁过礼,外除月,制除检校工部尚书,兼领秘书省事。公以书府编简多缺,上请集贤书目勘

图三　长孙璀墓志拓本

写,因著《新录》八卷。初局吏称旷废日久,修之为艰。公曰:"图籍之兴,系于国本。所全者重,所略者轻。"遂躬自纂阅,留为故事。未几尚父薨,公之纯孝,再丁酷罚。居丧沉瘵,殆至灭性。外除后,属贼泚称乱,皇舆外幸,公乘遽出奔,将赴行在,马仆伤足,为贼所得,称疾绝食,誓死不从。贼党谋曰:"尚父德在朔方,若假晞兵权,则京西之师,势必来附。"凶威见逼,瘖噤不言。奸罔能胜,卒乃获免。洎大盗殱弥,翠华来归,依前除工部尚书,兼太子詹事。诏书慰勉,恩渥如初,寻转太子宾客。养诚明之性,修调护之职,从心所欲,匪踰于法度,投足不勉,自循于礼经,道远乎哉,在我而已。况乎席元勋之业,则池□不为广;达老氏之旨,则□裳不为贵。尝与吏部侍郎李纾、秘书监包佶,弦筋风月,追方外之契。人或劝公:"家立大功,时犹右武,盍理韬略,而务宴安。"公谓之曰:"世蒙国恩,身陷虎口,既无执讯馘丑之效,又无随难羁□之勤。朝典宥全,非曰不幸,戎马之事,已刓心焉。"君子闻之,以为知耻。惜乎!功可以济难,而运遭屯如。略可以静戎,而位居散地。虽得丧之际,公则无闷,而徂谢之后,人实有怀。圣皇轸悼,中使降问,赠兵部尚书。饰终之典,优于常数。夫人鲁郡夫人长孙氏,柔德令范,先公而殁。长子前侍御史钧,次子前奉先县主薄(簿)錬、前奉先县尉鉽、前华州参军铢、前宝鼎县主薄(簿)钫、前华州参军镞、前太平县尉镶。咸克荷成训,休有令闻。以陵谷可虞,金石斯刻。庶乎传信,见托为铭。愧非蔡邕之词,敢俟杨偦之识。铭曰:

严严华山,滔滔洪流。精气诞生,乃公乃侯。或或尚书,克绍前修。立功广业,翼□垂休。太公作周,丁公济美。博陆佐汉,霍云不祀。镜考遗躅,鸣谦约己。朱轮满衢,青盖成里。数马而对,薄冰是履。保此大勋,终焉暮齿。空余家传,留付太史。

## (二)长孙璀墓志

大唐故鲁郡夫人河南长孙氏墓志铭并序

　　银青光禄大夫行吏部侍郎杜黄裳撰　　前河西县尉王瑀书

　　夫人讳璀,字璀,有唐文德皇后之侄孙,工部尚书郭赵公之夫人也。高祖无忌,元勋盛烈,载在王府,官至太尉、赵国公。曾祖冲,兵部尚书、驸马都尉,尚长乐公主。祖绚,右屯卫兵曹参军。考元适,通州刺史、赠兵部侍郎。世家之美,光乎太史。夫人诞自清贵,生知淑哲。组训琴瑟之工艺,图史缣缃之诘训。蠡斯苹藻之德礼,珩璜黼黻之容范,莫不目阅心得,洞如悬解。爰自笄年,归乎赵公。以恭恪事舅姑,以贞婉辅君子。以温柔睦群娣,以博爱和六亲。年逾三纪,其道一致。乾元二年封鲁郡夫人,从夫制也。于时舅为元臣,姑亦开国,娣姒齿天人之贵,叔妹刃印绶之荣。每晨昏就养,环佩成列。德之充也,谦若不足;礼之节也,敬则有余。尝属赵公侍从专征,勤劳障塞。夫人辄询诸才淑,以奉巾栉。既而均养繁嗣,恩尤同生。闺门蔼然,人不之别也。至于奉上接下之勤,赈乏恤孤之惠,有马伦之清辩,穆姜之慈育,钟夫人之法度,辛宪英之鉴裁,并是数辈,资我全德。于戏,隙驷不停,古人所叹。哀荣代谢,俛仰可期。以贞元九年夏四月庚戌寝疾,终于上都亲仁里之私第,春秋五十有九,以其年秋七月乙酉卜兆于万年县之凤栖原,礼也。长子前侍御史钧,次子前奉先县主簿錬、前奉先县尉鉽、前华州参军鍊、前宝鼎县主簿钫、前华州参军鏻、故福昌县尉镕、前太平县主簿镶、前河中府参军锡,并克岐克嶷,为龙为光。诚赵公之义方,亦夫人之内则,以为德言不可以不志,陵谷不可以不虞,见托为铭,存乎实录,昭示彤管,庶传信焉。铭曰:

　　赵国小君,为鲁夫人。琼瑶匪磷,苹藻惟勤。肇于成家,肆及睦亲。中外忻欣,煦然如春。呜呼!妇道久衰,夫人振之。夫人殁矣,嗣芳躅者而谁?

## 二、《郭晞墓志》解读

### (一)郭晞墓志反映出的郭氏家族世系情况

墓志云:"高祖昶,随凉州法曹掾。曾王父通,皇朝美原县主簿,赠兵部尚书。大王父敬之，渭绥吉寿四州刺史，赠太保。王父子仪，太尉、中书令，册号尚父，赠太师。”对于郭晞父祖情况，《新唐书》卷七四《宰相世系表》四：“昶，隋凉州法曹；通，美原尉；敬之，字敬之，吉渭寿绥宪五州刺史。”[①]郭昶、郭通的官职墓志与史传相比较，一般而言墓志的记载更详，可信度也高一些。

《元和姓纂》载郭敬之官职为渭吉寿三州刺史，“《家庙碑》略云：迁扶州刺史，未上，除渭吉二州刺史，又授绥州，迁寿州。《新表》作吉渭寿绥宪五州，误。苗晋卿《郭敬之碑》止云‘除吉渭绥寿刺史共四州’，不言扶，或因未上之故，先吉后渭，亦与《家庙碑》小异。敬之卒天宝三载（744 年），寿七十八，见苗《碑》”[②]。郭敬之的官职墓志记载为渭绥吉寿四州刺史，按照《元和姓纂》校记所述，基本可以认为敬之官四州刺史比较准确，而先后顺序我们以为当以《家庙碑》所载为是。

《新唐书》卷七四《宰相世系表四》载晞有七子：“钧，工部侍郎；钢，监察御史；鍊，太常丞；鉷、錄、鏶、鑲。”[③]郭晞墓志文云：“长子前侍御史钧，次子前奉先县主簿鍊、前奉先县尉鉷、前华州参军錄、前宝鼎县主簿钫、前华州参军鏶、前太平县尉鑲。”长孙璀墓志文云：“长子前侍御史钧，次子前奉先县主簿炼、前奉先县尉鉷、前华州参军錄、前宝鼎县主簿钫、前华州参军鏶、故福昌县尉镕、前太平县主簿鑲、前河中府参军锡。”《元和姓纂》载郭晞七子分别是钧、钢、鍊、鉷、锜、錄、鑲。对比《新唐书》和郭晞墓志所载，郭晞七子中有一子姓名不同，墓志中出现的是钫，而《新唐书》中记载的是钢。长孙璀墓志文记载其有九子，比郭晞墓志还多出两人，分别是镕和锡，其余七人名字郭晞夫妻墓志记载相同，据此我们以为，《新唐书》中的郭钢很可能就是墓志中所载的郭钫，郭晞七子的长幼顺序应当以墓志记载为准。

郭晞夫妻墓志子女记载有所差异，尤其是丈夫墓志中的子女比妻子墓志中记载的子女少，此种情况比较特殊，一般在唐代墓志中丈夫墓志可以记载所

① [宋]欧阳修、宋祁：《新唐书》，北京：中华书局，2006 年，第 3116 页。

② [唐]林宝撰、岑仲勉校：《元和姓纂（附四校记）》卷一〇，北京：中华书局，2008 年，第 1553 页。关于《郭氏家庙碑》的记载参见王昶《金石萃编》卷九二《唐五十二》，《石刻史料新编》第 1 辑第 2 册，新北：新文丰出版公司，1982 年，第 1537 页。

③ [宋]欧阳修、宋祁：《新唐书》卷七四《宰相世系表四》，北京：中华书局，2006 年，第 3121—3122 页。

有的嫡庶子女,而女性墓志一般只记载自己亲生子女的情况。嫡庶区别的传统在东汉时期已有某些迹象。魏晋之际,以洛阳为中心的地区传统礼俗有所突破,嫡庶之分仍不可逾越,但庶生子的待遇和社会身份并没有受到严重歧视。永嘉之乱后,轻视庶生子的风气变本加厉,庶生子不预人流,不录入家籍,超出了嫡庶贵贱之分的常规。①到了隋唐时期,嫡庶地位虽然有所改善,但在关陇士族当中,嫡庶之分还是十分明显的。"至于奉上接下之勤,赈乏恤孤之惠,有马伦之清辩,穆姜之慈育,钟夫人之法度,辛宪英之鉴裁",墓志大力表彰长孙璀的妇德,虽不无夸大之处,但根据墓志所表现的内容来看,长孙璀抚育老弱花费了大量的心血。在大量的唐代墓志中可见,唐代家庭中妾妓和她们所生的子女占了相当比例②,从长孙璀墓志记载郭晞有九子的情况来看,长孙璀墓志比郭晞墓志多记载的二子很大程度上可能是郭晞妾妓所生,而由长孙璀抚养长大罢了。至于郭晞墓志所记载的七子则是正妻长孙璀所生,为什么不记载其他庶子,则可能和时人的嫡庶观念有关。

(二)墓志云:"初尚父领北庭副都护,公未弱冠,即补骑士,从讨葛禄,以功授轻车都尉。自兹征伐,皆得随侍焉。"

关于郭子仪任北庭副都护一职,史传没有详细记载。《郭氏家庙碑》云:"武举及第,授左卫长上,改河南府成皋府别将,又改同州兴德府右果毅左金吾卫知队仗长上,又改汝州鲁阳府折冲知左羽林军长上,又迁桂州都督府长史充当管经略副使,又改北庭副都护充四镇经略副使,又除左威卫中郎将转右司御率兼安西副都护,改右威卫将军同朔方节度副使,改定远城使本军营天使,又加单于副大都护东受降城使左厢兵马使,又拜右金吾卫将军兼判单于副都护。(天宝八载)又拜左武卫大将军兼安北副都护横塞军使本军营田使。"③郭晞六

① 唐长孺:《读〈颜氏家训·后娶篇〉论南北嫡庶身份的差异》,《唐长孺社会文化史论丛》,武汉:武汉大学出版社,2001年,第101—112页。

② 相关论述参见陈弱水《唐代的一夫多妻合葬与夫妻关系——从景云二年〈杨府君夫人韦氏墓志铭〉谈起》,《中华文史论丛》2006年第1辑,第173—201页,收入氏著《隐秘的光景——唐代的妇女文化与家庭生活》,桂林:广西师范大学出版社,2009年,第230—258页。

③ 王昶:《金石萃编》卷九二《唐五十二》,《石刻史料新编》第1辑第2册,新北:新文丰出版公司,1982年,第1539页。

十二岁于贞元十年(794 年)卒,则郭晞当出生于开元二十一年(733 年),结合《郭氏家庙碑》可以推断郭晞在天宝八载(749 年)之前(未达 16 岁)即补骑士随父守漠北,之后在郭子仪的征战生涯中"皆得随侍"。

墓志中的葛禄指的就是北庭所在的游牧部落,"北庭近羌,凡服用食物所资,必强取之,人不卿生矣。又有沙陀部六千余帐,与北庭相依,亦属于回纥。回纥肆其抄夺,尤所厌苦。其葛禄部及白服突厥素与回纥通和,亦憾其夺掠,因吐蕃厚赂见诱,遂附之。于是吐蕃率葛禄、白服之众,去岁各来寇北庭,回纥大相颉干迦斯率众援之,频战败绩,吐蕃攻围颇急。北庭之人既苦回纥,是岁乃举城降于吐蕃,沙陀部落亦降焉。北庭节度使杨袭古与麾下二千余人出奔西州,颉干迦斯不利而还"①。北庭统领天山以北地区,此地历来是游牧部落的活动区域,这些游牧部族叛乱无常,使北庭处于持续不断的不安定状态。郭晞自幼精于骑射,武艺出众,所以早早就跟随郭子仪在北庭防御突厥,抚辑诸蕃,征讨叛离,并以军功被授予轻车都尉。

(三)墓志云:"天宝末逆安起幽,潜窃中夏。玄宗命尚父统朔方之师,东向问罪,由是招高秀严于大同,走蔡希德于嘉山,破竹之势,覆巢可企。"

天宝十三载(754 年)三月,安禄山从京城长安返回范阳之后,就开始准备起兵之事。天宝十四载(755 年)十一月,安禄山公开反叛,使贾循主留务,吕知诲守平庐,高秀岩守大同,自己率兵大举南下。直到二十一日,玄宗才从华清宫回到京师,随后作出了一系列的安排,诏子仪为卫尉卿、灵武郡太守,充朔方节度使,率本军东讨。

在南路叛军进攻洛阳的时候,北路叛军也在大同军使高秀岩的率领下进犯唐振武军。此时郭子仪已经升任朔方节度使,遂率军迎敌,大败高秀岩,并乘胜向南追击。经过几次大战,郭子仪收静边军,斩叛将周万顷,接着率军包围了云中(今山西大同),正如墓志所言"招高秀严于大同",遂收云中、马邑,开东陉。

---

① [后晋]刘昫等:《旧唐书》卷一九六下《吐蕃传下》,北京:中华书局,2007 年,第 5257 页。

蔡希德被安禄山拔于行伍,署大将。安禄山起兵之后,他作为安禄山的亲信备受重用,当河北发生变故之后,史思明急攻常山、博陵,随后"蔡希德将兵万人自河内北击常山","杲卿起兵才八日,守备未完,史思明、蔡希德引兵皆至城下。杲卿告急于承业。承业既窃其功,利于城陷,遂拥兵不救。杲卿昼夜拒战,粮尽矢竭;壬戌,城陷"①。

"会李光弼攻贼常山,拔之,子仪引军下井陉"②,两军会师兵力达到十余万人,之后与叛军在九门县城南交战,叛军大败,史思明率残部逃向赵郡,蔡希德逃往巨鹿之后又逃回洛阳。安禄山担心回路被断,又拨给蔡希德二万人马增援史思明,同时令牛廷玠调发范阳等郡士卒一万余南下。至此,史思明军增加到五万人。郭子仪与李光弼避敌锋芒,深沟高垒,等叛军疲劳之际,于五月二十九日在嘉山与叛军会战,"大破之,斩首四万级,捕虏千余人"。

在朔方军的一系列作战中,郭晞一直随父亲敦子仪作战,经过这几场大战积累不少军功,也因之拜左赞善大夫。

(四)墓志云:"属潼关失守,灵武望幸,尚父匡戴本朝,即日斑(班)师,既至行在,公入在侍臣之列。"

唐军在河北战场取得节节胜利,尤其在嘉山大捷之后,整个战场情势极有利于唐军。为了防范叛军进入关中,哥舒翰受命率军防守潼关。因玄宗听信杨国忠等人谗言,强令哥舒翰出关作战,结果唐军在灵宝大败,最终哥舒翰被蕃将挟持,潼关天险归于叛军之手。

潼关失守,銮驾仓皇西逃,经马嵬之变,唐玄宗前往成都,而太子李亨则来到朔方军治所灵武,随后即皇帝位(是为唐肃宗)。《新唐书》卷一三七《郭子仪传》载:"会哥舒翰败,天子入蜀,太子即位灵武,诏班师。子仪与光弼率步骑五

---

① [宋]司马光:《资治通鉴》卷二一七"唐肃宗至德元载正月"条,北京:中华书局,2007 年,第 6951—6952 页。

② [宋]欧阳修、宋祁:《新唐书》卷一三七《郭子仪传》,北京:中华书局,2006 年,第 4599 页。

万赴行在。时朝廷草昧,众单寡,军容缺然,及是国威大振。拜子仪兵部尚书、同中书门下平章事,仍总节度。"①肃宗即位,朔方军班师行在,正如墓志所言,郭晞亦在其中并入在侍臣之列。

(五)墓志云:"及从尚父救河中,命公迎法驾于彭原,会军师于歧阳。又会战于京南,乘胜追奔,下华阴、弘农二郡。逆竖庆绪,遣伪将收合败卒十五万,拒我于陕西,依高死战,王师少退,元帅遽命回纥逾险以袭其后,骤遣公引骁骑当前击之,贼徒大溃,斩九万级,遂复东周,加银青光禄大夫、鸿胪卿同正员,封隰城男。"

郭晞本传云:"晞,善骑射,从征伐有功,复两京,战最力,出奇兵破贼,累进鸿胪卿。"对于郭晞仕任鸿胪卿的过程,墓志比本传讲述得详细清楚。

"贼将阿史那从礼以同罗、仆骨骑五千,诱河曲九府、六胡州部落数万迫行在,将寇朔方。"针对这种情况,肃宗派遣郭子仪指挥天德军讨伐,"子仪以回纥首领葛逻支击之,执获数万,牛羊不可胜计,河曲平"。肃宗从灵武即位之后,先抵达顺化,后到达彭原郡(今甘肃省宁县)。在平定阿史那从礼之后,郭晞遵从父命,到彭原迎肃宗御驾。

墓志所言会战于京南,指至德二年(757年)的香积寺会战。长安城南香积寺地域北倾,唐军在九月二十七日列阵于此,"李嗣业为前军,元帅为中军,子仪副之,王思礼为后军,阵香积寺之北,距沣水,临大川,弥亘一舍。贼李归仁领劲骑薄战,官军嚣,嗣业以长刀突出,斩贼数十骑,乃定。回纥以奇兵缭贼背,夹攻之,斩首六万级,生禽二万,贼帅张通儒夜亡陕郡"②。

香积寺大战之后,朔方骑军追击叛军,迅速收复了华阴、弘农两郡。根据墓志,追击的唐军很可能是以郭晞为将的先锋。之后,叛军约十五万兵马在陕郡西面的新店依山布阵,居高临下,等待唐军的到来。郭子仪看到这种情况之后,

---

① [宋]欧阳修、宋祁:《新唐书》卷一三七《郭子仪传》,北京:中华书局,2006年,第4600页。
② [宋]欧阳修、宋祁:《新唐书》卷一三七《郭子仪传》,北京:中华书局,2006年,第4600—4601页。

采用了正面佯攻、背后偷袭的作战方案。十月十六日，郭晞率领骁骑从正面进攻，回纥骑兵从南山向叛军后方进攻，唐军前后夹击，叛军死伤与被俘者达十万人，唐军取得了重大胜利。随之广平王李俶整军进入洛阳，至此东都收复。在这次大战之中，郭晞亦立功不少，很快晋封为银青光禄大夫、鸿胪卿同正员，封隰城男。"居二年，朝廷念陕郏之功，赏典犹薄，累加特进，策勋上柱国，进封隰城侯。"

（六）墓志云："厥后属绛台失驭，众叛将亡，三军嚣然，浃旬扉定。诏起尚父以元帅统临之，先使公驰驲谕旨。公之至也，老安少怀，如涸斯沃。既而为乱者外同众顺，内畜阴猜，潜构凶党，将乐前祸。公密查之，言于尚父，遂选精卒重于中军，诚严以伺，果获戎首，益封太原郡公，改殿中监同正员。"

郭子仪先后与叛军作战，功盖天下，在这个时候唐代的宦官已经成为一种政治势力登上了历史舞台，逐渐形成了宦官集团。[1]平定叛军当中，宦官鱼朝恩妒忌大将，郭子仪在政治漩涡中几度起伏。

宝应元年（762年）二月，许多军镇因为将领克扣军饷和虐待部下，不时发生军乱事件。先是河东道的唐军行营发生兵乱，在还没有平息的时候，南面的绛州朔方军行营也发生了动乱。绛州因遭受饥馑，民间无力负担赋税，行营中的粮食供给和军功赏赐均告缺乏。在这时突将王元振图谋借机作乱，放火烧毁了节度使衙门，杀死了李国贞等人。同时驻扎在冀城的唐军行营也发生了士兵作乱。针对这种情况，肃宗担心新提拔的节度使威望不足，不足以有效地弹压安抚驻军，所以"诏起尚父，以元帅统临之"，出镇河中。郭子仪首先命郭晞赶赴绛州行营发布命令，等郭晞一到"老安少怀，如涸斯沃"。

四月下旬，郭子仪到达绛州行营，煽动闹事的王元振等人被诛，其他参与兵乱之人忧惧不安，企图再次起事。郭晞秘密查询，将情况告知了郭子仪，并挑选出精锐士卒四千余人，晓以大义，亲自统帅，以备不测。郭晞持弓警戒，连续

---

① 黄永年：《六至九世纪中国政治史》，上海：上海书店出版社，2004年，第221—258页。

七个日夜没有休息,果然抓获了暗中作乱的首恶之人。①郭晞本传云:"河中军乱,子仪召首恶诛之,其支党犹反仄,晞选亲兵昼夜警,以备非常,奸人不得发。以功拜殿中监。"郭晞因平定兵乱有功封太原郡公,又改殿中监同正员。

(七)墓志云:"逆臣仆固怀恩,诱结二蕃,犯我亭障,擢兼御史中丞,统朔方先军以讨之。……其时贼军乘秋大下,尚父使领步骑一万当锋,以挫其锐。怀恩遂与回纥首领及吐蕃大相驱铁骑四万阵于泾北,烟尘横亘仅廿里。公乃选神将提步骑三千以当吐蕃,公自将五千以当回纥,初则示羸不战以怠寇,迟暮乘退,伺其半涉,大破之,斩五千级。……贼退保白骧原,公以锐卒二千伺夜犯营,余党大骇,应时宵遁。诏兼御史大夫,振旅而还,拜左散骑常侍。"

仆固怀恩,铁勒部人。安禄山叛乱之后,仆固怀恩跟随郭子仪征讨四方,战功卓著,在安史之乱后期,郭子仪屡次解职,朔方军在仆固怀恩率领下,平定河北,重建藩镇。当时仆固怀恩与诸多当权者关系不善,最后被辛云京、李抱玉以及鱼朝恩等人逼反。

仆固怀恩叛乱之后,阴召回纥、吐蕃寇河西,残泾州,犯奉天、武功等地,代宗避狄陕州,郭子仪奉诏绥靖河东,朔方将士咸来归附,仆固怀恩弃母逃往灵武。在二蕃进攻之时,郭晞擢兼御史中丞,统朔方军以讨之。本传云:"吐蕃、回纥入寇,加御史中丞,领朔方军援邠州,与马璘合军击虏,破之。"郭晞率朔方军与泾原节度马璘合兵一处,共御吐蕃回纥联军。马璘武干绝伦,怀恩叛乱,马璘"间关转斗至凤翔,虏围已合,节度使孙志直婴城守。璘令士持满外向,突入县门,不解甲出战,背城阵。虏溃,率轻骑追之,斩数千级,漂血丹渠"②。关于郭晞此次作战的情况史传无载,不过可以通过马璘部的战况对郭晞所领朔方军的情况进行对比,吐蕃回纥兵力强盛,郭晞和马璘先身以当,并且取得战斗胜利,双方的战况当惨烈异常,从中可以看出郭晞战斗力的强盛。

第二次仆固怀恩以哄骗利诱手段,招引回纥、吐蕃兵十万大举入寇,京师

---

① [宋]王钦若等:《册府元龟》卷三五八《将帅部·立功一一》,北京:中华书局,2010年,第4249页。
② [宋]欧阳修、宋祁:《新唐书》卷一三八《马璘传》,北京:中华书局,2006年,第4618页。

再次震动。代宗令子仪率诸将出镇奉天,当仆固怀恩所部看到郭子仪领军严阵以待立即不战而退,退到泾河之阴的高原上布阵,"虏复来,阵泾水北,子仪遣晞率徒兵五千、骑五百袭虏。晞以兵寡不进,须暮,贼半济,乃击,斩首五千级"①。墓志对此战记载更为详尽,可知叛军联军为首之人乃是仆固怀恩、回纥首领和吐蕃大相,郭晞派一将提步骑三千以当吐蕃军,自将五千以当回纥军,"郭晞与浑瑊于泾北岸背水而阵,大破坚敌",领兵面对吐蕃军的当是唐军将领浑瑊。浑瑊本铁勒九姓之浑部人,自小武力出众,善于骑射,"怀恩反,瑊以所部归子仪,会释之丧,起复朔方行营兵马使。从子仪击吐蕃邠州,留屯邠。虏复入,至奉天,瑊战漠谷,有功,迁太子宾客,屯奉天"②。从郭晞墓志可知浑瑊升任太子宾客,正是和郭晞在泾河之阴打败怀恩联军有关。

叛军大败之后,郭晞乘胜追击,深夜率二千锐卒袭击敌营,获得胜利,而怀恩联军在惊恐之下连夜逃遁了。从墓志记载可以看出,郭晞不仅武艺超群,又足智多谋,可谓文武双全。

(八)墓志云:"后丁内疚,哀毁过礼,外除月制,降检校工部尚书,兼领秘书省事。公以书府编简多缺,上请集贤书目勘写,因着《新录》八卷。初局史称旷废日久,修之为艰。公曰:图籍之兴,系于国本。所全者重,所略者轻。遂躬自纂阅,留为故事。"

郭晞丁内疚,当是指其母王氏过世,王氏大历十二年(778年)正月辛未终于平康里之私第。③唐代子女按照礼仪需要守孝三年④,郭晞"降检校工部尚书,兼领秘书省事"在郭子仪过世之前,按子仪过世于建中二年(781年),据此推断郭晞任工部尚书在大历十二年到建中二年之间, 很可能在建中元年(780年)左右。

---

① [宋]欧阳修、宋祁:《新唐书》卷一三七《郭晞传》,北京:中华书局,2006年,第4610页。
② [宋]欧阳修、宋祁:《新唐书》卷一六八《浑瑊传》,北京:中华书局,2006年,第4892页。
③ 杨绾:《汾阳王妻霍国夫人王氏神道碑》,[清]董诰等编《全唐文》卷三三一,北京:中华书局,1983年,第3359—3360页。
④ 吴丽娱:《唐朝的〈丧葬令〉与唐五代丧葬法式》,《文史》2007年第3辑,第87—123页;吴丽娱:《试论唐宋皇帝的两重丧制与佛道典礼》,《文史》2010年第2辑,第203—235页。

有唐一代,经济文化繁荣。唐初在隋代旧有藏书的基础上,进一步购募遗书,誊写校定,并考订五经,繁荣文化学术。《旧唐书》卷四六《经籍上》:"开元三年,左散骑常侍褚无量、马怀素侍宴,言及经籍。玄宗曰:'内库皆是太宗、高宗先代旧书,常令宫人主掌,所有残缺,未遑补缉,篇卷错乱,难于检阅。卿试为朕整比之。'至七年,诏公卿士庶之家,所有异书,官借缮写。及四部书成,上令百官入干元殿东廊观之,无不骇其广。九年十一月,殷践猷、王惬、韦述、余钦、毋煚、刘彦真、王湾、刘仲等重修成《群书四部录》二百卷,右散骑常侍元行冲奏上之。"①《群书四部录》有序、有解题,卷数浩繁,这是自汉代修《七略》以后、宋代以前唯一的一部官修解题目录。《群书四部录》修好之后,毋煚认为其收书不完备,遗漏很多,又略为四十卷名为《古今书录》,大凡五万一千八百五十二卷。②

安禄山之乱,两都先后覆没,乾元旧籍亡散殆尽。郭晞此时兼领秘书省事,正如其所说"图籍之与,系于国本",郭晞正是在肃宗、代宗崇重儒术、屡诏购募书籍的背景下出任此职的。郭晞"上请集贤书目勘写,因著《新录》八卷",此书史书无载,之所以取名《新录》,当是针对《群书四部录》和《古今书录》而言的。安史之乱后,书籍散佚,郭晞面对此种情况"躬自纂阅,留为故事"。《古今书录》所著录的是开元年间政府的藏书,《新录》可能就是在这时整理现存书籍的基础上所作的目录。史载郭晞勇武超群,但对于其文化素养很少提及,从墓志来看,郭晞对于古籍文献应该了解甚深。

(九)墓志云:"外除后,属贼泚称乱。……泊大盗殄弥,翠华来归,依前除工部尚书,兼太子詹事。"

在德宗时期,发生了泾原之变,德宗率少数亲信及皇室成员仓皇出走,逃到奉天县。过了三两天,左金吾卫大将军浑瑊率家属到奉天,唐朝一部分官员也陆续来归。浑瑊是郭子仪部下大将,素有威望。779年,唐德宗分郭子仪所管

① [后晋]刘昫等:《旧唐书》卷四六《经籍志上》,北京:中华书局,2007年,第1962页。
② 高路明:《古籍目录与中国古代学术研究》,南京:江苏古籍出版社,2000年,第95—96页。

军州为三个节度使,浑瑊是三个节度使之一,他来到奉天后,人心才安定了一些。附近诸镇援兵入城,有浑瑊统率抵抗乱兵,唐德宗方幸免一难。

朱泚曾任泾原节度使,故被泾原变兵拥为主。他自称大秦皇帝,俨然立起一个朝廷来。这时李怀光率朔方军回救奉天,李晟也沿路收兵来救,马燧等各归守本镇,李抱真仍留河北。这一行动是唐朝的转机,浑瑊坚守危城,使这个转机能够实现。后李怀光击败朱泚别军,朱泚率兵退守长安。奉天之围由此而解。

郭晞此时"居父丧,值朱泚乱,南走山谷。贼昪致之,欲污以官,佯喑不答;贼露兵胁之,不动。数以城中事贻书李晟。既而奔奉天"。郭晞因为与朔方军关系密切,所以叛军认为"尚父德在朔方,若假晞兵权,则京西之师势必来附",在抓获郭晞之后威逼利诱以求郭晞为己所用,郭晞沉默以对叛军,最后择机逃脱牢囚,出奔奉天,依前除工部尚书,兼太子詹事。

(十)墓志云:"尝与吏部侍郎李纾、秘书监包佶,弦觞风月,追方外之契。"

关于郭晞被俘之事,志文中并未回避。志主好友吏部侍郎李纾、秘书监包佶等宴谈劝慰,郭晞谓之云:"世蒙国恩,身陷虎口,既无执讯馘丑之效,又无随难羁□之勤。朝典宥全,非曰不幸,戎马之事,已刳心焉。"对其被俘蒙难进行了辩解和自责,朝廷念其有功,亦予以了宽容,"诏书慰勉,恩渥如初"。

郭晞再次仕任之后,常与李纾、包佶来往。李纾、包佶两人关系莫逆,"自贞元初李纾、包佶辈迄于元和末,仅四十年,朝之名卿,咸从之游,高歌纵酒,不屑外虑,未尝问家事,人亦以和易称之"[1]。

李纾,字仲舒,礼部侍郎希言之子,少有文学,以才名闻世。曾"奉诏为《兴元纪功述》及郊庙乐章,诸所论著甚众"。李纾亦因此官拜礼部侍郎,从郭晞墓志来看李纾官礼部侍郎则是在朱泚之乱后。"纾通达,善诙谐,好接后进,厚自奉养,鲜华舆马,以放达蕴藉称。虽为大官,而佚游佐宴,不尝自忘。"[2]郭晞与李

---

① [后晋]刘昫等:《旧唐书》卷一二二《路恕传》,北京:中华书局,2007年,第3501页。
② [后晋]刘昫等:《旧唐书》卷一三七《李纾传》,北京:中华书局,2007年,第3764页。

纾性情相近,故此墓志记载郭晞与包佶和李纾经常宴饮游乐,以致被人进言进谏。郭晞与此二人交往密切,也在一定程度上说明郭晞不仅有武将之资,且文采不凡。

"子钢,从朔方杜希全幕府。希全檄为丰州刺史,晞怜其弱不任事,丐罢。德宗遣使者召钢,钢疑得罪,挺身走吐蕃,不纳。希全执送京师,赐死。晞坐免,寻复太子宾客。"①此事墓志没有记载,郭钢前文已有论述,我们以为当是郭钫之误。不过还有一种可能,郭钫与郭钢非同一人,郭钫乃是史传失载的郭晞之子,因为郭钢叛走吐蕃,所以墓志未予记载。

郭晞戎马一生,在平定唐朝诸多叛乱之中居功至伟,唐代贵族为确保家族地位,特别重视皇帝和朝廷给予死者的荣耀,所以墓志有郭晞过世后"圣皇轸悼,中使降问,赠兵部尚书;饰终之典,优于常数"等语。

### 三、长孙璀墓志解读

长孙璀墓志文:"曾祖冲,兵部尚书、驸马都尉,尚长乐公主。祖绚,右屯卫兵曹参军。考元适,通州刺史、赠兵部侍郎。"《新表》载冲有子三人,绚为第二子,绚个人信息没有见诸史料,其子元适亦没有记载。今可据墓志补之。

长孙璀,贞元九年(793年)卒,时年59岁,当出生于开元二十三年(735年),比郭晞小两岁。长孙氏"出自后魏献文帝第三兄。初为拓跋氏,宣力魏室,功最居多,世袭大人之号,后更跋氏,为宗室之长,改姓长孙氏。七世祖道生,后魏司空、上党靖王。六世祖㢧,后魏特进、上党齐王。五世祖观,后魏司徒、上党定王。高祖稚,西魏太保、冯翊文宣王。曾祖子裕,西魏卫尉卿、平原郡公。祖光,周开府仪同三司,袭平原公。父晟,隋右骁卫将军"②长孙氏到初唐时势力发展

① [宋]欧阳修、宋祁:《新唐书》卷一三七《郭晞传》,北京:中华书局,2006年,第4610页。
② [后晋]刘昫等:《旧唐书》卷六五《长孙无忌传》,北京:中华书局,2007年,第2446页。

到极致，长孙无忌定立储闱，力安社稷，勋庸茂著，始终不渝，故长孙璀墓志云"世家之美，光乎太史。夫人诞自清贵，生知淑哲"。到高宗时，无忌被流放黔州，其子长孙冲等并除名流于岭外，至上元年间方追复无忌官爵，不过此时长孙家族已经彻底退出了望族之列，在政治上的影响力也十分弱小了。长孙氏后人应是在此时才回到中原的。

关于郑县郭氏，"汉有郭亭，亭曾孙光禄大夫广智，广智生冯翊太守孟儒，子孙自太原徙冯翊。后魏有同州司马徽，徽弟进"①。郭氏家族至子仪而大兴，他"权倾天下而朝不忌，功盖一世而上不疑，侈穷人欲而议者不之贬"，可谓人臣之极致。郭氏子孙多以功名致显，郭晞自小随父征战，深得子仪疼爱，所以对于郭晞和长孙璀的婚姻当十分慎重。中古时期世族门阀除去政治、经济、外族入侵的压力等外部条件外，主要凭借中华传统文化和血缘、宗法、家庭等内因维系，而尊卑嫡庶分明的宗法等级与门第相当的大族联姻又是支撑士族数百年不坠的根本支柱。各个士族互相通婚，形成一定的婚姻纽带（婚姻圈）。②郭氏家族与长孙氏联姻，正是世家大族联姻的个案之一。世家大族组成的婚姻集团在政治上构成错综复杂的关系网，使得彼此成员在出仕等方面获得更为优越的条件，又使得大族之间能够在激烈的政治斗争中相互援引提携，保持其权势的稳定和连续。这种大族婚姻是一种复杂的伦常政治现象，影响所及，使得国家政治属性也带有浓厚的伦常色彩。③

长孙璀"爰自笄年，归乎赵公"。笄年，一般指女子15岁成年④，可知长孙璀在天宝八载（749年）与郭晞成婚。婚后长孙璀"以恭恪事舅姑，以贞婉辅君子。

---

① [宋]欧阳修、宋祁：《新唐书》卷七四《宰相世系表四》，北京：中华书局，2006年，3115页。

② 毛汉光：《关陇集团婚姻圈之研究——以王室婚姻关系为中心》，《"中研院"历史语言研究所集刊》第61本第1分册，1991年，第119—192页；毛汉光：《关中郡姓婚姻关系之研究——隋至唐前半期》，《唐代文化研讨会论文集》，新北：文史哲出版社，1991年，第87—139页；赵超：《从唐代墓志看士族大姓通婚》，《周绍良先生欣开九秩庆寿文集》，北京：中华书局，1997年，第64—74页。

③ 王连儒：《东晋陈郡谢氏婚姻考略》，《中国史研究》1995年第4期，第67—74页。

④ 关于笄年的论述参见周晓薇、王庆卫《隋代婚姻语词集解——以隋代墓志铭为基本素材》，《中国典籍与文化论丛》第10辑，北京：北京大学出版社，2008年，第94—121页。

以温柔睦群娣,以博爱和六亲。年逾三纪,其道一致"。郭晞平定仆固怀恩之乱后,"从容近密,沉静寡言,非因召见,未尝及时政得失。代宗深爱赏之,以其戚属,竟未专任,加拜开府仪同三司,封赵国公,食邑三千户,以奖前劳"。长孙璀"乾元二年封鲁郡夫人,从夫制也"。从郭晞夫妻墓志所讲可知郭晞封赵国公当在乾元二年(759 年)之前。

长孙璀先郭晞一年亡故,郭晞墓志云贞元十年(794 年)"葬于万年县之凤栖原。夫人祔焉,礼也"。祔葬,乃是以一人为主、其他人从属的一种丧葬形式,是丧葬文化在墓葬结构上的表现。《礼记·檀弓(上)》:"周公盖祔。"孔颖达疏:"周公以来,盖始祔葬,祔即合也,言将后丧合前丧。"①这里的祔指的是墓葬,且清楚表明祔是合葬的意思。从上言可知郭晞和长孙璀死后合葬,长孙璀先亡,墓志所谓祔其实隐含着时间先后和从属的寓意。祔葬的概念比较宽泛,往往和葬于祖茔、合葬、迁葬、改葬联系到一起,通过考古发现可知祔葬在墓葬的形式上表现多样,或同葬一茔,或同封异穴,或共享一墓。②郭晞夫妻墓志为非正式发掘所得,对于两人的墓葬形式我们亦无法推断。唐代一夫多妻现象严重,妻子祔葬表达的不仅仅是女性在家庭中的地位主次和尊卑关系,还呈现着深厚的家庭观念和中古时期的家族模式。中古时期重视门第出身,人们要接受家庭带来的荣耀和地位,丧葬形式逐渐向礼仪化发展,祔葬乃是唐代礼仪丧葬形式的一种具体表示。当丧葬具备了礼仪和法制的双重形态后,便由道德层面的提倡发展到法律层面的限制,在礼、法双重制约下有条不紊地生活是历代统治者的理念,丧葬成了支撑现实社会秩序、维护国家政权的重要制度。③

长孙璀墓志云"终于上都亲仁里之私第,以其年秋七月乙酉卜兆于万年县之凤栖原",据《唐两京城坊考》载亲仁里有"尚父汾阳郡王郭子仪宅,《谭宾录》

---

① [唐]孔颖达:《礼记正义》卷七《檀弓上》,[清]阮元校刻《十三经注疏》,北京:中华书局,2009 年,第2775 页。

② 齐东方:《祔葬墓与古代家庭》,《故宫博物院院刊》2006 年 5 期,第 26—51 页。

③ 齐东方:《唐代的丧葬观念习俗与礼仪制度》,《考古学报》2006 年 1 期,第 59—81 页。

曰：宅居其地四分之一，通永巷家人三千相入出者不知其居"①。显然，郭晞夫妇亦居于此宅之中，亲仁郭家逐渐发展形成。

### 四、墓志所见之唐蕃关系

安史之乱乃是唐代由盛而衰的转折点，它不仅是种族问题，也是文化差异导致的，陈寅恪称之为"羯胡之乱"②。安史之乱发生后，朝廷令郭子仪率领朔方军平定叛乱，不过按照军力分析朔方军的战力不及安禄山军，虽然唐军取得了系列胜利，但不足以从根本上覆灭叛军。唐朝在无奈之下听从郭子仪建议，从回纥借兵以平息战乱。

安史之乱后唐朝和安禄山集团的关系与民众心理素为学者关注，新见的几方属于安史大燕政权的墓志③，着力宣扬唐朝天命已尽，正朔在燕，鼓吹金土相代之说。可见，安史除利用佛教、祆教等进行政治动员外，也利用了五德终始说。从这几方墓志来反思不同集团心中的唐蕃关系，可以带给我们另一种角度的思考。

回纥在当时拥有最强大的骑兵，漠北草原造就了回纥骑士的强悍素质，几乎每个人都骑射精通，而且能忍耐饥渴劳苦。④唐军有了回纥兵的加入，取得了几次大战的胜利，为收复两京奠定了基础。但是由于回纥兵劫掠成性，不尊教化，所以平乱后期回纥兵再没有参加战事。到仆固怀恩叛乱之时，回纥又聚兵进攻唐朝，最后唐朝付出了巨大代价才使得回纥退兵。

① ［清］徐松撰，李健超增订：《增订唐两京城坊考》(修订版)，西安：三秦出版社，2006年，第97页。
② 陈寅恪：《唐代政治史述论稿》上篇《统治阶级之氏族及其升降》，北京：生活·读书·新知三联书店，2001年，第183—235页。
③ 赵君平、赵武卷：《大燕〈严希庄墓志〉三考》，《河洛春秋》2008年第2期，第19—24页；张忱石：《〈大燕严希庄墓志〉考释》，《中华文史论丛》2008年第3期，第393—405页；仇鹿鸣：《五星会聚与安史起兵的政治宣传——新发现燕〈严复墓志〉考释》，《复旦学报》(社会科学版)2011年第2期，第114—123页，收入氏著《长安与河北之间：中晚唐的政治与文化》，北京：北京师范大学出版社，2018年，第1—32页。
④ 杨圣敏：《回纥史》，桂林：广西师范大学出版社，2008年，第95—101页。

肃宗时期，回纥最为强大，唐朝受其害最巨，至文宗时方削弱下去。在郭晞墓志中，只讲到回纥随怀恩叛乱之事，对回纥的正面作用只字未提，从中可以看出在唐人的心目中，"中国，天下本根，四夷犹枝叶也"。天下观仅仅是唐朝统治者藩属观念的一个方面，另一个则是夷夏观。唐朝的夷夏观以安史之乱为界分为前后两个时期，前期的夷夏观相对开明、进步，对中国传统的夷夏观多有发展；后期则有一定的倒退，开明的成分大量减少，基本回归了传统的夷夏观。[①]不过在后期由于藩镇割据，唐朝的夷夏观实际上失去了对藩属关系的全面指导。

其实仆固怀恩之叛乱，固然因鱼朝恩等权势阶层的逼迫，也和种族与文化不同有很大的关联。在传统观念里，唐人对蕃将也有很大的歧视，在郭晞墓志中讲到的平定怀恩的泾阳之战，对对阵吐蕃的将领不提姓名，在下文的诏书中我们才了解到那个将领乃是蕃将浑瑊，我们怀疑如果不是忠实引用诏书内容，那个将领的姓名是否也会淹没在历史的长河中而不为人知。杜黄裳如此行文不排除艺术笔法的运用，也透露出安史之乱后传统夷夏观的回归下唐人的一般心态。

朔方军平定安史之乱，居功至伟。同时，朔方军的另一个重大作用则是在抵御并解除东突厥对唐代北疆的严重侵扰，保卫了唐朝的两京。朔方军驻扎在灵武，距离长安较北边、西北边诸节度治所均近，安禄山叛乱，肃宗以朔方军治所灵武为根据地，依靠朔方军建中兴大业。朔方军的强大，严重地打击并削弱了东突厥默啜汗国，并使其走向瓦解。在唐代北边形成以朔方军为主、河东军为辅的军事格局。同时，朔方军控制了漠北并管理铁勒诸部族，铁勒众多部落以部落形式加入朔方军，甚至成为主要部分，使朔方军的实力更为强大。[②]

安史之乱爆发之后，唐朝抽调大量精锐边卒平乱，数十年间西北数州相继

①　李大龙：《汉唐藩属体制研究》，北京：中国社会科学出版社，2006年，第305页。
②　王永兴：《论唐代前期朔方节度》，《唐代前期西北军事研究》，北京：中国社会科学出版社，1994年，第245—320页。

沦陷，自凤翔以西，邠州以北，皆为左衽矣。①安史之乱的发生，使唐朝和吐蕃的关系发生了重大的变化。在安史乱前，唐朝对吐蕃的军事处于进攻态势，之后唐朝在西域及青海等地的优势随即消失，从而使整个西北地方的形势为之一变，西北民族关系相继发生了巨大的变化。②因此，在仆固怀恩叛乱之时，吐蕃才有可能派兵组成联军进攻关中，一度使唐朝处于风雨飘摇之中。

### 五、两方墓志撰书者

郭晞墓志和长孙璀墓志均由杜黄裳撰写。《旧唐书》卷一四七《杜黄裳传》云："杜黄裳，字遵素，京兆杜陵人也。登进士第、宏辞科，杜鸿渐深器重之。为郭子仪朔方从事，子仪入朝，令黄裳主留务于朔方。邠将李怀光与监军阴谋代子仪，乃为伪诏书，欲诛大将温儒雅等。黄裳立辨其伪，以告怀光，怀光流汗伏罪。诸将有难制者，黄裳矫子仪命尽出之，数月而乱不作。"③杜黄裳通达权便，有王佐之才，为人性情雅淡，未始忤物，乃是唐代一代名相。

杜黄裳中进士后，进入朔方军，被郭子仪辟佐朔方府。在子仪入朝期间，杜黄裳留下主事，从中可以看出杜黄裳深得郭子仪信任和器重。郭晞少年便随父亲征战四方，由前文可知郭晞文武全才，郭晞与杜黄裳之间关系非常密切，堪为莫逆，故郭晞夫妻墓志均由杜黄裳撰写则是很正常的了。在唐代，一般墓志撰写者与志主关系可分为三类——亲属、朋友、同僚，而且多邀请善文、治史和了解志主情况者担当撰写者，能三者兼备者实为最佳。④杜黄裳无疑三者兼备，实为郭晞夫妻墓志撰写的最佳人选。从两方墓志来看，郭晞墓志言之有物，志文既有对战事详尽的描述，也有各种人物的言辞，尤其是对郭晞被俘一事直笔

---

① 王小甫：《唐、吐蕃、大食政治关系史》，北京：中国人民大学出版社，2009 年，第176—179 页。
② 周伟洲：《中国中世西北民族关系研究》，桂林：广西师范大学出版社，2007 年，第230—317 页
③ ［后晋］刘昫等：《旧唐书》卷一四七《杜黄裳传》，北京：中华书局，2007 年，第3973 页。
④ 江波：《唐代墓志撰书人及相关文化问题研究》，长春：吉林大学博士论文，2010 年，第104—120 页。

而言,整篇墓志如同一篇优秀的传记文字,使人仿佛走进了时空通道去追随志主的人生轨迹。长孙璀墓志文辞优美,用典华丽。两篇墓志文各擅特色,无疑是杜黄裳的优秀作品。杜黄裳所撰碑志较少,《全唐文》载贞元十九年(803 年)撰《东都留守顾公神道碑》为丰碑巨制,文辞藻丽①;贞元十六年(800 年)撰《李良墓志》②。郭晞夫妇墓志与这两篇墓志一道为人们了解杜黄裳的文学才华提供了较多的资料。杜黄裳撰写郭晞夫妻墓志时为贞元九年(793 年)和贞元十年(794 年),其官职为银青光禄大夫、行尚书吏部侍郎、上柱国郑县开国公,亦为了解其生平仕宦经历提供了佐证。③

郭晞墓志由郑云逵书写,贞元十年(793 年),郑云逵的官职为正议大夫、行秘书少监、上柱国、原武县开国男赐紫金鱼袋。"郑云逵,荥阳人。大历初,举进士。性果诞敢言。客游两河,以画干于朱泚,泚悦,乃表为节度掌书记、检校祠部员外郎,仍以弟滔女妻之。泚将入觐,先令云逵入奏;及泚至京,以事怒云逵,奏贬莫州参军。滔代泚后,请为判官。滔助田悦为逆,云逵谕之不从,遂弃妻子驰归长安,帝嘉其来,留于客省,超拜谏议大夫。奉天之难,云逵奔赴行在,李晟以为行军司马,戎略多以咨之。历秘书少监、给事中,寻拜大理卿,迁刑部、兵部二侍郎、迁御史中丞,充顺宗山陵桥道置顿使。"④史传不载郑云逵善书,查郑云逵所撰书碑志者,有贞元二十年(804 年)李广业碑,今在陕西省三原县焦村堡,剥泐过半。碑文云:"皇祖懿德为代师范,婉御未刻,光灵不扬,谓云逵尝学史,庶闻前修,故纂其绪业,见详铭表。"此碑撰书者皆泐损,碑中可见结衔为"正议大夫行尚书省刑部侍郎原武县开国男(以下泐)",正与郑云逵官职相符,应为郑云逵撰或书。宋陈思《宝刻丛编》称为郑云逵撰并书。明赵崡《石墨镌华》称郑云逵撰文,并云"书法直是徐浩敌手"。另《虢州刺史王颜碑》(元和二年,807 年),

---

① [清]董诰等编:《全唐文》卷四七八,北京:中华书局,1983 年,第 2162 页。
② 周绍良、赵超:《唐代墓志汇编》,上海:上海古籍出版社,1992 年,第 1909 页。
③ 严耕望:《杜黄裳拜相前之官历》,《"中研院"历史语言研究所集刊》第 26 册,1955 年,第 309—313 页。
④ [后晋]刘昫等:《旧唐书》卷一三七《郑云逵传》,北京:中华书局,2007 年,第 3770 页。

碑署衔"正议大夫行尚书省刑部侍郎上柱国原武县开国男赐紫金鱼袋郑云逵撰"①,与李广业碑署衔一致。郑云逵书还有《唐澄城县令郑楚相德政碑》(贞元十四年,798年)碑署"卫尉卿郑云逵书"②。郭晞墓志书体规整,整体布局严谨。清梁巘《评书帖》云:"郑云逵,笔意类王缙。"《石墨镌华》谓李广业碑书法类徐浩,但谛观此志并无徐浩不空和尚碑"怒猊抉石,渴骥奔泉"的气势,显得平和秀丽,雅致清逸。郑云逵性情刚毅,宁折不屈,正和郭晞平生行事相近,郭晞墓志由其书写,正可达到文字形式和内容的和谐统一。

长孙璀墓志由王珦书写,王珦天宝初人,现存诗一首。③孙星衍《寰宇访碑录》卷四载赠太常卿同州西河县丞赵睿冲碑(大历四年,769年)为王珦八分书,有浙江仁和赵氏拓本,知王珦善隶书。盛唐时因唐玄宗李隆基喜好隶书,故盛中唐时期涌现出了一批隶书名家,如韩择木、蔡有邻、史惟则、李潮等。④传世有众多的隶书碑刻,杜甫《李潮八分小篆歌》云:"尚书韩择木,骑曹蔡有邻,开元以来数八分。"王珦所书此志,埋藏千年,笔意如新,刻工上佳,较好地体现了毛笔的韵味。书法规整清丽,结体宽博自然,没有唐玄宗《石台孝经》及史惟则大智禅师碑的丰雍华丽,颇类韩择木秀美逸致的书风,亦可谓是唐代隶书的佳作。至此,长孙璀其人其事、杜黄裳的文章、王珦的隶书三者完美统一起来,构成一方精美绝伦的艺术珍品。

在历史的发展中,个人的过往如同沙砾一般被浪花淘尽,史籍的记载是一种选择性的记忆,墓志同样也是一种选择后的记述。郭晞墓志所记载的一切,正需要放到唐代宏大的历史背景中去看待,才具有历史意义。墓志所言不仅是政治情况的变化,更有着一个个鲜活生命的人生轨迹,正是由于这如同棋子一

---

① 陈尚君:《全唐文补编》卷六一,北京:中华书局,2005年,第740页。

② [清]王昶:《金石萃编》卷一百四《唐六十四》,《石刻史料新编》第一辑第3册,新北:新文丰出版公司,1982年,第1737页。

③ [清]彭定求等编:《全唐诗》之《全唐诗续拾》卷一二,北京:中华书局,1960年,第11062页。

④ 关于唐代隶书的相关研究,参见林再成:《唐代隶书简论》,《苏州职业大学学报》2002年3期,第60—62页;陈根远:《唐〈韩秀实墓志〉及其他》,《文博》2010年4期,第31—35页;李举纲、王亮亮:《西安新见唐第五琦墓志考疏》,《书法丛刊》2010年5期,第18—21页。

般的人物,才使得历史丰富而真实。郭晞一生贯穿了唐朝发展中的转折点——安史之乱、藩镇割据、蕃将叛乱、帝位更迭、民族关系的强弱互换,这一幕幕场景正通过史籍和墓志的记载呈现在我们面前,某些不为人知的线索都蕴涵在字里行间。通过一个个具体人物的命运,来感受隐藏在其中的历史,也许这不失为墓志研究的一条路径。

(原刊荣新江主编《唐研究》第 16 辑,北京大学出版社,2010 年)

# 新见唐代内学士尚宫宋若昭墓志考释

　　随着上官婉儿墓葬的考古发现,唐代后宫女性越发引起了学界的关注。在唐代宫官中有才女之称的除了上官婉儿之外,才华经历均可与之比肩的还有广为人知的宋若昭姐妹。宋若昭被冠以"学士尚宫"之衔,这在两《唐书》后妃列传中仅此一见,殊为特例。由宋若梓撰、宋若昭注释的《女论语》一书在中国妇女史和学术史上具有重要的地位,而宋若昭墓志的发现,无疑可以促进我们对相关问题的理解。宋若昭墓志近年出土于西安市长安区,志石拓本(图一)长宽均52厘米,26行,满行26字,正书,有方界格。谨移录并标点志文如下:

　　大唐内学士广平宋氏墓志铭并序
　　从侄朝议郎守中书舍人翰林学士上柱国赐紫金鱼袋申锡撰
　　侄女婿朝散大夫行扬州大都督府法曹参军翰林学士院待诏上柱国赐鱼袋徐幼文书

　　有唐内学士,字若昭,广平第五房之孙、赠大理府君讳庭芬之第二女也。春秋六十八,大和戊申岁七月廿七日属纩于大明宫,就殡于永穆道观,以其年十一月八日祔葬于万年县凤栖原先茔,礼也。大理之父讳敏,官赠秘书少监。秘监之父讳仁永,宦止莱州录事参军,皆高阳公之胤绪也。徽猷懿范,代业人物,闻于诸父伯仲,故得以撰述。原夫积善之庆,集于大理府君,而位不显于代,固清粹之气,降钟女德。府君有五女,咸酷嗜文学,贯穿

图一　宋若昭墓志拓本

坟史,约先儒旨要,撰《女论语》廿篇。其发为词华,著于翰简,虽班谢之家,
不能过也。贞元四年,尝从先大理客于上党,节将李尚书抱真,录其所著书
与所业之文,列口慰荐。德宗在位,方敦尚辞学,彤管女史之职,尤爱其才,
即日降诏,疾征姊妹五人。传乘而入,引谒内殿。礼荣闲雅,繇是锡以学士
之号。时更六朝,代余三纪。后宫嫔御之传授,四方表奏之典综,顾问启付,
动成师法。穆宗之在春宫,独以经训讲贯左右。大明继照,益用加敬。至于
危言亮节,密勿匡饬,皆自信于心,不形于外,故不得而知也。废床之日,赠
襚之外,主办于令弟前太子宫门郎稷,哀敬加于人,葬祭中于礼。山东之
风,罔或失坠。用刻贞石,寘于幽壤。铭曰:

辉显吾门,绵属灵光。宜生德贤,弈代炽昌。不为公侯,亦綯锦裳。全集女师,左右穆皇。履道无迹,出言□□。[彤]管是承,青简流芳。秦原苍苍,潏水汤汤。安神于兹,唯□□□。

### 一、墓志所见宋若昭之家族关系

墓志记宋若昭为广平人,然而两《唐书·后妃传》载其为贝州清阳人。《元和姓纂》记宋氏世系出自子姓,其中有名的两支为广平与弘农,未见有贝州清阳的记载。宋氏在唐代不属大姓,《云溪友议》卷中《吴门秀》载云安公主出降时,有宫人与才子陆畅唱和,"此篇或谓内学宋若兰、若昭姊妹所作也,宋考功之孙也"[1]。宋考功,即唐代著名诗人宋之问,因曾任考功员外郎被称为"宋考功",这是最早言宋氏姐妹是宋之问后裔的记载,之后明代胡震亨《唐音癸签》亦称乃之问裔孙,清人编《全唐诗》时沿用此说。宋之问为虢州弘农人,据史传记载,之问后人只有子昌藻,侄若水、若思,其他皆无法考证。先贤对于宋氏姐妹与宋之问之间的关系进行了讨论,从郡望、世代时间、家族文化和历史记忆上来看,说宋氏姐妹为之问后裔颇值得怀疑。[2]

关于宋氏姐妹的郡望,到底是广平第五房还是贝州清阳呢? 史传载宋若昭父"庭芬,世为儒学"[3],对于祖以上世系未见记载,今据墓志知曾祖莱州录事参军宋仁永、祖赠秘书少监宋敏、父饶州司马赠大理正宋庭芬,均可补史阙。"廷芬男独愚不可教,为民终身"[4],若昭弟史传不名,据志知其为宋稷,前太子宫门郎,若昭葬礼即由其主持。按照唐代赠官的规定,宋若昭祖、父与弟应该是宋氏

---

① [唐]范摅撰,唐雯校笺:《云溪友议校笺》,北京:中华书局,2017 年,第 85 页。

② 高世瑜:《宋氏姐妹与〈女论语〉论析——兼及古代女教的平民化趋势》,邓小南主编《唐宋女性与社会》,上海:上海辞书出版社,2003 年,第 128—131 页;赵红:《女论语作者事迹考——兼及宋氏姐妹事迹略考》,《石河子大学学报》(哲学社会科学版)2010 年第 3 期,第 78—81 页。

③ [后晋]刘昫等:《旧唐书》卷五二《后妃下·女学士尚宫宋氏传》,北京:中华书局,2007 年,第 2198 页。

④ [宋]欧阳修、宋祁:《新唐书》卷七七《后妃下·尚宫宋若昭传》,北京:中华书局,2006 年,第 3509 页。

姐妹被征召入宫后所得封。贝州,北周宣政元年(578 年)置,隋大业与唐代天宝年间曾改为清河郡,安史之乱后曾属魏博镇。史传均云若昭姐妹出自贝州,广平郡望仅见于墓志,志云宋申锡乃若昭从侄,那么从申锡的出身情况分析可能会对若昭的郡望有所了解。《新唐书》卷一五二《宋申锡传》说申锡"失其何所人"①,《旧唐书》本传只记载了申锡父祖之名讳,对于他的郡望只字未提,墓志云申锡为广平人。《新唐书》卷七五上《宰相世系表五上》载宋氏著房为"广平利人",另有一支为"广平宋氏"②,广平利人房因宋璟而知名,广平宋氏条记载简略缘宋申锡而记述,那么宋申锡是否就是墓志和《宰相世系表》所讲的广平宋氏呢? 刘知几对唐代郡望滥称的情况有所描述,"称袁则饰之陈郡,言杜则系之京邑,姓卯金者咸曰彭城,氏禾女者皆云巨鹿"③,表明唐代的郡望已经失去了魏晋南北朝时期别士庶的实际功用,成为人人都可以自称的符号。选择哪一个郡望,取决于这个郡望在当时的口碑与声望,一个姓的几个郡望之间事实上形成了竞争关系,最终影响最大的那一个将会胜出,于是更多的人会将自己的世系追溯到胜出的那个郡望之上,而不管是否符合事实。④关于宋申锡的问题似乎也是如此情况,"广平宋氏"是不是属于宋申锡真正的出身已经不重要,而只是其个人家族的一个标记,同时为了和正宗的广平利人房有所区别,而称为广平宋氏。宋若昭墓志对宋氏姐妹的郡望处理采取了同样的方法,若昭和申锡或许真的为同族,或许因姓氏相同而攀附为同族,总之墓志共同称他们属于广平宋氏当是制造郡望的结果,而墓志一般具有盖棺定论的结果,在志文中这样书写,正是时人政治现实的需要。

　　宋若昭、宋申锡均出自寒门,两者间如果真的是同族的话,在史传中应该有所反映,志文把两者比附为族人,不仅仅出于塑造郡望的社会风潮,而且和他们所处的政治地位是相关的。宋氏姐妹处于深宫之内, 唯一的亲弟无法依

① [宋]欧阳修、宋祁:《新唐书》,北京:中华书局,2006 年,第 4844 页。
② [宋]欧阳修、宋祁:《新唐书》,北京:中华书局,2006 年,第 3356、3361 页。
③ [唐]刘知几撰,浦起龙释:《史通通释》,上海:上海古籍出版社,2009 年,第 145 页。
④ 仇鹿鸣:《制造郡望:中古南阳张氏的成立》,《历史研究》2016 年第 3 期,第 21—39 页。

靠,申锡进士出身,在朝廷亦需要援引帮助,彼此之间的共同需要把他们连接在一起,而成为族人无疑是其中最可行的方法,我们怀疑申锡一步步拜相的后面亦有着宋氏姐妹的身影。既然宋若昭墓志中的广平郡望是构建的,那么史传中记载的贝州清阳是否是其实际的出身呢? 根据若昭姐妹成长的环境来分析,贝州清阳是符合实际情况的, 且和宋氏姐妹早年随父亲客居上党的地理交通情况相一致。

若昭墓志由从侄宋申锡撰文,侄女婿徐幼文书,申锡署衔为翰林学士,徐幼文为翰林学士院待诏。宋申锡文宗时拜相,两《唐书》有传,撰有《大唐故文安公主墓志铭并序》与《义成军节度郑滑颍等州观察处置等使金紫光禄大夫检校司徒使持节滑州诸军事兼滑州刺史御史大夫上柱国陇西县开国公食邑一千八百户李公(听)德政碑铭并序》。徐幼文史传无载。翰林学士以文辞为主,草拟诏书、内参议政,除此之外还经常奉诏撰写碑铭。翰林学士院待诏主要在翰林院誊写公文,另外还多为皇室成员、内廷人员和高官显贵书写墓志。这在近些年出土的石刻材料中多有发现。[1]尤其是翰林学士撰文、翰林待诏书写墓志的志主,身份都非比寻常,宋若昭的墓志由申锡撰、徐幼文书亦符合这种情况,规格是很高的。而且他们与若昭是亲属关系,两方面的原因使得他们分别为若昭墓志撰文和书写,在当时看来是多种考虑综合的结果。


### 二、宋若昭之生平经历

史传载宋若昭卒于宝历初年(825 年),享年五十岁左右。志云"春秋六十八,大和戊申岁七月廿七日属纩于大明宫,就殡于永穆道观,以其年十一月八日祔葬于万年县凤栖原先茔,礼也",应以墓志为准。大和戊申为大和二年(828年),据此知若昭当生于上元二年(761 年),而其葬地记载对于确定若昭的家族

---

[1] 关于翰林学士的相关研究成果丰硕,此不赘述,墓志中所见翰林学士撰文、待诏书写的统计请参看赵力光《唐庆王李沂墓志综考》,荣新江主编《唐研究》第 12 卷,北京:北京大学出版社,2006 年,第 441—445 页。

墓葬所在提供了珍贵的线索。关于宋氏五姐妹的生年,高世瑜认为是 760—775 年①,郭丽推断大约在代宗宝应元年(761 年)至永泰元年(765 年)②。两人主要是从宋氏姐妹贞元四年(788 年)入宫的年龄来判断的。高文认为入宫时五姐妹年龄在 13 岁至 28 岁,郭文指出当在 20 岁至 25 岁。根据一般的生育规律五姐妹出生在 10 年左右比较可信,若昭入宫时已经 28 岁,故此我们推测宋氏姐妹入宫时当在 20 岁至 31 岁,则五姐妹生年当在 753—764 年,在这个时间段里面五姐妹中最小的一人亦已笄年了。

若昭卒于大明宫,然后殡于永穆道观内。永穆道观,乃玄宗女永穆公主舍宅为观。长安城平康坊内有万安观。"天宝七载,永穆公主出家,舍宅置观。其地西南隅本梁国公姚元崇宅,次东即太平公主宅,其后敕赐安西都护郭虔瓘,后悉并为观。"③在西安碑林藏吕大防《长安图》残石上平康坊内没有万安观,也没有姚崇宅与太平公主宅。《长安志》还记载了姚崇宅与太平公主宅在兴宁坊内,且二宅的位置与平康坊基本相同,由此可知《长安志》对平康坊与兴宁坊的记载有所舛误,而永穆公主宅有可能是坐落在兴宁坊内的。《古志石华续编》载京兆府泾阳县主簿王岐,于贞元十九年(803 年)终于万年县兴宁里永穆观之北院,据其志祖繇尚永穆公主(玄宗长女)知该院应该是永穆公主之宅邸,天宝七载(748 年)舍宅置观,故此可知兴宁坊的永穆观,才是永穆公主出家前的宅邸。④至于《长安志》所言的万安观,有可能是玄宗另一女万安公主的宅邸,"万安公主,天宝时为道士"⑤,永穆与万安均为玄宗女,共同信道一并舍宅置观,后人把她们的寺观名称位置相混是很有可能的。永穆道观位于兴宁坊,从长安城的布局来看,若昭卒后就殡于此是比较合理的,同时似乎也说明了若昭与道教之间

① 高世瑜:《宋氏姐妹与〈女论语〉论析——兼及古代女教的平民化趋势》,邓小南主编《唐宋女性与社会》,上海:上海辞书出版社,2003 年,第 128 页。
② 郭丽:《唐代女教书〈女论语〉相关问题考论》,《河南师范大学学报》(哲学社会科学版)2011 年第 1 期,第 148—151 页。
③ [宋]宋敏求撰,辛德勇等点校:《长安志》卷八,西安:三秦出版社,2013 年,第 277—278 页。
④ 李健超:《长安志纠谬》,中国地理学会历史地理专业委员会主编《历史地理》第 19 辑,上海:上海人民出版社,2003 年,第 389—390 页。
⑤ [宋]欧阳修、宋祁:《新唐书》卷八三《诸帝公主·玄宗二十九女》,北京:中华书局,2006 年,第 3658 页。

有着比较密切的关系。若昭大和二年(828 年)七月卒,在永穆道观就殡了三个多月,此时永穆道观观主为能去尘①,志文虽没有记载,但相信在这段时间里一定有系列祭奠活动在这里举行。

《旧唐书》卷五二《后妃下·女学士尚宫宋氏传》:"父庭芬,世为儒学,至庭芬有词藻。生五女,皆聪惠,庭芬始教以经艺,既而课为诗赋,年未及笄,皆能属文。"②宋氏姐妹"固清粹之气,降钟女德",长曰若莘,次曰若昭、若伦、若宪、若荀,宋若梓作为长姐教导诸妹,其中"若莘与若昭文尤淡丽,性复贞素闲雅,不尚纷华之饰",志与传合。宋氏姐妹虽然出身素族,但在其父耳濡目染之下,"咸酷嗜文学,贯穿坟史",宋氏姐妹先学儒后学文,为她们后来的人生道路奠定了基础。

志云:"约先儒旨要,撰《女论语》廿篇。"《女论语》乃宋若莘模仿《论语》撰写而成,若昭又为之注释,书成广为流行。对于《女论语》一书墓志没有说明具体是何人所撰,只说是五姐妹的共同成果,与两《唐书》记载稍有差异。对于《女论语》的作者学界历来皆有争议,日本学者山崎纯一认为是后人托名之作③,我们以为史传记载不误,据墓志书写方式来看亦可成立,不过史传记载《女论语》为十篇,志云"廿篇",传世文献中的"十"字可能是"廿"字形近而误。对于《女论语》的评介,"以韦逞母宣文君宋氏代仲尼,以曹大家等代颜、闵,其间问答,悉以妇道所尚"④,志云"发为词华,著于翰简,虽班谢之家,不能过也",墓志与史

---

① 周绍良、赵超:《唐代墓志汇编续集》,上海:上海古籍出版社,2001 年,第 902 页。

② [后晋]刘昫等:《旧唐书》,北京:中华书局,2007 年,第 2198 页。

③ 关于《女论语》一书的研究成果斐然,主要可参阅孙顺华:《〈女论语〉及其作者价值取向的矛盾》,《齐鲁学刊》2001 年第 2 期,第 34—37 页;高世瑜:《宋氏姐妹与〈女论语〉论析——兼及古代女教的平民化趋势》,邓小南主编《唐宋女性与社会》:上海:上海辞书出版社,2003 年,第 128—131 页;[日]山崎纯一:《关于唐代两部女训书〈女论语〉〈女孝经〉的基础研究》,邓小南主编《唐宋女性与社会》,上海:上海辞书出版社,2003 年,第 158—187 页;黄嫣梨:《〈女孝经〉与〈女论语〉》,邓小南主编《唐宋女性与社会》,上海:上海辞书出版社,2003 年,第 187—208 页;刘燕飞:《宋若梓姐妹与〈女论语〉研究》,《河北大学学报》(哲学社会科学版)2008 年第 2 期,第 37—41 页;刘燕飞、王宏海:《〈女论语〉的著述与传播特点》,《河北学刊》2008 年第 3 期,第 47—49 页;赵红:《女论语作者事迹考——兼及宋氏姐妹事迹略考》,《石河子大学学报》(哲学社会科学版)2010 年第 3 期,第 78—81 页;郭丽:《唐代女教书〈女论语〉相关问题考论》,《河南师范大学学报》(哲学社会科学版)2011 年第 1 期,第 148—151 页。

④ [后晋]刘昫等:《旧唐书》卷五二《后妃下·女学士尚宫宋氏传》,北京:中华书局,2007 年,第 2198 页。

传在遣词造句上殊途同归,都说明了《女论语》在当时具有的影响力。宋氏五姐妹的传奇色彩在当时有很高的知名度,王建《宋氏五女》诗云:"五女誓终养,贞孝内自持。兔丝自萦纡,不上青松枝。晨昏在亲傍,闲则读书诗。自得圣人心,不因儒者知。少年绝音华,贵绝父母词。素钗垂两髦,短窄古时衣。行成闻四方,征诏环佩随。同时入皇宫,联影步玉墀。乡中尚其风,重为修茅茨。圣朝有良史,将此为女师。"①王建此诗对宋氏姐妹的生平作了形象的说明,宋氏姐妹尝白父母,誓不从人,可能具有某种隐约的女性意识,但这种意识不是自然显现的,而是隐藏在庞大的文化压力之下。②她们具有和男性一样的人生追求。有意思的是,她们虽然自己不婚却写作了《女论语》一书来规范女教,阐述传统意识中的妇女准则。

宋氏姐妹自幼誓不从人,而"欲以学名家,家亦不欲与寒乡凡裔为姻对,听其学"③,在当时以文名于天下。据志文,贞元四年(788年)宋氏姐妹随父庭芬"客于上党,节将李尚书抱真,录其所著书与所业之文,列口慰荐"。李抱真,时为昭义节度使。昭义节度,大历时领相卫贝邢洺磁六州,后因藩镇割据,到德宗时改领泽潞沁邢洺磁六州,此时若昭家乡贝州已不在昭义节度范围之内,但李抱真曾在河北任职多年,在朝野具有重要的影响力,所以宋氏父女方客于上党谒见抱真,抱真看到宋氏姐妹所著之书后,感知德宗"躬勤庶务,瘝瘝以之,乃命女子之知书可付信者,省奏中宫"④,乃表荐以闻于上。志文中的"著书"指的应是《女论语》一书,据此可知若昭姐妹入宫前已经完成了此书,所以德宗"方敦尚辞学,彤管女史之职,尤爱其才,即日降诏,疾征姊妹五人"。《女论语》最迟在贞元四年(788年)已经完成,时若昭28岁,若梓约31岁,按照她们的年龄来看共同完成此书是有可能的。

宋氏姐妹"传乘而入,引谒内殿"。见到五姐妹之后,德宗"礼乐闲雅,高其

① [清]彭定求等编:《全唐诗》(增订本),北京:中华书局,1999年,第3363页。
② 陈弱水:《初唐政治中的女性意识》,《隐蔽的光景:唐代的妇女文化与家庭生活》,桂林:广西师范大学出版社,2009年,第201—202页。
③ [宋]欧阳修、宋祁:《新唐书》卷七七《后妃下·尚宫宋若昭传》,北京:中华书局,2006年,第3508页。
④ [唐]元稹:《元稹集》卷五○《制诰·追封宋若华》,北京:中华书局,1982年,第552页。

风操"，对宋氏姐妹不以宫妾侍之，而呼以"学士先生"。自贞元七年(791年)后，宫中记注簿籍之事由若梓执掌，元和末若梓卒追赠河内郡君。唐代有外命妇之制，文武一品及国公母、妻封国夫人，三品以上母、妻封郡夫人，四品母、妻封郡君，五品母、妻封县君，"凡外妇人不因夫及子号别加邑号，夫人云某品郡君、某县君乡君、并准此"①。若梓参掌机密、著述辞章，甚至夜半时德宗还向其传授《诗经》等篇章，深受德宗的信任与赏识。若梓卒后，若昭代其姊职司，若昭为人练达，历六帝四十余年，尤其在宪、穆、敬三帝时，"皆呼为先生，六宫嫔媛、诸王、公主、驸马皆师之，为之致敬"②。穆宗居东宫之时，若昭曾为其讲解经训，两人关系非比寻常，元和十五年(820年)十二月戊寅穆宗拜若昭为尚宫。唐代宫官分尚宫、尚仪、尚服、尚食、尚寝、尚功六尚，尚宫是六尚的总管机构，涉及后宫中的诸多权限，"掌导引中宫，总司记、司言、司簿、司闱四司之官属。凡六尚书物出纳文簿，皆印署之"③。在唐代政事中，经常可以看到尚宫的影子。太宗、高宗时期，尚宫经常代表皇帝出宫慰问重臣家属，甚至可以住宿在大臣家里。武后、玄宗、代宗时亦有此举，另外还派遣尚宫调解大臣的家庭纠纷。尚宫的活动已不局限于宫闱，而是扩展到了宫外充当皇帝使者的角色，在政治局面中发挥着无形的作用。④草拟诏令、宰臣任命、帝王决策中常常可以看到尚宫的影子。在近年发现的大量唐代碑志材料中不乏尚宫墓志⑤，通过对这些唐代尚宫墓志的分析，也许会促进我们对若昭姐妹的认识。若昭任尚宫位二十余年，"危言亮节，密勿匡饬，皆自信于心，不形于外"，成为当时权倾内廷的重要人物。

宝历元年(825年)，宋若昭得封梁国夫人。梁国夫人乃外命妇最高封号，玄宗时杨贵妃三姐妹荣宠一时，亦不过得封国夫人而已。若梓被赠封为郡君，若昭被封国夫人，说明了宋氏姐妹在宫廷中的地位与影响进一步提高，赠爵亦相

① [宋]王溥：《唐会要》卷二六，上海：上海古籍出版社，2006年，第574—575页。
② [后晋]刘昫等：《旧唐书》卷五二《后妃下·女学士尚宫宋氏传》，北京：中华书局，2007年，第2199页。
③ [后晋]刘昫等：《旧唐书》卷四四《职官三》，北京：中华书局，2007年，第1867页。
④ 刘琴丽：《唐代宫人的政治参与途径》，《文史知识》2010年第7期，第18—24页。
⑤ 宁志新、朱绍华：《从〈千唐志斋藏志〉看唐代宫人的命运》，《中国历史文物》2003年第3期，第58—62页。

应提升。志云："废床之日，赠襚之外。"若昭卒后，朝廷给予很高的礼遇，《唐会要》专载此事："尚功宋氏葬，奉敕令所司供卤簿，准故事，只合给仪仗，诏以鼓吹赐之。"[①]内外命妇卒后，除了享受相应级别的葬具与葬仪外，还有相应的卤簿，而鼓吹主要由太常寺掌管，对其使用有着严格规定："凡大驾行幸，卤簿则分前、后二部以统之。法驾则三分减一，小驾则减大驾之半。皇太后、皇后出，则如小驾之制。凡皇太子鼓吹亦有前、后二部。亲王以下，亦各有差。"[②]按照规制，若昭的葬礼是不能使用鼓吹的，武德六年(623年)平阳公主葬礼诏加鼓吹，太常奏不合惯例，高祖为彰显平阳公主殊勋特加用之。中宗时韦后曾上言，"自妃主及五品以上母妻，并不因夫子封者，请自今婚葬之日，特给鼓吹。宫官准此"[③]。左台御史唐绍上疏驳议，认为鼓吹本为军乐，不得结于闺闱，最后的结果是，"婚葬卤簿，据散官封至一品、事职官正员三品并驸马都尉，许随事量给，余一切权停"[④]。从相关规定可知，卤簿鼓吹只有在皇太后、皇后等后妃特殊人群中才可以使用，其他女性在葬礼中使用卤簿鼓吹是特殊恩遇，除平阳公主外只有玄宗时期的卫国夫人王氏卒后使用，而若昭在葬礼上被允许使用鼓吹则显示着她特殊的身份与地位。若昭入后妃传，说明了宋氏姐妹的身份特征，在其葬礼中的高规格礼遇有所逾制，这也和若昭善于为人处世有着重要的关系。

若昭之后，若宪继为尚宫代司宫籍，文宗以"以若宪善属辞，粹论议，尤礼之"[⑤]。大和中，神策中尉王守澄用事，委信郑注、李训等人弄权，时相国李宗闵与之不和，故大和九年(835年)六月李训等寻机奏贬宗闵为明州刺史。后李训等人又构宗闵为吏部侍郎时，曾通过驸马都尉沈立义贿赂若宪与枢密使杨承和谋求宰相之位，七月时宗闵再贬，而若宪先被幽于外第，后被赐死，其弟侄等家属连坐者达十三人皆流放岭南，志文提及的徐幼文应该亦在流放之中。若宪为文宗所重，从当时的政治风气和若宪所处之地位来看，她在文宗面前为宗闵

① [宋]王溥：《唐会要》卷三，上海：上海古籍出版社，2006年，第39页。
② [唐]李林甫：《唐六典》卷一四，北京：中华书局，2008年，第407页。
③ [宋]王溥：《唐会要》卷三八，上海：上海古籍出版社，2006年，第809页。
④ [宋]王溥：《唐会要》卷三八，上海：上海古籍出版社，2006年，第810页。
⑤ [宋]欧阳修、宋祁：《新唐书》卷七七《后妃下·尚功宋若昭传》，北京：中华书局，2006年，第3508页。

美言,宗闵得其助力是完全可能的。宋氏姐妹在宫中数十年,又身处高位,平素定与大臣结交来往,故此才会被政敌抓住把柄。另外还有一事值得引起重视,大和五年(831年)王守澄等人诬陷宋申锡与彰王谋不轨,三月彰王被贬巢县公,申锡为开州司马,到了大和七年(833年)五月申锡被赐死。接着就发生了李训等人陷若宪与宗闵结交之事。在史传中未见宋氏姐妹与申锡的关系记载,今据墓志知为姑侄,我们怀疑若宪的境遇是申锡一事的延续,后妃援助的最重要人员当是其亲族,申锡在当时处于政治漩涡当中,与皇帝宦官之间的关系错综复杂,那么若宪不可避免地会牵涉其中。至此,宋氏姐妹宠领宫廷的时代彻底结束,而宋氏家族亦随之衰败。

关于宋氏姐妹中的另外二人若伦、若荀,墓志与史传均记载不详,只云其早卒,有些学者认为她们卒于入宫前,从志文可知其当是入宫不久就亡故了。《追封宋若华》云:"三英粲兮,皆在选中。"似乎说明当时入宫的只有姐妹三人,宋氏姐妹若梓、若昭、若宪先后继任尚宫,执掌宫闱要务,在当时有着重要的影响力;而史传说若伦若荀"早卒",早卒多指享年不永非正常亡故,所以应是五姐妹一起入宫的。若伦和若荀进宫不久即去世,未在宫中担任职务,除《唐诗纪事》留下若荀一首应制诗之外①,未曾留下其他著述。

由若梓、若昭共同完成的《女论语》一书,从宋代开始越来越多的文献记载其作者为若昭,尤以明清为甚。《女论语》问世后很长时间里似乎为人不知,到了明末王相编辑女教四书时选入此书并为之笺注,世称"女四书"而广为流传。《女论语》文字通俗易懂,而且讲述的都是平常人家的生活,贴近大众,适合广大文化不高的女性阅读,尤其对女性启蒙教育有着很好的作用,而这正与宋氏姐妹成长的经历环境相一致。《全唐文》收有若昭所撰《牛应贞传》一文。《全唐诗》收录若昭《奉和御制麟德殿宴百僚应制》诗:"垂衣临八极,肃穆四门通。自是无为化,非关辅弼功。修文招隐伏,尚武殄妖凶。德炳韶光炽,恩沾雨露浓。衣冠陪御宴,礼乐盛朝宗。万寿称觞举,千年信一同。"②若昭这首《奉和御制麟德

---

① [宋]计有功:《唐诗纪事》,上海:上海古籍出版社,2008年,第1132页。
② [清]彭定求等编:《全唐诗》(增订本),北京:中华书局,1999年,第71页。

殿宴百僚应制》采用应制诗格式化与符号化的写作模式，文辞工整，格律清丽，在形式美学的视野下不失为唐朝日渐西下的景致里难得的一首宫廷婉音，借此我们可领略若昭的文采。

若宪撰有《唐大明宫玉晨观故上清太洞三景弟子东岳青帝真人田法师玄室铭并序》，志主田元素为若宪从姊妹之女，元素早年入道，"大和己亥岁，有诏召入宫。□宗一见，甚器异之，于玉晨观特为修院居止焉。夏六月□次□□□□一闻法音，再三加叹。遂赐章服、玳瑁冠、玉簪等，锡赏重叠，辉映法徒，□□一时之盛也。每一讲说，妃嫔已下相率而听者仅数千人，或舍名衣，或舍□宝，愿为师弟，升堂入室者不可数焉"[1]。元素精通道经，特召入宫，大和三年（829 年）五月廿九日终于玉晨观私院。宋若昭墓志云其卒于大明宫然后殡于永穆道观，玉晨观位于大明宫紫宸殿之后[2]，若昭很有可能就是卒于此处的，在她最后的一段生命历程中元素可能是陪伴在其身边的。玉晨观史籍无载，从出土墓志可知此观是文、武、懿宗三朝内禁内著名的女冠观、内道场，文宗时多次召女道士居此观和修功德，在武宗、懿宗时亦香火旺盛。[3]在元素居玉晨观时，一定与其从姨母宋氏姐妹来往密切，元素在宫内的活动亦离不开宋氏姐妹的关照和提携。若昭殡于道观之中，其从侄为上清太洞三景弟子东岳青帝真人，这似乎都显示着若昭的思想信仰很可能具有崇道情怀。

## 结　语

对比宋若昭的碑传与史传，两者间的记载有着一定的差异。史传、墓碑、墓志的信息来源一般都是出自亡者的行状，从行状到不同文体的转变，都经历着朝廷对他们的形象塑造，以此建构起官方的话语体系，而原本比较接近于真实

---

① 周绍良、赵超：《唐代墓志汇编续集》，上海：上海古籍出版社，2001 年，第 893 页。

② ［清］徐松撰、李健超增订：《增订唐两京城坊考》（修订版），西安：三秦出版社，2006 年，第 25 页。

③ 何海燕：《唐两京道教宫观证补》，中国社会科学院历史研究所学刊编委会《中国社会科学院历史研究所学刊》第 4 集，北京：商务印书馆，2007 年，第 388—389 页。

的行状在经过精心刻意的改造之后，呈现在当时以及后世的读者面前的历史书写，几多真相就此被层层掩盖。①史传和墓志内容，共同组成一个人完整的生命历程，只有综合不同的传记文本，才可以走进真实的历史，从而发现不同史料背后隐藏的历史细节。宋若昭作为历史上负有盛名的宫官和才女，只有比较不同传记书写背后的选择和隐藏，才可以整合若昭的生平与形象，从而透视这位具有传奇色彩的女子的生命历程。

（原刊《考古与文物》2014 年第 5 期）

---

① 唐雯：《盖棺论未定：唐代官员身后的形象制作》，《复旦学报》（社会科学版）2012 年第 1 期，第 85—94 页。

# 唐代五方镇墓石的志主及其使用问题：
## 从新见李通灵镇墓石谈起

唐代常见的镇墓石形制与墓志相似，一般有东、南、中、西、北五组，故称五方镇墓石。一组完整的镇墓石分为上下两个部分：上部分为石盖，盖上多刻写"某方真文"的秘篆文或楷书文字，也就是六朝道教所谓的"天文"；下部分为镇墓石的主体，一般包含秘篆文和敕告文两种，有时候这两种文字平行排列，有的是志石中央区位为秘篆文，周边环刻着敕告文，还有只刻写秘篆文或敕告文一种文字的情况。

迄今为止全面论述唐代镇墓石的是 2011 年刘屹发表的专论。①他在文章中首先结合不同文本的道经，对镇墓石内区的秘篆文进行了文字试读，之后在全面整理以往研究成果的基础上，对唐代五方镇墓石的源流和命名提出了自己的看法。他认为，唐代镇墓石是六朝道教对汉魏传统继承和发展的产物，不过这种道教背景下的镇墓石和国家礼仪中所讲的五方镇墓是同源而异流的关系，这种镇墓石应该称为"灵宝五方镇墓石"更为合理。之后又着重对灵宝五方镇墓石的理论依据和相关问题进行了探讨，说明了这种镇墓石在唐代的思想和社会信仰等多层面的内涵。

---

① 刘屹：《唐代的灵宝五方镇墓石研究——以大唐西市博物馆藏"唐李义珪五方镇墓石"为线索》，荣新江主编《唐研究》第 17 辑，北京：北京大学出版社，2011 年，第 7—36 页。

　　刘屹揭示了镇墓石发展的两条道路,发人深省。2008年底,西安碑林博物馆新入藏一套唐代李通灵五方镇墓石及其墓志,近年新见了一些其他的镇墓石资料。本文希望通过新材料的公布与探讨,能对唐代镇墓石的研究有所裨益,冀方家有以教之。

一

　　2008年初,在西安市长安区出土了唐李通灵墓志及其东、南、中、西四组镇墓石,年底,李通灵墓志和镇墓石一并入藏西安碑林博物馆。在四组镇墓石中,除了中央镇墓石没有发现盖之外,东、南、西三方均有盖,从残留痕迹可以看出镇墓石上面留有不同的颜色,符合五色和五方的对应关系。墓志及镇墓石情况如下:

图一　李通灵墓志

　　1. 李通灵墓志(图一)

　　李通灵墓志宽20厘米、高30厘米,志文为:

　　　亡宫故道士观主李通灵, 年七十三,葬万年县崇道乡西赵村。

　　　乾符三年十月七日

　　　副使登仕郎行内侍省内府局令上柱国严处皓

　　　使征事郎行内侍省内仆局令上柱国赐绯鱼袋王公寔

　　2. 李通灵五方镇墓石之东方镇墓石(图二、图三)

　　东方镇墓石宽33.5厘米、高33厘米,中间有8行、行8字的道教篆文,在篆文四周顺时针围绕敕告文字,文字分为两行,外面一行满行21字,里面一行满行18字。盖20厘米见方,刻道教天文"东方真文"4字。

图二 李通灵五方镇墓石之东方镇墓石盖　　图三 李通灵五方镇墓石之东方镇墓石

外区敕告文:


东方九炁青天承元始符命,告下东方无极世界土□□□诸灵官:今有
上清大洞女道士李通灵,灭度五仙,托尸太阴,谨于京兆府万年县崇道乡
质道里,安宫立室,庇形后土,明承正法。安慰抚恤,青虚哺饴,九炁朝华,
精光充溢,炼饰形骸,骨芳肉香,亿劫不灭。东岳太山,明开长夜九幽之府,
出通灵魂神,沐浴冠带,迁上南宫,供给衣食,长在光明,魔无干犯,一切神
明,侍卫安镇。如元始明真旧典女青文。


内区秘篆文对应楷书汉字:


亶娄阿会,无怨观音。须菹明首,法览菩昙。稼那阿弈,忽诃流吟。华
都曲丽,鲜苔育臻。答落大梵,散烟庆云。飞洒玉都,明魔上门。无行上首,
回跅流玄。阿陁龙罗,四象吁员。


## 3. 李通灵五方镇墓石之南方镇墓石(图四、图五)

南方镇墓石宽33厘米、高33.5厘米,中间有8行、行8字的道教篆文,在

图四　李通灵五方镇墓石之南方镇墓石盖

图五　李通灵五方镇墓石之南方镇墓石

篆文四周顺时针围绕镇墓敕告文,文字分为两行,外面一行满行21字,里面一行满行18字。盖20厘米见方,刻道教符天文“南方真文”四字。

外区敕告文:

南方三炁丹天承元始符命,告下南方无极土府神乡四统诸灵官:今有上清大□□□□□□李通灵,灭度五仙,托尸太阴,□□□兆府万年县崇道乡质道里,安宫立室,庇形后土,明承正法。安慰抚恤,赤灵哺饴,三炁丹池,精光充溢,炼饰形骸,骨芳肉香,亿劫不灭。南岳霍山,明开长夜九幽之府,出通灵魂神,沐浴冠带,迁□□□,供给衣食,长在光明,魔无干犯,一切神灵,侍卫安镇。如元始明真旧典女青文。

内区秘篆文对应楷书汉字:

南燭洞浮,玉眸诜诜。梵形落空,九灵推前,泽落菩台,绿罗大千。眇莽九丑,韶谣缘亶,云上九都,飞生自骞。那育都馥,摩罗法轮,霐持无镜,览资运容。馥朗廓奔,神缨自官。

### 4. 李通灵五方镇墓石之中央镇墓石（图六）

中央镇墓石宽33.5厘米、高33厘米，中间有4行、行4字的道教天文，在天文四周顺时针围绕敕告文，文字分为两行，外面一行满行21字，里面一行满行18字。

外区敕告文：

图六　李通灵五方镇墓石之中央镇墓石

中央黄天承元始符命，告下中央九垒土府洞极神乡四统诸灵官：今有上清大洞女道士李通灵，灭度五仙，托尸玄阴，谨于京兆府万年县崇道乡质道里，安官立室，庇形后土，明承正法。安慰抚恤，黄元哺饴，流注沣泉，炼饰形骸，骨芳肉香，与神同元，亿劫长存。中岳嵩高，明开长夜九幽之府，出通灵魂神，沐浴冠带，迁上南宫，供给衣食，长在光明，魔无干犯，一切神灵，侍卫安镇。如元始明真旧典女青文。

内区秘篆文对应楷书汉字：

黄中总炁，统摄无穷，镇星吐辉，流炼神宫。

### 5. 李通灵五方镇墓石之西方镇墓石（图七、图八）

西方镇墓石宽33厘米、高33厘米，中间有8行、行8字的道教天文，在天文四周顺时针围绕敕告文，文字分为两行，外面一行满行21字，里面一行满行18字。盖20厘米见方，刻道教符篆文"西方真文"四字。

图七 李通灵五方镇墓石之西方镇墓石盖　　图八 李通灵五方镇墓石之西方镇墓石

外区敕告文：

　　西方七炁素天承元始符命,告下西方无极世界土府神乡诸灵官:今有上清大洞女道士李通灵,灭度五仙,托尸太阴,谨□□□□□□□□□□□里,安宫立室,庇形后土,明承正法。安慰抚恤,素灵哺饴,七炁素华,精光充溢,炼饰形骸,骨芳肉香,亿劫不灭。西岳华山,明开长夜九幽之府,出通灵魂神,沐浴冠带,迁上大府,□□□□,□□□□□,□□干犯,一切神灵,侍卫安镇。如元始明真旧典女青文。

内区秘篆文对应楷书汉字：

　　刀利禅猷,婆泥各通。宛薮涤色,大眇之堂。流罗梵萌,景蔚萧峮。易邌无寂,宛首少都。阿滥郁竺,华汉莚由。九开自辩,阿那品首。无量扶盖,浮罗合神。玉诞长桑,栢空度仙。

　　墓主人李通灵,乾符三年(876年)葬,年寿七十三岁,据此推断她当生于贞元二十年（804 年）。其身份为"亡宫故道士"，可知是从内宫入道之人。墓志提到"副使登仕郎行内侍省内府局令上柱国严处皓；使征事郎行内侍省内仆局令上柱国赐绯鱼袋王公寔"。据《唐六典》载："内仆局：令二人，正八品下。……内仆令掌中宫车乘出入导引；丞为之贰。凡中宫有出入，则令居左，丞居右，而夹引之。……内府局：令，正八品下。……内府令掌中宫藏宝货给纳名数，凡朝会五品已上赐绢及杂彩、金银器及殿庭者，并供之。诸将有功，并蕃酋辞远，赐亦如之。"①可见李通灵的葬礼是由宦官来主持的，她所在的宫观一定具有官方或者皇家背景。不过，她到底属于一般宫女还是嫔妃，尚无法确定。②

镇墓石提到"上清大洞道士"，这是李通灵的道阶。唐代道士中的最高等级是"上清大洞三景法师"，在镇墓文字中还有称之为"上清大洞三景弟子"的道阶，后者可能是稍低的称号。"上清大洞道士"，不见于传世的有关唐代道教法位制度的规定，这种称呼在晚唐时期很可能是一种对观主的通称，而不代表道士的道阶品位。③四方镇墓石上环刻的敕告文，除了五方、五帝、五色和五岳因方位不同而有所差异外，其他内容基本相同。石盖上刻写道教秘字，称作"某方真文"，正是延续了镇墓石盖题的一贯做法，亦属刘屹所认为的"灵宝五方镇墓石"。

二

关于唐代灵宝五方镇墓石的志主情况，学者有着比较大的争论，主要的代表意见有：1. 姜捷认为唐代关中地区使用镇墓石的均为皇帝、嫔妃、公主、王侯等高级官僚及贵族，这种情况与中宗时代有密切的关系，其在唐代流行也似乎仅限于皇室以及与皇室有关的贵族阶层，成为特定时期、特定情况下皇室贵族的专用祈祷工具④；2. 加地有定认为，镇墓石在唐代只是皇族贵戚之家办丧事

① ［唐］李林甫：《唐六典》，北京：中华书局，2008 年，第 361 页。
② 王永平先生指出李通灵的葬礼由宦官主持，其身份可能比较尊贵，属于嫔妃的可能性极大。
③ 此条意见乃刘屹先生指点，谨致谢忱。
④ 姜捷：《关于定陵陵制的几个新因素》，《考古与文物》2003 年第 1 期，第 73 页。

时才能使用的东西，到宋代则变得庶民化，而且认为镇墓石有对非正常死亡者安镇怨灵的作用[①]；3. 茅甘（Carole Morgan）的观点与加地有定比较接近，不过她认为唐代五方镇墓石的作用主要不是为了镇墓，而是希望死者能够转生[②]；4. 刘屹在前揭文中认为不应当把使用灵宝五方镇墓石的人群限定于皇亲贵戚和部分道士、女冠中，是否使用灵宝五方镇墓石与死者的死亡方式没有关系，而是与死者是否有"生尸"或镇墓的需求有关。那么，灵宝五方镇墓石的使用者到底是些什么身份的人？我们将唐代镇墓石的发现情况列表如下，再作讨论。

### 唐代镇墓石一览表

| 姓名 | 时代 | 镇墓石情况 | 葬地 |
| --- | --- | --- | --- |
| 阿史那忠[③] | 上元二年(675年) | 特殊形制 | 陪葬昭陵 |
| 武三思[④] | 景龙元年(707年) | 南 | 陪葬顺陵 |
| 韦洞[⑤] | 景龙二年(708年) | 中 | 京兆府万年县 |
| 丰王妃崔氏[⑥] | 景龙二年(708年) | 西、北 | 京兆府万年县 |
| 孝和皇帝[⑦] | 景云元年(710年) | 东、中 | 定陵 |
| 窦皇后[⑧] | 开元四年(716年) | 南、中、北 | 京兆府奉先县 |

---

① ［日］加地有定：《中國唐代镇墓石の研究：死者の再生と崑崙山の昇仙》，大阪：株式会社かんぽうサービス，2005年，第169页。

② Carole Morgan, "Inscribed Stones: A Note on A Tang and Song Dynasty Burial Rite", T'oung Pao, Vol.82, 1996, pp.317—318. 杨民中译文《论唐宋的墓葬刻石》，《法国汉学》第5辑，北京：中华书局，2000年，第150—186页。

③ 陕西省文物管理委员会、礼泉县昭陵文管所：《唐阿史那忠墓发掘简报》，《考古》1977年第2期，第135—136页。

④ 李子春：《唐武三思之镇墓石》，《人文杂志》1958年第2期，第109页。

⑤ ［日］加地有定：《中國唐代镇墓石の研究：死者の再生と崑崙山の昇仙》，大阪：株式会社かんぽうサービス，2005年，第169页。

⑥ ［日］加地有定：《中國唐代镇墓石の研究：死者の再生と崑崙山の昇仙》，大阪：株式会社かんぽうサービス，2005年，第157页。

⑦ 姜捷：《关于定陵陵制的几个新因素》，《考古与文物》2003年第1期，第74页。

⑧ 王世和、楼宇栋：《唐桥陵勘察记》，《考古与文物》1980年第4期，第54—61页；［日］加地有定：《中國唐代镇墓石的研究：死者の再生と崑崙山の昇仙》，大阪：株式会社かんぽうサービス，2005年，第163页；惠毅：《西安新发现大唐睿宗黄天真文镇墓刻石》，《西北大学学报》(哲学社会科学版)2008年第1期，第47页。

续表

| 姓名 | 时代 | 镇墓石情况 | 葬地 |
|---|---|---|---|
| 金仙公主① | 开元廿四年(736年) | 北 | 京兆府奉先县 |
| 董真② | 开元廿四年(736年) | 不详 | 疑为京兆府 |
| 尹愔③ | 开元廿八年(740年)④ | 北方 | 长安县义阳乡 |
| 彭太和⑤ | 天宝十一载(752年) | 东、南、西、北 | 洛阳附近 |
| 侯希言⑥ | 天宝十一载(752年) | 东、南、中、西 | 洛阳市洛南新区 |
| 赵洪达⑦ | 开元、天宝以前 | 特殊形制 | 河南扶沟县 |
| 清源县主⑧ | 至德三年(758年) | 东、南、中、西、北 | 咸阳县 |
| 姜希晃⑨ | 贞元七年(791年) | 东、南、中、西、北 | 长安城南毕原 |
| 王公素⑩ | 元和十年(815年) | 特殊形制 | 洛阳附近 |
| 曹用之⑪ | 咸通十三年(872年) | 东、南、中、西、北 | 西安白杨寨 |
| 李通灵 | 乾符三年(876年) | 东、南、中、西 | 京兆府万年县 |
| 普康公主⑫ | 咸通七年(866年) | 北 | 万年县浐川乡 |
| 李义珪⑬ | 不详 | 东、南、中、西、北 | 京兆府长安县 |

---

① [日]加地有定:《中國唐代鎮墓石の研究:死者の再生と崑崙山の昇仙》,大阪:株式会社かんぽうサービス,2005年,第164页。

② [日]气贺泽保规:《新发现的彭尊师墓志及其镇墓石:兼谈日本明治大学所藏墓志石刻》,杜文玉主编《唐史论丛》第14辑,西安:三秦出版社,2012年,第74页。

③ 白彬、葛林杰:《记美国芝加哥富地自然史博物馆藏唐代镇墓石刻》,《文物》2013年第11期,第87—91页。

④ 雷闻据金石文献记载以为尹愔卒于开元二十八年,参《盛唐长安肃明观考论》,《隋唐辽宋金元史论丛》第2辑,上海:上海古籍出版社,2013年,第170—171页。

⑤ [日]气贺泽保规:《新发现的彭尊师墓志及其镇墓石:兼谈日本明治大学所藏墓志石刻》,杜文玉主编《唐史论丛》第14辑,西安:三秦出版社,2012年,第78页。

⑥ 洛阳市文物考古研究院:《河南洛阳市洛阳新区唐代侯希言墓的发掘》,《考古》2022年第3期,第114—120页。

⑦ 河南省文物工作队:《河南扶沟县唐赵洪达墓》,《考古》1965年8期,第387页。

⑧ 陕西省文管会:《西安南郊庞留村的唐墓》,《文物参考资料》1858年第10期,第40—43页。

⑨ 郑州大学历史学院、西安市文物保护考古研究院:《西安南郊唐上清大洞法师姜希晃墓发掘简报》,《中原文物》2020年第5期,第42—48页。

⑩ 王公素镇墓石及其墓志收藏于大唐西市博物馆。

⑪ 张达宏、王自力:《西安东郊田家湾唐墓》,《中国考古学年鉴·1995》,北京:文物出版社,1997年,第250—251页。

⑫ 张全民:《〈唐故普康公主墓志铭〉与道教五方真文镇墓石》,杜文玉主编《唐史论丛》第16辑,西安:陕西师范大学出版总社,2013年,第234—244页。

⑬ 王建荣:《唐女青文五岳镇墓刻石考释》,西安碑林博物馆编《碑林集刊》第15辑,西安:三秦出版社,2009年,第84—88页。

续表

| 姓名 | 时代 | 镇墓石情况 | 葬地 |
|---|---|---|---|
| 怀道① | 不详 | 中 | 咸阳县 |
| 韦滑② | 不详 | 东、西、中 | 万年县 |
| 女道士李□□③ | 不详 | 西 | 河南县 |
| 颖爱④ | 不详 | 不详 | 不详 |

表中所列 23 人,除去阿史那忠、赵洪达、王公素和颖爱外,使用灵宝五方镇墓石且可确定姓名的有 19 人,身份特征比较明显的是 18 人,可以分为三类:一是皇室成员,有窦皇后、孝和皇帝、丰王妃、金仙公主、普康公主、清源县主;二是高级官僚、贵族,有武三思、韦洞、韦滑;三是道士,有曹用之、彭太和、侯希言、李义珪、李□□、李通灵、董真、尹愔、姜希晃。除了上面可以确定人物身份的镇墓石之外,在西安某私人处还收藏有两方不明志主身份的灵宝西方镇墓石,这两方志石尺寸均在 44 厘米左右,上面只刻有秘篆文字,其中一方志石四侧刻有帷帐图案。

第一、二类总共 9 人,异常死亡的占大多数。昭成皇后窦氏、孝和皇帝、丰王妃崔氏、武三思、韦洞、韦滑 6 人都是在唐代皇室内部政权斗争中被杀。玄宗子寿王之女清源县主和普康公主都是早年夭折。

第三类 9 人,可考者 8 人。曹用之是太清宫内供奉、三教讲论大德、左街道门威仪、葆光大师。⑤太清宫位于长安城大宁坊内,“开元二十九年,始诏两京及诸州各置玄元皇帝庙一所,依道法醮。……天宝二年三月敕西京改为太清宫,东京为太微宫,诸州为紫极宫。十二载二月,加号大圣祖高上大道金阙玄元天

---

① 张沛主编:《咸阳碑石》,西安:三秦出版社,1990 年,59—60 页。
② [日]加地有定:《中國唐代鎮墓石の研究:死者の再生と崑崙山の昇仙》,大阪:株式会社かんぽうサービス,2005 年,第 168—169 页。
③ 吴树平、吴宁欧主编:《隋唐五代墓志汇编·河南卷》,天津:天津古籍出版社,1991 年,136 页。
④ [清]叶昌炽撰、柯昌泗评:《语石·语石异同评》,北京:中华书局,1994 年,第 371—374 页。
⑤ 张全民:《〈唐玄济先生墓志铭〉与有关道教问题考略》,杜文玉主编《唐史论丛》第 14 辑,西安:陕西师范大学出版总社,2012 年,227 页。

皇大帝,每岁四时及腊终行庙献之礼"①。太清宫乃是皇家道观,殿内有吴道子画玄元真像,内供奉可以随侍皇帝左右,可以自由出入宫禁大内。墓志云,曹用之曾经和谏议大夫李贻孙、右街僧辩章为三教讲论,可见他无疑是唐朝御封的"玄门领袖"。

彭太和是东京大安国观观主,安国观"本太平公主宅,长安元年,睿宗在藩国,公主为焉。至景云元年,置道士观,仍以本衔为名。十年,玉真公主居之,改为女冠观"②,也是皇家道观。墓志记载彭太和于开元二十三年(735年)接受敕命成为正规的道士,曾经面对龙颜讲述神仙秘诀修养之道,可见其并非为普通道士。

东明观是唐高宗为纪念太宗和文德皇后,仿照长安西明寺的规模敕建的,位于长安城的普宁坊,规模大,等级高,是唐初长安著名道观之一。③东明观地处长安普宁坊的东南隅,据《两京新记》卷三:"明庆元年,孝敬升诸所立。规度仿西明之制,长廊广殿,图画雕刻。道家馆舍,无以比之。观内有道士冯黄庭碑,又有道士巴西李荣碑,永乐李正己为其文也。"④李义珪临终的法位是上清三洞三景弟子,在他的墓葬中使用了镇墓石,加之他所属的宫观场所,这些也表明了其非比寻常的身份。

李通灵为亡宫观主,前文已经指出其身份特殊。

董真是玉真观道士。玉真观在辅兴坊,本工部尚书窦诞宅,武后时为崇先府。景云元年(710年)十二月七日,中宗为第九女昌隆公主立为观。景云二年(711年)四月十日,公主改封玉真,所造观便以玉真为名。由于没有具体的材料公布,我们无法对董真镇墓石进行详细考证,不过从其为玉真观道士来看,董真也非寻常道士。

① [清]徐松撰,李健超增订:《增订唐两京城坊考》(修订版),西安:三秦出版社,2006年,第113—114页。

② [宋]王溥:《唐会要》卷五〇《观》,上海:上海古籍出版社,2006年,第1026页。

③ 东明观的建立时间,《唐会要》载为显庆元年(656年),《历代崇道记》说是乾封元年(666年),详见[清]徐松撰,李健超增订《增订唐两京城坊考》(修订版),西安:三秦出版社,2006年,第244—245页。

④ [唐]韦述、杜宝撰,辛德勇辑校:《两京新记辑校·大业杂记辑校》,西安:三秦出版社,2006年,第56页。

尹愔是肃明观道士。肃明观在初盛唐时期地位十分重要,其前身乃是为祭祀睿宗两位后妃刘皇后和窦皇后所建立的仪坤庙,属于睿宗的藩邸旧宅,睿宗即位后成为皇家太庙的一部分,到开元二十一年(733 年),仪坤庙被正式改作肃明观。肃明观是开元时期的著名道观之一,无论在道门还是政治上都有着举足轻重的影响力。尹愔就是玄宗时代的著名高道之一。尹愔是大儒尹思贞之子,才华出众,尤通晓《老子》,初为道士,后来得到了玄宗的器重,先后历谏议大夫、集贤院学士,兼知史馆事,卒后被赠左散骑常侍。①尹愔以道士身份兼朝廷职官,在同类情况中十分突出,均显示出了肃明观和尹愔的重要地位。

姜希晃,"肃宗代宗□□惟允为道纲纪署,肃明昊天威仪,历侍□□休问四塞,洋洋名称畅于京师",贞元七年(791 年)八月卒于昊天观。②肃明观的位置在安史之乱后发生了变化,地位有所下降,不过仍和昊天观、兴唐观、昭成观、开元观、玄都观、光天观、玄真观同为长安八座国忌设斋的道观。③昊天观,贞观初为高宗李治宅,显庆元年(656 年)为了给太宗追福立为观,以昊天为名,高宗题额。④到了晚唐时期,昊天观"在天街之左,去明德门一二里,风景清闲,不似在尘寰内,其流率多种竹栽花,朝之卿士,日相往来,师之门徒、追游莫非闻人高士。凡昊天之堂殿、塑像、藻绘、结构之工,皆师总领之,由是土木常新,他观无以为比"⑤,皇家气息尽显其中。

侯希言,东京大安国观上清大洞尊师,享年五十六,"以开元十五年太岁丁卯闰九月十日,诣蜀郡王尊师,受洞真法。(廿)三年龙集乙亥月仲冬朔壬子十日辛酉,诣内供奉青城山赵尊师,进上清法。天宝元载,初获灵符。一人精修,万方向道。玉真长公主方思归封王府,绝粒私门,令尊师与女道士彭太和赍泉帛往江东为国放生。自雍及洛,泛舟而下,从郑入楚,适吴之越,鼓棹沿溯,委身风

① 雷闻:《盛唐长安肃明观考论》,《隋唐辽宋金元史论丛》第 2 辑,上海:上海古籍出版社,2013 年,第 164—178 页。
② 郑州大学历史学院、西安市文物保护考古研究院:《西安南郊唐上清大洞法师姜希晃墓发掘简报》,《中原文物》2020 年第 5 期,第 45 页。
③ [宋]岳珂:《愧郯录》卷十《国忌设斋》,北京:中华书局,2016 年,第 170 页。
④ [宋]王溥:《唐会要》卷五〇《观》,上海:上海古籍出版社,2006 年,第 1018 页。
⑤ 李举纲、贾梅:《唐〈昊天观周尊师墓志铭〉考释》,《考古与文物》2007 年第 5 期,第 92 页。

波。遇灵迹必焚香而拜，闻异人必更仆而访。谒夏禹庙，朝茅君祠。扪薜萝，涉烟霭，不可胜纪。安国观旷年不修，栋宇凋弊。尊师与御史中丞李遇畴昔门徒，一言启发，便为闻奏。遂得开拓规模，特加壮丽，楼台雄耸，（郁）为仙都"①。彭太和墓葬亦有镇墓石使用，二人均为大安国观道士，与玉真公主关系密切，通过比较她们的墓志记载，可对其身份等相关内容有进一步的了解。

除此之外，尚有"怀道"的身份需要确认。姜捷、加地有定、周苗均认为"怀道"可能是武怀道。②这方镇墓石出土于咸阳市渭城区，具体地点不详。一般唐代的镇墓石都是和墓志形式一样，而怀道镇墓石为左右结构，右边为秘篆文字，占整个石面的三分之一，左边是敕告文，其道教系统的镇墓石性质较为明显。我们以为，"怀道"很有可能就是阿史那怀道。1993 年，对阿史那怀道墓进行了抢救性发掘，该墓位于咸阳市渭城区双泉村铁二十局院内，西北距离西汉成帝延陵 2000 多米，正属于唐代咸阳县延陵乡境内。③墓内出土有阿史那怀道及其夫人的墓志，阿史那怀道墓志记载开元十六年（728 年）"迁祔于咸阳县延陵之原"，怀道镇墓石云"今于延陵乡安宫立室，庇形后土"，两者记载地点相同，墓主名均为怀道，年代基本接近，我们有理由认为怀道镇墓石的墓主极有可能是阿史那怀道。此种猜测如能成立，则阿史那怀道是目前难得一见的少数民族贵族使用灵宝五方镇墓石的人员，从其身份和唐朝对其的态度来看，这种情况可能有一些特殊的含义在内。

综合以上统计，灵宝五方镇墓石使用的人群主要是皇族、显贵和道士。皇族显贵大多集中在武则天、中宗及玄宗时代，这和姜捷、茅甘与加地有定的有些推断吻合，即世俗之人使用灵宝五方镇墓石有着特殊的政治原因。道士使用灵宝五方镇墓石一直延续到晚唐时期，李通灵是目前为止发现最晚使用镇墓石的案例，这些似乎又可以证明刘屹的推论，但是分析道士中使用镇墓石的个

---

① 洛阳市文物考古研究院：《河南洛阳市洛南新区唐代侯希言墓的发掘》，《考古》2022 年第 3 期，第 116—117 页。

② 姜捷：《关于定陵陵制的几个新因素》，《考古与文物》2003 年第 1 期，第 74 页；周苗：《唐阿史那忠镇墓石试释》，《文博》2011 年第 1 期，第 37—41 页；[日]加地有定：《中國唐代鎮墓石の研究：死者の再生と崑崙山の昇仙》，大阪：株式会社かんぽうサービス，2005 年，第 157 页。

③ 谢高文、岳起：《咸阳发现唐阿史那怀道夫妇合葬墓》，《中国文物报》1994 年 5 月 1 日。

图九　王公素镇墓石

人情况来看，他们所属的宫观基本具有官方或皇家背景。

所以，就刘屹所论"灵宝五方镇墓石"而言，其志主主要是皇族、显贵及受这些上层人士支持的道士。至于普通百姓是否也在死后使用这种镇墓石，现有材料尚不能回答这个问题。不过，刘屹已经为我们勾勒出了汉代至宋元时期中国未受道教影响的五石镇墓传统的轮廓，可惜并未能举出唐代的实例。经调查，西安大唐西市博物馆收藏有一方王公素镇墓石（图九），长宽均约30厘米，志石上面没有文字，在志石东南西北中五个方位各有一个方形石槽，从残留痕迹来看五个石槽里面当时应该放置有五种颜色的矿石，上面也没有任何道教的因素，应属汉魏传统意义上的五方五石镇墓，和灵宝五方镇墓石的性质和功用不同，主要起着"压镇"和"解适"的作用。与镇墓石一起的还有一方《王公素墓志》，志文不长："王公素，洪州人也。年二十八，元和十年正月廿日，卒于东都归仁里。翌日，窆于城东七里伊川乡阳魏村。噫！公素本以书吏求进，不幸遇疾，绵绵累月，医巫针艾，亦已备矣。骨肉在远，唯从舅熊良时来省之，命矣夫。嗟之叹之，聊记片石。"[1] 从志文看，王公素不过是一个书吏，地位不高。或许，传统意义上的镇墓石信仰在唐代下层百姓中亦占有一席之地。

三

镇墓石各自环刻的敕告文，除了五方、五帝、五色和五岳因方位不同而有所差异外，其他内容基本相同。考虑到这种道教的五方镇墓石的内容书写和墓

---

① 胡戟、荣新江编：《大唐西市博物馆藏墓志》，北京：北京大学出版社，2012 年，第 780 页。

志文的记载，刘屹建议使用"灵宝五方镇墓石"来称呼这类石刻。此类镇墓石中的秘篆文来自道教的灵宝经，这一命名既突出了其形式上的特点，也具有其宗教信仰的内涵，还可有效地区分此类五方石与五精石或其他形式五方镇墓石①，这种看法是比较合理的。

在灵宝五方镇墓的志石上面一般刻写秘篆文和敕告文，秘篆文多在内区，敕告文环绕在四周，另外还有很多镇墓石只刻写秘篆文而没有敕告文。秘篆文是经教道教形成之后的产物，敕告文则是中国固有的汉魏以来镇墓文的传统，到了唐代灵宝五方镇墓石中把两者有机地结合起来，形成了唐代镇墓石的一般常态。李通灵镇墓石就属于其中比较完整的一种。

灵宝五方镇墓文字除了志主个人情况和丧葬地点的不同之外，内容基本没有大的差别。由元始天尊下令五方五帝镇墓，并保护死者"五炼生尸"的观念，最直接而完整地体现在所谓"元始旧经"之一的《太上洞玄灵宝灭度五炼生尸经》（以下简称《五炼经》）中。《五炼经》不采用较早形成的"五篇真文"秘篆文，而以"诸天内音"为基础新造出一套秘篆文，盖因"诸天内音"这套秘篆文借着佛教梵文的神秘性而强化其神圣性，因而对信众更有吸引力，也具有更广阔的施用空间。

灵宝五方镇墓石上面的秘篆文，王育成作了研究。②镇墓石上的秘篆文都是有道教经典为依据的，经典的依据来自六朝南方的灵宝经。依照道典，这些秘篆文的识读问题就可迎刃而解，同时这些秘篆文的写法和对应的楷体字有着统一性和固定的传承性，一直使用到两宋时期的墓葬之中。

敕告文内容比较规范，开首均为五方中的某某天，然后是承元始符命告诸神灵，说明在何地建宫立室要求给予亡者安慰和保护，通过五炼生尸，以求得灵魂迁上南宫。对于这些内容，加地有定作了较为详尽的说明，刘屹则重点对

---

① 刘屹：《唐代的灵宝五方镇墓石研究——以大唐西市博物馆藏"唐李义珪五方镇墓石"为线索》，荣新江主编《唐研究》第 17 辑，北京：北京大学出版社，2011 年，第 24 页。

② 王育成：《唐宋道教秘篆文释例》，《中国历史博物馆馆刊》1991 年第 15、16 期，第 82—94 页；王育成：《文物所见中国古代道符述论》，《道家文化研究》第 9 辑，上海：上海古籍出版社，1996 年，第 267—301 页；王育成：《中国古代道教奇铭异符考论》，《中国历史博物馆馆刊》1997 年第 2 期，第 25—50 页；陆锡兴：《汉字的隐秘世界》，上海：上海辞书出版社，2004 年。

其中的"五炼生尸""太阴""南宫"等内容作了释读①，对我们了解灵宝五方镇墓石的使用情况提供了清晰的认识。除此之外，灵宝五方镇墓文字中，还有"某方某炁某天承元始符命"的五方和五岳的概念值得关注。

李通灵镇墓石文云："某岳某山明开长夜九幽之府，出通灵魂神，沐浴冠带，迁上南宫，供给衣食，长在光明，魔无干犯，一切神明，侍卫安镇。"九幽之府，是在中古时期受到佛教影响下形成的道教地狱观念。在道教地狱思想中，最有代表的就是以泰山为首的五岳地狱观念。

作为"群山之祖，五岳之宗，天帝之孙，神灵之府"的泰山②，无论在官方还是在民间都有着崇高的地位。但官方对泰山的祭祀（包括封禅）与民间对泰山的信仰基本上属于两个不同的体系（当然二者也存在交叉）。笼统地说，官方祭祀主要看重的是泰山五岳独尊、上与天通并主万物生发的神山地位；而民间信仰则敬畏的是泰山神主人生死、祸福的职权。东方主生，泰山居于天地之中，代表着一种神圣性，而这种神圣性正和东方主生的五行观念联系在一起。③人们认为，泰山主生亦主死，是与鬼神相接的场所，亦是古来祭祀之地，或许由于人神交通的缘故，到汉代以后形成了人死后魂魄归于泰山的观念。④

东汉时五岳崇拜增添了新的内容。除了兴风雨，主水旱之外，又谓其与天相通，能主宰官吏之仕途、人间之生老疾病，甚至出现了"山岳感生"之说。《月令广义·图说五岳真形图》载："五岳之神，分掌世间人物，各有攸属。如泰山乃天地之属，群灵之府，为五岳祖，主掌人间生死贵贱修短。衡岳主掌星象分野、水族鱼龙。嵩岳主掌土地山川、牛羊食啖。华岳主掌金银铜铁、飞走蠢动。恒岳主掌江河淮济、四足负荷等事。"⑤东汉墓中出土的镇墓券中，就常有"生人属西

---

① ［日］加地有定：《中國唐代鎮墓石の研究：死者の再生と崑崙山の昇仙》，大阪：株式会社かんぽうサービス，2005年，第168—169页；刘屹：《唐代的灵宝五方镇墓石研究——以大唐西市博物馆藏"唐李义珪五方镇墓石"为线索》，荣新江主编《唐研究》第17辑，北京：北京大学出版社，2011年，第36页。

② ［明］佚名：《三教源流搜神大全》卷一《东岳》，北京：中华书局，2019年，第37页。

③ 杜正胜：《生死之间是连系还是断裂——中国人的生死观》，《当代》1991年2月58期，第32—33页。

④ ［日］福光永司：《道教思想史研究》，东京：岩波书店，1988年，第234—237页；王永平：《论唐代的山神崇拜》，《首都师范大学学报》（社会科学版）2004年第6期，第19—24页。

⑤ ［明］冯应京辑：《月令广义》，万历三十年刻本。

长安,死属东泰山""生属长安,死属太山,死生异处,不得相防(妨)"的说法。"泰山治鬼"说之流行,使泰山与每个人都发生了密切的关系。古人相信人死有魂的说法,"死后魂必归泰山",泰山府君会根据人生前所行善恶进行处置,掌握这种权力的一位府君,自然成了人又敬又怕的对象,这是泰山主冥信仰流行的主要原因。①

中古时期佛教传入中土,早期佛教为了在中土站稳脚跟,其中一种方法就是依附、迎合中国本土的许多社会风俗,于是"泰山治鬼"自然成为佛教宣传"地狱"说最合适的借用对象。泰山自古以来就笼罩着浓厚的神话色彩,能与印度神话中的须弥山相匹敌,这是当时的译者之所以把泰山府君请出来的重要原因。于是中国的泰山与印度的地狱相结合,从而有了"泰山地狱"这一特有的概念。

在镇墓石文字的书写中,可以看出以泰山信仰为代表的五岳地狱在中国不同阶层、不同人群中的情况,镇墓文字程式化的语言中也体现出唐代生死观念的些许面貌。在山岳信仰中,岳神在唐代民间社会和国家祭祀方面是一体双位的。岳神的人格化和偶像崇拜以国家制度的层面确定下来,这使得国家祭祀带有了一些神秘色彩,并与民众的个人信仰息息相关。②从这一点来看,镇墓石的使用也是这种观念的产物之一了。在唐代,五岳地狱之上又出现了更高一层的地狱结构——丰都地狱,镇墓文中所讲的九幽之府除了表示五岳地狱之外,是否已经蕴含了丰都地狱的观念,这还需要进一步探讨。

镇墓石文载:"灭度五仙,托尸玄阴,谨于京兆府万年县崇道乡质道里,安宫立室,庇形后土,明承正法。安慰抚恤,某灵哺饴,某茕某池,精光充溢,鍊饰形骸,骨芳肉香,亿劫不灭。"在这段镇墓文字中,重要的两个节点就是"托尸太阴"和"炼饰形骸"。太阴,上清经派中很早就已经出现,在六朝道经中大量引用。《真诰》卷四《运题象第四》云:

<hr/>

① [日]酒井忠夫:《太山信仰の研究》,《史潮》7:2,1937年,第70—118页;刘增贵:《天堂与地狱:汉代的泰山信仰》,《大陆杂志》94:5,1997年,第1—9页;余英时:《中国古代死后世界观的演变》,《中国思想传统及其现代变迁》,桂林:广西师范大学出版社,2004年,第1—13页;萧登福:《汉魏六朝佛道两教之天堂地狱说》,新北:台湾学生书局,1989年,第359—363页。

② 雷闻:《郊庙之外:隋唐国家祭祀与宗教》,北京:生活·读书·新知三联书店,2009年,第50页。

若其人暂死适太阴，权过三官者，肉既灰烂，血沉脉散者，而犹五藏自生，白骨如玉，七魄营侍，三魂守宅，三元权息，太神内闭。或三十年、二十年，或十年、三年，随意而出。当生之时，即更收血育肉，生津成液，复质成形，乃胜于昔未死之容也。真人炼形于太阴，易貌于三官者，此之谓也。天帝曰："太阴炼身形，胜服九转丹。形容端且严，面色似灵云。上登太极阙，受书为真人。"①

可见在道教观念中，人死后要在太阴停留，经过三年至三十年的炼度，就可血肉筋骨重生，成为得道的真人。这是与"尸解"观念密切相关的一种成仙途径，又是对尸解成仙观念的一种新发展。②"夫有道之士暂游于太阴者，太乙守尸，三魂营骨，七魄卫肉，胎灵录气。"③人死后在此可以得到炼度成仙的机会。

灵宝五方镇墓的一个重要宗教意义就是"五炼生尸"，经过所谓五炼的过程进而得到长生。在使用镇墓石的皇族高官之中，有许多人并非虔诚的道教徒，有很多既信佛又通道之人，甚至佛教思想更为浓厚，他们只能称得上是一种世俗人群，那么他们墓葬中使用灵宝镇墓石的尸解成仙则很值得深思。《抱朴子内篇》卷二《论仙》载："按仙经云：上士举形生虚，谓之天仙。中士游于名山，谓之地仙。下士先死后蜕，谓之尸解仙。"④不同的人品德修行不同，死后会成为不同等级的仙人。"尸解"一词，在秦汉已经存在，到了中古时期将尸解分为三种，或四种，有文解、武解、兵解等多种说法。唐李少微《元始无量度人上品妙经四注》卷一《尸解之道》注云：

---

① [梁]陶弘景：《真诰》，北京：中华书局，2011年，第76—77页。

② 道教的尸解，参贺碧来（Isabelle Robinet），"Metamorphosis and Deliverance from the Corpse in Taoism"，History of Religions，Vol.19，No.1.1979，pp.37–70.索安（Anna K.Seidel）"Post-Mortem Immortality or: The Taoist Resurrection of the Body，"Essays on Transformation，Revolution and Permanence in the History of Religions.Dedicated to R.J.Zwi Werblowsky，eds.，S.Shaked，D. Shulman，and G.G.Stroumsa，Leiden E.J. Brill，1987，pp.223–237. 蔡雾溪（Ursula-Angelika Cedzich）"Corpse Deliverance，Substitute Bodies，Name Change，and Feigned Death：Aspects of Metamorphosis and Immortality in Early Medieval China，"Journal of Chinese Religions，No.29，2001，pp.1–68.

③ [梁]陶弘景：《真诰》卷四《运题象第四》，北京：中华书局，2011年，第77页。

④ 王明：《抱补子内篇校释》，北京：中华书局，1980年，第18页。

《本相经》云："前功不立，后则骨肉不仙，是故尸解而得道也。"按上经，尸解有四种：一者兵解，若嵇康寄戮于市，淮南托形于狱。二者文解，若次卿易质于履，长房解形于竹。三者水火炼，若冯夷溺于大川，封子焚于火树。四者太阴炼质，视其已死，足不青，皮不皱，目光不毁，屈伸从人，亦尸解也。肉皆百年不朽，更起成人。《真诰》："裴君曰：尸解仙者，不得饰华盖，乘飞龙，登太极，游九宫，但不死而已。"以弓剑曰兵解，竹杖曰文解，兼水火、太阴为四种解也。①

"道教形成之后对于生死问题所提出的重要观念，主要的是尸解仙和地下主，从地下出土文物可以确知，这是前道教时期既已出现：蝉蜕蛇解所引发的解化意识，使神仙家按照类比原则而相信人也可经由'尸解'，让形魄更新而神魂长存；地下主则早在两汉的墓葬物中，就有地下掌管者权领的观念，尸解者就可由其生前所修业的，由地下主升转，使神魂脱离死籍。"②在两汉的生死观念中，地下主非常重要，到了六朝时期尸解观念占据了主流意识，认为人们死后经太阴炼质，可以蜕化成仙。六朝时期的神仙三品逐渐发展到九品或二十七品，从高到低依次可分为玉清（圣）→上清（真）→太清（仙）→三界三十二天（飞仙、天仙）→洞天福地（地仙）→地下鬼帅（尸解仙），地仙、尸解仙都未能进入三界天内，只能游行于名山，或为地下鬼官而已。尸解仙为最底层之仙，又可区分为武解、文解等九转十级，尸解仙须经历十转而后成为地仙。

结合灵宝五方镇墓石的墓主身份及死亡方式情况来看，太阴炼质和尸解仙等观念正和其相适应，经过太阴炼形进入高层次的境界，"出魂神，沐浴冠带，迁上南宫，供给衣食，长在光明，魔无干犯，一切神明，侍卫安镇"。死者经过太阴炼质进入的长生之所，镇墓石文字称其为"南宫"之所，循着六朝时期"北斗主死，南斗主生"的传统观念，与之相对的"南宫"就应是南方主生的天宫③，

---

① ［唐］李少微：《元始无量度人上品妙经四注》，《道藏》第 4 册，北京：文物出版社、上海：上海书店、天津：天津古籍出版社，1988 年，第 240 页。

② 李丰楙：《误入与谪降：六朝隋唐道教文学论集》，新北：台湾学生书局，1996 年，第 4 页。

③ 根据《五炼经》，刘屹先生认为"南宫"或许应该是指"太极上宫南轩"。

而并不是所谓的昆仑仙境。

在镇墓文之中,南宫与九幽之府相对应,亡者死后先入九幽之府,然后通过炼度,由凡成仙进入仙境。这种思想正是基于对死后世界的想象,也把道教中成仙的途径和范围从修道者扩大到了亡者,亡者死后也可以经过道教的一系列炼度仪式,让亡魂成仙进入仙境,实现了道教对另一个世界的关怀。灵宝五方镇墓石的目的是给死者一个新的期盼——"五炼生尸",经过五方炼度,最后使死者的尸体上升到天上仙宫,保持既有的身形而得到重生。

## 四

灵宝镇墓石一般五方配套使用,灵宝派强调五方五帝的观念,这和敕告文中所说的五帝、五岳在形式和内容上相统一。山川是地域分异的基础,唐人对地域的观感,最基本的来源于山川,故而山川成为唐人心目中的地理意象和疆域的一种政治性表达。①历代帝王之祠祭五岳及其他相关仪式活动,皆是国家疆域和政治神圣化之需求和表达。与五岳相呼应,道教庞大的洞天福地系统更成为国家疆域的一种神圣表示,十大洞天、三十六小洞天、七十二福地信仰,构成了遍布全国不可动摇的宗教地理框架,至此五岳和洞天福地的观念,则成为道教寰宇概念的展现。

马克斯·韦伯说:"中国官方的国家祭典,就像其它地方一样,只服务于公共的利益;而祭祖则是为了氏族的利益。二者都与个人的利益无关,自然的巨灵日益被非人格化,对它们的祭祀都被简化为官方的仪式,而此仪式逐渐地排空了所有的感情要素,最后变成了纯粹的社会习俗。"②从一个大的文化视野观察并理解中国古代的政治权力,政治史除了探究国家法律制度与战争等政治

---

① 张伟然:《唐人心目中的文化区域及地理意象》,李孝聪主编《唐代地域结构与运作空间》,上海:上海辞书出版社,2003 年,第 307—392 页。

② [德]马克斯·韦伯:《儒教和道教》,南京:江苏人民出版社,1995 年,第 199 页。

斗争之外，更应该将注意力及于人际间的权力关系①，如此一来，道教服务于朝廷的功能必然会引起我们进一步的思考。

在中国古代，人们把宇宙天地的运转当作一种合理性的暗示和象征。这种暗示和象征维护的是依天道而立的礼法，而礼法则是在这种象征下取得合法性和合理性的。古人往往模仿宇宙的结构建立起一种社会格局，这种社会格局通过相关祭祀，建构起一种权力知识体系，进而维持着现实社会的思想秩序，维护着国家政权。②中古时期，道教通过五岳、洞天福地等地理框架的建构，在为自身营建神圣空间的同时，也为国家创造了一种特别的宗教概念。③这种文化现象，为上层社会所选择，以此显示统治者的正统地位。五岳四渎不仅是一个地理概念，也是一个超越文化自然属性的礼法地理坐标，一个用来象征王朝正统性的体国经野的文化符号。④

宗教地理中，山岳、洞天福地对道教的发展具有重要的意义。把道教圣地的概念嵌入和人体相对应的认知系统中，是构成相关仪式或巫术的基础，通过操纵该系统中的某一实体，可以达到或影响另一领域中对应的实体。这种宗教地理，进而与国家和政权建立起了一种象征和关联，成为代表神圣权力的事物，以求得合法性和合理性的指示。五岳的名称和地点随着朝代的更迭有所变化，这种变化正和王朝的政治区域的改变息息相关，甚至可以这样认为，王朝的权利空间配置正是通过五岳表现出来的。

古人认为，天子的权力来自上天，天与天下的政治存在着密切的对应关系，皇权和天下秩序的统一是每个政权的追求，借助祭祀、仪礼和空间权利的

① 甘怀真：《皇权、礼仪与经典诠释：中国古代政治史研究》之自序部分，上海：华东师范大学出版社，2008年，第3—9页。

② 葛兆光：《中国思想史：七世纪至十九世纪中国的知识、思想与信仰》，上海：复旦大学出版社，2001年，第28—29页。

③ 姜生、汤伟侠主编：《中国道教科学技术史：南北朝隋唐五代卷》，北京：科学出版社，2010年，第11—14页。

④ 顾颉刚：《州与岳的演变》，《顾颉刚古史论文集》卷五，北京：中华书局，2011年，第68—74页；唐晓峰：《地图中的权力、意志与秩序》，《人文地理随笔》，北京：生活·读书·新知三联书店，2005年，第271—279页；唐晓峰：《体国经野——试述中国古代的王朝地理学》，《二十一世纪》2008年8月号，第82—91页；唐晓峰：《从混沌到秩序：中国上古地理思想史述论》，北京：中华书局，2010年，第183—237页。

展现来宣扬政权的合法性和合理性。①五方、五帝、五岳这种具有天人感应作用的符号进入宗教地理之中,成为沟通政权和宗教的一种媒介。五岳本身是古代文化地理与政治地理的重要内容,运用礼仪制度与道德规范对政治进行有力的补充,是中国古代文化的一大特点。五岳是政治—文化地理的重要侧面,一方面它以礼仪道德的形式支持着对疆域国土的一统性的建设,另一方面则展现了中国文化是如何向自然景观灌注浓厚的礼法政治含义,而使其成为描述一个王朝的地理语言。五岳既与政治构建相关联,又超越政治的观念性构建,成为评价王朝正统性、国家完整性的思想资源,对于王朝的政治宣传有着重大的作用。②

　　道教在玄宗朝受到统治者的大力提倡,并作为王权政治的工具成为国家宗教,这一时期是唐代道教发展的极盛时期。在中宗暴崩之时,韦后临朝称制,"韦温、宗楚客、纪处讷等谋倾宗社,以睿宗介弟之重,先谋不利。道士冯道力、处士刘承祖皆善于占兆,诣上布诚款。上所居里名隆庆,时人语讹以'隆'为'龙';韦庶人称制,改元又为唐隆,皆符御名,"③这样就为玄宗剪除韦后党羽提供了神学依据。《混元圣纪》甚至说老君"化身为一白衣老叟",为玄宗占卜,劝他及早动手,在三日之内,"宜取天下"④。从中可以看出,道教与政权的关系十分密切,为了使王朝政治更具有现实的神圣权威,玄宗当政借助了道教的理论和方法。在玄宗治国的理论中,指导观念是传统的儒家王道思想,但是其中也包含着浓厚的道教色彩,是一种在儒家思想中融合了道家思想的政治主张。在则天武后、中宗、睿宗时期不同程度上表现出嗜佛的倾向,佛教势力大力发展,给国家政治带来了很大的危机,所以玄宗扶植道教也有抑制佛教的打算。安史之乱发生后,唐朝经历了战火

　　① [日]渡边信一郎:《中国古代的王权与天下秩序——从日中比较史的视角出发》,北京:中华书局,2008年,第43—90页。
　　② 唐晓峰:《从混沌到秩序:中国上古地理思想史述论》,北京:中华书局,2010年,第234—237页。
　　③ [后晋]刘昫等:《旧唐书》卷八《玄宗上》,北京:中华书局,2007年,第166页。
　　④ [宋]谢守静:《混元圣纪》卷八,《道藏》第17册,北京:文物出版社、上海:上海书店、天津:天津古籍出版社,1988年,第860页。

的不断洗礼，作为象征李唐王权意义的道教，也是历经劫难。到了晚唐时期，统治者为了挽救颓势，愈发崇道，希望借此来达到政治目的，由此使得中晚唐政治无形中笼罩着一种道教色彩。①

灵宝五方镇墓石集中使用的两个时期是开元天宝年间和晚唐懿宗、僖宗时期。唐代道教兴盛始于韦后见诛睿宗复位初际，最盛之时在玄宗当国之后，尤其是建立的太清宫制度对后世影响深远。唐代道教受到皇室的保护，因此道士要祈祷皇帝的健康、国家的安宁。从这个意义上讲，唐代道教是御用宗教，因而国立的道观要针对唐室的安稳、国家的长治、天下太平、祖先的忌日法会、皇帝的生日以及老子等举行祭祀活动。②丧和葬作为礼仪中重要的组成部分，对于皇室和官僚贵族来讲，他们的丧礼有公和私两个方面的内容，即如《礼记·郊特牲》所言有"魂气归于天，行魄归于地"的分别，其中葬礼的初终、殡、埋葬等步骤是属于公的方面，而小祥至祔庙则是相对属于私的方面。③与此相关，随葬的明器等亦成为公的内容。对于使用镇墓石的人群，他们的丧礼更多地表现为一种人际关系，是官府和公众参与其中的属于"公"的一种葬礼。

## 五

不管镇墓石具有怎样的政治性宣传作用，其本身作为墓葬中的随葬品，是和当时的生死观念紧密联系在一起的。灵宝五方镇墓石的敕告文说明，希望墓主通过五炼生尸的方法得到解脱，进入南宫这样的仙境，从而获得永生。

对于唐代的镇墓石，根据《大汉原陵秘葬经》和《地理新书》中的相关记载，徐苹芳将其命名为"五方五精石"④。《大汉原陵秘葬经》规定：天子和亲王墓中，

---

① 王永平：《道教与唐代社会》，北京：首都师范大学出版社，2002年，第5—178页。

② ［日］窪德忠：《道教史》，上海：上海译文出版社，1997年，第170—171页。

③ ［日］石见清裕：《唐代凶礼の构造：〈大唐开元礼〉官僚丧葬仪礼を中心に》，《福井文雅博士古稀记念论集アジア文化の思想と仪礼》，东京：春秋社，2005年，第117—142页；［日］石见清裕：《唐代の官僚丧葬仪礼と开元二十五年丧葬令》，《东アジアの仪礼と宗教》，东京：雄松堂出版，2008年，第167—185页。

④ 徐苹芳：《唐宋墓葬中的"明器神煞"与"墓仪"制度：读〈大汉原陵密葬经〉札记》，《考古》1963年第2期，第95页，此据氏著《中国历史考古学论集》，上海：上海古籍出版社，2012年，第198—200页。

直接用五方帝的形象来镇五方；公侯卿相墓中，用"五精石镇五方，折五星"；大夫以下至庶人的墓中，"镇墓五方五精石，镇五方"①。《重校正地理新书》卷一四《镇墓法》云：

> 镇墓古法，有以竹为六尺弓度之者，亦有用尺量者。今但以五色石镇之于冢堂内。东北角安青石，东南角安赤石，西南角安白石，西北角安黑石，中央安黄石。皆须完净，大小等，不限轻重。置讫，当中央黄石，南祝之曰：五星入北，神精保佑。岁星居左，太白居右。荧惑在前，辰星立后。镇星守中，辟除殃咎。妖异灾变，五星摄授。亡人安宁，生者福寿。急急如律令。②

在发现的唐代镇墓石中，在功用上面符合中国汉代以来这种生死信仰的当是阿史那忠、赵洪达和王公素镇墓石。汉代五方镇墓的功能：保证死者在地下世界能够得到五方天帝诸神的护佑，得以平安地继续在地下世界"生存"。阿史那忠镇墓石可能是受到其夫人家族京兆韦氏信仰观念的影响，将四方、四维、八卦、天干地支和近二十位墓内神结合起来，这同本文所要讨论的镇墓石不属于一个系统。③阿史那忠镇墓石受到了道教习俗的影响，也是中国本土传统丧葬习俗的代表，是阴阳五行观念和民间传统丧葬习俗的遗物。

赵洪达镇墓石出土于墓室中部，年代约在开元之前。镇墓石的四侧各刻有四个篆字，与篆字相对应，在文字之外线刻朱雀、玄武、青龙、白虎四神图案。赵洪达镇墓石从文字来看属于道教上清派的产物，与《真诰》有着密切的关系，这种敕告文一般以"天帝敕土下冢中王气诸神赵公明等"起首，其后内容所言道

---

① 《大汉原陵秘葬经·盟器神煞篇》，《永乐大典》卷八一九九《陵》，北京：中华书局，1986年，第3828页、3829页。

② 《图解校正地理新书》卷一四，《永乐大典》，北京：中华书局，1986年，第457页。

③ 周苗：《唐阿史那忠镇墓石试释》，《文博》2011年第1期，第37—41页；刘卫鹏：《两方唐代镇墓石考记》，《考古与文物》2011年第2期，第95—99页。

教葬墓之法。《真诰》言可以追溯到东汉时范幼冲之"解地理""以冢宅为意",讲求吉地的选择,与风水堪舆之说有关。①赵洪达镇墓文字的末尾写作"一如上下九天律令",这正和道教中常用的"急急如律令"如出一辙。"急急如律令"从汉代发展到南北朝,其寓意也从早期的解注术的方法变为冥界诸神的神格术法,这种术法和天一道之间有着千丝万缕的关联。②

李通灵和其他十多方镇墓石性质一致,属于灵宝五方镇墓石的系统。灵宝五方镇墓石原本是各有五色的,其上的秘篆文和敕告文是道教信仰内涵的独特体现。这在彭太和、曹用之和李通灵镇墓石中可以看到,三人的镇墓石均有五色的痕迹,镇墓石上的五色有的在刻字后上色,有的是直接用不同颜色的颜料书写,东方九气青色、南方三气红色、中央黄色、西方七气白色、北方五气黑色。这种颜色的运用正是中国传统的五方五行五色概念的使用,这是汉魏以来的一贯传统。

《五行大义》卷一《论五行及生成数》云:

> 行言五者,明万物虽多,数不过五。故在天为五星,其神为五帝,孔子曰:昔丘闻诸老聃云"天有五行,木金水火土,其神谓之五帝"。在地为五方,其镇为五岳,《物理论》云:镇之以五岳。在人为五藏,其候五官。《皇帝素问》云:五藏候在五官,眼耳口鼻舌也。五行递相负载,休王相生,生成万物,运用不休,故云行也。《春秋繁露》云:天地之气,列为五行。夫五行者,行也。《易·上系》曰:天数五,(王曰:谓一三五七九也。韩曰:五奇也。)地数五,(王曰:谓二四六八十也。韩曰:五偶也。)五位相得(王曰:五位金木水火土也。)而各有合。③

① 张勋燎、白彬:《中国道教考古》,北京:线装书局,2006年,第1473—1484页。
② [日]阪出祥伸:《道家·道教の思想とその方術の研究》,东京:汲古书院,2009年,第245—264页。
③ [日]中村璋八:《五行大义校注》,东京:汲古书院,1998年,第20页。

**五方五帝职掌及配系表**

| 方位 | 炁别 | 色别 | 五帝 | 称谓 | 五帝所生 | 系星 | 所系山岳 | 所系神 |
|------|------|------|------|------|----------|------|----------|--------|
| 东方 | 九炁 | 青天 | 青天 | 青灵始老 | 护魂 | 岁星(木星) | 泰山 | 甲乙 |
| 南方 | 三炁 | 丹田 | 赤帝 | 丹灵真老 | 养气 | 荧惑(火星) | 霍山 | 丙丁 |
| 中央 | 一炁 | 黄天 | 黄帝 | 元灵元老 | 主领万神 | 镇星(土星) | 嵩山 | 戊己 |
| 西方 | 七炁 | 素天 | 白帝 | 皓灵皇老 | 侍魄 | 太白(金星) | 华山 | 庚辛 |
| 北方 | 五炁 | 玄天 | 黑帝 | 五灵玄老 | 通血 | 辰星(水星) | 常山 | 壬癸 |

在解除炁时,是取九、三、五、七、一的单数,这种排序正和《五炼经》中出现的五方方位次序相符合。在《五炼经》中,有关三十二天帝各命飞天神人告五方、五帝、五岳、土府、灵官的系统,原本只有东、南、西、北四方,但为了与五方、五帝相应,就在东南西北之后,加了中央黄帝,形成了东、南、西、北、中的次序;在五方、五帝安灵镇神天文中,分别是东方青帝九气、南方赤帝三气、中央黄帝中元、西方白帝七气、北方黑帝五气的顺序。此外,在五方飞天神人的告词里,也是按照东、南、中、西、北的次序;在"安灵镇神黄章法"中,也是按照东、南、中、西、北的次序告请五方、五帝镇墓。

《淮南子》卷五《时则训》中五位以戊己居于中宫,出入天地人鬼四门,就是配合五行的概念。中国古代数术主要分为两个系统,一个是四分、八分和十二分的系统,一个是五分和九分的系统,前一个系统是以阴阳为象征的偶数系统,后一个系统是以五行为象征的单数系统。[1]墓志的形制及其宇宙图像的设置是始自史前的象天通神和避邪巫术观念在中古历史文化场景下的一种表示方式,它远承含山凌家滩玉龟和玉版、良渚文化玉琮和玉璧的文化基因,而更加直接地受到战国秦汉以来的式图、式盘、墓碑的影响。尽管时代不同、历史背景有异,但是把这种象天法地的器物设置于墓葬中的传统却是一脉相承的。覆

---

[1] 李零:《从占卜方法的数字化看阴阳五行说的起源》,《中国方术续考》,北京:东方出版社,2001年,第83—96页;冯时:《中国天文考古学》,北京:中国社会科学出版社,2007年,第500—533页。

斗形墓志与这些器物相比较，最为明显的特点就是将象天通神的观念与文献档案功用结合在一起，因而在某种意义上来讲，墓志聚合了历史上多种象天器物的内涵，并以一种新的更为合理更加接近古人观念中宇宙模式的造型和图像符号组合来反映宇宙观和有关的数术思想。[①]灵宝五方镇墓石采用墓志的形制，正好可以把这两个数术系统结合起来，其寓意和墓志的蕴涵有着异曲同工之妙。

五岳是以国都为中心，挑选各方位上的名山作为国家疆域的参照标准，而且随着国都的迁徙、疆域的变动，五岳的名称与地点也相应地进行调整。[②]《五行大义》卷五《论五帝》载：

> 遂古以来，所论五帝，凡有三种，《河图》云："东方青帝，灵威仰，木帝也；南方赤帝，赤熛怒，火帝也；中央黄帝，含枢纽，土帝也；西方白帝，白招拒，金帝也；北方黑帝，叶光纪，水帝也。"陶华阳云："有皇伯、皇仲、皇叔、皇季、皇少兄弟五人。"即灵威仰等，此五帝并天下神。下治于世，综治理鬼，次第相接，治太微宫，其精为五帝之座。五星随王受气，即明堂所祭者也，故云："宗祀文王于明堂，以配上帝。"[③]

道教的五岳思想，继承历史上古老的山川信仰，在国家疆域之上形成庄严的仪式构建，而与神仙信仰的意义叙述相联结，使整个国家疆域成为超越地域分别的神圣空间，成为天子所主的土地。

晚唐五代时期人死后可以通过种种宗教手段得到超度升仙的思想受到特别的重视，在道教中把度亡济死、济拔幽冥作为首要的一个任务。[④]对于底层的

---

① 刘凤君：《南北朝石刻墓志形制探源》，《中原文物》1988 年第 2 期，第 74—82 页；赵超：《式、穹隆顶墓室与覆斗形墓志——兼谈古代墓葬中"象天地"的思想》，《文物》1999 年第 5 期，第 72—81 页；李星明：《唐代墓室壁画研究》，西安：陕西人民美术出版社，2005 年，第 212—220 页；[美]巫鸿：《黄泉下的美术：宏观中国古代墓葬》，北京：生活·读书·新知三联书店，2010 年，第 179—185 页。

② [日]井上以智为：《五嶽真形圖に就いて》，羽田亨编《内藤博士还历祝贺支那学论丛》，东京：弘文堂书房，1926 年，第 62 页。

③ [日]中村璋八：《五行大义校注》，东京：汲古书院，1998 年，第 176—177 页。

④ 张勋燎、白彬：《中国道教考古》，北京：线装书局，2006 年，第 1745 页。

宗教信仰者来说，他们接受的宗教影响主要来自低层次的宗教观念及其表现形式——仪式、方法，而不是玄妙的经典教义和著作。[①]在道教中，真正使广大民众信仰的是它的注鬼说和死后升入仙境的信仰。在一定程度上讲，注鬼说和死后升入仙境的信仰构成道教信仰在下层民众中最重要的两翼。[②]

五岳和唐代形成的洞天福地说有着密切的关联，但是道教仙真高于岳神的观念成为唐代许多民间传说的主题，而岳神形象的破坏却使得这些国家祭祀的对象贴近了民众的生活和信仰世界。[③]岳渎祭祀和道教的结合，相关民间故事的流传，共同形成中古时期独特的山岳信仰内容。仙境作为道教虚构出的宗教理想世界，其最显著的特征就在于相信两个世界可以沟通，尤其是地上的仙境，它甚至被认为是和现实世界处于相同的地理空间之中。[④]

经过南北朝的分裂之后，唐朝时期道教为了与统一后的王朝相适应，把民间与道教中的东西对称的神圣地理观，在宗教舆图上发展为名山洞府说，以三十六或七十二的数字联系，形成大一统背景下的道教地理方位，以此为统一政权服务。[⑤]洞天福地到了唐代与五岳四渎联结，构成一个包含有真实的中国名山与较为虚幻的海内名山的综合仙山说。五岳信仰和纬书中的河图地理结合在一起，形成了唐代道教的宗教地理观念。

在研究灵宝五方镇墓石时，我们必须注意到镇墓石只是作为墓葬中的一个部分而存在的，即使对于镇墓石本身来讲，文字也是和其形制、纹饰结合在一起来表达着复杂的信仰观念。"如果没有一个整体的'墓葬观念'作为分析的基础，这些专门性研究在增添某种特殊知识的同时也消解了它们所赖以存在的文化、礼仪和视觉环境"[⑥]，对于镇墓石结合整体墓葬的研究，由于目前资料所限，尚不能更加深入，还有待更多材料的公布，不过针对镇墓石本身的探讨

① 葛兆光：《道教与中国文化》，上海：上海人民出版社，1987年，第323页。
② 李晟：《仙境信仰研究》，成都：巴蜀书社，2010年，第61页。
③ 雷闻：《郊庙之外——隋唐国家祭祀与宗教》，北京：生活·读书·新知三联书店，2009年，第219页。
④ 李晟：《仙境信仰研究》，成都：巴蜀书社，2010年，第132页。
⑤ 李丰楙：《十洲记研究》，《仙境与游历：神仙世界的想象》，北京：中华书局，2010年，第314页。
⑥ [美]巫鸿：《美术史十议》，北京：生活·读书·新知三联书店，2008年，第78页。

则成为可能。

对于墓志形制所表达的寓意，学界研究成果已经很多，虽然学者观念有所差异，但有一点是共同的，就是认为墓志的覆斗形志盖与正方形志石上下结合，象征着由周天四宫二十八宿与十二辰位构成的天地之间相互对应的数理关系，镌刻在志石面上叙述墓主身世和表示亲人哀思的文字则处于一种地载天覆、顺阴阳、应五行的状态之中，其中寓有通神、厌胜、祈祥的含义。镇墓石的形制寓意当是和墓志相似的。

在金仙公主的北方镇墓石盖上刻有缠枝花纹，两侧顶部刻幡，下部为一仕女。加地有定认为这些花纹是牡丹花纹，并指出牡丹花与道教有密切的联系。[①]盖石上的牡丹花纹与底石上刻画的金仙公主的画像和其头顶部的华盖恰好相配。丰王妃崔氏北方镇墓石的上部线刻卷云纹，下部正中为对鸟，相向而立，左右两侧为道童，其中一人执华盖。

在镇墓石上经常刻画有植物纹饰、云纹或对鸟，这些纹饰作为辅纹，简单的线条蕴含着丰富的文化气息，表达着时代的审美趋向。无论简单或复杂的图像，都与文字一样，可以作为传递讯息的工具，某些图像甚至能传递更深层的象征意义。[②]植物纹饰、云纹暗示着四季的变化，它与星辰、日月、生肖、山水、屏风一同构成了宇宙。动物和植物纹饰都是模仿宇宙的一部分，并由此创造出与宇宙相一致的吉祥空间。人们认为图像创造了吉祥图景，而不仅仅是描摹原物。[③]

花草是春夏来临的标志，这些季节性绘画被人们一直沿用至今。古人通过强调春夏季节来确保墓主人享受到这些美景。古人认为阴阳是天地万物的基本组织原则，而四季则是阴阳的主要表现形式，阴阳、四季、时间和空间以及五行、五方的概念引发了关联性思维中对各种自然现象的系统叙述。古人经常将

---

① ［日］加地有定：《中國唐代鎮墓石の研究：死者の再生と崑崙山の昇仙》，大阪：株式会社かんぽうサービス，2005 年，第 241—244 页。
② 黄佩贤：《论汉代墓室壁画的功能》，《古代墓葬美术研究》第 1 辑，北京：文物出版社，2011 年，第 41—51 页。
③ ［英］杰西卡·罗森：《作为艺术、装饰与图案之源的宇宙观体系》，《祖先与永恒：杰西卡·罗森中国考古艺术文集》，北京：生活·读书·新知三联书店，2012 年，第 307—343 页。

这种思维运用到天地以及人间的各种事物当中。在唐代，牡丹、蔓草等植物图案往往是和山水图相关联的，山水形象又和东海仙岛息息相关，这样一来似乎暗示着亡者会被一些吉祥的仙岛所庇护。①

在金仙公主镇墓石和另一方不能确认志主的西方镇墓石的四侧刻画有帷帐图案，这种图案上部珠宝玲珑，下部批垂网幔流苏，璎珞交错为饰，繁丽华美。帷帐在两汉墓葬图案中即有出现，南北朝是帷帐兴盛的时期，不过它最重要的变化在于由世俗生活向佛教艺术的移植，尤其在敦煌壁画中帷帐图案用来安置新的信仰世界中的各色人物。②在隋唐的帷帐元素中出现了许多含有佛教因素的莲花、火珠乃至塔刹等，有学者认为用日常生活中的帷帐来安置佛像，当是把它同天子的御床联系起来，而赋予权威之象征的意义。③灵宝五方镇墓石四侧刻画的帷帐图案，沿袭的应当是中国传统的艺术布局，在墓葬中出现的帷帐图案一般都是为了营造出一个幸福家园的场景。镇墓石的一个重要作用就是使亡者得以进入仙境，帷帐图像可能是美丽仙境的隐喻。

在发掘简报上来看，昭成皇后窦氏的西方和南方镇墓石盖上线雕一凤凰④，而尹夏清、呼林贵指出西方镇墓石盖上刻画的是白虎，南方盖上阴线刻画的是朱雀纹饰。⑤据原物来看，基本可以认为尹夏清和呼林贵的看法是正确的。青龙、白虎、朱雀、玄武四神在中国的历史长河中不断演进，到了唐宋时期已经有了多种含义，如与四季相对应，具有表示四时循环往复的作用。由于阴阳五行被纳入四方四时的循环当中，它们又是阴阳五行的象征。四神还被赋予巫术性质，被视为死后升天的引导者和拱卫者，具有驱邪镇鬼、厌除不祥的功能。⑥窦皇后镇墓石上刻画的四神图像正是四神方位的传统表达。

---

① ［英］杰西卡·罗森：《中国山水画的缘起——来自考古材料的证明》，《祖先与永恒：杰西卡·罗森中国考古艺术文集》，北京：生活·读书·新知三联书店，2012 年，第 355—386 页。

② 扬之水：《古诗文名物新证》，北京：紫禁城出版社，2004 年，第 293 页。

③ ［日］小杉一雄：《中國佛教美術史の研究》，东京：新树社，1980 年，第 139 页。

④ 王世和、楼宇栋：《唐桥陵勘查记》，《考古与文物》1980 年第 4 期，第 69 页。

⑤ 尹夏清、呼林贵：《陕西发现的唐代镇墓石初步探索》，西安碑林博物馆编《碑林集刊》第 11 辑，西安：陕西人民美术出版社，2005 年，第 298 页。

⑥ 李星明：《唐代墓室壁画研究》，西安：陕西人民美术出版社，2005 年，第 216—219 页。

《真诰》卷四《运题象第四》云："许子遂能委形冥化，从张镇南之夜解也。所以养魂太阴，藏魄于地，四灵守精，五老保藏，复十六年，殆睹我于东华矣。"①上清经的脉系似乎偏重四灵镇墓的传统，从《真诰》的记载到陶弘景墓中的墓砖，都有四灵镇墓观念的体现。②从金仙、玉真公主的入道仪式来看，二人分别接受了灵宝、上清经法的两次仪式过程③，结合前文有关论述来看，灵宝五方镇墓石的使用也疑似受到了上清派观念的一些影响。

## 结　语

中古时期道教不断向主流社会屈服，最终使得宗教领袖把管辖权交给了世俗官吏，"治"与"方"的构架逐渐被"洞天福地"的构架所取代。灵宝五方镇墓石的使用，正是王朝政治下的宗教地理观的神圣化体现，也表达出唐代信仰思想中的生死之道。为了重新确立思想和秩序的合法性与合理性，在特定人群的墓葬中使用镇墓石，正是这种观念下的产物。

（本文原刊为二文：《唐代五方镇墓石志主再论：从新见李通灵镇墓石谈起》，荣新江主编《唐研究》第18辑，北京大学出版社，2012年；《再论唐代镇墓石的使用及其寓意：从李通灵镇墓石说起》，《碑林集刊》第18辑，三秦出版社，2012年）

---

① ［梁］陶弘景：《真诰》，北京：中华书局，2011年，第75页。
② 陈世华：《陶弘景书墓砖铭文发现及考证》，《东南文化》1987年第3期，第54—59页；［日］麦谷邦夫：《梁天监十八年纪年有铭墓砖与天监年间的陶弘景》，《日本东方学》第1辑，北京：中华书局，2007年，第80—97页。
③ 张万福：《传授三洞经戒法箓略说》，《道藏》第32册，北京：文物出版社、上海：上海书店、天津：天津古籍出版社，1988年，第196—197页。

中 篇

敦煌与西域

# 新出唐代张淮澄墓志所见归义军史事考

自敦煌文书发现以来，归义军史研究一直是敦煌学领域的重要课题，目前已有多部宏大精彩的专著出现，单篇论文更为丰富，为进一步研究奠定了良好的基础。[①]近年来，新出石刻史料的发现，极大地促进了中古文史的研究。笔者在整理唐代石刻史料的过程中，偶见一方归义军张氏家族成员的墓志拓本，对于相关研究不无助益，故略作考释以为学人之参考。

一

张淮澄墓志近年出土于长安地区，具体出土情况不详。墓志拓本（图一）高52.5厘米、宽52厘米，行书，26行，满行26字，略有残缺。盖缺。为研究方便，谨移录并标点志文如下：

大唐故[朝议]郎守鄂王友南阳张府君墓志铭并序

姚[敬]□　　吴兴沈云翔[文]　　朝议郎前守泗州司马潘玄景书并[篆]□

① 关于归义军史研究的专著主要有荣新江：《归义军史研究——唐宋时代敦煌历史考索》，上海：上海古籍出版社，1996年，2015年再版（本文引用以再版本为据）；杨秀清：《敦煌西汉金山国史》，兰州：甘肃人民出版社，1999年；冯培红：《敦煌的归义军时代》，兰州：甘肃教育出版社，2013年；杨宝玉、吴丽娱：《归义军政权与中央关系研究——以入奏活动为中心》，北京：中国社会科学出版社，2015年。

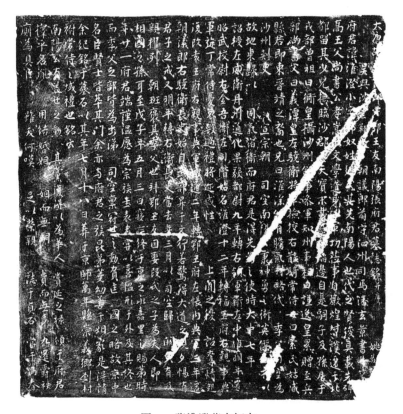

图一 张淮澄墓志拓本

　　府君讳淮澄,小字佛奴,姓张氏,其先南阳人也。代之贤俊,具载先碑。高王父尚书公孝嵩,以文学进身,以军功莅事。自燉煌督护迁于北都留,其少儿抚临沙郡。至天宝末载□□陷边,自是嗣子及孙居于戎部。曾祖曰衙,皇摄沙州录事参军、知州事。祖曰谦逸,皇累赠至兵部尚书。父曰义潭,皇左骁卫将军、检校右散骑常侍。母曰索氏,姑臧县君,即东晋靖之裔也。兄曰淮深,幼有胆气材略,代季父司空为沙州刺史。宣宗朝,司空南阳公秉神勇之术,英杰之材,以故地东归。以同气宿卫,而府君是得先为之使,时大中七年,诏授左威卫丹州通化果毅都尉。九年,转右领军卫左中候。明年,迁昭武校尉、右金吾卫左司阶,始名淮澄。十二年,转福王府右亲事典军。旋丁常侍忧,哀毁过礼,将迩灭性。上闻之,优诏夺情起复,改袁王府右亲事典军。咸通二年,转鄂王府帐内典军。三年,迁朝议郎、右骁卫长史。始自武部,升于文行。若惊得大道之规,夕惕有君子之戒。又明年,转右卫长史。当去年三月,以司空归阙,[典]有及亲,擢列朝班,褒其季父也,拜鄂王友。因娶段氏之子为夫人,即相国之孙耳。至戊子年五月三日,寝疾终于京之永嘉里之赐第,时年廿一。府君端谨温愿,为宗族圭表,未尝以喜愠形于外。及其终也,而季父之部皆为出涕。司空禀冠世之勋,负匡国之略,故京中名臣贤士皆萃其门。余亦与府君之族昆弟莄幼善于姻家,是得请余纪铭于墓石。以其年七月十八日葬于京师万年县崇义乡刘村,祔常侍之域,礼也。铭云:

南阳公有盖世之勋,其党复得以为华人。赏延之禄,颁于府君。择乎名胤,用结婚姻。姻而无嗣,贵而无身。九迁爵秩,厕为具臣。虽夭何叹,足以荣亲。志于贞石,当于万春。

张淮澄卒于戊子,为咸通九年(868年),据其春秋廿一推算则当生于大中二年(848年)。淮澄小字佛奴,正可与归义军张氏家族的佛教信仰相印证。关于张氏一族的郡望,P.2913《张淮深墓志铭》(图二)载其为敦煌信义人,P.3556张淮深女《张氏墓志铭并序》(图三)说:"其先著姓,张罗之后,因而氏焉。家本长安

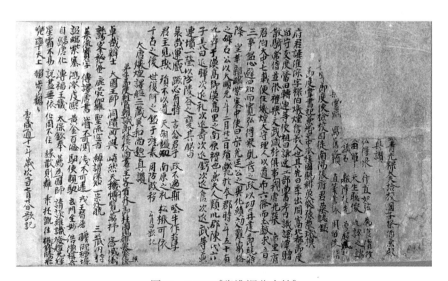

图二　P.2913《张淮深墓志铭》

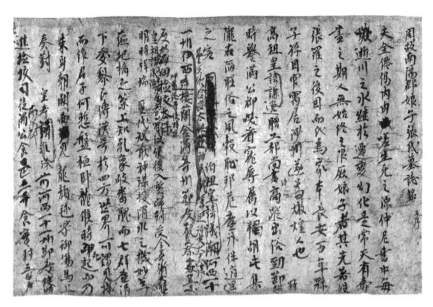

图三　P.3556《张氏墓志铭并序》

万年县,子孙因官,寓居沙州,遂为敦煌人也。"①一般都以为张氏世为敦煌人,
据莫高窟 156 窟的供养人题榜所言的比丘尼了空和 P.2669《敦煌诸尼寺比丘
尼籍》所载的"了空一名 沙州敦煌县神沙乡 姓张俗名媚媚"比较,两处的了空
应该是同一个人,即张议潮的同胞姐姐,据此可确认议潮的出生地当在敦煌县
神沙乡。②张淮澄之父议潭与议潮为同胞兄弟,从目前材料来看敦煌县下无信
义乡,张淮深墓志所言之"信义"指的可能是里名,而张氏家族的真正籍贯应为
沙州敦煌县神沙乡信义里。③张氏家族的郡望在不同时期有所变化,P.3770《张
族庆寺文》(图四)有"余□并是南阳昆季,墨沼连支"语,郑炳林认为此篇文书
写作时间在大中五年至十二年(851—858 年)之间④,据此推断在张议潮统治敦
煌时期,张氏还自称郡望为清河。张议潮在咸通八年(867 年)入朝后不久,张淮
深即开始以南阳称呼张氏家族的郡望。⑤张议潮一家大概是敦煌一带的土豪,

---

① 郑炳林:《敦煌碑铭赞辑释》,兰州:甘肃教育出版社,1992 年,第 400 页。
② 倚山:《张议潮出生地及有关问题》,《敦煌研究》1998 年第 4 期,第 122 页。
③ 冯培红:《敦煌的归义军时代》,兰州:甘肃教育出版社,2013 年,第 29 页。
④ 郑炳林:《敦煌碑铭赞辑释》,兰州:甘肃教育出版社,1992 年,第 259 页。
⑤ 赵红、高启安:《张孝嵩斩龙传说历史背景研究》,《敦煌研究》2004 年第 2 期,第 63—65 页。

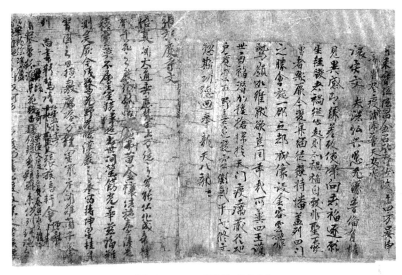

图四　P.3770《张族庆寺文》

当这个家族掌握了归义军之后，为了提高身价而自称南阳张氏，尤其到了张淮深统归义军时，所谓的南阳张氏才大行于世。①张淮澄志云其为南阳人，与其他显示张氏郡望为南阳的文书的写作年代和石窟题记相比较②，刊刻于咸通九年（868年）的墓志书写更为直接，时间上也较早。张淮深墓志（大顺元年，890年）和张氏墓志（广顺四年，954年）时间均晚于张淮澄墓志多年，而言其郡望为敦煌，似乎说明在归义军内部的认同中仍以敦煌为基本观念，而在流落于长安的归义军张氏人员中，其郡望书写可能更多地打上了中原因素的烙印。张淮深墓志撰者是张景球，具有浓厚的归义军色彩，而张淮澄墓志的撰者乃长安士人，不同文化背景的志文撰者对张氏一族的郡望书写上是否有所选择，从目前材料来看还无法确知，不过这都为进一步理解归义军张氏郡望的相关问题提供了重要的参考。

---

① 荣新江：《敦煌卷子札记四则》，北京大学中古史研究中心编《敦煌吐鲁番文献研究论集》第2集，北京：北京大学出版社，1983年，第633页；邓文宽：《归义军张氏家族的封爵与郡望》，《敦煌吐鲁番学研究论文集》，上海：汉语大词典出版社，1990年，第606—609页；郑炳林、安毅：《敦煌写本P2625敦煌名族志残卷撰写时间和张氏族源考释》，《敦煌学辑刊》2007年第1期，第1—14页。

② 如刊刻于乾符三年（876年）至中和二年（882年）间的莫高窟第94窟中，张议潮、张议潭供养人题记称之为"南阳郡开国公"；《张淮深造窟功德碑》载张氏已经改郡望为南阳，藤枝晃先生以为在咸通八年至十三年（867—872年）之间，荣新江先生意见同，郑炳林先生则认为在中和二年初。

P.2913《张淮深墓志铭》:"其先曰季出问嵩,北庭节度留守、支度、营田、转运等使。祖曰谦逸,工部尚书。考曰议潭,赠散骑常侍。"①郑炳林指出季乃孝之误,出为世之误,问乃衍字,此句应作"其先世曰孝嵩"②。张淮澄墓志记载张孝嵩为其高王父,关于孝嵩之后张氏流散到敦煌的情况,据相关史料难以确定,而淮澄墓志的撰写可能是出于家族世系附会的需要。③在敦煌文书 S.788《沙州志》、S.5448《敦煌录》、P.3721《瓜沙古事系年》中记载了张孝嵩在玉女泉斩龙的故事,学者多认为此事的背景是张议潮归唐后,请求唐王朝授旌节所需,所以用来攀附张孝嵩以得到南阳郡公的爵位。④关于这个故事,《太平广记》卷四二〇《龙三·沙州黑河》记载最详,并云张孝嵩"子孙承袭在沙州为刺史"⑤,通过相关史料来看张孝嵩和敦煌之间并无多大的关系。墓志言张孝嵩少子曾为沙州刺史,在安史乱后留在了敦煌,这正可以为《沙州黑河》所载作注脚,而且描述得更为清晰合理,从另一方面诠释了归义军张氏在塑造南阳张氏郡望过程中的攀附行为。

P.3551《药师琉璃光如来赞并序》(图五)载:"则有清河张、敦煌郡大都督赐紫金鱼袋并万户侯,其公则威光奕奕,皎以珠星,精彩岩岩,净如冰雪。"郑炳林指出文书所言之张公,即张议潮之父谦逸,曾任吐蕃统治下敦煌汉人中的最高官员。⑥对于张谦逸的官职,《张氏墓志铭并序》云"高祖皇讳谦逸,赠工部尚书",工部尚书是后来唐朝的追赠之官,而张淮澄墓志则说累赠至兵部尚书,二者有别,或者说咸通九年(868 年)前谦逸受到的赠官是兵部尚书,之后又改赠为工部尚书;或者说二者有一误,根据墓志撰写时间和亲疏关系分析,淮澄墓志所载应为可靠一些。张衕,在归义军张氏材料中未见记载,可补史阙,不过墓志言其为"皇摄沙州录事参军、知州事",具体情况俟考。

① 郑炳林:《敦煌碑铭赞辑释》,兰州:甘肃教育出版社,1992 年,第 301 页。
② 郑炳林:《敦煌碑铭赞辑释》,兰州:甘肃教育出版社,1992 年,第 304 页。
③ 仇鹿鸣:《制作郡望:中古南阳张氏的形成》,《历史研究》2016 年第 3 期,第 21—39 页。
④ 赵红、高启安:《张孝嵩斩龙传说探微》,《西北师范大学学报》(社会科学版)2004 年第 1 期,第 70—76 页;赵红、高启安:《张孝嵩斩龙传说历史背景研究》,《敦煌研究》2004 年第 2 期,第 63—65 页。
⑤ [宋]李昉等:《太平广记》,北京:中华书局,2010 年,第 3424 页。
⑥ 郑炳林:《敦煌碑铭赞辑释》,兰州:甘肃教育出版社,1992 年,第 306 页。

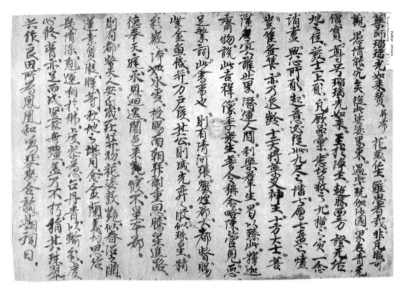

图五　P.3551《药师琉璃光如来赞并序》

　　张议潮归唐后,他名字中的"议"字改作了"义",张议潭的名字亦改为张义潭,不过在敦煌文书中多写作"议潭",在正统文献中多写作"义潭",张淮澄墓志撰写于长安,故其名作"义潭"。关于议潭官职,《敕河西节度兵部尚书张公(淮深)德政之碑》载为:"皇考讳议潭,前沙州刺史、金紫光禄大夫、检校鸿胪大卿、守左散骑常侍、赐紫金鱼袋。……春秋七十有四,寿终于京永嘉坊之私第。诏赠工部尚书。"[1]《张淮深墓志铭》说议潭为"赠散骑常侍",《张氏墓志铭并序》言其祖议潭为"归义军节度使兵马留后使,后入质归朝,授金吾卫大将军"[2],而张淮澄墓志则写作"皇左骁卫将军、检校右散骑常侍",互有差别,张淮深碑记载较为完整,而淮澄墓志为进一步了解张议潭的赠官情况提供了新的材料。

二

　　大中二年(848年),吐蕃王庭发生内乱,河陇地区边将乱战,以张议潮为核

① 荣新江:《归义军史研究——唐宋时代敦煌历史考索》,上海:上海古籍出版社,2015年,第401页。
② 郑炳林:《敦煌碑铭赞辑释》,兰州:甘肃教育出版社,1992年,第400页。

心的原吐蕃政权中的敦煌本土官员，趁着吐蕃政权分崩瓦解之时，联合政治主张相似的吐蕃鄯州节度使尚婢婢结成同盟，共同反抗论恐热的统治，收复了沙、瓜、肃、甘、伊等州，进献图籍入唐朝，建立了归义军政权。①墓志所言司空指的即是张议潮，"宣宗朝，司空南阳公秉神勇之术，英杰之材，以故地东归"，正可与敦煌文书相关记载相比较。张议潮在大中二年建立归义军后，即在夏秋之际派出入奏使团赴长安。此次使团规模较大，目前可以确认的代表人物是张议潮的押牙高进达。在天德军的帮助下，高进达一行经过两年多的时间约在大中四年（850年）底抵达长安，受到唐宣宗的接见。大中五年（851年）二月，张议潮任沙州防御使。

在大中二年至五年中，张议潮多次派使者赴长安奏事，且规格越来越高，尤其以大中五年的遣使最受关注。大中五年，张议潮派遣的主要是以悟真为代表的僧人使团和以其兄张议潭为代表的政治使团，悟真等人通过和长安的高僧大德间的交往展示了敦煌文化的风采，而且为张议潭使团的到来营造了良好的人际关系和政治氛围。②《唐会要》卷七一"州县改置下·陇右道"载："（沙州）大中五年七月，刺史张义潮遣兄义潭，将天宝陇西道图经、户籍来献，举州归顺。至十一月，除义潮检校吏部尚书兼金吾大将军，充归义节度，河、沙、甘、肃、伊、西等十一州管内观察使，仍许于京中置邸舍。"③从传统史料和文书记载来看，表面上张氏归义军政权和唐廷之间关系比较密切，其实并非如此，从唐朝方面来讲，沙州归唐无疑是好事，赐予张议潮十一州观察使的名号，但是在张议潮攻占凉州后唐廷没有任何接应措施，反而立即采取了一系列行动来遏制其势力的增长，从中可见唐廷对归义军政权的控制和防备，二者之间的关系

---

① 陆离、陆庆夫：《张议潮史迹新探》，《中国边疆史地研究》2011年第1期，第95—109页；李正宇：《张议潮起义发生在大中二年三、四月间》，《敦煌学辑刊》2007年第2期，第25—28。

② 杨宝玉、吴丽娱：《归义军政权与中央关系研究——以入奏活动为中心》，北京：中国社会科学出版社，2015年，第19页。

③ ［宋］王溥：《唐会要》，上海：上海古籍出版社，2006年，第1502页。参考荣新江、余欣《沙州归义军史事系年示例》，《华学》第7辑，广州：中山大学出版社，2004年，第223—233页。

实际上是十分冷淡的①,唐廷和归义军只有名义上的隶属关系,唐宣宗君臣对归义军的态度与对幽州等藩镇并无区别,仍然视其为化外之地只求不与唐中央敌对即可。②这种关系对张议潮时期的内政与外部政策产生了巨大影响,而大中七年(853年)归义军张氏政权以张议潭为质入长安就是最明显的例证。

《敕河西节度兵部尚书张公(淮深)德政之碑》载:"(张议潭)先身入质,表为国之输忠;葵心向阳,俾上帝之诚信。一人称庆,五老呈祥。宠寄殊功,荣班上列,加授左金吾卫大将军。"③在晚唐时期地方节度使有入质中央的做法,这是唐廷控制某些藩镇的常规手段,归义军政权作为一个边远而特殊的藩镇亦在此例当中。在归义军建立初期,张议潮是最高统帅,张议潭也是其中重要的领袖之一,甚至可以说是第二号人物,张议潭身份特殊,又是议潮的兄长,无疑就成为入质唐廷的不二人选了。关于张议潭入质的原因,有学者以为张议潮兄弟不和,议潭在和议潮达成了由张淮深继任归义军节度使的协议下,退出了归义军政权而入长安为质④;也有学者指出其实兄弟二人间的关系是比较和谐的,议潭在归义军中地位仅次于张议潮,所以就成为唐中央所需的牵制归义军的绝妙人选。⑤P.2913《张淮深墓志铭》载:"府君伯,大中七载便任敦煌太守。理人以道,布六条而士鼓求音;三事铭心,避四知而宽弘得众。"⑥大中七年(853年),张淮深为沙州刺史,其碑云"诏令承父之任,充沙州刺史、左骁卫大将军",正是在张议潭入质长安后,21岁的淮深接替父职,比较张淮澄墓志言张议潭官职,疑文书所言张淮深之"左骁卫大将军"一职应为"左骁卫将军"。

---

① 荣新江:《沙州张淮深与唐中央朝廷之关系》,《敦煌学辑刊》1990年第2期,第1—11页;荣新江:《初期沙州归义军与唐中央朝廷之关系》,黄约瑟、刘健明合编《隋唐史论集》,香港:香港大学亚洲研究中心,1993年,第106—117页;荣新江:《归义军史研究——唐宋时代敦煌历史考索》,上海:上海古籍出版社,2015年,第148—164页;李军:《晚唐政府对河陇地区的收复与经营——以宣、懿二朝为中心》,《中国史研究》2012年第3期,第113—133页。

② 黄楼:《唐宣宗大中政局研究》,天津:天津古籍出版社,2011年,第145—146页。

③ 荣新江:《归义军史研究——唐宋时代敦煌历史考索》,上海:上海古籍出版社,2015年,第402页。

④ 杨秀清:《张议潮出走与张淮深之死——张氏归义军内部矛盾新探》,《敦煌研究》1996年第4期,第74—79页。

⑤ 李丽:《张议潮"束身归阙"之原因考——敦煌张氏归义军内部矛盾之我见》,《社科纵横》2000年第3期,第59—61页。

⑥ 郑炳林:《敦煌碑铭赞辑释》,兰州:甘肃教育出版社,1992年,第400页。

张淮澄墓志言司空南阳公以"故地东归"，指的就是张议潮大中二年建立归义军政权后遣使归唐事。志又云："以同气宿卫，而府君是得先为之使，时大中七年，诏授左威卫丹州通化果毅都尉。"此所载即张议潭入质情况。大中七年张议潭入质长安，妻索氏一并同行，"连镳归觐，承雨露于九天；鸿泽滂流，占京华之一媛"，时张淮澄年仅五岁尚未成年，亦只能随父母一起入京了。关于张议潭入朝为质的缘由，冯培红认为应出自唐中央，在他进京之后，被加授为左金吾卫大将军，负责宫廷和京师的治安事宜。[1]唐宣宗在加授张议潭官职的同时，对归义军极为重视，甚至给年幼的张淮澄亦授为"左威卫丹州通化果毅都尉"，此职无疑属于虚封而非实授。权秀岩墓志载其父为丹州通化府左果毅，董希逸墓志言其次子任丹州通化府别将，今考《新唐书·地理志》中作"同化府"，张沛疑《新唐书》有误，似当以通化府为是。[2]

张议潮在张淮澄墓志中被称作司空。《敕河西节度兵部尚书张公（淮深）德政之碑》载："（议潮）转授检校司空，食实封二百户。事有进退，未可安然，须拜龙颜，束身归阙。朝廷偏宠，官授司徒，职列金吾，位兼神武。"[3]荣新江通过传世文献和多种敦煌文书的比勘指出张议潮以司空指称在咸通二年（861年）攻克凉州始，一直至咸通八年（867年），在咸通八年入朝后到咸通十三年间（872年）称为司徒。[4]莫高窟94窟甬道北壁的供养人题记有"叔前河西一十一州节度管内观察处置等使金紫光禄大夫检校吏部尚书兼御史大夫河西万户侯赐紫金鱼袋右神武统军南阳郡开国公食邑二千户实封二百户司徒讳议潮"[5]，藤枝晃认为此窟修建年代在咸通八年至十三年之间[6]，荣新江从此窟有题记称张淮深"五稔三迁"进一步考证同意藤枝晃的观点[7]，张淮澄墓志刊刻于咸通九年（868年）

① 冯培红：《敦煌的归义军时代》，兰州：甘肃教育出版社，2013年，第114页。
② 张沛：《唐折冲府汇考》，西安：三秦出版社，2003年，第100页。
③ 荣新江：《归义军史研究——唐宋时代敦煌历史考索》，上海：上海古籍出版社，2015年，第401页。
④ 荣新江：《归义军史研究——唐宋时代敦煌历史考索》，上海：上海古籍出版社，2015年，第62—78页。
⑤ 敦煌文物研究所编：《敦煌莫高窟供养人题记》，北京：文物出版社，1986年，第31页。另据荣新江先生意见校正"将军"为"统军"。
⑥ ［日］藤枝晃：《敦煌千佛洞の中興》，京都：《东方学报》1964年第35册，第84页。
⑦ 荣新江：《归义军史研究——唐宋时代敦煌历史考索》，上海：上海古籍出版社，2015年，第71页。

七月,而墓志均称呼张议潮为司空,从墓志撰写的常态来看所记应该无误,那么以此推断的话张议潮被加授司徒衔的时间不应该在其入朝为质的咸通八年,而应该在咸通九年七月之后。同理,莫高窟94窟的龛凿时间亦应在咸通九年七月后至十三年之间,墓志所载可为以上诸说补正。

关于张议潭的卒年一直是学界关注的问题,杨宝玉、吴丽娱根据P.3804《愿文》(图六)和P.3770《张族庆寺文》两件文书的内容,推断张议潭的去世时间应在咸通七年初或春夏之际[①];荣新江、余欣认为张议潭卒于咸通七年末或咸通八年初,或即张议潮入质之缘由。[②]墓志云:"(大中)十二年,转福王府右亲事典军。旋丁常侍忧,哀毁过礼,将迨灭性。上闻之优诏夺情起复,改袁王府右亲事典军。咸通二年,转鄂王府帐内典军。"常侍即张议潭,从墓志行文所用"旋"字难以确定议潭具体卒年月,不过从前后时间来看张议潭当卒于大中十

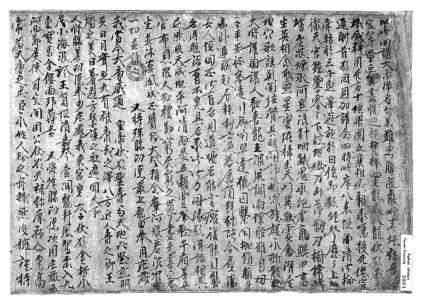

图六　P.3804《愿文》

---

① 杨宝玉、吴丽娱:《P.3804咸通七年愿文与张议潮入京前夕的庆寺法会》,《南京师大学报(社会科学版)》2007年第4期,第66—72页,收入氏著《归义军政权与中央关系研究——以入奏活动为中心》,北京:中国社会科学出版社,2015年,第39页。

② 荣新江、余欣:《沙州归义军史事系年(咸通七年—十三年)》,《庆祝宁可先生八十华诞论文集》,北京:中国社会科学出版社,2008年,第274页。

二年(858年)至咸通元年(860年)之间。BD9343《宣宗皇帝挽歌五首》诗序为:"(上缺)请假,不获随例拜贺台庭,无任兢惕战越之至,进上挽歌。"①据诗中的"河陇""西凉"及"七载朝金殿"等语词,徐俊认为这组诗是张议潭所作,结合诗序所言推断诗应作于咸通元年二月唐宣宗入葬之际。②荣新江、余欣同意此说,把这组挽歌系年于咸通元年二月条。③如果徐俊对《宣宗皇帝挽歌五首》的年代推断无误的话,结合张淮澄墓志有"上闻之"等用语,此处所言之"上"指的应该是唐懿宗。综上可知,张议潭当卒于咸通元年二月至十二月之间。

张议潭卒于咸通元年,这为理解归义军张氏政权的内部矛盾、唐中央之间的关系提供了新的视角,比如为何在此之后直到咸通八年张议潮才再次入质长安,在咸通元年至八年到底发生了什么事情。按照杨秀清的观点,由于张议潭在沙州起义中的地位和作用,大中七年他"先身入质"的原因很可能是归义军内部出现了一些矛盾,这种矛盾以张议潮兄弟间达成由议潭子淮深继任归义军节度使,议潭入质而告终。④大中七年张议潭离开敦煌后,由其21岁的儿子淮深接任沙州刺史职,在归义军政权中沙州刺史的重要性仅次于节度使,虽然对此之前张淮深的生平了解不多,不过按照常理来看他在政权斗争中还是显得稚嫩,同年富力强的张议潮相比不可同日而语,幸好有在长安的父亲作为后援才可以在与张议潮的权利斗争中一步步坚持下来。到了咸通元年张议潭去世时,张淮深已经28岁。经过几年的成长,张淮深的势力得到了发展,可能与张议潮的势力有了一定对抗的资格。咸通二年(861年),张议潮领兵收复了河西重镇凉州,这对归义军和唐中央而言都是一件大事。由于张议潮经营的归义军统治和唐廷的战略意图有所矛盾,所以在张议潮对凉州用兵时并没有得到唐中央的支持和援助。随着凉州的收复,归义军势力进一步增强,对整个河

---

① 徐俊:《敦煌诗集残卷辑考》,北京:中华书局,2000年,第921页。
② 徐俊:《敦煌诗集残卷辑考》,北京:中华书局,2000年,第922页。
③ 荣新江、余欣:《沙州归义军史事系年(大中六年—咸通二年)》,《敦煌吐鲁番研究》第8辑,北京:中华书局,2005年,第82页。
④ 杨秀清:《张议潮出走与张淮深之死——张氏归义军内部矛盾新探》,《敦煌研究》1996年第4期,第74—79页。

西地区的控制得以实现,而张议潮和唐廷之间的矛盾越来越严重。①在这种背景下,唐廷可能为了分化归义军内部,暗地里支持张淮深势力的进一步发展来抗衡张议潮。在张淮深和张议潮博弈的过程中,关于张议潭卒后的入质人选无疑难以达成共识,而对于唐廷来说身在长安的张淮澄在一定意义上就是归义军的质子,这也成为归义军可以推脱唐廷的一个理由。到了咸通七年(866年),归义军内部矛盾已经不可调和,而张淮深羽翼丰满,其势力可能已经超过了张议潮,所以张议潮迫不得已在危急关头匆匆间"束身归阙",而这也与唐懿宗执政过程中对各地藩镇采取的强硬态度有一定关联。②在归义军中发生的张议潮和张淮深之间的争斗,其内部人员都十分清楚,大顺元年(890年)张淮深夫妇及六子同日被张议潮子淮鼎所杀,无疑是这种矛盾的继续和发展。③

## 三

大中七年(853年),张淮澄随父议潭入质长安。到长安后,张议潭被加授左金吾卫大将军,甚至还陪唐宣宗宴饮等,而淮澄因其特殊的身份,年仅五岁就被虚封为折冲府果毅都尉职。关于张议潭等人在长安的生活际遇,《敕河西节度兵部尚书张公(淮深)德政之碑》载:"每参凤驾,接对龙舆;毬乐御场,马上奏策;兼陪内宴,召入蓬莱;如斯覆焘,今昔罕有。仍赐庄宅,宝器金银,锦彩琼珍,颇筹其数。"④张议潭虽然是人质但在长安的生活还是很优越的,唐宣宗给其所赐宅院位于永嘉坊,张淮深碑言议潭终于"京永嘉坊之私第",淮澄卒于"永嘉

---

① 荣新江:《归义军史研究——唐宋时代敦煌历史考索》,上海:上海古籍出版社,2015年,第148—164页;杨秀清:《晚唐归义军与中央关系论述》,《甘肃社会科学》1996年第2期,第69—72页;李军:《晚唐凉州节度使考》,《敦煌研究》2007年第6期,第71—78页;李军:《晚唐归义军人员任职凉州考》,《敦煌研究》2010年第4期,第80—87页;冯培红:《敦煌的归义军时代》,兰州:甘肃教育出版社,2013年,第123—130页。

② 杨秀清:《张议潮出走与张淮深之死——张氏归义军内部矛盾新探》,《敦煌研究》1996年第4期,第74—79页;李军:《敦煌的张淮深时代》,《敦煌吐鲁番研究》第16辑,上海:上海古籍出版社,2016年,第215—229页。

③ 考李军:《晚唐归义军节度使张淮鼎事迹考》,《敦煌学辑刊》2009年第2期,第1—14页。

④ 荣新江:《归义军史研究——唐宋时代敦煌历史考索》,上海:上海古籍出版社,2015年,第402页。

里之赐第”，二者相合。

大中九年（855年），张淮澄七岁，此时转任右领军卫左中侯。右领军卫有中侯三人，乃正七品下。大中十年（856年），张淮澄八岁，迁昭武校尉、右金吾卫左司阶。昭武校尉，正六品上散衔。右金吾卫有司阶二人，正六品上。墓志说这时淮澄始名“淮澄”，可知在他八岁前都是以小名“佛奴”称呼的。大中十二年（858年），张淮澄十岁，从金吾卫转到亲王府任职，为福王府右亲事典军。亲王亲事府中设典军二人，正五品上。福王“绾，本名浥，顺宗第十五子。母庄宪王皇后，宪宗同出。初授光禄卿，封河东郡王，贞元二十一年（805年）进封。咸通元年，特册拜司空。明年薨”①。咸通元年（860年），张议潭去世，淮澄丁忧去官，而唐懿宗夺情起复，改任袁王府右亲事典军。袁王“绅，顺宗第十九子。贞元二十一年封。大和（中）十四年（860年）薨”。②咸通二年（861年），淮澄转鄂王府帐内典军。亲王帐内府有典军二人，正五品上。鄂王李润，宣宗第六子，大中五年（851年）封，乾符三年（876年）薨。咸通三年（862年），张淮澄从武转文，迁朝议郎、右骁卫长史。长史从六品上，虽然官品降低，不过正如墓志言“始自武部，升于文行。若惊得大道之口，夕惕有君子之戒”也。到了咸通四年（863年），淮澄又转任右卫长史。

咸通八年（867年），张议潮入质唐廷。《资治通鉴》卷二五〇唐懿宗咸通八年二月条：“二月，归义节度使张义潮入朝，以为右神武统军，命其族子淮深守归义。”③关于议潮入长安后的授官，《新唐书·吐蕃传下》亦载为：“八年，义潮入朝，为右神武统军，赐第及田，命族子淮深守归义。”④而张淮深碑则载为“朝廷偏宠，官授司徒，职列金吾，位兼神武”⑤，张淮澄墓志亦未言张议潮为司徒事，只说“当去年三月，以司空归阙，典有及亲，擢列朝班，褒其季父也，拜鄂王友”，故此来看张议潮授司徒应在张淮澄卒后。墓志与其他记载有异，疑二月是张议

---

① [后晋]刘昫等：《旧唐书》卷一五〇《德宗顺宗诸子传》，北京：中华书局，2007年，第4049页。
② [后晋]刘昫等：《旧唐书》卷一五〇《德宗顺宗诸子传》，北京：中华书局，2007年，第4049页。《新唐书》载袁王绅为咸通元年薨（第3628页），《旧唐书》误“大中”为“大和”。
③ [宋]司马光：《资治通鉴》，北京：中华书局，2007年，第8117页。
④ [宋]欧阳修、宋祁：《新唐书》，北京：中华书局，2006年，第6108页。
⑤ 荣新江：《归义军史研究——唐宋时代敦煌历史考索》，上海：上海古籍出版社，2015年，第401页。

潮入朝时间,三月是张淮澄授官时间。淮澄因张议潮入朝而受到唐懿宗褒奖,"赏延之禄,颁于府君",为鄂王友。亲王友,从五品下职。

张议潮入朝后,赐宅于宣阳坊,与张议潭宅不在一处,似乎暗示着唐廷对归义军内部人员的防范,同时似乎也说明张议潮和张议潭兄弟之间的关系并不和谐。张淮深碑言议潮卒后敕葬于素浐南原,其母敕祔葬于月登阁北茔,张淮澄墓志载其葬于"京师万年县崇义乡刘村,祔常侍之域",据此可对归义军张氏家族在长安的墓地情况有所了解。墓志所言之"相国",指的是段文昌。段文昌,武元衡之子婿,有文集三十卷,子段成式,著有《酉阳杂俎》等。张淮澄妻段氏,不知是否乃段成式之女也。志云:"司空禀冠世之勋,负匡国之略,故京中名臣贤士皆萃其门,余亦与府君之族昆弟莠幼善于姻家,是得请余纪铭于墓石。"关于张淮澄墓志撰述者具体的情况,史传记载不详,俟考。

归义军史张氏家族的研究涉及方方面面,前贤论著颇多,今利用新出土的张淮澄墓志所载的片段细节,对张氏家族的郡望附会情况、张议潮称呼司空的时间范围以及张议潭去世对归义军内外的影响都有所论述,由于张议潮墓志、张议潭及妻索氏墓志均未出土,许多论证难免有猜测之处,进一步的详情有待新材料的发现。

(原刊《敦煌学辑刊》2017 年第 1 期)

## 徐锡祺旧藏敦煌写经简述:
## 以西安地区藏品为中心

从藏经洞开启到 1907 年敦煌文献的流散情况,是学界关注的焦点之一,对此荣新江已经作了系统的梳理,目前所知主要有廷栋旧藏、叶昌炽旧藏、端方旧藏、苏子培旧藏、陆季良旧藏,其他流散情况则不太清楚。[①]在第一次全国可移动文物普查过程中,我们发现了收藏在陕西各个文物机构中的敦煌写经,可以扩展我们对早期敦煌文献流散分布的认识。陕西藏敦煌写经素来少为学界所知,笔者在编撰《文物陕西·文献图书卷》[②]的过程中,对陕西文物单位收藏的敦煌写经作了整理,根据写经上面留下来的题记和来源分析,这批写经中有部分是 1905 年归于徐锡祺的旧藏,故草成此文,把具体情况公布于学界,供相关研究参考。

### 陕藏敦煌写经概览

目前所知,陕西省收藏敦煌写经的主要有四家单位,分别为西安碑林博物馆、西安博物院、陕西师范大学图书馆和西北大学图书馆。2007 年开始全国古

---

① 荣新江:《敦煌学十八讲》,北京:北京大学出版社,2001 年,第 51—61 页。
② 王庆卫:《文物陕西·文献图书卷》,西安:陕西师范大学出版总社,2019 年。

籍普查工作以来，陕西省参照国家图书馆、国家古籍保护中心制定的珍贵古籍的标准，先后审定出版了陕西省内收藏的 687 种善本古籍名录，以加强对古籍文献的保护和利用，其中收录了西安博物院藏敦煌写经 9 种，西北大学图书馆藏敦煌写经 5 种。在这 14 种写经中，被列入国家珍贵古籍名录的有 12 种，包括西北大学图书馆藏品全部，西安博物院藏品 7 种。西北大学图书馆藏卷除了已经公布的 5 种敦煌写经外，其他的具体信息无法得知；陕西师范大学图书馆在其古籍书目内部出版物的"珍贵古籍"类中列举了 3 种敦煌写经，其余信息不明，故本文在行文中稍作说明，不再集中讨论。

## 一、西安碑林藏敦煌写经叙录

西安碑林博物馆藏敦煌写经没有参加 2007 年开始的全国古籍普查工作，素不为学界所知。第一次可移动文物普查过程中知其共收藏有敦煌写经 7 种，保存较为完好。

碑林 001 《菩萨见宝三昧经》卷二（图一）

黄麻纸。卷轴装。唐代。卷长 868 厘米，卷高 27 厘米。有乌丝栏，每行 17 字，

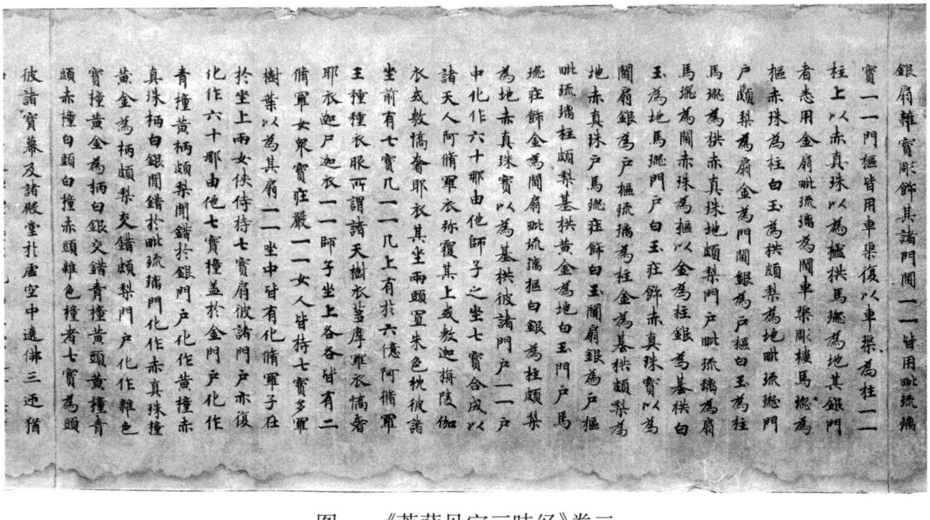

图一 《菩萨见宝三昧经》卷二

为《菩萨见宝三昧经》卷二《阿修罗王授记品第三》《本事品第四》。本经原属《大宝积经》第十六会，亦单本别行。北齐三藏那连提耶舍译。经文参见《大正藏》第310号第11册第358—364页。

按：从书写字体风格来看疑为初唐写卷。

碑林 002　《妙法莲华经》卷五（图二）

黄麻纸。卷轴装。唐代。卷长 758 厘米，卷高 25.5 厘米。有乌丝栏，每行 17字，为《妙法莲华经》卷五《从地踊出品第十五》《如来寿量品第十六》《分别功德品第十七》。后秦龟兹国三藏法师鸠摩罗什奉诏译。经文参见《大正藏》第 262号第 9 册第 39—46 页。

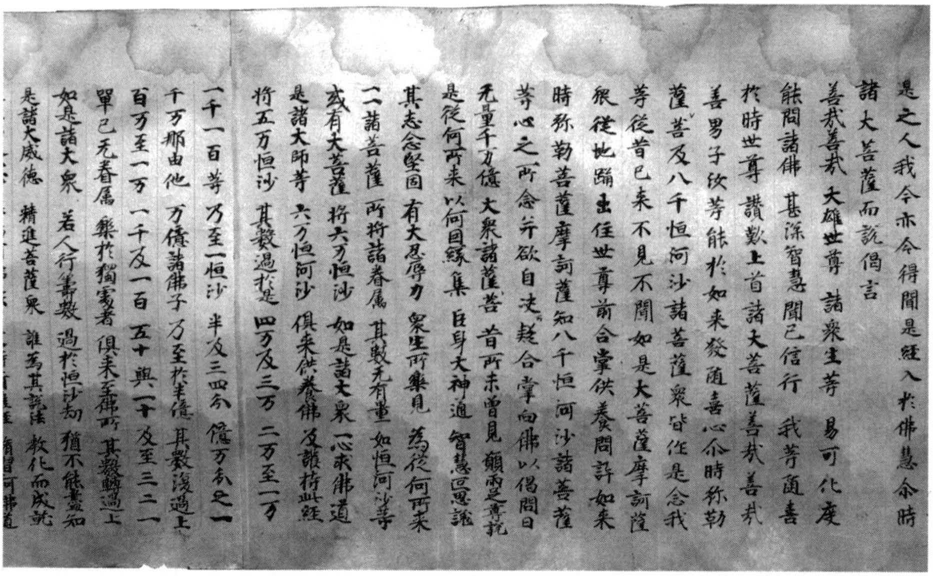

图二　《妙法莲华经》卷五

碑林 003　《金光明经》卷四（图三）

黄麻纸。卷轴装。唐代。卷长 648 厘米，卷高 27 厘米。有乌丝栏，每行 17字，为《金光明经》卷四《流水长者子品第十六》《舍身品第十七》《赞佛品第十八》《嘱累品第十九》。北凉三藏法师昙无谶译。经文参见《大正藏》第 663 号第16 册第 352—358 页。

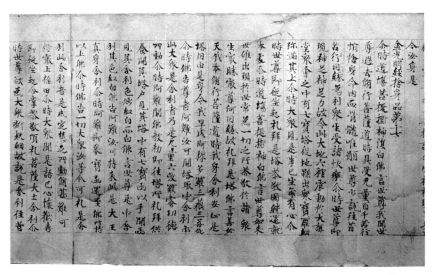

图三 《金光明经》卷四

**碑林 004 《金光明最胜王经》卷八(图四)**

黄麻纸。卷轴装。唐代。卷长 613 厘米,卷高 26.3 厘米。有乌丝栏,每行 17 字,为《金光明最胜王经》卷八《大吉祥天女品第十六》《大吉祥天女增长财物品第十七》《坚牢地神品第十八》《僧慎尔耶药叉大将品第十九》《王法正论品第二十》。大唐三藏沙门义净奉制译。经文参见《大正藏》第 665 号第 16 册第 438—

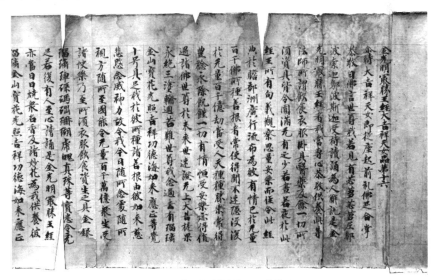

图四 《金光明最胜王经》卷八

444 页。

碑林 005　《妙法莲华经》卷一(图五)

黄麻纸。卷轴装。唐代。卷长 507 厘米,卷高 26.8 厘米。有乌丝栏,每行 17 字,为《妙法莲华经》卷一《序品第一》《方便品第二》。后秦龟兹国三藏法师鸠摩罗什奉诏译。经文参见《大正藏》第 262 号第 9 册第 1—10 页。

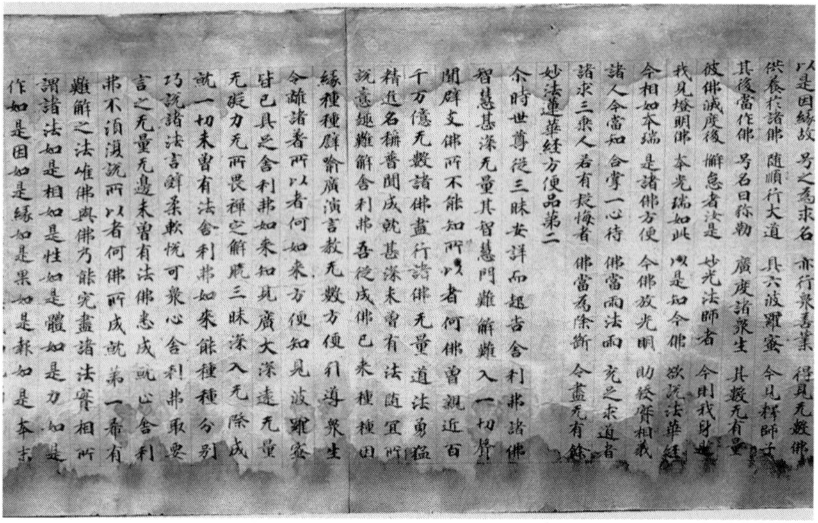

图五　《妙法莲华经》卷一

碑林 006　《大般若波罗蜜多经》卷三八五(图六)

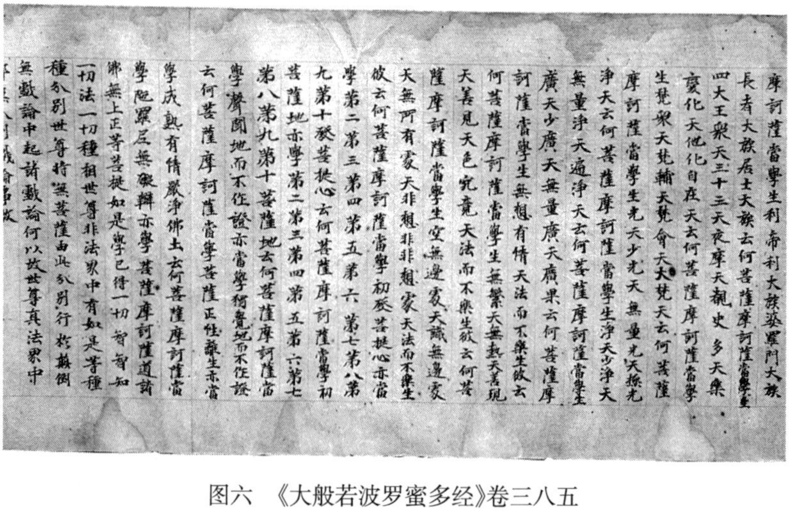

图六　《大般若波罗蜜多经》卷三八五

黄麻纸。卷轴装。唐代。卷长 498 厘米，卷高 26.4 厘米。有乌丝栏，每行 17 字，为《大般若波罗蜜多经》卷三八五《初分诸法平等品第六十九之三》。三藏法师玄奘奉诏译。经文参见《大正藏》第 220 号第 6 册第 990—993 页。

碑林 007　《大般若波罗蜜多经》卷四五六、《金刚般若波罗蜜经》(图七)

黄麻纸。卷轴装。唐代。卷长 371 厘米，卷高 25.3 厘米。有乌丝栏，每行 17 字，前面 24 行经文内容为《大般若波罗蜜多经》卷四五六《第二分同性品第六十二之二》，后面经文内容为《金刚般若波罗蜜经》。前者为三藏法师玄奘奉诏译，经文参见《大正藏》第 220 号第 7 册第 300 页。后者为后秦龟兹三藏法师鸠摩罗什译，经文参见《大正藏》第 235 号第 8 册第 750—752 页。

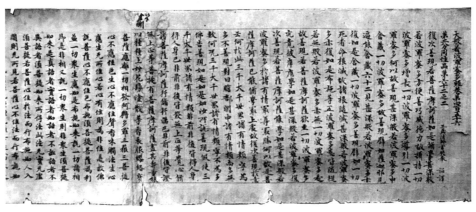

图七　《大般若波罗蜜多经》卷四五六、《金刚般若波罗蜜经》

## 二、西安博物院藏敦煌写经叙录

西安博物院的整体藏品情况也通过文物普查获得了具体信息，普查数据显示该院藏敦煌写经共 14 种，均为卷轴装，其中 8 件已经公布了相关信息，6 种未曾公布过相关信息。另外公布的 1 件写经在普查数据中没有找到对应的经卷，可能是普查时遗漏的藏品。据此来看，西安博物院藏卷共有 15 种，其中超过 500 厘米的长卷有 8 种。该院公布的写经信息和文物普查数据略有出入，本文一律以文物普查数据为准。

西博001 《佛说佛名经》卷七(图八)

黄麻纸。卷轴装。唐代。卷长840厘米,卷高27厘米。有乌丝栏,每行17字。为《佛说佛名经》卷七,三藏菩提流支在胡相国秦太上文宣公第译。经文参见《国图善本部类》第8680号第2册第1—64页。

图八 《佛说佛名经》卷七

西博002 《四分律删补随机羯磨》卷下

黄麻纸。卷轴装。唐代。卷长837厘米,卷高25厘米。有乌丝栏,每行20字,双行小字29至30字,贴有"师佛轩""又明收藏金石书画"印。"又明收藏金石书画"印上方有题记"此经现存共十一张"。卷首前装裱的红色纸张上题有:"四分律那随机羯磨经。敦煌石室藏卷。民国七年购得。"京兆崇义寺沙门道宣集。经文参见《大正藏》第1808号第40册第501—511页。

按:陕西古籍名录列为0014号的一件写经,卷长450厘米,卷高26.7厘米,国家名录编号02518[①],与此写经长度差别较大,不过比照二者的具体信息和文字书写面貌,乃是同一件写经。

西博003 《大般若波罗蜜多经》卷二六六[②]

卷轴装。唐代。卷长837厘米,卷高25厘米。首尾完整,有乌丝栏,一纸28行,每行17字。首前三行下缺失一角。为《大般若波罗蜜多经》卷二六六《初分难信解品第三十四之八十五》。国家名录号02408。三藏法师玄奘奉诏译。经文

---

① 陕西省文化厅、陕西省古籍保护中心编:《第一批陕西省珍贵古籍名录图录》,西安:三秦出版社,2014年,第18页。

② 陕西省文化厅、陕西省古籍保护中心编:《第一批陕西省珍贵古籍名录图录》,西安:三秦出版社,2014年,第6页。

参见《大正藏》第 220 号第 6 册第 345—350 页。

西博 004　《大般若波罗蜜多经》卷五六

黄麻纸。卷轴装。唐代。卷长 835 厘米，卷高 24 厘米。有乌丝栏，一纸 28 行，每行 17 字。题签为"敦煌石室唐人写经。丹徒殷松年署检"。为《大般若波罗蜜多经》卷五六《初分辩大乘品第十五之六》《初分赞大乘品第十六之一》。三藏法师玄奘奉诏译。经文参见《大正藏》第 220 号第 5 册第 315—321 页。

按：在已经公布的写经中有一件《大般若波罗蜜多经》卷五六①，乌丝栏，长 834 厘米，高 24 厘米，国家名录号 02405。这两件写经在尺寸、内容上基本一致，不过对比书写字体知二者并不是同一件写经。已经公布的这件写经在普查数据中没有记载。

西博 005　《大般若波罗蜜多经》卷八三②

黄麻纸。卷轴装。唐代。卷长 778 厘米，卷高 24.8 厘米。有乌丝栏，行 16 至 18 字。国家名录号 02406。为《大般若波罗蜜多经》卷八三《初分受教品第二十四之二》。三藏法师玄奘奉诏译。经文参见《大正藏》第 220 号第 5 册第 463—468 页。

西博 006　《妙法莲华经》卷八③

黄麻纸。卷轴装。唐代。卷长 521.2 厘米，卷高 25 厘米。有乌丝栏，一纸 28 行，行 17 至 20 字。卷首略有残缺，有满汉文钤印一枚（图九），卷末有满汉文钤印两枚，并有题识（图十）。卷首钤印和卷末上方的相同，为满汉文官印"分巡安肃兼管水制兵备道之关防"，卷末钤印上方还有题识"光绪三十一年秋七月朔七日分巡安肃使者徐锡祺敬阅于酒泉节署"；卷末下方的钤印为满汉文官印"敦煌县印"，左侧有题识"花翎同知衔知敦煌县事前吏部主政楚北汪宗翰敬

---

① 陕西省文化厅、陕西省古籍保护中心编：《第一批陕西省珍贵古籍名录图录》，西安：三秦出版社，2014 年，第 2 页。

② 陕西省文化厅、陕西省古籍保护中心编：《第一批陕西省珍贵古籍名录图录》，西安：三秦出版社，2014 年，第 4 页。

③ 陕西省文化厅、陕西省古籍保护中心编：《第一批陕西省珍贵古籍名录图录》，西安：三秦出版社，2014 年，第 12 页。

阅"。国家名录号 02445。为《妙法莲华经》卷八《陀罗尼品第二十六》《妙庄严王本事品第二十七》《普贤菩萨劝发品第二十八》。后秦龟兹国三藏法师鸠摩罗什奉诏译。经文参见《大正藏》第 262 号第 9 册第 58—62 页。

按：安肃道，分巡安肃等处地方兵备道，乾隆三十七年（1172 年）四月合并原属安西道之安西府、原属甘肃道之肃州置。驻肃州，辖安西府、肃州，抚治番彝兼管肃州屯田事务。乾隆四十四年（1179 年）八月，兼管驿务，至清末未变。①

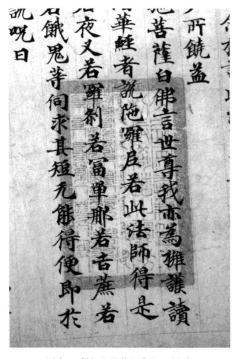 

图九　《妙法莲华经》卷八钤印　　　　图十　《妙法莲华经》卷八钤印

**西博 007　《妙法莲华经》卷八**

黄麻纸。卷轴装。唐代。卷长 506 厘米，卷高 26.7 厘米。一纸 23 行，行 17 字。为《妙法莲华经》卷八《陀罗尼品第二十六》《妙庄严王本事品第二十七》《普贤菩萨劝发品第二十八》。首题为"陀罗尼品第二十六"，尾题为"妙法莲华经卷

---

① 傅林祥等：《中国行政区划通史·清代卷》，上海：复旦大学出版社，2013 年，第 380 页。

八"。后秦龟兹国三藏法师鸠摩罗什奉诏译。经文参见《大正藏》第 262 号第 9 册第 58—62 页。

西博 008　《佛说相好经》《妙法莲华经》卷六①

黄麻纸。卷轴装。唐代广德三年(765 年)。乌丝栏,一纸 24 行,行 17 至 20 字。有两部分内容,分别为《佛说相好经》和《妙法莲华经》之《常不轻菩萨品第二十》《如来神力品第二十一》。《佛说相好经》钤印有满汉文官印"分巡安肃兼管水制兵备道之关防"和"敦煌县印",并有题识"光绪三十一年乙巳新秋朔七日分巡安肃使者徐锡祺敬阅于酒泉节署"和"花翎同知衔知敦煌县事前史部主政楚北汪宗翰敬阅"(图十一),卷末题抄经的时间和抄经人"广德三年正月十

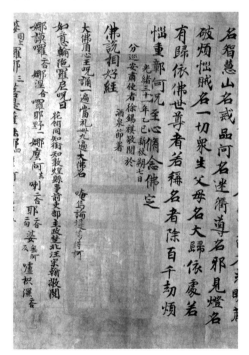

图十一　《佛说相好经》《妙法莲华经》卷六

八日沙门克念写了奉上努力受持",是陕藏写经中唯一有准确纪年的一件写卷。《妙法莲华经》卷六为《如来神力品第二十一》,写卷中钤有满汉文官印"敦煌县印",并有题识"敦煌令庚寅进士楚北汪宗翰敬观"。国家名录号 02508。《佛说相好经》,佚名。经文参见《新编部类》第 31b 号第 3 册第 414—421 页。《妙法莲华经》,后秦龟兹国三藏法师鸠摩罗什奉诏译。经文参见《大正藏》第 262 号第 9 册第 50—52 页。

西博 009　《因明入正理论》一卷②

黄麻纸。卷轴装。唐代。卷长 241

① 陕西省文化厅、陕西省古籍保护中心编:《第一批陕西省珍贵古籍名录图录》,西安:三秦出版社,2014 年,第 17 页。

② 陕西省文化厅、陕西省古籍保护中心编:《第一批陕西省珍贵古籍名录图录》,西安:三秦出版社,2014 年,第 15 页。

厘米,卷高 26 厘米。一纸 30 行,行 17 字。卷首前 2 行下有钤印一方(图十二),惜模糊不清。国家名录号 02493。三藏法师玄奘奉诏译。经文参见《大正藏》第 1630 号第 32 册第 11—12 页。

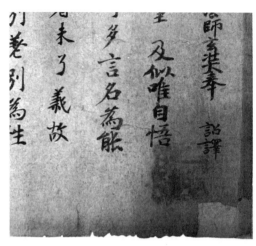

图十二 《因明入正理论》卷首钤印

西博 010 《大般涅槃经》卷十八①

黄麻纸。卷轴装。唐代。卷长 229 厘米,卷高 27 厘米。存一纸。138 行,行字不等。有乌丝栏。首尾残缺。卷末有李问渠题识:"敦煌石室藏经,徐州李问渠得自伏羌县。民国十九年六月七日住宅被焚,庋藏书画全毁,独此卷幸免,亦异事也。灾后十月问渠记。"《大般涅槃经》,北凉天竺三藏昙无谶译。经文参见《大正藏》第 374 号第 12 册第 473 页。

西博 011 《四部律并论要用抄》卷上(图十三)

黄麻纸。卷轴装。唐代。卷长 187 厘米,卷高 28 厘米。有乌丝栏,大字单行 23 至 24 字不等。经文参见《大正藏》第 2795 号第 85 册第 691—694 页。

西博 012 《金刚般若波罗蜜经》②

图十三 《四部律并论要用抄》

---

① 陕西省文化厅、陕西省古籍保护中心编:《第二批陕西省珍贵古籍名录图录》,西安:三秦出版社,2015 年,第 4 页。

② 陕西省文化厅、陕西省古籍保护中心编:《第二批陕西省珍贵古籍名录图录》,西安:三秦出版社,2015 年,第 2 页。

黄麻纸。卷轴装。唐代。卷长 117 厘米,卷高 24 厘米。存一纸,98 行,行 17 字。有乌丝栏。首残缺,有尾题,倒 2 纸补写。姚秦天竺三藏鸠摩罗什译。经文参见《大正藏》第 235 号第 8 册第 748—752 页。

西博 013 《妙法莲华经》卷一(图十四)

黄麻纸。卷轴装。唐代。卷长 97 厘米,卷高 26.7 厘米。有乌丝栏,行 17 字。为《妙法莲华经·序品第一》。存 56 行。后秦龟兹国三藏法师鸠摩罗什奉诏译。经文参见《大正藏》第 262 号第 9 册第 4—5 页。

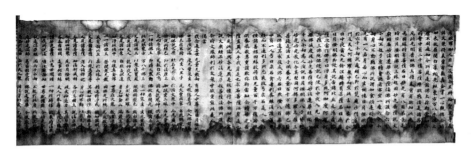

图十四 《妙法莲华经》卷一

西博 014 《妙法莲华经》卷一(图十五)

黄麻纸。卷轴装。唐代。卷长 40 厘米,卷高 26.5 厘米。有乌丝栏,行 17 字。内容为《妙法莲华经·序品第一》。后秦龟兹国三藏法师鸠摩罗什奉诏译。经文参见《大正藏》第 262 号第 9 册第 3—4 页。

### 三、陕西师范大学图书馆藏敦煌写经叙录①

陕师大 001 《合部金光明经》卷二

黄麻纸。卷轴装。唐代。卷长 147 厘米,高 24 厘米。一纸 27 行,49 厘米,行 16 至 18 字不等。有乌丝栏。为《合部金光明经》卷二《业障灭品第五》。题记有:"敦皇唐人写经。俌庵珍藏。"隋沙门释宝贵合、北凉三藏昙无谶译。经文参

---

① 据陕西师范大学图书馆编馆藏珍贵古籍目录的内部油印本整理。

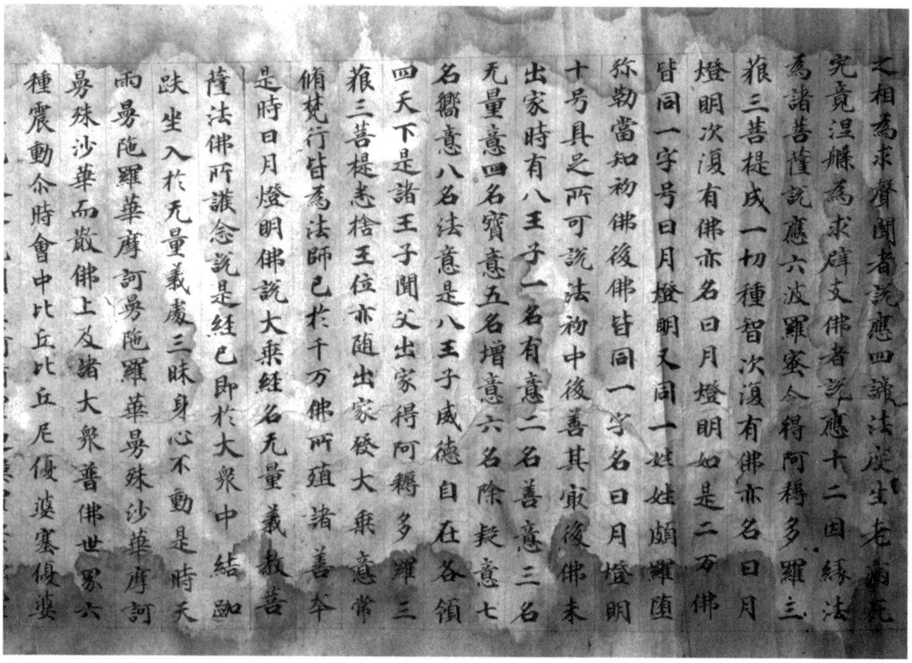

图十五 《妙法莲华经》卷一

见《大正藏》第 664 号第 16 册第 368—370 页。

陕师大 002 《金光明最胜王经》卷六

黄麻纸。卷轴装。唐代。卷长 925 厘米，卷高 24 厘米。有乌丝栏，一纸 27 行，45 厘米，行 17 字，为《金光明最胜王经》卷六《四天王护国品第十二》。大唐三藏沙门义净奉制译。经文参见《大正藏》第 665 号第 16 册第 428—432 页。

陕师大 003 《无量大慈教经》一卷

黄麻纸。卷轴装。唐代。卷长 147 厘米，卷高 27 厘米。有乌丝栏，一纸 27 行，49 厘米，行 16 至 17 字不等。尾题"佛说无量大慈教经一卷"。经文参见《大正藏》第 2903 号第 85 册第 1445 页。

#### 四、西北大学图书馆藏敦煌写经概况①

| 序号 | 名称 | 时代 | 尺　寸 |
|---|---|---|---|
| B1 | 《大般涅槃经》卷十一 | 唐代 | 长 770 厘米、高 26 厘米 |
| B2 | 《大般涅槃经》卷十三 | 唐代 | 长 860 厘米、高 26 厘米 |
| B3 | 《大般涅槃经》卷三一 | 唐代 | 长 785 厘米、高 26 厘米 |
| B4 | 《妙法莲华经》卷四 | 归义军时期 | 长 813 厘米、高 26 厘米 |
| B5 | 《佛说佛名经》卷三 | 归义军时期 | 长 830 厘米、高 29.2 厘米 |

西北大学图书馆藏卷为卷轴装,有乌丝栏,都是长达七八米的写卷。B1 号存 15 纸,435 行,每行 17 字。B2 号存 21 纸,500 行,每行 16 至 18 字。B3 号存 15 纸,445 行,每行 17 字。B1、B2 和 B3 内容分别为《大般涅槃经》卷十一《现病品》、卷十三《圣行品》和卷三十一《师子吼菩萨品》,B3 号墨线界栏,B1 和 B2 铅栏线,三者框高 20 厘米,栏宽 1.8 厘米,笔法劲秀,其中《现病品》中有唐人挖补的痕迹,三件均麻纸,染黄。②B4 号存 17 纸,478 行,每行 17 字,被认为是归义军时期的写本,不过从其书法特征来看,很可能不是归义军时期的经卷。B5 号存 18 纸,468 行,每行 16 至 17 字,写经字体遒劲,看起来和归义军时期的写卷差异较大,比较开元二十七年(749 年)《李隐之墓志》书丹情况③,我们认为此卷的时代可能属于盛唐时期。

#### 陕藏所见1905年间敦煌写经的流散情况

陕西文物单位共收藏有 22 件敦煌写经,在这些藏卷中有 3 件具有独特的

① 陕西省文化厅、陕西省古籍保护中心编:《第一批陕西省珍贵古籍名录图录》,西安:三秦出版社,2014 年,第 7、8、9、10、16 页;中国国家图书馆、中国国家古籍保护中心编:《第二批国家珍贵古籍名录图录》,北京:国家图书馆出版社,2010 年,第 40、42、48、62、141 页。
② 陕西省地方志编纂委员会编:《陕西省志·文物志》,西安:陕西人民出版社,2016 年,第 1574 页。
③ 齐运通、杨建锋:《洛阳新获墓志二〇一五》,北京:中华书局,2017 年,第 192 页。

价值,对于了解这些写经的传播流散具有重要的作用。从西博 006、008、010 这 3 件写经的相关信息中,我们大致可以勾勒出 1905 年之后到民国时期这批写经的传播情况,为早期敦煌写经的流散提供了新的线索。

1900 年敦煌藏经洞被王道士发现,吕钟《重修敦煌县志》载王道士"即时报知地方官,时县令汪宗翰率同文武官绅,大致翻阅一过,约数佛经二万余卷,当时人亦不之重也。有携回一二卷,也有不携回者,汪令即吩示王道人善为保存"。①汪宗翰初步调查藏经洞文物事在 1902 年,事后,按照一般的程序他应该逐级上报给陕甘总督崧蕃(1901—1905 年在任)。②

可能此事并未引起崧蕃的重视,不过他的幕僚许宝荃(字伯阮)得知了相关信息,进而到敦煌考察。对此《清稗类钞·鉴赏类》载:"壬寅(1902 年),许伯阮游敦煌,得唐人手书藏经五卷,出而语人曰:'石屋分内外,内屋因山而筑,有六十六穴,穴藏经四五卷,别无他物。外屋石床一,左铺羊毛毡,尚完好,右铺线毡,已成灰。床下僧履一双,色深黄,白口,如新造者。中一几甚大,金佛一尊,重约三百两。金香炉大小各一,大者重百余两,小者二三十两。大石椅一,铺极厚棕垫。县令某携佛炉而去,又取经二百余卷。后为大吏所知,遣员至敦煌,再启石壁,尽取经卷而去。闻县令取佛炉,悉镕为金条,以致唐代造像美术,未得流行于世,惜哉!'"③这应该是敦煌文物流散过程中早期的一次详尽记录,文中所言的县令正是汪宗翰④,而许宝荃得到的 5 卷写经则是敦煌写经早期流散的藏品的一部分。至 1903 年,又有恒介眉、张又履、张元溁等人得到了藏经洞中散落而出的部分文物。⑤

在早期藏经洞文物的流散过程中,或多或少都和一个关键人物即汪宗翰有所关联。汪宗翰,字粟庵,湖北省通山县人,光绪十六年(1890 年)庚寅进士,光绪二十八年(1902 年)四月以"吏部主政"改任敦煌县令。光绪三十二年(1906

① 吕钟:《重修敦煌县志》,兰州:甘肃人民出版社,2002 年,第 40 页。
② 王冀青:《藏经洞文物的发现与流散》,《文史知识》2016 年第 11 期,第 16 页。
③ 徐珂:《清稗类钞》,北京:中华书局,2010 年,第 4197—4198 页。
④ 王冀青:《国宝流散——藏经洞纪事》,兰州:甘肃教育出版社,2007 年,第 33 页。
⑤ 王冀青:《敦煌文物早期收藏者张元溁事迹考》,《敦煌学辑刊》2008 年第 1 期,第 75—87 页。

年)三月,汪宗翰被甘肃藩府衙门调任兰州,另任命黄万春为敦煌知县。①汪宗翰任敦煌令是不得已而为之的,在他任职的四年间为了调离敦煌四处送礼,其中最重要的一个对象就是时任甘肃学政的叶昌炽,而汪宗翰最后能够离开敦煌,除了土地税事件的影响之外,也和叶昌炽的积极运作息息相关。②

汪宗翰送礼的主要对象中,除了叶昌炽之外,驻扎在肃州(酒泉)直接管辖敦煌县境事的安肃道道台更是他首先需要考虑的重要对象,在 1900 年藏经洞发现后分巡安肃道的有和尔赓额(满洲镶白旗监生,光绪二十五年任)、徐锡祺(四川邛州附贡生,光绪三十一年署)、崇俊(满洲正白旗监生,光绪三十二年署)、廷栋(满洲镶黄旗副贡,光绪三十四年任)四人。③廷栋任安肃道道台时汪宗翰已经离任敦煌知县,关于廷栋藏敦煌写经的相关情况,荣新江和王冀青已有详细考察④,本文略而不论。早期流散的一件《唐画大士像》上有汪宗翰题识:"甘肃敦煌县千佛洞宋初石室所匿唐画大士像。光绪卅年四月朔,奉檄检点经卷画像毕,迎归署中供养。信士敦煌知县汪宗翰谨记。"⑤1904 年汪宗翰奉命检点藏经洞文物时,一定会私自带走一些经卷。在他完成叶昌炽交给的任务后,又命令王道士将藏经洞文物封存起来,并负责照看。于是,王道士在藏经洞入口安装了一扇木门,加装了锁具,直到 1907 年斯坦因到来时情况一直如此。⑥从这种状况来看,1906 年五月署任的安肃道道台崇俊基本没有机会再从汪宗翰处得到敦煌写卷了,他是否会从王道士处得到藏卷还无法确定,不过可以肯定的是,和尔赓额和徐锡祺一定会收到汪宗翰送礼来的藏经洞文物。

关于和尔赓额藏敦煌藏经洞文物,目前还没有发现有关的信息。不过敦煌民间有王道士给和尔赓额赠送经卷的故事,相传和尔赓额本人书法造诣颇深,

① 吕钟:《重修敦煌县志》,兰州:甘肃人民出版社,2002 年,第 646 页。

② 王冀青:《1907 年斯坦因与王圆禄及敦煌官员之间的交往》,《敦煌学辑刊》2007 年第 3 期,第 63—64 页;蔡副全:《叶昌炽与敦煌文物补说》,《敦煌研究》2011 年第 2 期,第 98 页。

③ [清]升允、长庚:《甘肃全省新通志》,宣统元年刻本。

④ 荣新江:《敦煌学十八讲》,北京:北京大学出版社,2001 年,第 57—60 页;王冀青:《关于敦煌写本廷栋收藏品》,《敦煌学辑刊》2008 年第 2 期,第 1—9 页;王冀青:《廷栋旧藏敦煌写经入藏时间辨正》,《学习与探索》2008 年第 3 期,第 213—215 页。

⑤ 卫聚贤:《敦煌石室》,《说文月刊》1946 年第 3 卷 10 分,第 24 页。

⑥ 王冀青:《国宝流散——藏经洞纪事》,兰州:甘肃教育出版社,2007 年,第 38 页。

不大瞧得上经卷上的翰墨,所以对王道士送来的写经并不看重。1905 年和尔赓额转赴新疆任职,他所得到的敦煌写经应该被其带到了新疆,之后下落不明。①徐锡祺曾在甘肃任过职,以前学界对他关注不多,不过陕藏西博 006 号和西博 008 号写经提供了极其重要的资料,使我们知道了徐锡祺藏卷的具体情况,有助于进一步了解早期敦煌写经的流散史。

关于徐锡祺的事迹文献中记载不多,在中国第一历史档案馆收藏有一件《徐锡祺履历折片单》(下文简称为《履历单》,档案号:单 0075-12)和一些奏折,《履历单》档案馆原来标注为光绪七年(1881 年),根据内容分析疑误,当是光绪八年(1882 年)。根据目前可知的相关材料②,我们把徐锡祺的生平小传整理如下:

> 徐锡祺,四川邛州直隶州人,道光二十二年(1842 年)生。早年由附贡生报捐通判,投效陕甘总督杨岳斌军营,后经时任护理陕甘总督恩麟奏留甘肃差委。同治五年(1866 年),在收复宁灵一事中,徐锡祺于中卫会同兵勇防守,出力劳绩较著,经宁夏道三寿等详请奖励,宁夏将军穆图善认为其人尚精明,能耐劳苦,遂予以保奏,奉旨免选本班,以同知直隶州知州,不论双单月遇缺前尽先选用,并赏戴蓝翎。同治六年(1867 年),因私给跟丁七品顶戴,在营弁勇无不同声訾议。穆图善以其任意夸张、胆大妄为殊

---

① 王冀青:《国宝流散——藏经洞纪事》,兰州:甘肃教育出版社,2007 年,第 33 页。

② 中国第一历史档案馆:《兼署陕甘总督穆图善奏为特参直隶州知州徐锡祺胆大妄为请革职事折(同治六年十月二十四日)》,档案号 03-4633-148;中国第一历史档案馆:《署理陕甘总督穆图善奏为查明已革蓝翎候选同知直隶州知州徐锡祺投营效力奋勉立功请开复事折(同治七年)》,档案号 04-01-13-0312-017;中国第一历史档案馆:《甘肃遇缺尽先题奏道徐锡祺奏为蒙恩准以遇缺尽先题奏道员发往甘肃差委谢恩事折(光绪八年七月十二日)》,档案号 04-01-13-0351-058;台北"故宫"博物院:《陕甘总督谭钟麟之奏折(光绪十年三月十六日)》,档案号 125791;中国第一历史档案馆:《陕甘总督谭钟麟奏为委令徐锡祺署理宁夏道事折(光绪十二年十二月初九日)》,档案号 03-5216-028;中国第一历史档案馆:《署理陕甘总督陶模奏为委任徐锡祺署理平庆泾固化道事折(光绪二十二年九月二十六日)》,档案号 03-5347-046;中国第一历史档案馆:《署理甘肃按察使徐锡祺奏报接署臬司印务日期事折(光绪二十七年正月十三日)》,档案号 03-5399-098;中国第一历史档案馆:《护理陕甘总督何福堃奏为委任徐锡祺署理甘肃按察使事折(光绪二十七年正月十五日)》,档案号 03-5399-096;中国第一历史档案馆:《陕甘总督松蕃奏请以徐锡祺署理兰州道事折(光绪二十八年正月十八日)》,档案号 03-5411-096;中国第一历史档案馆:《陕甘总督松蕃奏为徐锡祺署理安肃道事折(光绪三十一年四月三十日)》,档案号 03-5441-138;秦国经编:《清代官员履历档案全编(第四册)》,上海:华东师范大学出版社,1997 年,第 42~43 页;左宗棠:《饬委张槐等署理宁夏知府各遗缺片(光绪四年四月二十一日)》,《左宗棠全集》(第七册),长沙:岳麓书社,2009 年,第 97 页。

属、有玷官常、不堪造就为由,请旨将其革职,军机大臣奉旨,徐锡祺即被革职。被革职后,徐锡祺愧奋交加,以年力正壮,不甘废弃,情愿投营效力自赎。同治七年(1868年),官军攻克渭源、狄道二城,徐锡祺奉委转运军火等项,随同进战,歼贼多名,首先爬上狄道州城,亲斩要逆。穆图善认为其人经此番惩戒,行动举止渐知收敛,痛改从前轻躁之非,尚与始终不堪造就者有间,遂请开复原官、蓝翎,并免缴捐复银两。奉旨吏部议奏,旋经部议照准,仍缴捐复银两,奉旨依议。同治九年(1870年),署靖远县知县,复经吏部议奏,改留甘肃,以原官归原班补用,奉旨依议。同治十一年(1872年),荡平金积堡贼巢案内出力,经大学士陕甘总督左宗棠保奏,奉旨赏加同衔。是年十二月,丁母忧,卸事回籍守制。光绪元年(1875年)三月,服阕,到甘候补。光绪二年(1876年),在甘肃全省肃清案内出力,经左宗棠保奏免缴捐复银两,吏部议复照准,奉旨依议。光绪三年(1877年),绥来县知县荣还撤委遗缺,左宗棠檄委甘肃补用同知、直隶州知州徐锡祺代理。后克复乌鲁木齐各城案内出力,经左宗棠保奏,奉旨赏换花翎。光绪四年(1878年),卸事,经伊犁将军金顺咨调,留营差委。光绪五年(1879年),在克复玛纳斯南城之战中出力,经左宗棠、金顺保奏,奉旨免补本班,以知府仍留甘肃,遇缺尽先题奏,并赏加盐运使衔。光绪六年(1880年),历次剿办窜回西北两路肃清案内出力,经金顺保奏,奉旨免补知府,以道员仍留甘肃,遇缺尽先题奏,并赏给二品顶戴。光绪八年(1882年)七月初十日,吏部带赴内阁,经钦派王大臣验放。十一日,覆奏堪以发往,奉旨依议。十二日,上谢恩折。光绪八年十一月初八日,徐锡祺到甘肃,至光绪九年(1883年)十一月初八日,试看一年期满,由藩、臬两司出具考语,陕甘总督称其年力正强,才具明晰,堪以留省补用。光绪十二年(1886年),署理分巡宁夏道。光绪十六年(1890年),徐锡祺署理西宁道。光绪二十二年(1896年),徐锡祺署任分巡平庆泾固化道。平庆泾固化道员缺,因此地汉回杂处,事务较繁,署理陕甘总督陶模奏委徐锡祺署理。光绪二十七年(1901年),署理甘肃按察使。光绪二十八年(1902年),署理兰州道。光绪三十一年(1905年),署理安肃道兼嘉峪关监督税务。光绪三十二年(1906年)五月,调任他处。

　　关于徐锡祺署安肃道道台的具体时间,学界曾有不同的说法。根据中国第一历史档案馆收藏的清代官员履历材料,1905年9月16日光绪皇帝下旨安肃道道台和尔赓额升任四川按察使,所遗一职由廷栋接任。此时廷栋担任锦州知府,由于锦州距离甘肃遥远,而且廷栋还需回京陛见、省亲等,所以安肃道道台一职先由徐锡祺署任,廷栋实际到达甘肃的时间要迟至1906年下半年,而此时的安肃道道台亦在五月由兰州知府崇俊署任。[①]王冀青还指出和尔赓额是在1905年七月转任新疆的,惜没有说明具体依据。[②]在西博006号和西博008号写经中,徐锡祺题识分别为"光绪三十一年秋七月朔七日分巡安肃使者徐锡祺敬阅于酒泉节署"和"光绪三十一年乙巳新秋朔七日分巡安肃使者徐锡祺敬阅于酒泉节署",可知徐锡祺在1905年七月七日已经署任安肃道道台一职了。

　　徐锡祺任安肃道道台时间在1905年七月至1906年五月之间,西博006号和西博008号写经上面有徐锡祺和汪宗翰的题识,还有二人的官印钤印"分巡安肃兼管水制兵备道之关防"和"敦煌县印",徐锡祺自署为分巡安肃使者,用的是比较正规的称呼。从徐锡祺和汪宗翰的题识我们大概可以知晓,徐锡祺一上任,汪宗翰就给他送去了相当数量的敦煌藏经洞写卷,这批文物应该是1904年四月汪宗翰封存藏经洞时或之前所带出的藏品,原本都是属于汪宗翰所珍藏的,这从西博008号写经《妙法莲华经》卷六部分只有钤印"敦煌县印"和题识"敦煌令庚寅进士楚北汪宗翰敬观"即可明晰。推测徐锡祺上任后,汪宗翰为了给新上司送礼,由于藏经洞已经封存,所以他只好从自己收藏的写经珍品中挑选了一部分送给了徐锡祺。可以想象汪宗翰藏品多是藏经洞文物中的精品,这批"徐锡祺旧藏"自然弥足珍贵,而且在这两件写经上钤印留下了官印以资铭记。

　　有趣的是,在西博006号和西博008号写经上钤印有安肃道和敦煌县的

---

① 王冀青:《廷栋旧藏敦煌写经入藏时间辨正》,《学习与探索》2008年第3期,第214页。
② 王冀青:《国宝流散——藏经洞纪事》,兰州:甘肃教育出版社,2007年,第33页。

满汉文官印，而并不是一般个人的名章或收藏印。其实从宋代以来士大夫就有"假公济私"的习惯，以官印盖在自己珍藏的藏品之上，上海博物馆收藏的善本《淳化阁帖》就是其中最明显的例证。①宋人的风气一直保留到了晚清时期，这种做法尤其在西北地区官员的藏品中多有表现，徐锡祺和汪宗翰在写经上盖上自己的官印，不仅说明了这批藏卷的流散情况，也证明了文物的可靠性和真实性。1906 年之后徐锡祺的生平不明，他的旧藏又是如何辗转流落在西安的，由于资料的缺失我们已经无法知道了。

在陕西文物单位藏卷中，西博 010 号写经上面有李问渠题跋，此件写经李问渠得自伏羌县。李问渠（1884—1964 年），江苏徐州人，富收藏，尤好宋元旧椠和明清文人手札字画等，他仕官来陕，终老西安，是民国时期西安地区有名的收藏家。李问渠民国时期致力于陕西考古会之事，中华人民共和国成立后在陕西文物部门工作，据传他的藏品多数散入了西安文物商店。②西安碑林博物馆和西安博物院的藏卷中，除了有题跋的西博 010 号写经外，西博 006 号和西博008 号写经可以明确为徐锡祺旧藏，不过从写经的珍贵程度和抄写格式以及它们的文物档案记载来看，它们中的相当部分都曾属于徐锡祺旧藏。徐锡祺从酒泉带走的藏经洞写经，经过社会的变迁和人员的变动，在民国时期可能被陕西考古会等机构收藏，后来在文物机构调整的过程中又流入不同的单位，形成了今天陕藏敦煌写经的基本局面。

1907 年斯坦因到达敦煌之前早期流散的藏经洞文物，荣新江对其特点进行了总结和归纳：一是这些文物应当都是经过王道士之手送出来的；二是王道士送出来的写本和绢画属于藏经洞文物和写经中的精品；三是早期流出的绢画多数属于 10 世纪后半期绘制的，经卷也是一些比较完整的卷子；四是可以作为判别伪品的标本。③陕西文物单位藏卷中的徐锡祺旧藏，也验证了荣新江

---

① 李伟国：《上海博物馆新入藏〈淳化阁帖〉的板本归属——从宋跋、宋印入手》，《上海文博论丛》2003年第 4 期，第 32—33 页。

② 罗宏才：《民国西安古玩市场的调查与研究》，《陕西师范大学学报》（哲学社会科学版）2010 年第 4期，第 179—187 页；郎菁：《"准长安人"李问渠的几则题跋》，《收藏》2013 年第 21 期，第 88 页。

③ 荣新江：《敦煌学十八讲》，北京：北京大学出版社，2001 年，第 68—69 页。

的判断,尤其是广德三年(265 年)写本无疑可以作为标准文本来对待。

## 结　语

在早期敦煌写经的流散中, 敦煌县令和安肃道道台都在其中充当着重要的角色,陕西文物单位藏卷就为我们提供了曾经短暂署任安肃道道台的徐锡祺的收藏情况。徐锡祺旧藏的发现,不仅提供了以前少为学界所知的陕藏敦煌写经,还让我们认识到了一位在早期藏经洞文物流传过程中的重要人物。陕藏写经基本上是佛教文献,多数都是精美的长卷,保存了更多的文本内容。我们相信随着陕藏写经的全面公布,一定会为相关研究提供新的契机。

(原刊《敦煌研究》2019 年第 5 期,因刊物篇幅所限多数图版没有发表,此次全部公布)

## 唐贞观十四年交河道行军再探讨：
## 从新出赵士达墓志说起

　　贞观四年（630年），唐朝平东突厥，基本解决了来自北方的威胁。从贞观六年（632年）开始，唐廷对于西域的政策有所改变，采取了积极的行动，将羁縻状态下的西伊州纳入内地州郡系列，册封了西突厥的泥孰可汗，同时和焉耆交好。但是这种情况严重影响了高昌在西域地区的贸易垄断地位，加上西突厥内和泥孰系对立的乙毗咄陆可汗势力逐渐向西域东部地区的扩张，更大程度上掌控了西域，使得高昌彻底与唐朝反目，并和乙毗咄陆系西突厥结成盟友，联合出兵进攻焉耆，从而破坏了唐太宗想通过泥孰系突厥来控制整个西域的目的，也深深打击了唐廷。①《资治通鉴》卷一九五"唐太宗贞观十三年（639年）十二月"条载："上犹冀高昌王文泰悔过，复下玺书，示以祸福，征之入朝；文泰竟称疾不至。十二月，壬申，遣交河行军大总管、吏部尚书侯君集，副总管兼左屯卫大将军薛万均等将兵击之。"②高昌是中原和西域之间的枢纽，地理位置十分重要，故在贞观十三年十二月，唐廷发动了征讨高昌的交河道行军。

　　交河道行军是唐廷进军西域的重要战事之一，开启了西域甚至整个中亚

---

　　① 吴玉贵：《突厥汗国与隋唐关系史研究》，北京：中国社会科学出版社，1998年，第321—325页；孟宪实：《汉唐文化与高昌历史》，济南：齐鲁书社，2004年，第318—335页。王素认为，经过延寿改制后，麹文泰王权膨胀，单方面采取了对抗唐朝的行动，从而导致了高昌灭国。参氏著《高昌史稿·统治编》，北京：文物出版社，1998年，第409—421页。

　　② ［宋］司马光：《资治通鉴》，北京：中华书局，2007年，第6150页。

政治的新格局,一直受到学者们的关注,产生了许多重要的研究成果。相比永徽年间到开元时期的数次西域战事,涉及交河道行军的吐鲁番文书寥寥无几,不过在石刻史料中发现了数种涉及交河道行军的碑志,为进一步了解此次行军的细节问题提供了宝贵的信息。新见初唐四杰之一王勃撰赵士达墓志,志文典雅华丽,用典丰富多样,可从中管窥和《滕王阁序》相似的艺术特征。赵士达作为子总管参与交河道行军的事迹,具有重要的史料价值。故本文拟在释读赵士达墓志的基础上,综合石刻史料中的文本记载,对交河道行军的若干人员情况加以分析,以期对相关研究有所助益。

## 一、赵士达墓志略考

赵士达墓,2019 年发现于陕西省咸阳市,为斜坡墓道土洞墓,坐北向南,由墓道、过洞、天井、甬道和墓室组成,其中墓志出土于甬道位置。志盖盝顶型,长 76 厘米,宽 75 厘米;志石长 74.5 厘米,宽 72 厘米,正书,48 行,满行 48 字。①为讨论方便,兹摘录志文部分内容,并调整标点如下:

> 公才唯应物,早怀吴马之功;生则逢时,爱定韩彭之策。收兵上谷,发卒平林。王充既窃瀍洛,拜公为大总管。我高祖鸾舆北运,凤策西巡,封府库于秦中,列旌旗于灞上。公眇怀真契,不面伪庭,拥精骑而盘桓,侯王师而踟躇。密归诚款,备献嘉谋。高祖锡金券而明恩,降银书而喻旨。公既委名王府,拔迹戎庭,提剑而谒辕门,借箸而图方略。高祖即日授公上柱国、南康郡开国公、长平总管。寻改长平为建州,便拜公使持节、建州诸军事、建州刺史。于时,九服多故,三灵尚梗。残凶雾聚,秽河洛之城池;巨猾云屯,触乾坤之位号。公寄深方面,宠极蕃隅,金装散而士卒雄,铁剑利而俳优拙。淮阴背水,谁论地势之兵;尚父冲山,别布天官之阵。登太行而誓众,

---

① 王亮亮、赵汗青、耿庆刚:《新出〈唐赵士达墓志〉疏证》,《考古与文物》2021 年第 2 期,第 71—78 页。

则窦德摧锋；出伊阙而观师，则王充乱辙。二方之殄，我有力焉。武德七年，征还京邑，大勋既辑，皇阶无事。周王载橐弓矢，汉帝不论兵甲。高祖虽委吏责成，宠功臣而就第；而悲歌自舞，忆猛士而临边。乃拜公为齐王府护军，仍从王北讨。军还，府诛去职，以南康公归第。亭尉之逢李广，岂识将军；天子之见冯唐，还思太守。贞观伊始，獯戎肆虐，马武以兵强请战，汉文以天下为心。戍卒五千人，空屯塞下；单于卅万，已及云中。我文帝过细柳以论兵，出长杨而讲武。乃诏代国公李靖为北征大总管，仍命公为末将。代公龙钤独运，兽节长驱。奇公于去夏之初，问公以平戎之略。公气雄军旅，识洞边疆，指麾而胜负可知，图画而山川在目。代公既资成算，式振戎机，杖宗庙之威灵，纳君侯之计议。故得师无滞日，再战而扫龙庭；役不逾时，一举而清瀚海。军还，犹以齐王故事，起授左武侯龙台府折冲都尉，从班例也。柳溪余孽，葱河残狁，窥玉门而作衅，横铁丘而纵毒。贞观十三年，乃诏陈国公侯君集为征吐蕃大总管，便讨高昌，仍命公为子总管。撞钟沸鼓，阵横银海之西；偃旆潜麾，路出沙场之北。官兵既进，丑类旋消。脑卢戎而衅鼓，血康居而染锷。左右骑君之故地，尽入隄封；戊己校尉之残营，还修版筑。军还，加赏进给，官封如故。辰韩戾俗，秽貊遗区。公孙之虐政已成，箕子之高风不振。犲声朵吻，扼玄傲而傲灵诛；虺毒吹锋，凭青丘而逆王命。文皇听朝不怿，按剑长怀。雷霆震而宇县惊，天子怒而元戎动。乃诏英国公李勣为辽东道总管，仍令公隶属，及破盖牟等城，公即分兵守镇。公肃承戎律，深入寇场。招集逋狁，缮修烽侯。度王师于衽席，制长策于胸襟。属抗军谟，频纡诏答，嘉言罔伏，圣札仍存。贞观廿年，乃有诏拜公为左领军尉中郎将，还令守怀远镇。公志深家国，表置屯田，万庾兼储，三军取给。刘琨意气，非唯将帅之林；马援生平，劳受边疆之任。我皇继体，牂牁背德。国有大命，公为称首。永徽元年，诏公驰驿，讨定牂牁，便除使持节、琰州诸军事、琰州刺史。边荒校德，诸葛亮之攻心；朝廷论勋，田广明之赐秩。显庆元年，迁使持节、伊州诸军事、伊州刺史。涂交玉塞，路接金河。群蕃款慕之场，天子怀柔之地。军机是凑，传置攸殷。公备察原陵，广寻砂岸。悼壶浆之不绝，慨刍挽之无资。开田则潟卤自腴，凿井而飞泉独涌。用周行役，若有神明。视职移年，奏课连最。龙朔元年，又征公为浿江道总管，与营州都督高侃于泸河应接大总管、兵部尚书任雅相，命公破岛山大阵，仍于辽水造桥。沉砂破敌，自分龙豹之韬；鞭石成桥，无俟鼋鼍之力。师还，以军功进给，加授使持节、都督丰州诸军事、丰州刺史。熊軿戒道，隼旆临蕃。卧鼓而镇边甿，露版而徵侍子。声高列刺，义动殊邻。司马朗之临州，不论衣食；皇甫嵩之按部，每动讴歌。公大略鸣谦，深机勇退，山岳忠孝，锱铢珪组。拥旄开国，班超之事业已穷；供帐临衢，疏广之诚言未遂。总章二载，聿求归老，表书三上，有诏许焉，而公惠化所覃，华夷是仰。邪山犬吠，幸刘宠之长存；吴郡鸡鸣，嗟邓攸之忽去。攀轮卧辙，杖策而去雄州；列鼎陈钟，朝服而归故第。以咸亨三年七月十日，遘疾薨于长安里舍，春秋八十四。

赵士达卒于咸亨三年（672年），享年八十四，则当生于隋开皇九年（589年）。赵士达出于天水赵氏，赵氏在中古时期有十五望之多，分别为天水西县、下邱、金城、扶风、平原、河间蠡吾县、中山、新安、南阳穰县、酒泉、陕郡河北县、汲郡、河东、长平、信都，天水郡望居其一。[①]在时人心目中，赵氏属于士族中的小姓，毛汉光指出士族的标准以三世任官达五品者为主[②]，而赵氏在唐代社会发展中处于上升期，从出土的赵氏墓志来看，高祖到太宗时期对于其郡望记载较少；高宗到则天后时期其郡望书写增多，主要属于天水、南阳二望；至玄宗时天水郡望远远高于其他诸望。这种冒望改望的情况和唐代政治中的中央化趋势息息相关，而天水赵氏逐渐有了从郡望到姓望发展的现象。[③]初唐时期，赵氏成员多以军职为主，赵士达即其个案之一。随着唐代清流文化的加强，天水赵氏成员的入仕途径逐渐文士化，担任的官职也以文官为主体了。赵士达墓志记

---

① ［唐］林宝撰，岑仲勉校：《元和姓纂（附四校记）》，北京：中华书局，2008年，第996—1019页。在《新唐书·宰相世系表》和《古今姓氏书辨证》中，对于赵氏郡望记载有所差异，本文以《元和姓纂》为据。

② 毛汉光：《中国中古社会史论》，上海：上海书店出版社，2002年，第58页。

③ 张蕾：《唐代赵氏墓志行文结构分析》，南京：南京大学硕士论文，2013年，第5—18页。

载其嫡子为赵廉,另垂拱元年(685 年)《赵承庆墓志》言:"故丰州都督、南康公孙,左▢御率▢次子。"①南康公指的即是赵士达。据此可知赵士达至少有二子,分别为赵廉和赵▢,一为文职,一为武职。

隋末群雄并起,当时赵士达在王世充帐下效力。待高祖李渊起兵定都长安之后,赵士达亦领兵入唐。《册府元龟》卷一二六《帝王部·纳降》载:"(武德二年)八月,王世充、赵士达率其部及圃田县并来降。"②志文言赵士达归唐后得授长平总管,在长平郡改为建州后,又出任建州刺史,但是长平郡在武德元年(618 年)已经改置为州了。隋长平郡,领丹川、濩泽、沁水、端氏、高平、陵川六县,武德元年改为盖州,隶属于绛州总管府,又割丹川县置建州,乃以北朝旧州为名。武德二年(619 年),建州改隶潞州总管府。武德三年(620 年),又析置晋城县。武德六年(623 年),建州废,以丹川、晋城二县改属于盖州。③比较赵士达入唐的任官履历和武德时期建州的设置情况,二者在时间上有所差异。《旧唐书》卷五八《长孙顺德传》载:"顺德素多放纵,不遵法度,及此折节为政,号为明肃。先是,长吏多受百姓馈饷,顺德纠摘,一无所容,称为良牧。前刺史张长贵、赵士达并占境内膏腴之田数十顷,顺德并劾而追夺,分给贫户。"④长孙顺德时任泽州刺史,史传言其前任有张长贵和赵士达,故郁贤皓认为张长贵刺泽州在武德中,赵士达刺泽州在武德贞观之间⑤,今据赵士达墓志可知张长贵于武德元年至武德二年(618—619 年)任建州刺史,赵士达于武德二年至武德六年(619—623 年)任建州刺史。武德六年建州废,其地归属盖州,而赵士达在建州被废后的官职墓志无载,很可能直接归入军职征讨窦建德和王世充了。贞观元年(627 年),盖州废,复以晋城、高平、陵川三县隶泽州,一般来说泽州的行政区划在唐代的变化为泽州(618—742 年)→高平郡(742—758 年)→泽州(758—

① 周绍良、赵超:《唐代墓志汇编》,上海:上海古籍出版社,1992 年,第 728 页。
② [宋]王钦若等:《册府元龟》,北京:中华书局,2010 年,第 1511 页。
③ 郭声波:《中国行政区划通史·唐代卷》,上海:复旦大学出版社,2012 年,第 178—179 页。
④ [后晋]刘昫等:《旧唐书》,北京:中华书局,2007 年,第 2309 页。
⑤ 郁贤皓:《唐刺史考全编》,合肥:安徽大学出版社,2000 年,第 1253 页。

907 年），而武德时期设置的盖州和建州均为泽州下的旧州，故在长孙顺德本传中言赵士达乃其前任，这乃是史传书写的一般模式形成的结果，并非属于知识上的讹误。在清楚了武德初期建州的置废问题后，就会重新理解墓志所言赵士达的历官时间与史实有所出入的问题。

赵士达墓志由王勃撰文，题署为"太原祁人王勃撰"。除了赵士达墓志文外，王勃还代赵士达子作有《为原州赵长史请为亡父度人表》①，正与志文"嗣子原州都督府长史、上柱国廉"相合。《新唐书》卷二〇一《文艺上·王勃传》云：

> 王勃字子安，绛州龙门人。六岁善文辞，九岁得颜师古注《汉书》读之，作指瑕以摘其失。麟德初，刘祥道巡行关内，勃上书自陈，祥道表于朝，对策高第。年未及冠，授朝散郎，数献颂阙下。沛王闻其名，召署府修撰，论次《平台秘略》。书成，王爱重之。是时，诸王斗鸡，勃戏为文檄英王鸡，高宗怒曰："是且交构。"斥出府。勃既废，客剑南。尝登葛愦山旷望，慨然思诸葛亮之功，赋诗见情。闻虢州多药草，求补参军。倚才陵藉，为僚吏共嫉。官奴曹达抵罪，匿勃所，惧事泄，辄杀之。事觉当诛，会赦除名。父福畤，繇雍州司功参军坐勃故左迁交趾令。勃往省，度海溺水，痵而卒，年二十九。②

王勃由沛王府出游巴蜀，或当在总章二年（669 年）春夏之间；之后约在咸亨二年（671 年）秋冬自巴蜀返回京师，至任虢州参军或在咸亨三四年间；杀官奴及会赦除名，似是咸亨五年即上元元年（674 年）事。③赵士达卒于咸亨三年（672 年）七月，葬于咸亨四年（673 年）十月，正处于王勃从巴蜀返京赴虢州任参军的时间内。墓志文和《为原州赵长史请为亡父度人表》的写作时间基本同时，很可能在赵士达卒后不久，王勃返回长安后无职状态下所撰，不然的话题署按照惯例会加上所任官职，如写作"虢州参军王勃撰"等。王勃在咸亨四年已

---

① ［清］董诰等编：《全唐文》卷一七九，北京：中华书局，1983 年，第 1820 页。
② ［宋］欧阳修、宋祁：《新唐书》，北京：中华书局，2006 年，第 5739 页。
③ 傅璇琮主编：《唐才子传校笺》卷一，北京：中华书局，1995 年，第 26—29 页。

经出任虢州参军,从时间推断不会晚于十月,那么墓志文中的葬日很可能在王勃撰文时乃以空缺或"某某"指示,墓志刊刻时方由赵廉补充上了具体的内容。同时也可以说明,王勃任虢州参军应在咸亨三年七月之后。

**二、赵士达与交河道行军**

赵士达归唐后,参与了唐朝数次重要的战事,先后平定窦建德、王世充,随李靖平灭东突厥汗国、征讨高昌,前后两次随李勣和任雅相征伐高丽、平叛牂牁等,并且两度出刺地方,一任伊州刺史,一任丰州刺史,二地均属于防患外域的重要地区。他是初唐军事史上的一位重要将领。

对于赵士达在交河道行军中的作为,志文言道:"柳溪余孽,葱河残犷,窥玉门而作衅,横铁丘而纵毒。贞观十三年,乃诏陈国公侯君集为征吐蕃大总管,便讨高昌,仍命公为子总管。撞钟沸鼓,阵横银海之西;偃旆潜麾,路出沙场之北。官兵既进,丑类旋消。脑卢戎而衅鼓,血康居而染锷。左右骑君之故地,尽入隄封;戊己校尉之残营,还修版筑。军还,加赏进给,官封如故。"葱河,本指葱岭左右流出之水,一般用来指古代的西域及印度,在汉文史料中则多表示狭义上的西域之地,如阿史那忠墓志云:"圣驾雷动,问罪东夷,公衔命风驰,慰抚西域。旆悬渤泽,骑越葱河。处月、焉耆,共稽王略。公扬威电击,诸戎瓦解。前庭宝马,驱入阳关;罽宾飞鸾,将充禁籞。辽东奉见,诏隆奖饰,仍授上柱国。"[1]另外,葱河与葱山还有相混的情况出现,如永徽六年(654年)五月唐廷任程知节为葱山道行军大总管以讨贺鲁,安元寿墓志则写道:"至永徽年中,贺鲁叛常,惊扰沙塞。贰师振旅,将荡毡裘之孽;五道分麾,实籍偏裨之伍。别敕差公充葱河道检校兵马使。贼平军回,加授右武卫羲仁府折冲都尉。"[2]志文言侯君集为征吐蕃大总管,并不是习见的交河道行军大总管,这并非王勃不了解此次军事

---

① 周绍良、赵超:《唐代墓志汇编》上元〇二四,上海:上海古籍出版社,1992年,第602页。
② 陈尚君:《全唐文补编》卷一八,北京:中华书局,2005年,第227页。

行动的目的地，而可能是他为了行文而故意为之。

需要注意的是，王勃在志文中用"左右骑君之故地"和"戊己校尉之残营"来指称高昌。汉代的扜弥、于阗、莎车、疏勒、尉头、姑墨、温宿、龟兹、危须、西且弥国等西域诸国中，均置有左右骑君的官职，如《汉书》卷九六上《西域传》言道："于阗国，王治西城，去长安九千六百七十里。户三千三百，口万九千三百，胜兵二千四百人。辅国侯、左右将、左右骑君、东西城长、译长各一人。"①如果说"左右骑君"的指代比较宽泛的话，"戊己校尉"的含义就较为明确了。戊己校尉，汉代官名，属西域都护府下，掌屯田之责，有丞、司马各一人，候五人，秩比六百石。《魏书》卷一○一《高昌传》载："高昌者，车师前王之故地，汉之前部地也。东西二千里，南北五百里，四面多大山。或云昔汉武遣兵西讨，师旅顿弊其中，尤困者因住焉。地势高敞，人庶昌盛，因云'高昌'。亦云其地有汉时高昌垒，故以为国号。东去长安四千九百里，汉西域长史、戊己校尉并居于此。"②汉元帝置戊己校尉于高昌之地，王勃此处用典乃实指之辞。

康子相墓志言："贞观十年敕授陪戎校尉。任连七萃，职典五营，外立戊己之功，内恣步兵之赏。"③康子相，粟特康国人，显庆二年（657年）卒，显庆三年（658年）葬，春秋六十六。王素指出，康子相墓志文中的"戊己"向为高昌代称，"外立戊己之功"无疑是指讨伐高昌之役。④在墓志用典中，"戊己"往往有虚指的现象，结合康远墓志"有去病漂姚之号，超伯宗戊己之名"和张君妻朱氏墓志"班齐戊己，志盖甘陈"等语，刘森垚认为"戊己"在墓志中往往指的是建功边疆，而并非专指"高昌"。⑤志文中的用典，到底是实指还是虚指，需要结合具体的句式语境判断，据此来看康远墓志和张君妻朱氏墓志的行文无疑乃虚指，而

① ［汉］班固：《汉书》卷九六上《西域传·于阗国》，北京：中华书局，1996年，第3881页。
② ［北齐］魏收：《魏书》（修订本），北京：中华书局，2017年，第2429页。
③ 曹建强、马旭铭：《唐康子相墓出土的陶俑与墓志》，《中原文物》2010年第6期，第108页。
④ 王素：《唐康子相和成公崇墓志中有关高昌与西州的资料——近年新刊墓志所见隋唐西域史事考释之三》，《故宫博物院院刊》2016年第1期，第93页。
⑤ 刘森垚：《中古西北胡姓与边疆经略研究——以墓志文献为主要素材》，西安：陕西师范大学博士论文，2018年，第189页。

康子相墓志的行文则更可能是实指。赵士达墓志与康子相墓志均写作于唐高宗时期,从王勃的笔法来看,在时人的观念中"戊己"是和讨伐高昌关联一起的,故王素意见近是。

行军作为战时临时性的军事组织,高级将领主要有行军元帅、行军大总管、行军总管、子总管等。行军元帅主要设置于唐高祖武德时期,基本以亲王担任,贞观以后逐渐成为虚号。行军大总管是唐代行军统帅的主要职务,主要在太宗到则天后时期发挥着作用。行军总管则大致分为三类情况,第一种是单独作为某道行军统帅,第二种是针对某些敌人同时设置了多道行军,每道行军总管之间互不统领,第三种是在大总管下设立若干道行军,各道行军总管均是大总管的下属,但也具有一定的独立性。①交河道行军的人员结构属于在大总管下分设数道行军的情况。行军大总管、行军总管和子总管都是行军实职的将领,《唐六典》卷五《尚书兵部》云:

> 凡亲王总戎则曰元帅,文、武官总统者则曰总管。以奉使言之,则曰节度使,有大使焉,有副大使焉,有副使焉,有判官焉。若大使加旌节以统军,置木契以行动。凡将帅出征,兵满一万人已上,置长史、司马、仓曹、胄曹、兵曹参军各一人;五千人已上,减司马。诸军各置使一人,五千人已上置副使一人,万人已上置营田副使一人;每军皆有仓曹、兵曹、胄曹参军各一人。……凡诸军、镇每五百人置押官一人,一千人置子总管一人,五千人置总管一人。……凡诸军、镇大使、副使已下皆有傔人、别奏以为之使:大使三品已上,傔二十五人,别奏十人;副使三品已上,傔二十人,别奏八人;总管三品已上,傔十八人,别奏六人。子总管四品已上,傔十一人,别奏三人。②

子总管为四品官员,所统兵力的单位为营,唐制规定副使、总管取折冲以

---

① 孙继民:《唐代行军制度研究》(增订本),北京:中国社会科学出版社,2018年,第100—111页。
② [唐]李林甫:《唐六典》,北京:中华书局,2008年,第158—159页。

上官员充当,子总管主要取果毅以上官员担任,赵士达以左武侯龙台府折冲都尉充交河道行军子总管,和咸亨三年(672年)姚州道行军中担任子总管的刘会基身份一致。赵士达在交河道行军中,属于侯君集中军直属的子总管之一,在征讨高昌的战事中立功颇多。

### 三、碑志所见交河道行军之军将

交河道行军侯君集领兵讨伐高昌,关于出征的主要将领,《新唐书》卷二二一上《西域上·高昌》载:"帝复下玺书示文泰祸福,促使入朝,文泰遂称疾不至。乃拜侯君集为交河道大总管,左屯卫大将军薛万均、萨孤吴仁副之,契苾何力为葱山道副大总管,武卫将军牛进达为行军总管,率突厥、契苾骑数万讨之。"[1] 在其他传世文献中,参加讨伐高昌战事的人员稍有差异,不过在石刻史料里记录了很多人员情况,除了赵士达外,还有身份不一的高中低级官员,提供了交河道行军诸多方面的细节。为讨论方便,兹摘引相关碑志文并列表如下:

唐灭高昌的过程,嶋崎昌、长泽和俊、王素和许程诺等有详尽的讨论,此不

| 碑志名称 | 相关内容 |
| --- | --- |
| 姜行本纪功碑 | 高昌国者,乃是西汉屯田之壁,遗兵之所居,麹文泰即其苗裔也。往因晋室多难,群雄竞驰,中原乏主,边隅遂隔,问届我于□多拔王磨局至吟,靡遗启政。自皇威远被,稽颡来庭。虽沐仁风,情怀首鼠。杜远方之职贡,阻重译之往来,肆豺狼之心,起蜂虿之毒,若德聚庶贼盛无已。圣上愍彼苍生,申兹吊伐,乃诏使持节光禄大夫吏部尚书上柱国陈国公侯君集、交河道行军大总管副总管左屯卫大将军上柱国永安郡开国公薛万均、副总管左屯卫将军上柱国通川县开国男姜行本等,爰整三军,张行天罚。但妖氛未殄,将军逞七纵之威;百雉作固,英奇申九攻之略。以通川公深谋间出,妙思纵横,命前军营造攻具,乃统沙州刺史上柱国望都县开国侯刘德敏、右监门中郎将上柱国淮安县开国公衡智锡、左屯卫中郎将上柱国富阳县开国伯屈昉、左武侯郎将李海崖、前开州刺史时德衡、右监门府长史王进威等,并率骁雄,鼓行而进。以贞观十四年五月十日,师次伊吾时罗漫山北登里绀所,未尽旬月,克成奇功。伐木则山林殚尽,叱咤则川谷荡薄,冲梯蛋整,百冰碎,机艦一发,千石云飞,墨翟之拒无 |

---

① [宋]欧阳修、宋祁:《新唐书》,北京:中华书局,2006年,第6221页。

续表

| 碑志名称 | 相关内容 |
|---|---|
| 姜行本纪功碑 | 施,公输之妙讵比。大总管运筹帷幄,继以中军,铁骑亘原野,金鼓动天地,高旗蔽日月,长戟彗云霄。自秦汉出师,未有如斯之盛也。班定远之通西域,故迹罕存;郑都护之灭车师,空闻前史。雄图世著,彼独何人。乃勒石纪功,传诸不朽。① |
| 契苾嵩墓志 | 祖何力,苍天不征。年幼偏露。母谓公曰:观汝志大,在此荒隅,非是养德。比闻大唐圣君,六合归之,四夷慕义。将汝归附,汝意如何?公跪而言曰:实有诚心。若至中华,死而不恨。将部落入朝,姑堪安置。后移京兆,望乃万年。授右领军卫将军。高昌不宾,授公葱岭道总管,破国虏王。尚临洮县主,封张掖郡公。燕颔为将,班超酬西域之侯;麟阁图形,公建勋诚之节。② |
| 牛进达墓志 | 后西讨高昌,复资戎算,为交河道行军总管。星言右地,直指前庭。旌旆所临,鱼鸟惊窜。翼飔风于阆阖,送归日于崦嵫。仲山之鼎,不足称其伐;博望之言,无以穷其复。宠命隆渥,特光茅社。徙封琅邪郡公,食邑三千户。金帛之差,有踰千计。③ |
| 麴建泰墓志 | 贞观十三年,天山起祲,焉耆告氛。公占募西行,乃从军而静柝。金婆堰月,舞鹤而先登;寅叱鱼丽,弄犀渠而后末。朝致非常之赏,国绝费留之讥。乃授公上柱国、朝议郎、行天山县丞。④ |
| 唐河上墓志 | 贞观年中,拜交河道行军铠曹。以军功授朝散大夫、行卫州别驾。又迁豪州司马。竹淇旧壤,茂辑休征之摇;桐淮奥区,复阐士元之烈。⑤ |
| 曹钦墓志 | 昔卫青方高绝幕,□洽神策;霍光寄重负图,方弘徒授。比德前哲,孤映一时。仍除明威将军,拜香谷府折冲都尉、交河道总管。□无□衅□□地,汤池由其失险,火坂所以销烟。功冠诸军,独标上赏。赐□卅人、绢五百段、马廿,拜上柱国。⑥ |

① [清]董诰等编:《全唐文》卷一六二司马太贞《姜行本纪功碑》,北京:中华书局,1983 年,第 1659—1660 页。

② 周绍良、赵超:《唐代墓志汇编》,上海:上海古籍出版社,1992 年,第 1374 页。

③ 周绍良、赵超:《唐代墓志汇编续集》,上海:上海古籍出版社,2001 年,第 58 页;陈尚君:《全唐文补编》,北京:中华书局,2005 年,第 2164 页。

④ 赵君平、赵文成:《秦晋豫新出墓志蒐佚》,北京:国家图书馆出版社,2011 年,第 217 页;齐运通:《洛阳新获七朝墓志》,北京:中华书局,2012 年,第 93 页;胡戟、荣新江:《大唐西市博物馆藏墓志》,北京:北京大学出版社,2012 年,第 187 页;毛阳光、余扶危:《洛阳流散唐代墓志汇编》,北京:国家图书馆出版社,2013 年,第 53 页。

⑤ 周绍良、赵超:《唐代墓志汇编续集》,上海:上海古籍出版社,2001 年,第 233 页;陈尚君:《全唐文补编》,北京:中华书局,2005 年,第 2183 页;赵君平、赵文成:《秦晋豫新出墓志蒐佚》,北京:国家图书馆出版社,2011 年,第 231 页。

⑥ 周绍良、赵超:《唐代墓志汇编续集》,上海:上海古籍出版社,2001 年,第 166—167 页。

续表

| 碑志名称 | 相关内容 |
| --- | --- |
| 张君宽墓志 | 功超夷险,勋高上代。嘉绩之美,简于帝心,授右领军朔卫府右郎将兼右领军长史。宿卫轩陛,驱驰禁闼。晖映廊庑,价重当时。蕞尔高昌,不事王略。延师命将,讨彼凶徒。公受版庙堂,扬旌瀚海。□所未展,遘□□□。封武城县开国男,食邑三百户。① |
| 曹通神道碑 | 车师旧国,俯枕前庭;戊己遗墟,斜连后壁。负天山而版荡,拥蒲海而虔刘。圣人之德,非欲穷兵黩武;王者之师,盖为夷凶静乱。十四年,诏兵部尚书侯君集为行军大总管。军营玉帐,武略珠韬。旌旗蔽于日月,金鼓闻于天地。安人保大,实凭帷幄之谋;斩将搴旗,咸藉武夫之力。君缅怀高义,思报国恩。从来六郡之子,是惟万人之敌。梯冲所及,披靡坚城。矛戟所临,野无横阵。一举而清海外,再战而涤河源。饮至策勋,抑惟恒授,诏除上柱国。② |
| 丘英起墓志 | 区宇初定,华戎未一。阴山之下,时候河冰。翰海之上,恒随满月。君窃慕义阳,有怀博望,衔命奉节,直造王庭。无以家为,表匈奴之必灭;成图有对,知霍氏之将衰。文明御历,念功唯旧。授君龙骧府果毅都尉,封临济县开国子。西垂作寇,天计将行。君以雄勇,恒思报效。风驱电扫,直指交河。衄锐摧坚,名高将士。勋庸未烈,庭荫遽倾。③ |
| 杨敏墓志 | 左屯卫大将军以公壮气从横,风情倜傥,重而顾问,表知将相之门。持奏授京畿望苑府果毅。至于高昌初破,戎狄土崩,静乱宁民,非贤莫可。授西州岸头府果毅都尉。诏授上柱国、广饶县开国男,封邑三百户。④ |
| 侯仁恺墓志 | 释褐杞州司功,又转颍州司户。才高调下,有志无时,苟且销声,非其位也。上以西州创置,邻狄跨羌,天山一邦,寔惟襟带。妙练文武,镇遏边垂。君勇冠三军,当斯五辟,遂应嘉命,朝野荣之。亦既下车,政平讼息,乃降恩敕,深难能官。以征龟兹有功,酬庸之赏。既而功高见疾,赏厚被疑,甘临之谤遂兴,采葛之谗斯及。以贞观廿一年二月十三日非命于任,春秋卌有九。⑤ |

---

① 吴钢:《全唐文补遗》第5辑,西安:三秦出版社,1998年,第100页。

② [唐]杨炯著,祝尚书笺注:《杨炯集笺注》卷八,北京:中华书局,2016年,第1158页。

③ 赵君平、赵文成:《秦晋豫新出墓志蒐佚》,北京:国家图书馆出版社,2011年,第140页;齐运通:《洛阳新获七朝墓志》,北京:中华书局,2012年,第70页。

④ 周绍良、赵超:《唐代墓志汇编续集》,上海:上海古籍出版社,2001年,第46页。

⑤ 赵君平、赵文成:《秦晋豫新出墓志蒐佚》,北京:国家图书馆出版社,2011年,第146页;毛阳光、余扶危:《洛阳流散唐代墓志汇编》,北京:国家图书馆出版社,2013年,第7页。

续表

| 碑志名称 | 相关内容 |
|---|---|
| 韩逻墓志 | 大唐膺图，弹冠入仕，起家任右武卫翊卫校尉。机神警瞻，智迈前踪，藻思谋谟，德逾往哲。允文允武，怀经纬之材；立效立功，抱忠贞之节。□□侍卫，出入禁门，夙夜恪勤，名播朝野。廉蔺挹其风猷，樊邓美其勇冠。是以西征戎国，席卷高昌；东伐岛夷，骖驾辽右。控弦则箭开伏石，按剑则陈不当锋。大树坐□，丹车绛阙，册而受职。功简帝心，勋庸必著。贞观廿二年二月廿九日诏授游击将军、右武卫信义府右果毅。① |
| 张胫墓志 | 至武德九年，被使宁庆道招慰。虽皎□忠正，匪石以固其心；而猾哉部司，铄金以成其恶。天慈是恤，转从灵州。至贞观二年，又蒙追入，还复旧任。又令君开拓以西卅六州诸道。既而凿空喻境，汉使之劳从积；谤书盈啮，魏臣之罪遂彰。俄被除名，因而取逸。既而皇恩载佇，乃眷功臣，高垂代日之辉，俯鉴燕霜之彩。频下恩诏，特存优抚。恐家累不给，乃赐物二百五十段。十三年，有事高，特敕追君议以西军事，君疾而变赴。② |
| 萨孤吴仁墓志 | 贞观四年，又转右武卫广武府统军。五年，进封牟平县开国侯，食邑七百户。九年，从军西讨，生擒吐谷浑南昌王慕容于阵，加云麾将军。十年，迁左屯卫中郎将。十二年，又迁右骁卫将军。十三年，授交河道行军总管。十四年，以平西域勋，改封朔方郡开国公，食邑二千户。其年，又迁左武侯将军。十九年，从征辽东，授左六马军总管。③ |
| 张弼墓志 | 贞观之始，情礼云毕。前宫寮属，例从降授，补右卫仓曹参军。于时獯丑未宁，边烽屡照。太宗临轩，有怀定远；召公将命，追美凿空。具禀圣规，乘轺回鸾。历聘卅国，经涂四万里。料地形之险易，觇兵力之雌雄。使返奏闻，深简帝念，加阶赐帛，宠命甚优。④ |
| 李宽碑志 | 李宽神道碑文："属高昌负阻，不通声教，天子申吊伐之威，将军统熊罴之旅，以公为副总管。克定方隅，封上原县开国侯，食邑七百户。"⑤李宽墓志文："高昌背诞，不修职贡，发貔豹之师，翦鲸鲵之毒，以公勇略兼着，授行军副总管。爰泊凯旋，策勋居最，封上原县开国公，食邑七百户。"⑥ |

① 周绍良、赵超：《唐代墓志汇编》，上海：上海古籍出版社，1992 年，第 192—193 页。

② 洛阳市第二文物工作队：《洛阳新获墓志续编》，北京：科学出版社，2008 年，第 338 页。

③ 李宗俊：《〈唐萨孤吴仁墓志〉与雁门萨氏源流考》，《山西大学学报》（哲学社会科学版）2020 年第 6 期，第 76—77 页；王书钦：《百战愈古稀 丹青悭一传——新出唐〈萨孤吴仁墓志〉考释》，周伟洲主编《西北民族论丛》第 22 辑，北京：社会科学文献出版社，2021 年，第 44 页。

④ 胡戟、荣新江：《大唐西市博物馆藏墓志》，北京：北京大学出版社，2012 年，第 225 页。

⑤ 权敏：《新见〈唐太常卿陇西公李宽碑〉考释》，《文博》2016 年第 6 期，第 82 页。

⑥ 胡可先、徐焕：《新出土唐代李宽碑志考论》，《浙江大学学报》（人文社会科学版）2018 年第 1 期，第 117 页。

续表

| 碑志名称 | 相关内容 |
| --- | --- |
| 康子相墓志 | 贞观十年,敕授陪戎校尉。任连七萃,职典五营,外立戍己之功,内恣步兵之赏。① |
| 王义康墓志 | 暨车师背诞,朝觐有衍,天子虑轸闻罄,龚行吊伐。贞观十四年,傺吏部尚书、陈国公平高昌,起家授儒林郎,守安西都护府参军事。② |

赘言。③在参加作战的将领中,阿史那社尔的情况需要进行具体辨析,《新唐书》卷一一〇《阿史那社尔传》载:"(贞观)十年入朝,授左骁卫大将军,处其部于灵州。诏尚衡阳长公主,为驸马都尉,典卫屯兵。十四年,以交河道行军总管平高昌,诸将咸受赏,社尔以未奉诏,秋毫不敢取,见别诏,然后受,又所取皆老弱陈弊。太宗美其廉,赐高昌宝钿刀、杂彩千段,诏检校北门左屯营,封毕国公。"④《旧唐书》本传仅言其为"行军总管"⑤,故一般以为阿史那社尔在此次战事中担任的是交河道行军总管。在讨伐高昌之战中,实际上唐廷派出了两路军队,一路以侯君集为交河道行军大总管,所率士卒以汉兵为主;一路以契苾何力为葱山道行军副大总管,兵卒以铁勒突厥等骑兵为主,阿史那社尔乃突厥将领,故许程诺认为阿史那社尔担任的应该是葱山道行军总管,在契苾何力帐下听命。⑥不过从两《唐书》阿史那社尔本传的记载来看,其所担任的当是交河道行军总管。

对于蕃将统兵,唐太宗在信任放权的同时,也是有所防范的。《旧唐书》卷一〇六《李林甫传》载:"国家武德、贞观已来,蕃将如阿史那社尔、契苾何力,忠

① 曹建强、马旭铭:《唐康子相墓出土的陶俑与墓志》,《中原文物》2010年第6期,第108页。
② 朱安:《武威近年来出土四合隋唐墓志》,《陇右文博》2017年第3期,第5页。
③ [日]嶋崎昌:《隋唐时期の东トウルキスタン研究—高昌国史研究を中心として》,东京:东京大学出版会,1977年,第81—170页;[日]长泽和俊:《唐の高昌远征について》,《史观》第102册,1980年,第18—33页;王素:《高昌史稿·统治编》,北京:文物出版社,1998年,第422—435页;许程诺:《贞观十四年唐伐高昌行军线路研究》,兰州:兰州大学硕士论文,2016年。
④ [宋]欧阳修、宋祁:《新唐书》,北京:中华书局,2006年,第4115页。
⑤ [后晋]刘昫等:《旧唐书》卷一〇九《阿史那社尔传》,北京:中华书局,2007年,第3289页。
⑥ 许程诺:《贞观十四年唐伐高昌行军线路研究》,兰州:兰州大学硕士论文,2016年,第8—11页。

孝有才略,亦不专委大将之任,多以重臣领使以制之。"①契苾何力任葱山道行军副大总管乃太宗有意为之,其节制者当为侯君集。葱山道行军属于唐廷征讨高昌之整体军事行动的一部分, 所以在文献中经常有以交河道行军统称二路行军的情况,本文亦以此称之。

姜行本　姜謩之子,两《唐书》有传。姜行本在贞观时期先后历将作大匠、左屯卫将军,然后参加了交河道行军。《旧唐书》卷五九《姜行本传》云:"及高昌之役,以行本为行军副总管,率众先出伊州,未至柳谷百余里,依山造攻具。其处有班超纪功碑,行本磨去其文,更刻颂陈国威德而去。遂与侯君集进平高昌,玺书劳之曰:'攻战之重,器械为先,将士属心,待以制敌。卿星言就路,躬事修营,干戈才动,梯冲暂临,三军勇士,因斯树绩,万里逋寇,用是克平。方之前古,岂足相况。'及还,进封金城郡公,赐物一百五十段、奴婢七十人。"②贞观十八年(644 年),随太宗征讨高丽,在盖牟城战事中中流矢而亡,之后陪葬昭陵。

从哈密穿过 60 公里左右的戈壁滩,在进入东天山山岭峡口不远处的路东斜坡之上, 有一块天然的大岩石, 即姜行本纪功碑。此碑是在东汉永和五年(140 年)碑的西面磨去旧文镌刻而成的,到了清代已经很难辨识文字。东汉永和五年碑并非班超所立,乃后人附会所言。另外还有一块姜行本碑,此碑原先立于山北松树塘处,清末搬移到乌鲁木齐,目前保存在新疆博物馆内。③姜行本纪功碑和姜行本碑分别刻立于山南和山北,两两对应似乎有着特别的寓意。以姜行本纪功碑为代表的唐代纪功碑的形制和内容,是汉代纪功碑的延续和继承,表明了汉唐时期中原王朝在西域的经营,以及民族之间的互动交融情况。该碑的镌刻,标志着唐廷治理西域进入新时代。④

---

① [后晋]刘昫等:《旧唐书》,北京:中华书局,2007 年,第 3239 页。
② [后晋]刘昫等:《旧唐书》,北京:中华书局,2007 年,第 2333—2334 页。
③ 马雍:《新疆巴里坤、哈密汉唐石刻丛考》,《出土文献研究》,北京:文物出版社,1985 年,第 200—202 页。
④ 朱玉麒:《汉唐西域纪功碑考述》,《文史》2005 年第 4 期,第 138—148 页,收入氏著《瀚海零缣:西域文献研究一集》,北京:中华书局,2019 年,第 15—32 页。

据姜行本纪功碑记载，交河道行军大总管为侯君集，副大总管为薛万均和姜行本，其他人员还有刘德敏、衡智锡、屈昉、李海崖、时德衡和王进威，这几个人可能为交河道行军的行军总管和子总管。刘德敏，贞观九年（635年）任盐泽道行军副总管征讨叛羌，还曾担任过梁州都督。李海崖，史传中有时候写作"李海岸"，平定高昌之役后，在青丘道行军中以右武侯将军出任行军副大总管，在昆丘道行军中以左武卫将军出任行军总管。而衡智锡、屈昉、时德衡和王进威等人的事迹不明。

契苾何力　铁勒人，两《唐书》有传。贞观六年（632年）归附唐廷，七年（633年）与薛万均、李大亮等征讨吐谷浑，"十四年，为葱山道副大总管，讨平高昌"[①]。之后，又参加了昆丘道行军、弓月道行军、辽东道行军等，颇立军功，仪凤二年（676年）卒，陪葬昭陵。除了契苾嵩墓志外，契苾通墓志云："五代祖讳何力，在贞观初，发齿尚幼，率部落千余帐，效款内附。太宗嘉之，授左领军将军。后以征讨有劳，尚临洮县主，为葱岭道副大总管。"[②]在石刻史料里，契苾何力在征讨高昌战事中担任的职务均作"葱岭道副大总管"，与史传的"葱山道副大总管"有别，其因俟考。契苾何力率领的葱山道行军，主要针对的是西突厥势力。在侯君集大军平定高昌后，驻扎在高昌不远处可汗浮图城的西突厥军队在其叶护阿史那步真的带领下，归顺了唐廷。《新唐书》卷二二一上《西域上·高昌》载："初，文泰以金厚饷西突厥欲谷设，约有急为表里；使叶护屯可汗浮图城。及君集至，惧不敢发，遂来降，以其地为庭州。焉耆请归高昌所夺五城，留兵以守。"[③]交河道行军结束后，唐廷在可汗浮图城之地设置了庭州，在高昌之地设置了西州，贞观十四年（640年）唐廷以安西都护府统领伊、西、庭三州，自此整个西域乃至中亚开始进入一个新的政治局面。

牛进达　两《唐书》无传，卒后陪葬昭陵，其神道碑残泐，唯上截前七八行

---

① ［后晋］刘昫等：《旧唐书》卷一〇九《契苾何力传》，北京：中华书局，2007年，第3291页。

② 吴钢：《全唐文补遗》第1辑，西安：三秦出版社，1994年，第358页；周绍良、赵超：《唐代墓志汇编续集》，上海：上海古籍出版社，2001年，第1000—1001页。

③ ［宋］欧阳修、宋祁：《新唐书》，北京：中华书局，2006年，第6223页。

文字有存。1976 年,牛进达墓葬出土了墓志,保存完好,现存于昭陵博物馆。牛进达在隋末加入瓦岗军,武德二年(619 年)与秦叔宝、程知节等一起归唐,然后参加了平定刘武周、王世充、窦建德、刘黑闼等战事。在玄武门事变中,牛进达属于秦王府的亲信人员,之后他参与了征讨岭南冯氏、鄯善道行军、讨伐辽东、沧海道行军等重要的战事,永徽二年(651 年)卒,终官为左武卫大将军。①在交河道行军中,牛进达担任行军总管,为攻灭高昌颇建功勋。

麹建泰　高昌麹氏后裔。志文所言"焉耆告衅",指的就是高昌与西突厥共同攻焉耆,焉耆给唐朝诉讼之事。此次高昌与焉耆之战,实际是因焉耆的插入打破了高昌在唐朝与西域关系中的垄断地位,从而引起高昌的强烈反弹,高昌不愿放弃既得的经济利益与政治利益,故联合西突厥发动战事。②此事之后,高昌对唐廷继续阳奉阴违,故太宗在贞观十三年(639 年)十二月以侯君集为交河道行军大总管征伐高昌,贞观十四年(640 年)八月平定高昌,九月设置州县,麹建泰行天山县丞约在此时。麹建泰为乐安人,翟旻昊认为麹建泰是高昌王室后裔,贞观十四年高昌被平定后游宦中原。③龚静与翟旻昊意见相似,亦认为麹建泰是唐灭高昌后入中原的。④荣新江认为建泰与文泰或为兄弟,建泰贞观十三年以白身随唐军出征高昌,并担任了向导。⑤刘子凡认为建泰家族不是高昌本地人,其父祖已经在中原定居,他是因参加交河道行军来到高昌,战后被授予天山县丞一职。⑥王素认为建泰属于高昌义和政变后失败的高昌王族,他们在失败后逃亡中原并投靠了唐朝,后来在平定高昌过程中发挥了重要的作用。⑦

① 胡元超:《唐牛进达墓志对史料的补遗》,杜文玉主编《唐史论丛》第 24 辑,西安:三秦出版社,2017年,第 251—262 页。

② 吴玉贵:《突厥汗国与隋唐关系史研究》,北京:中国社会科学出版社,1998 年,第 321—328 页。

③ 翟旻昊:《新出麹建泰墓志发微》,徐冲主编《中国中古史研究》第 3 卷,北京:中华书局,2013 年,第165—183 页。

④ 龚静:《高昌平灭后的麹氏王姓——从麹建泰墓志说起》,《社会科学战线》2015 年第 5 期, 第 122—126 页。

⑤ 荣新江:《大唐西市博物館所蔵墓誌の整理と唐研究上の意義》,《东アジア石刻研究》第 5 号,东京:明治大学,2013 年,第 83 页。

⑥ 刘子凡:《瀚海天山:唐代伊、西、庭三州军政体制研究》,上海:中西书局,2016 年,第 95—96 页。

⑦ 王素:《唐麹建泰墓志与高昌"义和政变"家族》,《魏晋南北朝隋唐史资料》第 30 辑,上海:上海古籍出版社,2014 年,第 137—164 页。

不管麹建泰出身如何，他在交河道行军中担任了向导之职则是没有问题的。

唐河上　贞观十三年（639年）十二月，太宗以侯君集为交河道行军大总管，唐河上时任交河道行军铠曹，隶属牛进达帐下。行军铠曹，即行军胄曹，掌管兵家器杖。①河上，唐俭子，之前任尚书虞部员外郎，此次担任行军铠曹应当为朝廷任命之官员，后因参与平定高昌之功被升迁。贞观二十三年（649年），转殿中省尚衣奉御，后授兰州司马、献陵令兼雍州三原县令。

曹钦　京兆人。唐初随太宗平定群雄，贞观、永徽时期先后任昆山道总管、交河道总管、灵武道总管、葱山道总管等征讨四方。麟德二年（665年），拜左骁卫将军。乾封二年（666年）卒。行军是由多兵种组成的临时部队，初唐的行军以府兵为核心，谓之"征行"，但是这种征行并不是成建制地征发府兵，而是打破原来的府兵编制在全府范围内抽调相关人员，组成新的作战编制。②曹钦以香谷府折冲都尉充交河道行军总管，可以看出当时的香谷府有府兵抽调参加了此次战事。

张君宽　清河人，曾任右屯卫香谷府果毅都尉。墓志言高昌"不事王略"，正是麹文泰与西突厥攻取焉耆而引起唐朝的出兵征伐，贞观十三年（639年）十二月太宗命侯君集为交河道行军大总管以伐高昌，张君宽是此次行军的中级将领之一，贞观十四年（640年）平定高昌后被封为开国县男。贞观十九年（645年）卒，享年五十。

曹通　瓜州常乐县人。武德元年（618年），随杨恭仁讨伐贺拔行威。贞观八年（634年），随李靖征讨吐谷浑。曹通精通西域史事，在贞观十四年（640年）平定高昌之战中，他似负责引导。战后，曹通被授上柱国。龙朔元年（661年）卒，享年不详。

丘英起　河南洛阳人。丘英起在唐朝建立时颇有功劳，被授予龙泉府果毅都尉，在贞观十四年（640年）平定高昌之交河道行军中，他乃从军将领之一，可能其所属之府兵亦参加了此次战事。贞观十七年（643年）卒，享年不详。

---

① 孙继民：《唐代行军制度研究》（增订本），北京：中国社会科学出版社，2018年，第154页。

② 孙继民：《唐代行军制度研究》（增订本），北京：中国社会科学出版社，2018年，第56—68页。

杨敏　鄜州洛川人。左屯卫大将军指的是薛万均,在平定高昌之战中薛万均任交河道行军副大总管。杨敏深受薛万钧所重,此次行军应在其麾下。贞观十四年(640年)八月平定高昌,"九月,以其地为西州,各置属县"①。李方认为,杨敏应为岸头府的第一批官员,是。②贞观十七年(643年)卒,春秋四十九。

侯仁恺　上谷人。贞观十四年(640年)唐灭高昌后,以其地置西州,侯仁恺任天山县令即在此时。墓志言侯仁恺非命于任,很可能与其边州错综复杂之民族关系有关。"以征龟兹有功,酬庸之赏",唐征龟兹乃贞观二十一年(647年)十二月至二十二年(648年)事。侯仁恺任天山县令时,为昆丘道行军战事做准备,在此过程中被敌对人员杀害。侯仁恺以颖州司户职参与了交河道行军,高昌平定之后即留在西州任职。

韩逻　许州临颍人。韩逻历官比较简单,先为右武卫翊卫校尉,直至贞观二十二年(648年)方改任信义府右果毅。信义府疑在绥州信义县治所③,关于信义府隶属,韩逻墓志言其属于右武卫下,而《唐右将军魏哲神道碑》载贞观二十年(646年)诏除右武候信义府右果毅都尉④,二者时间相差两年,而隶属一为右武卫,一为右武候,当有一误。

张胫　汝南郾城人。志文"高"字后疑脱"昌"字。⑤张胫多次任职于陇右、辽东等军府,武德九年(626年)被派遣至宁庆道招慰,贞观二年(628年)开拓灵州以西三十六州诸道,贞观十八年(644年)从征辽东道,贞观二十一年(647年)为粟末道总管,显庆五年(660年)授庐山道总管,龙朔元年(661年)任鸭渌道总管,一生征讨各地,终官为右监门中郎将。

萨孤吴仁　两《唐书》无传,鲜卑贵族后裔。其墓志近年发现于西安市灞桥东。萨孤吴仁义宁初归顺李渊,武德时期先后参加了平定王世充、窦建德、刘黑闼的战事,在交河道行军中为行军总管。永徽时期先后任戎州刺史、韶州刺史、

---

① [宋]司马光:《资治通鉴》卷一九五"唐太宗贞观十四年九月"条,北京:中华书局,2007年,第6156页。
② 李方:《唐西州官吏编年考证》,北京:中国人民大学出版社,2010年,第387页。
③ 张沛:《唐折冲府汇考》,西安:三秦出版社,2003年,第109页。
④ [宋]李昉等:《文苑英华》卷九〇六,北京:中华书局,1966年,第4768页。
⑤ 石墨林:《唐安西都护府史事编年》,乌鲁木齐:新疆人民出版社,2012年,第4页。

交州刺史、右武侯将军、右金吾卫将军、右金吾卫大将军等职,麟德元年(664年)薨于远征南海之军所,"既而洞野构氛,炎州仵廓。公节麾遄迈,奉命遐征,崤险伏波之营,途危下濑之浦。楼船结阵,未达于朱崖;旭徽亡魂,遽归于玄霸"。姜行本纪功碑左侧存有题名两行,文字为:"交河道行军总管、右骁卫将军、上柱国□□□□□萨孤吴仁,领右军十五万。交河道行军总管、左武卫将军、上柱国、□□县开国公牛进达领兵十五万。"①在交河道行军中,萨孤吴仁是右军主将,据此可对整个行军的编制和人员情况有进一步的了解。

张弼 出身于南阳张氏,武德时曾为李建成之太子通事舍人。太宗即位后对于原东宫所属的态度,志云"例从降授",对比史传可知原建成旧属多被降职使用。张弼之后又奉使定边,墓志所言"出使卅国,途经四万里"虽为夸张之言,但所言他对路途上的地理情况、军事部署之关注,当是实情。②张弼此次出使西域,荣新江以为与贞观初年和突厥的争斗有所关联,出使地应当包括塔里木盆地诸绿洲王国,以及西突厥控制的粟特地区和吐火罗斯坦,而西域来访唐廷的诸国,很可能是张弼出使而促成的结果③。王素认为,张弼此次出使西域和高昌国有关,有可能在贞观元年(627年)闰三月与返回的高昌使者一起出发,贞观四年(630年)十二月再陪同麹文泰夫妇一起回到长安。④张弼出使的具体缘由与时间从目前资料来看还难以确定,不过他出使西域所带回的情报,则为后来的交河道行军提供了帮助。张弼虽然不是交河道行军的直接参与人员,但本文一并列入以备参考。张胫出使西域和张弼时间十分接近,二人是否为太宗前后所派出之人员,还需要进一步的考证,不过可以肯定张胫亦是熟悉西域情况的人员,故直接参与了交河道行军。

---

① [清]徐松:《西域水道记》卷三《巴尔库勒淖尔所受水》,北京:中华书局,2005年,第176页。

② 胡明曌:《有关玄武门事变和中外关系的新资料——唐张弼墓志研究》,《文物》2011年第2期,第70—74页。

③ 荣新江:《大唐西市博物馆所藏墓誌の整理と唐研究上の意义》,《东アジア石刻研究》第5号,东京:明治大学,2013年,第80—81页;荣新江:《唐贞观初年张弼出使西域与丝路交通》,《北京大学学报(哲学社会科学版)》2020年第1期,第113—117页。

④ 王素:《唐麹建泰墓志与高昌"义和政变"家族》,《魏晋南北朝隋唐史资料》第30辑,上海:上海古籍出版社,2014年,第154—155页。

　　李宽　赐姓李氏。李宽父与唐高祖李渊是旧识,故李宽家族在李唐建立后即归附了唐廷。武德时期,李宽参与了平定王世充与刘黑闼、征讨苑君璋等战事。贞观时期,李宽先后参加了讨伐吐谷浑、交河道行军、讨伐辽东等战事。李宽曾任沙州刺史、邢州刺史、晋州刺史、幽州都督、怀州刺史、岐州刺史、东都留守等职,卒后有神道碑和墓志共存。李宽一族在当时地位不凡,其子李道广为则天后时期的宰相,其孙李元纮在玄宗朝任宰相,李宽碑的刻立过程折射出了从则天后到玄宗时期的一系列政治变迁。①在征讨高昌时,李宽担任交河道行军的副总管,从李宽的官职来看他所担任的并非副大总管,而是某一路行军的副总管。②姜行本纪功碑的右侧题名有三行,其中可辨识者有"集□十柱国",③从目前材料来看十柱国的人选还很难全部确认,至于李宽是否属于十柱国之一还需进一步讨论。

　　康子相　粟特人。在交河道行军中,姜行本、阿史那社尔率领的是前军。康子相是突厥化的粟特人,出自东突厥的粟特旧部,而他在交河道行军中属于阿史那社尔麾下,发挥着和麹建泰类似的作用,可见在征讨高昌的军队中,既有东突厥的部卒、高昌义和政变遗留的麹氏家族人员,也有东突厥的粟特旧部之人。④

　　王义康　太原人。王义康墓2006年发现于武威市凉州区,殊为特别。王义康随侯君集参加交河道行军,因功起家守安西都护府参军事。之后又因破石城、处月之功,于贞观二十一年(647年)诏授上护军。其年丁祖父忧,贞观二十三年(649年)丁内艰,"以先公早亡,未遑宅兆。植松营墓,合葬尽仪。吏部尚书、河间公李义府,文锋壮丽,名重一时,为制碑文,以传不朽"⑤。永徽三年(652

　　① 胡可先、徐焕:《新出土唐代李宽碑志考论》,《浙江大学学报》(人文社会科学版)2018年第1期,第116—131页。

　　② 李军:《新出李宽碑志与唐初政局》,《东岳论丛》2018年第3期,第103页。

　　③ [清]徐松:《西域水道记》卷三《巴尔库勒淖尔所受水》,北京:中华书局,2005年,第176页。

　　④ 王素:《唐康子相和成公崇墓志中有关高昌与西州的资料——近年新刊墓志所见隋唐西域史事考释之三》,《故宫博物院院刊》2016年第1期,第93—100页。

　　⑤ 朱安:《武威近年来出土四合隋唐墓志》,《陇右文博》2017年第3期,第5页。

年),王义康复选任通直郎、行韩王府法曹参军事。之后历行灵州都督府仓曹参军事、行岐州麟游县令、胜州都督府司马、徐州长史等职。永隆二年(681 年)卒于私第,享年六十五。

在交河道行军中,石刻史料中没有记载的重要人物至少还有丘行恭和赵元楷。《新唐书》卷九〇《丘行恭传》载:"贞观中,坐与兄争葬所生母,废为民。从侯君集平高昌,封天水郡公,进右武候将军。"①丘行恭在交河道行军中的官职不明,不过从他被除名的身份来看,疑不会出任行军总管类的高级职务。

《资治通鉴》卷一九五唐太宗贞观十四年十二月条载:"侯君集马病蚰颡,行军总管赵元楷亲以指沾其脓而嗅之,御史劾奏其诣,左迁括州刺史。"②赵元楷,大业末为隋江都郡丞,随后归唐入仕,贞观初为司农少卿,贞观十二年(638 年)任蒲州刺史,贞观十四年(640)迁括州刺史,贞观十八年(644 年)"太宗以高丽莫离支自杀其主,发兵击新罗,新罗尽礼以事国家,数遣使稽颡请援,乃遣高丽解兵,不从,欲击之。于是敕将作大匠阎立德、括州刺史赵元楷、宋州刺史王波利往洪、饶、江等州造船舰四百艘可以载军粮泛海攻战者,且遣轻骑数千至辽东城以观其势"③。永徽五年(654 年)任殿中监,卒后获赠工部尚书。在交河道行军中,赵元楷担任行军总管,似属于十柱国之一。

据上文所述,可以对参与交河道行军的人员情况有基本了解:侯君集,交河道行军大总管;薛万均、姜行本,交河道行军副大总管;契苾何力,葱山道行军副大总管;阿史那社尔、牛进达、曹钦、萨孤吴仁、赵元楷,行军总管;李宽,行军副总管;赵士达,子总管;刘德敏、衡智锡、屈昉、李海崖、时德衡、王进威、丘行恭,具体官职不明,中高级官员;唐河上,行军铠曹;张君宽、曹通、丘英起、杨敏、侯仁恺、韩逻、张胫、康子相,具体官职不明,低级官员;麹建泰,充当向导的辅助人员;王义康,白身随军。其中,战后留在西州任职者有侯仁恺、杨敏二人,侯仁恺任天山县令,杨敏任西州岸头府果毅都尉。

---

① [宋]欧阳修、宋祁:《新唐书》,北京:中华书局,2006 年,第 3778 页。
② [宋]司马光:《资治通鉴》,北京:中华书局,2007 年,第 6160 页。
③ [宋]王钦若等:《册府元龟》卷九八五《外臣部·征讨第四》,北京:中华书局,2010 年,第 11570 页。

石刻史料记载了在交河道行军中，征行里有出自龙泉府、香谷府、望苑府三个军府的府兵，吐鲁番出土文书则提供了另外两个军府的名称。阿斯塔那第44号墓出土文书有《唐贞观十四年静福府领袋帐历》：[①]

1 贞观十四年 九 □□□ 静福 □□
2 袋肆拾 □□
3 静福府 □□
4 九月 五 日毛袋拾叁 □□□
5 付随机前瓜州 □□

同墓出土文书里还有一件同年的《唐叠布袋帐历》[②]：

1 叠布袋贰佰柒拾口，□□
2 八月卅日，付怀旧府 □□
3 九 月 二日，叠布袋叁 □□
4 队正姚世通领。

静福府和怀旧府均属于屯戍西州的府兵所属的军府，其府兵属于镇戍的性质，反映了屯戍府兵按府别编制的情况。[③]贞观十三年（639年）十二月，侯君集领兵征讨高昌。贞观十四年（640年）八月，高昌王麴文泰卒，子智盛立。八月癸酉，智盛降。九月，唐廷以高昌之地置西州。至此，唐廷以凉州为西北地区军事政治、经济的中心，西州为此中心的前沿基地，经营西域的新格局基本形成。[④]《唐贞观十四年静福府领袋帐历》和《唐叠布袋帐历》书写于九月初，那么从时

① 唐长孺主编：《吐鲁番出土文书》（录文本）第6册，北京：文物出版社，1985年，第127页。
② 唐长孺主编：《吐鲁番出土文书》（录文本）第6册，北京：文物出版社，1985年，第138页。
③ 孙继民：《敦煌吐鲁番所出唐代军事文书初探》，北京：中国社会科学出版社，2000年，第46—47页。
④ 王永兴：《唐代前期军事史略论稿》，北京：昆仑出版社，2003年，第261页。

间上来看，文书中提到的静福府和怀旧府府兵就是参加交河道行军战事结束后留下来充作镇戍的兵卒。

<h2 style="text-align:center">结　语</h2>

唐灭高昌后置西州,按照唐廷的律令制度建立起一套完整的军政体系,为经营西域发挥着极其重要的作用,保障了唐初在西域东部建立起来的统治秩序的运转。[1]石刻史料记载的参与交河道行军的军将人员,不仅丰富了对行军制度细节的认识,而且为进一步深入研究西州设立后的政治军事情况提供了新的参考。赵士达作为目前发现的唯一可以确定的行军子总管,他的履历具有重要的参照作用,而其他的十八方碑志则再现了交河道行军的军将人员组成,展现出了历史场域下的细微图景。

① 张广达:《唐灭高昌国后的西州形势》,《东洋文化》第 68 号,东京:东京大学东洋文化研究所,1988 年,第 69—107 页,收入氏著《文书、典籍与西域史地》,桂林:广西师范大学出版社,2008 年,第 114—152 页;刘安志:《唐初对西州的管理——以安西都护府与西州州府之关系为中心》,《魏晋南北朝隋唐史资料》第 24 辑,武汉:武汉大学文科学报编辑部编辑出版,2000 年,第 206—215 页,收入氏著《敦煌吐鲁番文书与唐代西域史研究》,北京:商务印书馆,2011 年,第 5—23 页。

# 麹嗣良墓志所见入唐高昌麹氏的郡望与家国认同

　　贞观十四年（640 年），唐灭高昌置西州，建立起了经营西域的根据地，从而开始了与西突厥争取西域控制权的历史进程。麹氏最后一位国主麹智盛降唐，被封为左武卫将军、金城郡公，在昭陵蕃酋像中有其立像；其弟智湛被封为右武卫中郎将，天山县公。智湛于麟德中卒，子崇裕官至左武卫大将军、交河郡王，在其卒后，封袭遂绝。在两京地区发现的麹氏后裔墓志有麹信墓志、麹建泰墓志和甘露寺尼真如塔铭，麹信是麹嘉之族孙[1]，麹建泰是流落中原的高昌麹氏一支[2]，尼真如是智湛之女[3]，通过这些材料可以对麹氏后人在中原的生活状况有所了解。目前，又有武周久视元年（700 年）的麹嗣良墓志发现于长安地区，该墓志提供了高昌王族在麹崇裕之后袭爵延续的信息，具有重要的史料价值，对于相关研究颇有助益，故稍作考释以为学界之参考。

---

　　① 吴钢主编：《全唐文补遗》第 4 辑，西安：三秦出版社，1997 年，第 398 页；周绍良、赵超：《唐代墓志汇编》，上海：上海古籍出版社，1992 年，第 968 页。

　　② 赵君平、赵文成：《秦晋豫新出墓志蒐佚》，北京：国家图书馆出版社，2011 年，第 217 页；齐运通：《洛阳新获七朝墓志》，北京：中华书局，2012 年，第 93 页；胡戟、荣新江：《大唐西市博物馆藏墓志》，北京：北京大学出版社，2012 年，第 187 页；毛阳光、余扶危：《洛阳流散唐代墓志汇编》，北京：国家图书馆出版社，2013 年，第 53 页。

　　③ 杨兴华：《西安曲江发现唐尼真如塔铭》，《文博》1987 年第 5 期，第 81 页。

### 一、麴嗣良墓志及其家族人员

郑旭东等已对麴嗣良墓志做了初步研究。[①]志盖盝顶型(图一)，拓本长宽均 87 厘米，有方界格，盖题四侧和四杀镌刻有蔓草纹，盖题 3 行，行 3 字，篆书"大周故麴府君墓志铭"。志石拓本长宽均 73.5 厘米，四侧高 15.5 厘米(图二)，有方界格，正书，志文 38 行，满行 38 字。为讨论方便，谨移录志文并标点如下：

大周故正议大夫行水衡都尉上柱国滕国公麴府君墓志铭并序

君讳嗣良，字承嘉，其先西平郡人也。自姬水导源，帝营垂胤。因麴命氏，同束皙之承家；异姓封王，拟韩信之开国。燕太子重其师傅，列簪裾于碣馆之前；汉成帝委以尚书，掌喉舌于明光之右。驰声六国，著族两京，时

图一　麴嗣良墓志盖拓本

---

① 郑旭东、郑红翔、赵占锐：《新出唐高昌王族麴嗣良及夫人史氏墓志研究》，《敦煌研究》2023 年第 1 期，第 111—120 页。

图二　麹嗣良墓志石拓本

人以白棣兴谣,世胄以青楼相映。弓冶历伐,幡旗拥门,食旧德而无绝者,于我麹君见之矣。曾祖文泰,随冠军将军、金紫光禄大夫、高昌郡王。命侯张掖,诣阙输诚,衔珠建犀节之威,推毂枚熊旌之信。婚结秩李,爵被分茅。惭申拜于金坛,果流声于沙漠。祖智湛,唐左骁卫大将军、兼安西都护、西州刺史、上柱国、天山郡开国公,食邑三千户,使持节、凉甘瓜肃伊沙六州诸军事,皇朝赠越婺二州刺史。器宇沉蔚,声芳岭迈。宅日将之恩,旧计起万全。席皇女之姻,宠光聪四尚。富贵自取,初问寿于灵龟;泉壤追荣,终赴职于京兆。父崇裕,皇朝镇军大将军、行左武威卫大将军、检校右羽林卫大将军、交河郡王,食邑三千户。少年学剑,高评新米。射声帷幄,借箸于君前。问阵山河,置兵于天上。黄羊共祭,家传曜社之基;白马同盟,代袭俾侯之封。公禀氤氲之器,承干蛊之业。天纵雄果,地灵政嶷。提防志行,斧藻仁明。初爱敬于父母,竟闻达于家国。宛千里之骐骥,下间阊以云腾。翔六月之鹏鸟，待扶摇而海运。起家渐陆，参荣储贰。时年一十五，授太子通事舍人。吐纳昭闻，□晖春诵。既有光于词令，实无晦于风雨。寻加殿中省尚乘直长。又改授朝散大夫、行尚辇直长，以清勤著称。又除尚衣奉御。恩敕又令右羽林卫押飞骑宿卫。未几，又改授水衡都尉。趋进以事乎一人，出入公家必勤乎六尚。材为时用，辞不获免。熊罴按节，即警羽林之军；鱼獭祭时，方就水衡之涉。俄而丁父忧去任。恩敕夺情，授水衡都尉。又除明威将军、行右鹰扬卫郎将。慎终追远，柴毁骨立。哀缠鲁殡，未周檀燧之年；礼抑汉恶，遽夺苫庭之服。社奉皇春，旋荣故府。严警墨经，复将中军。虽何曾以至孝，移官而潘东。以至忠事主，寻而敕以公有旧于国，加上柱国，袭封滕国公，食邑三千户。井邑不改，公侯必复。弘景丹之乡里，披绣夜行；袭桓温之封爵，因书泪下。公自少及长，栖仁践义，负王佐谋猷，有天生智略。方期北面献寿，西掖参机，运日月之灵舒，立宇宙之纲纪。方驾于稷契，致君于尧舜，何图降年不永，臧良奄及。夫子晨杖，歌及于太山；声子盈怀，梦惊于汜水。粤以圣历元年四月廿九日终于神都正俗里之私第，春秋卅九。史鱼既没，就窗下以遗言。子猷长逝，连国而可惜。呜呼哀哉。君生年清素，不荣服饰。当冠敛之际，奉敕吊问，并赐衣物等。妻孥有幸，存没承恩，赐南阳之衣物，及东阶之冠敛。哀子玄纵等，以岁月遄迈，霜露悽感，问青囊之葬兆，赴黑水之园茔。即以久视元年岁次庚子五月己酉朔廿四日壬申改窆于咸阳县之北原，礼也。霜天四塞，陵谷九泉。埋金石柱之东，偃斧璜溪之北。郊原漠漠，旌旗翻翻。松门右而烟叶晦，杨隧晚而风森飚。虽哀笳送别，感畴昔于田横；而鸣琴不赏，更悽断于张翰。西山日尽，东海尘深。若虚黄茧之词，谁告白楸之岁。谨旌不朽，遂为铭曰：

玉门西入，金城北连。白棪当世，青楼映天。日月所及，英灵必躔。其地显敞，其主仁贤。其一。稷泽蝉联，姬川烂汗。王侯天集，瓜瓞雾散。师傅朝燕，尚书仕汉。承家缎冕，历代□干。其二。爰有家宝，克嗣良□。珪璋素业，粉泽黄中。三千抃海，九万搏风。旦就尧日，暮宿轩桐。其三。国本调护，朝廷端士。鸣珮铜楼，跃鳞洞水。周储徒职，喜坰颂美。璧返珠还，善终令始。其四。荣参六尚,忠奉一人。每朝丹闱,独步清尘。羽林麾节,夜警昼巡。负以干事,德以防身。其五。汉朝夺服,都尉使者。悲袭滕公,祚分茅社。干捍武德,雍容文雅。代不乏贤,名实难假。其六。梦及膏肓,疾缠肤腠。严看电闪,林间蚁斗。辅嗣暴终,秦医莫救。云栋既析,霜苗不秀。其七。崩天远感,稚子哀攀。月既增讳,梦实思还。马嘶东洛,鸟泪西关。尸陈窗下,奠酒楹间。其八。石郭终南,沙林渭北。萧笳咽响,云天沮色。桃都真真有死生,蒿里翳翳无相识。龙头丹旐空留怅,日下黄泉深不测。既伤埋玉在丘坟,敢以生金题翰墨。其九。

麹嗣良,圣历元年(698年)卒,春秋卅九,则其生年当在显庆五年(660年)。十五岁时,麹嗣良起家授太子通事舍人,之后转殿中省任职,先后历尚乘直长、尚辇直长、尚衣奉御等。一般来讲,归附唐廷的王族和部落酋长等豪族多被授予各种将军和中郎将,之后他们的后裔很多都会在殿中省任职,如麹智湛在返回高昌之前就曾担任过尚舍奉御。殿中省掌天子服御,总领尚食、尚药、尚衣、尚舍、尚乘、尚辇六局,其中尚乘直长和尚辇直长均为正七品下,尚衣奉御为从五品上。出任殿中省官职,对于类似麹嗣良身份者而言既是唐廷的恩遇,也不乏有一定的监督之意在内。都水使者,正五品上。光宅元年(684年)改为水衡都尉,神龙元年(705年)复旧称,"掌川泽、津梁之政令,总舟楫、河渠二署之官属,辨其远近,而归其利害;凡渔捕之禁,衡虞之守,皆由其属而总制之"[1]。麹嗣良任都水监之职后,复转任武职右鹰扬卫郎将。武周时期,改左右武卫为左右鹰扬卫,翊府左右郎将各一人,正五品上。惜麹嗣良英年早逝,有子玄纵等,至此高昌王裔的情况不再明晰。

贞观十三年(639年)十二月,唐廷发动了以侯君集为大总管的交河道行军。贞观十四年(640年)八月,侯君集平高昌,"虏高昌王智盛及其群臣豪杰而还"[2],

---

① [唐]李林甫:《唐六典》卷二三,北京:中华书局,2008年,第599页。
② [宋]司马光:《资治通鉴》卷一九五"唐太宗贞观十四年八月"条,北京:中华书局,2007年,第6156页。

时太宗下《贞观年中慰抚高昌文武诏》:

> 朕抚有天下,唯行赏罚,欲使人人惩劝,皆知向善。其有邪佞之徒,劝文泰为恶损害,彼者即令与罪,以谢百姓,自外一无所问,咸许自新。其有守忠直之节,谏争文泰,及才用可称者,当令收叙,使无屈滞。今即于彼置立州县,尔等宜各竭其诚节,禀受朝风。朕为人父母,无隔新旧,但能顾守忠款,勤行礼法,必使尔等永得安宁。尔等与中国隔绝以来,多历年所,今逢清定,理愿尽心。其伪王以下及官人头首等,朕并欲亲与相见。已命行军,发遣入京,宜相示语,皆令知委勤事生业,勿怀忧惧也。①

为了巩固西州局势,一方面唐廷推行了乡里和邻保制度,建立了乡帐户籍制度;又根据西域的具体情形,建立了一套军政机构,形成了内地行政制度和边疆军事镇守相结合的统治体制。②同时唐廷大力削弱高昌旧有势力,把高昌王族、地方豪族和部分百姓迁移到了长安、洛阳等地,其中高昌王族安置于长安,其余人等多安置在了洛阳。③在此情况下,麹智盛和麹智湛来到了长安,同行的亦有他们的家人。

唐高宗即位后,改变了太宗在西域设立四镇的措施。永徽元年(650 年)末或二年(651 年)初,阿史那贺鲁在西域发动了叛乱,一时狼烟四起,边境不宁。永徽二年七月,唐高宗以梁建方、契苾何力为弓月道行军总管,发动了征讨阿史那贺鲁的第一次军事行动。时处月部起兵响应贺鲁,连兵对抗唐军。经过多次大战,至永徽三年(652 年)唐军攻克牢山,擒获处月部首领朱邪孤注,俘万余

① [唐]许敬宗:《日藏弘仁本文馆词林校证》,北京:中华书局,2001 年,第 248 页。
② 张广达:《唐灭高昌国后的西州形势》,《文书、典籍与西域史地》,桂林:广西师范大学出版社,2008 年,第 115—136 页。
③ [日]白须净真:《唐代吐鲁番の豪族—墓塼よりみた初期·西州佔領策と殘留豪族の考察を中心とじて》,《东洋史苑》第 9 号,1975 年,第 20—50 页;朱雷:《龙门石窟高昌张安题记与唐太宗对麹朝大族之政策》,黄约瑟、刘健明合编:《隋唐史论集》,香港:香港大学亚洲研究中心,1993 年,第 49—53 页,收入氏著《敦煌吐鲁番文书论丛》,兰州:甘肃人民出版社,2000 年,第 89—96 页;孟宪实:《汉唐文化与高昌历史》,济南:齐鲁书社,2004 年,第 356—364 页;刘安志:《唐初西州的人口迁移》,《中华文史论丛》2007 年第 3 期,第 301—321 页,收入氏著《敦煌吐鲁番文书与唐代西域史研究》,北京:商务印书馆,2011 年,第 24—43 页。

口而还。此次军事行动实际上未能与贺鲁部直接交战,只是击败了处月、处密等部,在一定程度上缓解了西域的紧张局势。①唐朝出于加强控制西域的考虑,重新将高昌、龟兹、于阗、焉耆等国的王室贵胄放归故土,利用他们的威望和影响来巩固西域。②《册府元龟》卷九九一《外臣部·备御四》:"高宗永徽二年十一月丁丑,以高昌故地置安西都护府,以尚舍奉御、天山县公麹智湛为左骁卫大将军,兼安西都护府州刺史,往镇抚焉。"③西州作为边镇重地和控制西域的根据地,早期有安西都护府和西州州府两套机构,分别予以治民和治军,贞观十六年(642 年)后都护府和州府合二为一,实施军政合一的管理方式,一般由安西都护兼西州刺史,以抵御西突厥的势力和加强唐朝在西域的统治。④显庆三年(658 年)四月,安西都护府迁置龟兹⑤,旧安西复为西州都督府,以麹智湛为西州都督,统高昌故地,而他晋爵为天山郡开国公亦在任西州都督期内。

麹智湛在高昌灭国后被侯君集带回了长安,循例被封为右武卫中郎将,之后担任从五品的尚舍奉御,掌管张设帐幕等杂务。麹智湛麟德年间卒于西州,被赠为使持节、凉甘瓜肃伊沙六州诸军事,武周时又追赠越婺二州刺史。《甘露寺尼真如塔铭》载:"大唐甘露寺故尼真如之枢。曾祖伯雅,高昌献文王。祖文泰,高昌光武王。父智湛,皇朝左骁卫大将军、西州都督、上柱国、天山郡开国公。尼真如总章二年为亡父出家,即其年三月廿二日亡,上元三年三月十七日起塔于明堂樊川之原,礼也。"⑥《旧唐书》卷一九八《高昌传》载:"麹氏有国,至

① 吴玉贵:《突厥汗国与隋唐关系史研究》,北京:中国社会科学出版社,1998 年,第 380—393 页。

② [日]白须净真:《唐代吐鲁番の豪族——とくに阿史那贺鲁の反乱以后における旧高昌豪族への处遇を中心として》,《龙谷史坛》第 72 号,1977 年,第 47—56 页;陈国灿:《跋〈武周张怀寂墓志〉》,《文物》1981 年第 1 期,第 49 页,收入氏著《陈国灿吐鲁番敦煌出土文献史事论集》,上海:上海古籍出版社,2012 年,第 195 页;刘子凡:《瀚海天山:唐代伊、西、庭三州军政体制研究》,上海:中西书局,2016 年,第 128—132 页。

③ [宋]王钦若等:《册府元龟》,北京:中华书局,2010 年,第 11641 页。

④ 刘安志:《唐初对西州的管理——以安西都护府与西州州府之关系为中心》,《魏晋南北朝隋唐史资料》第 24 辑,武汉:武汉大学文科学报编辑部编辑出版,2000 年,第 206—215 页,收入氏著《敦煌吐鲁番文书与唐代西州史研究》,北京:商务印书馆,2011 年,第 5—23 页;刘子凡:《瀚海天山:唐代伊、西、庭三州军政体制研究》,上海:中西书局,2016 年,第 44—55 页。

⑤ 荣新江:《新出吐鲁番文书所见西域史事二题》,北京大学中古史中心编《敦煌吐鲁番文献研究论集》第 5 集,北京:北京大学出版社,1990 年,第 339—345 页。

⑥ 杨兴华:《西安曲江发现唐尼真如塔铭》,《文博》第 1987 年第 5 期,第 81 页。

智盛凡九世一百三十四年而灭。寻拜智盛为左武卫将军,封金城郡公;弟智湛为右武卫中郎将、天山县公。及太宗崩,刊石像智盛之形,列于昭陵玄阙之下。"①十四国君长像刊立于昭陵北司马门最南端的第五台地上,分左右排列在两座对立的廊房中,其中麴智盛石像立于西侧南起第三间房的位置。唐高宗琢石立君长像于昭陵玄阙,不仅出于阐扬唐太宗徽烈的目的,也有笼络诸蕃酋的用意。②从昭陵立十四国君长像可知,高昌麴氏王族入唐后的家族葬地,无疑在长安地区,至于麴智湛最后安葬在西州还是迁回长安入土,麴嗣良墓志云:"富贵自取,初问寿于灵龟;泉壤追荣,终赴职于京兆。"据此看来,麴智湛最终葬地可能在长安。

关于麴智湛的子女情况,除了麴崇裕和尼真如之外,文献中还记载有麴瞻和麴昭。《元和姓纂》卷十"麴氏条"载:"其弟天山公智谌生崇裕,右监门大将军、交河郡王。崇裕弟瞻,司农卿、常乐公。"③《新唐书》卷二二一上《西域上·高昌传》记载较为详细,云:"智湛,麟德中以左骁卫大将军为西州刺史,卒,赠凉州都督。有子昭,好学,有鬻异书者,母顾箧中金叹曰:'何爱此,不使子有异闻乎?'尽持易之。昭历司膳卿,颇能辞章。弟崇裕有武艺,永徽中为右武卫翊府中郎将,封交河郡王,邑至三千户。终镇军大将军,武后为举哀,襚以美锦,赗赐甚厚,封爵绝。"④可以看出智湛有子分别为昭、崇裕、瞻。新见仪凤三年(678年)仆固乙突墓志载:"天子悼惜久之,敕朝散大夫、守都水使者、天山郡开国公麴昭,监护吊祭,赗物三百段,锦袍、金装带、弓箭、胡禄、鞍辔各一具。凡厥丧葬,并令官给,并为立碑。"⑤仆固乙突丧葬用物多是麴昭从洛阳所带来的,麴昭文采非凡,他北来的任务之一就是为仆固乙突刊立碑石,以此来看,墓志的撰写

① [后晋]刘昫等:《旧唐书》,北京:中华书局,2007年,第5296页。

② 沈睿文:《唐陵的布局:空间与秩序》(增订本),北京:文物出版社,2021年,第294—301页。

③ [唐]林宝撰、岑仲勉校:《元和姓纂(附四校记)》,北京:中华书局,2008年,第1435页。

④ [宋]欧阳修、宋祁:《新唐书》,北京:中华书局,2006年,第6223页。

⑤ 杨富学:《蒙古国新出土仆固墓志研究》,《文物》2014年第5期,第78页,收入氏著《北国石刻与华夷史迹》,北京:光明日报出版社,2020年,第3页。

者很有可能即是麴昭。①麴昭才华出众,不过从仆固乙突墓志中相关内容来看,我们怀疑麴昭和麴崇裕实为一人。麴昭,字崇裕,可能在文献中有时以名称,有时以字行,唐高宗仪凤三年时还称名,其后可能为了避武后名"曌"之字讳,而改以字行,故此在史传中有所混淆使用。麴崇裕有文集二十卷,陶敏以为有误。麴瞻,景龙时人,在《全唐诗》中存有《奉和九月九日登慈恩寺浮图应制》诗一首,乃景龙中和唐中宗所作,又撰有《琴声律图》一卷。陶敏指出:"疑昭或昭祖即瞻。《新唐书·艺文志四》:'〈麴崇裕集〉二十卷。'岑氏四校记:'按,崇裕始终为武官,未必有如许卷数之文集,今卷数适同,而昭祖集未见著录,新志必兄弟误系无疑。'"②麴嗣良墓志言麴崇裕"少年学剑,高评新米",乃文武双全之英才,故在武则天时期深得信重,《新唐书》记其有文集传世,应为确指之事。同时,关于麴瞻之名,很可能乃麴瞻之讹。按照唐代兄弟名字的取名规律分析,麴智湛二子名字皆从"日",瞻、瞻二字中"日"和"目"在刊印过程中,很容易因形而讹。故此,可以推断麴智湛子女有三人,分别为麴昭(字崇裕)、麴瞻和尼真如。尼真如塔铭不载其享年情况,和崇裕等人的年龄差异还无法知晓。

垂拱四年(688年),则天武后以左豹韬卫大将军麴崇裕为中军大总管,领兵平定李贞之乱,崇裕因功授左武卫大将军、交河郡王。崇裕深得则天武后信任和器重。《旧唐书》载其卒官为左武卫大将军③,与《新唐书》有别,麴嗣良墓志云崇裕官职为镇军大将军、行左武威卫大将军、检校右羽林卫大将军,约以墓志为是。从麴嗣良袭封滕国公来看,麴崇裕曾被封赠为滕国公,两《唐书》均言自麴崇裕之后"封袭遂绝",不知是否指的是麴氏所延续的与高昌有关之封号至此而绝,俟考。

1973年,在甘肃榆中县发现了一座高等级唐墓,墓主为慕容仪,卒葬年残损,墓志称其为"故交河郡夫人慕容氏"。孙永乐和李维贵均认为慕容氏生前身

---

① 罗新:《蒙古国出土的唐代仆固乙突墓志》,《中原与域外》,新北:政治大学历史系,2011年,第62页,收入氏著《王化与山险:中古边裔论集》,北京:北京大学出版社,2019年,第103—104页。
② 陶敏:《元和姓纂新校证》,沈阳:辽海出版社,2015年,第485页。
③ [后晋]刘昫等:《旧唐书》卷一九八《西戎·高昌传》,北京:中华书局,2007年,第5297页。

份是交河郡王的妻子,即高昌王裔麴崇裕的夫人。①在古代命妇制度中,郡夫人封号前面的郡名,往往是与志主有关的籍贯地或有密切关系之地域,故周伟洲指出志题中的"交河郡夫人"虽有"交河郡"之名,其实和高昌麴氏没有关联,慕容仪夫大概是当时金城郡守之类的官员。②孙杰通过考察麴崇裕的子女情况和墓葬中使用石棺的超规格礼遇,印证了慕容仪不是麴崇裕夫人的观点。③史传记载高昌麴氏爵号从麴崇裕而绝,加上麴嗣良依旧礼改窆咸阳原,亦可以说明慕容仪非麴崇裕之夫人,而可能和安兴贵家族有所关联。

### 二、郡望何是:金城还是西平

高昌麴氏和中原王朝之间的史事,海内外研究成果丰硕,兹不赘述。一般认为高昌麴氏乃汉族族属,而关于郡望问题,学界主要有两种不同的观点:1. 根据吐鲁番阿斯塔那 113 号墓出土的残族谱,王素指出麴氏高昌有金城麴氏和西平麴氏二望,东汉末分金城另置西平郡,麴氏也由一望变为二望,在高昌金城麴氏属于王族,西平麴氏属于普通大族。西平麴氏世代在交河定居,一直在交河郡镇西府任职,与金城麴氏王族相比,他们的生活水平和仕宦比例均大大降低,以至于不愿提及西平之郡望,故此在吐鲁番出土的麴氏墓志或墓表中,基本未见书写西平郡望的情况。④在此基础上,董华锋对汉唐之间麴氏金城、西平二望的发展作了进一步补充和论述,亦认同金城麴氏属于高昌鼎族,而西平麴氏在高昌并不受到重视。⑤2. 多数认识中麴氏郡望只有金城一地⑥,施金荣通

---

① 孙永乐:《交河郡夫人墓·高昌·吐鲁番——兼论高昌与中原的关系》,《中国边疆史地研究》1994 年第 2 期,第 14—15 页;李维贵:《交河郡夫人慕容氏墓志序碑文——兼与孙永乐先生商榷》,《中国边疆史地研究》1995 年第 1 期,第 76 页。

② 周伟洲:《甘肃榆中出土唐交河郡夫人慕容氏墓志考释》,周伟洲主编《西北民族论丛》第 1 辑,北京:中国社会科学出版社,2002 年,第 88—89 页,收入氏著《新出土中古有关胡族文物研究》,北京:社会科学文献出版社,2016 年,第 152—154 页。

③ 孙杰:《青海吐谷浑王族后裔慕容仪墓志考释》,《开封教育学院学报》2019 年第 4 期,第 3—5 页。

④ 王素:《吐鲁番出土〈某氏残族谱〉初探》,《新疆文物》1992 年第 1 期,第 15—27 页;王素:《高昌史稿·统治编》,北京:文物出版社,1998 年,第 308—318 页。

⑤ 董华锋:《汉唐金城、西平麴氏研究》,《西域研究》2008 年第 3 期,第 10—20 页。

⑥ 孟宪实:《汉唐文化与高昌历史》,济南:齐鲁书社,2004 年,第 342—356 页。

过考察吐鲁番地区6—8世纪的墓葬和墓砖后,指出无论居住在交河郡还是高昌城的麴氏,其郡望都应是金城。[①]在传世文献的基础上,结合石刻材料和吐鲁番文书,可以看出高昌麴氏有金城和西平两个郡望,但是在麴嗣良墓志书写中所言"其先西平郡人",却和前人意见有较大差异,其背后隐藏的缘由值得引起重视和思考。

高昌麴氏的金城郡望在传世文献和墓表中多见,如《高昌延昌卅一年麴怀祭墓表》(591年)[②]、《高昌延昌卌年麴孝嵩妻张氏墓表》(600年)[③]、《唐永昌元年张雄夫人麴氏墓志铭》(689年)[④]等,但是西平郡望的高昌墓表基本未见,不过麴宝茂和麴乾固时期,在石刻和吐鲁番文书中发现他们带有西平郡的封爵。高昌第六位国主麴宝茂,在位时间为555—560年,年号建昌;第七位国主麴乾固,在位时间为561—601年,年号延昌。[⑤]

建昌元年(555年)宁朔将军麴斌造寺碑碑阳第二十二行和第二十三行载:"使持节骠骑大将军开府仪同三司都督瓜州诸军事侍中瓜州刺史西平郡开国公希莹□多浮跌无亥/希利发·高昌王麴宝茂。右卫将军多波旱输屯发高昌令麴乾固。/"碑阴第七行和第八行载:"爰有至道君子宁朔将军绾曹郎中麴斌者,河州金城郡□□□之从叔也。"[⑥]麴斌,碑阳写作"麴斌芝","斌芝"或作字,可能是麴仁之子,乃当时高昌王叔伯辈的宗室。[⑦]从碑文来看,麴斌是国王从弟,十九岁时担任横截县令,后任新兴县令,在二县任上北御突厥,因功仕进为中央高官。麴斌是高昌宗室,其郡望自称为金城郡,而麴宝茂的职衔中爵号却为"西平

① 施新荣:《也谈高昌麴氏之郡望——与王素先生商榷》,《西域研究》2001年第3期,第53—63页。

② 侯灿、吴美琳:《吐鲁番出土砖志集注》,成都:巴蜀书社,2003年,第201页。

③ 侯灿、吴美琳:《吐鲁番出土砖志集注》,成都:巴蜀书社,2003年,第231页。

④ 侯灿、吴美琳:《吐鲁番出土砖志集注》,成都:巴蜀书社,2003年,第586页。

⑤ [日]池田温:《高昌三碑略考》,《敦煌学辑刊》1988年第1、2期合刊,第150—155页;王素:《高昌史稿·统治编》,北京:文物出版社,1998年,第337—358页;陈晓伟:《胡广〈记高昌碑〉与高昌麴氏、唐李元忠事迹丛考》,《文献》2016年第6期,第55—57页;李淑、孟宪实:《麴氏高昌国史新探——以明人胡广〈记高昌碑〉为中心》,《文史》2017年第2期,第105—120页。

⑥ 黄文弼:《宁朔将军麴斌造寺碑校记》,《西域史地考古论集》,北京:商务印书馆,2017年,第360—373页。

⑦ [日]池田温:《高昌三碑略考》,《敦煌学辑刊》1988年第1、2期合刊,第150—155页。

郡开国公",二者有所矛盾。

在吐鲁番文书中,带有高昌王麴乾固题记的文书共有七件①,其中两件文书上面麴乾固所封爵号为"西平郡开国公"。英藏 Or.8212/660(M.405)《大品经卷十八高昌王麴乾固题记》(599 年)云:"延昌卅九年己未岁五月廿三日、使持节大将军·大都督瓜州诸军事瓜州刺史·西平郡开国公·希近时多/净跋弥砲伊离地都芦悌陀豆阿跋摩□希利发·高昌王麴乾固,稽首归命常住三宝。盖闻/(后略)"②在大谷文书 4923 号《守护国界主陀罗尼经题记》(597 年)中写道:③

□界陀罗□□□□□□

延昌卅七年□□□□□□

郡开国公□

《守护国界主陀罗尼经题记》残缺严重,保留文字不多,根据《大品经卷十八高昌王麴乾固题记》来看,缺失的郡名亦应是"西平郡"。

在这三件碑刻与文书中,麴宝茂、麴乾固的官职和封爵前面部分是中原王朝所授,后面是突厥所授的突厥官号汉译书写,这正符合高昌身处几个政权中的尴尬身份。④关于《宁朔将军麴斌造寺碑》中呈现出的高昌麴氏郡望的矛盾问题,王素认为所见西平郡有关的封爵号,或为二王私署或为其他政权特授,至于为何选择不是本贯的西平郡,应该是出于政治上的考虑,原因可能有三:1. 在高昌移民中既有金城麴氏, 也有西平麴氏, 而且西平麴氏人数居于大多

---

① 姚崇新:《试论高昌国的佛教与佛教僧团》,季羡林等主编《敦煌吐鲁番研究》第 4 卷,北京:北京大学出版社,1999 年,第 62—63 页,收入氏著《中古艺术宗教与西域历史论稿》,北京:商务印书馆,2011 年,第 217—218 页;孟宪实:《麴文泰与佛教》,《出土文献与中古史研究》,北京:中华书局,2017 年,第 200—202 页。

② [日]池田温:《中国古代写本识语集录》,东京:东京大学东洋文化研究所,1990 年,第 152 页。

③ [日]池田温:《中国古代写本识语集录》,东京:东京大学东洋文化研究所,1990 年,第 151 页。

④ 王国维:《高昌宁朔将军麴斌造寺碑跋》,《观堂集林》,北京:中华书局,1999 年,第 986—989 页;[日]關尾史郎:《"義和政變"新釋——隋·唐交替期的高昌國·遊牧勢力·中國王朝》,《集刊东洋学》第 70 号,1993 年,第 41—53 页。

数,为了团结多数麴氏人群,所以封爵选择了西平爵号;2.金城属河南,西平属河西,高昌人群中河西移民很多,为了得到河西移民的支持,二王封爵选择了西平爵号;3.另外还有一种可能,麴宝茂之前的高昌王姓名不详,在位仅四年且无子嗣袭位,麴宝茂、麴乾固父子可能是以西平之胤承金城之嗣,故先后以西平为封爵。①现在还无法了解麴宝茂和麴乾固官衔中的西平郡来源,不过可以确定的是这个时期在中原王朝的认知观念中,高昌麴氏王族的郡望和西平郡息息相关。

这种情况,在两京地区发现的高昌麴氏后裔墓志中也有类似的体现。在长安和洛阳发现的麴氏墓志除了麴嗣良墓志,还有麴信墓志、麴建泰墓志和尼真如塔铭。麴信墓志和麴建泰墓志均出土于洛阳地区,为讨论方便,兹摘录其相关文字内容。麴信墓志云:②

> 公讳信,字多信,西平人也,即西国昭武王之族孙。……父隆,虎威将军。有唐之初,奉图内附,方大任用,会以病终。连城之珍,暂充奇观;平吴之利,空谢明时。君生而淳至,少便静默。敦阅诗书,不求名位。而严怙早没,慈亲在堂,色养有闻,孝恭不怠。及内艰在疚,柴毁过人。服阕,或劝君仕进者,君曰:所谓缨冕,何殊桎梏。金璧交映,庄生原处于涂中;珪组相辉,鲁连行辞于海上。禄不逮养,何用宦为。遂糠秕之时,荣屏绝事,研精释典,高卧上皇,放旷出尘,优游卒岁。粤以永隆二年辛巳之岁,终于私第。以久视元年庚子之岁七月廿六日,与夫人孟氏合葬于北邙山平阴之原,礼也。

据罗振玉考证,麴信为高昌王裔,称西国者即高昌。据《梁书》等记载昭武王指的是麴嘉谥号。麴信因国破而入唐,不仕而卒,墓志虽刻于武周时期,志题

① 王素:《高昌史稿·统治编》,北京:文物出版社,1998年,第315—316页。
② 吴钢主编:《全唐文补遗》第4辑,西安:三秦出版社,1997年,第398页;周绍良、赵超:《唐代墓志汇编》,上海:上海古籍出版社,1992年,第968页。

依然为"唐故麹府君",大概因麹信之子修政入周即不仕的缘由。①麹嘉,史传说他郡望为金城,而麹信墓志则言为西平人,二者的差异还没有得到合理的解释。安阳新出隋麹庆墓志载:"君讳庆,字处欣,陇西北平人也。自昔发源姬水,流派周胤。禀星以作将相,感气而建;公侯郁映蝉联,其可伊述。祖,使持节、云州诸军事、云州刺史、金城郡开国公。考,太子上大夫、内庶子、散骑常侍。并经明行理,澡身浴德,楷模当世,规矩攸归。"②麹庆,高昌王族后裔。其祖,即为麹嘉;北平,当为西平。③据麹庆墓志,可以说麹嘉乃西平人,封金城郡开国公,这又为金城与西平之别提供了新的线索。

麹建泰墓志记载了非常重要的高昌史事,自发现以来就引起了学界的关注,产生了许多研究成果。麹建泰墓志云:④

君讳建泰,字元亨,乐安人也。……祖,周授高昌大将军,封凌江公。考,隋授高昌大将军,凌江公如故。君禀秀山川,声雄姿而动俗;含宵星象,鸣壮志以跨时。凤励清区,遂策谋身之道;计偕丹史,蝉乃翼于雕虫;总阅青编,复镏铢于笔砚。见将军于老子,趋入天机;觌剑客于庄周,走调神府。贞观十三年,天山起浸,焉者告氛。公占募西行,乃从军而静柝。金婆堰日,俦鹤而先登;寅叱鱼丽,弄犀渠而后末。朝致非常之赏,国绝费留之讥。乃授公上柱国、朝议郎、行天山县丞。后转昭武校尉、守右屯卫安邑府右果毅。俄而改游击将军、守右骁卫万安府左果毅。塍埒长城,激双流而下属;吞若巨防,回九折以逶迤。故乃刚悍生方,锐气植土。孟阳铭于梁汉,太冲赋于巴岷。信峻

---

① 罗振玉:《雪堂金石文字跋尾》卷四,《罗振玉学术论著集》第9集,上海:上海古籍出版社,2010年,第501—502页。

② 安阳市文物考古研究所、河南省文物考古研究院:《河南安阳隋代麹庆夫妇合葬墓的发掘》,《考古学报》2023年第3期,第419页。

③ 张富春:《河南安阳新出隋代麹庆及夫人墓志考释兼论其意义》,《宝鸡文理学院学报》(社会科学版)2023年第2期,第65页。

④ 赵君平、赵文成:《秦晋豫新出墓志蒐佚》,北京:国家图书馆出版社,2011年,第217页;齐运通:《洛阳新获七朝墓志》,北京:中华书局,2012年,第93页;胡戟、荣新江:《大唐西市博物馆藏墓志》,北京:北京大学出版社,2012年,第187页;毛阳光、余扶危:《洛阳流散唐代墓志汇编》,北京:国家图书馆出版社,2013年,第53页。

阻之陕区,寔壑险之深壤。畴咨帝念,致网罗于百夫;妙简天心,佥让公于千杰。乃授公玉津府折冲。束浮云而直去,慕邓侯之先踪;目敛辔之回涂,责王生之后迹。匪伊寳旅历瞻、交趾累足而已哉。故财雄夺气,豪右失魄。日飞光于崦岭,惜倾曦之骤余晖;月骙景于濛滨,痛颓光之驰残彩。咸亨四年八月五日薨于玉津府。……咸亨五年二月廿八日葬北邙,礼也。

　　志云麴建泰为乐安人,翟旻昊认为麴建泰是高昌王室后裔,在高昌灭国后归唐,其郡望可能是主动改换形成的。①龚静与翟旻昊意见相似,亦认为麴建泰是唐灭高昌后入中原的。②不过从志文"公占募西行,乃从军而静柝"来看,麴建泰应该是作为唐军的一员征讨高昌的,不过他本人出身于高昌麴氏而已。对此,荣新江最早指出,麴建泰与文泰或为兄弟,贞观十三年(639 年)以白身随唐军出征高昌,并担任了向导之职。③关于麴建泰和麴文泰是否为兄弟,王素有不同观点,他认为麴建泰属于高昌义和政变后失败的高昌麴氏家族的一支,他们在政变失败后逃亡到中原,隐居在乐安,并投靠了唐朝,后来在平定高昌过程中发挥了重要的作用。④刘子凡认为麴建泰家族不是高昌本地人,其父祖已经在中原定居,他是因参加交河道行军来到高昌,战后被授予天山县丞一职⑤,不过他没有解释麴建泰家族入唐的原因问题。综合诸家意见,麴建泰家族是高昌义和政变失败后逃亡到中原的麴氏人员,他们到中原后居住在乐安之地,在贞观十三年(639 年)唐廷发动交河道行军时,麴建泰一方面为了家族复仇一方面为了个人的仕进,加入了行军队伍充当了向导,高昌被平灭后甚得唐廷信任,

　　① 翟旻昊:《新出麴建泰墓志发微》,徐冲主编《中国中古史研究》第 3 卷,北京:中华书局,2013 年,第 165—183 页。

　　② 龚静:《高昌平灭后的麴氏王姓——从麴建泰墓志说起》,《社会科学战线》2015 年第 5 期, 第 122—126 页。

　　③ 荣新江:《大唐西市博物馆所藏墓誌の整理と唐研究上の意義》,《东アジア石刻研究》第 5 号,东京:明治大学 2013 年,第 83 页。

　　④ 王素:《唐麴建泰墓志与高昌"义和政变"家族——近年新刊墓志所见隋唐西域史事考释之二》,《魏晋南北朝隋唐史资料》第 30 辑,上海:上海古籍出版社,2014 年,第 137—164 页。

　　⑤ 刘子凡:《瀚海天山:唐代伊、西、庭三州军政体制研究》,上海:中西书局,2016 年,第 95—96 页。

出任为天山县丞，后来迁转中原任职。麴建泰家族和麴文泰家族势如水火，他们逃亡中原后可能为了避世生存，彻底划清了和高昌麴氏的联系，就以居住地作为新的郡望了，另外说明他们可能已经在当地入籍，所以墓志才言其为乐安人也。

对麴信的身份如果有所争议的话，那么麴嗣良作为高昌王族的真正后裔，在他的墓志上书写"其先西平郡人"，无疑是标志性的表现。在中古社会，郡望的名与实，不仅具有籍贯上的意义，更是社会历史和政治观念的集中表现。[1]南北朝、隋唐时期冒籍、构建郡望的事情时有发生，北魏杨播家族"自云弘农华阴人"即是典型个案[2]，不过一般士族的郡望多是各个家族自己塑造出来的，而麴宝茂、麴乾固的西平郡爵号则是中原王朝的官方行为，表现出传统士人对高昌麴氏家族的认知情况。在中古时期谱系和郡望知识越来越普及化的背景下，西平郡望无疑成为高昌麴氏王族的身份标识符号。如此再来思考麴嗣良墓志，虽然墓志的撰书者不明，不过据志文分析当是文化修养高超的文士所撰，从北朝延续到武周时期的这种谱系知识的一致性或可说明麴氏郡望书写中西平来源的真实面貌。

中古时代，郡望和谱系知识是士人修养的基本要素，如今材料还无法勾勒出这种知识是如何传播、流布的，士人又是如何学习进而利用改造的，但作为中古社会的重要文化传承，对于一个家族的郡望了解都是有所依据的。[3]《元和姓纂》卷十"麴氏条"载："【西平】阌居西平。十一代孙嘉仕沮渠氏，后为土人所归，立为高昌王，后魏授瓜州刺史、金城公。五代公主。其孙麴伯雅，附隋。唐宇文泰叛，贞观中，侯君集平之。其主麴智茂归降，拜右金吾大将军、金城公，敕改名智勇。"[4]东汉前期，行政区划只有金城；东汉后期，复从金城分置西平，至此麴氏郡望就有了金城和西平两种说法。麴嘉，魏授金城郡开国公；麴智盛，入唐

① ［日］内藤湖南：《概括的唐宋时代观》，刘俊文主编：《日本学者研究中国史论著选译》第 1 卷，北京：中华书局，1992 年，第 10—18 页。

② 唐长孺：《〈魏书·杨播传〉"自云弘农华阴人"辨》，《唐长孺社会文化史论丛》，武汉：武汉大学出版社，2001 年，第 121—124 页。

③ 仇鹿鸣：《制作郡望：中古南阳张氏的形成》，《历史研究》2016 年第 3 期，第 21—39 页。

④ ［唐］林宝撰、岑仲勉校：《元和姓纂（附四校记）》，北京：中华书局，2008 年，第 1435 页。

后被封为金城公。可能从北朝开始,时人就把麹氏的郡望有所混淆,除此之外,麹嘉、麹光和麹坚曾被封为泰临县开国伯,麹坚还被封过河西郡开国公,麹伯雅曾被封为弁国公。关于泰临县、弁国、河西郡的问题,王素以为前二者乃是虚封,后者乃东魏朝廷给麹坚的实爵,有着特殊的政治意义。①《元和姓纂》史料来源不明。林宝,元和时人,作为一名谱牒专家,他的论述应该有所依据。结合麹嗣良墓志记载来看,在中原士人学习的谱系知识中,高昌麹氏王族一直被认为是西平郡望,至于麹氏郡望为何从金城变换为了西平,可能与麹宝茂开始以西平之胤承金城之嗣有关,使得麹氏郡望表现出一种嫁接的特点。

### 三、志文中的故国记忆与新邦认同

高昌立国西域数百年之久,作为一个移民社会,源自河西的高昌民众与中原汉人同出一系,具有相同的族群认同,但对于以麹氏为代表的高昌豪族来说,强调"高昌人"的认同是他们统治地位的需要,至唐灭高昌,高昌民众的故国与新邦得以统一起来,原本飘零的家国情怀最终合流。②裴成国全面梳理了唐西州发现的砖志材料,通过文字的书写变化探讨了入唐后高昌民众的社会心理和对故国新邦的情感认同,特别指出了龙朔年间唐廷对西州砖志书写中的"故国"进行了规范管理,这些都为唐廷经营西域奠定了重要的基础。③

唐平高昌后,把高昌王族、地方豪族和部分百姓迁到两京地区。永徽时期因为西域政治局势的需要,唐廷复让部分高昌旧人或后裔回归故里,强化对西州的统治。在这种历史巨变之中,个人的情感随之反复变化,尤其对于移居中原的高昌王族麹氏来讲,家国情感难以一一道出,作为卒后盖棺定论式的墓志

---

① 王素:《高昌史稿·统治编》,北京:文物出版社,1998年,第312—314页;米婷婷、王素:《隋封高昌王麹伯雅弁国公索引——兼谈梁元帝职贡图的影响》,《西域研究》2020年第2期,第75—81页。

② 孟宪实:《汉唐文化与高昌历史》,济南:齐鲁书社,2004年,第336—342页;王欣:《高昌汉人的族群认同》,《西域研究》2013年第4期,第58—66页。

③ 裴成国:《故国与新邦——以贞观十四年以后唐西州的砖志书写为中心》,《历史研究》2012年第5期,第36—51页。

铭撰写,无不蕴含着志主或家族的心里诉求和情感表达。甘露寺尼真如塔铭和麴嗣良墓志,在志文书写中对于故国与新邦的记忆有着非常大的差异,特别是对于麴氏高昌历史上两位重要王者麴伯雅和麴文泰的称谓,正可以成为进一步理解与麴氏相似族群情感变化的极佳个案。

尼真如塔铭记载麴伯雅为高昌献文王,麴文泰为高昌光武王。从吐鲁番出土的一件高昌国时期《谥法》残本来看,高昌使用的谥法是延续自中原的传统,书写内容基本和《周公谥法》一致。①麴伯雅谥号"献文",主要称赞的是个人品德,其政绩并不突出,可见高昌国的复国关键人物并不是他;麴文泰谥号"光武",是中兴之主的美誉,有恪承基业之意,可见高昌国的复国主要是麴文泰的功劳。②从唐朝的角度看,是麴文泰引发了交河道行军,但是在高昌人特别是在其王裔的眼中,麴文泰的形象是伟大不凡的,是高昌极出色的君主之一,这在多方高昌砖志中均有反映。对于唐朝来说,麴文泰一直都是伪王身份,所以入唐后的砖志提到麴文泰时都加上"伪"字以示,这种做法更多地表达着官方的意见。尼真如大约是唐灭高昌后随父亲麴智湛来到长安的,在她的记忆里一定还保留着祖父等人的美好记忆和高昌国的辉煌岁月,在塔铭上镌刻如此内容,更多地表现出个人或家族隐藏的对故国的情感和追忆。作为具有私密性的墓志塔铭,对于特殊人群和中高级官员来说,文本撰写一定会体现官方的意愿。作为女性,尼真如和国家权力之间距离较远,并且在方外之地,这些都在一定程度上淡化了唐廷对高昌定位的某些规定。

麴嗣良墓志云曾祖麴文泰为隋冠军将军、金紫光禄大夫、高昌郡王。麴文泰于唐武德六年(623年)嗣位,在他当政十八年间,十次与唐交通,其中贞观四年(630年)入朝为请,"其妻宇文氏请预宗亲,诏赐李氏,封常乐公主"③。现存史料中唐廷对麴文泰的封授记载不详,据麴嗣良墓志,疑所载麴文泰职衔乃他入

① 唐长孺主编:《吐鲁番出土文书》(录文本)第3册,北京:文物出版社,1981年,第367—368页。
② 孟宪实:《汉唐文化与高昌历史》,济南:齐鲁书社,2004年,第292—294页。
③ [后晋]刘昫等:《旧唐书》卷一九八《西戎·高昌传》,北京:中华书局,2007年,第5294页。

唐时所授。墓志不写"唐"而言"隋"，可能是避免从贞观延续而来的对麹文泰定位伪王身份的变通之举。贞观八年(634年)高昌使唐，使节在次年回归经过兰州嘉福寺时，以麹文泰的名义建造木塔铸造铁顶，并刊刻"贞观九年高昌王建"等字纪念。①据此分析的话，此时麹文泰已经受封为高昌郡王衔了。唐朝对于麹文泰的封授因为政治原因在史书中消失无存，在同时期的出土文献中也没有发现，麹嗣良墓志虽然刊刻在武周时期，但在一定程度上再现了麹文泰的唐廷所授官衔，表现出高昌麹氏王裔在中原的复杂心态。

麹崇裕在武周朝因功得封交河郡王，但并没有得到高昌郡王的封号，其背后不知是否隐含着武周在高昌政策上的转变，或说明了对西平麹氏到高昌后集中生活在交河郡的一种特别恩顾。不管则天后的本意是什么，麹崇裕此爵号都昭示着他身份上的改变，已经在完全意义上成为武周朝的臣子，在某种程度上宣告了武周朝的政权特性。麹崇裕的交河郡王爵，似乎隐含着麹氏王裔对于故土高昌的认同之意。高昌人的自我认同产生于高昌国时期，唐灭高昌后许多遗民的高昌意识进一步加强。永徽初年，麹智湛带领部分高昌旧族返回故地，从新邦到故国的情怀立即和当地的遗民思想合流，进而在永徽、龙朔年间的砖志上书写"高昌人"的现象大量增加。之后这种故土观念很快就被唐西州的认同所取代，具体可至州下县乡。②史传未载麹崇裕曾被封为虚指的滕国公，从麹嗣良袭封滕国公一事来看，麹崇裕的爵号有着从交河郡王到滕国公的转变，虽然具体情由不明，不过背后都透露出细微的政治环境的变化。

与尼真如对高昌故国的怀念不同，麹嗣良墓志的字里行间饱含着对故国与新邦的认同矛盾之处。墓志没有记载撰者为谁，不过从铭文"玉门西入，金城北连"和志文"于我麹君"等语言分析，撰者很可能是麹氏在长安的后裔，而这也符合他们的家族文化传承特点。高昌地处中原与西域往来的交通要冲，在丝路多元文明的冲击下，文化昌盛，在西域诸国中首屈一指。在《类要》中保存有

① 张维：《陇右金石录》卷二《嘉福寺铁塔顶》，《石刻史料新编》第1辑第21册，新北：新文丰出版公司，1982年，第15985页。

② 裴成国：《高昌国末年以降砖志书写中的"高昌人"》，《中国边疆史地研究》2020年第1期，第106页。

麴伯雅的佚诗《圣明来献乐歌》:"千冬逢喧春,万夜睹朝日。生年遇明君,欢欣百忧毕。"①此诗约是麴伯雅大业年间入中原时所写,从诗歌内容分析应该是第一次入隋时(大业五年中至大业六年[609—610 年])作,写作手法上完全模仿鲍照的《中兴歌》,在政治和文化上颇有价值,一方面反映了麴伯雅对隋朝强盛的感叹,另一方面说明南朝与高昌间有着密切的文化交流。②到了麴崇裕一辈,麴瞻有诗歌和乐书流传,所作《奉和九月九日登慈恩寺浮图应制》为:"扈跸游玄地,陪仙瞰紫微。似迈铢衣劫,将同羽化飞。雕戈秋日丽,宝剑晓霜霏。献觞乘菊序,长愿奉天晖。"③文辞典雅,语句脱俗,显示了麴瞻精深的文学修养。《新唐书》卷六〇《艺文四》载:"《麴崇裕集》二十卷。"④前人以武将身份怀疑此书非麴崇裕所作,其实不然,武后用人崇尚文学才华,这种具有"文"的特长的士人是武周朝的重要支柱。⑤《朝野佥载》卷二云:"冀州参军麴崇裕送司功入京诗云:'崇裕有幸会,得遇明流行。司士向京去,旷野哭声哀。'司功曰:'大才士。先生其谁?'曰:'吴儿博士教此声韵。'司功曰:'师明弟子哲。'"⑥麴崇裕有家族的文化传承,他能够得武后器重,不能不说他的文学才能有着很大的助力,如此来看《新唐书》的记载应当是可信的。在这个角度审视麴崇裕二兄弟在武周朝的显贵,除了朝廷对高昌王裔的安抚和恩遇之外,他们本人具有的文学才华发挥了不可或缺的作用。身处新邦,麴氏王裔不可避免地被融进历史发展的洪流之中,这也是众多从故国来到新邦之人的共同命运。

"时西戎诸国来朝贡者,皆途经高昌"⑦,重要的地理位置,加上佛教东传的

---

① 唐雯:《晏殊〈类要〉研究》,上海:上海古籍出版社,2012 年,第 141 页。

② 王素:《新发现麴伯雅佚诗的撰写时地及其意义——〈高昌史稿·统治编〉续论之二》,《西域研究》2003 年第 2 期,第 10—13 页;王素:《梁元帝〈职贡图〉"高昌国使"图像与题记》,《魏晋南北朝隋唐史资料》第 41 辑,上海:上海古籍出版社,2020 年,第 72—78 页。

③ [清]彭定求等编:《全唐诗》卷一〇五,北京:中华书局,1960 年,第 1100 页。

④ [宋]欧阳修、宋祁:《新唐书》,北京:中华书局,2006 年,第 1601 页。

⑤ 陆扬:《唐代的清流文化——一个现象的概述》,《清流文化与唐帝国》,北京:北京大学出版社,2016 年,第 213—263 页。

⑥ [唐]张鷟:《朝野佥载》,北京:中华书局,1979 年,第 49 页。

⑦ [后晋]刘昫等:《旧唐书》卷一九八《西戎·高昌传》,北京:中华书局,2007 年,第 5294 页。

历史趋势,使高昌的佛教兴盛。麴氏王室从建国起就对佛教大力支持,麴伯雅、麴文泰都是崇佛的君王,高昌麴氏的佛教信仰,不排除有政治的需要,但事实上麴氏一贯奉佛,逐渐形成了家族的信仰传统。[①]迁置到两京的高昌王裔,一直保持着佛教信仰,这从尼真如为亡父出家事即可窥一斑。贞观时期,玄奘虽然无法把他对麴文泰的情感宣之于众,但一定会利用自己的影响力照拂离开故国的麴氏王裔,高宗朝因辅政旧臣与李治争夺主导权的影响,玄奘被迫离开长安,就没有能力再关照麴文泰的后人了。[②]麴建泰“中子运行,少践毗尼之说,小辗阿含之经,觉此浮生,遂脱屣尘谛,今配名净土”[③],可见高昌麴氏的不同分支不管身在何地,都长久保留着家族的思想信仰。麴嗣良墓志虽没有流露出明显的佛教倾向,不过想来亦不会例外,这也正契合武周朝崇佛的特点。

## 结　语

“阴山苦雾埋高垒,交河孤月照连营。”(骆宾王《从军中行路难》)交河道行军,唐朝开始将目光投向西域,同时改变了高昌这个西域小国的社会面貌和麴氏的生存基础。麴嗣良墓志提供了麴崇裕之后麴氏家族的生活状况,所书写的西平郡望,为进一步理解高昌麴氏的政治变化提供了新的材料。志文或隐或显地表达着家族记忆和情感认同的纠葛,郡望不只是家族内部的血脉延续,同时深深刻上了国家政治的烙印。从高昌到西州、从王族到臣子的转变,麴嗣良墓志呈献给我们的,不仅有高昌麴氏承袭失载的重要信息,还有一个归唐族群的家族生命史。

---

① 吴震:《龙门石窟中高昌人造像题记试析——兼论高昌在佛教流传于中国的历史地位》,《西域研究》1994年第3期,第75页;孟宪实:《汉唐文化与高昌历史》,济南:齐鲁书社,2004年,第253—270页;孟宪实:《麴文泰与佛教》,《出土文献与中古史研究》,北京:中华书局,2017年,第193—206页。

② 刘淑芬:《玄奘的最后十年(655—664)——兼论总章二年(669)改葬事》,《中华文史论丛》2009年第3期,第1—97页。

③ 赵君平、赵文成:《秦晋豫新出墓志蒐佚》,北京:国家图书馆出版社,2011年,第217页;齐运通:《洛阳新获七朝墓志》,北京:中华书局,2012年,第93页;胡戟、荣新江:《大唐西市博物馆藏墓志》,北京:北京大学出版社,2012年,第187页;毛阳光、余扶危:《洛阳流散唐代墓志汇编》,北京:国家图书馆出版社,2013年,第53页。

## 唐贞观二十二年昆丘道行军再探讨：
## 以新出杨弘礼墓志为中心

　　唐太宗贞观二十二年(648年)，唐廷发动平定龟兹、焉耆、处月等西突厥西域附属国的大规模征讨行动，史称昆丘道行军。①此役是唐代前期一次重要的军事行动，奠定了唐朝经营西域的基础。新出唐人墓志已有多方提及志主参与此次战事，引起相关学者的关注，并作了精辟的考论。②此前涉及昆丘道行军的墓志志主多为中下层将官，所能提供的信息较为有限。近年长安地区新出杨弘礼墓志，志主为昆丘道行军副大总管，价值弥足珍贵。今拟以杨弘礼墓志为中心，在前人已有研究基础上对昆丘道行军的若干情况略陈己见，敬请方家教示。

---

　　① 昆丘道行军，史传中有时亦写作昆山道行军。《资治通鉴》卷一九八"唐太宗贞观二十一年十二月"条下胡注云："自古相传，西域有昆仑山，河源所出。又《尔雅》曰：三成为昆仑丘，故曰昆丘道。"岑仲勉以为"昆山"者疑因"丘"字缺笔，遂转讹为"山"，见氏著《突厥集史》，北京：中华书局，1958年，第259页。王素先生认为，"龟兹"可写作"丘慈"，"昆丘"之"丘"似可释为"龟兹"，见氏著《唐华文弘墓志中有关昆丘道行军的资料——近年新刊墓志所见隋唐西域史事考释之一》，《西域研究》2013年第4期，第81页。相关研究参王永兴：《唐代前期军事史略论稿》，北京：昆仑出版社，2003年；薛宗正：《突厥史》，北京：中国社会科学出版社，1992年；薛宗正：《安西与北庭——唐代西陲边政研究》，哈尔滨：黑龙江教育出版社，1998年；吴玉贵：《突厥汗国与隋唐关系史研究》，北京：中国社会科学出版社，1998年。
　　② 利用新出墓志研究昆丘道行军的学术成果主要有张全民：《〈唐华文弘墓志铭〉所载唐朝经略边疆史事考略》，《唐研究》第17卷，北京：北京大学出版社，2011年，第441—454页；王素：《唐华文弘墓志中有关昆丘道行军的资料——近年新刊墓志所见隋唐西域史事考释之一》，《西域研究》2013年第4期，第81—89页；傅清音：《新见武则天堂兄〈武思元墓志〉考释》，《文博》2014年第5期，第66—72页。

## 一、杨弘礼墓志略考

杨弘礼墓志近年出土于西安地区,出土讯息不详,志石或归私室收藏,近偶得见原志拓本。据拓本,墓志高宽均 57 厘米,志盖高 61、宽 60 厘米。盖题 5 行,行 4 字,篆书"大唐故太府卿上柱国清河郡开国公杨府君墓志"(图一);志文 36 行,满行 35 字,有方界格,正书(图二)。为研究方便,谨移录志文并标点如下:

大唐故太府卿上柱国清河郡开国公杨府君墓志铭并序

公讳弘礼,字履庄,弘农华阴人也。系冥符于黄雀,余庆宿彰;疏远派于赤泉,灵源斯永。故能门基迥构,与仙掌而齐高;世德相仍,共长河而比

图一　杨弘礼墓志盖拓本

图二　杨弘礼墓志石拓本

濬。岂直羽仪西汉,冠冕东都而已哉。曾祖暄,周尚书、临贞公。局量夷绰,
机神雄爽。掩嵇松而擢秀,锵卞玉而光朝。祖雰,周汾州刺史,赠大将军、淮
广复三州诸军事、三州刺史、临贞忠壮公。气盖云霄,声华篆册。临大节而
弥固,执贞心而诓移。考岳,随雍州万年县令。望高单父,誉重太丘。方嗣
美于缁衣,竟沦华于墨绶。公滋芳兰畹,蓄宝昆峯。识洞知十,器优寡二。逸
调与风筠竞爽,淑质将琬琰同温。登秋实于□场,艳春华于笔海。言必蹈
礼,动不踰闲。专对苻于日余,赏鉴同于月旦。弓弯贯叶,妙绝附枝。翰写
临池,巧穷垂露。既而鸣辜已畅,渐陆方骞。望菀伫贤,春闱旷列。释褐太
子通事舍人。振彩宫枢,美秩均于三署;告休储禁,青宴光于四郊。寻封
□河郡开国公。累迁兵部员外郎、兵部郎中。起草腾华,屡入青缣之帐;握
兰趋务,频游丹漆之墀。俄转中书舍人,迁兵部侍郎、中书侍郎。五兵爰总,
任切端闱。尺一攸司,任华纶阁。参谋元恺,必藉异人。贰职张裴,咸资正

士。公之此授,是谓当仁。顷之,迁司农卿,仍兼兵部侍郎。列棘崇班,腾规政首。含香近署,叶曜天文。自非誉总士衡,声高子复。求之前载,莫或兼司。龟月挺妖,城郭离贰。方诛姑翼,深伫常罗。廿二年,授昆丘道行军副大总管。盐泽疏源,鼓长波而沃日;昆峯发地,横峭壁而干天。金满城遥,玉关路阻。跨分流之绝隥,陟县度之危峦。鹤阵频开,龙韬数运。何止一日三捷,固亦所向无前。旌斾所临,凡平处月等六国,并获名王入朝。岂若将军拥节,空出白檀;校尉连兵,唯屠赤谷。俄而司勋命赏,言酬定远之功;胤子推恩,竟启悆生之邑。下诏封长子元嗣为修武伯。躬珪祚土,光裂壤于三河;玉树滋荣,沐濯枝于两叶。寻以边方寄重,司牧任殷。徒综六条,言辞九列。出为泾州刺史,迁胜州都督。棠阴所及,瓠脯斯甘。虽羊祜之督荆州,郭伋之临并部,不之尚也。以永徽三年入为太府卿。三市开厘,商侣臻凑。九土作贡,琛币填委。鬻良背窳,蚩眩克除。充牣盈藏,积滞斯在。务殷任重,于是允厘。方当访道襄城,辔玄踪于七圣;经邦揆路,纤绿绶于三槐。而白日不留,夜台方永。黄扉未启,泉户俄扃。永徽四年八月廿日,遘疾薨于长安县延福里,春秋五十六。赠兵部尚书、使持节、都督兰河濡鄯郭缘七州诸军事、兰州刺史。五年三月三日,迁窆于万年县少陵原,礼也。惟公操履贞固,风尚凝邈。幼挺明珠之目,早擅如璋之美。游其室者,如贺雀之仰翔鹗;挹其波者,似河冯之宗海若。金匮瑶坛之说,迥镜心源;兰台石室之文,洞缄灵府。故能颉颃多士,谟明庶绩。入光列寺,出总中权。翼垂拱于熏琴,畅棱威于葱极。骈衡吕邵,叶契伊睾。既而广柳晨移,吟笳晓引。松门纳驷,宁关飞盖之游;薤露悲歌,弥增埋玉之恸。式镌芳懿,乃作铭云:

　　三秦宝地,九府神京。里摽台衮,世载公卿。尚书挺秀,忠壮驰英。重辉照庑,迭耀连城。笃生髦杰,家声嗣响。育庆龙门,资灵仙掌。器宇明澈,神情散朗。际日孤骞,干云直上。温温硕德,亹亹高风。芝兰馥性,水月清衷。誉摽歧嶷,业擅该通。藻鲜秋景,谈秀春丛。爰初渐陆,濯缨登仕。鹤禁龙扃,鸡林凤水。腾华演蔼,驰芳扇美。贡职礼闱,献规天宸。黄编夜受,绛节晨征。图云起阵,写月开营。销氛盐泽,卷斾金城。勋超定远,绩茂长平。涣发紫泥,荣加皂盖。千里胥悦,百城繄赖。典郡惟良,端州称最。化高凤集,仁深鸾翔。年催激矢,世急奔流。高春徙照,巨壑移舟。始临分棘,讵列行楸。寂寥人代,零落山丘。池馆荒凉,琴樽已矣。痛深坏木,哀缠罢市。鸟思山空,松悲风起。桑田徒变,兰芬无已。

杨弘礼,出自弘农杨氏越公房,两《唐书》俱有本传。杨弘礼父杨岳乃隋代权臣越国公杨素之弟。杨岳与杨素之子杨玄感不和,尝密上表称玄感必为乱。及玄感兵败伏诛,杨岳因属同族而下狱,炀帝遣使赦免。使者至时杨岳已被杀,唯杨弘礼等遇赦免归。入唐后,杨弘礼颇受高祖、太宗器重。《旧唐书》本传云:"太宗有事辽东,以弘礼有文武材,擢拜兵部侍郎,专典兵机之务。弘礼每入参谋议,出则统众攻战。驻跸之阵,领马步二十四军,出其不意以击之,所向摧破……时诸宰相并在定州留辅皇太子,唯有褚遂良、许敬宗及弘礼在所在所,掌知机务。"[1]贞观二十年(646 年),杨弘礼拜中书侍郎。贞观二十一年(647 年),加银青光禄大夫,又迁司农卿,兼充昆丘道副大总管,节制诸军征讨龟兹。贞观二十三年(649 年),班师回朝。太宗崩,杨弘礼与大臣不和,出为泾州刺史。永徽初,追论昆丘之功,改授胜州都督。寻迁太府卿。永徽四年(653 年)卒,赠兰州都督。

杨弘礼墓志所记与两《唐书》本传大体相合。墓志载杨弘礼卒于永徽四年(653 年),年五十六岁,当生于隋文帝开皇十八年(598 年);又云杨弘礼释褐太子通事舍人,封清河郡开国公,后迁兵部员外郎、兵部郎中、中书舍人。《旧唐书》本传无兵部郎中,有西河道行军大总管府长史职,二者稍有差异。

### 二、杨弘礼与昆丘道行军

高祖、太宗时,西突厥势力强盛。龟兹等西域诸国常遣使入贡唐朝,同时臣服于西突厥。贞观十八年(644 年),焉耆王龙突骑支与西突厥屈利啜勾结反唐,

---

[1] [后晋]刘昫等:《旧唐书》卷七七《杨弘礼传》,北京:中华书局,2007 年,第 2674 页。

太宗命安西都护郭孝恪攻取焉耆，"龟兹遣兵援助，自是职贡颇阙"①。贞观二十一年（647年），龟兹王伐迭卒，弟诃黎布失毕立，"浸失臣礼，侵渔邻国"②。是年十二月，太宗以左骁卫大将军阿史那社尔、右骁卫大将军契苾何力、安西都护郭孝恪、司农卿杨弘礼为昆丘道行军四大总管讨伐龟兹等国，是为"昆丘道行军"③。龟兹是主要目标之一，但行军最终的打击目标是西突厥乙毗射匮可汗。④《杨弘礼墓志》言昆丘道行军的原因乃"龟月挺妖，城郭离贰"，"龟月"即龟兹与处月（含处密）。⑤将龟兹与处月共同作为征讨对象，也反映了太宗的内在目的是西突厥。

昆丘道行军主帅为番将阿史那社尔，参与者以游牧部族兵为主。史称"发铁勒兵牧十有三部、突厥侯王十余万骑……道自金微，会于葱岭"⑥，汉族军队主要限于沙州、伊州、西州等边州地区。新出《侯仁恺墓志》中志主侯仁恺被杀于贞观二十一年初，此时昆丘道行军尚未进行，而墓志却言"以征龟兹有功，酬庸之赏"⑦，似乎在此次战事正式发生前，太宗已经命西州等地准备针对西突厥战争的相关事宜，甚至已有零星战斗发生。

杨弘礼在昆丘道行军中的主要功绩，墓志归纳为"平处月等六国，并获名王入朝"。《旧唐书》卷七七《杨弘礼传》："兼充昆丘道副大总管，诸道军将咸受

---

① ［后晋］刘昫等：《旧唐书》卷一九八《龟兹传》，北京：中华书局，2007年，第5303页。

② ［宋］司马光：《资治通鉴》卷一九八"唐太宗贞观二十一年十二月"条，北京：中华书局，2007年，第6250页。

③ 除阿史那社尔、契苾何力、郭孝恪、杨弘礼之外，还有左武卫将军李海岸分领一军，但是史传载昆丘道行军有四大总管，未提及李海岸。《资治通鉴》卷一九九"唐太宗贞观二十二年四月乙亥"条："(阿史那)贺鲁帅其余众数千帐内属，诏处之于庭州莫贺城，拜左骁卫将军。贺鲁闻唐兵讨龟兹，请为乡导，仍从数十骑入朝。上以为昆丘道行军总管，厚宴赐而遣之。"太宗发动昆丘道行军之时，阿史那贺鲁尚未归降唐朝，并不在昆丘道行军计划之内。贺鲁招抚西突厥部落行动可视为昆丘道行军的后续或余波。

④ 相关研究可参看吴玉贵：《突厥汗国与隋唐关系史研究》，北京：中国社会科学出版社，1998年，第362—363页；王永兴：《唐代前期军事史略论稿》，北京：昆仑出版社，2003年，第264—266页。

⑤ 处月、处密在贞观后期唐朝与西突厥的争夺中具有重要的位置，其详情可参阅岑仲勉《处月处密所在部地考》(《西突厥史料补阙及考证》，北京：中华书局，1958年，第194—201页)与吴玉贵《唐朝"抚慰"处月、处密部落考》(见《突厥汗国与隋唐关系史研究》第348—354页)二文。

⑥ ［宋］王钦若等：《册府元龟》卷九八五《外臣部·征讨四》，北京：中华书局，2010年，第11572页。

⑦ 赵君平、赵文成：《秦晋豫新出墓志蒐佚》，北京：国家图书馆出版社，2011年，第146页；毛阳光、余扶危：《洛阳流散唐代墓志汇编》，北京：国家图书馆出版社，2013年，第7页。

节度。于是破处月，降处密，杀焉耆王，降駮支部，获龟兹、于阗王。"①志中所谓"名王入朝"指龟兹王、于阗王入朝事，"处月六国"即史传所言之处月、处密、焉耆、駮支部、龟兹、于阗。贞观二十二年（648年）九月，唐军先破处月、处密，然后分兵五路直逼焉耆，西突厥扶植的焉耆王薛婆阿那支退保龟兹东部。十月，唐军擒杀焉耆王阿那支；闰十二月，破龟兹都城，生擒龟兹王诃黎布失毕等。于阗王伏阇信大惧，自请入朝。所破六国中，处密、处月属西突厥部族，駮支部罕见记载。②从行军路线来看，駮支部约在焉耆与龟兹之间的天山南麓，位于西突厥游牧地带，或即突厥别种部落。

在所破六国王中，对焉耆王薛婆阿那支的处置存有较大争议。前引《旧唐书·杨弘礼传》云杨弘礼"杀焉耆王"，同书《焉耆传》却云："及阿史那社尔之讨龟兹，阿那支大惧，遂奔龟兹，保其东城，以御官军，社尔击擒之，数其罪而斩焉。"③《资治通鉴》亦云："社尔遣兵追击，擒而斩之，立其从父弟先那准为焉耆王，使修职贡。"④所记与《焉耆传》略同。那么，杀焉耆王阿那支者是杨弘礼还是阿史那社尔？近年新出华文弘墓志叙昆丘道行军，有云"昔陈汤矫诏以立功，傅介权宜以行事，终扫郅支之域，竟致楼兰之首"，王素据此推测阿史那社尔擒获阿那支后，将其移交给了杨弘礼，而杨弘礼知道太宗深恨此人，故矫诏杀之。⑤杨弘礼墓志的出土，促使我们对这一问题重新进行审视。

杨弘礼墓志唯云"凡平处月等六国，并获名王入朝"，没有直接涉及斩焉耆王一事。此次行军以番兵为主，且作战对象主要是西突厥，以阿史那社尔、契苾何力等胡族将领为将帅是一个英明的决策，但这并不意味着太宗不设防禁，完

① ［后晋］刘昫等：《旧唐书》，北京：中华书局，2007年，第2674页。

② 关于杨弘礼降駮支部事，宋本《册府元龟》卷三五八《将帅部·立功一一》（王钦若等：《册府元龟》，北京：中华书局，1989年，第818页）载："杨弘礼为兵部侍郎。贞观十九年从太宗征辽，领马步二十四军，出其不意以击之，所向摧破。二十一年为昆丘道大总管，诸道副大总管、军将咸受节度，于是破处月，降处密，杀焉耆王，降駮支部落，获龟兹、于阗王，凯还。"而明本《册府元龟》则载"駮支部落"为"鄢支部支部落"（《册府元龟》，北京：中华书局，2010年，第4241页），误，当以宋本记载为是。

③ ［后晋］刘昫等：《旧唐书》卷一九八《焉耆传》，北京：中华书局，2007年，第5302页。

④ ［宋］司马光：《资治通鉴》卷一九九"唐太宗贞观二十二年十月"条，北京：中华书局，2007年，第6262页。

⑤ 王素：《唐华文弘墓志中有关昆丘道行军的资料——近年新刊墓志所见隋唐西域史事考释之一》，《西域研究》2013年第4期，第81—89页。

全放权于蕃将。《旧唐书》卷一〇六《李林甫传》:

> 国家武德、贞观已来,蕃将如阿史那社尔、契苾何力,忠孝有才略,亦不专委大将之任,多以重臣领使以制之。[1]

太宗这一任用蕃将的原则,在昆丘道行军中得到充分体现。与阿史那社尔、契苾何力一起行动的还有郭孝恪、杨弘礼两位汉人总管。郭孝恪本职为安西都护,谙熟西域形势,为当道领兵官。杨弘礼则属于朝中直接委派的大将。太宗讨辽东时杨弘礼从驾参知机密,昆丘道行军时本官为司农卿兼兵部侍郎,诸军粮草、赏赐等或皆其职掌。《旧唐书·杨弘礼传》称"诸道军将咸受节度",并非虚言。也就是说,昆丘道行军中阿史那社尔为军事主帅,杨弘礼则略相当于牵制阿史那社尔和契苾何力的"重臣"。那么,处死焉耆王这么重要的事情必然是阿史那社尔和杨弘礼都认可的,谓杨弘礼或阿史那社尔杀死阿那支,都可说得通,其中杨弘礼的态度甚至更为重要。

龟兹、焉耆同为西域绿洲国家,但在当时政治秩序中的地位迥然不同。龟兹长期役属西突厥,与唐朝关系较疏远,焉耆则不然。太宗经营西域之前,焉耆王突骑支事唐最为恭顺,首请开大碛路。新道开通后,西域诸国皆由焉耆入贡贸易,致使高昌王国财路大受影响。贞观十二年(638年),高昌联合处月、处密等西突厥势力,围攻焉耆,陷其五城。贞观十四年(640年),侯君集率军讨伐高昌,也得到焉耆王的大力支持。唐灭高昌后突骑支惧被唐朝吞并,转而依附西突厥。贞观十六年(642年),安西都护郭孝恪发兵击破焉耆,俘突骑支入朝,立其弟栗婆准为新王,栗婆准从兄薛婆阿那支在西突厥的支持下,也自立为王,执送栗婆准至龟兹,旋将其杀害。昆丘道讨伐开始后,薛婆阿那支收缩兵力,与龟兹合兵一处,继续负隅顽抗。薛婆阿那支杀害唐朝委任名王,夺其王位,公然挑战唐朝权威,这是比龟兹王还要严重的不赦之"罪"。就焉耆国而言,老焉耆

---

① [后晋]刘昫等:《旧唐书》卷一〇六《李林甫传》,北京:中华书局,2007年,第3239页。

王突骑支对抗唐朝,结果仅为被俘入朝,薛婆阿那支等有恃无恐,导致唐廷所立栗婆准威望不足,最终被杀。唐朝已有栗婆准的前车之鉴,对薛婆阿那支"数其罪而斩之",以威慑西域,这不失为一种可行的选择。

综上所述,薛婆阿那支窃名擅命,很大程度上是自寻取死之道。在汉唐都护体制下,都护府军政长官"掌统诸蕃,抚慰、征讨、叙功、罚过"①,可以便宜行事,甚至代皇帝处置西域诸国国王。安西都护郭孝恪率军攻破焉耆,立栗婆准为焉耆王即循汉代旧例。昆丘道战事中,阿史那社尔等杀薛婆阿那支,立薛婆阿那支堂弟先那准,也从侧面印证了阿史那社尔具有与郭孝恪同样的权力。阿史那社尔、杨弘礼斩杀薛婆阿那支,本在其临事权断范围之内,所谓"矫诏"之说非常令人生疑。西汉陈汤矫诏发兵灭北匈奴郅支单于,以及傅介子用计斩杀楼兰王,是古人常用的两个典故,用以比拟在边疆僻远之地建功立勋,从中引申出杨弘礼矫诏杀焉耆王,恐有过度解读之嫌。

贞观二十三年(649年)正月,昆丘道战事结束,杨弘礼返回京师长安,同年五月太宗去世。《旧唐书·杨弘礼传》云:"未及行赏,太宗晏驾。弘礼颇忤大臣之旨,由是出为泾州刺史。永徽初,论昆丘之功,改授胜州都督,寻迁太府卿,四年卒。"②但是,杨弘礼墓志则云"俄而司勋命赏,言酬定远之功;胤子推恩,竟启忿生之邑。下诏封长子元嗣为修武伯"。忿生,即苏忿生,西周开国功臣,周武王赐苏忿生十二邑建苏国。司勋为吏部四司之一,掌校定勋绩,论官赏勋官告身等事。杨弘礼此前爵位为□河郡开国公,故朝廷恩许其勋爵回赐其子。唐制,勋官和爵位没有实际职任,战事结束后即可论功赐给。但是有职任的职事官,则需等待一段时间,出现相应的官阙,六品以下的职事官还要等到次年正月兵部、吏部铨选。贞观二十三年杨弘礼回朝后得到勋爵的赏赐,还没有来得及奖擢职事官,同年五月,太宗发病驾崩。结果,杨弘礼由于触犯权要,不仅没有得到相应的迁转,反贬为泾州刺史。其本传所谓的"未及行赏",并不是指完全没有论

---

① [宋]欧阳修、宋祁:《新唐书》卷四九下《百官四下》,北京:中华书局,2006年,第1317页。
② [后晋]刘昫等:《旧唐书》卷七七《杨弘礼传》,北京:中华书局,2007年,第2674页。

功行赏，而是指赏功的程序中途停止，没有最终完成。

杨弘礼的遭遇具有一定的普遍性。两《唐书》阿史那社尔本传也不载其受赏之事。出土墓志材料中，参与行军的华文弘、刘文祎等在昆丘道行军结束后同样得到勋赏，没有实际迁转（详见下文）。如此大范围的"未及行赏"，恐怕并非个人恩怨所能解释，这中间很可能涉及朝廷对整个昆丘道行军的态度或评价问题。

高宗即位初，政事悉委长孙无忌、褚遂良等贞观老臣。太宗晚岁渐渐好大喜功，频年征战，民间渐有怨言，魏征、房玄龄等也屡有谏止。高宗即位后，在长孙无忌的主持下，立即宣布"罢辽东之役及诸土木之役"①。唐朝的基本国策也作了重大调整，从贞观后期的开疆拓土转为与民生息的和平政策。那么，昆丘道行军作为太宗临终前的大规模军事远征，随着罢兵一派的完全得势，其官方评价不能不大受影响。

杨弘礼长期在兵部供职，是太宗晚年屡兴讨伐政策的积极支持者。太宗征辽东时，诸宰相多留守京城，"唯有褚遂良、许敬宗及弘礼在行在所，掌知机务"②。褚遂良、许敬宗为文辞之士，主拟诏书，真正参决军机的是杨弘礼。一贯谨慎的长孙无忌并没有随驾亲征，而是以辅佐太子之名留守京师。太宗这一人事安排很耐人寻味。

杨弘礼墓志披露一个非常重要的细节，即杨弘礼以司农卿讨伐龟兹时，仍兼兵部侍郎一职。也就是说，从随太宗亲征辽东之后，杨弘礼一直处在参谋军机的位置上，一直都是太宗制定辽东策略的核心成员。那么，太宗以杨弘礼为昆丘道副大总管显得别有深意。唐代疆域辽阔，难以东西两线同时作战。唐太宗亲征辽东时，薛延陀趁机起兵寇掠，太宗不得不草草收兵。初征高句丽失败后，太宗调整战略，采取袭扰疲敌之策，派遣偏师连续骚扰高句丽，同时再伐辽东的其他战争准备也在紧锣密鼓地进行中。贞观二十二年（648 年），太宗派遣

---

① ［宋］司马光：《资治通鉴》卷一九九"唐太宗贞观二十三年五月"条，北京：中华书局，2007 年，第 6268 页。
② ［后晋］刘昫等：《旧唐书》卷七七《杨弘礼传》，北京：中华书局，2007 年，第 2674 页。

杨弘礼主持昆丘道行军,应该是汲取前次薛延陀乘虚起兵的教训,预为平辽东清扫后顾之忧。如此看来,焉耆王作为屡次挑衅唐朝权威的出头鸟,被直接斩杀,恐怕并非杨弘礼等人的邀宠行为,而是含有威慑西域的意图。

杨弘礼等昆丘道行军获得大胜,也彻底稳固了西北后方。此时高句丽在李绩、薛万彻等将的打击下,屡遭挫败,疲备不堪。而唐朝方面,太宗大量招募勇士,积储军粮器械,在江南、剑南征发工匠建造大型舰船。再次讨伐辽东,时机已完全成熟。但是,太宗的突然驾崩,彻底打乱了攻辽部署。长孙无忌等上台辅政,立刻废止征辽计划,诸多战争准备付诸东流。这一转变是否出于太宗遗志姑可不论,杨弘礼是主战派的代表人物,在政策极转过程中,必然会大受冲击。本传中所谓"忤大臣之旨",很可能就是在是否续讨辽东问题上,与长孙无忌等产生了尖锐对立。结果不仅本人遭到贬斥,昆丘道行军作为主战派"好战喜功"的典型成果,不被朝廷认可,参与将士的功赏迁延不授也就不足为奇了。

这场关于辽东问题的国策之争很快结束。永徽初,朝廷追录昆丘道行军之功,杨弘礼迁为胜州都督,不久入为太府卿,但是自此再没能介入军机大事,永徽四年(653年)卒于长安。以宰相身份从太宗征辽东,本是杨弘礼仕途的巅峰时期,但也是杨弘礼得罪获贬的缘由。永徽五年(654年)杨弘礼下葬之日,掌权的仍是长孙无忌等元老旧臣,故墓志撰者不敢忤逆权要直书辽东功业,只能讳而不言,付之阙如。


### 三、墓志所见昆丘道行军其他军将

除杨弘礼墓志外,石刻文献中涉及昆丘道行军的墓志还有九方。这些墓志的志主多是此次行军的中下层军官,虽然重要性不如杨弘礼,但从不同方面提供了当时行军的某些层面的问题。为讨论方便,今摘引列表如下:

| 墓志名称 | 相关内容 |
|---|---|
| 元武寿墓志 | 廿一年,奉敕征龟兹,充虞候总管。虹旗还拂,光翻弱水之滨;日羽平飞,影入蒙池之曲。① |
| 武思元暨妻韦氏墓志并盖 | 贞观末年,为昆丘道行军兵曹,从阿史那社尔平龟兹、处月,以勋加上骑都尉。② |
| 大唐故右领军长乐府果毅执失府君(奉节)墓志 | 速乎玉关烟密,写晨燧于甘泉;金微尘起,类变衣于京洛。公从左卫大将军、行军总管、毕国公阿史那社尔平昆丘道,于时畅戎旃于绝域,驱征马于边庭。直上轮台,犹入仲宣之赋;府临悬米,似瞩文泉之图。时乃房骑连云,戈戟蔽日,鸣鼙聒地,红尘亘天。召雨征风,云飞电集。铁马悲鸣而踯影,鸣镝曳响而交飞。元帅命公帅所部落,伺其要害。公逸气雷骇,壮发冲冠。瞋目而举雕戈,奋臂而驰房壁。既而敌阵糜溃,长云与征鸟俱分;戎营幅裂,偃月将惊鱼共散。其丑房余党,走保危城。公夕构奇谋,朝登峻堞。应屈指而无舛,才反手而已摧。然以告至定勋,蒙加上骑都尉。③ |
| 华文弘墓志 | 廿二年,充昆丘道右一军骑曹。昔陈汤矫诏以立功,傅介权宜以行事,终扫郅支之域,竟致楼兰之首。君之望古,彼独何人。④ |
| 仵钦墓志 | 太宗文皇帝纫地垂则,维天阐化。眷昆丘之不宾,吊东夷之多僻。长毂亘野,雷动玄兔之郊;高锋慧云,电照狼河之曲。……贞观廿三年,诏授上轻车都尉。⑤ |
| 侯任恺墓志 | 上以西州创置,邻狄跨羌,天山一邦,寔惟襟带。……以征龟兹有功,酬庸之赏巨万。既而功高见疾,赏厚被疑,甘临之谤遂兴,采葛之谗斯及。以贞观廿一年二月十三日非命于任,春秋卌有九。⑥ |

① 胡戟、荣新江编:《大唐西市博物馆藏墓志》,北京:北京大学出版社,2012 年,第 173 页。

② 赵力光主编:《西安碑林博物馆新藏墓志续编》,西安:陕西师范大学出版总社,2014 年,第 192 页。

③ 中国文物研究所、陕西省古籍整理办公室:《新中国出土墓志·陕西贰》,北京:文物出版社,2003 年,第 30 页;吴钢主编:《全唐文补遗》第 3 辑,西安:三秦出版社,1996 年,第 362—363 页。

④ 张全民:《唐华文弘墓志铭所载唐朝经略边疆史事考略》,荣新江主编《唐研究》第 17 辑,北京:北京大学出版社,2011 年,第 441—454 页。

⑤ 北京图书馆金石组:《北京图书馆藏中国历代石刻拓本汇编》第 15 册,郑州:中州古籍出版社,1989 年,第 140 页;孙兰风、胡海帆主编:《隋唐五代墓志汇编·北京大学卷》,天津:天津古籍出版社,1992 年,第 59 页;周绍良、赵超:《唐代墓志汇编》,上海:上海古籍出版社,1992 年,第 526 页;吴钢主编:《全唐文补遗》第 6 辑,西安:三秦出版社,1999 年,第 311—312 页。

⑥ 赵君平、赵文成:《秦晋豫新出墓志蒐佚》,北京:国家图书馆出版社,2011 年,第 146 页;毛阳光、余扶危:《洛阳流散唐代墓志汇编》,北京:国家图书馆出版社,2013 年,第 7 页。

续表

| 墓志名称 | 相关内容 |
|---|---|
| 刘文祎墓志 | 廿二年,又征龟兹。威严夏日,气烈秋霜。发黄石之兵机,运白登之奇策。勋高后劲,效著前锋,频献捷于辕门,数申功于清庙。① |
| 薛万备墓志 | 廿二年,以公为昆丘道行军长史。龟兹王闻官军过碛,遂拔城西走,大总管使公领轻骑数千,星言追蹑,举悬师以深入,策疲兵而转战,途将千里,日逾十合,至拨换城,其王势蹙道穷,婴城自守,大军绞至,竟以擒获。在此行也,功冠诸军。于阗凭阻荒遐,未尝朝贡,公遂将左右卅人便往招慰其王,遂随公入朝,蒙赏五百段。转左卫翊二府中郎将。② |
| 史献墓志 | 曾祖静,后魏武帝平北齐,河渭二州诸军事、二州刺史、仪同三司,太平县公。风雅不群,词华动众。祖万寿,随左领军卫将军。武略佐音,英名盖代。皇考怀俭,唐朝昆丘道立功,致却军之谋,举拔山之勇,授游击将军、上柱国。③ |

元武寿　后魏景穆皇帝之后。曾祖晔,魏长广王,改封东海王,后为建明皇帝。贞观十四年(640 年),元武寿任右卫长上校尉,奉敕差充西蕃绝域使,至贞观十九年(645 年)返命,授左卫凉泉府左果毅都尉,从驾入辽。④元武寿出使西域的缘由无法确知,不过他在西域居留长达六年之久,对于当地的环境、军事、地理、风俗都有着深入的了解,故在昆丘道行军中出为虞候总管。在行军军将中,有左右虞候二军,而元武寿所任虞候总管似掌左军之职。在昆丘道行军四大总管中,阿史那社尔为主帅,元武寿当隶其指挥。

武思元　父武士逸,乃则天皇后之堂兄。武思元贞观十五年(641 年)明经及第,守选期间受辟为昆丘道行军兵曹,随阿史那社尔征讨龟兹、处月。唐代行

---

① 王庆卫:《新出唐刘文祎墓志所见西域史事考》,朱玉麒主编《西域文史》第 12 辑,北京:科学出版社,2018 年,第 59—69 页。

② 胡戟:《珍稀墓志百品》,西安:陕西师范大学出版总社,2016 年,第 69 页。

③ 陈晓捷、杨敏侠:《唐史献墓志读考》,《乾陵文化研究》第 7 辑,西安:三秦出版社,2013 年,第 377 页。

④ 关于元武寿贞观十四年(640 年)充西蕃绝域使,学界存有不同的推测,荣新江先生认为可能在平高昌之后,王素先生则推测在高昌未平之前。荣新江撰、[日]梶山智史译:《大唐西市博物館所藏墓誌の整理と唐研究上の意義》,《東アジア石刻研究》第 5 号,東京:明治大学,2013 年,第 81—82 页;王素:《唐麹建泰墓志与高昌"义和政变"家族——近年新刊墓志所见隋唐西域史事考释之二》,《魏晋南北朝隋唐史资料》第 30 辑,上海:上海古籍出版社,2014 年,第 158 页。

军的军司僚佐主要有长史、司马及仓曹、胄曹、兵曹、骑曹等四曹①,兵曹主要掌武官与士兵的名籍。傅清音认为,武思元出为昆丘道行军兵曹与杨弘礼有关联②。武思元既隶属阿史那社尔,似应出于阿史那社尔的辟署。昆丘道行军后武思元获授上骑都尉,并因勋得授襄州安养县县令。

执失奉节　父思力。奉节以常乐府左果毅都尉随阿史那社尔平昆丘道。瓜州有常乐县,常乐府疑在瓜州。阿史那社尔军前后破大城五座,掳男女数万。在这些战事中,执失奉节为阿史那社尔军中的重要人物,冲锋陷阵,屡立功勋,平龟兹后授正五品勋阶之上骑都尉。

华文弘　平原人,出身士族,夫人为陈后主的孙女。华文弘先以挽郎释褐获得任官资格,再调补左虞候率府录事参军,贞观十八年(644年)从太宗征辽东,充辽东道右二军骑曹。至贞观二十二年(648年)平昆丘道,充右一军骑曹。行军中的骑曹为军司僚佐,直接为行军大总管服务。王素认为,华文弘两次参加行军的右军,长官可能为同一人,均应为杨弘礼。③华文弘在平昆丘道后也没有受到官爵赏赐,直到永徽二年(651年)授交州都督府户曹参军,此经历正与杨弘礼历官相符合。

仵钦　蓟县人。武德五年(622年)授朝散大夫、仪同三司。贞观末参与了征讨辽东与昆丘道之战事,事后因功授正四品勋职的上轻车都尉。在昆丘道四大总管中,仵钦不会在郭孝恪麾下,而应该在阿史那社尔、契苾何力或杨弘礼之军中。

侯仁恺　上谷人。贞观十四年(640年)以颍州司户职参与了交河道行军。唐灭高昌后,以其地置西州,侯仁恺任天山县令。李方《唐西州官吏编年考证》天山县官员条目下未收,可据补。④墓志言侯仁恺贞观廿一年(647年)二月十三日非命于任,或与边州错综复杂的民族关系有关。志言"以征龟兹有功,酬庸之

① [唐]李林甫:《唐六典》,北京:中华书局,2008年,第158页。
② 傅清音:《新见武则天堂兄〈武思元墓志〉考释》,《文博》2014年第5期,第66—72页。
③ 王素:《唐华文弘墓志中有关昆丘道行军的资料——近年新刊墓志所见隋唐西域史事考释之一》,《西域研究》2013年第4期,第81—89页。
④ 李方:《唐西州官吏编年考证》,北京:中国人民大学出版社,2010年,第205页。

赏",唐征龟兹乃贞观二十一年十二月至二十二年事,侯仁恺应为郭孝恪部下,疑是在任天山县令时为昆丘道行军战事作准备时被敌对人员所杀害。

刘文祎 河间人,先后参加了征讨辽东与平定龟兹之战事。在辽东战事时刘文祎在太宗行在所,或与杨弘礼已有关连,故昆丘道行军中,也在弘礼军中效力。与华文弘经历类似,刘文祎在唐军回师后也无赏赐,永徽元年(650 年)适逢丁忧,直到显庆四年(659 年)才授同州临高府左果毅都尉。

薛万备 薛万彻季弟,曾先后参加了太宗亲征辽东之战和昆丘道行军。在辽东战事中薛万备以守尚辇奉御充为马军总管。军还,授上柱国、汾阴县公。昆丘道行军中,薛万备为阿史那社尔的行军长史,行军长史不仅是首僚,有时还相当于副帅或实际意义上的统领。薛万备武力过人,随军征战屡有建功,战事之末曾以兵威说服于阗王入朝,"秋,七月,己酉,伏阇信随万备入朝,诏入谒梓宫"①。墓志所言薛万备蒙赏五百段,转左卫翊二府中郎将约在随于阗王到京师之时。顷之,迁左骁卫将军。②

史怀俭 史静,史传中有相关记载,《隋书》卷五三《史万岁传》云:"史万岁,京兆杜陵人也。父静,周沧州刺史。万岁少英武,善骑射,骁捷若飞。好读兵书,兼精占候。年十五,值周、齐战于芒山,万岁时从父入军,旗鼓正相望,万岁令左右趣治装急去。俄而周师大败,其父由是奇之。武帝时,释褐侍伯上士。及平齐之役,其父战没,万岁以忠臣子,拜开府仪同三司,袭爵太平县公。"③关于京兆史氏的家族人员情况,史传记载史静还有一子史万宝。史万宝,隋左领军大将军、唐鄜州都督、原国公。古代一般以嫡长子继承其父爵位,故岑仲勉据《旧唐书》李道玄传,疑史万宝乃史万岁之弟。④《史怀训墓志》载:"祖静,宇文朝开府仪同三司、泾州总管、原兰河渭等六州诸军事、六州刺史,太平县开国公。仪同邓昭伯,据三司之枢要;太尉庚元规,握六州之兵马。凿门而出,汉武帝嗟

---

① [宋]司马光:《资治通鉴》卷一九九"唐太宗贞观二十二年十月"条,北京:中华书局,2007 年,第 6269 页。

② 关于薛万备生平,两《唐书》本传记载较为简略,新见墓志详尽可参与史传有异,本文以其墓志为据。

③ [唐]魏征等:《隋书》(修订本),北京:中华书局,2018 年,第 1523—1524 页。

④ [唐]林宝撰、岑仲勉校:《元和姓纂(附四校记)》,北京:中华书局,2008 年,第 824 页。

其柳营;开国受封,周成王翦其桐叶。父万宝,唐大丞相府功曹参军、左光禄大夫、右卫将军、袭封太平县开国公。擒煞李密,从平王充、窦建德,迁民部尚书、检校洛州都督、佐命功臣第二等、原国公,谥曰肃。"①从史怀训墓志内容来看,岑仲勉所论甚是。在传世文献中无史万寿其人,不过从史万岁卒后由史万宝承袭其父爵位来看,万寿或为万宝之弟,故此可以看出史静三子依次为史万岁、史万宝、史万寿。史万寿约卒于隋代,故史怀俭可以在昆丘道行军中参加战事,或得叔父史万宝之力。史怀俭在昆丘道行军中"致却军之谋,举拔山之勇",故陈晓捷以为表现的是形势危急之意,而唐军在西域时只有在郭孝恪阵亡之际最为关键,故史怀俭或许就是在这次战斗中立有功勋。②关于郭孝恪之死,《旧唐书》卷八三《郭孝恪传》云:"俄又以孝恪为昆丘道副大总管以讨龟兹,破其都城,孝恪自留守之,余军分道别进,龟兹国相那利率众遁逃。孝恪以城外未宾,乃出营于外,有龟兹人来谓孝恪曰:'那利为相,人心素归,今亡在野,必思为变。城中之人,颇有异志,公宜备之。'孝恪不以为虞。那利等果率众万余,阴与城内降胡表里为应。孝恪失于警候,贼将入城鼓噪,孝恪始觉之,乃率部下千余人入城,与贼合战。城中人复应那利,攻孝恪。孝恪力战而入,至其王所居,旋复出,战于城门,中流矢而死,孝恪子待诏亦同死于阵。贼竟退走,将军曹继叔复拔其城。太宗闻之,初责孝恪不加警备,以致颠覆;后又怜之,为其家举哀。"③郭孝恪因大意而身亡,唐太宗对此颇有责备。史怀俭立功得封当并非因龟兹城外的这场战事,他在行军作战中是否属于郭孝恪部下,从现有资料来看无法得到确定,不过在阿史那社尔麾下的可能性较大。

昆丘道行军中,除了上述墓志资料外,传世文献提及的将领还有左武卫将军李海岸、伊州刺史韩威、沙州刺史苏海政、右骁卫将军曹继叔等。阿史那社尔

① 吴钢主编:《全唐文补遗》第 6 辑,西安:三秦出版社,1999 年,第 356 页;西安碑林博物馆:《西安碑林博物馆新藏墓志汇编》,北京:线装书局,2007 年,第 265 页。
② 陈晓捷、杨敏侠:《唐史献墓志读考》,樊英峰主编《乾陵文化研究》第 7 辑,西安:三秦出版社,2013 年,第 380 页。
③ [后晋]刘昫等:《旧唐书》,北京:中华书局,2007 年,第 2774 页。

帐下有记室张昌龄、左卫郎将权祗甫,郭孝恪军中有仓部郎中崔义起。①权祗甫、崔义起文献记载简略,其生平未详,在昆丘道行军后的仕宦无法确定,可略去不论。张昌龄为阿史那社尔记室,军书露布等皆为其所写。《旧唐书》卷一九〇上《张昌龄传》云:"寻为昆山道行军记室,破卢明月,平龟兹,军书露布,皆昌龄之文也。再转长安尉,出为襄州司户,丁忧去官。"②行军中记室地位在长史、司马之下,疑长安尉为战后酬功所封。

从目前材料来看,参与昆丘道行军且战事结束后仕宦明晰的中层人员主要有九人,他们是薛万备、刘文祎、华文弘、元武寿、武思元、执失奉节、仵钦、史怀俭、张昌龄。平定昆丘道后,九人境遇大不相同。武思元、执失奉节在昆丘道行军后被授予正五品勋阶的上骑都尉,仵钦诏授正四品勋阶的上轻车都尉。张昌龄史传记载的简略,比照武思元来看,他应先得到一定的勋阶,然后出任长安尉。华文弘直到永徽二年(651 年)才获授交州都督府户曹参军;元武寿在永徽三年(652 年)十二月获授左卫勋二府郎将;刘文祎也没有立即获得封赏,显庆四年(659 年)方获授同州临高府左果毅都尉。薛万备在昆丘道行军中立功颇多,尤其招慰于阗王并护送其入朝,得以仕进左卫翊二府中郎将一职,而他得授左骁卫将军疑在战事结束之后。史怀俭生平较为模糊,在战事结束后得授游击将军、上柱国。据此来看在昆丘道行军后,参与的中层官员以获得勋阶为主,多未在此时获得职事官升等,唯有薛万备的官职由虚转实,这应该与其招慰于阗王一事有所关联。

---

① 关于仓部郎中崔义起事,《旧唐书》卷一九八《西戎传》、《新唐书》卷二二一上《西域传》、《册府元龟》卷九八五《外臣部·征讨第四》均有载,而《资治通鉴》卷一九九"唐太宗贞观二十二年十二月"条云其姓名为"崔义超",二者有异。《太平广记》卷一一五《报应十四·崔义起妻》:"唐司元少常伯崔义起妻萧氏,父文铿,少不食荤茹酒肉,萧氏以龙朔三年五月亡,其家为修初七斋。"比照《新唐书》卷七二下《宰相世系表》、《元和姓纂》卷七来看,崔义起为户部侍郎应在高宗时(严耕望:《唐仆尚丞郎表》,上海古籍出版社,2007年,第 676 页)。唐代郎官石柱户部郎中条有崔义起(劳格、赵钺:《唐尚书省郎官石柱题名考》,北京:中华书局,2010 年,第 588 页),据此本文以崔义起为是。

② [后晋]刘昫等:《旧唐书》卷一九〇上《张昌龄传》,北京:中华书局,2007 年,第 4995 页。

## 结　语

昆丘道行军后,唐朝不仅完成对西域南路诸国的控制,还把自己的直接统治延续到了帕米尔地区,随后阿史那贺鲁降唐,唐于天山以北的西突厥属地设立瑶池都督府,完成了西域政策的转化。[①]传世文献提供了昆丘道行军的主体面貌,石刻史料则进一步展示出宏大叙事画面下的历史细节。例如,昆丘道行军参与者的来源、组成及其勋赏问题等,《杨弘礼墓志》等唐人墓志材料加深了我们对昆丘道行军的认识,揭示出一些正史中没有记载的历史事实。

杨弘礼一生,主要参与了两件历史大事。其一,从太宗征讨辽东,是太宗讨辽东的心腹之臣。其二,充任昆丘道行军副大总管,讨平龟兹等国。曾有学者推测昆丘道行军中杨弘礼矫诏杀焉耆王阿那支,此点在《杨弘礼墓志》中无法得到证实。杨弘礼本传称昆丘道行军后,杨弘礼"未及行赏",因"忤大臣之旨",遭到贬斥。从墓志来看,朝廷已回赐其子勋爵,但未及奖擢职而遭贬斥。

杨弘礼长期在兵部供职,是太宗讨伐辽东所仰仗的核心人员。太宗以其负责昆丘道行军,很大程度上有剪除西顾之忧的考虑。贞观二十三年(649年)太宗病逝,讨伐辽东的筹划被新君废止。墓志避而不书辽东之事,印证了本传中含糊其词的"忤大臣之旨"。这可能主要指在是否继续征讨辽东问题上杨弘礼与长孙无忌等产生矛盾。这直接导致其遭到贬斥,自此丧失参知军机的权力。

杨弘礼的境遇并非孤例,从出土墓志看,参与昆丘道行军的华文弘、武思元、刘文裼等人也仅得勋赏,没有迁转官职。太宗晚年渐趋骄奢,好大喜功,屡兴兵戈,甚至引起百姓的骚动。高宗即位之初,长孙无忌等罢辽东之役,转向休养生息之政,贞观末年的一些政策也被重新检讨。杨弘礼等人的境遇,表明高

---

① 吴玉贵:《突厥汗国与隋唐关系史研究》,北京:中国社会科学出版社,1998年,第369页。

宗永徽年间朝议关于昆丘道行军的评价曾有比较微妙的变化，此点亦需治史者关注。

（原刊武汉大学中国三至九世纪研究所编《魏晋南北朝隋唐史资料》第 35 辑,上海古籍出版社,2017 年）

# 新出唐刘文祎墓志所见西域史事考

关于唐代前期西域战事的讨论，以前学者集中利用吐鲁番出土文书对不同问题作了辨析。①近年来随着大量墓志的发现，又给相关研究带来了新的气象。出土材料中涉及昆丘道行军的墓志较为少见，在目前有三篇论文对两方墓志作了分析②，而新出的刘文祎墓志再次为研究昆丘道行军的具体情况提供了重要的参考。除此之外，刘文祎还参与了招慰西域之事，再现了唐与吐蕃在大

① 在吐鲁番文书中，主要是对飚海道、西域道、疏勒道、金山道、波斯道、定远道等行军的相关记载，有关研究可参考唐长孺：《唐西州差兵文书跋》，《山居存稿》（三编），北京：中华书局，2011 年，第 182—195 页；唐长孺：《唐先天二年（七一三）西州军事文书跋》，《山居存稿》（三编），北京：中华书局，2011 年，第 204—225 页；黄惠贤：《从西州高昌县征镇名籍看垂拱年间西域政局之变化》，《敦煌吐鲁番文书初探》，武汉：武汉大学出版社，1983 年，第 396—438 页；姜伯勤：《吐鲁番文书所见的"波斯军"》，《中国史研究》1986 年第 1 期，第 128—135 页；薛宗正：《安西与北庭》，哈尔滨：黑龙江教育出版社，1995 年，第 65—77、112—136、182—200 页；薛宗正：《唐代的"行军道"与"安抚道"》，《吐鲁番学研究》2001 年第 1 期，第 78—91 页；孙继民：《敦煌吐鲁番所出唐代军事文书初探》，北京：中国社会科学出版社，2000 年，第 121—130 页；刘安志：《跋吐鲁番鄯善县所出〈唐开元五年（717）后西州献之牒稿为被悬点入军事〉》，《敦煌吐鲁番文书与唐代西域史研究》，北京：商务印书馆，2011 年，第 177—205 页；刘安志：《唐代西州天山军的成立》，《敦煌吐鲁番文书与唐代西域史研究》，北京：商务印书馆，2011 年，第 206—225 页；文欣：《吐鲁番新出唐西州征钱文书与垂拱年间的西域形势》，《敦煌吐鲁番研究》第 10 卷，上海：上海古籍出版社，2007 年，第 131—1664 页；文欣：《吐鲁番阿斯塔那 501 号墓所出军事文书的整理——兼论府兵代文书的运行及垂拱战时的西州前庭府》，《敦煌吐鲁番研究》第 10 卷，上海：上海古籍出版社，2007 年，第 165—206 页；程喜霖：《吐鲁番文书所见定远道行军与定远军》，《吐鲁番唐代军事文书研究·研究篇》，乌鲁木齐：新疆人民出版社，2013 年，第 216—246 页。
② 张全民：《〈唐华文弘墓志铭〉所载唐朝经略边疆史事考略》，《唐研究》第 17 卷，北京：北京大学出版社，2011 年，第 441—454 页；王素：《唐华文弘墓志中有关昆丘道行军的资料——近年新刊墓志所见隋唐西域史事考释之一》，《西域研究》2013 年第 4 期，第 81—89 页；傅清音：《新见武则天堂兄〈武思元墓志〉考释》，《文博》2014 年第 5 期，第 66—71 页。

非川之战前后的政治状态。本文利用新出的刘文祎墓志，主要对贞观二十二年（648 年）的昆丘道行军与咸亨元年（670 年）的唐和吐蕃之间的史事作集中探讨，以其促进学界对此问题的理解。

## 一、刘文祎墓志略考

刘文祎墓志近年出土于西安地区，具体出土信息不详。墓志志石拓本高 73 厘米、宽 72 厘米（图一），志盖拓本高宽均 77 厘米（图二）。盖题四行，行四字，篆书"大唐故左豹韬将军河间刘府君墓志铭"。志文 38 行，满行 38 字，有方界格，正书。谨移录并标点志文如下：

图一　刘文祎墓志石拓本

图二 刘文祎墓志盖拓本

大唐故左豹韬卫将军上护军河间县开国男刘府君墓志铭并序

公讳文祎,字,河间鄭人也。汉河间献王之后,先因从宦,家于雍州。粤若唐郊篆历,拥黄云而御宝图;泗上乘时,浮紫气而登璿极。廿四帝,两京之宫掖相望;四百余年,六合之封畿廓落。故得灵苗递茂,美裔交昌。国望人宗,著缇油而不竭;家声祖德,传简册以遥遥。曾祖乔,北齐中书舍人、散骑侍郎、右光禄大夫、高邑县开国公,食邑五百户,赠骠骑大将军、仪同三司、蔚州诸军事、蔚州刺史,谥简公。含元诞粹,降纬凝精。纵天识于三端,敏生知于二允。横飞舌电,禀宣丹衷之言;雅吐温词,伏进青蒲之奏。武略权于八阵,文教扬于六条。祖清,北齐太子斋帅、中书舍人、司武右旅大夫、射声校尉、侍中、祠部尚书,封广陵郡王,食邑一千户。历周左卫大将军、随(隋)开府左卫大将军、平恩郡开国公,食邑三百户,谥恭公。随珠耀彩,不假莹以方明；楚玉含辉，讵籍雕而始润。名登振鹭，德冠群龙。匡日御于虬庭，翊星重于鸑钥。仙台委务，居八座以提纲；栏锜捍城，肃五兵而设卫。父善会，随（隋）汉王库真、骠骑。虚心韬智，镜竹箭之洪澜；雅量栖仁，体莲峰之异巘。近陪东阁，风朝侣赏于长裾；预奉西园，月夜参游于飞盖。王后干纪，图欲乱常。逆耳投言，犯颜不纳。相时而动，知郇侯之兆亡；见机而作，挹微子之违难。辞疾去任，挂冠归里。君骊川育质，千里骋其生奇；凤穴凝姿，五色彰其夙备。双腾剑气，郁郁冲星斗之间；孤秀邓枝，亭亭竦碧霄之上。加以英神洞敏，心镜悬明。忠孝之怀，誉流于乱岁；信友之行，性狎于龆年。银编周孔之书，怡然闇会；金革孙吴之术，禀识冥通。鹤响闻天，鸿飞克渐。贞观十二年，解褐左卫亲府长上校尉。属以雾起狼山，波惊浿水，纵长鲸于海浦，荐封豕于辽阳。太宗文武圣皇帝问罪三韩，亲临九伐，公时扈奉黄钺，深竭丹诚。追百战以轻生，敌万人而贾勇。帝嘉其绩，赏命屡优。横海提戈，始缴青丘之鸟；流沙拥裼，俄屯梓岭之蜂。廿二年，又征龟兹。威严夏日，气烈秋霜。发黄石之兵机，运白登之奇策。勋高后劲，效著前锋，频献捷于辕门，数申功于清庙。永徽元年，丁艰去任。茹荼衔酷，践露攒悲。至孝感于神明，哀毁邻于灭性。显庆四年，授游击将军、同州临高府左果毅都尉，仍留长上。趋驰庭陛，近侍轩墀。擢武帐之英材，进戎昭之望列。于时吐蕃蚁聚，塞右鸥张。高宗天皇大帝特垂重寄，使公招慰。辩惊启瓠，词捷解环。敷帝命而纵碧鸡，扬天威而骋黄马。于是蕃酋雾委，戎长云归。远自荒陬，随朝天阙。策功居最，遂加褒秩。授宁远将军、右卫勋二府郎将。寻加定远将军、左卫勋二府中郎将。吴戈夕卫，丹轩资其爪牙；楚甲晨环，紫掖寄其心膂。上元元年，授明威将军、守左领军卫将军、上轻车都尉。寻加壮武将军、守左威卫将军，封河间县开国男，食邑三百户。光宅元年，授左豹韬卫将军，加上护军。气慑三方，韬闲七纵。元戎上略，驰庙算于寰中；天子玄谋，得武臣于阃外。寻更委献陵留守。痛深龙驾，奉弓剑于乔山；恨切象耕，侍园茔于苍野。岂谓漠南无事，将军成偃伯之功；天上须才，京兆降鹤书之使。太山千仞，俄摧日观之基；梁木万寻，忽败凌云之构。以永昌元年正月十日遇疾，薨于献陵公馆，春秋八十有六。其年十月廿三日，与夫人寿光县君魏国申氏合葬于雍州乾封县高阳原，礼也。恩敕吊赠，特加常数，葬事所须，并令官给。乌呼！淮南叶落，嗟大树之先凋；东海波深，叹楼船之不固。高门甲第，终辞钟鼎之欢；陇路泉扉，独结烟云之惨。嗣子瑾等，追昊天之罔极，伤斡流之易迁，寄徽猷于翠琰，希不变于桑田。其铭曰：

丹陵启瑞，紫气披祥。赤朝六合，车书八荒。千龄帝道，万古兴王。宝图虽变，灵派犹长。猗欤哲人，承休远庆。龟组递龙，球琳交暎。气郁芝兰，心融水镜。韫兹上德，频阶宠命。策名栏锜，委质钩陈。艺优百战，心雄万人。剑横牛斗，阵拥鱼鳞。东覆玄兔，西擒绛宾。钟鼎高勋，银黄宠位。道积忠烈，望优名器。心脊□屏，园茔是寄。顾惟簪绂，荣无与二。将军既去，大树云秋。楼船不返，惊波夜流。痛人生之易没，悲夕□之俄收。采佳城之秘篆，镂懿绩于泉幽。

据墓志，刘文祎，卒于永昌元年（689 年）正月十日，春秋八十六，则当生于隋仁寿四年（604 年）。祖清，即刘玄，字世清，正史有传，通四夷语，曾将《涅槃经》译为突厥语文本，其墓志已经出土，隋开皇十一年（591 年）葬于大兴县高阳原。[①]刘文祎叔父刘祯，字善因，隋时曾奉命出使西域，唐贞观六年（632 年）时又奉太宗敕册封西突厥可汗，"奉敕使于叶护，立泥熟莫贺设为咄陆可汗。寻而咄陆病卒，又立其弟同娥为咥利失可汗"，永徽五年（654 年）卒，其墓志亦在近年发现。[②]刘玄、刘祯和刘文祎数代人均与突厥事关系密切，与其家族传承精通突厥语有重要关系。文祎贞观十二年（638 年）解褐左卫亲府长上校尉，时年已三十五岁，这在一般士族子弟起家时间中是比较少见的。[③]

---

① 李明、刘呆运、李举纲：《长安高阳原新出土隋唐墓志》，北京：文物出版社，2016 年，第 24—27 页；周晓薇、王其祎：《贞石可凭：新见隋代墓志铭疏证》，北京：科学出版社，2019 年，第 180—182 页。
② 傅清音：《新见唐刘祯墓志及相关史事考》，西安碑林博物馆编：《碑林集刊》第 26 辑，西安：三秦出版社，2021 年，第 4 页。
③ 关于唐代荫任的情况，可参考毛汉光：《唐代荫任之研究》，《"中研院"历史语言研究所集刊》第 55 本第 3 分，1984 年，第 459—542 页；黄正建：《唐代的"起家"与"释褐"》，《中国史研究》2015 年第 1 期，第 198—200 页。

志云"属以雾起狼山,波惊浿水",指贞观十六年(642年)盖苏文执政高丽后,针对唐朝作出了一系列挑衅,终于促使唐廷对高丽采取了军事手段来解决两者间的矛盾。

关于唐朝出兵高丽的原因,学界论述颇多[①],高丽权臣盖苏文下陵上替、屡侵新罗、不听唐朝诏令,直接挑战唐朝"天可汗"的天下观与统治秩序[②],故太宗于贞观十八年(644年)命张亮、李勣分别领兵从水陆两路征讨高丽。《资治通鉴》卷一九七"唐太宗贞观十八年十一月"条:"甲午,以刑部尚书张亮为平壤道行军大总管,帅江淮岭峡兵四万,长安洛阳募士三千,战舰五百艘,自莱州泛海趋平壤;又以太子詹事、左卫率李世勣为辽东道行军大总管,帅步骑六万及兰河二州降胡趣辽东,两军合势并进。"[③]十九年,"两军合势,太宗亲御六军以会之"[④]。《唐大诏令集》卷一三〇《讨高丽诏》云:"朕以君臣之义,情何可忍,若不剪诛遐秽,何以惩肃中华。"[⑤]此次太宗亲自征讨高丽,凡"拔玄菟、横山、盖牟、磨米、辽东、白岩、卑沙、麦谷、银山、后黄十城,徙辽、盖、岩三州户口入中国者七万人"[⑥],虽然没有平定高丽,但从实际效果来看,唐朝确定了在辽东的统治秩序,并且迁移大量人口归唐,可以说取得了初步的目的。在太宗亲征之时,刘文祎"扈奉黄钺,深竭丹诚",虽然不一定参与了具体战事,不过在事后亦因出征之功获得了嘉赏。

刘文祎于贞观二十二年(648年)参与平定龟兹的昆丘道行军,永徽元年(650年)丁忧,至显庆四年(659年)获授游击将军、同州临高府左果毅都尉。游击将军,从五品武散。《大周故壮武将军行右鹰扬卫翊府右郎将王君(敏)墓志

① 主要观点可参考拜根兴《唐代高丽百济移民研究》,北京:中国社会科学出版社,2012年,第14—19页。
② 高明士:《天下秩序与文化圈的探索:以东亚古代的政治与教育为中心》,上海:上海古籍出版社,2008年,第144—145页。
③ [宋]司马光:《资治通鉴》,北京:中华书局,2007年,第6214页。
④ [后晋]刘昫等:《旧唐书》卷一九九上《东夷·高丽传》,北京:中华书局,2007年,第5322—5323页。
⑤ [宋]宋敏求:《唐大诏令集》,北京:中华书局,2008年,第703页。
⑥ [宋]司马光:《资治通鉴》卷一九八"唐太宗贞观十九年十月"条,北京:中华书局,2007年,第6230页。

铭并序》：“载初元年，授右豹韬卫临高府长上果毅。”①光宅元年（684年），改左右威卫为左右豹韬卫，文祎任临高府左果毅都尉，隶属于右威卫下。

上元之后，刘文祎步入三品高官行列，并于献陵留守。《苑大智告身刻石》载在永淳元年（682年）九月的迁转人员中，刘文祎从明威将军、守左威卫将军迁宣威将军、守左威卫将军②，而墓志则言所迁散衔为壮武将军，二者有异。永昌元年（689年），刘文祎薨于献陵公馆，然后与夫人申氏合葬于雍州乾封县高阳原。乾封元年（666年），以长安县分置乾封县，长安三年（703年）废。③

## 二、征讨龟兹

高祖、太宗时，龟兹常遣使入贡唐朝，且同时臣服于西突厥。贞观十八年（644年），安西都护郭孝恪伐焉耆，龟兹派兵援助，自此职贡中断。贞观二十一年（647年）十二月，太宗以左骁卫大将军阿史那社尔、右骁卫大将军契苾何力、安西都护郭孝恪、司农卿杨弘礼为昆丘道行军四大总管以伐龟兹。④关于此次战役，史称“昆丘道行军”，“自古相传，西域有昆仑山，河源所出。又《尔雅》曰：三成为昆仑丘，故曰昆丘道”。⑤

墓志云：“廿二年，又征龟兹。威严夏日，气烈秋霜。发黄石之兵机，运白登之奇策。勋高后劲，效著前锋，频献捷于辕门，数申功于清庙。”贞观十二年（638年）刘文祎释褐为左卫亲府长上校尉，贞观十九年（645年）参与了太宗亲征辽东之战。“公时扈奉黄钺，深竭丹诚。追百战以轻生，敌万人而贾勇”，从墓志记

---

① 周绍良、赵超：《唐代墓志汇编》长安〇六五号，上海：上海古籍出版社，1992年，第1037页。

② 赵振华：《记唐代苑大智将军的告身与墓志》，裴建平主编《纪念西安碑林930周年华诞学术研讨会论文集》，西安：三秦出版社，2018年，第178—179页。

③ ［唐］李吉甫：《元和郡县图志》卷一《关内道一》，北京：中华书局，2008年，第4页。

④ 《资治通鉴》卷一九八“唐太宗贞观二十一年十二月”条：“龟兹王伐迭卒，弟诃黎布失毕立，浸失臣礼，侵渔邻国。上怒，戊寅，诏使持节、昆丘道行军大总管、左骁卫大将军阿史那社尔，副大总管、右骁卫大将军契苾何力，安西都护郭孝恪等将兵击之，仍命铁勒十三州、突厥、吐蕃、吐谷浑连兵进讨。”（北京：中华书局，2007年，第6250—6251页。）

⑤ ［宋］司马光：《资治通鉴》卷一九八“唐太宗贞观二十一年十二月”条胡三省注，北京：中华书局，2007年，第6250—6251页。

载来看刘文祎此时应该还在左卫任职,在辽东战事中一直居于太宗行在所,事后虽有嘉赏,其仍继续留任左卫。

昆丘道行军的四大总管中,除了郭孝恪之外,另外三人均参与了征讨辽东之战事,阿史那社尔当时率领的是北门左屯营禁军,契苾何力率领的是南衙右骁卫军队,而杨弘礼当时则专掌兵机之务。《旧唐书》卷七七《杨弘礼传》载:"太宗有事辽东,以弘礼有文武材,擢拜兵部侍郎,专典兵机之务。弘礼每入参谋议,出则统众攻战。驻跸之阵,领马步二十四军,出其不意以击之,所向摧破。太宗自山下见弘礼所统之众,人皆尽力,杀获居多,甚壮之,谓许敬宗等曰:越公儿郎,故有家风矣。时诸宰相并在定州留辅皇太子,唯有褚遂良、许敬宗及弘礼在行在所,掌知机务。"①在辽东战事时刘文祎在太宗行在所,与杨弘礼较为熟悉,疑在昆丘道行军时,文祎应在杨弘礼军中随之征讨龟兹。

《旧唐书》卷七七《杨弘礼传》:"(贞观)二十年,拜中书侍郎。明年,加银青光禄大夫。寻迁司农卿,兼充昆丘道副大总管,诸道军将咸受节度。于是破处月,降处密,杀焉耆王,降驳支部,获龟兹、于阗王。凯旋,未及行赏,太宗晏驾,弘礼颇忤大臣之旨,由是出为泾州刺史。永徽初,论昆丘之功,改授胜州都督。"②杨弘礼墓志近年出土于陕西省西安市,关于弘礼参与昆丘道行军的情况,《杨弘礼墓志》云:"龟月挺妖,城郭离贰。方诛姑翼,深伫常罗。廿二年,授昆丘道行军副大总管。盐泽疏源,鼓长波而沃日;昆峯发地,横峭壁而干天。金满城遥,玉关路阻。跨分流之绝隥,陟县度之危峦。鹤阵频开,龙韬数运。何止一日三捷,固亦所向无前。旌旆所临,凡平处月等六国,并获名王入朝。岂若将军拥节,空出白檀;校尉连兵,唯屠赤谷。俄而司勋命赏,言酬定远之功;胤子推恩,竟启岔生之邑。下诏封长子元嗣为修武伯。躬珪祚土,光裂壤于三河;玉树滋荣,沐濯枝于两叶。寻以边方寄重,司牧任殷。徙综六条,言辞九列。出为泾州刺史,迁胜州都督。"③杨弘礼本传言其杀焉耆王一事不见于墓志,"龟月"指的是龟兹与

---

① [后晋]刘昫等:《旧唐书》,北京:中华书局,2007年,第2674页。
② [后晋]刘昫等:《旧唐书》,北京:中华书局,2007年,第2674页。
③ 王庆卫:《唐贞观二十二年昆丘道行军再探讨:以新出〈杨弘礼墓志〉为中心》,《魏晋南北朝隋唐史资料》第35辑,上海:上海古籍出版社,2017年,第138—152页。

处月,"名王入朝"指的应是弘礼获龟兹、于阗王之事,志文言弘礼"平处月等六国"可与史传相比照,志与传合。

华文弘墓志载:"廿二年,充昆丘道右一军骑曹。昔陈汤矫诏以立功,傅介权宜以行事,终扫郅支之域,竟致楼兰之首。君之望古,彼独何人。"①王素认为实情应该是阿史那社尔擒获阿那支后将其移交给了杨弘礼,而弘礼矫诏杀之,并据华文弘墓志所言推断他很可能是杨弘礼之部属,且可能是弘礼诛杀焉耆王阿那支后送其首级回京师之人员。②两方墓志言华文弘与刘文祎均屡立战功,但从他们应在杨弘礼帐下来看,似乎并未参与大的战事,墓志所言不无夸大之词,西汉陈汤矫诏发兵灭北匈奴郅支单于,傅介子用计斩杀楼兰王是古人常用的两个典故,这和刘文祎墓志用韩信、陈平的典故来类比他在昆丘道行军战事中所发挥的作用相同,主要用以比拟在边疆僻远之地建功立勋,而并不一定是实指。

在昆丘道战事中,被杀的焉耆王是阿那支。《资治通鉴》卷一九九"唐太宗贞观二十二年十月"条:"阿史那社尔既破处月、处密,引兵自焉耆之西趣龟兹北境,分兵为五道,出其不意,焉耆王薛婆阿那支弃城奔龟兹,保其东境。社尔遣兵追击,擒而斩之,立其从父弟先那准为焉耆王,使修职贡。龟兹大震,守将多弃城走。"③关于阿那支之死,《旧唐书》卷一九八《焉耆传》、《新唐书》卷二二一上《焉耆传》记载与《资治通鉴》同,两《唐书》阿史那社尔本传未言杀阿那支之事,而两《唐书》杨弘礼本传与《册府元龟》均言阿史那乃弘礼所杀,文献之间互有矛盾。《旧唐书》卷一〇六《李林甫传》:"国家武德、贞观已来,蕃将如阿史那社尔、契苾何力,忠孝有才略,亦不专委大将之任,多以重臣领使以制之。"④昆丘道行军中阿史那社尔为军事主帅,杨弘礼则是负有监察诸军职责的重臣,处死焉

---

① 张全民:《唐华文弘墓志铭所载唐朝经略边疆史事考略》,《唐研究》第 17 卷,北京:北京大学出版社,2011 年,第 444 页。

② 王素:《唐华文弘墓志中有关昆丘道行军的资料——近年新刊墓志所见隋唐西域史事考释之一》,《西域研究》2013 年第 4 期,第 82—89 页。

③ [宋]司马光:《资治通鉴》,北京:中华书局,2007 年,第 6262 页。

④ [后晋]刘昫等:《旧唐书》卷一〇六《李林甫传》,北京:中华书局,2007 年,第 3239 页。

耆王必然是阿史那社尔和杨弘礼都认可的。处死阿那支,说杨弘礼抑或阿史那社尔杀死都是可以的,其中杨弘礼的态度甚至更为重要。在诛杀阿那支一事上,杨弘礼应该为第一负责人,故在其本传中说他杀了焉耆王也是顺理成章的事情。

昆丘道战事结束后,杨弘礼于贞观二十三年(649年)正月返回京师长安,至五月太宗去世,在这期间史传未载对弘礼论功行赏事,且史传载弘礼又因与大臣不合而贬官,王素指出这可能与杀阿那支一事有关。[①]从杨弘礼墓志记载来看,昆丘道行军结束后,朝廷已回赐杨弘礼子勋爵,但未及奖擢本人官职而遭贬。唐代制度中,勋官和爵位在战事结束后即可论功赐予,但职事官需出现相应的官阙才可以任命。高宗即位后,杨弘礼不仅没有得到相应的迁转,反被贬为泾州刺史。本传所谓的"未及行赏",指的应该是赏功的程序中途停止没有完成而已。"忤大臣之旨",很可能是在是否续讨辽东的问题上,杨弘礼与长孙无忌等顾命大臣之间产生了对立,结果不仅杨弘礼本人遭到贬斥,昆丘道行军的军事代表阿史那社尔亦不被朝廷认可,参与的将士中的华文弘与刘文祎等人正是受此株连,直至杨弘礼酬功后他们才分别得以仕进。[②]

关于昆丘道行军的相关史事,吴玉贵论说甚详[③],在吐鲁番出土文书中未发现与此次战事相关之史料,而在石刻文献中涉及昆丘道行军的资料则不乏其例,除了杨弘礼、刘文祎、华文弘墓志之外,还有七方墓志与昆丘道行军相关联。在这十方墓志中,华文弘与刘文祎在杨弘礼帐下,薛万备[④]、元武寿[⑤]、武思元[⑥]、执失奉节[⑦]、史怀俭[⑧]在阿史那社尔麾下,仵钦疑为社尔或契苾

① 王素:《唐华文弘墓志中有关昆丘道行军的资料——近年新刊墓志所见隋唐西域史事考释之一》,《西域研究》2013年第4期,第82—89页。

② 王庆卫:《唐贞观二十二年昆丘道行军再探讨:以新出〈杨弘礼墓志〉为中心》,《魏晋南北朝隋唐史资料》第35辑,上海:上海古籍出版社,2017年,第138—150页。

③ 吴玉贵:《突厥汗国与隋唐关系史研究》,北京:中国社会科学出版社,1998年,第341—369页。

④ 胡戟:《珍稀墓志百品》,西安:陕西师范大学出版总社,2016年,第69页。

⑤ 胡戟、荣新江主编:《大唐西市博物馆藏墓志》,北京:北京大学出版社,2012年,第173页。

⑥ 赵力光主编:《西安碑林博物馆新藏墓志续编》,西安:陕西师范大学出版总社,2014年,第192页。

⑦ 中国文物研究所、陕西省古籍整理办公室:《新中国出土墓志·陕西贰》,北京:文物出版社,2003年,第30页;吴钢主编:《全唐文补遗》第3辑,西安:三秦出版社,1996年,第362—363页。

⑧ 陈晓捷、杨敏侠:《唐史献墓志读考》,樊英峰主编《乾陵文化研究》第7辑,西安:三秦出版社,2013年,第377页。

何力下属①,而侯仁恺则是在任天山县令时为昆丘道行军战事作准备过程中被敌对人员所杀害,分其部属的话应为郭孝恪之部下。②参与此次战事的中层官员以获得勋阶为主,职事官多未在此时获得升迁,唯有薛万备的官职由虚转实,这应该与其招慰于阗王一事有所关联。

### 三、招慰西域

墓志云:"显庆四年,授游击将军、同州临高府左果毅都尉,仍留长上。趋驰庭陛,近侍轩墀。擢武帐之英材,进戎昭之望列。于时吐蕃蚁聚,塞右鸥张。高宗天皇大帝特垂重寄,使公招慰。辩惊启瓠,词捷解环。敷帝命而纵碧鸡,扬天威而骋黄马。于是蕃酋雾委,戎长云归。远自荒陬,随朝天阙。策功居最,遂加褒秩。授宁远将军、右卫勋二府郎将。寻加定远将军、左卫勋二府中郎将。"刘文祎在显庆四年(659 年)至上元元年(674 年)的生命历程中,最重要的乃是招慰西域事。显庆四年,吐蕃势力进入西域,都曼之乱中吐蕃没有明面上与唐朝对立,故墓志所言非此年事。龙朔二年(662 年),苏海政奉诏征伐疏勒、龟兹,弓月又引吐蕃军至疏勒之南拒唐军。龙朔三年(663 年)十二月,以安西都护高贤为行军总管,以击弓月救于阗。麟德二年(665 年),疏勒、弓月引吐蕃侵于阗,西州都督崔知辩、左武卫将军曹继叔救之。咸亨元年(670 年)四月,吐蕃陷西州十八城,又与于阗合众袭龟兹,此年薛仁贵所率之唐军与吐蕃战于大非川,唐军大败。根据唐朝与吐蕃之关系,墓志所言"吐蕃蚁聚,塞右鸥张"指的疑是咸亨元年的西域政局。

唐代初年经营西域以显庆三年(658 年)为一个阶段,苏定方平西突厥阿史

---

① 北京图书馆金石组:《北京图书馆藏中国历代石刻拓本汇编》第 15 册,郑州:中州古籍出版社,1989 年,第 140 页;孙兰风、胡海帆主编:《隋唐五代墓志汇编·北京大学卷》,天津:天津古籍出版社,1992 年,第 59 页;周绍良、赵超:《唐代墓志汇编》,上海:上海古籍出版社,1992 年,第 526 页;吴钢主编:《全唐文补遗》第 6 辑,西安:三秦出版社,1999 年,第 311—312 页。

② 赵君平、赵文成:《秦晋豫新出墓志蒐佚》,北京:国家图书馆出版社,2011 年,第 146 页;毛阳光、余扶危:《洛阳流散唐代墓志汇编》,北京:国家图书馆出版社,2013 年,第 7 页。

那贺鲁后于其地设羁縻府州，隶属于安西都护府，至此唐朝完成了在西域的进取阶段。①显庆四年十一月，"思结俟斤都曼帅疏勒、朱俱波、谒般陀三国反，击破于阗。癸亥，以左骁卫大将军苏定方为安抚大使以讨之"②。都曼率三国之众破于阗，或许跟于阗亲唐有关，在都曼活动的俱兰、马头川、疏勒、朱俱波、于阗一线，正是以后很长时间内吐蕃在西域活动的主要地区，即所谓"俟斤地"，因此都曼此次攻于阗，可能与吐蕃有关联。③吐蕃介入西域事务，第一次是在贞观二十二年（648年）征讨龟兹时，吐蕃应唐王朝征召"逾玄菟而北临"④；第二次是显庆四年事，都曼破于阗后，苏定方"率兵至碎叶水，而贼堞马头川。定方选精卒万、骑三千袭之，昼夜驰三百里，至其所。都曼惊，战无素，遂大败，走马保城。师进攻之，都曼计穷，遂面缚降"⑤。之后，"弓月南结吐蕃，北招咽面"⑥，弓月是一个以弓月城为根基的粟特胡人部落，以祆教为宗教信仰，故此他们操控着突厥人的宗教生活，并因其在商路上的地位，连接吐蕃以对抗唐廷。⑦

在高宗咸亨之前，吐蕃因弓月部所引进入西域，虽然屡屡暗助弓月部以对抗唐朝，但还没有产生大规模的军事冲突。至咸亨元年（670年），吐蕃先后攻陷西州多地，《资治通鉴》卷二〇一唐高宗咸亨元年四月条："夏，四月，吐蕃陷西域十八州，又与于阗袭龟兹拨换城，陷之。罢龟兹、于阗、焉耆、疏勒四镇。辛亥，以右卫大将军薛仁贵为逻娑道行军大总管，左卫员外大将军阿史那道真、左卫将军郭待封副之，以讨吐蕃，且援送吐谷浑还故地。"⑧八月，唐军与吐蕃战于大非川，吐蕃相论钦陵将兵四十万击之，唐军大败，死伤略尽，薛仁贵、郭待封、阿史那道真仅脱身免，与论钦陵约和而还。咸亨元年大非川之战，白桂思认为唐

① 曾贤熙：《唐代前期（618—755）对安西四镇的经营》，新北：花木兰出版社，2011年，第117页。

② ［宋］司马光：《资治通鉴》卷二〇〇唐高宗显庆四年十一月条，北京：中华书局，2007年，第6319页。

③ 王小甫：《唐、吐蕃、大食政治关系史》，北京：中国人民大学出版社，2009年，第54页。

④ ［宋］王钦若等：《册府元龟》卷九八五《外臣部·征讨四》，北京：中华书局，2010年，第11572页。

⑤ ［宋］欧阳修、宋祁：《新唐书》卷一一《苏定方传》，北京：中华书局，2006年，第4138页。

⑥ ［宋］司马光：《资治通鉴》卷二〇二"唐高宗咸亨四年十二月"条，北京：中华书局，2007年，第6372页。

⑦ 王小甫：《唐、吐蕃、大食政治关系史》，北京：中国人民大学出版社，2009年，第58页；王小甫：《弓月名义考》，《唐、吐蕃、大食政治关系史》，北京：中国人民大学出版社，2009年，第200—216页；王小甫：《弓月部落考》，《唐、吐蕃、大食政治关系史》，北京：中国人民大学出版社，2009年，第217—229页。

⑧ ［宋］司马光：《资治通鉴》，北京：中华书局，2007年，第6363页。

军此次失利标志着唐朝对塔里木盆地一带二十年统治的结束①；王小甫则认为，在这个阶段吐蕃与唐朝还在争夺西域，吐蕃并没有建立起对西域任何形式的统治②；刘安志通过对相关吐鲁番文书的考证，以为唐虽然于咸亨元年被迫下令罢安西四镇，但由于西域形势的变化，实际上罢弃的只是于阗、疏勒二镇，龟兹、焉耆二镇仍属于唐朝统治下，而并没有放弃。③王、刘二说为是。

对于了解此时的西域政局，阿史那忠是一个十分重要的关键人物。《唐故右骁卫大将军兼检校羽林军赠镇军大将军荆州大都督上柱国薛国公阿史那贞公（忠）墓志铭并序》："西海诸蕃，经途万里，而有弓月扇动，吐蕃侵逼，延寿莫制，会宗告窘。以公为西域道安抚大使兼行军大总管。公问望着于遐迩，信义行乎夷狄，飨士丹丘之上，饮马瑶池之滨，夸父惊其已远，章亥推其不逮。范文后入，情不论功；汉异却坐，事非饰让。"④关于阿史那忠为西域道安抚大使事，郭平梁、王小甫、陈志谦、陈瑜、杜晓琴等均认为这次阿史那忠到西域与薛仁贵至青海，乃是咸亨元年一次出征的两支军队，阿史那忠主要的职责是对受吐蕃辖制的地区和部落作招慰及招纳事宜；⑤荣新江通过志文"奉跸东京"一语推测阿史那忠出使西域约在咸亨二三年（671—672年）间；⑥刘安志指出，阿史那忠此次招慰西域约在总章二年（669年），总章二年八月以前，吐蕃与弓月联手入侵西域，故此高宗派阿史那忠为西域道安抚大使兼行军大总管进行反击。⑦吐鲁

① ［美］白桂思：《吐蕃在中亚：中古早期吐蕃、突厥、大食、唐朝争夺史》，乌鲁木齐：新疆人民出版社，2012年，第21—23页。

② 王小甫：《唐、吐蕃、大食政治关系史》，北京：中国人民大学出版社，2009年，第63—64页。

③ 刘安志：《从吐鲁番出土文书看唐高宗咸亨年间的西域政局》，原载《魏晋南北朝隋唐史资料》第18辑，修订后收入氏著《敦煌吐鲁番文书与唐代西域史研究》，北京：商务印书馆，2011年，第65—98页。

④ 周绍良、赵超：《唐代墓志汇编》，上海：上海古籍出版社，1992年，第602页。

⑤ 郭平梁：《阿史那忠在西域》，《新疆历史论文续集》，乌鲁木齐：新疆人民出版社，1982年，第189页；王小甫：《唐、吐蕃、大食政治关系史》，北京：中国人民大学出版社，2009年，第68页；陈志谦：《阿史那忠碑志考述》，《文博》2002年第2期，第70—74页；陈瑜、杜晓勤：《从阿史那忠墓志考骆宾王从军西域史实》，《文献》2008年第3期，第29—37页。

⑥ 荣新江：《吐鲁番文书〈唐某人自书历官状〉所记西域史事钩沉》，《西北史地》1987年第4期，第53—55页。

⑦ 刘安志：《从吐鲁番出土文书看唐高宗咸亨年间的西域政局》，原载《魏晋南北朝隋唐史资料》第18辑，修订后收入氏著《敦煌吐鲁番文书与唐代西域史研究》，北京：商务印书馆，2011年，第65—98页。

番阿斯塔那 61 号墓出土有文书《唐西州高昌县上安西都护府牒稿为录上讯问曹禄山诉李绍谨两造辩辞事》,此文书年代上限不超过总章元年(668 年)或二年(669 年),下限在咸亨四年(674 年)三月末,其成稿时间当在咸亨二年。①其中第六部分对于了解总章、咸亨年间的西域情况十分重要,兹摘录部分如下:②

(前缺)

1 人,从安西来,其人为突厥劫夺弓箭鞍马 ☐☐

2 逢绍谨,若有胡共相逐,即合知见。二 人 ☐

3 敕函,向玉河军,二人为刘监军 ☐☐

4 是(人)二月内发安西。请牒安西检去 年 ☐

5 使向刘监萧乡军使人问有 胡 ☐

(后缺)

文书讲的是李绍谨的辩辞,论述他从弓月城行数百里,遇到了二月从安西出发的四位使人,这四人在路途中被突厥人夺走了马匹、弓箭等物。咸亨元年四月,吐蕃与西突厥余部在西域勾连起兵,唐朝被迫将安西都护从龟兹撤回西州,故文书方言这一行人未到达龟兹而改投西州,曹禄山还以为其兄长在此过程中失踪,而造成了诸多误会。如此来看,文书所记载当为咸亨元年事。③阿史那忠志文云"弓月扇动,吐蕃亲逼",阿史那忠任西域道安抚大使,无论官职与资历都和薛仁贵相当,唐代行军中经常以行军大总管与安抚大使分别承担两种互补之职责。阿史那忠与薛仁贵乃这次出征的两路军队的统帅。

---

① 黄惠贤:《〈唐西州高昌县上安西都护府牒稿为录上讯问曹禄山诉李绍谨两造辩辞事〉释》,《敦煌吐鲁番文书初探》,武汉:武汉大学出版社,1983 年,第 353—354 页;李方:《唐西州官吏编年考证》,北京:中国人民大学出版社,2010 年,第 30 页;[日]荒川正晴:《唐帝國とソグド人の交易活動》,《东洋史研究》第 56 卷第 3 号,1998 年,第 188 页;王小甫:《唐、吐蕃、大食政治关系史》,北京:中国人民大学出版社,2009 年,第 67 页。

② 唐长孺主编:《吐鲁番出土文书》(录文本)第 6 册,北京:文物出版社,1985 年,第 476 页。

③ 王小甫:《唐、吐蕃、大食政治关系史》,北京:中国人民大学出版社,2009 年,第 67 页。

《大唐故右骁卫大将军薛国贞公阿史那府君(忠)之碑》:"寻又奉诏为西域道安抚大使兼行军大总管。乘□则发,在变以能通。杖义斯举,有征而无战。威信并行,羌夷是□,洎乎振旅,频加劳问。"①碑文所讲的应该是羁縻都支、安辑其部众事,而此时在西域之地仅仅余下弓月、疏勒还在吐蕃支持下对抗唐朝。②咸亨二年四月,"以西突厥阿史那都支为左骁卫大将军兼匐延都督,以安集五咄陆之众"③。龙朔二年(662 年),十姓部落无主,阿史那都支及李遮匐收其余众附于吐蕃,而咸亨二年(671 年)阿史那都支复归于唐廷,很可能是阿史那忠安抚西域之功。阿史那都支与唐朝关系并不密切,如果不是阿史那忠招慰西域,难以想象唐廷会允许都支这样一个西突厥首领负责安辑西域有关部众。对于此时之史事,刘文祎墓志云"蕃酋雾委,戎长云归",指的很可能就是阿史那都支等人再次归附唐朝之事,而刘文祎招慰西域,疑其当时在西域道安抚大使阿史那忠的麾下,主要负责招抚都支,故志文才有"策功居最,遂加褒秩"之言。

关于阿史那忠此次招抚西域的随行人员,除了刘文祎之外,最负盛名的当属骆宾王。骆宾王从军西域时任奉礼郎,随阿史那忠招慰西域,目的地可能为轮台、疏勒等地,与薛仁贵军任务完全不同。骆宾王先后作有《早秋出塞寄东台详正学士》《夕次蒲类津》《晚度天山有怀京邑》《宿温城望军营》《军中行路难同辛常伯作》《边庭落日》《在军中赠先还知己》《久戍边城有怀京邑》等诗,从这些诗作的描述可以推断出阿史那忠在西域的行军路线与一些停留之地点。④骆宾王、刘文祎一起随从阿史那忠招抚西域,两个人应该在此后有着一定的来往,这对于理解二人的生平交游不无助益。

---

① 陈尚君:《全唐文补编》,北京:中华书局,2005 年,第 1809 页。

② 王小甫:《唐、吐蕃、大食政治关系史》,北京:中国人民大学出版社,2009 年,第 68 页。

③ [宋]司马光:《资治通鉴》卷二〇二"唐高宗咸亨二年四月"条,北京:中华书局,2007 年,第 6366 页。关于阿史那都支前后事,[日]森安孝夫曾有过讨论,可参考氏著:《吐蕃の中央アジア進出》,《金沢大学文学部论集·史学科篇》第 4 号,1984 年,第 11—12 页。

④ 陈瑜、杜晓勤:《从阿史那忠墓志考骆宾王从军西域史实》,《文献》2008 年第 3 期,第 29—32 页。

## 结　语

刘文祎墓志的发现,为进一步深入理解相关西域史事提供了新的资料。在相当长的一段时间内,利用敦煌吐鲁番文书是研究西域史事的主要路径,进而可以补正中原的制度史与唐朝的政治史。近年来两京地区大量出土的墓志材料则反过来可以透视西域的历史与社会,补充了许多关于西域史事的人物与事件,可以说"从文书到碑志是今后中古史研究的趋向之一"[①]。随着大量石刻史料的发现,对于西域的一些细节情况有了进一步的了解。如果说传世文献展现出西域史事的主体面貌,敦煌吐鲁番文书提供了弥足珍贵的地域文献,那么石刻史料则进一步把二者联系了起来,它们共同构建出了西域史事的全方位场景,可以说它们为今天窥视历史场景下的真实情况提供了不同的视角,而它们基于不同目的的历史书写,还有待于进一步的思考与比较。

(原刊朱玉麒主编《西域文史》第 12 辑,科学出版社,2018 年)

---

① 荣新江先生语,见于《中古碑志研究的新视野——"北朝隋唐碑志与社会文化"学术研讨会纪要》,《唐研究》第 17 卷,北京:北京大学出版社,2011 年,第 1 页。

## 安史乱后一个粟特武将家族的发展史：
## 从新出李元谅子李准墓志谈起

在中古史和中外关系史上，粟特人发挥着举足轻重的作用，由于安史之乱的发生，入华粟特人的境遇出现了两极变化，受排斥胡人情绪的影响，多数人纷纷移居河朔三镇，但还是有不少人留在了长安，不过这些人都采取了改变姓氏和郡望等方法化胡为汉，在保持自己宗教信仰的情况下，继续生活于唐朝的核心地区。①家族史研究是中古史领域的重要内容，相对于汉族大姓，关于粟特人家族研究的成果较为薄弱。②作为与安禄山同姓的安国粟特人，他们在中原生存的状况是昭武九姓后裔中最受关注的，通过对其家族个案的观察，会加深我们对唐朝和粟特胡人之间关系的理解。

安兴贵和安修仁兄弟在平定李轨的过程中立有大功，是李唐重要的开国功臣。吴玉贵讨论了其家族兴起于河西的背景和原因，指出粟特胡人经常保持着入仕为官和经营商业的二重模式，在安氏谱系塑造中将其和安同、安世高联系起来，这种将中国历史上或传说中的人物作为先祖的做法，使粟特胡人与移居地的主体民族在民族源头上统一了起来，为他们融入唐朝的政治社会提供

① 荣新江：《波斯与中国：两种文化在唐朝的交融》，《丝绸之路与东西文化交流》，北京：北京大学出版社，2015年，第61—80页；荣新江：《安史之乱后粟特胡人的动向》，《中古中国与粟特文明》，北京：生活·读书·新知三联书店，2014年，第79—113页。
② 冯培红：《古代大族研究的省思与展望》，《史学月刊》2019年第3期，第17—23页。

了舆论基础。①除了安兴贵家族,安金藏家族和唐廷关系也十分密切。这两个家族隋唐之际就生活在长安,安史之乱对其影响有限,而曾为安史部将的安国后裔李元谅在安史之乱中归阙唐廷,其后代在长安的生活状态可谓十分特殊。李元谅,两《唐书》有传,并有碑、志存世,除此之外,李元谅孙李德余墓志已经刊布。笔者近几年在整理唐代石刻史料的过程中,新见李元谅子李准墓志,至此可以把三代人的碑志材料进行整体分析,进而探讨这个粟特武将家族于安史乱后在长安的发展情况。

### 一、李准墓志略考

李准墓志,近年出土于陕西省渭南地区。志盖拓本盝顶型(图一),长 77.2

图一　李准墓志盖拓本

---

① 吴玉贵:《凉州粟特胡人安氏家族研究》,荣新江主编《唐研究》第 3 卷,北京:北京大学出版社,1997年,第 295—325 页,收入氏著《西暨流沙:隋唐突厥西域历史研究》,上海:上海古籍出版社,2020 年,第227—282 页。

图二　李准墓志石拓本

厘米，宽 77.6 厘米，盖题 3 行，行 3 字，篆书"唐故太子通事舍人李公墓志"。志石拓本（图二）长 75 厘米，宽 73.5 厘米，39 行，满行 40 字，正书，有方界格。先录文并标点如下：

唐故朝议郎行太子通事舍人赐绯鱼袋李君墓志铭并序

兄平撰文并书

　　君讳准，字玄则，本姓安氏，其先黄帝轩辕氏之胤。轩辕帝孙曰安，封于安，号其国曰安息，遂为氏焉。自西汉以还，或居河右，故为凉州姑臧人也。曾祖皇朝左武卫翊府中郎将，赠代州都督讳延。行义守谦，道全名著。进而知止，位不充材。烈祖皇朝易州遂城府折冲，赠幽州大都督讳塞多。泽润本枝，庆流来叶。河隍扰乱，因适蓟门。燕土材贤，毕瞻风彩。弘仁匪倦，积德有征。晔晔辉辉，荣华不绝。烈考皇朝华州潼关镇国军陇右两道节度支度营田观察处置临洮军等使、开府仪同三司、捡校尚书左仆射，兼华州刺史、御史大夫、武康郡王，赠司空讳元谅。珪璋特达，河岳英灵。经百战以安君，推一心而奉国。事与时并，名与功偕。丹青有辉，竹帛无点。不然者焉得胙土命氏，分闾拥旄，茂绩休声，不泯于千载矣。君即仆射之次子，故云麾将军、守右武卫大将军兼陇右副节度袭左贤王、赠代州都督河南阿史那公义方之外孙也。生而瑰美，有岐嶷之姿；幼而聪明，禀纯孝之性；长而沉毅，蕴宽大之怀。天降祸殃，罿婴所恃。虽在襁褓，而容色瞿然。日夜哀啼，乳餔顿鲜。六亲奇叹，保念弥深。既长号天，痛乎不逮。仆射愍其偏露，抚视增悲。乃访宿儒，抠衣就学。入闻诗礼之训，出观俎豆之仪。年十五，郡举孝廉，为乡贡之俊。以年齿尚幼，故不趣京师，退而研精，自强不息。明年冬，贼臣朱泚潜构凶谋，仆射总潼华之师，龚行天伐。每经险阻，常侍晨昏。克殄祅氛，再清宫阙。令君驰往庆贺，奉表南行。冒炎暑赫曦之辰，登巴梁峭绝之路。悬车束马，昼夜兼程。累日之闲，至行在所。对扬敷奏，披省表章。上以宗社克复，歔欷良久。循环顾问，嘉叹重迭。庶事详明，特加优奖。即日授同州参军，赐以金帛衣服。谢恩之际，诏令先赴上都，俯听纶言。至皆宣谕，承欢膝下，拜省增荣。然后万乘天旋，六龙云降。君臣交泰，退迩欣欣。李怀光窃据蒲同，尚劳师律。复命仆射躬往讨除。君每被坚执戈，余勇可贾。摧锋破敌，所向无前。逆竖枭夷，策勋饮至。加右卫兵曹参军，赐绯鱼袋及银器、匹帛、金带等物。天庭服拜，孰不荣之。日者蕃寇请盟，王师撤警。登坛将缺，虏以合围。日翳尘昏，人各乱溃。君部曲悉散，单车独驰。突戈矛之锋，出虎狼之口。越川谷之隘，归父母之邦。既至，号泣拜伏，若已再生。仆射抚背悲酸，有如天至。圣上知其骁勇，召对器之，改太子通事舍人，仍加锡赉。咸谓艰险备矣，屯蹇已矣。而年踰弱冠，器质弘深。必当骋千里以高骧，望青云而一举。岂意夫春秋鼎盛，疾疢所婴。涉历寒温，沉绵枕席。皇上以仆射勋庸冠古，惜君材武过人，亟令中使御医，视其所疾，并赐绢一百段，充药物之资。身不能兴，手舞足蹈，仿徨匍匐，呜咽涕流。仆射荷天泽曲垂，王事有限。闻君之未瘳也，积忧成疾。或矫云有痊也，常膳载加，心如悬旐，寤寐不舍，父子天性。诚哉是言。医术既究，膏肓日甚。以贞元八年五月廿六日，终于长安宣阳里之私第，享年廿四。呜呼哀哉！君孝若曾参，行如颜子，勇齐季路，艺等冉求。四者克兼，而年寿不永，禄位不崇，悲夫！主上闻其殒丧，伤叹久之，乃赐绢一百段，以给丧事。君亲长隔，臣子永辞。恩及幽冥，感深窀穸。仆射远承凶讣，言发恸绝。哀过常情，痛深遐想。兄弟等泣天伦之中缺，悲手足之先凋。藐尔遗孤，彼苍何虐。乃占先远，权厝从宜。岁未再周，仆射薨背。朝倾仪表，国丧栋梁。君兄曰平，弟曰莘，泣血绝浆，几于灭性。卜遵迁祔，龟筮叶从。以十年十一月一日，侍葬于华阴县僮乡原之新茔。丹旐首途，灵輀前导。痛哉！君生也偏侍左右，其殁也今亦如之。存亡若斯，观者咸叹。夫人河南屈突氏，故绛州别驾鄘之次女也。兰蕙有芳，先君而夭。有男一人曰翁子。天资敏悟，年尚幼冲。缞绖执丧，不资人教。于戏！双棺同穴，幽隧长扃。人世已空，山河未改。抚存悲往，洒泪何言。刊石勒铭，以旌家范。其词曰：

英英令胄，郁郁华宗。洪波清派，灵粹斯钟。乃梦熊罴，寔生君子。淑问莫俦，芳猷难比。射兼五善，学综六经。风姿杰出，才器早成。银印有辉，彩衣增庆。伯仲雁行，棣华相映。膺兹厚祉，宜享遐年。忽辞昭代，讵隔幽泉。敬姜之墓，言祔言旋。侍葬哀荣，人谁不传。

李准，李元谅第二子，贞元八年（792 年）卒，春秋二十四，则其生年在大历四年（769 年）。李准，原姓安，凉州姑臧人。安氏乃昭武胡姓之一。文献中的康氏、安氏、米氏基本上可以确定属于粟特人的族群。[1]在天宝十载（751 年）敦煌县差科簿上列有 236 人，人数最多的姓氏有康、安、石、曹，四姓占总人数的六成以上，罗、何、米、贺、史五姓次之，这九姓人口占到总人数的九成以上，而且

① ［日］福岛惠：《唐代ソグド姓墓誌の基礎的考察》，《学习院史学》第 43 号，2005 年，第 135—162 页，收入氏著《東部ユーラシアのソグド人：ソグド人漢文墓誌の研究》，东京：汲古书院，2017 年，第 11—57 页。

多为粟特人，据此可以了解粟特族群在河西走廊中的整体面貌。[1]凉州是中原和西域主要通道上的重要城市，"为河西都会，襟带西蕃、葱右诸国，商旅往来，无有停绝"[2]，中古时期一直是入华粟特人的大本营之一，这里集商业集散地和聚落集居地为一体，成为很多在华粟特人的郡望所在。[3]

凉州安氏，中古时期可考者有安令节、安神俨、安延、安金藏、李国珍、安玄朗、安兴贵和安修仁家族等，尤其是安兴贵家族多有成员担任凉州粟特聚落首领的萨宝一职，经常可以左右凉州的政治格局。玄武门事变后，唐太宗大封功臣，安兴贵兄弟因功位列第二等，之后他们利用粟特人的身份，为唐朝经营西域再立功勋。从初唐开始，以安兴贵家族为代表的凉州安氏，在时代政局中有着巨大的影响力，这从唐廷官修的《氏族志》《姓氏录》中确立的"武威安氏"之郡望即可见一斑。[4]对于整个安国粟特人来讲，安氏郡望在初唐的形成，使他们有了一个共同的中原郡望。李淮墓志由其兄李平撰并书，自云出自姑臧，其实李元谅家族和真正的凉州安氏之间没有直接关系，从墓志记载来看疑其是贞观四年（630年）突厥第一汗国灭亡后作为降众居住在六胡州的安国粟特后裔，还保持着游牧社会的部落形态。

在李塞多生活的时代，李氏家族"河隍扰乱，因适蓟门"。河隍，即河湟，在历史上其表示的区域有所差异，第一种观点以《新唐书·吐蕃传》为据，认为指的是吐谷浑故地；[5]第二种观点据《新唐书·张九龄传》记载，把河湟泛指为陇右

---

① [日]池田温：《八世纪中叶敦煌的粟特人聚落》，《日本学者研究中国史论著选译·民族交通》，北京：中华书局，1993年，第153—155页。

② [唐]惠立、彦悰：《大慈恩寺三藏法师传》卷一，北京：中华书局，2000年，第11页。

③ 陈国灿：《敦煌所出粟特文信札的书写地点和时间问题》，《魏晋南北朝唐史资料》第7辑，1985年，第10—18页；刘波：《敦煌所出粟特语古信札与两晋之际敦煌姑臧的粟特人》，《敦煌研究》1995年第3期，第147—154页；荣新江：《北朝隋唐粟特人之迁徙及其聚落》，《中古中国与外来文明》，北京：生活·读书·新知三联书店，2001年，第68—74页；毕波：《粟特文古信札汉译与注释》，《文史》2004年第2期，第88—93页；荣新江：《北朝隋唐粟特人之迁徙及其聚落补考》，《中古中国与粟特文明》，北京：生活·读书·新知三联书店，2014年，第23—26页；冯培红：《北朝至唐初的河西走廊与粟特民族——以昭武九姓河西诸郡望的成立为出发点》，刘进宝主编《丝路文明》第1辑，上海：上海古籍出版社，2016年，第51—92页。

④ 冯培红：《北朝至唐初的河西走廊与粟特民族——以昭武九姓河西诸郡望的成立为出发点》，刘进宝主编《丝路文明》第1辑，上海：上海古籍出版社，2016年，第79—85页。

⑤ 马进虎：《两河之聚：文明激荡的河湟回民社会交往》，兰州：甘肃民族出版社，2006年，第12页。

地区；①第三种意见认为指的是黄河上游及其支流湟水河；②第四种认为是以西宁为中心的黄河上游、湟水流域及大通河流域构成的三河间地区；③第五种认为是西至日月山，东至四望峡，南起黄河，北至祁连山脉的区域。④吐谷浑故地和陇右道之间关系密切，本文取《新唐书》之意见。《新唐书》卷二一六下《吐蕃下》载："湟水出蒙谷，抵龙泉与河合。河之上流，繇洪济梁西南行二千里，水益狭，春可涉，秋夏乃胜舟。其南三百里三山，中高而四下，曰紫山，直大羊同国，古所谓昆仑者也，虏曰闷摩黎山，东距长安五千里，河源其间，流澄缓下，稍合众流，色赤，行益远，它水并注则浊，故世举谓西戎地曰河湟。"⑤《新唐书》卷一二六《张九龄传》载："又将以凉州都督牛仙客为尚书，九龄执曰：'不可。尚书，古纳言，唐家多用旧相，不然，历内外贵任，妙有德望者为之。仙客，河、湟一使典耳，使班常伯，天下其谓何？'"⑥牛仙客在任相位之前，历任陇右营田使佐使、河西节度判官、河西节度使等职，这些官职皆属于陇右道，河湟在唐代乃陇右道管辖，可以看出开元时期士人已经用"河湟"来指示陇右地区了。⑦唐代文献中，"河湟"多指"陇右"，尤其在安史之乱后，吐蕃占据了陇右道的大部分地区，二者间经常意义互通，除此之外"河湟"还与"河陇"有互相混用的现象。⑧河湟地区是唐蕃往来的重要通道，在军事地理上有着极其重要的地位，对于吐蕃来说河湟是其对外的重要孔道，对于唐朝来讲河湟的得失直接影响着陇右道的安全甚至长安的稳定。

---

① 金勇强：《"河湟"地理概念变迁考》，《北方民族大学学报》（哲学社会科学版）2014 年第 6 期，第 47 页。

② 顾颉刚：《从古籍中探索我国的西部民族：羌族》，《社会科学战线》1980 年第 1 期，第 131 页。

③ 丁柏峰：《河湟文化圈的形成历史与特征》，《青海师范大学学报》（哲学社会科学版）2007 年第 6 期，第 68—71 页；丁柏峰：《丝绸之路青海道与河湟民族走廊的形成》，《青海师范大学学报》（哲学社会科学版）2015 年第 3 期，第 73—77 页。

④ 陈新海：《河湟文化的历史地理特征》，《青海民族学院学报》（社会科学版）2002 年第 2 期，第 29—33 页。

⑤ [宋]欧阳修、宋祁：《新唐书》，北京：中华书局，2006 年，第 6104 页。

⑥ [宋]欧阳修、宋祁：《新唐书》，北京：中华书局，2006 年，第 4428 页。

⑦ 金勇强：《"河湟"地理概念变迁考》，《北方民族大学学报》（哲学社会科学版）2014 年第 6 期，第 47 页。

⑧ 金勇强：《"河湟"与"陇右""河陇""西羌"关系之考辨》，《西北民族大学学报》（哲学社会科学版）2015 年第 1 期，第 147—148 页。

吐蕃兴起之后，河湟一直是其和唐朝反复争夺的重要区域。太宗时期，唐蕃关系较为稳定，基本上和平相处。高宗武则天时期，吐蕃势力进一步强盛，逐渐开始了向西域和河湟的战略扩展，咸亨元年（670 年）唐蕃发生了大非川之战；龙朔三年（663 年）吐谷浑被灭后唐蕃关系进一步恶化，"吐蕃连岁寇边，当、悉等州诸羌尽降之"①；待金城公主出嫁时吐蕃贿赂鄯州都督杨矩得河西九曲之地，"自是虏益张雄，易入寇"②。吐蕃一步步把目光聚集到了有天然牧场和可以提供畜牧资源的灵夏等州，因河湟态势的变化，直接影响到了六胡州的政治生活。③长安四年（704 年），六胡州被并为匡州和长州。神龙三年（707 年），唐朝重置兰池都督府。这种行政建制的变动，起因都是吐蕃和突厥第二汗国的不断侵扰，导致铁勒九姓部落和党项诸部属众纷纷避难而迁到了这个区域。吐谷浑亡国后，余部内属迁徙至了灵州境内。诸多不同族群的杂居，加剧了民族之间的矛盾和冲突，唐廷在处理问题时措施不当，先后引起了铁勒阿跌部和部分降户的叛归突厥。而原来居住在六胡州地区的主要人群粟特部落④，生活空间被一步步压缩，终于在开元九年（721 年）引发了康待宾之乱，"苦于赋役，诱降虏余烬，攻夏州反叛"⑤。叛军主要包括粟特人、突厥人和吐谷浑人，许多部落首领都带有突厥的官衔和唐朝的武散官号，另外还有灵夏党项部作为盟军，七万多诸族联军挟弓马之盛攻陷了六胡州，以胜州作为根据地，用仓粮充作军资等待突厥第二汗国军队南下驰援。⑥康待宾之乱被唐军平定后，唐廷决定迁徙河曲六州胡余部五万多人到许、汝、唐、邓、仙、豫等州，然而被迁出的粟特人恋旧，纷纷逃回关内诸州，故唐廷在开元十八年（730 年）复置匡州和长州，并遣牛仙客来安辑各地的九姓胡人。

---

① ［后晋］刘昫等：《旧唐书》卷一九六上《吐蕃上》，北京：中华书局，2007 年，第 5223 页。
② ［宋］欧阳修、宋祁：《新唐书》卷二一六上《吐蕃上》，北京：中华书局，2006 年，第 6081 页。
③ 穆渭生：《唐蕃战争后期的盐州保卫战始末》，《史念海教授纪念文集》，西安：三秦出版社，2006 年，第 216—222 页。
④ 张广达：《唐代六胡州等地的昭武九姓》，《北京大学学报》（哲学社会科学版）1986 年第 2 期，第 70—80 页，收入氏著《文本、图像与文化流传》，桂林：广西师范大学出版社，2008 年，第 75—96 页。
⑤ ［后晋］刘昫等：《旧唐书》卷九三《王晙传》，北京：中华书局，2007 年，第 2988 页。
⑥ 陈玮：《中古时期党项与粟特关系论考》，《中国史研究》2015 年第 4 期，第 68—70 页。

根据墓志相关内容推断,"河隍扰乱"指的疑似康待宾之乱。叛乱发生在李赛多任易州遂城府折冲之时。李氏家族虽然生活在六胡州之内,但可能并没有参与此次事件, 在六胡州情况有变之时就举族迁到粟特人聚居地之一的河北道了,李元谅是过了几年才出生于此的,故李元谅墓志云其"少居幽蓟"①。蓟门,即蓟州,古地名,又名蓟丘,原属幽州,开元十八年割渔阳、玉田和三河置蓟州;天宝元年(742 年),改范阳郡,属范阳节度使境内。

目前所知,粟特胡人的入仕途径一般有门荫入仕、军功入仕和科举入仕三种,在初盛唐时期还多因归附、入质、使节和特殊技艺入仕。科举入仕主要是明经科和武举考试,粟特胡人多参加武举,不过由于语言、兵法等文化要求,粟特胡人由此入仕者极为少见。②建中四年(783 年),李准十五岁举孝廉的事情可谓殊例。在汉代到南北朝的察举制中,孝廉科一直是其中最重要的一个类别,受到时人的重视。唐高祖武德时期全面实行科举制后,举孝廉基本退出了历史的舞台,不过到了代宗即位又一度实施了这种取士的制度。宝应二年(763 年)六月,礼部侍郎杨绾奏请废除明经和进士科,行孝廉科,"请依古制,县令察孝廉,审知其乡间有孝友信义廉耻之行,加以经业,才堪策试者,以孝廉为名,荐之于州"③。经过诸公卿讨论,七月唐代宗下诏明经科、进士科和举孝廉并行不废,"至建中元年六月九日,敕:'孝廉科宜停'"④。但从李准志文来看,唐代孝廉科举士至少延续到了建中四年,其后何时完全停废还有待考证。

李准虽然自幼喜读诗书,不过身为粟特胡人,武功亦超众,随其父李元谅先后参与了平定朱泚和李怀光之乱,颇立功勋。在朱泚乱时,吐蕃请助讨贼,

---

① 吴钢主编:《全唐补遗》第 3 辑,西安:三秦出版社,1996 年,第 128 页;陕西省文物局文物鉴定组、潼关县文管会办公室:《唐李元谅墓志及其相关问题》,《文博》1998 年第 2 期, 第 76—81 页; 中国文物研究所、陕西省古籍整理办公室编:《新中国出土墓志·陕西一》,北京:文物出版社,2000 年,图版见上册第 130 页、录文见下册第 137 页;胡戟:《珍稀墓志百品》,西安:陕西师范大学出版总社,2016 年,第 275 页。

② 陈海涛、刘惠琴:《来自文明十字路口的民族——唐代入华粟特人研究》,北京:商务印书馆,2006 年,第 242—259 页;毕波:《中古中国的粟特胡人:以长安为中心》,北京:中国人民大学出版社,2011 年,第 139—148 页。

③ [后晋]刘昫等:《旧唐书》卷一一九《杨绾传》,北京:中华书局,2007 年,第 3431 页。

④ [宋]王溥:《唐会要》卷七六《贡举中·举孝廉》,上海:上海古籍出版社,2006 年,第 1653 页。

"初,与虏约,得长安,以泾、灵四州界之"①,待朱泚事平定后,唐廷偿吐蕃布帛万匹,故吐蕃怨起,唐蕃战事重新加剧。贞元二年(786年),吐蕃占领了盐州和夏州。贞元三年(787年),唐廷令李元谅和韩游瓌屯于滨塞,马燧驻扎石州,二者跨河成掎角之势以抗吐蕃。吐蕃大相尚结赞此时已经缺粮困顿,故派人屡屡请盟。唐廷言五月结盟清水,要求吐蕃先归还盐、夏二州。尚结赞言清水不是吉地,请盟于原州的土梨树,唐廷同意了吐蕃的请求,派遣浑瑊来主持此事。土梨树环境易埋伏兵,故最后定盟在平凉进行。《新唐书》卷一五六《李元谅传》载:"贞元三年,吐蕃请盟,诏以军从瑊会平凉,元谅军潘原、游瓌军洛口以为援。元谅曰:'潘原去平凉七十里,虏诈不情,如有急,何以赴? 请与公连屯。'瑊以违诏,不听。瑊壁盟所二十里,元谅密徙营次之。既会,元谅望云物曰:'不祥,虏必有变!'传令约部伍出阵。俄而虏劫盟,瑊奔还,元谅兵成列出,而泾原节度使李观亦以精兵五千伏险,与元谅相表里,虏骑乃解。"②被俘者达千余人,包括副使崔汉衡以下六十多名官员。战死者五百人。今从李准墓志得知,盟誓之时他并没有在其父军中,而是跟随浑瑊。关于此次唐蕃会盟,李晟、李元谅等军将均疑有诈,李准之所以在浑瑊军中,疑其奉李元谅命而保护浑瑊,而浑瑊能够在乱军中逃出,李准一定是死战相助,其家族部曲亦全部战亡。李元谅整顿唐军余众返还,"德宗嘉之,赐良马十匹,金银器、锦彩等甚厚"③。不久,李准因功任太子通事舍人。太子通事舍人,正七品下,虽然官品不高,不过和太子关系密切,一般都是由亲信人员担任此职的。几年后李准英年早逝,在病中唐德宗多次派御医诊治,虽然志文没有说明病因如何,估计是他在保护浑瑊逃命时负伤颇多,损伤了身体根本,最后英年早逝,而这也直接影响了李氏家族在长安的发展和壮大。

① [宋]欧阳修、宋祁:《新唐书》卷二一六下《吐蕃下》,北京:中华书局,2006年,第6094页。
② [宋]欧阳修、宋祁:《新唐书》,北京:中华书局,2006年,第4902页。
③ [后晋]刘昫等:《旧唐书》卷一四四《李元谅传》,北京:中华书局,2007年,第3918页。

## 二、墓志中的家族史

墓志是一种较为格式化的文本，碎片化现象明显，书写的内容多是志主的家族谱系、婚姻和生平仕宦等，但是作为当时人撰写的第一手史料，蕴含着丰富的历史信息，结合有关的史传材料，有助于我们探讨其家族史。李元谅家族墓志共发现三方，分别是李元谅墓志、子李准墓志和孙李德余墓志，本文在讨论墓志的基础上，对李元谅家族进行具体分析。

1. 李元谅墓志（图三）。元谅史传有载，除了有墓志发现之外，还有功德碑现存立于陕西省渭南市华州区公安局门前，相关研究较多，生平事迹较为明晰。李元谅墓志盖和志石保存完好，盖呈盝顶型，篆书"大唐故尚书左仆射赠司空李公墓志铭"；志石为 90.5 厘米见方，40 行，满行 45 字。为申论之便，本文移录其志文并校录如下①，而功德碑内容则随文讨论引用。

大唐故华州潼关镇国军陇右节度支度营田观察处置临洮军等使开府仪同三司检校尚书左仆射兼华州刺史御史大夫武康郡王赠司空李公墓志铭并序

朝议大夫守国子司业上轻车都尉杜确篆

公本安姓，讳元光，其先安息王之冑也。轩辕氏廿五子在四裔者，此其一焉。立国传祚，历祀绵远。乃归中土，犹宅西垂。家于凉州，代为著姓。三明盛族，每联姻媾；五凉霸图，累分珪组。曾祖羡，皇左骁卫将军。祖延，左武卫翊府中郎将，赠代州都督。考塞多，易州遂城府折冲，赠幽州大都督。武习将门，文传儒行。载德不陨，贻庆无疆。公神爽气雄，量弘识远。鹗立

---

① 吴钢主编：《全唐补遗》第 3 辑，西安：三秦出版社，1996 年，第 128—129 页；陕西省文物局文物鉴定组、潼关县文管会办公室：《唐李元谅墓志及其相关问题》，《文博》1998 年第 2 期，第 76—81 页；中国文物研究所、陕西省古籍整理办公室编：《新中国出土墓志·陕西一》，北京：文物出版社，2000 年，图版见上册第 130 页，录文见下册第 137—138 页；胡戟：《珍稀墓志百品》，西安：陕西师范大学出版总社，2016 年，第 275—276 页。

图三　李元谅墓志石拓本(陈根远提供)

其峻,鹰扬其威。瑰奇拓落之才,感激纵横之志。烧牛蓺马之变,沉船破釜
之决。动必合宜,举无遗算。实惟天假,匡我王国。少居幽蓟,历职塞垣。否
倾泰授,方归京邑。以才干见推,列在环卫;以将校是选,爰副戎昭。迁太子
詹事,充潼关镇国军防御副使。元戎在州,实总留事。训练绥抚,神知向方,
凡十数岁矣。建中末,贼泚伪署何望之等轻骑奄至,陷我郡城。公纠合师
徒,鼓行电击,扑灭收复,曾不崇朝。深惟远图,莫若持久。是用大蒐卒乘,
创立城池。被练盈于万人,登陴踰于百雉。诏加御史中丞,寻迁御史大夫、
华州刺史、潼关防御使、镇国军使,又加工部尚书,庸勋且使能也。夏五月,
诏公与副元帅李晟进收上都。师次浐川,垒培未设,贼众悉出,以逸待劳。
公成列先驰,所向皆靡。是日之捷,独冠诸军。进次苑东,公又前合凌峻,蠟
隳缭垣,骑翼舒步云会。凶党决死,既精且坚。公以小利啖之,奇阵误之,鼓

儳疾驱,旗靡毒逐,曾未晌息,灖然奔溃。元恶突走,胁从降附。宫省已静,都人未知。清帝座于太阶,候皇舆于平道。秋七月,大驾还宫。诏加尚书右仆射,实封九百户,锡以甲第,申之女乐,旌殊效也。怀光携贰,蒲津阻绝。相府东讨,俾公副之。累建长策,竟歼大憝。盟戎之役,实领后军。戎以恶来,我以整待。贼不敢蹑,全师以归。寻丁内艰,毁瘠过甚。诏旨频降,起令视事。累表陈乞,天心莫从。加右金吾卫上将军,复领旧职。寻又赐姓李氏,同属籍也;改名元谅,昭诚节也。四年春,诏加陇右节度支度营田观察处置临洮军等使。良原古城,陇东要塞,虏骑入寇,于焉中休。诏公移镇,以遏侵轶。迁尚书左仆射。诸侯戎兵,爰俾总统。规李牧守边之议,择充国屯田之谋。驱狐狸,剪榛棘,补残堞,濬旧隍,筑新台,彀连弩。扑斵陶瓬,垦发耕耘,岁收甫田数十万斛。寻又进据便地,更营新城。辟土开疆,日引月长。贼来寇抄,师輙击却。由是豳泾汧陇,人获按堵矣。岁月逾迈,霜露云侵。美疹发于生疡,凶灾成于梦竖。太医御药,频降自天。有加无瘳,呜呼不淑。贞元癸酉岁十有一月十五日,薨于良原镇之公馆,享年六十七。诏赠司空,褒有功也。圣情震悼,废朝追念,爰命使臣,宣制临吊。赙赠粟帛,加于常等,归于上都开化里之正寝。其明年十一月廿八日,灵輴启路,祔葬于华阴县潼乡原之新茔,礼也。笳箫鼓吹,戣瞿干卤。骑士介夫,夹道卫毂。哀荣之典,于焉毕备。生惟徇节,殁也归全,忠孝并矣。油幢棨戟,胙土命氏,功业茂矣。参佐皆当时之选,偏裨亦百夫之特。殊俗詟其威声,部人怀其惠爱,皆名臣之大节也。周曰申甫,汉惟耿贾。异时共贯,我何谢焉。夫人河南阿史那氏,北海郡夫人,代北著姓也。建国沙朔,为汉藩辅。言德工容,克遵典礼。苹蘩沼沚,允叶南风。以大历六年十月廿七日先公早终。谋于箸龟,乃建兆域。遗命祔葬,勿令改迁。长子朝散大夫、前太子右赞善大夫平。次子朝请郎、前将作监主簿苹。令德孝恭,有闻于代。虔卜远日,复启旧埏。爰命不才,式铭洪烈。词曰:

天祚圣代,挺生良臣。俾蕴明略,以康时屯。建中之难,狂寇窃发。天临下都,盗入北阙。能以众正,肃将九[伐]。推锋决机,既昼亦月。克复本郡,增修外城。叶力渭汭,进图上京。击败凶党,前临贼营。坏垣突入,敦阵骈衡。浸气席卷,泰阶砥平。河东险涩,承制诛讨。胜在战前,师临电扫。陇外犹梗,授公拥旄。东连折址,西尽临洮。增修保障,芟薙蓬蒿。戎马迁迹,舆徒不劳。在镇累载,休有成绩。董领众军,师长百辟。寒暑外侵,勤劳中积。远图未申,大限俄迫。将星坠耀,关月复魄。圣心震悼,邦人痛惜。天子三吏,实惟司空。优诏追赠,以酬茂功。郁郁佳城,式昭令终。巍巍太华,长与比崇。颂我遗烈,凛然清风。贞石不朽,嘉名无穷。

孤子平书

2. 李德余墓志。该志已经公布了图版,志盖盝顶型,篆文"唐故陇西李府君墓志"(图四);志石拓本为48厘米见方(图五)。为讨论方便,兹移录志文并标点如下:①

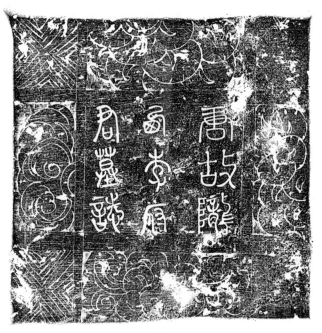

图四 李德余墓志盖拓本

---

① 齐运通、杨建锋编:《洛阳新获墓志二〇一五》,北京:中华书局,2017年,第322页;陈玮:《从武威安氏到陇西李氏:新出唐粟特裔勋臣李元谅孙李德余墓志研究》,待刊稿。

图五　李德余墓志石拓本

唐故通直郎行左春坊太子内直郎李府君墓志铭并序

朝议郎行京兆府法曹参军上柱国赵衮撰

姑臧人姓骆氏，大父元光，韬钤妙略，短长奇术，横亘千古，神将无上。禄山之际，脱去伪职，归为唐臣。又属贼泚犯跸，天下危动，公得兵一旅，斩首二千级，拜华州镇国军节度使。公与诸将，克掎角相应，营于光泰门。其日，贼兵悉出，公迎击，大破之。夜至苑东穴墙五五百步，迟明而入，杀人如刈麻。泚以匹马而遁。是以收复京师，载安宗社，策勋第一，兼拜陇右节度使。赐姓李氏，易名元谅。谅生莘，王府长史。莘生府君，讳德余，字□□。由门荫得率更寺主簿，又得丹王府功曹，又得右威卫长史，又得太子内直。公嗜学乐静，事亲以孝闻。当大和九年，贼注贼⬛训十有余辈，以金吾卫士指诣乘舆，事未就诛，朝野震栗。公亲邢夫人，故凤翔节度君牙之女。垂白抱

恙,惝恍若狂。公使堙其外户,入与童稚戏弄于前。曰:事止矣,不止当大喧
呼,今且无闻,可以验也。逮乎底宁,讫无忧患。公之色养,悉如是。及夫人
薨,公家困穷,哭罢,则营丧具步,□而忘食,故得疾于中路。才能饮水,又
起务事,竟以疾终,年卅□。公有园池宾阁,聚书万卷。与朋友共甘苦,故四
方来者如归市。衮受公孝谨乐善,以兄之子妻之。有子三人,皆卒于龆龀。
女一人,尚幼在家。赵氏以浣濯事始,以柔和宜室,又冠人伦。当公沉绵,将
葬邢夫人,蓬头不荆,布裙不曳,必躬亲营办。及公卒逾岁,力不能窆,则剪
竹伐树,卖以足事。以会昌三年十一月卅日,葬于万年县神和原,祔先茔
也。铭曰:

　　萧萧寒风,惨渗寒月。左松楸而右橡栗,于嗟呼滕公居此室。有侄僧
郎、汉郎,庶子猷白。

　　从李元谅家族的四方碑志结合传世文献,可以排列出七代人的谱系,元谅
李氏乃唐廷所赐,为行文方便其父祖以上径改为李姓。兹列图如下:

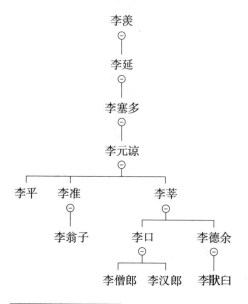

关于李元谅先祖的来源,两《唐
书》本传均云其本姓安,安息人。李元
谅功德碑言:"公姓安氏,武威姑臧
人。盖黄轩帝孙,降居安息。高阳王
裔,留屯姑臧。"[1]李元谅墓志和李准
墓志所载与碑文基本相同,和史传相
比,石刻文献把安氏家族的远祖追溯
到了黄帝轩辕氏,这正是安史之乱后
粟特胡人应对中原反胡思潮的常规
做法之一。同时粟特安国人也不像北
朝隋初唐时期那样直接言其出自昭

　　① [清]董诰等编:《全唐文》卷六一七《镇国军节度使李公(元谅)功德颂》,北京:中华书局,1983 年,第6232 页。

武国家，而是混用安息来指称家族的真正渊源。①对于安国后裔来讲，安史之乱后的家族谱系"黄帝轩辕之裔、安息王之后，著籍凉州姑臧"，几乎成为一种标准化的书写模式。

李元谅家族出自安国，昭武九国分布在中亚阿姆河和锡尔河之间的索格底亚那地区，安国即其一。李羡之前李氏的迁徙路线不明确，李元谅碑志说其祖辈住在凉州姑臧，但是在李平撰李准墓志中则言"或居河右"，可见在李氏家族内部成员的记忆里，对于其家是否曾在凉州是不明确的，这和杨播一族"自云弘农华阴人"有着异曲同工之妙。②《元和姓纂》卷四"安氏条"载："姑臧凉州，出自安国，汉代遣子朝，国居凉土。后魏安难陀至孙盘娑罗，代居凉州，为萨宝；生兴贵，执李轨送京师，以功拜右武卫大将军、归国公，生恒安、生成。"③中古时期，安国粟特人多数把郡望写作凉州，至于是否在那里生活过则不重要。反观李元谅家族亦是如此。至于李元谅和安兴贵家族是否有关系还无法确定，不过史料言其"家于凉州"很可能只是假托的。

粟特人进入中原的途径主要有两种，一是沿着丝绸之路东行到达长安，二是随着突厥汗国的灭亡以属众身份进入唐朝境内。元谅家族的情况更契合第二种模式，属于一般认识上的突厥化粟特人，和突厥汗国之间具有密切的关系。比较石刻史料和传世文献的记载，可以看出较为明晰的线索。

1. 李元谅父祖等人官品名号。李羡，皇左骁卫将军。李延，左武卫翊府中郎将，赠代州都督。李塞多，易州遂城府折冲，赠幽州大都督。左骁卫将军，从三品。翊府中郎将，正四品下。初唐时期，胡人武将的官品并不高，除了作为武德功臣的安兴贵家族外，很少有人能得到三品以上官职。从李羡和李延的官职来看，结合四代人的大致生活时间，李氏家族很可能是突厥第一汗国灭亡后归附的粟特贵族。《唐维州刺史安侯神道碑》载："侯讳附国，其先出自安息，以国为

---

① ［日］齐藤達也：《安息國·安國とソグド人》，《国际仏教学大学院大学研究纪要》第 11 号，2007 年，第 1—17 页。

② 唐长孺：《〈魏书·杨播传〉"自云弘农华阴人"辨》，《唐长孺社会文化史论丛》，武汉：武汉大学出版社，2001 年，第 121—124 页。

③ ［唐］林宝撰，岑仲勉校：《元和姓纂（附四校记）》，北京：中华书局，2008 年，第 500 页。

姓。有隋失驭中原,无何,突厥乘时,籍雄沙漠。侯祖乌唤,为颉利吐发,番中官品,称为第二。王庭虽局,方冠射雕之勇;帝乡何远,空郁冲牛之气。父胐汗,望日月于中衢,奋羽毛于边服,势同鹊起,功随豹变。贞观初,率所部五千余人朝,诏置维州,即以胐汗为刺史,拜左武卫将军,累授左卫、右监门卫二大将军,封定襄郡公。……于是拔迹泥沙,翻飞霄汉,亦以贞观四年,与父俱诣阙下,时年一十有八。太宗见而异之,即擢为左领军府左郎将。"①安附国实际上是以俘虏身份随父入唐的,而且是整个部落一起行动,依旧保留着子袭父职的部落传统,这和安菩墓志记载基本一致。安菩墓志载:"君讳菩,字萨。其先安国大首领,破匈奴衙帐,百姓归中国。首领同京官五品,封定远将军,首领如故。"②安菩父祖是某一聚落组织的头人,在东突厥灭亡时率部投附唐朝,墓志文和随葬品表现出其家族虽然在中原生活多年,但一直保留着祆教信仰。③从安菩墓志、安附国碑可知贞观四年(630年)从突厥入唐的粟特人还是以比较完整的部落形式生活。④唐廷为了笼络入唐的突厥及其属众中的粟特贵族,分别赐予了各类的将军号,《资治通鉴》卷一九三唐太宗贞观四年五月条:"丁丑,以右武卫大将军史大奈为丰州都督,其余酋长至者,皆拜将军、中郎将,布列朝廷,五品已上百余人,殆与朝士相半,因而入居长安者近万家。"⑤对此《贞观政要》卷九《议安边》载:"自突厥颉利破后,诸部首领来降者,皆拜将军、中郎将。"⑥李元谅祖辈约和安菩、安附国家族一样,率领整个部落降唐,李羡的将军号和李延的中郎将都不是实际的官职。

从凉州迁徙到洛阳的安国人中也有一个名为安延的。安延墓志言:"君讳

---

① [宋]李昉等:《文苑英华》卷九二〇,北京:中华书局,1966年,第4844—4845页。

② 洛阳市文物工作队:《洛阳龙门唐安菩夫妇墓》,《中原文物》1982年第3期,第26页;赵振华、朱亮:《安菩墓志初探》,《中原文物》1982年第3期,第37页。

③ 李鸿宾:《安菩墓志铭再考——一个胡人家族入居内地的案例分析》,杜文玉主编《唐史论丛》第12辑,西安:三秦出版社,2010年,第160—175页;沈睿文:《重读安菩墓》,《故宫博物院院刊》2009年第4期,第6—21页,修订后收入氏著《中古中国祆教信仰与丧葬》,上海:上海古籍出版社,2019年,第260—282页。

④ 陈海涛、刘惠琴:《来自文明十字路口的民族——唐代入华粟特人研究》,北京:商务印书馆,2006年,第87—88页。

⑤ [宋]司马光:《资治通鉴》,北京:中华书局,2007年,第6078页。

⑥ [唐]吴兢:《贞观政要集校》,北京:中华书局,2009年,第503页。

延，字贵薛，河西武威人也。灵源濬沼，浪发昆峰；茂林森蔚，华敷积石。跃银鞍而得俊，飞白羽而称雄。故得冠冕酉豪，因家洛俟。祖真健，后周大都督。父比失，隋上仪同平南将军。……及皇运伊始，宣力义旗，授上开府上大将军。振迹五营，功逾四校。虽奉诚以著，名未上闻。何俣中曦，奄然落照。以贞观十六年七月廿日，终于私第，春秋八十四。"①另外安禄山的养父叫作安延偃，《安禄山事迹》卷上载："（安禄山）少孤，随母在突厥中。母后嫁胡将军安波注兄延偃。开元初，延偃族落败，胡将军安道买男孝节并波注男思顺、文贞俱逃出突厥中。"②安延偃的部落，即突厥汗国统治下的"胡部"，实际上是具有独立性质的粟特人集团。③粟特语"延"有"礼物"义，兼有"荣典、庇护"内涵，是粟特人常见的名字，延和延偃约为同一个粟特语的汉译词语。李元谅祖父安延与此安延非同一人，这似乎也说明李氏家族和河西安氏之间并无实际关联。

李延得赠代州都督，李塞多得赠幽州大都督，皆因李元谅之功绩。唐代父祖封赠制度在开元天宝之际基本定型，安史乱后更成为赏功酬劳的长效政策不断被实施，故陆贽言道："天宝季年，嬖幸倾国，爵以情授，赏以宠加，天下荡然，纪纲始紊。逆羯乘衅，遂乱中原，遣戍岁增，策勋日广。财赋不足以供赐，而职、官之赏兴焉；职员不足以容功，而散、试之号行焉。"④唐代后期，父祖获赠官者除了死于王事的忠臣节烈和大功臣外，大多数还是与朝廷利益息息相关的文武官员，其中像李元谅这样的重要武将更是朝廷重点加以笼络的对象。一般来讲，若祖得赠官者，其品级比父赠官相同或略低，在吕諲、令狐楚、李夷简、田弘正等人父祖的赠官中，父均赠官三品衔，祖赠官皆三品或四品衔。⑤李元谅父祖的封赠品级差别也符合这个规律，而且封赠官品的地理选择多是和家族郡望或出身地有着密切的关系。李塞多被封赠为"幽州大都督"，这和他曾经在此

① 周绍良、赵超：《唐代墓志汇编》，上海：上海古籍出版社，1992年，第180页；吴钢主编：《全唐文补遗》第4集，西安：三秦出版社，1997年，第328页。
② [唐]姚汝能：《安禄山事迹》卷上，北京：中华书局，2006年，第73页。
③ [日]护雅夫：《古代トルコ民族史研究Ⅰ》，东京：山川出版社，1992年，第61—93页。
④ [唐]陆贽：《陆贽集》卷一四《又论进瓜果人拟官状》，北京：中华书局，2006年，弟448页。
⑤ 吴丽娱：《终极之典：中古丧葬制度研究》，北京：中华书局，2012年，第821—877页。

地任职有关,也和李氏家族曾经迁徙到幽州之地居住有关。李延封赠为"代州都督",其因又如何呢?

河东道的北部地区俗称代北地区,代州即其中之一郡,境内先后设置有大同军、天安军和代北军三个军镇,而且代州经常成为代北的参照点,具有重要的文化和军事价值。代北直面北方的阴山草原,胡汉民族关系交织复杂,唐代前期是突厥攻占的主要地区之一,后期主要防御回纥的骚扰和劫掠,军事作用突出,在晚唐形成了由沙陀、粟特、吐谷浑和回纥等在内的诸民族共同体军事集团。①代州作为太原通往河北道的交通要道,从北朝到五代一直有粟特部落存在,立有萨宝府,其中不乏安国后裔的踪迹②,如《安重遇墓志》载:"公讳重遇,字继荣,雁门人也。"③《资治通鉴》卷二三二"唐德宗贞元二年十二月"条:"韩游瓖奏请发兵攻盐州,吐蕃救之,则使河东袭其背。丙寅,诏骆元光及陈许兵马使韩全义将步骑万二千人会邠宁军,趣盐州,又命马燧以河东军击吐蕃。燧至石州,河曲六胡州皆降,迁于云、朔之间。"④贞元二年(786年),马燧迁六胡州余众到云朔之间,就是所谓的代北地区。代州也迁入了很多来自六胡州的人群,成为唐代粟特人集中聚居的一个地方。正因此,唐廷给予李延封赠时给的名号方考虑为"代州都督"。

2. 李元谅父子名字和婚姻。李元谅,原名安元光,"长大美须,勇敢多计"⑤。《安禄山事迹》卷上载:"安禄山,营州杂种胡也,小名轧荦山。母阿史德氏,为突厥巫,无子,祷轧荦山神,应而生焉。是夜赤光傍照,群兽四鸣,望气者见妖星芒

① [日]西村阳子:《唐末五代代北地区沙陀集团内部构造再探讨——以契苾通墓志铭为中心》,《文史》2005年第4期,第211—229页;[日]西村陽子:《唐末五代の代北における沙陀集團の内部構造と代北水運使——契苾通墓誌銘の分析を中心として》,《内陆アジア史研究》第23卷,2008年,第1—20页,收入氏著《唐代沙陀突厥史の研究》,东京:汲古书院,2018年,第41—69页;孙瑜:《唐代代北军人群体研究》,北京:首都师范大学博士论文,2011年,第334—339页。

② 荣新江:《北朝隋唐粟特人之迁徙及其聚落》,《中古中国与外来文明》,北京:生活·读书·新知三联书店,2001年,第97—98页;[日]森部豐:《唐末五代の代北におけるソグド系突厥と沙陀》,《东洋史研究》第62卷第4号,2004年,第660—688页;荣新江:《北朝隋唐粟特人之迁徙及其聚落补考》,《中古中国与粟特文明》,北京:生活·读书·新知三联书店,2014年,第37页。

③ 周阿根:《五代墓志汇考》第195号,合肥:黄山书社,2012年,第529页。

④ [宋]司马光:《资治通鉴》,北京:中华书局,2007年,第7477页。

⑤ [后晋]刘昫等:《旧唐书》卷一四四《李元谅传》,北京:中华书局,2007年,第3916页。

炽落其穷庐。怪兆奇异不可悉数,其母以为神,遂命名轧荦山焉。"①安禄山,小名"轧荦山",后来改名作"禄山",这两个名字都是意思为"光明、明亮"的粟特词语 roxšan 的音译,不过后一个名字是更符合汉地传统观念的双音节语词,不管名字是三音节或是双音节,其实都是地地道道的粟特名字。②在姚汝能等唐人看来,"轧荦山"是一个非常突厥化的粟特词语,还可以表示突厥信仰中的斗战神,而"禄山"则是从粟特语直译而来的。安禄山一出生就取了带有突厥色彩的"轧荦山"为名字,同时在其出生祥瑞当中,感光而生的描述亦十分精彩,这种神异性往往蕴含着萨满教因素。不过,据沈睿文的最新研究,"轧荦山"并不是指突厥的斗战神,而是出自波斯语的祆教信仰中的斗战神。盛唐时期河北地区的胡人集团信奉的是祆教,以祆教斗战神来号召民众更具有影响力,而且在祆教中斗战神自带神圣之火,这也和安禄山出生时自带"赤光"传说一致。③"轧荦山"不管具体的源头是来自突厥还是祆教,指示的都是斗战神,对于河北地区不同族群来说可以各取所需。正因为这个含义,"禄山"一词自然而然也带有了斗战神的含义,可以说"禄山"兼具光明神和斗战神的双重化身。

roxšan 是粟特语中具有吉祥寓意的一个常见名字,汉译"禄山"一词经常出现在不同阶层粟特人的名字当中,跟随粟特人的足迹传入了突厥和西域,并一步步从上层贵族流行到民间。④除此之外,史思明的本名"窣干"和后改的"思明",很可能和"轧荦山"与"禄山"的对应关系一样,都出自同一个表示"燃烧、发光"的粟特语词。⑤而思明作为一个部分汉化的形式,不仅符合非汉族士人普

① [唐]姚汝能:《安禄山事迹》卷上,北京:中华书局,2006 年,第 73 页。
② 荣新江:《安禄山的种族与宗教信仰》,《中古中国与外来文明》,北京:生活·读书·新知三联书店,2001 年,第 222—237 页;荣新江:《安禄山的种族、宗教信仰及其叛乱基础》,《中古中国与粟特文明》,北京:生活·读书·新知三联书店,2014 年,第 266—291 页。关于安禄山的种族问题,不同之观点参王炳文《从胡地到戎墟:安史之乱与河北胡化问题研究》,北京:北京师范大学出版社,2020 年,第 106—136 页。本文以荣新江先生意见为据。
③ 沈睿文:《安禄山服散考》,上海:上海古籍出版社,2015 年,第 1—62 页。
④ 蔡鸿生:《唐代九姓胡与突厥文化》,北京:中华书局,1998 年,第 38—42 页;王睿:《唐代粟特人华化问题论述》,北京:社会科学文献出版社,2016 年,第 82—84 页。
⑤ 荣新江:《安禄山的种族与宗教信仰》,《中古中国与外来文明》,北京:生活·读书·新知三联书店,2001 年,第 229 页;荣新江:《安禄山的种族、宗教信仰及其叛乱基础》,《中古中国与粟特文明》,北京:生活·读书·新知三联书店,2014 年,第 275 页。

遍采取胡名汉字或胡字汉名的习惯，也反映了粟特语原词根带有的"夜晚""黑暗"含义；而且思明也是原名变形的近似汉译，是一个粟特文化和突厥文化互动的产物。①对比安元光和安禄山、史思明的名字，不难看出"元光"一词也是从粟特语而来的，表达的意义基本一致，都和祆教的光明神信仰息息相关。"元光"不像是直译而来的，而应该和"思明"一样采用了词义相近的汉译做法。至于"元光"是否带有斗战神的寓意，从目前材料来看还无法确定。

李元谅父塞多，易州遂城府折冲，赠幽州大都督。遂城府隶属于右卫，在今河北省保定市徐水区境内，曾经任折冲都尉有桓善珍、刘敬宗、李塞多，任左果毅都尉的有刘昌、茹元颢，任别将的有李候。②李元谅卒于贞元九年(793年)，史传云其春秋六十二，墓志载享年为六十七，约以墓志为是，则元谅当生于开元十五年(727年)。李元谅功德碑载："而弱岁羁孤，感于知己某某之族。"③桓善珍任遂城府折冲在开元二十二年(734年)④，时年元谅年七岁，那么李塞多很可能卒于开元十五年(727年)至二十二年之间，桓善珍疑为李塞多卒后的继任者。

从固原出土的史氏家族墓志和山西出土的曹怡墓志来看，在隋唐时期，许多粟特贵族担任了府兵制下军府的各级武官，而且他们出任的军府很可能是粟特聚落编户形成的一种乡兵集团，可以说这是粟特人聚落府兵化的表现。⑤遂城府可能不是完全意义上的粟特军府，不过从李塞多担任折冲都尉来推断，

---

① 陈三平、梅维恒：《史思明的名字小议》，《欧亚学刊》第2辑，北京：商务印书馆，2015年，第199—202页。

② 张沛：《唐折冲府汇考》，西安：三秦出版社，2003年，第204页。

③ [清]董诰等编：《全唐文》卷六一七《镇国军节度使李公(元谅)功德颂》，北京：中华书局，1983年，第6232页。

④ 吴玉贵：《突厥第二汗国汉文史料编年辑考》，北京：中华书局，2009年，第1251页。

⑤ [日]山下将司：《新出史料より見た北朝末・唐初間ソグド人の存在形態——固原出土史氏墓誌を中心に》，《唐代史研究》第7卷，2004年，第60—77页；[日]山下将司：《隋・唐初の河西ソグド人軍団——天理图書館蔵〈文館詞林・安修仁墓碑銘〉残卷をめぐって》，《东方学》第110辑，2005年，第65—78页；[日]森安孝夫：《シルクロードと唐帝國》，东京：讲谈社，2007年，第132—136页；[日]山下将司：《唐の太原挙兵と山西ソグド軍府——唐・曹怡墓誌を手がかりに》，《东洋学報》第93卷第4号，2011年，第31—54页；王俊：《唐曹怡墓相关问题研究》，《文物》2014年第11期，第60—64页；张庆捷：《唐代〈曹怡墓志〉有关入华胡人的几个问题》，荣新江、罗丰主编：《粟特人在中国：考古发现与出土文献的新印证》，北京：科学出版社，2016年，第644—502页；王永平：《粟特后裔与太原元从——山西汾阳出土唐〈曹怡墓志〉研究》，《山西大学学报》(哲学社会科学版)2019年第4期，第27—35页。

至少李氏部落的人群不在少数，可能在粟特人群越集中的地方折冲府内粟特人的比例越高。

李元谅妻阿史那氏，其父为云麾将军、守右武卫大将军，兼陇右副节度，袭左贤王，赠代州都督阿史那义方。阿史那义方，出自突厥王族，史传无载，河南是其著籍郡望。目前从石刻史料和传世文献来看，阿史那氏任左贤王者有阿史那忠和阿史那毗伽特勤二人。阿史那忠，阿史那苏尼失之子，擒获颉利可汗归唐，妻宗室女定襄县主，贞观十三年（639年）七月被封为左贤王。[1]在阿史那忠后，获左贤王衔者不知具体姓名，不过应该还在阿史那家族内部成员间承袭，但到了开元时期，此衔又改封到突厥王族另一系人员身上了。阿史那毗伽特勤，颉利突利可汗之曾孙，开元十一年（723年）九月卒，享年四十三，其墓志载："乃率部帐，翻然改图，弃韦彘于遐庭，归礼让之□化，曾未移岁，旧国沦亡。非夫智察未显，识表先觉，覆巢之下，岂复独全。皇上亲绥百蛮，子育万物，收其委质之效，嘉其革面之诚，任之以腹心，尊之以爵禄。开元三年，拜云麾将军、右威卫中郎将，赐紫袍金带。复令招慰三窟九姓，因与九姓同斩默啜，傅首京师，朝廷畴庸，增秩将军，统旧部落。五年，改封左贤王，兼检校于旧降户，假牙帐及六蠹。富有夷众，贵为蕃王。承□若惊，践荣增惧。劳来安辑，小大怀之。七年入朝，特留宿卫。逾年，又充陇右、朔方二军游弈使。时胡贼三□，动摇河西，执讯获丑，系将军赖焉，遂兼羽林军上下。"[2]阿史那义方袭左贤王，虽然不能肯定他和阿史那毗伽特勤的具体亲缘关系，不过从"袭"字来看，他的封衔甚至可能是直接承袭阿史那毗伽特勤的。与突厥王族联姻的粟特人群基本上是粟特部落的首领和贵族，并且和突厥政权关系密切。李塞多的母系、妻系不明，不过从前面有限的信息中可以看出李元谅家族和突厥之间的亲密关系。他们家族无疑属于突厥化的粟特人群。

---

① ［后晋］刘昫等：《旧唐书》卷一〇九《阿史那忠传》，北京：中华书局，2007年，第3290页；［宋］司马光：《资治通鉴》卷一九五"唐太宗贞观十三年七月"条，北京：中华书局，2007年，第6149页。

② 吴钢主编：《全唐文补遗》第3辑，西安：三秦出版社，1996年，第59—60页；周绍良、赵超：《唐代墓志汇编续集》，上海：上海古籍出版社，2001年，第492页。

　　李羡是李氏家族第一代入唐人员，入唐之前在突厥汗国中应具有一定的地位和影响力。进入北方游牧汗国内的粟特人的文化比当地属族略高一筹，他们逐渐成为汗廷的文职人员，往往操纵着游牧汗国的对外交往和贸易事项。①粟特人天生具有语言天赋和商业头脑，在突厥系游牧国家内，他们经常作为使节被派往外国，在促进对外交涉事务中发挥了积极的作用。同时需要注意的是，粟特人自己也独立开展贸易活动。②不难想象，李羡在当时从事的也应该是出使兼及商业的任务。粟特人原本是商业民族，英勇善战并非其特长，由于在漠北一带和突厥等游牧族群的杂处融合，其族群认同和生活习俗上都逐渐突厥化了。突厥化粟特的特征主要是尚武化和游牧化。虽然从北朝以来沿着丝绸之路进入中原的粟特聚落，在经商安全考虑的基础上逐渐有形成地方化粟特人军团的趋势，但武力色彩突出的主体还是进入突厥汗国的粟特人群，他们给突厥引入了柘羯群体，而且传入了以护身锁子甲为代表的甲骑具装。正由于在突厥的生活经历，李氏家族文化传统亦逐步地突厥化了，这从他们家族几代成员的历官事迹中都可以得到印证。

　　李氏家族归唐后可能一直生活在六胡州地区，在突厥第一汗国时期，许多追随突厥的粟特人逐渐具备了骑射武力，军事能力大大增加。贞观四年（630年）突厥第一汗国灭亡后，唐廷先后把突厥余众安置在华北长城以北地域和河曲的六胡州居住③，六胡州内的辖众主要是粟特人。④在李塞多任职河北道时，因为康待宾之乱而举族迁徙至幽蓟地区生活。李元谅少年时，其父塞多过世。他成人后进入幽州军中，成为安禄山的部下。安史之乱期间以及其后的河朔三

---

① 荣新江：《四海为家——粟特首领墓葬所见粟特人的多元文化》，《中古中国与粟特文明》，北京：生活·读书·新知三联书店，2014 年，第 295—310 页。

② ［日］荒川正晴：《西突厥汗国的 Tarqan 达官与粟特人》，荣新江、罗丰主编《粟特人在中国：考古发现与出土文献的新印证》，北京：科学出版社，2016 年，第 13—20 页。

③ 向达：《唐代长安与西域文明》，北京：生活·读书·新知三联书店，1987 年，第 12—24 页；Edwin G. Pulleyblank, A Sogdian Colony in Inlner Mongolia, T'oung Pao XLI, vol.41, nos.4—5, 1952, pp.317—356；［日］护雅夫：《古代トルコ民族史研究Ⅰ》，东京：山川出版社，1992 年，第 61—93 页。

④ 张广达：《唐代六胡州等地的昭武九姓》，《北京大学学报》1986 年第 2 期，第 70—80 页，收入氏著《文本、图像与文化流传》，桂林：广西师范大学出版社，2008 年，第 75—96 页；周伟洲：《唐代六胡州与康待宾之乱》，《民族研究》1988 年第 3 期，第 54—63 页。

镇时期有着为数不少的粟特武人存在，这些粟特武人主要是受到突厥人的影响而具有半游牧的性质，俗称为突厥化粟特人。①作为突厥属众的粟特人，首先，他们与突厥之间存在着血缘上的交融，包括通婚等关联；其次，袭用突厥官号，任要职于突厥汗廷，以文职为主担任参谋和外交等职责；第三，他们趋于突厥化的其中一个主要特点是采用了突厥语的名号；第四，由于久居漠北，其丧葬礼俗带有明显的突厥化色彩。②突厥第二汗国在永淳元年（682年）建立，一部分没有被编入六胡州的突厥化粟特人也加入其中，安禄山即出生于这样的环境里。玄宗天宝四载（745年）时突厥第二汗国灭亡，漠北草原的统治者被新兴起的回纥所取代，而突厥属众再一次迁入唐朝的疆域内生活，唐廷专门设置了俗称为降胡州的凛州作为羁縻州来安顿这些人。后来在安禄山帐下的粟特系武人中，多数就出自六胡州和降胡州的。③据此可知安禄山帐下，有六胡州、降胡州和西域聚落中的粟特人群，但其帐下的核心力量还是出自营州的粟特人，而李元谅虽然也是安禄山属下，但他的地位不是非常重要。

安史之乱发生时，李元谅不到三十岁，不过墓志没有记载李元谅是具体何时归唐的。李氏家族迁移到京兆很可能是在安史将叛乱或起事后不久，首先居住的地方是在华州。邓太尉碑记载了前秦建元三年（367年）当地护军统领的聚落中有"粟特"部落④；安伽墓志言其北周时任同州萨宝，萨宝是粟特聚落首领，⑤可以

① ［日］森部豊：《8—10世纪の华北における民族移動—突厥・ソグド・沙陀を事例として》，唐代史研究会编《唐代史研究》第7辑，2004年，第78—100页；［日］森部豊：《唐后期至五代の粟特武人》，荣新江等主编《粟特人在中国—历史、考古、语言的新探索》，北京：中华书局，2005年，第226—233页；［日］森部豊：《四世纪——一〇世纪の黄河下游域におけるソグド人》，鹤间和幸编：《黄河下游域の历史と环境》，东京：东方书店，2007年，第13—35页；［日］森部豊：《ソグド系突厥の東遷と河朔三镇の動静—特に魏博を中心として》，《关西大学东西学术研究所纪要》第41辑，2008年，第138—183页；［日］石见清裕：《唐代的民族、外交与墓志》，西安：三秦出版社，2019年，第15—17页。
② 彭建英：《东突厥汗国属部の突厥化——以粟特人为中心的考察》，《历史研究》2011年第2期，第4—15页。
③ ［日］森部豊：《唐前半期河北地域における非汉族の分佈と安史军淵源の一形態》，唐代史研究会编：《唐代史研究》第5辑，2002年，第22—45页；［日］森部豊：《唐末五代の代北におけるソグド系突厥と沙陀》，《东洋史研究》第62卷第4号，2004年，第60—87页。
④ 高峡主编：《西安碑林全集》卷二，广州：广东经济出版社，深圳：海天出版社，1999年，第147页。
⑤ 陕西省考古研究所：《西安北郊北周安伽墓发掘简报》，《考古与文物》2000年第6期，第28—35页。

看出同州是渭北平原的一个粟特人聚集地。[1]华州在北周时乃霸府所在地,距离同州不到60公里,到了唐代更是被称为"京东第一州,邮传馆驿至繁"[2],距离长安约100公里,处于长安到洛阳的重要通道上,以此推断华州也应该有粟特人的聚落存在,李元谅家族迁徙至此正可以说明这些。李氏家族在华州生活的时候,随着李元谅政治地位的逐渐提高,又在长安购置了住宅,居住在粟特人较为集中的东市附近。草原、六胡州、幽蓟、华州、长安,李氏家族一路迁移流动的路线,正是从漠北入唐的粟特人生活场景的真实映现。

### 三、三代人的仕宦生涯

章群将唐代蕃将分为西域胡和边族蕃两种,二者之间有三点不同:1.西域胡无部落,边族蕃有,故均领部族作战;2.西域胡没有以羁縻州府首长者为蕃将,而边族蕃则多是这类人物;3.西域胡入中原大抵在唐代之前,边族蕃则多数至唐始入中原。[3]其实在突厥第一汗国和第二汗国内生活的粟特人群,受到游牧文化的影响,已经成为突厥化粟特人,亦有部族存在,可以说是结合了西域胡和边族蕃的共有特点,学界多称为突厥化粟特人,李元谅家族就是属于这种类型的蕃将家族。

李元谅祖辈生平较为模糊,不过通过李元谅、李准和李德余的碑志和史传材料,可以对李氏家族三代人的仕宦轨迹进行梳理,进而了解其整个家族文化的传承情况。李准和李德余分别由孝廉和门荫入仕,而李元谅入仕途径则不清楚。《旧唐书》卷一四四《李元谅传》:"少从军,备宿卫,积劳试太子詹事。"[4]李元谅进入幽州军的细节史传和碑志均不载,不过李元谅自幼武力出众,加上其身份族属,很容易成为幽州军的一份子。

① 荣新江:《北朝隋唐粟特人之迁徙及其聚落补考》,《中古中国与粟特文明》,北京:生活·读书·新知三联书店,2014年,第32—33页。
② 严耕望:《唐代交通图考》卷一"京都关内区",上海:上海古籍出版社,2007年,第30页。
③ 章群:《唐代蕃将研究》,新北:联经出版事业公司,1986年,第103—105页。
④ [后晋]刘昫等:《旧唐书》,北京:中华书局,2007年,第3916页。

　　史传均载李元谅一直以骆元光名世,直到赐姓改名李元谅为止,其身份是宦官骆奉先之假子。骆奉先,亦作骆奉仙,肃宗、代宗时期的权宦之一。《新唐书》卷二〇七《骆奉先传》:"时又有骆奉先者,亦三原人,历右骁卫大将军,数从帝讨伐,尤见幸,广德初,监仆固怀恩军者。奉先恃恩贪甚,怀恩不平,既而惧其谮,遂叛。事平,擢奉先军容使,掌畿内兵,权焰炽然。永泰初,以吐蕃数惊京师,始城鄠,以奉先为使,悉毁县外庐舍,无尺椽。累封江国公,监凤翔军,大历末卒。"[1]关于骆奉先的出身,黄楼已经指出他的著籍地是瓜州常乐郡,本人应该是西域胡人。[2]骆奉先在肃宗朝的经历不明,不过按照他一直监军朔方来看,李元谅很可能是在安史发动叛乱之初就投奔了灵武,毕竟出身于六胡州的粟特胡人对于灵武的情况比较熟悉,唐肃宗君臣也十分重视对六胡州胡人的争取[3],可能就在这个过程中骆奉先和李元谅结识了,而李元谅在后来能够出任镇国军无疑是得到了肃宗的信任,甚至很可能就是肃宗"择便骑射者置衙前射生手千人"中的一员。[4]骆奉先与李元谅有着相似的族属,当时宦官集团有收养武将为义子的风习,加上李元谅勇武超群,所以李元谅被骆奉先收为养子是顺理成章的事情,而为了掩盖其安史背景,李元谅甚至直接把姓氏改成骆氏了。

　　骆奉先的真正所养之子是骆明珣,在当时内侍中具有重要的地位。骆明珣墓志云:"有唐故兴元元从、中散大夫、守内侍省内给事员外置同正员、上柱国、赐绯鱼袋骆公,讳明珣,其本会稽人也。……父奉仙,特进、右骁卫大将军、知内侍省事、上柱国、江国公,食邑三千户。诚竭邦家,捍御多寇。勋书策府,盛绩咸闻。公即江国之嗣子也。积善依仁,怀忠践义。爰从弱冠,入侍彤闱。兴元中,逆率乱常,上西避敌。銮舆顺动,巡狩巴梁。公扈跸载驰,心悬捧日。洎王纲反正,恩奖稠叠。游泳皇泽,休声蔚尔。贞元二十年,锡其朱绶,任华清宫使。经三岁,课效彰闻。宪宗以统领禁戎,畿甸称最,精选名望,公其当焉。改东渭桥监

① [宋]欧阳修、宋祁:《新唐书》,北京:中华书局,2006 年,第 5862 页。
② 黄楼:《神策军与中晚唐宦官政治》,北京:中华书局,2019 年,第 566 页。
③ 李鸿宾:《墓志所见唐朝的胡汉关系与文化认同问题》,北京:中华书局,2019 年,第 168—186 页。
④ [宋]欧阳修、宋祁:《新唐书》卷五〇《兵志》,北京:中华书局,2006 年,第 1331 页。

军。抚土有卧辙之爱，训戎无覆鍊之忧。殷若长城，森如矛戟。星移二十，朝易六君。金谓忠贤，仗以心膂。尽力王室，瘁而患生。未及辞荣，遘疾官次。寻医阙下，养志家庭。药石无功，短景难驻。以大和元年十一月十九日，告终于广化里之私第，享龄七十有七。"①唐五代的假子类型有三种，一是具有继承权的真正养子，骆明珣即是；二是亲兵型，如安禄山所养之八千义儿等；还有一种介于前两者之间，但不是亲兵而是靠近第一种类型，虽然没有继承权，但这类假子也会改换姓氏，构成比较明确的父子关系，是宦官以武人为假子的基本形态，如骆奉先收养李元谅。②《内侍养子敕》云"内侍省五品已上许养一子，仍以同姓者，初养日不得过十岁"③，故史传言李元谅"少为宦官骆奉先所养，冒姓骆氏"④，完全消除了元谅曾为安史部下的历史记忆。李元谅进入长安后担任宿卫之职。虽然"帝以二凶继乱，郡邑伤残，务在禁暴戢兵，屡行赦宥，凡为安、史诖误者，一切不问"⑤，其实安史降将很难真正得到唐廷的重视。在他仕宦生涯里先后有骆奉先和骆明珣的助力，他们结合成较为亲密的利益群体，李元谅逐步成为高级蕃将离不开骆氏家族的支持。

从安史降将到唐廷大将与李元谅经历类似的还有尚可孤，尚可孤前后三次易名，最后恢复了原来的名字。《旧唐书》卷一四四《尚可孤传》："尚可孤，东部鲜卑宇文之别种也，代居松、漠之间。天宝末归国，隶范阳节度安禄山，后事史思明。上元中归顺，累授左、右威卫二大将军同正，充神策大将，以前后功改试太常卿，仍赐实封一百五十户。鱼朝恩之统禁军，爱其勇，甚委遇之，俾为养子，奏姓鱼氏，名智德，以禁兵三千镇于扶风县，后移武功。可孤在扶风、武功凡十余年，士伍整肃，军邑安之。朝恩死，赐可孤姓李氏，名嘉勋。会李希烈反叛，

① 吴钢主编：《全唐文补遗》第3辑，西安：三秦出版社，1996年，第192—193页；周绍良、赵超：《唐代墓志汇编续集》，上海：上海古籍出版社，2001年，第891页。

② 戴显群：《唐五代假子制度的类型及其相关的问题》，《福建师范大学学报》（哲学社会科学版）2000年第3期，第105—109页。

③ ［清］董诰等编：《全唐文》卷一〇〇〇，北京：中华书局，1983年，第10424页。

④ ［后晋］刘昫等：《旧唐书》卷一四四《李元谅传》，北京：中华书局，2007年，第3916页。

⑤ ［后晋］刘昫等：《旧唐书》卷一四一《田承嗣传》，北京：中华书局，2007年，第3837页。

建中四年七月，除兼御史中丞、荆襄应援淮西使，仍复本姓名尚可孤，以所统之众赴山南，累有战功。"①尚可孤归唐后成为鱼朝恩的养子，甚得其重视，率领禁军先后镇守扶风和武功。永泰时期神策军成为天子禁军，鱼朝恩任观军容宣慰处置使知神策军兵马使。大历四年（769年），以好畤、麟游、普润三地隶神策军。大历五年（770年），复以兴平、武功、扶风、天兴属神策军。长安西边诸县可谓之"国之西门"，是防备吐蕃的重要屏障，鱼朝恩统率神策军时，吸纳了尚可孤、邢君牙、侯仲庄、阳惠元等安史旧将担任神策军将领，于此亦可看出鱼朝恩与尚可孤等人之间的密切关系。尚可孤镇守武功，李元谅出任潼关，这都是当时宦官和武将之间在朝廷中互为犄角的表现。从李辅国、程元振和鱼朝恩等人的权力变迁来看，一切基础都离不开神策军的支持。②骆奉先的地位次于鱼朝恩等人，他们的做法基本一致。

《旧唐书》卷一四四《李元谅传》载："少从军，备宿卫，积劳试太子詹事。镇国军节度使李怀让署奏镇国军副使，俾领州事。元谅尝在潼关领军，积十数年，军士皆畏服。"③关于李元谅到镇国军任职，最直接的推荐者是李怀让。李怀让史传记载不多，不过他有墓志文集本传世，其墓志载："以良家子选羽林郎。骑射绝伦，材官入侍。射熊旧馆，戏马前台。百步应弦，两骖如舞。便蕃左右，趋奉阶闼。秺侯笃慎，汉帝褒嘉。属皇室艰难，王师巡狩。侍执羁靮，扈陪鸾舆。节见时危，捧六龙于岐下；口陈天命，从五马于回中。披荆榛而执戈，冒风雨而持盖。中原行在，实掌禁戎。领护钩陈，典司环列。出入警跸，肃清扦揌。羽卫甚严，军容益振。夜合枪累，晓开旌门。拥嘉气于月营，横大风于天仗。始自灵武，至于扶风。险阻屯蒙，未尝离上。削平休泰，终契兴王。从收军师，首列勋旧。于是出镇左辅，建牙近关。扼天下之枢，走山东之盗。三秦巨防，万里长城。辟屯田于斥卤，强士马于抚弊。仁以理军，不闻半菽。知能料敌，岂在前茅。兼牧人

① ［后晋］刘昫等：《旧唐书》，北京：中华书局，2007年，第3911页。
② ［日］小畑龍雄：《神策軍の成立》，《東洋史研究》第18卷第2号，1959年，第32—55页；李宇一：《中唐期における左·右神策軍に関する一考察》，《関西大学東西学術研究所紀要》第51号，2018年，第374—398页。
③ ［后晋］刘昫等：《旧唐书》，北京：中华书局，2007年，第3916页。

御众之才，得忧国奉公之礼。竹符兼剖，铃阁长闲。百城歌之，政有经矣。公始自一命，骤更显秩。举其大者，不可备书。历临彰府折冲、射生供奉。后以佐命功特授镇国大将军、左羽林军大将军、知左神武军事。加特进，兼鸿胪卿、左神武军大将军，封沂国公。又加开府仪同三司、充潼关镇国军使同华等州节度使、华州刺史，又兼御史中丞、试殿中丞。"①从志文知李怀让是肃宗身边的侍卫首领，从长安到灵武，从灵武到凤翔，一直是肃宗的亲信人员，故在肃宗嘉奖扈从功臣之时得封沂国公之爵位，"食实封一百户，一子五品官"②，并由禁卫首领升任为京都禁军统帅。上元二年（761 年），唐廷合并同州和华州为一个军镇，同州拥有进入关中的蒲津关，华州拥有重要关隘潼关，是长安东大门所在，故担任同华节度使的人选一定是肃宗亲信之人。李怀让出任此职，无疑是肃宗对其信任与器重的表现，也和当时的权宦李辅国的支持密不可分。同华二州和宦官、禁军之间有密切的往来关系，被京畿控制的程度也越来越高，故同华地区的重要将领背后都有着宦官的大力支持。③到了代宗广德元年，朝廷的首宦从李辅国换成了程元振，因程元振谗言，李怀让自杀去世。之后同华节度使是周智光，随后二州再次分置，李元谅则由镇国军副使转任正使、华州刺史职。华州的军将多出自禁军系统，李元谅从宿卫到镇国军副使，以散员任职，他很可能属于李怀让在京城禁军中的亲信部下。

李元谅墓志主要记载了他参与平定朱泚之乱、李怀光之乱和任职陇右的事迹，其功德碑（图六）列举了其生平的十大功勋，分别为："昔陛下薄狩郊甸，爰幸巴梁，蛇虺畜而毒生，豺狼饱而害作，内闚宫阙，党与诪张。何望之垦掘咸林，敬釭窥觎蒲坂，同逆相扇，倾陷巨州。元谅时以散员，副戎关镇，无一壏之土，无一旅之众，感愤而发，招辑白徒，斩贼使于潼津，破贼将于敷谷，乘胜连击，遂克城池。间阎载安，室家相庆。此其徇国之功一也。勇而重闭，以备不虞，

---

① [清]董诰等编：《全唐文》卷四一九《常衮·华州刺史李公（怀让）墓志铭》，北京：中华书局，1983 年，第 4286 页。

② [宋]王钦若等：《册府元龟》卷一三一《帝王部·延赏第二》，北京：中华书局，2010 年，第 1573 页。

③ 李碧妍：《李怀让之死》，《危机与重构：唐帝国及其地方诸侯》，北京：北京师范大学出版社，2015 年，第 548—559 页。

创绩墉堤，是征板干，环回裹于修郭，延褒载于通衢。冀防驰突之锋，庶室搜牢之掠，四封辐辏，不震不惊。益凶竖东顾之忧，壮义夫西讨之势。此其徇国之功二也。州之器备，自昔其空，乃剔镬鼓为兵，撤毡氅为甲，剡蒿揉为弩，载篑巩为排。严约誓于五申，肃部队于三令，劳逸斯共，甘苦必分。德以导其怀，刑以齐其力，义以启其愤，忠以发其诚。由是士皆向方，乐公战矣。此其徇国之功三也。籍马蒐乘，补卒济师，始编簿者二千，终载书者一万。进次昭应，禀命于副元帅之军，列屯兴泰，分援于尚可孤之垒。元凶恃众，犯我中营，或靡于而来，或掉鞅而去。因其去也，霆激飙冲，分翼夹驰，邀覆其阵，血斗浐川之水，尸膏灞岸之田。狡势迷穷，不能复振。此其徇国之功

图六 李元谅功德碑拓本

四也。苍茫御苑，横矗长云，摧百堵而洞开，拥三军而径入。姚令言望旗而溃，张光晟弃甲而奔。縠骑争追，若燎于薮。贼沲忧迫，躬率全军，驱其恟恟之徒，拒我堂堂之众，一鼓而北，窜死真宁。氛祲廓而黄道清，腥秽消而彤庭肃。顿师章敬，都邑晏如。迎大驾复于咸秦，还大兵戢于阴晋。此其徇国之功五也。李怀光阻

河拒命,窃弄戈鋋,北连绛台,南抵黄巷。选朔方之健将,保朝邑之离宫。陛下特诏攻围,重鞠戎旅,总于经略,丕冒平凉。或掎击其救兵,或邀绝其饟卒,力殚命窘,因乃求降。未歼当路之豺,且磔吠篱之犬。此其徇国之功六也。进屯河县,接逦关桥。虽竹缆已焚,而木罂将渡,大憝知窘,犹怀斗心。乘时出奇,幸于有胜。迟明遇伏,卒以无归。恚蹙穷城,因绞中阍,三条以谧,三辅斯宁。此其徇国之功七也。戎羌不道,俶扰西陲,骤掠邠泾,深入盐夏,狃其横猾,溽暑仍留。苟不用权,若何攘暴。乃励我鹰扬之旅,乘其马瘠之时,张皇军形,缓俘令逸,然后排烽结队,加灶翻营。师未逾于洛源,寇已还于河曲。此其徇国之功八也。娄娄蕃虏,匿诈求和。重违修好之言,用许寻盟之约。诸军毕会,是独沈疑,陈其不诚,请以为备。且曰:'古者诸侯相见,兵卫不撤,警也。今犬羊反覆,未可以端信待之。'乃距平凉二十里所,栅为壁,堑为壕,设晋师敖前之伏,修楚臣劲后之殿。练锐三千,涉泾式遏。既而升坛将歃,果以恶来,声若河翻,势如山进,望我旗鼓,惊骀而还。御侮之道既宏,折冲之威亦著。此其徇国之功九也。良原县间在泾陇,西压穷边,罹彼烟尘,剪除荆棘。事未经启,密命兴功,遂发轸而遽行,即建标而特起。恢其制度,峻以规模,役不二旬,隐然岳立。乃修庐井,乃辟田畴,商旅载通,流庸偕附。烽堠交于塞表,保障连于峡右。虽周筑虎牢,汉凭马邑,式遏乱略,曾何足云。此其徇国之功十也。"①李准墓志讲述了他跟随父亲元谅的几次军事行动,主要有朱泚之乱、李怀光之乱和唐蕃会盟等事件。李德余墓志则主要记载了朱泚之乱和甘露事变等。关于唐蕃会盟事前文已有论述,下面我们依次对李元谅祖孙三代人所参与或经历的朱泚之乱、李怀光之乱、元谅陇西守边和甘露之变等重要事件进行分析,以此探讨李氏家族在唐代历史发展过程中的作用和变化。

唐德宗即位后,有心励精图治,以臻太平,欲重新恢复玄宗开元盛世的辉煌和繁荣,一方面在礼制上希望有所变化来伸张皇权,进而促成了《大唐郊祀

---

① [清]董诰等编:《全唐文》卷六一七《镇国军节度使李公(元谅)功德颂》,北京:中华书局,1983年,第6230—6232页。

录》的问世；①另一方面德宗有志削平地方割据，陆续派遣神策军出关中征讨河北和李希烈等拒命藩镇。哥舒曜领兵失利，德宗又诏发泾原兵将赴援，当时京城守卫为之空虚。建中元年（780年），泾州将刘文喜叛乱，朱泚率军讨平，功加中书令，镇守凤翔。建中二年（781年），朱滔秘密遣使通朱泚欲合计为乱，不料密信被河东节度使马燧搜获，朱泚闻讯后惶恐上书乞罪，而德宗宽恕不以为过，还令朱泚留居长安，其职幽州卢龙节度使、太尉、中书令如故。建中四年（783年）十月，泾原士兵在路过长安时骤然哗变，德宗仓促之下逃亡奉天避难。这种情况下，叛军拥立朱泚为首，朱泚本来亦有反意，借机称大秦皇帝。其后，亲自领兵侵逼奉天，并派仇敬忠、何望之袭取华州。华州刺史董晋弃城而逃，华州遂为叛军所据，当时李元谅为潼关镇国军副使，趁叛军立足未稳之机，领兵出击，消灭叛军二千多人，收复了华州。之后叛军重整旗鼓，多次进攻华州，均被李元谅击退，元谅固守华州，和镇守蓝田的尚可孤成掎角之势，朱泚叛军不得越过渭南之地。李元谅亦因功进升华州刺史、镇国军节度使等职。李准在孝廉及第之后，一直在其父李元谅身边，也参与了收复华州的战事。

《旧唐书》卷一四四《李元谅传》载："兴元元年五月，诏元谅与副元帅李晟进收京邑。兵次于浐西，贼悉众来攻，元谅先士卒奋击，大败之。进军至苑东，与晟力战，坏苑垣而入，贼联战皆败，遂复京师。元谅让功于晟，出屯于章敬佛寺。"②关于收复长安之战，李元谅墓志记载稍微详细一些，不过李德余墓志描写了李元谅与叛军作战的具体细节，"公与诸将，克掎角相应，营于光泰门。其日，贼兵悉出，公迎击，大破之。夜至苑东穴墙五五百步，迟明而入，杀人如刈麻"。史传言李元谅驻兵于浐西，李晟屯兵于光泰门，与李德余墓志略有差异，当以史传记载为是。二十八日，"晟陈兵于光泰门外，使李演及牙前兵马使王佖将骑兵，牙前将史万顷将步兵，直抵苑墙神麚村。晟先使人夜开苑墙二百余步，比演等至，贼已树栅塞之，自栅中刺射官军，官军不得进。晟怒，叱诸将曰：'纵

---

① 张文昌：《唐德宗重建礼制秩序与〈大唐郊祀录〉的编纂》，《兴大历史学报》第19期，2007年，第1—34页。

② ［后晋］刘昫等：《旧唐书》，北京：中华书局，2007年，第3916页。

贼如此，吾先斩公辈矣！'万顷惧，帅众先进，拔栅而入，佖、演引骑兵继之，贼众大溃，诸军分道并入"①，唐军收复长安。二十九日，李晟"令孟涉屯于白华，尚可孤屯望仙门，骆元光屯章敬寺，晟自屯于安国寺。是日，斩贼将李希倩等八人，徇于市"②。关于李元谅在战后驻军章敬寺一事，其本传言乃让功之由，和李晟本传所载有所差异。从当时唐军的驻防情况来看，并不能以此说明李元谅让功于李晟。唐军收复长安后，六月四日由监军使王敬亲，牙官御史大夫符群、王邵、张少引等奉破贼露布至德宗行在处③，而李准也在报信之列，"驰往庆贺，奉表南行"，德宗一见即授予其同州参军之职，赐以金帛衣服。史传和李德余墓志均记载在收复长安战役中，李元谅功居第一事，时人言李晟"一清宫掖，德比伊周，再殄凶渠，功超卫霍，社稷立，宗庙安"④，当乃公允之论。七月辛卯，德宗大赦天下。《平朱泚后车驾还京大赦制》载："司徒兼中书令晟：英特杰立，光辅中兴，再定皇都，一匡天下；推恩之典，贻庆无穷，宜与一子五品正员京官。侍中瑊：沈邃忠厚，服劳王家，保全危城，剪除大憝；嘉乃茂绩，次于宠章，宜与一子六品正员京官。镇国军、潼关节度使，检校右仆射骆元光；京畿、渭南、商州节度使，检校右仆射尚可孤；邠、宁等州节度使，检校右仆射韩游瓌；奉天行营诸军节度使，检校右仆射戴休颜：咸秉大节，著于艰难，同勋叶忠，翼我兴运，宜各与一子七品正员官。"⑤从李元谅三子情况来看，此时得荫七品官的很可能是长子李平。

在奉天之难中，还发生了一件不可思议之事，即李怀光之叛。朱泚之乱发生后，朔方节度使李怀光率领朔方军将士从河北魏县行营千里驰援，在醴泉击败叛军，解奉天之围。十一月二十四日，德宗颁布《赐将士名奉天定难等功臣诏》。一个月后，德宗扩大了奉天定难功臣的名录，从原奉天城内的将士扩大到诸军诸道赴奉天及进收京城等将士，而李怀光亦获赐奉天定难功臣之号。李怀光解除奉天之难，却遭宰相卢杞等人挑拨，"因说上令怀光乘胜逐泚，收复京

① [宋]司马光：《资治通鉴》卷二三一"唐德宗兴元元年五月"条，北京：中华书局，2007年，第7434页。
② [后晋]刘昫等：《旧唐书》卷一三三《李晟传》，北京：中华书局，2007年，第3669—3670页。
③ [清]董诰等编：《全唐文》卷五一三《于公异·李晟收复西京露布》，北京：中华书局，1983年，第5218页。
④ [唐]赵元一：《奉天录》，北京：中华书局，2014年，第74页。
⑤ [唐]陆贽：《陆贽集》卷一《制诰·平朱泚后车驾还京大赦制》，北京：中华书局，2006年，第25页。

师,不可许至奉天"①,李怀光亦与神策军之间矛盾激化,遂和朱泚联合再度为叛,德宗被迫出奔梁州避乱。朱泚畏惧李怀光军,欲使其臣之,故怀光率军劫掠泾阳、三原、富平等县,从同州去往河中。至四月,李怀光率军到达河中,占有同州、绛州等地,按兵伺机而动。李晟率领勤王大军收复了关中后,德宗重新回到了长安,以浑瑊领兵征李怀光。浑瑊收复同州后,屯兵不进,数次被怀光军打败。德宗又令河东节度使马燧率军出征,与李元谅、韩游瓌、唐朝臣合兵讨伐。李怀光帐下多蕃将,亦有心怀唐廷之人,在马燧收复绛州后,贞元元年(785 年)秋李怀光部将牛名俊斩其首级以降,至此李怀光乱平,惜朔方军从平定安史之乱的功勋部队成为降兵,极大地影响了唐廷边疆的守卫态势。

在平定安史之乱中,朔方军居功至伟,势力一步步扩大,不免引起唐廷的担忧,德宗即位后很快就把朔方军一分为三,李怀光统领邠、宁、庆、晋、绛、慈、隰等州和河中府,常谦光统领灵州大都督府、西受降城、天德、定远和盐、夏、丰等州,浑瑊统领单于大都护府、振武、东中受降城、镇北和绥、银、麟等州。代宗、德宗时期,朔方军不断受到唐廷的歧视和各种限制,而李怀光之乱无疑是朔方军的一种极端对抗方式,但是朔方军毕竟有忠君爱国的传统,在真正要与朝廷对立后,许多将士再次归唐,最终导致了李怀光众叛亲离的下场。在李怀光失败后,唐廷又把邠宁和河中分离,加上灵武和振武,至此原来的朔方军辖地实际上成为四个独立的部分,朔方节度使的概念只局限于灵州一地了,而这都是朝廷限制、削弱朔方军的目的所在。②对于参与平定李怀光事,《旧唐书》卷一四四《李元谅传》载:"李怀光反于河中,绝河津,诏元谅与副元帅马燧、浑瑊同讨之。时贼将徐庭光以锐兵守长春宫,元谅遣使招之。庭光素轻易元谅,且慢骂之,又以优胡为戏于城上,辱元谅先祖,元谅深以为耻。及马燧以河东兵至,庭光降于马燧,诏以庭光为试殿中监、兼御史大夫。河中平,燧待庭光益厚。元谅因遇庭光于军门,命左右劫而斩之,乃诣燧匍匐请罪。燧盛怒,将杀元谅,久之,

---

① [后晋]刘昫等:《旧唐书》卷一二一《李怀光传》,北京:中华书局,2007 年,第 3493 页。

② 李鸿宾:《唐朝朔方军研究——兼论唐廷与西北诸族的关系及其演变》,长春:吉林人民出版社,2005 年,第 192—227 页。

以其功高乃止。德宗以元谅专杀，虑有章疏，先令宰相谕谏官勿论。"①徐庭光认为李元谅非"汉将"，故不降李元谅而降马燧，正说明了元谅的粟特胡人身份及其安史乱后粟特人的地位变化和影响。李准一直随父参加平乱之事，身先士卒，屡立功勋，待李怀光乱平定，李准亦因功加右卫兵曹参军，蒙赐绯鱼袋及银器、匹帛、金带等物。贞元二年（786年）八月，李怀光乱平，德宗诏曰："燧可兼侍中，仍与一子五品正员官并阶，余并如故。瑊可检校司空，仍与一子五品正员官并阶，余并如故。华州潼关镇国军节度、检校尚书右仆射骆元光，邠宁庆节度观察等使、检校尚书左仆射韩游瓌，鄜坊丹延等州节度观察使、检校兵部尚书唐朝臣等，并节著艰危，功成讨伐，可各赐实封二百户，仍各与一子六品正员官并五品阶，余并如故。"②此次李元谅因功荫子，可能就落到第三子李莘的身上了。

贞元三年（787年），李元谅母亲过世，德宗复其本官，并赐国姓李氏，改"元光"为"元谅"，进而从礼秩层面和骆氏家族割离开关系，成为元谅家族立足长安的标志事件。对于安国粟特人来讲，为了消除与安禄山同姓所带来的消极因素，他们希望通过立功来获赐国姓，李元谅获赐李姓主要有这个原因，不过也和徐庭光事件的刺激有着直接的关系。除了李元谅之外，主动改姓或获赐改姓的安国粟特人还有不少，如李抱玉、李国臣、李国珍等家族。

唐德宗奉天定难，泾原军和朔方军先后叛乱，对于唐后期神策军的发展具有重要的影响。③随着朔方军的分解，来自外部的威胁日益严重，德宗设置了西北八镇的格局来防御吐蕃。这种军事布局使长安西北的形势趋于稳定，泾原、邠宁等南线成为对外格局中的重点，并和河西节度、陇右节度共同组成抗击吐蕃的前沿区域。陇右节度，治鄯州，开元二年（714年）置，辖鄯、廓、河、兰、叠、洮、岷七州之地，与吐蕃接界，是唐朝边防的第一线。德宗时，吐蕃占据着关内道的原州，直接威胁着京师安全，那么陇右作为牵制吐蕃军力的重要性则不言而喻了。李元谅忠于唐廷，战功卓著，在唐蕃会盟事后于贞元四年（788年）春出

---

① ［后晋］刘昫等：《旧唐书》，北京：中华书局，2007年，第3917页。
② ［宋］王钦若等：《册府元龟》卷一三三《帝王部·褒功第二》，北京：中华书局，2010年，第1610页。
③ 任育才：《唐德宗奉天定难及其史料之研究》，新北：中国学术著作奖励委员会，1970年，第1—280页。

任陇右节度使。而李准因为担任太子通事舍人，此时已经不再跟随其父元谅在外征战了。

蕃将在唐代后期政治中发挥的重要作用主要有：1. 平叛定难，唐祚安危系之；2. 诛凶除暴，征讨割据藩镇；3. 名雄边上，抗御强蕃内侵；4. 剿杀义军，蕃将逆流而动。[1]李元谅的武将生涯就是粟特胡将从平叛到守边的典型个案。《旧唐书》卷一四四《李元谅传》载："（贞元）四年春，加陇右节度支度营田观察、临洮军使，移镇良原。良原古城多摧圮，陇东要地，虏入寇，常牧马休兵于此。元谅远烽堠，培城补堞，身率军士，与同劳逸，芟林薙草，斩荆榛，俟干，尽焚之，方数十里，皆为美田。劝军士树艺，岁收粟菽数十万斛，生植之业，陶冶必备。仍距城筑台，上毂车弩，为城守备益固。无几，又进筑新城，以据便地。虏每寇掠，辄击却之，泾、陇由是乂安，虏深惮之。"[2]建中乱后，西北边军实力大降，泾原军和朔方军不再被唐廷所信任，为了建立一支忠诚于中央的军队，德宗又考虑了"复府兵"的问题。府兵制在开元时期已经被废除，德宗听取了李泌的建议，首先让关东戍卒在关中屯垦，形成军事城镇；其次则以府兵之法理之。李元谅名义上为陇右节度使，实际上统治区域只有良原一地，他属下的兵士多是同华二州之人，不是防秋兵也不是泾原兵，而正是李泌所言的在关中乐于垦屯的关东戍卒。[3]良原在泾州、原州和陇州的交汇处，是抵御吐蕃入侵长安的要地，同时兼有防备邠州和陇州的目的。李元谅岳父阿史那义方曾任陇右节度副使，在李元谅卒后以部将阿史那叙统领其众，元和三年（808年）其军改属于神策军。阿史那叙具体生平不详，不知他和李元谅或阿史那义方之间有无特别关系，不过从其姓名和职位来看应该是突厥王族后裔，而这正和李元谅的身份相适应。同州和华州是粟特人的聚居地，既有从西域而来的商业粟特人，也有从草原来的突厥化粟特人，粟特人一般武力出众。在李元谅所属的同州、华州将士中一定有

---

① 马驰：《唐代蕃将》，西安：三秦出版社，2011年，第137—165页。
② ［后晋］刘昫等：《旧唐书》，北京：中华书局，2007年，第3918页。
③ 黄楼：《神策军与中晚唐宦官政治》，北京：中华书局，2019年，第73—74页；何先成：《神策军的收入问题初探》，《唐史论丛》第22辑，西安：三秦出版社，2016年，第99—102页。

不少粟特人,而李元谅卒后以阿史那叙来统领这些将士可谓是十分合适的。

李元谅三子中本可以承袭家族荣光的李准早早过世,而李平和李莘生平仕宦不显,从目前材料无法得知他们经历过什么历史大事。唐文宗时期发生的"甘露之变"对当时长安的政治社会产生了极大影响,而李氏家族也不可避免地受到了历史洪流的冲击。李德余墓志载:"当大和九年,贼注贼训十有余辈,以金吾卫士指诣乘舆,事未就诛,朝野震栗。公亲邢夫人,故凤翔节度君牙之女。垂白抱恙,惝恍若狂。公使墐其外户,入与童稚戏弄于前。曰:事止矣,不止当大喧呼,今且无闻,可以验也。逮乎底宁,讫无忧患。公之色养,悉如是。"①大和九年(835年)十一月二十一日,李训、郑注政治集团策划了一次谋诛宦官的政治事件。左金吾大将军韩约谎报左金吾厅有石榴树天降甘露,企图趁宦官前往观看的时候诛杀仇士良等宦官人员,结果事泄反被宦官集团杀害殆尽,事后宦官集团在长安大肆杀戮,所牵连的朝臣、兵将和民众达到了二千余人。李德余母亲邢夫人受此事影响,几至癫狂。据此来看,李氏家族与宦官集团或郑注集团多有交集,很可能某种程度上卷入了事变当中。②从邢夫人的情况分析,李氏家族并没有直接参与此次事件,而很可能是亲近人员中有人有所涉及而已。

"甘露之变"中被宦官诛杀的重要人物有20余人。③首先被杀的是直接参与行动的李训、宰相舒元舆、邠宁节度使郭行余、太原节度使王璠、京兆少尹罗立言、金吾街使韩约、刑部郎中李孝本、左金吾卫将军李贞素、长安县令孟珰、万年县令姚中立、翰林学士顾师邕、凤翔少尹魏逢、郑注僚佐魏弘节,之后被杀害的有郑注、宰相王涯和贾𫗧。等到了十二月己卯,"凤翔监军奏郑注判官钱可复等四人并处斩讫"④。四人分别为凤翔节度副使钱可复、节度判官卢简能、观察判官萧杰、掌书记卢弘茂。卢弘茂因妻为萧太后妹,故得免一死,其他三人则

---

① 齐运通、杨建锋编:《洛阳新获墓志二〇一五》,北京:中华书局,2017年,第322页。
② 黄楼:《神策军与中晚唐宦官政治》,北京:中华书局,2019年,第298页。
③ 卢向前:《唐代政治经济史综论——甘露之变研究及其他》,北京:商务印书馆,2012年,第1—86页;胡可先:《唐代重大历史事件与文学研究》,杭州:浙江大学出版社,2007年,第504—513页;黄楼:《神策军与中晚唐宦官政治》,北京:中华书局,2019年,第278—281页。
④ [后晋]刘昫等:《旧唐书》卷一七《文宗下》,北京:中华书局,2007年,第563页。

全部罹难。在这些遇难人员中,出身凤翔的有魏逢、魏弘节、钱可复、卢简能、萧杰,除此之外无姓名留下来的凤翔节镇人员不在少数。"甘露之变"发生前,京城神策军为宦官直接掌控,京西八镇神策军亦多是宦官亲信之人统领,在此情况下,郑注只能选择出任凤翔节度使,企图以凤翔镇兵和长安内的李训里外呼应行诛杀宦官之举,惜事不可为,李训单独策划了甘露行动,最终导致功亏一篑。当时凤翔军中将士分为两个派别,其中属于宦官一系的有凤翔监军张仲庆、前凤翔少尹陆畅、凤翔押牙李叔和等人,属于郑注一系的人员则更多一些。邢氏父为邢君牙,《旧唐书》卷一四四《邢君牙传》载："属德宗幸奉天,晟率君牙统所部兵,倍道兼程,来赴国难。及驻军咸阳,移营渭桥,军中之事,晟惟与君牙商之,他人莫可得而闻也。收复宫阙,骤加御史大夫、检校常侍。既而晟为凤翔、泾原元帅,数出军巡边,常令君牙掌知留后,军府安悦。贞元三年,晟以太尉、中书令归朝,君牙代为凤翔尹、凤翔陇州都防御观察使,寻迁右神策行营节度、凤翔陇州观察使,加检校工部尚书。吐蕃连岁犯边,君牙且耕且战,以为守备,西戎竟不能为大患。寻加检校右仆射。贞元十四年卒,时年七十一,废朝一日,赠司空,赙布帛米粟有差。"①邢君牙卒后近四十年才发生了"甘露之变",不过从他曾担任凤翔节度使长达十二年来看,凤翔镇军中存的门生故史或后人不在少数,虽然目前无法确知邢君牙的后裔情况,不过从邢氏的反映来看甚至有可能就在凤翔军中,故邢氏的惊吓才合乎情理,不过应该与郑注等人牵涉不深。

李氏家族能够在"甘露之变"中安然渡过长安的政治危局,一定和骆氏家族有所关系。作为宦官家族,晚唐骆氏在骆奉先之后,一直都有人员在内廷担任重要的内职。骆明珣墓志云："长子曰朝宽,内侍省奚官局令,赐绯鱼袋,充飞龙副使。质厚深沉,襟怀坦荡。事亲孝著,交友信行。次子曰朝干,立身严整,秉志居忠。职在丹墀,名参黄绶。并皆泣护帷裳,动循典礼,绍修前业,不坠遗风。"②宦官等级从高到低依次有中尉、军容、枢密使、两军副使、飞龙使、飞龙副使、内

① [后晋]刘昫等:《旧唐书》,北京:中华书局,2007年,第3926页。
② 吴钢主编:《全唐文补遗》第3辑,西安:三秦出版社,1996年,第193页;周绍良、赵超:《唐代墓志汇编续集》,上海:上海古籍出版社,2001年,第891页。

园使、庄宅使、宣徽使、僻仗使、仗内使(令)、翰林使、西院直公、总监使、省令、琼林大盈库等使、牛羊使、诸司使、监军使等。①飞龙使主管飞龙厩马政,但在一定程度下,厩中保有战斗的能力,如史书中所言的"飞龙禁军"或"飞龙兵"等。②骆朝宽在大和二年(828年)时任飞龙副使,已经属于比较重要的权宦了。晚唐时期宦官机构越来越庞大,宦官本身具有了外朝官僚的某些特征,在个人的出仕途径上沿着某种特殊的官僚化途径进阶提升③,骆朝干品阶不明,不过按照宦官的发展途径来看已经在内廷有所表现了。唐昭宗时的权宦骆全瓘,很可能就是骆氏家族的后裔。④《册府元龟》卷六六七《内臣部·将兵》载:"骆全瓘,景福二年代西门重遂为神策右军中尉。"⑤从骆奉先到骆全瓘,唐代后期骆氏家族一直延续不断,李元谅得赐国姓之后,在宦官政治的格局下,实际不可能完全脱离骆氏的家族网络,在一定程度上或者说宫内宫外的两个家族是互取所需共同进退的。李氏家族在"甘露之变"事件中与郑注集团有所关联,可能正因为有了骆明宽兄弟的照应,才可以平安渡过长安的混乱局面,没有发生大的周折。

## 四、社会生活和文化传承

墓志文本通过刻石流传后世,其文字和内容组成了一股特别的力量,这种力量能够超越"事实"形成新的"事实",而且形成的"事实"是在格式化书写中有所选择的,在一定程度上展示了志主家族有意识的思想倾向。⑥安史乱后,中原地区笼罩着一股排斥胡人的思潮,粟特人通过改变姓氏、郡望的方法来变胡

① 赵和平:《〈记室备要〉的初步研究》,《赵和平敦煌书仪研究》,上海:上海古籍出版社,2011年,第243—254页。
② 赵雨乐:《唐宋变革期之军政制度——官僚机构与等级之编成》,新北:文史哲出版社,1994年,第29—38页。
③ 陆扬:《9世纪唐朝政治中的宦官领袖——以梁守谦和刘弘规为例》,《清流文化与唐帝国》,北京:北京大学出版社,2016年,第87—164页。
④ 黄楼:《神策军与中晚唐宦官政治》,北京:中华书局,2019年,第561页。
⑤ [宋]王钦若等:《册府元龟》,北京:中华书局,2010年,第7978页。
⑥ 陈昊:《晚唐翰林医官家族的社会生活与知识传递——兼谈墓志对翰林世医的书写》,《中华文史论丛》2008年第3期,第390—392页。

为汉，他们的文化信仰出现了新的变化。粟特人的社会网络，是以血缘（族缘）、地缘和业缘为纽带形成的，墓志内容即以这三种关系为基础撰成。墓志内容是一种格式化的书写，主要包括家族谱系、仕宦经历、婚姻关系和宗教信仰等。这种书写可以看作是一种社会网络的实践，墓志所蕴含的或公或私的关系，构成了一种文化意义上的叙述和对话。

葬地的选择是一个家族非常核心的血缘外化表现。从墓志来看，李氏家族成员中李元谅母亲、李元谅夫妻和李准葬于华阴县；李莘、李德余父子葬于万年县；李塞多过世较早应该葬在了幽蓟之地，后来是否迁葬到关中不可知晓；李平葬地不明，不过其葬在华阴县的可能性较大。关于李氏家族选择华阴县潼乡原为葬地，过去学者指出其因有三：一是李元谅要与妻子合葬一处，二是这处茔地有利于家族发展，三是李元谅多年来任职华州。这里是他仕途发展的腾飞之地，死后葬于华阴县是他生前的心愿。[1]从李元谅等人葬在华阴县来看，最大的可能这里是李氏家族从幽蓟迁移后的新居之地。李氏家族随着李元谅地位的提高，家族的重心亦一步步向长安转移，华阴县作为新居之地对于李莘等人来讲并没有特别的故土概念，所以从李莘开始就有人员安葬在长安附近了。

李氏家族在长安的住宅共有两处，一处在开化坊，一处在宣阳坊，均处于长安城街东的官僚住宅区。长安城（图七）以朱雀街为界，在东城形成了官僚街，在西城形成了庶民文化圈，可谓是东贵西富的基本格局。东西城各以东西市为中心，街东居民以贵族、官僚为主，是官员居住和参政的地方，人员比较安定；街西居民成分较为复杂，是平民生活和商业活动的地方，市场则比东市更为富庶繁华。[2]盛唐时期，随着大明宫、兴庆宫的建立，长安的官员纷纷向街东移动，但是朱雀大街两侧依旧是朝廷礼仪活动必经之地，其重要性不言而喻。

---

① 陕西省文物局文物鉴定组、潼关县文管会办公室：《唐李元谅墓志及其相关问题》，《文博》1998 年第2 期，第76—81 页。

② ［日］妹尾达彦：《唐代长安の街西》，《史流》第 25 号，1984 年，第 1—22 页；［日］妹尾达彦：《唐長安城の官人居住地》，《东洋史研究》第 55 卷第 2 号，1996 年，第 35—68 页；荣新江：《盛唐长安：物质文明闪烁之都》，《隋唐长安：性别、记忆及其他》，上海：复旦大学出版社，2010 年，第 2—9 页；［日］妹尾达彦：《都城与葬地——隋唐长安官人居住地与埋葬地的变迁》，夏炎主编《中古中国的都市与社会：南开中古社会史工作坊系列文集》，上海：中西书局，2019 年，第 89—145 页。

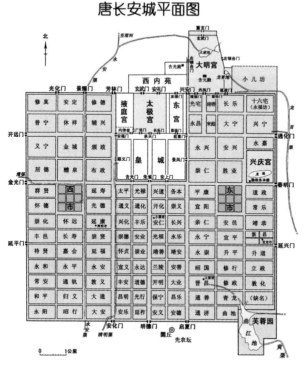

图七　唐长安城图

与唐代长安相关的各类文学作品中，对于人物形象的描绘都是依据现实的地理空间完成的，选择街东人文环境佳的里坊居住，是居住者的普遍理想。①开化坊是李元谅正寝所在地，乃封赐之宅。这处住宅是李元谅在奉天之难后因功勋被赐予的，"（兴元元年）秋七月，大驾还宫。诏加尚书右仆射，实封九百户，锡以甲第，申之女乐，旌殊效也"②。开化坊在长安城朱雀大街东，北隔兴道坊与皇城相望，处于长安城核心的地理位置。坊内先后有大荐福寺、法寿尼寺、盖文达宅、柳嘉泰宅、韩洄宅、令狐楚宅、马总宅、李光颜宅、沈传师宅、崔垂林宅、崔允宅、郭敬善宅、于申宅、裴璟宅、黎干宅、段滂宅、王汶宅，并有酒肆和客舍。③长安居大不易，宅第是一种身份、地位和财富的象征。宅第的地理位置、规模和主人身份关联，而文献中所讲的"甲第"就是重要的一种表现。在唐代长安，甲第的主人一般是一时的风云人物，而

① 朱玉麒：《隋唐文学人物与长安坊里空间》，荣新江主编：《唐研究》第 9 卷，北京：北京大学出版社，2003 年，第 121 页。

② 吴钢主编：《全唐补遗》第 3 辑，西安：三秦出版社，1996 年，第 128—129 页；陕西省文物局文物鉴定组、潼关县文管会办公室：《唐李元谅墓志及其相关问题》，《文博》1998 年第 2 期，第 76—81 页；中国文物研究所、陕西省古籍整理办公室编：《新中国出土墓志·陕西一》，北京：文物出版社，2000 年，图版见上册第 130 页，录文见下册第 137—138 页；胡戟：《珍稀墓志百品》，西安：陕西师范大学出版总社，2016 年，第 275—276 页。

③［清］徐松撰、李健超增订：《增订唐两京城坊考》（修订版），西安：三秦出版社，2006 年，第 47—49 页；杨鸿年：《隋唐两京坊里谱》，上海：上海古籍出版社，2008 年，第 335—338 页。

他们居住的甲第往往就是某一区域内的标志物，在唐代后期还逐渐形成了以甲第所在坊里代称郡望的家族，著名者如亲仁郭氏、靖恭杨氏。甲第地理位置优越，出行便利，规模巨大，景致优美，人文气息浓厚，一般来看，居住甲第的主要有这几类人群：1. 皇亲国戚；2. 武将功臣；3. 新兴士人；4. 传统士族；5. 地方节帅；6. 宦官中贵。[①]李元谅在开化坊的甲第正是因他的奉天功勋所得赐，和李元谅同时得赐甲第的还有李晟、浑瑊等人。

安史之乱后，长安动乱不止，到唐德宗建中末年才真正安定下来。建中之乱是德宗朝政治的分水岭，也是中唐政治格局定型的标志。贞元时期奉天功臣集团逐渐掌握了政治主导权，与藩镇势力达成了某种妥协，放弃了盛唐时期大一统的格局，却进一步发展了唐前期的集权制度，导致了新的矛盾出现。[②]对于刚刚经过动乱的唐廷来讲，各类军功卓著的武将成为左右国家政局的重要力量，在国家权威削弱的时候，武将的地位尤显突出，对于平定安史之乱的功臣到奉天定难功臣，唐廷不断通过各种厚赏，达到显示朝廷声望和权威，进而笼络勋臣武将的目的，如李晟、浑瑊、马燧、李光弼等。从文献记载来看，唐廷基本形成了赐予甲第、爵位、官职、帷帐、什器、女乐等一整套的模式，具体实施时根据个人地位高低有所差异而已，当然这种恩赐也是朝廷表彰和肯定臣子忠诚与否的一种方式。而一般各地节帅自己设宅第，这不仅是身份地位的体现，也是顺命于朝廷或与朝廷保持一定的政治关系的表示。[③]据此来看，李元谅家族在宣阳坊的住宅应该是他获得赐宅之前购置的，至少也是在他出任镇国军副使时所为。

宣阳坊是李氏家族私第所在地，宣阳坊北临平康坊，东临东市，与开化坊中间相隔崇义坊。宣阳坊内东南隅为万年县廨、榷盐院，西南隅有净域寺，先后还有奉慈寺、独孤明宅、窦毅宅、李晦宅、韦巨源宅、刘希进宅、杨务廉宅、韦叔

---

① 荣新江：《高楼对紫陌，甲第连青山——唐长安城的甲第及其象征意义》，《中华文史论丛》2009 年第 4 期，第 1—39 页。

② 胡平：《未完成的中兴：中唐前期的长安政局》，北京：商务印书馆，2018 年，第 276—288 页。

③ 王静：《唐长安城中的节度使宅第——中晚唐中央与方镇关系的一个侧面》，《人文杂志》2006 年第 2 期，第 125—133 页。

夏宅、单思远宅、李乂宅、李衮宅、郑惟忠宅、郭元振宅、杨国忠宅、高仙芝宅、李齐物宅、薛平宅、韩公武宅、陈子昂宅、常无名宅、韦文恪宅、张义潮宅、贾昌宅、崔尚书宅、萧俛宅、阿史那摸末宅、牛秀宅、慕容知敬宅、王定宅、韦琪宅、董务忠宅、王怡宅、源光乘宅、张翔宅、郯国大长公主宅、秦朝俭宅、陈嗣通宅、赵横宅。①在宣阳坊里,先后居住过很多有社会影响力的人物,最为后人熟知的无疑是杨国忠,不过和李元谅身份极其类似的则有归义军节度使张议潮和突厥贵族阿史那摸末,唐后期宣阳坊的重要性在一定程度上已经超越了开化坊,这里距离大明宫和兴庆宫距离更近,而且有了重要的胡人显贵宅第。

为了恢复朝廷的权威,唐德宗时大力倡导儒家礼法、君臣秩序的重建工作,"德宗初即位,深尚礼法"②,使得功臣集团的家族也更加重视聚族而居、兄弟和睦的家风,从而形成了很多类似于郭子仪家族和李晟家族的家业传承。同家共居并不是唐代家庭形态的主流模式,但是在代宗和德宗朝反而出现了逆反的现象,当然李晟、郭子仪家族的聚族而居主要原因和朝廷赐宅有很大关联。对于一个家族而言,仅仅靠一代人的功勋来维系家业是远远不够的,所有世家大族每代子弟均要有不俗的政治表现才能够把家业发扬光大,对于武将家族而言历代有继承者才是延续不衰的政治筹码。③从相关记载推断,李元谅在外任职时,处理开化坊甲第日常管理的应是其长子李平。从墓志来看,李准等李氏家族多数人还是居住在宣阳坊的宅第。这种分居状态其实不符合德宗推崇的"行己有常,俭不违礼"理念④,但是这种情况适应李元谅家族粟特人的生活习惯和模式。

宣阳坊北邻的平康坊和东临之东市,是长安街东最繁华的商业和娱乐休闲之地。不论沿丝路东来的粟特人,还是突厥化的粟特人,他们的商业民族特

---

① [清]徐松撰、李健超增订:《增订唐两京城坊考》(修订版),西安:三秦出版社,2006 年,第 91—96 页;杨鸿年:《隋唐两京坊里谱》,上海:上海古籍出版社,2008 年,第 182—188 页。

② [宋]王谠:《唐语林校证》卷一《德行》,北京:中华书局,2008 年,第 7 页。

③ 李丹婕:《亲仁郭家——安史乱后秩序重建与政治博弈》,荣新江主编《唐研究》第 20 卷,北京大学出版社,2014 年,第 309—334 页。

④ [后晋]刘昫等:《旧唐书》卷一三三《李愬传》,北京:中华书局,2007 年,第 3682 页。

性一直都没有改变。粟特人既是东西贸易的担当者,也是游牧民族和农耕民族之间的重要中介,他们组成的国际化贸易网络,深刻影响了从克里米亚到东亚的整个欧亚地区。①唐代都城长安是粟特人的集中贸易中心,在东西两市附近的坊里分布着很多粟特人的居住地,一般来说大多数粟特人都住在西市附近的坊里,住在东市附近的粟特人较少,比如有居住在道政坊和亲仁坊的安禄山、胜业坊的康阿义、永乐坊的康志达、崇仁坊的石忠政、兴宁坊的史思礼、通化坊的曹惠琳、新昌坊的康訚、靖恭坊的李素、靖恭坊的史宪诚、靖恭坊的史孝章、长乐坊的何少直等人。粟特人的宅第临近市场正说明了粟特人的经商本性,同时这些居住地也和祆祠重合在一起,虽然居住在长安的粟特人已经编为唐籍,不可能再形成完整的粟特聚落,但他们仍然会选择住在祆祠附近比邻而居。西市周边约有四座祆祠,东市周边约有一座祆祠,围绕着祆祠逐渐形成了较为集中的聚居区。②街东粟特人的宅第显示出环绕东市的格局,这和街西粟特人围绕西市居住的情况是一致的。从目前所发现的材料看,还不能具体清楚每个人在此开始居住的时间点,而且街东的粟特人群除了少数没有职衔之外,多数为唐廷的文武官员,以武官居多,形成了与街西迥异的"市场+官僚居住区"的复合性特征。③正因为街东的粟特人住宅具有这种复合型特征,方为李氏家族后来珍藏的万卷藏书奠定了基础和条件。

李德余墓志载:"公有园池宾阁,聚书万卷。与朋友共甘苦,故四方来者如归市。"④墓志没有说李德余的住宅在哪里,不过应该是李氏家族在宣阳坊的宅第,而李德余能够聚书万卷,宅第规模巨大,可见其家族的富庶,这应该和李氏家族同时经商息息关联。P.3813《文明判集》第十一道判云:"长安县人史婆陀,家兴贩,资财巨富,身有勋官骁骑尉,其园池屋宇、衣服器玩、家童侍妾比侯王。有亲弟颉利,久以别居,家贫壁立,兄亦不分给。有邻人康莫鼻,借衣不得,告言

① [法]魏义天:《粟特商人史》,桂林:广西师范大学出版社,2012年,第221—222页。
② 荣新江:《北朝隋唐粟特人之迁徙及其聚落》,《中古中国与外来文明》,北京:生活·读书·新知三联书店,2001年,第76—85页。
③ 毕波:《中古中国的粟特胡人:以长安为中心》,北京:中国人民大学出版社,2011年,第245—257页。
④ 齐运通、杨建锋编:《洛阳新获墓志二〇一五》,北京:中华书局,2017年,第322页。

违法式事。五服既陈,用别尊卑之叙;九章攸显,爰远上下之仪。婆陀阛阓商人,旗亭贾竖,族望卑门,贱地寒微。侮慢朝章,纵斯奢僭。遂使金玉磊砢,无惭梁霍之家;绮穀缤纷,有逾田窦之室。梅梁桂栋,架迥浮空;绣栭雕楹,光霞烂目。歌姬舞女,纤罗袂以惊风;骑士游童,转金鞍而照日。公为侈丽,舞无惮彝章。"①史婆陀的宅院超出朝廷法治规格,所以判词中下令修改。史婆陀富甲一方,对比李德余的住宅和藏书情况来看,比其有过之而无不及。粟特人经营的商品主要有金、银、鍮石、番红花、丝绸(丝线)、草药、硇砂、石蜜、香水、麝香等,粟特人并不专营某种商品,他们善于因地制宜买卖当地的珍贵商品。②长安东西两市经营的主要品类有麦制品、肉食品、酒、茶、盐、蔬菜水果、纺织品(衣物)、药、占卜器物、金银、宝石、乐器、书籍、木材、燃料、交通运输工具、家畜、铁器、陶器、瓷器等。唐代出售的书籍中有"五经",经书主要是写本形态,印刷的经书在五代后才正式出现。这类书往往是作为明经科考生的读本,而一般在书肆附近还有制造出售笔的笔行。唐代的印刷品一般是日历书、灸书、咒书、小学字书类和星命类的书籍,这类书籍在敦煌文书中多有发现。③经营书籍的店铺位于东市内及其附近,这和街东官僚住宅区的需要是密不可分的。④据此来看,李氏家族能够在短时间内聚书万卷,可能和他们经营书籍有关,甚至在东市内就有李氏家族名下的书肆。

安史之乱平息后,朝廷提倡儒学。元和时期在政治上逐渐发挥重要作用的是安史之乱平息后及第的进士人员,进士出身的家族逐渐显盛,慢慢取代了中唐时期的礼法家族,而唐代社会开始进入靖恭杨氏的时代。⑤在这种历史潮流的

---

① 刘俊文:《敦煌吐鲁番唐代法制文书考释》,北京:中华书局,1989年,第444页。
② [法]魏义天:《粟特商人史》,桂林:广西师范大学出版社,2012年,第111—113页。
③ 宿白:《唐五代时期雕版印刷手工业的发展》,《唐宋时期的雕版印刷》,北京:文物出版社,1999年,第1—7页。
④ [日]妹尾達彦:《唐代長安東市の印刷業》,唐代史研究会编:《东アジイ史における國家と地域》,东京:株式会社刀水书房,1999年,第200—233页;[日]妹尾达彦:《唐代长安的东市与西市》,乾陵博物馆编:《乾陵文化研究》第4辑,西安:三秦出版社,2008年,第327—372页。
⑤ 王静:《靖恭杨家——唐中后期长安官僚家族之个案研究》,荣新江主编《唐研究》第11卷,北京:北京大学出版社,2005年,第389—422页。

发展中，"文"的重要性一步步凸显，强调"文"是治理天下的终极手段，这种观念和与之配合的进士词科等制度越来越被社会所重视，经过德宗宪宗朝的帝王推动逐渐形成了一种强大的主流意识，支持这种理念的士人只要进士及第并且有才华，就可能成为新型政治文化中的代表人物。①为了延续家族的荣光，李元谅家族和别的胡人家族并无二致，都出现了从武到文的转变，而文的载体和修养的基础都是书籍，到李德余时能够聚书万卷，这即便在汉族书香门第中也是不多见的。根据唐代文献记载统计，藏书规模达万卷以上的人物或家族有：王涯家藏书数万卷②，吴兢藏书一万三千余卷，蒋乂家藏书一万五千卷，韦述蓄书两万余卷，李磎家藏书至万卷，韦处厚和田弘正家各有一万余卷，苏弁家集书两万卷，柳公绰藏书丰富，刘伯刍聚书两万卷，杜兼集书万卷，朱氏西斋万卷书，崔仁亮书楼超过万卷③，娄师德书楼藏书两万卷，徐修矩家传万卷书，李泌藏书三万轴等。李德余藏书达万卷，是唐代粟特人中的一个大藏书家。这也为理解粟特人的另一种经商模式提供了新的线索，惜其藏书的具体情况不明，不过按照唐代图书的刊本情况看应是以写本为主的。

对于外来族群来讲，不管出于何种原因，著地化是他们融入中原社会的必然之路，虽然个人情况有所差异，不过采取的道路基本相似。对于李元谅家族来讲，在进入长安生活以后，华化的主要表现有婚姻圈的变化、重文的倾向和汉文化的认同等方面。李元谅妻阿史那义方之女，突厥王族后裔。李准妻屈突郾之女，屈突氏为代北复姓，北魏孝文帝改姓氏时改为屈氏，定著洛阳，至西魏时再复本姓。李莘妻邢君牙之女。李德余妻赵氏，无疑是汉族女子。从李氏三代人的娶妻圈来看，一步步从草原向中原转变，却没有和昭武九姓之间有过联姻关系，这也从一个侧面说明了李氏家族从安国到中原的迁移轨迹。在唐代，

---

① 陆扬：《唐代的清流文化——一个现象的概述》，《清流文化与唐帝国》，北京：北京大学出版社，2016年，第213—263页；刘后滨：《宦途八俊：中晚唐精英的仕宦认同及其制度路径》，《北京大学学报》（哲学社会科学版）2019年第6期，第93—103页。

② 王楠、史睿：《长安永宁坊的书画秘藏：权臣王涯篇》，《故宫博物院院刊》2019年第12期，第21—32页。

③ ［日］石田幹之助：《唐代图书杂记》，《长安之春》，北京：清华大学出版社，2015年，第113—118页。

蕃将家族由武转文是大致相同的路径,从李平、李准、李莘和李德余的官职变化和读书情况来看亦没有脱离这个范围。不过和别的蕃将家族不同的是,李氏家族对于汉文化的追求达到了一个极致,成为粟特人中极为少见的大藏书家。李准墓志由李平撰文,李元谅墓志的撰文者杜确疑似为京兆杜氏,对比两篇志文的行文格式和语言风格,很难想象言辞雅致的李准墓志文是出自地道的粟特人之手,家族谱系的叙述、文化心理的诉求完全是汉族士人的思想认同。①两篇志文均为李平书写,都有着书法名家徐浩的书艺特点,笔势清劲有力,风格遒丽华润。另外值得关注的是,李元谅墓志所载的内容和两《唐书》本传的生平论述风格大致相似,似有相近或相同的史料来源,而这种文本选择很可能透视着李氏家族自己的心理倾向。到了李德余时期,藏书过万卷,交游多士人,宅第庭院深深,高台流水萦绕,完全是汉族士大夫的雅致生活了。

那么,李氏家族是否完全遗忘了自己的民族文化呢? 其实,在李氏家族几方碑志的字里行间,揭示出粟特人在文化转轨时本土文化和中原文化的相互渗透和交融,民族属性是他们安身立命的基础,汉地社会是他们赖以生活的场所,有时候两者间存在的矛盾和差异只能通过妥协或者遮掩的方式来解决。②而对于李氏家族来说,由于突厥化的背景,他们的族性还要和政治体的衍化结合在一起,而蕃将家族要想延续家族的荣耀,历代子弟的武功支持是不可缺少的。以此来看,在李元谅三子中,李准墓志虽然把他塑造成一个喜爱读书的士人形象,其实他担任的反而是李氏家族作为突厥化粟特人武力传承的角色。李准勇武过人,屡立战功,本来可以很好地成为李氏作为蕃将家族的继承者,惜英年早逝,使得李氏家族虽然由李元谅兴起之后却难以为继,在政治上的作用越来越小。突厥化粟特人的另一个重要属性是商人角色,在这一点上李氏家族亦代有其人。李氏私第在东市附近,通过李德余墓志推断李莘父子在有官员身份的

---

① 荣新江:《中古入华胡人墓志的书写》,《文献》2020 年第 3 期,第 121—137 页。
② 李鸿宾:《粟特及后裔墓志铭文书写的程式意涵——以三方墓志为样例》,《粟特人在中国:考古发现与出土文献的新印证》,北京:科学出版社,2016 年,第 176—190 页,收入氏著《墓志所见唐朝的胡汉关系与文化认同问题》,北京:中华书局,2019 年,第 229—258 页。

同时，可能还经营着兴旺的商业，可以说在他们父子身上延续着李氏家族血脉深处的粟特人经商基因。另外，作为李元谅嫡子的李平，已经完全在文化和修养上成为汉人，文采脱俗，书艺精到，比起一般的汉族士大夫并不逊色。汉化、武力和商业三种文化模式，在李氏家族中均有沿袭，不过由于李准之死，李氏家族丧失了突厥化粟特人的根基，故而失去了可以真正发展成为一个汉化的突厥化粟特武将家族的可能性。

## 结　语

东突厥灭亡后，作为突厥属众的安国贵族李氏家族随之内迁到了六胡州地区，成为突厥化粟特人中的代表。在安史乱前，李氏家族迁移到了幽蓟地区，李赛多出任地方武官。安史之乱发生时，李元谅归阙唐廷、改换姓氏、假为宦官之子，担任禁军侍卫，李氏家族全部迁徙到了华州。随着李元谅得赐李姓后的崛起，李氏家族的家业中心逐渐转移到了京师长安，成为当时颇具影响力的一个蕃将家族。作为粟特人的后裔，李氏家族在本土信仰、草原文明和中原文化的相互影响中不断调整着整个族群的社会信仰，家族文化得到延续，形成了以主流政治为核心的融汇三种民族特性的生活方式，但他们没有像有的胡人那样完全放弃了自己民族的特性，而是在适应中融入唐人的仕宦、婚姻和文学化的历史洪流之中。李氏家族的发展史无疑是一个粟特胡人家族不断在接受和选择的生命史，作为外来者的文化困惑，既有冲突和博弈，也有交融和认同，这种发展和变化正是李氏家族的四方碑志所要呈现给我们的。

# 西安碑林藏梵文真言陀罗尼经幢的刻立
# 与不空三藏后事

　　不空三藏是中外文化交流史上的著名人物，关于他的研究取得了丰硕的成果。①西安碑林博物馆藏关于不空的石刻总共有两件，一是不空和尚碑，一是梵文真言陀罗尼经幢。碑铭历来受到学界的关注，而经幢由于磨泐严重，一直被大家所忽视。关于梵文真言陀罗尼经幢，王仁波以为是唐朝和尼泊尔友好往来的见证，真言由古尼泊尔文书写而成。②古尼泊尔文所使用的梵字，属于悉昙体的变体，俗称为天城体梵文，最早出现在 13 世纪初③，有学者已指出经幢真言为悉昙体梵文，刊刻内容是多种不空译陀罗尼的真言。④二者意见差异较大，且关于经幢的具体时代及其性质问题没有讨论，我们在分析相关资料的基础上，认为此经幢的刻立和不空碑密切相关，均属于不空卒后纪念礼仪的有机组成部分。

---

　　① 杨增：《不空三藏研究述评：以肃、代两朝的活动为中心》，洪修平主编《佛教文化研究》第 4 辑，南京：江苏人民出版社，2016 年，第 264—296 页；杨增：《不空三藏研究述评——史料检讨与早期活动》，浙江大学东亚宗教文化研究中心等编《佛教史研究》第 1 卷，新北：新文丰出版股份有限公司，2017 年，第 389—418 页，。

　　② 王仁波：《隋唐文化》，北京：学林出版社，1990 年，第 298—299 页，

　　③ 释迦·苏丹：《关于尼泊尔现存的梵文——尼瓦尔语混合密教文献之研究》，吕建福主编《密教文献整理与研究》，北京：中国社会科学出版社，2014 年，第 241—256 页。

　　④［日］儿玉義隆：《西安碑林所藏梵字真言陀羅尼経幢について》，《佛教万华：种智院大学学舍竣工记念论文集》，东京：同朋舍，1992 年，第 253—272 页。

## 一、经幢内容与定名

梵文真言陀罗尼经幢(图一),现陈列于西安碑林第二展厅出口的西侧处,八棱柱形,翻莲花座,顶部缺失,现残高144厘米,每面宽12厘米,幢身8面均刻有文字,共约40行。经幢磨损甚多,由拓本文字可知(图二),其内容由汉文和梵文书写,其中汉文内容是"题记+经题",梵文是陀罗尼真言,目前汉文内容可辨识者约有14处。为讨论方便,兹补充文字序号并移录如下:

(1)宝楼阁陀罗尼真言曰……
(2)大心真言曰……
(3)心中心真言……
(4)光明真言……

图一　梵文真言陀罗尼经幢

图二　梵文真言陀罗尼经幢拓本

(5)□□□大灌顶光感恶□陀罗尼……

(6)金刚吉祥佛眼根本陀罗尼……

(7)佛慈护真言……

(8)一切如来金身舍利缘生偈……

(9)真言曰……

(10)特进鸿胪开府仪同三司赠肃国公食邑三千户谥大辩正广智三藏□□□空奉诏译……

(11)圣千手千眼观世音自在菩萨摩诃萨广大□□无障□大悲心陀罗尼真言曰　梵学持明□门海觉唐梵书……

(12)观自在菩萨如意轮根本陀罗尼真言曰……

(13)如来根本陀罗尼……

(14)自在菩萨闻持不忘陀罗尼真言曰……

第 10 处题记文字说明经幢上刊刻的均是不空译各种密教经卷的真言，通过残留不多的文字信息，参考儿玉义隆的意见，可修正补充真言——所对应的经卷，分别为：1.《大宝广博楼阁善住秘密陀罗尼》；2.《心陀罗尼》；3.《随心陀罗尼》；4.《不空羂索毗卢遮那佛大灌顶光真言》；5.《大佛顶如来放光悉怛多钵怛啰陀罗尼》；6.《大金刚吉祥佛眼陀罗尼》；7.《如来大慈护陀罗尼》；8.《一切如来心秘密金身舍利宝箧印陀罗尼经》；9.《佛顶尊胜陀罗尼念诵仪轨法》；11.《大悲心陀罗尼修行念诵略仪》；12.《观自在菩萨如意轮陀罗尼》；13.《无量寿如来观行供养仪轨》；14.《观世音说咒五种色昌蒲服得闻持不忘陀罗尼》。第 14 种陀罗尼收录在《陀罗尼杂集》中，今据经幢可知此经译者为不空，可补史阙。经幢文字脱落严重，根据行文的书写格式，刊刻的各种陀罗尼超过了 15 种，包括了不空三藏译作中最重要的陀罗尼类别，不过除了可以确定的 13 种以外，其他的都无法考证了。

1961 年 10 月，尼泊尔国王马亨德拉由周恩来同志陪同来西安碑林参观，看到此经幢后，尼泊尔方认为梵文书体为古尼泊尔文，后来展览说明中将此经幢命名为"中尼合文陀罗尼真言经幢"或"梵汉合文陀罗尼真言经幢",被视作中尼文化交流史上的见证物之一。①一般来讲"合文"指的是用双语书写陀罗尼经文或真言的情况,而此幢无经文内容,只是用汉语书写经题,用梵文书写真言,并不属于唐代经幢中用合文书写的样式,故儿玉义隆称作是"梵字真言陀罗尼经幢",按照汉语的习惯说法,此幢应命名为"梵文真言陀罗尼经幢"较为合适。

## 二、经幢刻立的地点、时代及其性质

梵文真言陀罗尼经幢一直保存在西安的开元寺中,近代才移至西安碑林收藏。开元寺在今天钟楼东南侧开元商场附近,是五代以后长安城中的一座寺院,在历代文献中屡有记载。那么,唐代开元寺是什么情况呢?

关于唐代开元寺的设立,一说从开元二十六年(738年)改武周时所置的大云寺而来;①一说开元二十六年敕各州定形胜观寺,以"开元"为额。②在中晚唐时期,不管长安还是地方州郡,都有大云寺的存在,可见第一种意见是有问题的。州郡一级设置开元寺,基本按照当时的敕令改额而来,但这条敕令只针对地方而没有在两京具体实施。③文献记载的矛盾产生了唐长安城中开元寺有无的两种争论,支持有开元寺的学者有小野胜年、李健超、景亚鹂和田卫卫等,④认为开元寺是影子官寺的学者有富安敦、聂顺新等。⑤

———————

① 王翰章:《唐开元寺及现存西安碑林的有关碑石》,西安碑林博物馆编《碑林集刊》第9辑,西安:陕西人民美术出版社,2003年,第204页。

① [宋]王溥:《唐会要》,上海:上海古籍出版社,2006年,第996页。

② [宋]王溥:《唐会要》,上海:上海古籍出版社,2006年,第1029页。

③ 聂顺新:《唐玄宗开元官寺敕令的执行及其意义》,《华东师范大学学报》(哲学社会科学版)2019年第1期,第132—139页。

④ [日]小野胜年:《中国隋唐长安寺院史料集成》(史料篇),京都:法藏馆,1989年,第277—278页;[日]小野胜年:《中国隋唐长安寺院史料集成(解说篇)》,京都:法藏馆,1989年,第184页;[清]徐松撰、李健超增订:《增订唐两京城坊考》(修订版),西安:三秦出版社,2006年,第236页;景亚鹂:《西安碑林藏石与长安开元寺》,西安碑林博物馆编《碑林集刊》第8辑,西安:三秦出版社,2002年,第207—212页;田卫卫:《唐长安开元寺考》,荣新江主编《唐研究》第21卷,北京:北京大学出版社,2015年,第265—282页。

⑤ Antonino Forte:Chinese State Monasteries in the Seventh and Eighth Centuries,《慧超往五天竺国传研究》附录二,京都:京都大学人文科学研究所研究报告,1992年,第213—258页;聂顺新:《影子官寺:长安兴唐寺与唐玄宗开元官寺制度中的都城运作》,《史林》2011年第4期,第47—54页。

　　不同意见学者利用的材料基本相同，主要是小野胜年整理出的宋代陈思和清代学者论著中记载的相关内容。毕沅《关中金石记》、孙星衍《寰宇访碑录》、王昶《金石萃编》和毛凤枝《关中金石文字存逸考》等书记载了唐开元寺的几种石刻遗存，同时把本文所讨论的梵文真言陀罗尼经幢也列为开元寺存在唐长安城内的主要证据之一。但是从这件经幢遗留的文字来看，完全没有涉及唐代开元寺的信息，可能是清人已经把宋金元开元寺里收集的石刻材料混同为唐开元寺内的遗物了，或者说他们已经认为宋开元寺是延续唐代的。陈思，临安人，大概生活在南宋理宗（1225—1264 年）时，曾做过小官。陈思距记载的内容非常重要，《宝刻丛编》卷八引《京兆金石录》云："唐开元寺净土院石灯台赞，唐张鹤撰，傅如玉书，天宝六年六月。[1]……唐开元寺修塔铭，僧法諲撰并正书，广明二年。"[2]《京兆金石录》由田概撰写，约完成于元丰五年（1082 年），比照王溥的时代已经过去不少岁月了。王溥，五代宋初时期著名学者，后汉乾祐年间举进士第，历仕后汉、后周，官中书舍人、翰林学士、右仆射，入宋后，进司空、同平章事，监修国史，著有《唐会要》《五代会要》等。王溥对于唐长安城内有无开元寺的记载已经很矛盾，在此之后的田概恐怕也无力解决这个问题，而陈思生活在南方，似乎并未来过长安，他的论著体例和清人的文字格式基本一致，怀疑其著述也存在着和清人一样的问题。并且从陈思到毕沅等人，都没有著录文本内容，通过有限的几条混乱的信息论证唐长安城中开元寺的存在，可能无法得到确切的答案。

　　唐代传世文献中没有发现关于开元寺的记载，如果玄宗时期长安城内置此寺的话，作为当时最重要的官寺之一，无论其地位或影响力都应该留下点滴信息的。明确记载有开元寺存在的是后周显德二年（955 年）的《永兴军牒》，牒文言开元寺属于当时"无敕额"但在城内"有名额"的寺院[3]，比较清楚的是寺在

---

① ［宋］陈思：《宝刻丛编》,《石刻史料新编》第一辑第 24 册,新北:新文丰出版公司,1982 年,第 18224 页。

② ［宋］陈思：《宝刻丛编》,《石刻史料新编》第一辑第 24 册,新北:新文丰出版公司,1982 年,第 18235 页。

③ ［清］王昶：《金石萃编》,《石刻史料新编》第一辑第 3 册,新北:新文丰出版公司,1982 年,第 2215 页。

景风街街南,宋金元以来一直保持不变,寺内有山亭、青龙、慈恩等房廊院。①后周开元寺的位置是唐代少府监所在地,故此来看其建立时间不会早于天祐四年(904年)朱温挟持唐昭宗西迁洛阳之时。②西安碑林藏《重修开元寺行廊功德碑》对开元寺的修建有较为细致的描述:"昔唐之季也,四维幅裂,九鼎毛轻。长庚袭月以腾芒,大盗寻戈而移国。帝车薄狩,夜逐流萤。民屋俱焚,林巢归燕。银阙绮都之壮丽,坐变丘恤;螺宫雁塔之精严,仅余煨烬。天祐甲子岁,华州连帅许国韩公建,迁为居守,守务域民。既香刹之新崇,列宝坊之旧号,阅今存之院额,皆昔废之寺名,当其制度权舆,经营草创。"③此碑刊刻于宋建隆四年(963年),文字在俄藏敦煌文献中有多种写本残存④,根据碑文"草创"等用词来看,韩建修开元寺所取的寺名并不是唐代所废寺院的旧称,而是他经过具体考虑后决定的新名字,这也似乎说明了唐代长安城中实际上是不存在开元寺的。

除此之外,敦煌文书和元代开元寺石刻也可以辅证唐代长安是没有开元寺的。《大开元寺兴致碑》延祐六年(1319年)刊刻,现藏西安碑林博物馆,碑文记载了唐玄宗和胜光法师对话的内容,言开元寺的建立与二人在开元二十八年的这次对谈有密切关系。⑤聂顺新已经指出此碑文字乃沿袭敦煌文书S.3828《大唐玄宗皇帝问胜光法师而造开元寺》而来,二者都是佛教徒为提升开元寺的重要地位而创造出的传说,呈现出一种层累地构建的状态。⑥如此来看,梵文真言陀罗尼经幢应该是韩建修筑开元寺时从别处移来的,而其本来的刊刻地,最大的可能就是大兴善寺。

---

① 辛德勇:《宋金元时期西安城街巷名称考录》,《古代交通与地理文献研究》,北京:中华书局,1996年,第209页。

② 聂顺新:《影子官寺:长安兴唐寺与唐玄宗开元官寺制度中的都城运作》,《史林》2011年第4期,第47—54页。

③ 高峡主编:《西安碑林全集》卷二五,广州:广东经济出版社、深圳:海天出版社,1999年,第2530页。

④ 田卫卫:《敦煌写本北宋〈重修开元寺行廊功德碑并序〉习书考》,《文史》2016年第1期,第117—131页。

⑤ 高峡主编:《西安碑林全集》卷三〇,广州:广东经济出版社、深圳:海天出版社,1999年,第3004页。

⑥ 聂顺新:《开元寺兴致传说演变研究——兼论唐代佛教官寺地位的转移及其在后世的影响》,《敦煌研究》2012年第5期,第94—99页。

大兴善寺新入藏一件大中五年陀罗尼经幢(图三),原刻立于青龙寺,内容是不空译佛顶尊胜陀罗尼,经文后题记为:"废青龙寺改为护国寺,上座内长生殿持念大德供奉沙门文政建此尊胜幢,意者但文政生居此界,身是凡夫,虽预出家,戒品难护,伏恐身口故恹虑有成灾,今造此幢,所有冤家及法界众生神生净土。万年县龙首原孟村文政俗年六十九,僧腊五十夏。唐大中五年岁次辛未三月癸酉十八日庚寅建立此幢,永充供养。小师、惟雅、弘简同看建□。"对比刊刻不空译陀罗尼的这件经幢来看,梵文真言陀罗尼经幢的性质非常特殊,应该和不空的个人事迹息息相关,或者说属于不空的遗物。

梵文真言陀罗尼经幢的梵字书者是海觉,海觉僧传无载,儿玉义隆推测他是 9 世纪左右活跃在开元寺的一位僧人。[1]日本仁和寺收藏有一件绢质尊胜陀

图三　大中五年陀罗尼经幢

图四　梵字陀罗尼写经局部
(采自《仁和寺と御室派のみほとけ》)

① [日]児玉義隆:《西安碑林所藏梵字真言陀羅尼経幢について》,《佛教万华:种智院大学学舍竣工记念论文集》,东京:同朋舍,1992 年,第 260—261 页。

罗尼梵字经(图四),梵字为标准悉昙体,传称不空书,空海返还日本带回的经
卷《御请来目录》中有"梵字尊胜佛顶真言一卷",目前一般认为此经是不空书
写的可能性较小,但应该是在大唐书写的经卷。①这件梵字写经虽然不是不空
的笔迹,但应该是他梵文书法的弟子或学习者抄写的,比较写经和梵文真言陀
罗尼经幢上面的梵文字体,二者均是悉昙体梵文,书法风格基本一致,可见海
觉是不空梵字书法的继承者是大致无误的, 甚至就是不空弟子中的书法佼佼
者。既然海觉是不空的书法传承者,结合他生活的年代来看,梵文真言经幢的
刊刻很可能是和不空碑同时完成的, 均乃不空三藏后事纪念仪礼中的丧葬纪
念碑。不空碑现藏西安碑林,严郢撰,徐浩书,建中二年(781 年)不空弟子慧朗
等立于大兴善寺。徐浩精隶草,其楷书圆劲厚重,对比梵文真言陀罗尼经幢中
的汉文书体,二者书法极其相似,经幢汉字即便不是徐浩亲自书写,也是和其
书艺相近的同时期书法圣手所为。

古尼泊尔文所使用的梵字为天城体梵文, 而梵文真言陀罗尼经幢上面的
梵字是标准的悉昙体,二者书写结构差异较大,经幢刊刻的内容并不反映唐朝
和古尼泊尔之间的文化交流,其性质属于不空后事中的纪念碑性石刻之一。在
经幢上没有镌刻经文而选择了梵文真言,不空三藏所倡导的佛教的仪轨基础
是真言密宗,这正是真言宗真言重于经文的表现形式②,石碑和经幢同时刊立
也符合不空三藏在僧俗界的身份和地位。

### 结　语

西安碑林博物馆藏真言经幢应该命名为"梵文真言陀罗尼经幢",刊刻的

---

① [日]東京國立博物館:《仁和寺と御室派のみほとけ:天平と真言密教の名寶》,东京:平成馆,2018
年,第 64 页。
② [日]山崎宏:《隋唐佛教史の研究》,京都:法藏馆,1971 年,第 247—249 页;[日]松長有慶:《密教經
典成立史論》,京都:法藏馆,1980 年,第 83—111 页;吕建福:《中国密教史》(修订版),北京:中国社会科学
出版社,2011 年,第 370—380 页;夏广兴:《密教咒术述论》,吕建福主编《密教的思想与密法》,北京:中国
社会科学出版社,2012 年,第 130—143 页。

时间应该和不空碑同时，即建中二年(781年)。不空碑和经幢最早均刻立于大
兴善寺内，属于纪念不空三藏的石刻景观，后来随着会昌法难和唐朝的灭亡，
到了宋初石碑辗转入藏西安文庙，而经幢则移到了韩建修筑的开元寺内，直至
千年之后二者才在西安碑林博物馆重新团聚。

（原刊《文博》2019 年第 6 期）

下篇

知识与图像

# 陵阳公样：新见初唐著名画家窦师纶墓志及其相关问题

　　唐朝官服形制历经高祖、太宗、高宗三朝多次变更才确定下来，制度着眼点多在服色方面，对服饰面料上的图纹规定只有两次。如武德官袍"大、小科"的中心主题图纹大体为动物纹样，其中左右对称的禽兽造型纹样占有相当的比例，即所谓"对雉、斗羊、翔凤、游麟之状"的陵阳公样。陵阳公样是初唐著名画家窦师纶所创，关于"陵阳公样"前贤已有相关论述①，随着《窦师纶墓志》的发现，相信会促使相关研究进一步深化。

　　窦师纶墓志，2008年于陕西咸阳出土，现收藏于西安碑林博物馆。志盖（图一）长宽均为60厘米，志题7行，篆书为"大唐秦府咨议太府少卿银邛坊三州刺史上柱国陵阳郡开国公窦府君墓志铭"。志石（图二）长宽均73厘米，40行，满行45字，正书，有方界格。谨移录并标点志文如下：

　　　大唐秦府咨议太府少卿银邛坊三州刺史上柱国陵阳郡开国公窦府君

　　墓志铭并序

---

　　① 赵丰：《中国丝绸艺术史》，北京：文物出版社，2005年，第149—153页；马冬：《唐初官服"异文"与"陵阳公样"》，《西域研究》2008年第2期，第68—74页。

公讳师纶，字希言，扶风平陵人也。若夫僾功玄塞，衔珠赞彤云之业；毓庆青坟，濯龙启黄扉之美。是以曾基三袭，合石簣以凌霞；昌源九派，演金潢而汰景。至若羽仪十纪，貂蝉七叶，分台应昴之任，清风爱日之容，可略而谈也。曾祖温善，魏散骑常侍、骠骑大将军、侍中、永富郡开国公。荣标左驭，佩蘅叶天机之道；位切中台，登槐变玄炉之化。祖荣定，随（隋）右武候大将军、上柱国、右武卫大将军、左武卫大将军，封陈国公，赠冀赵沧瀛定五州诸军事、冀州刺史，谥懿公。口风奥壤，树羽名区。坐棠阐分陕之仪，封茅启承家之业。父抗，随开府仪同三司、使持节梁冀幽易燕檀等六州诸军事、六州刺史，皇朝左右武候大将军、左右领军大将军、将作大匠、纳言、上柱国、陈国公，赠司空，谥容公。黄陂万顷，起白鹭之仙涛；嵇岳千寻，耸青牛之逸干。轮台亮彩，光映紫机。兵栏耀德，誉彰缇骑。公凝姿黄泽，早擅名于籥云；毓质青田，凤甄仪于警露。调谐金石，九变成其逸响；思缛烟霞，千里焕其余照。既而游心艺圃，浪迹儒津。武库成博物之资，炙輠表多能之誉。金栖玉铃之略，扃牖灵台；回鸾吐凤之奇，发挥神府。逮逢季叶，君子道消。伏鳖舒芒，飞鸿纵影。豺狼为顾，喧反噬之声；枭镜成群，起挺妖之迹。大唐义举晋阳，皇第五子楚哀王遂遭涂炭。公旗亭结絜，秀寒桂之贞心；玄垆遽成，轻秋荼之密纲。及鄷丘锡祉，砀山建业，卷挽枪而清天步，荡河岳而纽地维。平京城日即蒙授上柱国、金紫光禄大夫。太祖谓公曰："知汝少好长生之道，仙经有陵阳子，今因汝功封陵阳郡开国公，旌所好也。"毛玠有古人之美，汤以屏风；程立乘感梦之资，恩加捧日，亦何以过焉。又诏公曰："汝收我爱子，还宜事我爱儿。"授公秦府咨议参军。龙山峻趾，蔽亏日月之华；雁沼清澜，舒卷烟霞之色。自非魏珠含月，赵璧霏虹；方可骖驾平台，曳椐缔馆。公芳襟湛霭，映兰坂以舒仪；逸韵嘶风，入梧宫而振响。既而王允作梗东夏，傲扰中区。纵余愍于桐园，肆妖氛于桂里。太宗亲回天眷，驻跸辕门。月鸡北极之精，冥符神契；白猿南林之术，凤口舆机。投盖挟辀，骈华于后乘；运筹献策，迭武于前驱。命公为元帅府录事参军。公进善以忠，掩六奇而驰筭；见义为勇，参百战以先鸣。苕剑飞楚水之华，桂旗落

图一　窦师纶墓志盖拓本

图二　窦师纶墓志石拓本

皋门之影。岂只驱□羽扇,系以长缨,若斯而已。属国步初夷,妖徒甫息。衣冠盛列,虽传司隶之仪;环佩余声,犹俟侍中之鉴。武德四年,诏公为益州大使,制造舆服器械。公思穷系表,识洞机初。演东观之新仪,辩南宫之故事。章施五彩,藻星图而绚色;讦谟□工,朗天朝而毓照。焕矣乎,亦文物之奇观也。武德九年诏授太府少卿。国之金宝,既连薨于白藏;王之荩臣,实有司于月棘。公早倾乾荫,恒切仲由之悲;肃奉□□,常有老莱之戏。而参荣列署,空怀靡监之心;而俟色长筵,恐违问衣之道。有表请侍养,词理恳至,诏矜而□之。逮陟岵缠悲,昊天罔及。蓼莪结终身之恨,霜露延孺慕之哀。虽槐壤屡□,笙歌已变。临千钟而兴感,想九泉而洒泣。时亲识嘉尚,以为陈公之不亡也。服阕,历坊银邛等三州刺史。公露冤调风,襄幨演化。带牛佩犊之侣,终辩赭裙;知马问羊之情,皆输月愿。岂只随轩瑞雨,下玉叶而霏甘;别扇仁风,度金河而曳响。持满之道,体衢樽而甚然;知止之风,识晚钟之方促。有诏许致仕。黄金已散,赤松非远。激流成沼,聚壤为山。林□扶踈,控清风于桂杪;池塘文映,皎素月于波心。每景绚韶圭,露寒旻鍴。秋田旅鹤,警清唳于繁弦;春谷迁莺,奏新声于浩唱。时有青溪隐士,披宿雾而来游;紫陌朝宾,驾奔雷而戾止。星浮楚沥,风韵秦声。金壶满而朱颜迤,玉山颓而白日晚,信丈夫之佳趣也。亦有黄冠旧德,缁衣大士。寻太丘之道,升夫子之堂。生生不生,以无生为得一之理;念念非念,以无念为不二之门。宪大道之铃枢,体微言之津奥者也。岂期悬蛇纵影,闘蚁喧声。迫辰巳之年,临丁卯之日。以咸亨二年十二月廿五日薨于延康里第,春秋七十有八。夫人尉氏,随洪夏二州总管卢国公静之女。先公薨,春秋卅。夫人教成外阃,礼洽中闺。四德在躬,百行由己。悬鱼成范,断织流慈。骋妙思于鸳机,回文雅制;纵天聪于灵府,真草奇工。奉迤展虔恪之仪,采藻申恭勲之道。悲夫。积善无验,先八桂以销亡;福善无征,与万年而长逝。粤以四年八月二日合葬于咸阳县洪渎川,礼也。日应青鸟,与鸣鸡而叶吉;宾乘白马,将吊鹤而俱来。素铎摇而薤露响,丹旐举而松风衰。掩九泉于滕室,别千秋于夜台。恨佳城之不晓,痛幽壤之难开。播余芳于西郭,传罔极于南

陵。其铭曰:

> 天府神区,地乳名都。山含凤律,川泛龙图。玉衣表庆,金铉明谟。荆山蕴璧,汉水韬珠。堂堂祖考,响穆金声。汪汪君子,芬架芝英。名飞阃月,德茂陈星。霞川锦绚,霜溪剑明。运属道消,时逢季叶。晋宫驰箄,楚原弹铗。吕梁未安,焦原可涉。夙标贞概,俄迁霸业。氛澄雾廓,日皎星华。兰台袭吹,玉垒裁霞。鸣金曳绶,露冕传笳。云披玉叶,波清剑花。素轪方悬,黄金已散。林亭蓊郁,烟波陵乱。露蕊庄藁,云翘点干。花披春旭,风高秋昏。处应五福,方契千年。景沉西汜,波委东川。空山照月,孤陇凝烟。托词贞琬,庶馥兰荃。


## 一、窦师纶墓志文解读

### 1. 扶风窦氏与窦师纶父祖

窦师纶出自扶风窦氏,生于开皇十三年(593 年)。扶风窦氏,在中古世家大族中占据着重要的地位。据《元和姓纂》卷九"窦姓"条:

> (扶风)窦婴之先,本居清河观津,后徙扶风平陵。汉章武侯窦广德,女为文帝皇后,生景德。兄子彭祖,南皮侯。兄子彭婴,魏其侯。婴七代孙融,后汉大司空、安丰侯。生穆,穆生勋。勋生宪,宪,大将军、武阴侯;女为安帝皇后。融生固。裔孙武,大将军、槐里侯,女为桓帝皇后。魏晋以后,窦氏史传无闻。①

关于扶风窦氏的起源和早期发展,《元和姓纂》和《新唐书》卷七一下《宰相世系一下》"窦氏条"记载基本相同。魏晋以降窦氏家族的记载,《新唐书》卷七

---

① [唐]林宝撰、岑仲勉校:《元和姓纂(附四校记)》,北京:中华书局,2008 年,第 1363—1364 页。

一下《宰相世系一下》云:

> (窦武从子)统字敬道,雁门太守,以窦武之难,亡入鲜卑拓跋部,始居南境代郡平城,以闻窥中国,号没鹿回部落大人。后得匈奴旧境,又徙居之。生宾,字力延,袭部落大人。二子:异、他。他字建侯,亦袭部落大人,为后魏神元皇帝所杀,并其部落。他生勤,字羽德,穆帝复使领旧部落,命为纥豆陵氏。晋册封穆帝为代王,亦封勤忠义侯,徙居五原。生子真,字玄道,率众入魏,为征西大将军。生朗,字明远,复领父众。二子:滔、佑。佑,辽东公,亦领部落。三子:提、拓、岩。自拓不领部落,为魏侍中、辽东宣王。岩,安西大将军、辽东穆公,从孝文徙洛阳,自是遂为河南洛阳人。三子:那、敦、略。略字六头,征北大将军、建昌孝公。孝文帝之世,复为窦氏。①

魏晋后门第标榜之风甚盛,各个世族皆喜将自己的祖先追溯到先秦,以"旧门"自豪,以此作为自己炫耀家族的资本②,北魏时期扶风窦氏在孝文帝迁洛之后重新兴盛起来,窦略生有五子:兴、拔、岳、善、炽。五子中的岳、善、炽三人被后世子孙号为三祖。

墓志称窦师纶"曾祖温善,魏散骑常侍、骠骑大将军、侍中、永富郡开国公。……祖荣定,随右武侯大将军、上柱国、右武卫大将军、左武卫大将军,封陈国公,赠冀赵沧瀛定五州诸军事、冀州刺史,谥懿公。……父抗,随开府仪同三司、使持节、梁冀幽易燕檀等六州诸军事、六州刺史,皇朝左右武侯大将军、左右领军大将军、将作大匠、纳言、上柱国、陈国公,赠司空,谥容公"。窦师纶曾祖,史传中记载其名"善,西魏华州刺史、永富公"③。"善一名温",墓志载为"温善"。墓志记载窦善官至"魏散骑常侍、骠骑大将军、侍中、永富郡开国公",本传

① [宋]欧阳修、宋祁:《新唐书》卷七一下《宰相世系一下》,北京:中华书局,2006年,第2289页。
② 毛汉光:《中国中古社会史论》,上海:上海书店出版社,2002年,第366页。
③ [宋]欧阳修、宋祁:《新唐书》卷七一下《宰相世系一下》,北京:中华书局,2006年,第2320页。

称"炽兄善,以中军大都督、南城公从魏孝武西迁,仕至太仆、卫尉卿、汾北华瀛三州刺史、骠骑大将军、开府仪同三司、永富县公,谥曰忠"。本传记载更为详尽。墓志中的侍中不见于本传,极有可能是其身没之后所赐之虚职。墓志中记载窦善为"永富郡开国公",与史传中"永富公"或"永富县公",略有不同。

窦师纶祖父窦荣定,《隋书》卷三九传载:

> 窦荣定,扶风平陵人也。父善,周太仆。季父炽,开皇初,为太傅。荣定……其妻则(隋)高祖姊安成长公主也。高祖少小与之情契甚厚,荣定亦知高祖有人君之表,尤相推结。……坐事除名,高祖以长公主之故,寻拜右武候大将军。……以佐命功,拜上柱国、宁州刺史。未几,复为右武候大将军。寻除秦州总管,赐吴乐一部。突厥沙钵略寇边,以为行军元帅,率九总管,步骑三万,出凉州。与虏战于高越原,……于是进击,数挫其锋,突厥惮之,请盟而去。赐缣万匹,进爵安丰郡公,增邑千六百户。复封子宪为安康郡公,赐缣五千匹。岁余,拜右武卫大将军,俄转左武卫大将军。上欲以为三公,荣定上书……于是乃止。前后赏赐,不可胜计。开皇六年卒,时年五十七。上为之废朝,令左卫大将军元旻监护丧事,赙缣三千匹。上谓侍臣曰:"吾每欲致荣定于三事,其人固让不可。今欲赠之,重违其志。"于是赠冀州刺史、陈国公,谥曰懿。①

比较墓志和本传所载官职,两者基本相同。但封爵与赠爵史志所载不一致。

窦师纶父亲窦抗在隋唐史上颇为著名,《新唐书》卷九五《窦抗传》载:

> 威从兄子抗,字道生。父荣定,为隋洺州总管、陈国公,谥曰懿。母,隋文帝姊安成公主也。抗美容仪,性通率,涉见图史。以帝甥蚤贵,入太学,释

---

① [唐]魏征等:《隋书》(修订本)卷三九《窦荣定传》,北京:中华书局,2018年,第1304—1306页。

褐千牛备身、仪同三司。侍父疾，束带五旬不弛；居丧，哀癯过常。袭爵，累转梁州刺史。将之官，文帝幸其第，酣宴如家人礼。母卒，数号绝。诏宫人节哭。岁余，为岐州刺史，转幽州总管，所至以宽惠闻。汉王谅反，炀帝疑抗为应，遣李子雄驰往代之。子雄因诬抗得谅书不奏，按鞠无状，然坐是遂废。抗与高祖少相狎，及杨玄感反，抗谓高祖曰："玄感为我先耳，李氏名在图录，天所启也。"高祖曰："为祸始不祥，公无妄言。"炀帝遣抗出灵武，逴护长城，闻高祖已定京师，喜曰："此吾家婿，豁达有大度，真拨乱主也。"因归长安。高祖见之喜，握手曰："李氏果王，何如？"因置酒为乐，授将作大匠兼纳言，寻罢为左武候大将军。帝听朝，或引升御坐，既退，入卧内，从容谈笑，极平生欢，以兄呼之，宫中称为舅，或留宿禁省，侍燕豫，然未尝干朝廷事。后从秦王平薛举，功第一；又从征王世充。东都平，册勋于庙者九人，抗与从弟轨与焉。赐女乐一部，珍币不赀。卒，赠司徒，谥曰密。①

比较本传和墓志的记载，两者之间有所差异，当以墓志记载为是。

2. 墓志文称："大唐义举晋阳，皇第五子楚哀王遂遭涂炭，公旗亭结款，秀寒桂之贞心。玄垆处成，轻秋茶之密纲。及郏丘锡祉，砀山建业。卷挽抢而清天步，荡河岳而纽地维。平京城日即蒙授上柱国、金紫光禄大夫。"

隋末政局凌乱，随着隋炀帝出征高句丽失败，天下局势风云变化，隋室崩溃已是定局，各地豪杰纷纷起兵。大业十三年（617年）五月，李渊杀掉太原副留守王威等人在太原起兵，即是墓志所讲的"大唐义举晋阳"之事。

皇第五子楚哀王即李渊第五子智云。《新唐书》卷七九《高祖诸子》："楚哀王智云初名稚诠。善射，工书、弈。隋大业末，从建成寓河东。高祖初，建成走太原，吏捕智云送长安，为阴世师所害，年十四。武德元年，追王及谥。"②李渊起兵反隋之后，密召在河东守家的李建成等人赶赴太原，"隋人购之急"，建成从间

---

① [宋]欧阳修、宋祁：《新唐书》卷九五《窦抗传》，北京：中华书局，2006年，第3847—3848页。
② [宋]欧阳修、宋祁：《新唐书》卷七九《楚王智云传》，北京：中华书局，2006年，第3548页。

道而走,而智云则如墓志所言被抓后送到长安被杀。

窦氏家族在隋唐两代均为外戚,窦师纶祖母为杨坚姐安成长公主,虽然窦抗因事被隋炀帝罢官,但是窦氏家族与皇室有姻亲关系,窦氏在隋代的地位亦不是一般家族所能比拟的。《元和姓纂》载略"生岳、善、炽。岳生魁、毅。毅,后周大司马、杞公;女高祖太穆皇后,生太宗",窦抗与高祖李渊太穆皇后窦氏为从兄妹,窦氏与李渊之陇西李氏关系亦非常密切,所以李智云被杀后,窦师纶冒着莫大危险"旗亭结歆"安葬了李智云。

李渊起兵后迅速西进关中,于当年十一月攻克了长安。李渊"命主符郎宋公弼收图籍。约法十二条,杀人、劫盗、背军、叛者死。癸亥,遥尊隋帝为太上皇,立代王为皇帝。大赦,改元义宁。甲子,高祖入京师,至朝堂,望阙而拜。隋帝授高祖假黄钺、使持节、大都督内外诸军事、大丞相、录尚书事,进封唐王"[1]。此时,窦师纶即被李渊授予上柱国、金紫光禄大夫的官职。这也是李渊对于窦师纶安葬他第五子智云的一种恩赏。

3. 墓志文载:"太祖谓公曰:'知汝少好长生之道,仙经有陵阳子,今因汝功封陵阳郡开国公,旌所好也。'毛玠有古人之美,汤以屏风程立。乘感梦之资,恩加捧日,亦何以过焉。"

墓志中所讲仙经指的当是道家经籍。陵阳子,在汉代文献中屡有记载。《史记》卷一一七《司马相如传》引《子虚赋》云:"阳子骖乘,纤阿为御。"裴骃《史记集解》引《汉书音义》曰:"阳子,仙人陵阳子。纤阿,月御也。"又引韦昭曰:"阳子,古贤也。"《史记索隐》引服虔云"阳子,仙人陵阳子也",又引张揖云:"阳子,伯乐也。孙阳字伯乐,秦缪公臣,善御者也。"同传《大人赋》:"使五帝先导兮,反太一而后陵阳。"《史记集解》引《汉书音义》曰:"仙人陵阳子明也。"[2]《汉书》则言道:"使五帝先导兮,反大壹而从陵阳。"颜师古注:"令太一反其所居,而使陵阳

① [宋]欧阳修、宋祁:《新唐书》卷一《高祖纪》,北京:中华书局,2006年,第5页。
② [汉]司马迁:《史记》卷一一七《司马相如传》,北京:中华书局,1999年,第3010、3059页。

侍从于己。"①传说五帝是太一之下的神仙,《大人赋》之意即当"大人"出游时,能够令原属太一之下的五帝,脱离太一,转为"大人"先导,而使太一神孤零零地返回自己的居所,并使仙人陵阳作为"大人"的护从。

可见在汉朝人的心目中,陵阳子是一位善御的仙人,简称阳子。另有一个仙人叫陵阳子明,简称为陵阳。葛洪《神仙传序》云:"陵阳吞五脂以登高,商丘咀菖蒲以不终。"②郭璞《游仙诗》云:"陵阳挹丹溜,容成挥玉杯。"③陵阳子,春食朝霞,夏飡沆瀣。在魏晋人的眼中,陵阳子明以服食长生著称。

《列仙传》卷下有"陵阳子明"条:

> 陵阳子明者,铚乡人也。好钓鱼于旋溪,钓得白龙,子明惧,解钩,拜而放之。后得白鱼,腹中有书,教子明服食之法,子明遂上黄山,采五石脂,沸水而服之。三年,龙来迎去。止陵阳山上,百余年,山去地千余丈,大呼下人,令上山半,告言:"溪中子安当来问子明钓车在否?"后二十余年,子安死,人取葬石。山下有黄鹤来栖其冢边树上,鸣呼子安云。④

刘屹指出,从《列仙传》记载可知,"陵阳"是地名而非姓号,子明才是其名。陵阳县,两汉时期皆属丹阳郡,在今黄山西北、九华山西麓。县中有山,因县而名陵阳山,一般认为具体位置在今安徽石台县北,也有的说汉时陵阳山即今九华山。可见,相传陵阳子明的垂钓、修行和得仙之处,都在今安徽南部的九华山、黄山一带。相对于西部巴蜀地区而言,可以将其视作东部地区仙道传统的代表人物之一。王逸的《楚辞章句》引用了一种名为《陵阳子明经》的仙道方书,说明在王逸的时代陵阳子明不仅是著名的神仙,还有假托其名的仙道经书传

① [汉]班固:《汉书》卷五七《司马相如传》,北京:中华书局,1962 年,第 2595 页。
② [晋]葛洪撰,胡守为校释:《神仙传校释》,北京:中华书局,2010 年,第 1 页。
③ 丁福保:《全汉三国晋南北朝诗》,北京:中华书局,1959 年,第 424 页。
④ 王叔岷:《列仙传校笺》,北京:中华书局,2007 年,第 158 页。

世。陵阳子明是汉代人传说中因服食而得仙的人,这种说法在魏晋到南北朝前
期的仙道传统中仍有存留。①

《隋书·经籍志》记载有《陵阳子说黄金秘法》一卷,《旧唐书·经籍志》和《新
唐书·艺文志》记载有明月公《陵阳子秘诀》一卷,可见在隋唐时期依然有托名
陵阳子的经书传世。墓志言窦师纶少好长生之道,一定是信崇道教的长生之
法,对于道教的炼丹也是情有独钟的。李渊封师纶为陵阳郡开国公,除了因为
师纶安葬了李渊子智云之外,也和李渊对师纶的喜爱是分不开的。

5. 墓志文云:"授公秦府咨议参军。"

《旧唐书》卷四四《职官三》:"亲王府:傅一人,从三品。汉官有王傅、太傅,
魏、晋后唯置师,国家因之,开元改为傅。咨议参军一人,正五品上。咨议吁谋左
右。"②咨议参军在王府职官中占有重要的地位,正如墓志记载李渊对师纶所
言:"汝收我爱子,还宜事我爱儿。"按照时间推断,窦师纶入秦王府授咨议参军
一职约在武德元年(618年)大唐建立之际。

6. 墓志文文云:"太宗亲回天眷,驻跸辕门。月鸡北极之精,冥符神契;白猿南
林之术,凤口舆机。投盖挟辀,骈华于后乘;运筹献策,迭武于前驱。命公为元帅
府录事参军。公进善以忠,掩六奇而驰筹;见义为勇,参百战以先鸣。苕剑飞楚
水之华,桂旗落皋门之影。"

薛举寇泾州,李世民为西讨元帅,墓志所言窦师纶被任命为元帅府录事参
军应在这时,并与其父窦抗一起随李世民出征。史传将此次平叛中窦抗功列第
一,与师纶在整个军事行动中的作用有莫大的关联。除此之外,窦师纶作为秦
王元帅府录事参军,应该参与了李世民平定宋金刚、王世充和窦建德的军事行
动。虽然史书无载,但窦师纶在系列军事活动中"进善以忠,掩六奇而驰筹;见

---

① 刘屹:《敬天与崇道:中古经教道教形成的思想史背景》,北京:中华书局,2005年,第470—480页;刘
屹:《道教仙人"子明"论考》,刘进宝、高田时雄主编《转型期的敦煌学》,上海:上海古籍出版社,2007年,第
509—520页,修订后收入氏著《神格与地域:汉唐间道教信仰世界研究》,上海:上海人民出版社,2011年,
第157—169页。

② [后晋]刘昫等:《旧唐书》,北京:中华书局,2007年,第1914页。

义为勇,参百战以先鸣",发挥出了重要的作用。

《新唐书》和《历代名画记》均记载窦师纶曾为相国录事参军,而不是墓志所讲的元帅府录事参军,前者对于窦师纶的经历记载简单,无法考证,今通过墓志可知元帅府录事参军合乎实情,故当以墓志记载为是。录事参军一职,品秩不高,但是执掌付事、句稽、省署钞目等重要的事务,非亲信不足以担任,可见窦师纶是秦王府的一名亲信人员。

7. 墓志文载:"武德四年诏公为益州大使,制造舆服器械。"

据前引《新唐书》,窦师纶家族,其先祖出自鲜卑纥豆陵氏。曹魏世,纥豆陵氏部落实力最强, 连当时势微的拓跋力微, 即北魏先祖神元帝也是通过做其"宾婿"才得以发展壮大起来的。后来,纥豆陵氏随北魏迁代,孝文帝时改为汉姓窦,并累世仕魏,皆至大官。由于有这样尊贵的北族贵族背景,窦氏一门与北周、隋、唐帝室均有联姻,如窦师纶的祖母就是隋文帝的姐姐安成长公主,其堂姑则嫁给了李渊,师纶父窦抗从小就是李渊的至交,师纶兄窦诞娶唐高祖女襄阳公主为妻,故后世有曰:"窦氏自武德至今,再为外戚,一品三人,三品已上三十余人,尚主者八人,女为王妃六人,唐世贵盛,莫与为比。"①

窦氏家族在文物营造方面有"性巧绝"的传统。师纶从曾祖窦炽在北周时担任过京洛营作大监,宫苑制度,皆取决焉。窦炽子窦威博物,多识旧仪。师纶父窦抗,长于巧思,为隋朝幽州总管时,曾"创造五层大木塔,饰以金碧,扃(文帝颁)舍利于其下",唐武德元年拜将作大匠。②窦抗幼弟窦琎,贞观初为将作大匠,修缮洛阳宫至崇饰雕丽的程度。

在这种家族传统的熏陶下,窦师纶在文物器制设计方面"性巧绝",就不以为奇了。作为外戚子弟,窦师纶在唐初就因为安葬被杀害的皇子智云而得封"陵阳郡开国公"的高爵,但要在未来的人生中真正仕途有成,还必须积累更多的功业与仕历。窦师纶作为李世民的元帅府录事参军,跟随李世民东征西讨,

① [后晋]刘昫等:《旧唐书》卷六一《窦威传》,北京:中华书局,2007 年,第 2371 页。
② [清]董诰等编:《全唐文》卷九二〇《悯忠寺重藏舍利记》,北京:中华书局,1983 年,第 9590 页。

应该立下了不少功劳。作为李世民秦王府的一名亲信人员,窦师纶到地方任职才可能为将来的仕途打下良好的基础,而他最理想的去处应该就是窦氏掌控的益州所在。师纶叔父窦琎"从太宗平薛仁杲,寻镇益州,时蜀中尚多寇贼,琎屡讨平之"①。大约两年后益州形势相对平稳,唐廷于是在武德三年(620年)夏四月置益州行台尚书省,由窦师纶的堂叔窦轨任"行台左仆射,许以便宜行事",实际上就是当地最高的军政长官。

在这种情况之下,由于窦师纶的技术特长,加之高祖李渊的宠爱以及叔父的有意提携,"武德四年诏公为益州大使,制造舆服器械"。史书则记载窦师纶被任命为"益州大行台检校修造",与墓志比较两者名目有所差异,但墓志说明师纶去益州的主要事务就是制造舆服器械,这与史载完全相合。两者记载官职详尽不一,可能与这是个临时性职位有关,这个职位是为了重新厘定新王朝服饰制度方面的工作而临时设置的。在这个时候,窦师纶在益州创造出了中古丝绸艺术史上著名的"陵阳公样",一直为后世所流传。

8. 墓志文称:"武德九年诏授太府少卿。国之金宝,既连薨于白藏;王之荩臣,实有司于月棘。"

武德九年(626年),在唐代历史上是至关重要的一年。六月,太宗以兵入玄武门,杀太子建成及齐王元吉。高祖大惊,乃立太宗为皇太子。八月甲子,李世民即皇帝位。经过玄武门之变登上帝位的太宗李世民,大赦天下,赐文武百官勋爵。由于资料无载我们不知窦师纶是否参与了玄武门之变,但是从各种史料来看,窦师纶出自秦王府,按照常理推断在李世民兄弟争夺帝位的过程中,窦师纶属于支持李世民派系的成员。

《新唐书》卷四八《百官三》:"太府寺卿一人,从三品;少卿二人,从四品上。掌财货、廪藏、贸易,总京都四市、左右藏、常平七署。凡四方贡赋、百官俸秩,谨其出纳。赋物任土所出,定精粗之差,祭祀币帛皆供焉。"②窦师纶作为李世民的

---

① [后晋]刘昫等:《旧唐书》卷六一《窦琎传》,北京:中华书局,2007年,第2371页。
② [宋]欧阳修、宋祁:《新唐书》卷四八《百官三》,北京:中华书局,2006年,第1255页。

支持者，在武德九年任太府少卿，极有可能是在玄武门事件之后李世民掌权时所授官职。如果此推断能够成立的话，窦师纶在玄武门事件中所处的作用虽然没有杜如晦和房玄龄之大，但亦应该有所作为的。

9. 墓志文云："公早倾乾荫，恒切仲由之悲；肃奉□□，常有老莱之戏。而参荣列署，空怀靡盬之心；而俟色长筵，恐违问衣之道。有表请侍养，词理恳至，诏矜而□之。逮陟岵缠悲，昊天罔及。蓼莪结终身之恨，霜露延孺慕之哀。虽槐遂屡□，笙歌已变。临千钟而兴感，想九泉而丽泣。时亲识嘉尚，以为陈公之不亡也。服阕，历坊银邛等三州刺史。"

窦抗过世，窦师纶丁忧去职。关于窦抗的过世时间本传没有记载，根据窦师纶墓志所言当在贞观年间。窦师纶服阕之后，历任银、坊、邛三州刺史。关于窦师纶历官银、坊、邛三州刺史的情况见于墓志记载和《历代名画记》卷十"唐朝下"窦师纶条，窦师纶任三州刺史的先后次序墓志与《历代名画记》有所差异。《元和姓纂》卷九载："龙朔三年，师纶官坊州刺史，见《寰宇记》三五。……《开元释教录》八，麟德元年坊州刺史窦师纶。"①窦师纶任坊州刺史在龙朔、麟德年间，《历代名画记》记载先后顺序为银、坊、邛三州刺史，志文为坊、银、邛三州刺史，而志盖所载为银、邛、坊三州刺史，根据时间推断当以志盖所载最为合理。由此可知，窦师纶任银、邛二州刺史的时间当在贞观到显庆年间。②

窦师纶在任刺史期间，"露冕调风，褰帷演化，带牛佩犊之侣，终辩赭裾；知马问羊之情，皆输月愿。岂只随轩瑞雨，下玉叶而霏甘"。墓志所讲虽是美化之词，但是从中也可以看出窦师纶在刺史任上政绩不凡。窦师纶在麟德元年（664年）任坊州刺史时已是一位七十一岁的老人了，故此才有墓志所言的"诏许致仕"之言。窦师纶致仕之后，"时有青溪隐士，披宿雾而来游；紫陌朝宾，驾奔雷而戾止。星浮楚沥，风韵秦声。金壶满而朱颜迤，玉山颓而白日晚。信丈夫之佳

---

① ［唐］林宝撰、岑仲勉校：《元和姓纂（附四校记）》，北京：中华书局，2008年，第1377页。
② 本文推断窦师纶任银邛二州刺史时间与郁贤皓先生推断时间有所差异，见郁贤皓《唐刺史考全编》，合肥：安徽大学出版社，2000年，第226、360、3086页。

趋也。亦有黄冠旧德，缁衣大士。寻太丘之道，升夫子之堂。生生不生，以无生为得一之理。念念非念，以无念为不二之门"，到了咸亨二年（671年）七十八岁时与世长辞。

### 二、窦师纶与陵阳公样

唐代经济文化繁荣，宫廷和上层阶级的生活奢侈，酷爱华美的风气反映到蜀锦图案中来，便出现了许多造型完美、色彩绮丽的锦样。窦师纶创制的锦绫新花样最为著名，有对雉、斗羊、翔凤、盘龙、麒麟、狮子等对禽对兽的纹样，被称为陵阳公样，对唐代及唐以后的织锦图案影响深远。

《历代名画记》称窦师纶："性巧绝，草创之际，乘舆皆阙。敕兼益州大行台检校修造，凡创瑞锦宫绫，章彩奇丽，蜀人至今谓之陵阳公样。官至太府卿，银、坊、邛三州刺史。高祖、太宗时，内库瑞锦对雉、斗羊、翔凤、游麟之状，创本师纶，至今传之。……并工山水杂画，通尤精瞻。"①

窦师纶武德四年（621年）赴任益州，在益州任上"公思穷系表，识洞机初。演东观之新仪，辩南宫之故事"。从张彦远的记载中我们知道，陵阳公样的主要题材有对雉、斗羊、翔凤、游麟四种名称，但没有进一步的详细描述。从历年考古发现的唐代出土丝织品来看，雉有可能是一种长尾的鸡，羊则有可能是弯角的山羊，凤则在走动和飞动之间，麒麟应该是面对面地站立的形态。其次，陵阳公样被用于输往内库的瑞锦和宫绫上，一定是极为华贵的，正如墓志所言"章施五彩，藻星图而绚色；讦谟□工，朗天朝而毓照。焕矣乎，亦文物之奇观也"。由此看来，陵阳公样当是在四川设计的，但其使用的范围不仅仅限制于四川，主要供往长安。后来这种样式被固定下来，并传播到全国各地。张彦远说是创自师纶，至今传之，由此看来陵阳公样至少从武德到大中年间沿用了两百余

---

① ［唐］张彦远：《历代名画记》卷十"唐朝下"，北京：人民美术出版社，2004年，第192—193页。

年。

陵阳公样对于唐代丝绸艺术史影响深远，创立之后很快就被各地贡品所模仿，《元和郡县图志》卷三三《剑南道下》载开元年间绵州（今四川绵阳）贡"对凤两窠独窠白"绢"①，应该就是陵阳公样流传的证据。出土的这种图案总数虽然很少，但还是有一些实例可以作为陵阳公样的典型代表。②在初唐出现并流行的含有动物主题的图案主要有环式花卉团窠和穿枝式两类，其中前者很可能就是陵阳公样。陵阳公样主要见于蜀锦之上，元稹诗云"海榴红绽锦窠匀"，就是指用石榴卷草作环的团窠动物纹；卢纶诗云"花攒骐骥柎，锦绚凤凰窠"，是指以花卉为环的团窠骏马、团窠凤凰图案。窦师纶在益州时的主要任务是为新建立的唐朝制造舆服器械，所以陵阳公样虽然主要用于服用方面，但自然会影响到宫廷的其他工艺品制作当中。

陵阳公样在吐鲁番、都兰、敦煌、日本正仓院均存有实例，如敦煌藏经洞发现的团窠葡萄立凤"吉"字锦、都兰出土的中窠宝花立凤锦、吐鲁番发现的中窠蕾花立鸟纹印花绢等。③根据上面的论述和窦师纶个人在艺术史上的地位，在窦师纶墓志盖的四杀和四侧、志石的四侧均刻有团花图案，很有可能就是陵阳公样的典型图案。

织彩为纹曰锦，唐锦在众多高档丝织品中成就最高，著名的锦产地就有益州。窦师纶在益州时，利用北朝以来就开始流行的西来联珠纹、花瓣纹动物团案以及某些造型元素，创造出一系列新型的团案图纹样式。这种纹样繁复、富贵而且显得大气美观，主要包括联珠团案对兽（禽）纹与宝花团案对兽（禽）纹两个品种。由于陵阳公样宝花团案对兽（禽）纹具有更为显著的本土化特征与进一步的发展空间，所以很快在各地流行开来，甚至晚唐时期仍在使用。

对于窦氏家族而言，技术世家的身份认同、知识传递和社会生活，还有待我

---

① ［唐］李吉甫：《元和郡县图志》，北京：中华书局，1983年，第848页。
② 马冬：《唐初官服"异文"与"陵阳公样"》，《西域研究》2008年第2期，第68—74页。
③ 沈从文：《中国古代服饰研究》，北京：商务印书馆，2011年，第438—444页。赵丰：《唐代丝绸与丝绸之路》，西安：三秦出版社，1992年，第173—176页。

们进一步的研究和探讨。

（原刊中国文化遗产研究院编《出土文献研究》第 11 辑,上海古籍出版社,
2011 年）

# 唐黄君墓志所见天授二年修订律令事发微

关于武周时期的律令修订，史料记载十分匮乏。随着石刻史料的大量发现，给我们提供了则天后在天授二年（691年）修订律令一事的相关记载，为进一步深入理解武周政权建立之时的政治情况提供了重要的参考。新见的黄君墓志言其曾为律令详审使，这一史实填补了武周时期律令修订的空白，然对于此点关注者寡，唯黄正建有所提及。[①]本文以黄君墓志为线索，通过对黄君墓志的详细解读，以恢复天授二年修订律令一事的细节情况，作为相关研究之补充。

一

黄君墓志长、宽均74.5厘米，现藏洛阳古代艺术馆。墓志前面部分残损严重，故其名字不详，暂定名为黄君。为了讨论方便，本文摘录相关内容如下：

公即司刑丞之长子□□□□□□□□□□□德天生温恭，率性高亮。□之所适，无外于准绳；□之所谈，必循于名论。□□□□□文□□□□□

---

① 黄正建：《唐高宗至睿宗时的律令修定——律令格式编年考证之三》，《隋唐辽宋金元史论丛》第5辑，上海：上海古籍出版社，2015年，第20页。

□□典。秦章汉约，好□无遗；汲冢孔□，□文咸睹。吴季高之法理，弈世相传；□□□□□□□□□□□弱冠国子明经擢第，解褐拜兰台校书郎。桂林献策，鹏举仲舒之第；兰台校□，□□□□之□。□□□□□郿县主簿、右豹韬卫胄曹参军。司剧左畿，允称佳吏；典兵中禁，雅谓能官。□□□□□□□□勋加一阶。又应八科举及第，迁司直，寻加朝散大夫，拜司刑丞。清白为立德之□，□□□□□□本，□称二美，公□兼之，故得宠优进等，荣高徙秩。寻而敬业构祸，恃险维扬。淮海之地□□□□□皇帝□丞邑之□，□□□之副，乃命公为湖州司马。寻丁太夫人忧，罢职，茹荼在疚，伏□□□□□之□□□□闻而酸涕。服阕，除常州司马。不逾年，有制以公早历刑官，深闲宪典，除□□□□□□□官郎中，寻迁司刑少卿。周礼六卿，廷尉评海内之狱；文昌八座，秋官议天下之刑。非夫□□□□之□挺择之□，夺之色。执必正之理，固不挠之词。岂能独掌刑辟，历升台寺。天授二年□□□□之□□□随时。或废在宽驰，或失之淫滥。乃命公为详审使，兼命刊定隋唐已来律文。公远摭□□□□□□□□之轻重，□□□之废兴。括囊数百年，笔削千余道。张汤之定法令，务除苛虐；郭躬□□□□，□□□□。损益咸中，朝廷评能。惟彼平昌，河朔之奥。符章所寄，贤俊是属。乃授德州刺史。[1]

黄君于长安四年（704年）卒，享年七十一，则其生年当在贞观八年（634年）。黄君不知为何地人也，曾祖与祖名讳墓志上残缺，"父元彻，唐明经□制举对策，□□□□□□丞□德□□□言应物。抗朱云之□，曾不□词；挥盛□之□，必□流涕"。志云黄君为司刑丞之长子，知元彻官职当为司刑丞。《唐会要》卷六六《大理寺》："龙朔二年，改为详刑寺，卿为正卿。咸亨元年，复为大理寺。

① 吴钢主编：《全唐文补遗》第7辑，西安：三秦出版社，2000年，第339—340页；陈长安：《隋唐五代墓志汇编·洛阳卷》第8册，天津：天津古籍出版社，1991年，第42页。

光宅元年，改为司刑寺。神龙元年，复为大理寺。"①在史传中有时也把司刑丞写作司刑寺丞，即大理丞。唐代大理寺置丞六人，从六品衔，"丞掌分判寺事。凡有犯，皆据其本状以正刑名。徒已上，各呼囚与其家属，告以罪名，问其状款；不伏，则听其自理"②。黄元彻先后明经并科举及第，具体时间不详，俟考。唐代前期司法参军的担任者，具有专业法律知识，不是其任职的先决条件③，反观大理丞的执掌及其处理相关事务的要求，疑黄元彻本身应该具有相当的法律专门知识。当然，黄元彻的法律知识到底是家学来源还是后来自己所学习的，目前难以断定。

黄君先明经擢第，后又应八科举及第，一般认为唐代八科举得名于"以八目设科"，应此举可考者凡19人，根据这些人的情况可知八科举很可能是唐高宗朝设立的制举，以高宗中后期较为常见。④黄君应八科举后不久即发生了徐敬业之乱，光宅元年（684年）徐敬业起兵为乱，则黄君应八科举约在高宗后期。徐敬业之乱后，黄君被任命为湖州司马，中间经历了丁忧、改任常州事，直至则天后初年迁为司邢少卿以"刊定隋唐已来律文"。

《资治通鉴》卷二〇四"则天后天授元年七月"条："司刑丞荥阳李日知亦尚平恕。少卿胡元礼欲杀一囚，日知以为不可，往复数四，元礼怒曰：'元礼不离刑曹，此囚终无生理！'日知曰：'日知不离刑曹，此囚终无死法！'竟以两状列上，日知果直。"⑤从墓志来看，黄君在天授二年（691年）任详审使，兼命勘定律文。天授元年（690年）七月，胡元礼在任司邢少卿，黄君任司邢少卿与胡元礼约同时或相近，疑其乃接替周兴之任。勘定律令事毕，黄君出刺德州，至延载元年

① ［宋］王溥：《唐会要》，上海：上海古籍出版社，2006年，第1356页。

② ［唐］李林甫：《唐六典》卷十八《大理寺》，北京：中华书局，2008年，第503页。

③ 黄正建：《唐代司法参军的知识背景初探》，荣新江主编：《唐研究》第20辑"罗杰伟先生纪念专号"，北京：北京大学出版社，2014年，第164页，收入氏著《唐代法典、司法与〈天圣令〉诸问题研究》，北京：中国社会科学出版社，2018年，第201页。

④ 徐晓峰：《唐代"八科举"考论》，《安徽师范大学学报》（人文社会科学版）2010年第6期，第708—714页。

⑤ ［宋］司马光：《资治通鉴》，北京：中华书局，2007年，第6465—6466页。

(694 年)省计回京改任他职。黄君刺德州在长寿时,史传未载,可据补。志云:"延载元年,属岁计来朝,时终告罢,引辞北□□□岂□上以公夙□清勤,特令留住。他日乃降制曰:局量沉谨,器能优赡,类膺荣寄,历践□□。往在棘林,备闲故事,□膺竹使,允□清勤。贰彼详刑,伫兹钦恤。可司刑少卿,载秉国刑,允谐宸□。□□通显,朝野荣之。是岁也,林胡猖狂,悖德叛义。侵幽蓟之地,犯河朔之禾。御寇夷难,佥在良牧。遂权□□沧州刺史。贼平征还,又拜沣州、徐州、泽州刺史,又转饶州刺史。"①《资治通鉴》卷二〇五"则天后延载元年五月"条:"五月,魏王承嗣等二万六千余人上尊号曰'越古金轮圣神皇帝'。甲午,御则天门楼受尊号,赦天下,改元。"②据墓志行文来看黄君来朝疑在五月改元之后,其为司刑少卿约在延载元年内,此时黄君第二次出任司刑少卿,当与之前曾以少卿职勘定律法不无关联。

林胡,在唐代多指的是奚、契丹,室韦乃契丹之别种,志文所言之林胡,指的即是契丹李尽忠与孙万荣。《资治通鉴》卷二〇五"则天后万岁通天元年五月"条:"夏,五月,壬子,营州契丹松漠都督李尽忠、归诚州刺史孙万荣举兵反,攻陷营州,杀都督赵文翙。尽忠,万荣之妹夫也,皆居于营州城侧。文翙刚愎,契丹饥不加赈给,视酋长如奴仆,故二人怨而反。乙丑,遣左鹰扬卫将军曹仁师、右金吾卫大将军张玄遇、左威卫大将军李多祚、司农少卿麻仁节等二十八将讨之。秋,七月,辛亥,以春官尚书梁王武三思为榆关道安抚大使,姚璹副之,以备契丹。改李尽忠为李尽灭,孙万荣为孙万斩。尽忠寻自称无上可汗,据营州,以万荣为前锋,略地,所向皆下,旬日,兵至数万,进围檀州,清边前军副总管张九节击却之。"③万岁通天(696 年)元年五月,李尽忠与孙万荣反,李尽忠等叛后,则天后派曹仁师等人领兵平乱,疑黄君出刺沧州约在此时。至神功元年(697年)六月孙万荣被其奴杀,乱平,黄君亦离开沧州,之后又历沣州、徐州、泽州、

---

① 吴钢主编:《全唐文补遗》第 7 辑,西安:三秦出版社,2000 年,第 340 页;陈长安:《隋唐五代墓志汇编·洛阳卷》第 8 册,天津:天津古籍出版社,1991 年,第 42 页。
② [宋]司马光:《资治通鉴》,北京:中华书局,2007 年,第 6494 页。
③ [宋]司马光:《资治通鉴》,北京:中华书局,2007 年,第 6505—6506 页。

饶州、洪州等州刺史,至长安四年(704 年)终于洪州官舍。

## 二

在唐代技术官员中,关于学术、经济、医学类官员与武官的研究取得了重要成果,而针对司法类官员的探讨主要集中在刑部尚书与司法参军方面,[①]对于其他的职官还少有关注。黄君曾多次历职司法类职务,有司刑丞、司刑少卿等职,这为我们进一步深入了解此类官员的出身、迁转途径、法学知识来源提供了重要的线索。

黄君任司刑丞时,"清白为立德之□,□□□□□□本,□称二美,公□兼之";为司刑少卿时,"执必正之理,固不挠之词。岂能独掌刑辟,历升台寺"。唐代官员考课分为品德和才能两个方面,即"四善"和"二十七最","凡考课之法有四善:一曰德义有闻,二曰清慎明著,三曰公平可称,四曰恪勤匪懈。善状之外,有二十七最:……九曰推鞫得情,处断平允,为法官之最"[②],此乃作为法官个人能力要求的基本准则。在史传与石刻材料中,通过对担任司法官员的行文描述,可知这些官员多有相当的法律知识和不凡的实际表现。虽有夸张之词,但在一定程度上反映出了司法类官员的品性状况。

黄君与其父元彻均明经出身,从入仕途径和父祖情况无法判别其家族属于法学世家,不像担任刑部尚书者因文献记载较多,可以大致推断出仕刑部尚书者多出身刑法世家,受到法学知识的长期浸润,可以说浓厚的家学背景和丰富的实际经验是担任刑部尚书人选的必备条件[③],这与担任较为底层的司法参

---

① 陈灵海:《唐代刑部》,上海:华东政法学院博士论文,2004 年;王建峰:《唐代刑部尚书研究》,济南:山东大学博士论文,2007 年;王建峰:《唐代刑部尚书的法学素养》,《文史哲》2015 年第 5 期,第 128—145 页;黄正建:《唐代法典、司法与〈天圣令〉诸问题研究》,北京:中国社会科学出版社,2018 年,第 149—205 页。

② [唐]李林甫:《唐六典》卷二《尚书吏部》,北京:中华书局,2008 年,第 42 页。

③ 王建峰:《唐代刑部尚书的法学素养》,《文史哲》2015 年第 5 期,第 128—145 页。

军的情况迥异。不过,根据黄君父子先后担任司刑丞来看,他们都应该具有相当的法学知识。墓志言黄君有三子,其中少子昉为前承议郎、行相州司法参军事,故此来看黄君家族最少从元彻开始,法学修养已经成为其家族知识中的重要组成部分。志云:"不踰年,有制以公早历刑官,深闲宪典,除□□□□□□官郎中,寻迁司刑少卿。周礼六卿,廷尉评海内之狱;文昌八座,秋官议天下之刑。非夫□□□之□挺择之□,夺之色。执必正之理,固不挠之词。岂能独掌刑辟,历升台寺。"黄君所历刑官指的乃是其担任司刑丞之事,志文虽有残缺,不过根据前后文推断"□官郎中"指的疑是秋官郎中。秋官郎中,即刑部郎中,从五品上,黄君因"深闲宪典"而被任命此职,从此来看黄君虽然为明经出身,但其法学知识十分精深,这与其父元彻的教导与影响是息息相关的。

光宅元年(687 年),改大理寺为司刑寺。黄君任司刑少卿在则天后初期,司刑少卿为从四品。天授元年(690 年)九月,"壬午,御则天楼,赦天下,以唐为周,改元"①,至天授二年(691 年)即被则天后任命为详审使,兼命刊定律文。关于黄君勘定律文事,墓志载:"天授二年□□□□之□□□随时。或废在宽驰,或失之淫滥。乃命公为详审使,兼命刊定隋唐已来律文。"在武周建立的过程中,则天后为了打击反对人士,大肆任用酷吏,或勾连牵扯,或告密盛行,造成人人自危的局面,这样一来律法制度往往成为虚设之物,造成了实际事务中的"或废在宽驰,或失之淫滥"的局面。针对这种状况,则天后以相关官员兼任详审使以处理相关事务。

《新唐书》卷二〇四《严善思传》:"武后时擢监察御史,兼右拾遗内供奉,数言天下事。方酷吏构大狱,以善思为详审使,平活八百余人,原千余姓。长寿中,按囚司刑寺,罢疑不实者百人。"②详审使,不属于常设官职,应为临时职务,属于使职的一种。唐代使职差遣制萌芽于高宗初年以前,形成于高宗末至玄宗时,定型于肃宗之后。③使职虽然是在特殊时期为了某种需要而设置的临时性

---

① [宋]司马光:《资治通鉴》卷二〇四则天后天授元年九月条,北京:中华书局,2007 年,第 6467 页。
② [宋]欧阳修、宋祁:《新唐书》,北京:中华书局,2006 年,第 5807 页。
③ 陈仲安:《唐代的使职差遣制》,《武汉大学学报》(人文社会版)1963 年第 1 期,第 87—94 页。

职务,但它在一定程度上发挥着重要的作用,使职不仅与掌权者关系密切,有时还拥有比职事官更大的权利。①《资治通鉴》卷二〇四"则天后天授二年正月"条:"御史中丞知大夫事李嗣真以酷吏纵横,上疏,以为:'今告事纷纭,虚多实少,恐有凶慝阴谋离间陛下君臣。古者狱成,公卿参听,王必三宥,然后行刑。比日狱官单车奉使,推鞫既定,法家依断,不令重推;或临时专决,不复闻奏。如此,则权由臣下,非审慎之法,倘有冤滥,何由可知! 况以九品之官专命推覆,操杀生之柄,窃人主之威,按覆既不在秋官,省审复不由门下,国之利器,轻以假人,恐为社稷之祸。'太后不听。"②则天后初年为了政治统治的需要,"时法官竞为深酷",但还有一些官员独存平恕,如当时的司刑丞徐有功、杜景俭、李日知等人,不过基本的情况还是以酷吏占据绝大多数。针对当时酷吏大兴冤案的情况,为了社会政治的平稳安定,则天后以严善思为详审使审查案件。疑严善思以监察御史职为详审使,监察御史品级并不高,与黄君以司刑少卿职为详审使不可同日而语,据此可见为详审使一职并没有严格的品级规定。严善思为详审使在则天后长寿年间之前,黄君为详审使在天授二年(691 年),二人任详审使时间相隔不太长。从目前材料来看此使职的使用时间集中在则天后时期长寿年间之前,主要职责乃是负责对相关大狱案件的审查复核,以平理刑律之事。

从黄君墓志来看,他天授二年为详审使之后,主要事务是"刊定隋唐已来律文"。从高宗到玄宗期间,对律、令、格、式作全盘整理而有成绩表现的,主要有三次:一是永徽二年(651 年),二是开元七年(719 年),三是开元二十五年(737 年)。在则天后时期的立法活动主要有两次:一是在垂拱元年(685 年)三月,诏内史裴居道等重加删定律令格式。《唐会要》卷三九《定格令》载:"垂拱元年三月二十六日,删改格式,加计帐及勾帐式,通旧式成二十卷。又以武德以来垂拱已前诏敕便于时者,编为新格二卷,内史裴居道、夏官尚书岑长倩、凤阁侍

① 赖瑞和:《为何唐代使职皆无官品——论唐代使职与职事官的差别》,《唐史论丛》第 14 辑,西安:三秦出版社,2012 年,第 325—337 页。
② [宋]司马光:《资治通鉴》,北京:中华书局,2007 年,第 6471 页。

郎韦方贯与删定官袁智弘等十余人同修,则天自制序。其二卷之外,别编六卷,堪为当司行用,为《垂拱留司格》。时韦方质详练法理,又委其事于咸阳县尉王守慎,有法理之才,故垂拱格、式,议者称为详密。其律惟改二十四条,又有不便者,大抵仍旧。"①此次活动与仪凤时的立法活动基本一致,重点在于删改格式,结果为式增而格减,律令改动甚少。二是在载初元年(690年)正月,时则天后命有司重加删定律令格式。载初元年则天后改唐为周,正式称帝,随之进行了一系列的"改作"之事,此次"仍令所司刊正礼乐,删定律令格式不便于时者"②,即是伴随"改作"相应进行的,主要是删改关于唐朝的标志性文字,代之以属于周的标志性文字。天授二年黄君为详审使,主要"刊定隋唐已来律文。公远摭□□□□□□□□之轻重,□□□之废兴。括囊数百年,笔削千余道。张汤之定法令,务除苛虐;郭躬□□□□,□□□□。损益咸中,朝廷讦能"。从时间上来看,天授二年黄君刊定律文疑为载初元年立法活动的延续,天授元年武周朝廷主要删改了关于李唐的标志性文字,至天授二年黄君所做的工作主要是刊定律令中的律文。墓志用汉代的张汤和郭躬的事迹来比拟黄君,张汤与赵禹曾编定过《越宫律》《朝律》等;郭躬奏请修改律令四十一条,皆改重刑为轻刑,为朝廷采纳颁布施行。据此可见,黄君修订律文时只对相关条文做了部分增删工作,并没有进行全面的整理。

唐代最重要的立法形式就是对法典的修纂,其方法有四:一是创编或编著新的法典;二是增删或改动原有法典的内容;三是刊定,即刊削或修正原有法典的文字,但不变更其内容;四是审查选编原有的法律文件,而不进行加工。由皇帝派遣相关官员组成立法机构,其人选与规模视修纂内容和方法的不同而有所区别,可分为高级临时立法机构和低级临时立法机构两种。高级临时立法机构的负责人通常为三公或宰相等重臣,规模比较大,少的有数人,多至数十

---

① [宋]王溥:《唐会要》,上海:上海古籍出版社,2006年,第820—821页。

② [宋]李昉等:《文苑英华》卷四六三则天后载初元年《改正朔制》,北京:中华书局,1966年,第2360页。

人;低级临时立法机构的负责人多为主管司法行政的刑部的长官或次官,参加者一般限于"三法司"刑部、大理寺、御史台的官员,且规模较小,多的不过数人,少的仅有一二人。①从墓志所载黄君刊定律文一事来看,天授二年的修订立法事属于修纂法典中的刊定之法,只是对部分法律条文进行修订,而此次参加人员目前只知有黄君一人,这无疑当属于低级临时立法机构的规模。在史传中,低级机构的修订律令常有记载,如《唐会要》卷三九《定格令》:"至元和二年七月,诏刑部侍郎许孟容、大理少卿柳登、吏部郎中房式、兵部郎中熊执易、度支郎中崔光、礼部员外郎韦贯之等删定《开元格后敕》。"②另如唐宣宗大中五年(851 年)四月,"刑部侍郎刘瑑等奉敕修《大中刑法总要格后敕》六十卷"③。这两次修订律令事务中,主持者均为刑部次官,在史传中未见大理寺次官主持修订律令事。然墓志记载黄君以司刑少卿领详审使职,刊定隋唐以来律文,据此可知低级立法机构的负责人除了多为刑部次官之外,大理寺次官亦有为主持者的情况,而未见御史台官员负责修订律令的事例。

### 三

唐代已经完成了政治的法制化,形成了以律令格式为分类的法典体系,对东亚诸国影响极大。《新唐书》卷五六《刑法志》云:"唐之刑书有四,曰:律、令、格、式。令者,尊卑贵贱之等数,国家之制度也;格者,百官有司之所常行之事也;式者,其所常守之法也。凡邦国之政,必从事于此三者。其有所违及人之为恶而入于罪戾者,一断以律。"④唐代政治可称之为律令政治,君权的法制化是法典着重体现的方面,唐律对皇权的保护,不只保护皇帝本人,还包括皇室、象

---

① 刘俊文:《唐代法制研究》,新北:文津出版社,1999 年,第 1—3 页。
② [宋]王溥:《唐会要》,上海:上海古籍出版社,2006 年,第 822 页。
③ [后晋]刘昫等:《旧唐书》卷五〇《刑法志》,北京:中华书局,2007 年,第 2156 页。
④ [宋]欧阳修、宋祁:《新唐书》,北京:中华书局,2006 年,第 1407 页。

征皇权之物等。①唐律赋予皇帝有"权断制敕"之权。在一定程度上,一个朝代的法典代表了王权的合理性与合法性,而在政权初建时期的法典修订则更具有重大的象征意义。

则天后在作以周代唐的政治宣传时,广泛从中国传统政治秩序及佛教典籍等不同的文化背景中汲取大量的元素,以描绘武周政权的正当性。虽然武周的建立主要居功于则天后的统治实力,但这并不是政治宣传的主流,对于任何一个政权来讲,其建立统治秩序的合法性或正当性不仅是政治的范畴,更属于思想文化等上层建筑中的重要组成部分。中国王权的一个重要层面,是将其统治合法性的基础,建立在革故鼎新、领导百姓奔向理想时代的目标之上,如此一来中国古代的君主不但要做世俗政权的领导者,更要成为道德与精神的领袖,成为所谓的神(圣)王。②则天后以女主身份称帝,对于各类政治宣传及实际统治秩序都有着更为独特的需求,而律法作为国家行政中最主要的基本原则之一,是以礼(理)作为立法的根本原理,用来规范统治阶层,武周政权的建立对于法典的方方面面都会产生重要的影响。

载初元年(690 年)九月,则天后改元天授,以周代唐,在此前后发生了一系列的改制活动,以彰显武周政权的特质。《资治通鉴》卷二〇四"则天后天授元年正月"条:"凤阁侍郎河东宗秦客,改造'天''地'等十二字以献,丁亥,行之。太后自名'曌',改诏曰制。"③则天后改正朔后,即命有关人员"删定律令格式不便于时者",敦煌所出 P3608、P3252《职制、户婚、厩库律》残卷多次出现武周新字,此文书当书于载初元年至神龙元年(705 年)之间,或许就是载初元年集中立法删定之律的残留。④史传中没有记载载初元年删定律令的结果,从文意来

---

① 高明士:《论唐律中的皇权》,《中国古代社会研究:庆祝韩国磐先生八十华诞纪念论文集》,厦门:厦门大学出版社,1998 年,第 27—37 页。
② 孙英刚:《神文时代:谶纬、术数与中古政治研究》,上海:上海古籍出版社,2014 年,第 31 页。
③ [宋]司马光:《资治通鉴》,北京:中华书局,2007 年,第 6462—6463 页。
④ 刘俊文:《敦煌吐鲁番唐代法制文书考释》,北京:中华书局,1989 年,第 54—55 页。

看此年主要删改的是于时不便的文字,即府号、官称、避讳等,并不涉及律文的内容。而黄君于天授二年(691条)负责刊定律文,或许是因载初元年简单地删改律文中不便于时的文字,而不为则天后满意,可以说天授二年刊定律文乃是载初元年(689年)改律的继续。

大理寺与刑部的职能互有交织,唐朝在低级立法活动中多以刑部次官充当负责者,而黄君以大理寺次官主持天授二年的律令修订,这在惯例上不符合常情,或许背后有着则天后对于立法机构改革的意愿在内。《唐六典》卷一八《大理寺》:"大理卿之职,掌邦国折狱详刑之事。以五听察其情:一曰气听,二曰色听,三曰视听,四曰声听,五曰词听。以三虑尽其理:一曰明慎以谳疑狱,二曰哀矜以雪冤狱,三曰公平以鞫庶狱。少卿为之贰。凡诸司百官所送犯徒刑已上,九品已上犯除、免、官当,庶人犯流、死已上者,详而质之,以上刑部,仍于中书门下详覆。若禁因有推决未尽、留系未结者,五日一虑。若淹延久系,不被推诘;或其状可知,而推证未尽;或讼一人数事及被讼人有数事,重事实而轻事未决者,咸虑而决之。凡中外官吏有犯,经断奏讫而犹称冤者,则审详其状。凡吏曹补署法官,则与刑部尚书、侍郎议其人可否,然后注拟。"①从大理寺的职能来看,其主、次官主持律令法典的立法活动并无不可之处。黄君此次主持律文刊定,是否有着则天后改革法典的意图,这都是需要我们进一步深思的。

法律的作用,其实在于维系"名教"②,每次法典的修订不仅仅出于现实的需要,同时也与国家的政权性紧密联系在一起。志文言黄君刊定隋唐以来的律文,强调了律的重要性。《唐六典》卷六《刑部》:"凡律以正刑定罪,令以设范立制,格以禁违正邪,式以轨物程事。"③唐代法典中,律典与中国的皇权传统紧密交织在一起,故在法典四个部分中占据主导位置,墓志行文也说明了这一点,志文中的"律文"一词所指称还有待于进一步推定。

---

① [唐]李林甫:《唐六典》,北京:中华书局,2008年,第502页。
② 高明士:《律令法与天下法》,上海:上海古籍出版社,2013年,第321页。
③ [唐]李林甫:《唐六典》,北京:中华书局,2008年,第185页。

## 结　语

《唐律疏议》卷一《名例》:"德礼为政教之本,刑罚为政教之用,犹昏晓阳秋相须而成者也。"①通过前文的论述,我们知道在载初元年立法之后,至天授二年则天后以司刑少卿黄君领详审使职,兼刊定隋唐以来之律文,两者是关联的。天授二年的刊定律文,不仅是对隋唐以来律文的整理,更是武周政权正统性地位的宣示,具有独特的政治蕴涵。天授二年修订律令事的材料,目前仅见于黄君墓志,关于此事进一步的历史细节,还有待更多新资料的证明与完善,而史传中对于此年修订律令之事没有丝毫信息记载,其背后到底隐藏着何等不为人知的史实,还有待于我们寻找和探求。

（原刊徐世虹主编《中国古代法律文献研究》第 10 辑,社会科学文献出版社,2016 年）

① 刘俊文:《唐律疏议笺解》,北京:中华书局,1996 年,第 1 页。

# 敦煌写本P.3816《御注孝经赞并进表》再考

《唐会要》卷三六《修撰》载："(开元)十年六月二日,上注《孝经》,颁于天下及国子学。至天宝二年五月二十二日,上重注,亦颁于天下。"①唐玄宗在开元和天宝时期先后两次御注《孝经》,是当时政治、学术史上的大事,对整个唐朝乃至东亚社会都产生了极其重要的影响。开元本和天宝本《御注孝经》完成后,唐玄宗令天下家藏一本,人人精勤学习,尤其是"学校之中,倍加传授,州县官长明申劝课焉"②。《御注孝经》发行天下后,阅读者自然而然地会对君王产生权威膜拜,从而出现了各个阶层的赞颂,这在敦煌吐鲁番写本中留下了大量的例证,如 P.3910 和 P.2721 号写本反映了普通大众对《御注孝经》的拥护和赞扬,而 P.3816 号写本则体现了高等级官员的赞颂情况,具有重要的史料价值和意义。关于 P.3816 号敦煌写本,郑阿财定名为《御注孝经赞并进表》,对这件写本的作者和时代问题进行了深入研究,指出其作者为安西都护张嵩,作于唐肃宗时期,同时分析了张嵩的生平情况。③不过,仔细考察写本的生成史,可以发现P.3816 号写本内容撰写于开元十年(722 年)六月至开元十二年(724 年)之间,而重抄于唐肃宗乾元二年(759 年)后不久,随着新史料的不断发掘可以重新勾

① [宋]王溥:《唐会要》,上海:上海古籍出版社,2006 年,第 767 页。
② [宋]王溥:《唐会要》卷三五《经籍》,上海:上海古籍出版社,2006 年,第 753 页。
③ 郑阿财:《敦煌写卷〈御注孝经赞并进表〉初探》,中国文化大学中国文学研究所敦煌学会《敦煌学》第 18 辑,新北:台湾学生书局,1992 年,第 107—115 页。

勒出张嵩的生命历程,故本文在前贤分析的基础上再做申论,敬请方家正之。

## 一、《御注孝经赞并进表》概述

在敦煌写本中,目前发现的《孝经》文本有白文本、注疏本,总数达到了三四十种之多,还出现了很多歌赞《孝经》的四言、五言和七言写本,这些歌赞多是玄宗御注发行天下之后在敦煌等地产生的副产品,说明《御注孝经》家藏一本的政策在当时得到了实际性的实施,也说明了传统儒家的经典《孝经》在唐代边州的广泛流行状况。目前,《御注孝经》在敦煌、吐鲁番文书中保留下来的不多,主要有 S.6019 开元本《御注孝经》中的《圣治篇》残片和德藏 Ch 2547r 号吐鲁番文书中《御注孝经》的《五刑章》部分残文。①

各类歌赞中,最具代表性的朝臣歌赞就是《御注孝经赞》。《御注孝经赞》写本在敦煌文书中保存有三件,分别为 P.3816、S.5739 和 S.3824V/1 号,其中以 P.3816 最为完整。S.5739 号写本存 14 行,前 6 行上半部残缺,后 8 行基本完整,文字内容从第三赞之"知雄守雌"开始,至第八赞"敢告王者"结束。②S.3824 号写本正面为《大乘无量寿经》,背面内容分别为《御注孝经集义并注一卷》《御注孝经赞》《杂抄》《历日(乾符三年)》和《正月七日南交曲子》等,其中《御注孝经赞》首尾俱缺,存 3 行,文字内容为:"广敬敬亲,博爱爱人。惟德届远,志诚感神。睿泽存物,王言如纶。兆人恃赖,四海皆臣。诸侯章第三赞。"③P.3816 号写本(图一、图二),其内容由《表文》和《御注孝经赞》组成,故可定名为《御注孝经赞并进表》,结尾有所残缺,其他部分完好,共存 60 行,行 19 字

---

① 许建平:《敦煌经籍叙录》,北京:中华书局,2006 年,第 419 页;荣新江:《吐鲁番文书总目》(欧美收藏卷),武汉:武汉大学出版社,2007 年,第 209 页。德藏《御注孝经》到底属于开元本还是天宝本,目前还无法得到确认,详参石立善《吐鲁番出土儒家经籍残卷考异》,高田时雄主编《敦煌写本研究年报》第五号,京都:京都大学人文科学研究所,2011 年,第 113—114 页。

② 中国社会科学院历史研究所、中国敦煌吐鲁番学会敦煌古文献编辑委员会、英国国家图书馆、伦敦大学亚非学院:《英藏敦煌文献》第 9 册,成都:四川人民出版社,1995 年,第 108 页。

③ 中国社会科学院历史研究所、中国敦煌吐鲁番学会敦煌古文献编辑委员会、英国国家图书馆、伦敦大学亚非学院:《英藏敦煌文献》第 5 册,成都:四川人民出版社,1995 年,第 158 页。

至21字不等。①随着敦煌文书高清图版的公布,对于P.3816号写本的文本内容可以进一步修订与补充,为讨论方便,兹移录文字如下:

> 臣嵩言:臣闻圣人之德,无以加于孝乎。伏惟上皇承天御历,弘阐大猷。光泽万邦,克开自行。知孝也,以教人也,激昂孝道,启迪生诚,使戎马之乡,成礼义之俗,焕乎其有典章矣。伏惟乾元天宝圣文神武孝感皇帝陛下,当帝王之尊,行众子之礼,爱敬尽于事亲,而德教加于百姓。父有天下,传之于子。子有天下,归尊于父。此实圣人之以孝理天下,故德万国之欢心。虽尧之聪明,舜之睿哲,禹汤之齐圣,文武之光烈,议功侔德,其实一焉。传之今古,将立名言。开辟以来,唯太上皇作则垂范,孝德广矣。以臣鄙见,更请广之。何者?臣窃见天下诸郡及都护府,无官学,臣请同州县例置学,训导军将、战士、弟子。使知有君臣之道,立身扬名之义,则雨露之润,枯朽皆荣,阳和之暄,幽蛰必启。此亦陛下至德要道,以顺天下也。臣忝乡赋,孝廉出身。陈力明时,曾任县令。从政之暇,以此为心,谨因《御注孝

图一　P.3816《御注孝经赞并进表》A

---

① 上海古籍出版社、法国国家图书馆:《法国国家图书馆藏敦煌西域文献》第28册,上海:上海古籍出版社,2004年,第164—165页。

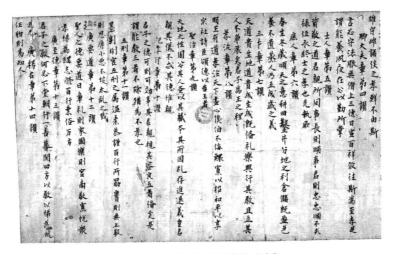

图二　P.3816《御注孝经赞并进表》B

经》十八章,每章撰赞一首,岂敢发挥奥旨,诚愿杨其圣化,表臣愚志,再广
孝恩,无任务学屏营之至,谨诣阙廷,奉进以闻。臣嵩诚惶诚恐,顿首顿首。
谨言。

御注孝经开宗明义章第一赞

宣父开宗,参也赞美。五孝斯存,四人作轨。我皇圣文,发挥奥旨。比屋
可封,溥天孝治。

天子章第二赞

广敬敬亲,博爱爱人。惟德届远,志诚感神。睿泽存物,王言如纶。兆人
恃赖,四海皆臣。

诸侯章第三赞

上以诚骄,高以诚危。高危不作,富贵不离。取此去彼,知雄守雌。诸侯
之孝,鲜不由斯。

卿大夫章第四赞

言必守法,服无僭上。三德日宣,百祥攸往。斯为至孝,是谓能养。夙夜
在公,以勤所掌。

士人章第五赞

资敬之道,君亲所同。事长则顺,事君则忠。忠顺不失,禄位永终。士之

孝也,允执厥中。

庶人章第六赞

春生冬藏,顺天之意。耕田凿井,分地之利。仓储既盈,色养不匮。蒸人乃立,成岁之义。

三才章第七赞

天道贵生,地道贵成。生成既备,礼乐兴行。其教且立,其人不争。展矣君子,为王之程。

孝治章第八赞

明王有道,孝治天下。尽心侯伯,不悔鳏寡。以招和平,以享宗社。诗臣颂德,以告王者。

圣治章第九赞

天地之性,周公其人。各以其职,本其所因。礼存进退,义重君亲。具仪不忒,其德惟亲。

纪孝行章第十赞

君子之德,可则可效。事其君亲,视其容貌。五者备矣,是谓能教。三者不除,犹为不孝也。

五行章第十一赞

墨劓剕宫,五刑之属。温柔恭谨,百行所勖。腰则无上,数则思辱。小恶不悛,太乱之戮。

广要道章第十二赞

圣人之道,要道日彰。礼则家国,乐则宫商。敬寡悦众,孝悌为纲。志修百行,垂俗万方。

广至德章第十三赞

君子之教,何必下堂。朝行一善,暮闻四方。以教为悌,为龙为光。

广扬名章第十四赞

任物则易,知人(下缺)

P.3816、S.5739 和 S.3824V/1 号写本的赞文文字略有差异,据写本特征和文意来看,以 P.3816 较为准确。这三件写本没有说明赞文针对的是开元本御注还是天宝本御注而写,不过这在 P.2721 写本《新集孝经十八章皇帝感》中就说得比较清楚了,其文为:"新歌旧曲遍州乡,未闻典籍入歌场。新合孝经皇帝感,聊谈圣德奉贤良。开元天宝亲自注,词中句句有龙光。白鹤青鸾相间错,连珠贯玉合成章。历代已来无此帝,三教内外总宜扬。先注《孝经》教天下,又注《老子》及《金刚》。"①从 P.2721 的内容来看,当时玄宗的两次御注文本是共同存在于敦煌地区的,其书写时代当在天宝本《御注孝经》发行天下之后。

天宝本《御注孝经》颁布天下后,加上石台孝经的权威昭示,很快取代了开元本《御注孝经》,后来我们所看到的玄宗御注本多是天宝注本,到宋代以降开元本《御注孝经》就逐渐在中国大陆失传了。幸运的是,开元本御注在日本完整保留了下来,日本现存的开元本御注可以分为四个版本系统:1. 三条西本系统,主要有东山御文库本写本、岩崎本、屋代本、古逸丛书本和三条公美本;2. 清家文库本系统,主要有京都大学本和久原甲本;3. 藤原本系统,此本冠有元行冲序和唐玄宗序,内容上混杂着开元本和天宝本的内容,以东京大学图书馆藏藤原宪本为代表;4. 菅原本系统,此本内容特征和藤原本基本一致,主要有菅原为德本、久原乙本、释一桂本、鹰司甲本和鹰司乙本。②从相关信息推断,日本藏开元本《御注孝经》传入的时间在开元十年(722 年)到天宝初年之间,很可能是遣唐使或学问僧带回日本的。黎庶昌和杨守敬在编印《古逸丛书》时,收入了《御注孝经》开元本,说明《御注孝经》开元寺重新传回中国得以传播,可以让我们再次看到唐玄宗第一次御注《孝经》的真实面貌。

---

① 上海古籍出版社、法国国家图书馆:《法国国家图书馆藏敦煌西域文献》第 17 册,上海:上海古籍出版社,2004 年,第 359 页。

② [日]古胜隆一:《日本所藏〈御注孝经〉略说》,林庆彰主编《经学研究论丛》第 9 辑,新北:台湾学生书局,2001 年,第 276—278 页;[日]古胜隆一:《中國中古の學術》,东京:研文出版,2006 年,第 344—348 页。

### 二、唐玄宗御注《孝经》之缘由

关于开元本《御注孝经》的注释过程和时间问题,以朱海和古胜隆一的意见比较有代表性。朱海延续了传统的观点,指出开元御注《孝经》从开元七年(719年)三月开始,至开元十年(722年)六月完成,耗时三年余;①古胜隆一则通过对元行冲序言的文本考察,认为开元御注《孝经》完成于开元九年(721年),发行于开元十年。②元行冲在序言中说刘子玄参与开元御注《孝经》时的官衔为"左散骑常侍、崇文馆学士",《资治通鉴》卷二一二唐玄宗开元九年十二月条载:"安州别驾刘子玄卒。子玄即知几也,避上嫌名,以字行。"③刘子玄因事贬官至安州,未几而卒,年六十一,据此可以看出开元本《御注孝经》完成于开元九年十一月至十二月前,待次年六月正式颁布于天下。

唐玄宗御注《孝经》,使得《孝经》从孔子为后世制定典宪的政治书,变成了时王教诲万民的伦理书。④那么,唐玄宗为何要御注《孝经》呢?古胜隆一以为唐玄宗御注《孝经》和当时的皇子教育密切相关。⑤朱海认为主要有以下几种理由:1. 即"孝者,德之本也"。2. 面对开元时期的政治局面,唐玄宗希望以孝来维护统治,希望"诸侯""四夷"能够受中枢"广爱"的感化。3. 针对经学史上《孝经》文本众说纷纭的情况,唐玄宗注释阐发自己的看法,以达到意识形态方面的统一。4. 惩治皇族内部,特别是针对太子废立问题的争论而产生的矛盾。5. 加强《孝

---

① 朱海:《唐玄宗御注〈孝经〉考》,武汉大学中国三至九世纪研究所编《魏晋南北朝隋唐史资料》第20辑,武汉:武汉大学文科学报编辑部编辑出版,2003年,第124—126页。

② [日]古胜隆一:《日本所藏〈御注孝经〉略说》,林庆彰主编《经学研究论丛》第9辑,新北:台湾学生书局,2001年,第278-282页;[日]古胜隆一:《中國中古の學術》,东京:研文出版,2006年,第348-363页。

③ [宋]司马光:《资治通鉴》,北京:中华书局,2007年,第6748页。

④ 陈壁生:《明皇改经与〈孝经〉学的转折》,《中国哲学史》2012年第2期,第44—51页,收入氏著《孝经学史》,上海:华东师范大学出版社,2015年,第214—228页。。

⑤ [日]古胜隆一:《〈孝经〉玄宗注の成立》,《東方学報》2000年第72册,第213—241页,收入氏著《中國中古の學術》,东京:研文出版,2006年,第305—340页。

经》在思想文化方面的统一和延续作用,促进盛世的形成。①岛一指出唐玄宗御注《孝经》是和初唐以来出现的对亡母守丧是否需要三年礼的争论有关。②手岛一真和麦谷邦夫则重点从统合三教的角度,对唐玄宗御注《孝经》一事的缘由进行了讨论。③在经学史上,唐玄宗御注《孝经》有其重要的原因,从马克斯韦伯的学术政治理论来看,其缘由大致可归纳为三个大的方面,分别为孝治天下、统合三教和德礼再造。

第一个方面,孝治天下。在中国古代社会,孝治天下是政治统治模式的重要一环,对于唐玄宗而言,可能出于三个层次的考虑,一是为了皇子的教育问题,二是规范群臣和士人的忠孝之道,三是以孝道来加强国家统治。初唐政治中,围绕着皇位更迭产生了一系列的流血冲突,从玄武门之变到武周立国、从神龙政变到先天政变,以至到唐玄宗登上帝位,亦是充满了曲折和风波,所以对于唐玄宗来说,教育皇子就成了头等大事。《旧唐书》卷一〇二《褚无量传》云:

> 开元六年驾还,又敕无量于丽正殿以续前功。皇太子及郯王嗣直等五人,年近十岁,尚未就学,无量缮写《论语》《孝经》各五本以献。上览之曰:"吾知无量意无量。"遽令选经明笃行之士国子博士郗恒通郭谦光、左拾遗潘元祚等,为太子及郯王已下侍读。七年,诏太子就国子监行齿胄之礼,无量登座说经,百僚集观,礼毕,赏赐甚厚。④

当时,围绕着《孝经》的争论十分激烈,那么统一《孝经》注解就成为唐玄宗君臣

---

① 朱海:《唐玄宗〈御注孝经〉发微》,武汉大学中国三至九世纪研究所编《魏晋南北朝隋唐史资料》第 19 辑,武汉:武汉大学文科学报编辑部编辑出版,2002 年,第 102—105 页。

② [日]岛一:《唐代思想史论集》,京都:朋友书店,2013 年,第 61—82 页。

③ [日]手岛一真:《玄宗の三教齐——志向について》,《立正大学东洋史论集》第 4 号,1991 年,第 15—30 页;[日]手岛一真:《功德と报应の——考察—唐·玄宗朝の三教齐一策に关连して》,《印度学佛教学研究》第四十八卷第一号,1999 年, 第 235—239 页;[日] 麦谷邦夫:《唐·玄宗の三经御注をめぐる诸问题——〈御注金刚般若经〉を中心に》,麦谷邦夫编《三教交涉论丛续编》,京都:京都大学人文科学研究所,2011 年,第 241—265 页,收入氏著《六朝隋唐道教思想研究》,东京:岩波书店,2018 年,第 381—399 页。

④ [后晋]刘昫:《旧唐书》,北京:中华书局,2007 年,第 3167 页。

迫在眉睫的事情。

从魏晋开始,君父先后的问题就存在了。君父先后的辩论,本是魏晋辨析明教的一个论题,但随着时代的变化,孝观念逐渐超过了忠思想,尤其在门阀制度下士大夫们可以从家族方面获得他所需要的一切,而与王权的恩典无关,所以士大夫对于王朝兴废是漠视且心安理得的。①这种状况即便到了唐代依然没有实质性的改变,这与《孝经》提倡的宗旨有所出入,所以不管唐太宗还是唐玄宗,都大力提倡孝治天下的观念,希望以此来规范群臣和士人的忠孝观念,达到君先父后的目的。在安史乱中,唐玄宗的亲信人员陈希烈、达奚珣、张垍等人纷纷投降安史集团,无疑也是君父先后观念中先家后国思想的集中呈现,可以看出即便到了盛唐时期,士人们很多还是把孝置于忠之前的。如果说宋代臣子对于君主的"忠"是一种无限责任的话,那么玄宗时期的君臣关系则多多少少有着一定的有限性和契约性质,在中唐之后随着新《春秋》学的兴起,忠的观念一步步加强,到宋代以后形成了以"忠"来规范士大夫行为的绝对标准。②在盛唐时期,群臣和士人的忠孝观念依然还是孝在忠前,针对这种情况唐玄宗在御注《孝经》中极力提倡忠的思想,其目的是显而易见的。

唐玄宗时期,对于弘扬孝道的力度进一步加强,采取了诸多措施,规定"五品已上清官父母亡者,依级赐官及邑号"③,禁止"有父母见在,别籍异居"④,表彰孝子孝行,减免赋税、授官赐封、给予谥号、建祠树碑等,同时在律令礼典中规范了官员如何事亲,还对不孝行为进行制约和惩罚,从制度层面对孝治进行保证。⑤唐代有追赠先世和父母的制度,唐中宗时期封赐对象主要是父亲,唐玄宗

① 唐长孺:《魏晋南朝的君父先后论》,《魏晋南北朝史论拾遗》,北京:中华书局,2011年,第235—250页。
② 仇鹿鸣:《一位"贰臣"的生命史——〈王仙墓志〉所见唐廷处置陷伪安史臣僚政策的转变》,《文史》2018年第2期,第43—70页,收入氏著《长安与河北之间:中晚唐的政治与文化》,北京:北京师范大学出版社,2018年,第33—86页。
③ [后晋]刘昫:《旧唐书》卷八《玄宗上》,北京:中华书局,2007年,第194页。
④ [宋]宋敏求:《唐大诏令集》卷七四《典礼》,北京:中华书局,2008年,第417页。
⑤ 冻国栋:《〈唐崔暟墓志〉跋》,武汉大学中国三至九世纪研究所《魏晋南北朝隋唐史资料》第18辑,武汉大学出版社,2001年,第155—157页,收入氏著《中国中古经济与社会史论稿》,武汉:湖北教育出版社,2005年,第239—243页。

时扩大到母亲身上,之后进一步扩大了封赠范围,延泽到了祖辈,可以说这是孝道中提倡的扬名显亲的实际运作。当然,这种封赠只有官职、官品到了一定品阶才可以享受到,公与私、孝和仕有机结合为一体,成为唐代以孝治天下的重要内容。①根据子孙官品树立的神道碑,就是封赠制度的外化物,通过这种行为会提升家族在地方的影响力,强化家族的凝聚力,可以说中古士族社会下的孝道,深深烙印下了国家权力的痕迹,家国之间的联系进一步增强,也给孝道的实际行为提供了新的内容。

第二个方面,统合三教。唐玄宗先后为儒家的《孝经》、道家的《道德经》和佛教的《金刚经》作注,《孝经》《道德经》和《金刚经》是儒释道三教中文字较简约的经典,也是从根本上追寻宇宙观念和心灵思想的经典代表,唐玄宗分别为其训注,是否暗示着整个中国思想史和学术史都将在这个时期发生一个划时代的变化呢?②

御注三经以皇帝行为颁布天下。《御注孝经》镌刻后仡立在国子监内,成为长安城里一座学术政治的纪念碑性景观。开元二十一年(733年)《御注道德经》完成后,唐玄宗"敕令士庶家藏《老子》一本,每年贡举人,量减《尚书》《论语》一两条策,加《老子》策"③。不久长安龙兴观道士司马秀上书,说"玄元皇帝《道德经》御注,右检校道门威仪龙兴观道士司马秀奏,望两京及天下应修官斋等州,取尊法物,各于本州一大观造立石台,刊勒经注,及天下诸观并令开讲"④。唐玄宗敕旨同意了司马秀的建议,于是各州纷纷刊立《御注道德经》。现在保留下来的《御注道德经》石刻主要有四种,分别是山西省浮山县庆唐观石刻、河南省鹿邑县太清宫石碑、河北省邢台龙兴观刻石和河北省易县开元观刻石。前面两种《御注道德经》属于特殊地址而非州郡宫观所刊刻,一为经幢形制,一为石碑形

---

① 郑雅如:《亲恩难报:唐代士人的孝道实践及其体制化》,新北:台湾大学出版中心,2014年,第197—255页。

② 葛兆光:《中国思想史:七世纪至十九世纪中国的知识、思想与信仰》,上海:复旦大学出版社,2000年,第101页。

③ [宋]王溥:《唐会要》卷七五《贡举上》,上海:上海古籍出版社,2006年,第1631页。

④ 陈尚君:《全唐文补编》卷三三《请刊勒御注道德经奏》,北京:中华书局,2005年,第390页。

制;后面两种《御注道德经》均为州郡地方所立,基本仿照了经幢外观。①

在《御注道德经》完成后,高僧大德认识到无所作为的话对于佛教的传播十分不利,于是纷纷上书玄宗,希望佛教也有类似的恩遇,所以玄宗复御注《金刚经》,推行其三教合一的政教观念。《贞元新定释教目录》卷一四载:

> 时圣上万枢之暇,注《金刚经》,至(开元)二十三年著述功毕。释门请立般若经台,二十七年其功终竟。僧等建百座道场。七月上陈,墨制依许。八月十日,安国寺开经。九日暮间,西明齐集,十日迎赴安国道场,讲御注经及《仁王般若》。②

《御注金刚经》完成后,佛教徒也修建了类似《御注道德经》石台的般若经台,进行了数百道场的宣讲经义活动。之后,唐玄宗又命道氤法师续作《御注金刚般若波罗蜜经宣演》。英藏敦煌写经保留有 S.588、S.4052 等四个编号,法藏敦煌写经保留有 P.2113、P.2132、P.2173 等六个编号,中国国家图书馆保留有一件写经,加上其他的残本总共有 15 件《御注金刚般若波罗蜜经宣演》写本,可见此写本在敦煌、吐鲁番等地流行之广泛。

御注三经以皇帝行为颁布天下的做法,无疑是官方意识的表现和指示,以国家名义对经典注释作出选择是学术政治的产物,这是一种权威的宣言,其目的是实现思想信仰的重新整合,为大唐社会提供一个稳定的文化建构。御注三经实现了国家权力在学术、文化和知识领域的整合,为政治和现实社会提供了多向互动和融通,为营造一个强大而辉煌的盛世提供了思想信仰的关照。

第三个方面,德礼再造。德礼为政教之本,刑罚为政教之用,在唐代国家秩序中礼和法占据着核心位置。唐玄宗时期,在经典文本的编撰上完成了一系列

---

④ 王庆卫:《石台孝经》,西安:西安出版社,2020 年,第 106—120 页。

① [唐]圆照:《贞元新定释教目录》,《大正新修大藏经》第 2157 号第 55 册,东京:日本大正一切经刊行会出版,1934 年,第 878 页。

改革工作,其中经学方面主要有《御注孝经》《唐六典》《大唐开元礼》的刊行和《礼记·月令》的调整,律法方面主要是开元年间的律令格式修订,二者共同奠定了唐朝治国大法的原则。

玄宗对于经典没有平常的敬畏之心,只有古为今用的实用主义思想,使汉代以来的知识经典传承为之大变,开启了中晚唐"自名其学"的经学途径。在唐玄宗的安排下,作《唐六典》取代《周礼》,以《大唐开元礼》代替《礼记》,至于《礼记》本身则修改实用性较强的《月令》为第一篇,整体颠覆了礼经的秩序,重新规划出了一套带有玄宗个人色彩的礼仪制度。①对于儒家思想核心的《孝经》,玄宗重新以己意注疏,基本摒弃了郑注和孔传中有价值的学术部分,形成了以皇权为中心思想的《御注孝经》。

关于《唐六典》的性质,陈寅恪认为:"开元时所修《六典》乃排比当时施行令、式以合古书体裁,本为粉饰太平制礼作乐之一端,故其书在唐代行政上遂成为一种便于征引之类书,并非依其所托之周官体裁,以设官分职实施政事也。"②《唐六典》没有取代唐代的令、式,被下发到州县后,与律令格式一起作为规范官员的法律依据,可称之为一部新的准法典。③吕温《代郑相公请删定施行〈六典〉〈开元礼〉状》载:

> 国家与天惟新,改物视听。太宗拯焚溺之余,粗立统纪;玄宗承富庶之后,方暇论思。爰敕宰臣,将明睿旨,集儒贤于别殿,考古训于秘文。以论材审官之法,作《大唐六典》三十卷。以道德齐礼之方,作《开元新礼》一百五十卷。网罗遗逸,芟薙奇邪,亘百代以旁通,立一王之定制。草奏三复,只令宣

① [日]乔秀岩、叶纯芳:《编后记》,[日]林秀一《孝经述义复原研究》,武汉:崇文书局,2016 年,第 525—530 页。

② 陈寅恪:《隋唐制度渊源略论稿》,北京:生活·读书·新知三联书店,2009 年,第 91 页。

③ 宁志新:《〈唐六典〉仅仅是一般的官修典籍吗?》,《中国社会科学》1994 年第 2 期,第 193—196 页;宁志新:《〈唐六典〉性质刍议》,《中国史研究》1996 年第 1 期,第 99—110 页。

示中外;星周六纪,未有明诏施行。①

《唐六典》和《大唐开元礼》都是唐玄宗标榜唐朝礼法的产物,主导思想为实用主义,昭示着帝王和国家的权威性和天命观,有着统一的编撰理念和性质。《大唐开元礼》是一部整合前代礼制的综合性礼典,属于制度层面的礼,具有唐代礼经的性质。②

开元十年(722年)正月,唐玄宗下制言:

> 王者乘时以设教,因事以制礼,沿革以从宜为本,取舍以适会为先。故损益之道有殊,质文之用斯异。且夫至德之谓孝,所以通乎神明;大事之谓祀,所以虔乎宗庙。国家握纪命历,重光累盛,四方由其继明,七代可以观德。③

除了编撰《唐六典》和《大唐开元礼》以取代《周礼》与《礼记》之外,还重新修订《月令》,以代替《礼记》中原来的《月令》文本。玄宗朝所修订的《月令》一般称为《唐月令》,《礼记》中的《月令》一般叫作经典《月令》,以示二者之别。《唐月令》对经典《月令》的文字进行了调整删定,同时补充了开元时期的祭祀制度,按照唐玄宗的政治伦理方法改编而成,具有浓厚的皇家色彩。④《唐月令》在《礼记》中的位置从第六篇调整到了第一篇,而且以单本刊行,说明《唐月令》有着超越经典的某种形式,地位进一步得到了提高,带有强烈的官方意识形态。天

---

① [清]董诰等编:《全唐文》卷六二七,北京:中华书局,1983年,第6326页。
② 吴丽娱:《礼用之辨:〈大唐开元礼〉的行用释疑》,《文史》2005年第2期,第97—130页;吴丽娱:《营造盛世:〈大唐开元礼〉的操作缘起》,《中国史研究》2005年第3期,第73—94页;吴丽娱:《新制入礼:〈大唐开元礼〉的最后修订》,《燕京学报》新19期,北京:北京大学出版社,2005年,第45—66页;刘安志:《关于〈大唐开元礼〉的性质及行用问题》,《中国史研究》2005年第3期,第95—117页,收入氏著《新资料与中古文史论稿》(修订本),上海:上海古籍出版社,2020年,第3—35页;冯茜:《唐宋之际礼学思想的转型》,北京:生活·读书·新知三联书店,2020年,第49—58页。
③ [后晋]刘昫:《旧唐书》卷二五《礼仪五》,北京:中华书局,2007年,第953页。
④ 赵永磊:《历术、时令、郊社制度与〈唐月令〉》,《文史》2018年第4期,第139—162页。

宝五载(746 年)正月二十三日,诏曰:

> 《礼记》垂训,篇目攸殊,或未尽于通体,是有乖于大义。借如尧命四子,所授惟时;周分六官,曾不系月。先王行令,盖取于斯。苟分、至之可言,何弦、望之足举。其《礼记·月令》宜改为《时令》。①

唐玄宗改《月令》为《时令》,至此王化和民时在名称上合二为一,形成了唐代月令知识的独特面相。

唐玄宗时期,基于王权和个人理念的需求,对传统儒家的政、刑、德、礼四个方面进行了一系列改造,"率于礼,缘于情,或教以道存,或礼从时变,将因宜以创制,岂沿古而限今"②,政刑改革以修订律令为核心,创新德礼的新经典以《御注孝经》《唐六典》《大唐开元礼》和《唐月令》为重要体现,贯穿着唐玄宗认为的时王之礼、以情统礼的精神内核。儒家首重孝道,施行以礼导政,使政治成为德治。唐玄宗在开元时期的礼法再造,突破了汉唐以来政治制度的旧格局,突出了帝王权威在经典中的主导作用,使皇权权威高于经典权威。可以说,在这个时期形成的四部典籍,均是唐玄宗个人权威的体现和塑造开天盛世的文本纪念碑。

### 三、《御注孝经赞并进表》之作者及其年代

在吐鲁番写本中发现唐玄宗的诗歌。唐玄宗诗歌及其相关作品被抄写是国家的文化软实力在边州的表现,是君王被整个社会所膜拜的映照,也是唐代文化和政治价值观念被社会大众广泛接受的体现。③比照唐玄宗的诗歌情况,

---

① [宋]王溥:《唐会要》卷七七《贡举下》,上海:上海古籍出版社,2006 年,第 1668 页。
② [后晋]刘昫:《旧唐书》卷二五《礼仪五》,北京:中华书局,2007 年,第 953 页。
③ 朱玉麒:《吐鲁番文书中的玄宗诗》,朱玉麒主编《西域文史》第 7 辑,北京:科学出版社,2012 年,第 63—75 页,收入氏著《瀚海零缣:西域文献研究一集》,北京:中华书局,2019 年,第 163—180 页。

《御注孝经》在官方发布之后,迅速在大唐境内流传开来,从学术和政治的视角来看,其影响力和重要性不言而喻。那么,作为《御注孝经》衍生品的《御注孝经赞并进表》文书,无疑是盛世大唐之文化软实力的最强音符了。

表文有"臣嵩言"和"臣窃见天下诸郡及都护府,无官学,臣请同州县例置学,训导军将、战士、弟子"等句,这为我们了解 P.3816 文书的作者情况提供了重要的信息。从中可以看出此件文书的作者名为"嵩",乃是都护府的长官,结合史传文献之记载,其人当是曾任安西副大都护的"张嵩",或称作"张孝嵩"。关于张嵩的名字和生平之考察,历代学者观点颇有歧异,且多未利用该文书提供的相关信息,故我们进一步梳理其履历,以加深对该文书写作时的背景理解。

《旧唐书》卷一〇三《郭虔瓘传附张嵩传》云:

> 其后,又以张嵩为安西都护以代虔瓘。嵩身长七尺,伟姿仪。初进士举,常以边任自许。及在安西,务农重战,安西府库,遂为充实。十年,转太原尹,卒官。俄又以黄门侍郎杜暹代嵩为安西都护。①

张嵩之生平,本传记载较为简略。关于张嵩的早年经历,表文自言道"臣忝乡赋,孝廉出身;陈力明时,曾任县令",可为之补充。对于张嵩举进士时间,一般认为是在唐睿宗景云二年(711 年),并录其名为张孝嵩,同科之人有张秀明、王明从、王言从、段同泰、刘敦行等。②开元八年(720 年)《大唐故通议大夫沂州司马清苑县开国子刘府君(敦行)神道记》载:"景云初,以尚书郎为淮南道宣劳使,举□□言、张嵩、段同□等四十余人,皆天下英秀,时所推重。射策登科者过十道之半。"③刘敦行神道记记载了张嵩举进士第的大概时间。

《资治通鉴》卷二一一"唐玄宗开元三年十一月"条载:

---

① [后晋]刘昫:《旧唐书》,北京:中华书局,2007 年,第 3189 页。
② [清]徐松撰,孟二冬补正:《登科记考补正》卷五,北京:北京燕山出版社,2003 年,第 183—184 页。
③ 吴钢:《全唐文补遗》第 6 辑,西安:三秦出版社,1999 年,第 35 页。

初，监察御史张孝嵩奉使廓州监，还，陈碛西利害，请往察其形势；上许之，听以便宜从事。拔汗那者，古乌孙也，内附岁久。吐蕃与大食共立阿了达为王，发兵攻之，拔汗那王兵败，奔安西求救。孝嵩谓都护吕休璟曰："不救则无以号令西域。"遂帅旁侧戎落兵万余人，出龟兹西数千里，下数百城，长驱而进。是月，攻阿了达于连城。孝嵩自擐甲督士卒急攻，自巳至酉，屠其三城，俘斩千余级，阿了达与数骑逃入山谷。孝嵩传檄诸国，威振西域，大食、康居、大宛、罽宾等八国皆遣使请降。会有言其赃污者，坐系凉州狱，贬灵州兵曹参军。①

开元三年（715年）二月，北庭都护郭虔瓘在十姓可汗故地击败了吐蕃军队，吐蕃很可能在败退过程中立阿了达为王，故当年年底由张嵩领兵救拔汗那之危。关于此战之意义，白桂思以为是欧亚大陆历史上的里程碑式标志，中古时期的三大帝国唐、吐蕃和大食的军事势力齐聚在了中亚。②但是，此时大食与唐朝是否有过军事冲突还不明确，吐蕃在与唐军的争夺中步步败退，故王小甫以为此战的重要价值在于唐朝在继碎叶之后，又将吐蕃的政治势力逐出了拔汗那，吐蕃虽退到了葱岭南部，还依旧控制着东至渴盘陀的播密川商道。③拔汗那之战，是张嵩履历上浓墨重彩的第一笔，但是因赃污事，贬官为灵州兵曹参军。兵曹参军，即司兵参军。

监察御史，正八品上。虽然品级不高，但乃清贵要职，有充当皇帝耳目之能，多数由皇帝亲自委任，常乃士人迁转的第二、第三任以上官职。④张嵩从中进士第，到开元三年时约五年，任监察御史当是他第二或第三任的官职。《朝野

① ［宋］司马光：《资治通鉴》，北京：中华书局，2007年，第6713—6714页。
② ［美］白桂思：《吐蕃在中亚：中古早期吐蕃、突厥、大食、唐朝争夺史》，乌鲁木齐：新疆人民出版社，2012年，第57—58页。
③ 王小甫：《唐、吐蕃、大食政治关系史》，北京：中国人民大学出版社，2009年，第140—144页。参阅［日］森安孝夫《吐蕃の中央アジア進出》，《金泽大学文学部论集·史学科篇》第4号，1984年，第27—28页。
④ 赖瑞和：《唐代中层文官》，北京：中华书局，2011年，第56—62页。

金载》卷二云:"京兆人高丽家贫,于御史台替勋官递送文牒。其时令史作伪帖,付高丽追人,拟吓钱。事败,令史逃走,追讨不获。御史张孝嵩捉高丽拷,膝骨落地,两脚俱挛,抑遣代令史承伪。准法断死讫,大理卿状上:故事,准名例律,笃疾不合加刑。孝嵩勃然作色曰:'脚挛何废造伪。'命两人舁上市,斩之。"①张嵩为人酷暴,被称之为"小村方相",从以上记载来看,他被告发有赃污之事,可能不会空穴来风。张嵩被贬官后的仕宦经历,史传记载不详,不过从《御注孝经赞并表文》来看,他之后还曾担任过县令一职。

唐代县可以分为赤县、畿县、望县、紧县、上县、中县和下县,县令品级十分复杂,最高者赤县令为正五品上,最低者下县令为从七品下,不管品级还是影响都差异较大。一般而言,赤、畿县令为高等职位,望、紧、上县令为中等职位,中、下县令为低等职位,其中的赤、畿县令多拥有进士等优越入仕出身,在此职后很容易升迁到中央官品,是承上启下的一个重要官位。②正因如此,赤、畿县令就成了唐代士人们竞相以求的对象,尤其是京兆府下的诸县令最为尊贵,是仕宦者亟须争取的资历之一。③而中等职位的县令,只有极少数人可以升迁到中央高官或刺史等职,多数人都是在州县迁转任职,被时人视为中等之材。而张嵩在表文中不言其曾任过清贵的监察御史,而着重说他担任过县令执掌,以此来看的话,他出任的县令很可能是赤、畿县令。

需要注意的是,在开元初年还有一位张嵩。法藏 P.3721 号文书《杨洞芋撰瓜沙两郡编年》(图三)(节略)载:

> 乙卯,张嵩刺史京来。开元三年,张嵩刺史赴任敦煌。到郡日,问郡人曰:"此州有何利害?"郡人悲泣而言:"州西八十五里,沙瓜二州水尾下,有一玉女泉,每年各索童男童女二人祭享。如若不依,即降霜雹,损害田苗。

---

① [唐]张鷟:《朝野金载》,北京:中华书局,1979 年,第 35 页。
② 赖瑞和:《唐代中层文官》,北京:中华书局,2011 年,第 207—288 页。
③ 张荣芳:《唐代京兆府领京畿县令之分析》,黄约瑟、刘健明合编《隋唐史论集》,香港:香港大学亚洲研究中心,1993 年,第 118—160 页。

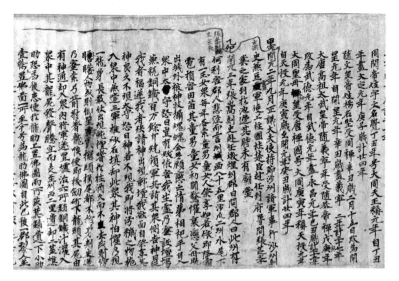

图三　P.3721《杨洞芊撰瓜沙两郡编年》

其童男童女初闻惊惧，哀恋父母，既出城外，被神收摄魂魄，全无顾恋之情，第相把手，自入泉中。"太守怒曰："岂有妖怪害我生灵！"乃密设坛场，兼税铜铁百万余斤，统领军兵，诣其泉侧，告神曰："从我者福，逆我者殃，请神出现就坛，我欲面自祭享。"其神良久不现。①

这件文书约成书于归义军曹议金时期，记载了张嵩在玉女泉斩杀黑龙的事情，郁贤皓、郑怡楠据此认为张嵩在开元三年（715 年）任沙州刺史。②关于张嵩斩龙之事，在《太平广记》等传世文献中均有记载，另外在 S.5448 号文书《敦煌录》中也有类似内容："神龙中，刺史张孝嵩下车求，郡人告之。太守怒曰：'岂有川源妖怪，害我生灵。'遂设坛备牲泉侧曰：愿见本身，欲亲享。神乃化为一

① 上海古籍出版社、法国国家图书馆：《法藏敦煌西域文献》第 27 册，上海：上海古籍出版社，2005 年，第 119 页；郑炳林：《敦煌地理文书汇辑校注》，兰州：甘肃教育出版社，1989 年，第 80 页。
② 郁贤皓：《唐刺史考全编》卷四三，合肥：安徽大学出版社，2000 年，第 501 页；郑怡楠：《新出〈唐敦煌张淮澄墓志铭并序〉考释》，《敦煌学辑刊》2017 年第 1 期，第 24—26 页。

龙,从水而出,太守应弦中喉,拔剑斩首,亲诣阙进上,玄宗嘉称再三,遂赐龙舌,勅号龙舌张氏,编在简书。"①S.5448 号文书撰写于曹氏归义军时期,所载张嵩斩龙事件发生在神龙年间,与 P.3721 号文书所言不同,但又说得到了唐玄宗的嘉称,疑"神龙中"有误。这两件文书撰写时间都比较晚,距离开元时期已经很远了,且时间记载有异,或为附会之作②,从张嵩进士及第时间来推断其历官的任次和品级,在开元三年是担任不了刺史之职的。

在归义军张氏谱系中,是把张嵩作为其远祖对待。P.2913 号文书《张淮深墓志铭》云:"其先曰季出问嵩,北庭节度留守、支度、营田、转运等使。"郑炳林指出"季"乃"孝"之误,"出"为"世"之误,"问"乃衍字,此句应作"其先世曰孝

图四 《乞粮牒》

嵩"③。《张淮澄墓志》言:"高王父尚书公孝嵩,囚文学进身,以军功莅事。自敦煌督护迁于北都留,其少儿抚临沙郡。至天宝末载□□陷边,自是嗣子及孙居于戎部。"④通过相关史料来看张嵩和敦煌之间并无大的关系,张淮澄墓志描述虽然清晰合理,但其实只是张氏在塑造其郡望过程中的攀附而已。

张嵩曾任职于北庭,大约是他在赤畿县令之后的迁转。关于张嵩任北庭都护兼北庭节

① 中国社会科学院历史研究所、中国敦煌吐鲁番学会敦煌古文献编辑委员会、英国国家图书馆、伦敦大学亚非学院:《英藏敦煌文献》第 7 册,成都:四川人民出版社,1995 年,第 94 页。
② 赵红、高启安:《张孝嵩斩龙传说探微》,《西北师范大学学报》(社会科学版)2004 年第 1 期,第 70—76 页;赵红、高启安:《张孝嵩斩龙传说历史背景研究》,《敦煌研究》2004 年第 2 期,第 63—65 页。
③ 郑炳林:《敦煌碑铭赞辑释》,兰州:甘肃教育出版社,1992 年,第 304 页。
④ 王庆卫:《新出唐代张淮澄墓志所见归义军史事考》,《敦煌学辑刊》2017 年第 1 期,第 13 页。

度使,吴廷燮和郁贤皓均系年于开元六年(718 年)至开元十年(722 年)。①幸运的是,在发现的北庭都护府文书中,有三件是和张嵩直接相关的,分别为日本京都有邻馆藏第 10 号文书、日本书道博物馆和中国国家博物馆收藏的两件文书,可以深入分析张嵩在北庭任职的具体时间。日本京都有邻馆收藏有数件长行马文书,其中第 10 号文书为:②

1. 付判嵩示
2.　　　　　　　　廿日
3. 四月廿一日录事悉受
4. 功曹摄录事参军鸾付
5.　　　　　　　　廿一日
6. 依前示白

日本书道博物馆藏有中村不折旧藏之文书,其中有一件《乞粮牒》(图四),长 28.2 厘米,高 27.5 厘米,其文如下:③

1.　　右件使马前蒙交给廿石见食尽请乞
2.　　　给谨录状上
3. 牒件状如前谨牒
4.　　　开元九年六月　日典邓承嗣
5.　　　　　　　押官曹都督
6. 付司悉嵩示

①　吴廷燮:《唐方镇年表》卷八,北京:中华书局,2003 年,第 1229—1230 页;郁贤皓:《唐刺史考全编》卷四七,合肥:安徽大学出版社,2000 年,第 531 页。
②　[日]藤枝晃:《长行马》,《墨美》第 60 号《特集·长行马文书》,京都:墨美社,1956 年,第 27 页。
③　[日]矶部彰:《台东区立书道博物馆所藏中村不折旧藏禹域墨书集成》卷中,东京:株式会社二玄社,2005 年,第 279 页。

7.　　　　十日

8.　　　　六月十日录事悉受

9.　　　　摄录事参军有孚付


中国国家博物馆藏《专当官摄县丞李仙牒》文书为:①

1.未有处分谨以牒举谨牒

2.　　　　开元九年六月　日典杨节

3.　　　　　专当官摄县丞李仙

4.付司悉嵩示

5.　　　十二日


　　这三件文书均属于北庭都护府的官文书,有邻馆藏第10号文书上还钤有"北庭都护府"官印,其性质尤为明确。通过分析这三件文书的内容和年代,刘子凡指出,文书中的"嵩"均指的是张嵩,从相关文书纪年可以看出张嵩任北庭节度使兼北庭都护的时间大致在开元五年(717年)至开元九年(721年)七月前。②那么,张嵩又是何时离开北庭到安西任职的呢?

　　《资治通鉴》卷二一二"唐玄宗开元十年八月"条载:

　　　　癸未,吐蕃围小勃律王没谨忙,谨忙求救于北庭节度使张嵩曰:"勃律,唐之西门,勃律亡则西域皆为吐蕃矣。"嵩乃遣疏勒副使张思礼将蕃、汉步骑四千救之,昼夜倍道,与谨忙合击吐蕃,大破之,斩获数万。自是累岁,吐蕃不敢犯边。③

---

① 中国历史博物馆:《中国历史博物馆藏法书大观》第十一卷,东京:柳原书店,1999年,第141页、第227页。

② 刘子凡:《瀚海天山:唐代伊、西、庭三州军政体制研究》,上海:中西书局,2016年,第290—291页。

③ [宋]司马光:《资治通鉴》,北京:中华书局,2007年,第6752页。

此外,《新唐书》和《册府元龟》等在记载开元十年(722 年)九月张嵩派兵击败吐蕃之事时,亦均言张嵩为"北庭节度使",这可能正值他处于由北庭迁转至安西的交割期间。①S.1158C 号文书《唐开元十年三月残牒》有"大使杨楚客"之字样,并且文书上钤印有"北庭都护府"官印,可知在开元十年三月时,北庭节度使已经是杨楚客了。②OR.8212/553,Ast. Ⅲ.3.09—0.10 号文书《唐开元十年(722 年)西州长行坊马驴发付领到簿》之九言:③

前缺

1.六月十二日马┌─────┐        ┌─────┐赵秀

2.    右开元十年闰│五月九日使自领│

3.使师文尚    骆楚宾等各乘马壹匹

4.△一匹留父五岁 (次肤脊全耳鼻全鼻头白近人腿蕃印近人帖一点西长官印)

5.六月十二日马子董敬元梁知礼等领到脊全次下肤仙    赵秀

6.雨?般?香?一匹紫父八岁(次肤脊全耳全近人鼻决两帖散白西长官印)

7.    右开十年闰五月十日付使师文尚等自领

8.前安西副大都护汤嘉惠并家口乘马陆匹驴叁头壹头

9.△寄留一匹紫父六岁 (次上肤脊全耳鼻全玉面连唇白四蹄白近人腿蕃印西长官印)

下略

① 王小甫:《唐、吐蕃、大食政治关系史》,北京:中国人民大学出版社,2009 年,第 147 页注释 2。

② 中国社会科学院历史研究所、中国敦煌吐鲁番学会敦煌古文献编辑委员会、英国国家图书馆、伦敦大学亚非学院:《英藏敦煌文献》第 13 册,成都:四川人民出版社,1995 年,第 288 页。

③ 荣新江:《〈唐刺史考〉补遗》,《文献》1990 年第 2 期,第 90—91 页;沙知:《斯坦因第三次中亚考古所获汉文文献(非佛经部分)》,上海:上海辞书出版社,2006 年,第 99 页。

这件吐鲁番文书记载了前安西副大都护汤嘉惠及其家口在开元十年闰五月途经西州事，可以看出汤嘉惠卸任安西副大都护在此之前，而张嵩接任汤嘉惠为安西副大都护领四镇节度使，时间约在开元十年三月至闰五月间。小勃律，唐之西门，是吐蕃攻取四镇的必经之地。开元十年的小勃律之战，是唐朝军事势力到达葱岭以南的重要表现，战后设置有葱岭守捉，使得唐朝在与吐蕃的西域争夺态势下居于优势，自此吐蕃不敢西向。

开元年间，唐代西域的军政中心虽然几度转移到了北庭，但是因为安西承担着北抗突骑施、西防大食、南御吐蕃的重任，所以大多数时间内西域的军政中心依然在安西。①开元四年(716年)始，安西大都护由亲王遥领，故副大都护即为安西都护府实际上的最高长官。《旧唐书》卷九八《杜暹传》云："(开元)十二年，安西都护张孝嵩迁为太原尹，或荐暹往使安西，蕃人伏其清慎，深思慕之，乃夺情擢拜黄门侍郎，兼安西副大都护。"②张嵩从安西迁转太原尹，《旧唐书》本传言在开元十年，之后《全唐诗》和《全唐文》在撰写张嵩小传时均延续了这个观点，但是在其他的传世文献中，均说张嵩任太原尹在开元十二年(724年)，对此岑仲勉言道："按此即张孝嵩也，各书作嵩或孝嵩，殊不一致，要以作孝嵩者为是。考嵩转太原，《唐方镇年表四》系于十二年，考《旧书》九八《杜暹传》亦云，'十二年，安西都护张孝嵩迁为太原尹'，作十年者必不合。"③诚然，从官员一般的任职年资和西域的政治形势来看，张嵩离开安西副大都护改任太原尹当在开元十二年。

《资治通鉴》卷二一三"唐玄宗开元十四年四月"条载：

丁亥，太原尹张孝嵩奏："有李子峤者，自称皇子，云生于潞州，母曰赵

① 刘安志：《伊西与北庭——唐先天、开元年间西域边防体制考论》，武汉大学中国三至九世纪研究所编《魏晋南北朝隋唐史资料》第26辑，武汉：武汉大学文科学报编辑部编辑出版，2010年，第157—186页，收入氏著《新资料与中古文史论稿（修订本）》，上海：上海古籍出版社，2020年，第157—192。

② ［后晋］刘昫：《旧唐书》，北京：中华书局，2007年，第3076页。

③ 岑仲勉：《读〈全唐文〉札记》，《唐人行第录》，北京：中华书局，2004年，第298页。

妃。"上命杖杀之。①

张嵩诛杀李子峤事,《册府元龟》记载甚详,这是文献中关于张嵩事迹最晚的明确记录。张嵩卒于太原任,其后由兵部侍郎李暠兼太原尹,充太原以北诸军节度使,李暠镇太原时间在开元十五年(727 年)至开元十八年(730 年)。②《新唐书》卷六〇《艺文四》云:"《张孝嵩集》,十卷。(字仲山,南阳人。开元河东节度使,南阳郡公。)"③张嵩文集现已不存,仅有数篇文章可见,其《云中古城赋》言道:"开元十有四年冬孟月,张子出玉塞,秉金钺,抚循边心,窥按穷髪。走汗漫之广漠,陟峥嵘之高阙。徒观其风马哀鸣,霜鸿苦声。尘昏白日,云绕丹旌。虏障万里,戍沙四平。"④此文乃张嵩开元十四年冬出塞时所作,那么,其卒年约在开元十五年内。以此来看,张嵩的最后官衔约为太原尹、河东节度使、南阳郡公,任职时间为开元十二年(724 年)至开元十五年。⑤

在传世文献中,有"张嵩"和"张孝嵩"两种称呼,可能各有所本,即便在同一本书中也是两名混杂,难以断定其真实情况⑥,不过验证于同时期的石刻文献和文书内容,可能对此问题有新的认识。开元十八年《咸阳县丞郭君墓志铭》言:"故幕府三辟,时称得俊。御史中丞李处古,侍御史崔希逸,节度使张嵩,爰以将命之务咨焉。公之佐廉问也,旌别淑慝,树立风声。进厥贤良,不仁者远。率由简易,希下按章。从容以和,大变其俗。公之护戎事也,善用文韬,制其边患。本诗书之义府,资德刑之战器。军吏缓带,兵车税鞅。谭笑樽俎,疆陲晏然。"⑦从志文推断,张嵩与本文所讲的是同一个人,不过不知郭君在张嵩帐下之时,到底是

① [宋]司马光:《资治通鉴》,北京:中华书局,2007 年,第 6772 页。
② 严耕望:《唐仆尚丞郎表》卷一二,北京:中华书局,1986 年,第 685 页。
③ [宋]欧阳修、宋祁:《新唐书》,北京:中华书局,2006 年,第 1603 页。
④ [清]董诰等编:《全唐文》卷三二八,北京:中华书局,1983 年,第 3325 页。
⑤ 郁贤皓以为张嵩任太原尹时间在开元十二年至十四年,参《唐刺史考全编》卷八九,合肥:安徽大学出版社,2000 年,第 1288 页。
⑥ 詹宗祐:《点校本两唐书校勘汇释》,北京:中华书局,2012 年,第 375 页。
⑦ [清]董诰等编:《全唐文》卷四二〇,北京:中华书局,1983 年,第 4288 页。

在北庭还是安西。开元八年(720 年)刘敦行神道记和开元十一年(723 年)御史台精舍题名碑均记载有"张嵩"①,可以确认为同一个人。《大唐故杜府君(钣)墓志铭》载:"开元七年,进士擢第,解褐授襄陵县尉。晋州良牧贾公曾则词艺之宗,太原节制张公嵩有瑰奇之量。贾则设榻以邀之,张则开幕以翘之,人谓二公能善举也。"②杜钣志文所言正是张嵩在太原任职时的行为。在 P.3816《御注孝经赞并进表》和日本京都有邻馆藏等三件北庭文书中,其自称和署名均写作"嵩",尤其进表乃呈送皇帝之文,名字亦不可出错。从这些同时期的材料来看,"张嵩"的称呼更为可靠,而"张孝嵩"的贯称应予以更正。

通过前文的分析,可把张嵩之生平简单梳理如下:张嵩,字仲山,南阳人。景云二年(711 年)进士及第;经过一转或二转后在开元三年(715 年)任监察御史,十一月领兵在拔汗那大败吐蕃,却因赃污事贬官为灵州兵曹参军;复经过迁转任京畿县令;开元五年(717 年)至开元十年(722 年)三月,任北庭节度使兼北庭都护;开元十年三月至闰五月间到开元十二年(724 年),任安西副大都护,领四镇节度使,其间派兵于小勃律大败吐蕃,奠定了唐王朝在葱岭的军事优势;开元十二年任太原尹、河东节度使、南阳郡公,开元十五年(727 年)卒于任,卒后疑似封赠为某某尚书。北庭是张嵩任职最长的地方,也是他正式出塞为官的地方,故《新唐书》卷六〇《艺文四》载:"《朝英集》三卷。开元中张孝嵩出塞,张九龄、韩休、崔沔、王翰、胡皓、贺知章所撰送行歌诗。"③在全唐诗中没有留下张九龄等人写给张嵩的诗歌,但是其中除了崔沔之外,其他几个人均有写给张说的诗歌,故傅璇琮认为此书乃是开元十年张九龄等人送张说赴朔方巡边而作。④《朝英集》今已亡佚,无法从其内容进行具体分析,不过傅璇琮意见近是,《新唐书》致误之由待考。

① 吴钢:《全唐文补遗》第 6 辑,西安:三秦出版社,1999 年,第 35 页;[清]赵钺、劳格:《唐御史台精舍题名考》卷二,北京:中华书局,1997 年,第 60 页。
② 周绍良、赵超:《唐代墓志汇编续集》大历〇一二,上海:上海古籍出版社,2001 年,第 700 页。
③ [宋]欧阳修、宋祁:《新唐书》,北京:中华书局,2006 年,第 1622 页。
④ 傅璇琮:《王翰考》,《唐代诗人丛考》,北京:中华书局,2003 年,第 46 页。

据此,可以推断 P.3816《御注孝经赞并进表》的文本作者就是张嵩。开元十年六月,开元本《御注孝经》发行天下,时张嵩正在安西副大都护任上,结合表文之内容,张嵩撰写赞文和表文的时间当在开元十年六月至开元十二年,即张嵩在安西任职期间。在 P.3816 表文中有"伏惟乾元天宝圣文神武孝感皇帝陛下"和"太上皇"等字样,皇帝尊号与唐玄宗和唐肃宗的称号均有出入,但"太上皇"的指称较为明确,故郑阿财指出这件文书的撰写年代在唐肃宗时期。①但是,张嵩最迟在开元十五年就卒于任所了,他撰写的表文只应该出现唐玄宗的尊号和称呼,那么文书上的讹误又是怎么产生的呢?

开元元年(713 年)十一月,唐玄宗加尊号"开元神武皇帝"②。开元二十七年(739 年)二月,唐玄宗加尊号"开元圣文神武皇帝",大赦天下。③天宝元年(742年)二月,唐玄宗加尊号为"开元天宝圣文神武皇帝"④。天宝七载(748 年)三月,加尊号"开元天宝圣文神武应道皇帝"⑤。至德三载(758 年)正月,"上皇御宣政殿,册皇帝尊号为'光天文武大圣孝感皇帝'。上以徽号中有大圣二字,上表固让,不允"⑥。至德三载二月,"上御兴庆宫,奉册上皇徽号曰'太上至道圣皇大帝'",并大赦天下,改元乾元。⑦乾元二年(759 年)正月,唐肃宗加尊号"乾元大圣光天文武孝感皇帝",之后肃宗亲祀九宫贵神,斋宿于坛所。⑧等唐玄宗回京师后,肃宗需要重新调整父子间的关系,建立新的政治秩序和格局,如此一来,帝王尊号的变化无疑就具有了昭示天下的特殊意义和内涵。⑨比较表文中的皇帝尊号"乾元天宝圣文神武孝感皇帝","乾元"和"孝感"字样约出自唐肃宗的

① 郑阿财:《敦煌写卷〈御注孝经赞并进表〉初探》,中国文化大学中国文学研究所敦煌学会编《敦煌学》第 18 辑,新北:台湾学生书局,1992 年,第 112 页。
② [后晋]刘昫:《旧唐书》卷八《玄宗上》,北京:中华书局,2007 年,第 171 页。
③ [后晋]刘昫:《旧唐书》卷九《玄宗下》,北京:中华书局,2007 年,第 210 页。
④ [后晋]刘昫:《旧唐书》卷九《玄宗下》,北京:中华书局,2007 年,第 215 页。
⑤ [后晋]刘昫:《旧唐书》卷九《玄宗下》,北京:中华书局,2007 年,第 222 页。
⑥ [后晋]刘昫:《旧唐书》卷一〇《肃宗纪》,北京:中华书局,2007 年,第 251 页。
⑦ [后晋]刘昫:《旧唐书》卷一〇《肃宗纪》,北京:中华书局,2007 年,第 251 页。
⑧ [后晋]刘昫:《旧唐书》卷一〇《肃宗纪》,北京:中华书局,2007 年,第 254 页。
⑨ 王楠:《〈徐浩神道碑〉史事人物笺注》,《文津学志》第八辑,北京:国家图书馆出版社,2015 年,第 289—290 页。

尊号，"天宝圣文神武"字样约出自唐玄宗天宝元年的尊号，这和张嵩时代对唐玄宗的称号完全不合，且称唐玄宗为"太上皇"而非"上"，如此矛盾难解之处，甚至让人怀疑此件文书的真伪。其实这件文书的文本内容是张嵩在开元《御注》发行天下后所上表的颂扬文字，P.3816 号写本《御注孝经赞并进表》并非原本，而是后来人再次抄写的文本，抄写时间约在唐肃宗乾元二年（759 年）正月。在抄写的过程中，抄者并没有忠实文本的原始面貌，甚至对唐玄宗的称谓根据时代变化做了修改，还把尊称转移到了唐肃宗的身上，而原来表文对唐玄宗的尊号应该是"开元神武皇帝"，"太上皇"等字样亦为抄者所增改的文字。

在敦煌文书中，有许多出自中原地区的作品。这些作品传到敦煌以后，经常都会受到本地人的抄袭改编与托名题署，同时还有一种传世本和出土本皆有的现象，但是分别署名为不同的作者，如传世本刘允章的《直谏书》在敦煌文书中被改名为《直谏表》，作者亦被改作了贾耽，之所以作者名在敦煌文书中被替换，可能与刘允章曾投降黄巢军有关。①P.3816《御注孝经赞并进表》的文本无法确定到底是从长安还是安西传到敦煌的，但可以看出表文内容中唐玄宗尊号和称谓的改变，与一般意义上抄袭改编的表现方式有所不同，可能和肃宗时期的政治局面有关。

安史之乱发生后，太子李亨在未得到唐玄宗的允许下，于天宝十五载（756 年）七月私自在灵武即皇帝位，遥尊唐玄宗为太上皇，至此唐廷历史上出现了一段特殊的二元政治格局。肃宗在位七年的主要任务是平定安史之乱，恢复李唐的政治正统，但因为得位不正，所以一方面唐肃宗和唐玄宗父子二人在互相妥协中维持着皇权的实施②，另一方面唐肃宗则处处对唐玄宗表现出孝行孝道，如《旧唐书》卷一〇《肃宗纪》载：

> （至德二载）十二月丙午，上皇至自蜀，上至望贤宫奉迎。上皇御宫南楼，上望楼辟易，下马趋进楼前，再拜蹈舞称庆。上皇下楼，上匍匐捧上皇足，涕泗呜咽，不能自胜。遂扶侍上皇御殿，亲自进食；自御马以进，上皇上马，又躬揽辔而行，止之后退。上皇曰："吾享国长久，吾不知贵，见吾子为天

子,吾知贵矣。"上乘马前导,自开远门至丹凤门,旗帜烛天,彩棚夹道。士庶舞忭路侧,皆曰:"不图今日再见二圣!"①

在乾元元年(758 年)十一月,唐玄宗从华清宫还长安,唐肃宗亲自迎于灞上,并自控唐玄宗马辔而行,从这些都可以看到唐肃宗营造出的种种孝治行为。②《唐大诏令集》卷七《太上皇加光天文武大圣孝感皇帝册文》云:"奄有四海,克康兆人,光天之业也。经纶天地,戡定祸乱,文武之公也。雄图英算,大圣也。保国安亲,孝感也。"③安史之乱发生后,唐肃宗先后收复两京,重塑李唐正统,有着鼎革惟新的色彩,故在乾元二年(759 年)正月群臣正式上尊号为"乾元大圣光天文武孝感皇帝"。唐代皇帝加尊号是政治生活中的一件大事,往往在帝王加尊号后,还会有大赦天下或举行国家祭祀的活动,使之成为一系列新政颁布的形式,对国家政治、地域社会和普通民众都影响深远。④安史之乱的发生,对唐代社会和民众的精神世界影响极大。唐肃宗的尊号出现具有一种振奋人心的刺激作用,而 P.3816《御注孝经赞并进表》的重新抄写,可能就是这种政治氛围下的产物,具有宣传颂扬唐肃宗权威作用的寓意和目的。

## 结 语

《御注孝经赞并进表》文本内容的作者为张嵩,是他任安西副大都护时所撰写的,其目的是颂扬开元本《御注孝经》的发行,完成时间大约在开元十年(722 年)六月至开元十二年(724 年)。P.3816 号文书则抄写于唐肃宗乾元二年

---

① [后晋]刘昫:《旧唐书》,北京:中华书局,2007 年,第 249 页。
② 齐子通:《孝道与悖逆之间:唐肃宗设立南京与南京改置》,《中华文史论丛》2015 年第 2 期,第 205—222 页。
③ [宋]宋敏求:《唐大诏令集》,北京:中华书局,2008 年,第 45 页。
④ 孟宪实:《唐代尊号制度研究》,包伟民等主编《唐宋历史评论》第八辑,北京:社会科学文献出版社,2021 年,第 53—71 页。

(759 年)正月,抄者在抄写过程中对于张嵩原始文本里的唐玄宗尊号和尊称都做了程度不一的改编,并且把颂扬对象转移到了唐肃宗身上。P.3816 号文书《御注孝经赞并进表》的文本生成史,是多元政治影响下的文书书写之个案,是复合因素层累地作用下的产物,对于进一步理解敦煌文书的形成变化具有重要的价值和意义。

（原刊《国学学刊》2021 年第 3 期）

# 崔安潜墓志所见晚唐的雕版印刷

　　在中国古文献学史上,关于雕版印刷出现的具体年代一直存在争论,目前在海内外的各种观点及研究学术史的梳理方面,以辛德勇《论中国书籍雕版印刷技术产生的社会原因及其时间》一文堪称完备。之后,还有支持另外观点的文章出现。[1]综合来看,辛德勇的观点较为合理,雕版印刷技术是随着唐代密宗的兴起而出现的,产生时间不早于开元年间,首先刊刻的多是密宗的陀罗尼经咒,后来佛教徒用来印刷佛经,向基层社会生活的其他方面辐射,到了唐代中和时期印刷品的范围已经扩展到了星命类和字书小学类的书籍。[2]根据敦煌文书的材料,开元二十九年(741 年)是目前所见雕版印刷品出现的最早年份。[3]唐代的印刷品质量并不高,经过五代的完善,到了宋代雕版印刷才大行于世。关于唐代雕版印刷产生的背景和时间已经基本明了,由于传统史料的限制,可供探讨的余地并不多,不过在崔安潜墓志中有晚唐雕版印刷的记载,这给"雕版印刷"语义产生的词汇发展及其变化等方面提供了新的例证,使我们可以对相关问题的

---

　　[1] 郑也夫:《雕版印刷的起源》,《北京社会科学》2015 年第 8 期,第 4—20 页;陈力:《中国古代雕版印刷术起源新论》,《中国图书馆学报》2016 年第 2 期,第 5—14 页;沈艾秋思:《雕版印刷起源时间研究》,《北方文学》2017 年第 1 期,第 96—97、186 页。

　　[2] 辛德勇:《论中国书籍雕版印刷技术产生的社会原因及其时间》,《中国典籍与文化论丛》第 16 辑,南京:凤凰出版社,2014 年,第 1—143 页,收入氏著《中国印刷史研究》,北京:生活·读书·新知三联书店,2016 年,第 1—285 页。(本文引用以后者为据。)

　　[3] 荣新江:《盛唐长安与敦煌——从俄藏〈开元二十九年(741)授戒牒〉谈起》,《浙江大学学报》(人文社会科学版)2007 年第 3 期,第 17—18 页。

认识有所深化,故本文略陈管见,以为学界之参考。

### 一、雕版印刷语词考

关于唐代的雕版印刷,《梦溪笔谈》卷一八"毕昇发明活字印刷"条载:"板印书籍,唐人尚未盛行之。自冯瀛王始印五经,已后典籍,皆为板本。"①从沈括所言来看,宋代人们已经把雕版印刷简称为"板印"了。《汉语大词典》所引用"板印"一词的例证,就是《梦溪笔谈》这条材料,从表面来看"板印"是一个双音词,考察唐五代的文献始源,我们发现"板印"其实并不是一个双音词,而是短语词组在词汇化过程中所形成的一种缩略词。②

在五代时期,表达雕版印刷语义的短语多作"刻板印某"。《资治通鉴》卷二九一"后周太祖广顺三年"条载:"(五月)自唐末以来,所在学校废绝,蜀毋昭裔出私财百万营学馆,且请刻板印《九经》;蜀主从之。由是蜀中文学复盛。……(六月)初,唐明宗之世,宰相冯道、李愚请令判国子监田敏校正《九经》,刻板印卖,朝廷从之。丁巳,板成,献之。由是,虽乱世,《九经》传布甚广。"③"刻板印《九经》"为"动宾动宾"结构,"刻板印卖"为"动宾动动"结构,在短语词汇化的一般规律中,构成短语的动宾式双音词的动词成分所要表达的动作性比较弱,而在句法功能上发生了转类或者表示的是一类事件而不是一个具体的动作行为,宾语成分的名词则体现出具体性低的非典型名词的特征④,那么就此分析的话,宋代"板印"一词词汇化的来源只能是五代"刻板印《九经》"这个短语了。

上溯到唐代,"板印"一词的直接来源则是短语"雕板印纸"。《柳氏叙训序》

---

① 胡道静:《梦溪笔谈校证》,上海:上海人民出版社,2011年,第447页。

② 本文所讲的短语词汇化虽然和语言学研究中古语词的名称相同,实际所指有所差异,关于中古语词词汇化和短语之情况,请参考董秀芳《词汇化:汉语双音词的衍生和发展》(成都:四川民族出版社,2002年)一书的相关讨论。

③ [宋]司马光:《资治通鉴》,北京:中华书局,2007年,第9495页。

④ 董秀芳:《词汇化:汉语双音词的衍生和发展》,成都:四川民族出版社,2002年,第165—180页。

载:"中和三年癸卯夏,銮舆在蜀之三年也。余为中书舍人,旬休,阅书于重城之东南。其书多阴阳杂记、占梦相宅、九宫五纬之流,又有字书小学,率雕板印纸,浸染不可尽晓。"①在不同的文本整理中,有的学者的断句为"率雕板,印纸浸染,不可尽晓"②。根据语义结构和语法习惯,"雕板印纸"应当为一个短语,而沈括所言用"板印"来指称雕版印刷无疑与此有着直接的关联。《云溪友议》卷下《羡门远》:"纥干尚书泉,苦求龙虎之丹十五余稔,及镇江右,乃大延方术之士,乃作《刘弘传》,雕印数千本,以寄中朝及四海精心烧炼之者。"③据此来看,在晚唐时期"雕板印纸"亦有经过词汇化缩略成"雕印"一词的现象,不过似乎流传较少很快就不使用了。

"雕板印纸"短语到了五代时期还有不同的变化。义楚在后周世宗显德初所进《释氏六帖》后续中说:"所愿光辉佛日,毗赞僧田,上报圣恩,少裨遗法。志在开雕板印,冀广见闻,今已周圆。尽自皇王侯伯,及英达信士等,所有芳衔,列之如后。自甲寅年进。大周世宗皇帝敕付史馆收。"④在敦煌文书中,也发现了雕板印刷的短语。P.4514(6)《大慈大悲救苦观世音菩萨像》(图一)载:"弟子归义军节度瓜沙等州观察处置管内营田押蕃落等使特进检校太傅谯郡开国侯曹元忠雕此印板,奉为城隍安泰,阖郡康宁。东西之道路开通,南北之凶渠顺化。疠疾消散,刁斗藏音。随喜见闻,俱霑福佑。于时大晋开运四年丁未岁七月十五记。匠人雷延美。"⑤另 P.4514(1)《大圣毗沙门天王像》(图二)亦云:"北方大圣毗沙门天王,主领天下一切杂类鬼神,若能发意求□,恚得称心虔敬之徒,尽获福佑。弟子归义军节度使特进检校太傅谯郡曹元忠,请匠人雕此印板,惟愿国安人泰,社稷恒昌,道路和宁,普天安乐。于时大晋开运四年丁未岁七月十五日

---

① 陈尚君:《全唐文补编》,第 1067 页。关于柳玭此书书名文献记载有别,陈师尚君先生定名为《柳氏叙训》,具体参《唐柳玭〈柳氏叙训〉研究》,台湾师范大学《国文学报》2012 年第 51 期,第 147—172 页。

② [宋]叶寘:《爱日斋丛抄》,北京:中华书局,2010 年,第 3 页。

③ [唐]范摅撰,唐雯校笺:《云溪友议校笺》,北京:中华书局,2017 年,第 178—179 页。

④ 陈尚君:《全唐文补编》,北京:中华书局,2005 年,第 1358 页。

⑤ 上海古籍出版社、法国国家图书馆:《法藏敦煌西域文献》第 31 册,上海:上海古籍出版社,2005 年,第 244 页。

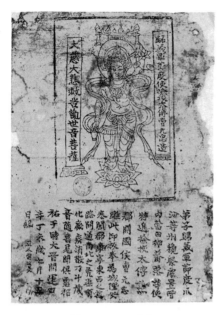

图一　P.4514（6）　　　　　图二　P.4514（1）

纪。"①同时，P.4514《金刚般若波罗蜜经》（图三）载："弟子归义军节度使特进检校太傅兼御史大夫谯郡开国侯曹元忠，普施受持。天福十五年己酉岁五月十五日记。雕板押衙雷延美。"②从文书中的题记可知，五代曹氏归义军时期，随着归义军政权在瓜沙等地的稳固，着力发展与中原的联系，这一时期敦煌与中原地区的文化交流比起前期要丰富得多③，其中关于雕版印刷品及其术语的传播亦是明证之一。敦煌文书中关于雕版印刷的短语分别是"雕此印板""雕板"等，敦煌出现的表示雕版印刷的短语，无疑受到了中原地区所使用的"雕板印纸"词组用法的影响。

　　宋代表示雕版印刷的"板印"一词乃是从短语"雕板印纸"词汇化发展而来的，但是在唐代，可确认的最早记载雕版印刷含义的词汇是"版印"。《册府元

① 上海古籍出版社、法国国家图书馆：《法藏敦煌西域文献》第31册，上海：上海古籍出版社，2005年，第228页。

② 上海古籍出版社、法国国家图书馆：《法藏敦煌西域文献》第31册，上海：上海古籍出版社，2005年，第264页。

③ 荣新江：《归义军史研究——唐宋时期敦煌历史考索》，上海：上海古籍出版社，2015年，第247页。

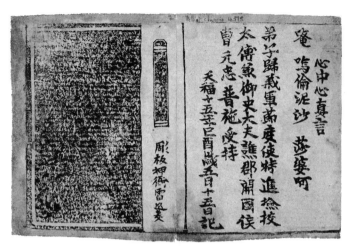

图三　P.4514

龟》卷一六〇《帝王部·革弊第二》载："（大和）九年十二月丁丑，东川节度使冯宿奏：准敕，禁断印历日版。剑南两川及淮南道皆以版印历日鬻于市。每岁司天台未奏颁下新历，其印历已满天下，有乖敬授之道，故命禁之。"①版印一词延续至今，在李致忠的论著中甚至以"版印"取名来表示雕版印刷的含义。②现今许多学者以为"版印"一词出自沈括《梦溪笔谈》，通过比勘《梦溪笔谈》的刊本情况，从覆宋本到明清刊本再到今天的主要整理本中，这个词汇均写作"板印"，唯有元刊《梦溪笔谈》作"版印"③，可见多数学者认为沈括使用的本字当为"板印"，元代刊本用字可能有其特殊的缘由。

　　幸运的是，在唐代石刻史料中也发现了对雕版印刷的记载，可以进一步促进对此问题的认识。崔安潜墓志（图四）载："江西观察使、检校右散骑常侍兼御史大夫。□所部八州，久无良吏布政，俗用偷薄，喜兴狱讼。公欲家（下缺）之，以望□□。自制劝善文，刻版印纸散下，部内民果迁善，速于置邮。其他殊尤政事，不可胜纪。朝廷嘉之，征拜户部侍郎。"④崔安潜任江西观察使时印刷劝善文，墓

---

　　①［宋］王钦若等：《宋本册府元龟》，北京：中华书局，1989年，第337页。
　　② 李致忠：《古代版印通论》，北京：紫禁城出版社，2000年。
　　③［宋］沈括：《元刊梦溪笔谈》卷一八，北京：文物出版社，1975年，第15页。
　　④ 李献奇、郭引强：《洛阳新获墓志》，北京：文物出版社，1996年，图版第131页、录文第309页；吴钢主编：《全唐文补遗》第6辑，西安：三秦出版社，1999年，第203页。

图四　崔安潜墓志局部(采自《洛阳新获墓志》)

志用"刻版印纸"来表示雕版印刷的含义。从年代分析,这个短语和"雕板印纸"的使用时间大约同时;从文字的使用来看,应该是从大和时期冯宿所说的"版印"一词发展变化而来,而这种变化正是语词的一种短语化发展。

不仅如此,在石刻文献中亦有"雕版"一词出现,这也是目前所见此词的最早例证。裴晧墓志铭文部分载:"雕版潜闷,式纪徽音。"①裴晧龙朔二年(662年)卒,三年(663年)葬,墓志此句铭辞正和序文中的"镂贞琬于重壤,庶终古以流徽"相对应,从墓志文撰写的互文性特征分析,此处"雕版"指的乃是在石头上镌刻文字,与后来的雕版印刷事无涉。当雕版印刷正式产生之后,第一个表示其语义的语词"版印",疑与"雕版"有所关联,可能在当时人的观念中,用木材来雕刻反体文字来印刷纸张就是从在碑刻上面镌刻文字发展变化而来的。判木为片,名之为版,雕版印刷术的材质主要是木板,但也是在其上雕刻文字的,二者有一定的相似性,"版印"一词可能就是从"雕版"用字演化而来的。不过在唐人的心目中,版字可能更多地和石头联系在一起,"版印"表达雕版印刷的含义还是不够明确,所以到了雕版印刷兴盛后又产生了表达含义更明确的"刻版印纸"短语。

版、板通,二字又为古今字,但在中古文字分化越来越细微的情况下,二者的基本字义已经有了很大的区别。板亦指片木,在晚唐用"刻版印纸"表达雕版印刷

---

① 杨明珠、张英俊:《唐裴晧及其妻郑氏墓志铭》,《文物季刊》1990年第1期,第45—49页;张希舜主编:《隋唐五代墓志汇编·山西卷》第1册,天津:天津古籍出版社,1991年,第17页;周绍良、赵超:《唐代墓志汇编续集》龙朔〇二八,上海:上海古籍出版社,2001年,第136页。

的含义时，人们可能在总结前人用字的基础上，又创造了"雕板印纸"短语来表示雕版印刷义。由于"雕板印纸"能够更明确地指示语义，在其出现后"刻版印纸"短语就很快退出了历史舞台，后来在五代时期的文字使用中，基本都是"雕板印纸"的变体用字，到了宋代时沈括直接就用"板印"来称呼雕版印刷了。后来随着雕版印刷的技术变化，到了今天人们反而更习惯使用"版印"这个词汇了。

综上所述，唐代最早表示雕版印刷语义的"版印"一词，约从指称在石头上镌刻文字的"雕版"用字变化而来，随着语义明确的需要又产生了短语"刻版印纸"，约与"刻版印纸"使用的同时，人们为了更贴切地表达语义又创造了"雕板印纸"这个短语。五代时期表示雕版印刷均沿用"雕板印纸"这一短语，到了宋代随着短语的词汇化出现了"板印"的称谓，一直使用到后代。

对于雕版印刷的称谓，唐代两个短语都使用了"印纸"一词。《汉语大词典》对"印纸"的定义为："旧时官府印发的各种表、簿以及证件等。"①目前对印纸的属性集中讨论过的有多位学者，他们指出唐宋时期在很多场合使用的"印纸"是作为官方取信凭证的，它们都是钤盖了官印的纸，而非经过印刷的纸。②除此之外，还有许多学者认为则天后和唐德宗时期文献记载的"印纸"应该是印刷品。③《汉语大词典》定义"印纸"时所引例证，为唐德宗时期记载"印纸"的文献，即《旧唐书》卷四九《食货志下》："市牙各给印纸，人有买卖，随自署记，翌日合算之。"④关于则天后时期的"印纸"情况，《汉语大词典》虽然未引作例证，但从定义可知语言学者依然认为"印纸"非印刷品。《资治通鉴》卷二〇四唐则天后天

---

① 罗竹风主编：《汉语大词典》第 2 册，上海：汉语大词典出版社，1988 年，第 516 页。

② 赵永东、王泉：《唐代印纸并非"雕版印刷"的"商业发票"》，《人文杂志》1991 年第 6 期，第 97—99 页；艾俊川：《唐宋的"印纸"与印信》，《中国典籍与文化》2012 年第 3 期，第 118—123 页；辛德勇：《论中国书籍雕版印刷技术产生的社会原因及其时间》，《中国印刷史研究》，北京：生活·读书·新知三联书店，2016 年，第 168—178 页。

③ 张秀民：《中国印刷术的发明及其影响》，北京：人民出版社，1958 年，第 62 页；杨希义：《唐代印纸考》，《人文杂志》1990 年第 4 期，第 98—99 页；曹之：《中国印刷术的起源》，武汉：武汉大学出版社，1994 年，第 276—281 页；潘吉星：《唐武周时期的雕版印刷史料》，《出版科学》1998 年第 1 期，第 34—36 页；李致忠：《再谈雕版印刷术的发明》，《文献》2007 年第 4 期，第 3—7 页；牛达生、牛志文：《武则天·印纸·印刷术》，《寻根》2008 年第 6 期，第 86—88 页。

④ ［后晋］刘昫等：《旧唐书》，北京：中华书局，2007 年，第 2126 页。

授二年十月条载:"王庆之见太后,太后曰:'皇嗣我子,奈何废之?'庆之对曰:''神不歆非类,民不祀非族。'今谁有天下,而以李氏为嗣乎!'太后谕遣之。庆之伏地,以死泣请,不去,太后乃以印纸遗之曰:'欲见我,以此示门者。'自是庆之屡求见,太后颇怒之,命凤阁侍郎李昭德赐庆之杖。昭德引出光政门外,以示朝士曰:'此贼欲废我皇嗣,立武承嗣。'命扑之,耳目皆血出,然后杖杀之,其党乃散。"①不过后来其他学者在讨论中多未参考《汉语大词典》的意见。

诸家讨论"印纸"内涵的时候,似乎都没有关注过《柳氏叙训序》所言的"雕板印纸"短语,从柳批描述的情况来看,此时的"印纸"已经具有了印刷品的语义。《崔安潜墓志》亦云"刻版印纸",此处的"印纸"也指的是印刷品。综合来看,到了晚唐时期,"印纸"除了第一条义位之外,已经产生了表示印刷品的第二条义位,第二条义位正是在第一条义位基础上发生的转移变化②,此可补《汉语大词典》之阙。前贤讨论"印纸"的语义时均有不完善之处,随着"雕板印纸"短语的词汇化,缩略为"板印"。当"板印"成为表达雕版印刷的固定语词后,"印纸"指称印刷品的义位也随之消失,只剩下第一条基本义位存在了。

### 二、雕版印刷在精英阶层中的使用

崔安潜墓志在 20 世纪初出土于洛阳伊川县鸦岭乡胡坡村中,现藏于洛阳市文物考古研究院。志并盖青石质,长宽均 87 厘米,盖题 4 行 16 字,阴刻篆书"唐故太子太师赠太尉清河崔公墓志铭";志文正书,50 行,满行 50 字,上部和左边数行字迹磨灭不可识。为讨论方便,摘录相关内容如下:

> 陟拜司封郎中知制诰。满岁,转中书(下缺)转□□俪□不下笔。擢授

① [宋]司马光:《资治通鉴》,北京:中华书局,2007 年,第 6475 页。
② 关于语义转化的讨论,参蒋绍愚《古汉语词汇纲要》(北京:商务印书馆,2005 年)第 77—81 页和赵克勤《古代汉语词汇学》(北京:商务印书馆,2005 年)第 131—134 页。

尚书右丞,充弘文馆学士,判院事,赐紫金鱼袋。出郎吏二人,皆时相所厚,秉正(下缺)江西观察使、检校右散骑常侍,兼御史大夫。□所部八州,久无良吏布政,俗用偷薄,喜兴狱讼。公欲家(下缺)之,以望□□。自制劝善文,刻版印纸散下,部内民果迁善,速于置邮。其他殊尤政事,不可胜纪。朝廷嘉之,征拜户部侍郎(下缺)出□忠武军节度使、检校礼部尚书,兼御史大夫,转兵部尚书。下车枭跋扈将李可封,舍其部曲不问。属邑(下缺)七人□□,合兵千余,久不能捕。公出奇策,立致入谢。因数其罪,悉命戮之。吏士振惧,当暑而栗。乾符末,民王(下缺)州众咸谓鼠狗耳,曷足置襟抱间。公独深忧,密奏请□诏诸道同击平之。复继陈平贼策,辄为持权者□□□□公曰:吾谋□人□,固封围而人益,缮勉训励。增垒环子城凡八千步。后贼众数万,不敢犯境。时南诏乘西蜀虚,上章侮慢,请(下缺)天子为□□。朝廷忧,不知所出。即移公充西川节度、安抚云南八国等使,加检校尚书右仆射。公以蜀兵脆弱,夜□刺以尊北□□□军号,择良将统之,军声殷然。天子闻而喜曰:吾释西顾忧矣。公复按故事,庭见其使赵宗正□□□以违□□监约,小不事大之失数千百言。且曰:归语尔王,必欲涉吾境,王宜自来,坑竖子耳。宗正额汗喉喘,不敢仰视□。乃□□□□以恩礼,示之信义。宗正俯泣曰:愿归国致一听公命。因厚礼遣之。蜀境□□,及是王仙芝党黄巢联陷荆广(下缺)俗。词语益苦,愈为持权者所不乐,诬以他事,移太子宾客,分司东都。改太子少师。而僖宗皇帝(下缺)□出狩于蜀,忆公先见之明,且惧东夏人心或摇,思用重臣,往镇抚之。诏起公检校右仆射,留守东都(下缺)有过之言,正为戎设;保厘之绩,不孤朝寄。再岁,征拜刑部尚书,旋检校司空平章事,充大明宫留守。未几,(下缺)梁汉邠宁节度使朱玫扶□□王煴监国,旋即伪位。百官逃,不能远者悉为胁制。公时近在河中,玫胁(下缺)公誓之以死,拒不赴召。及朱玫败,僖宗嘉公节义,迁右仆射,入觐行在。时东诸侯兵益盛,朝论宜杖(下缺)度之,□授公忠武义成两节度、诸道租庸、关东宣谕制置等使、检校司徒门下侍郎平章事。凶门未凿,值禁(下缺)三日苦战,岐师败。方逸,将骄卒暴,人情凶惧,日虞其复有变也。诏留公守左仆射,兼凤翔尹。陇州(下缺)事如神。不累日,刃匣弓櫜,民出□语。加检校司徒平章事,俄拜左仆射,改太子太傅,迁御史大夫。皆沥(下缺)中充平卢军节度使。而平卢军情怀岐师恩,愿得帅子为帅。公即驻节,无棣奏伺朝旨,而不知郡刺史(下缺)右如雨。公亲登阵督战,以逆顺理激励吏士,无不一当十。累月,城竟不拔关壁。征拜检校司徒(下缺)太子太师,检校如故。公年高满足,以不任趋,谢翔鸾阙下数年。上省方关辅,复拜左仆射。连下数诏,(下缺)上方出狩,不敢进□□□入觐,且坚让官秩。乾宁四年冬,舆疾及华之短亭,上甚喜,立命中贵(下缺)劳问。仲□子胤,时已□入相侍公,受□宣。自丞相博陵崔公远、镇国军节度、太尉、昌黎韩公建,与□(下缺)下□□□近代无比之(下缺)八日,优诏许公择便颐养,俟勿药征用。明年戊午五月三十日,薨于华州敷(下缺)□。①

崔安潜,晚唐著名的政治人物、诗人,两《唐书》有传。崔安潜,两《唐书》本传均云其字为"进之",而墓志文字整理者有别,《全唐文补遗》隶定为"延之",李献奇等隶定为"进之",今核对图版磨泐严重难以卒读,不过按照分析来看应以"进之"为是。安潜于乾宁四年(897年)患疾,光化元年(898年)五月卒,史书未载其享年,墓志因文字磨损亦不可知。崔从有子五人,依排行为彦方、慎由、周恕、安潜、彦冲。安潜有子三人,依次为桤、舣、征。②崔彦冲卒于乾符五年,享年七十二岁,据此推算,当生于元和二年(807年)。从撰文者安潜署名为"季弟"来看③,安潜当为崔从五子中的幼子,而非为第四子也,并可据彦冲生年对安潜的出生时间有大致推断。崔彦冲墓志载其"实太师第三子",则崔从五子排行应

① 杨明珠、张英俊:《唐裴皞及其妻郑氏墓志铭》,《文物季刊》1990年第1期,第45—49页;李献奇、郭引强:《洛阳新获墓志》,北京:文物出版社,1996年,第309—310页;吴钢主编:《全唐文补遗》第6辑,西安:三秦出版社,1999年,第203—204页;任昉:《〈洛阳新获墓志〉释文补正》,《故宫博物院院刊》2001年第5期,第44页。笔者在此基础上核对了图版,对录文有所调整。

② 夏炎:《中古世家大族清河崔氏研究》,天津:天津古籍出版社,2004年,第174页;胡可先:《新出石刻与唐代文学家族研究》,北京:北京大学出版社,2017年,第423页。

③ 赵君平、赵文成:《秦晋豫新出墓志蒐佚》,北京:国家图书馆出版社,2011年,第1078页。

为彦方、慎由、彦冲、周恕、安潜。

据两《唐书》本传①,可对崔安潜生平整理如下:宣宗大中三年(849年)登进士第,曾历司封郎中。在懿宗咸通时为江西观察使,之后徙忠武军节度使。至僖宗乾符五年(878年)为成都尹、剑南西川节度使。因高骈谗言,崔安潜被罢为太子宾客,分司东都。黄巢起义爆发后,王铎为诸道行营都统,安潜为副,待收复两京后,崔安潜因功加至检校侍中。广明元年(880年)入朝任吏部尚书,中和二年(882年)为太子少师,龙纪元年(889年)为平卢节度使,未至任而还,后来累迁至太子太傅等职。转观墓志,则对崔安潜生平历官记载得更为详细:崔安潜进士及第后,释褐试秘校,再为盐铁巡官。入授万年县尉、直弘文馆。拜监察御史。入台为行殿中侍御史。再为礼部员外郎,出为节度判官、检校礼部郎中。又拜吏部员外郎,迁长安县令。陟拜司封郎中知制诰。满岁,转中书舍人。擢授尚书右丞,充弘文馆学士判院事。任江西观察使、检校右散骑常侍兼御史大夫。征拜户部侍郎,出为忠武军节度使、检校礼部尚书,兼御史大夫,转兵部尚书。移西川节度、安抚云南八国等使,加检校尚书右仆射。移太子宾客,分司东都。改太子少师。任检校右仆射,留守东都。征拜刑部尚书,旋检校司空平章事,充大明宫留守。迁右仆射。授忠武义成两节度、诸道租庸、关东宣谕制置等使、检校司徒、门下侍郎平章事。守左仆射,兼凤翔尹。加检校司徒平章事,俄拜左仆射,改太子太傅,迁御史大夫。征拜检校司徒,又拜太子太师。关于崔安潜卒后之赠官,本传载为太子太师或太师,从崔安潜和其子多方墓志所述来看,约以太尉为确。②崔慎由墓志为崔安潜书,崔彦冲墓志和崔师蒙墓志均由安潜撰文,慎由墓志(咸通九年)署名为"季弟朝请大夫守中书舍人柱国安潜虔奉理命衔哀以书"③,彦冲墓志(乾符六年)署名为"季弟剑南西川节度使银青光禄大夫检校尚书右仆射

① [后晋]刘昫等:《旧唐书》卷一七七《崔安潜传》,北京:中华书局,2007年,第4580—4581页;[宋]欧阳修、宋祁:《新唐书》卷一一四《崔安潜传》,北京:中华书局,2006年,第4199—4200页。
② 夏炎:《中古世家大族清河崔氏研究》,天津:天津古籍出版社,2004年,第172页。
③ 周绍良、赵超:《唐代墓志汇编续集》,上海:上海古籍出版社,2001年,第1074页。

兼成都尹御史大夫安潜撰"①,师蒙墓志(咸通五年)署名为"堂弟荆南节度判官将仕郎试太常寺协律郎崔安潜撰"②,据此可对崔安潜的历职时间有进一步的认识。

崔安潜为西川节度使时,还兼"安抚云南八国等使"。《资治通鉴》卷二五三"唐僖宗乾符五年十二月"条:"南诏使者赵宗政还其国。中书不答督爽牒,但作西川节度使崔安潜书意,使安潜答之。"③南诏酋望赵宗政于乾符五年四月来唐廷请和亲。《新唐书》卷二二二中《南诏下》载:"是时,骈徙节镇海,劻澹等沮议,帝蒙弱不能晓,下诏尉解。西川节度使崔安潜上言:'蛮蓄鸟兽心,不识礼义,安可以贱隶尚贵主,失国家大体? 澹等议可用。臣请募义征子,率十户一保,愿发山东锐兵六千戍诸州,比五年,蛮可为奴。'久之,帝手诏问安潜和亲事,答曰:'云南姚州譬一县,中国何资于彼而遣重使,加厚礼? 彼且妄谓朝廷畏怯无能为,脱有它请,陛下何以待之? 且天宗近属,不可下小蛮夷。臣比移书,不言舅甥,黜所僭也。有如蛮使者不复至,当遣谍人伺其隙,可以得志。'"④崔安潜所上书内容,正可和墓志记述赵宗正的话语相印证。赵宗政,墓志载为赵宗正,按照一般写作情况,其名字应以墓志记载为是。

《资治通鉴》卷二五三唐僖宗乾符四年七月条:"忠武都将李可封戍边还,至邠州,迫胁主帅,索旧欠粮盐,留止四日,阖境震惊。秋,七月,还至许州,节度使崔安潜悉按诛之。"⑤在唐代中期以后,陈州和许州设有巡院,忠武军是唐廷监视藩镇动向的行政中心之一。在唐朝最后的三十年,尤其在平定黄巢之乱的战事中,忠武军脱离了唐廷的有效掌控,至朱全忠控制忠武军后,则在晚唐政

① 赵君平、赵文成:《秦晋豫新出墓志蒐佚》,北京:国家图书馆出版社,2011年,第1078页。
② 齐运通:《洛阳新获七朝墓志》,北京:中华书局,2012年,第367页;齐运通、杨建锋:《洛阳新获墓志二〇一五》,北京:中华书局,2017年,第349页。
③ [宋]司马光:《资治通鉴》,北京:中华书局,2007年,第8209页。
④ [宋]欧阳修、宋祁:《新唐书》,北京:中华书局,2006年,第6291—6292页。
⑤ [宋]司马光:《资治通鉴》,北京:中华书局,2007年,第8192页。

局中扮演着特殊的作用。①这种中原型藩镇由于在唐朝的腹心之地,具有控扼河朔、屏障关中、沟通江淮的重要战略地位和军事地位。②诛杀李可封事,崔安潜曾两度出任忠武军节度使,都说明了崔安潜和皇帝之间的密切关系,同时也说明了他在晚唐政局中的独特作用和影响力。墓志还记载了朱玫为乱之时拉拢胁迫崔安潜之事,可补史阙。关于崔安潜生平参与的重要历史事件,文献记载较详细,而墓志却给我们提供了崔安潜更为具体的仕宦经历,为进一步深入了解他的社会影响和政治活动提供了完整的细节情况。

《新唐书》卷一九九《柳冲传》载:"过江则为'侨姓',王、谢、袁、萧为大;东南则为'吴姓',朱、张、顾、陆为大;山东则为'郡姓',王、崔、卢、李、郑为大;关中亦号'郡姓',韦、裴、柳、薛、杨、杜首之;代北则为'虏姓',元、长孙、宇文、于、陆、源、窦首之。"③清河崔氏乃山东五姓之一,位列中古时期著名的大士族之内,在唐代历史上出现了大量的政治人物和文化精英,而崔安潜所在的南祖房则属于清河崔氏内非禁婚家的定著房之一。④

一般认为,科举为寒素开路,其实就唐代近三百年历史而言,只有则天后时期的科举对寒素稍具影响,到了晚唐时期发生的各种政潮,实际上依旧是士族之间的争执。中晚唐以后,进士成为大士族振兴或延续其家族的重要因素,故大士族子弟纷纷缘引科举以达其保持地位的目的。⑤梳理唐代相关科举文献,可以对崔安潜家族的登科情况统计如下:崔融,仪凤元年(676年)中辞殚文律科;崔翘,十四明经高第,十六拔萃甲科;崔从,贞元元年(785年)进士及第;崔慎由,大和元年(827年)进士及第;崔安潜,大中三年(829年)进士及第;崔慎由子崔胤,乾符二年(875年)进士及第。崔安潜三子中,崔彦方子敬嗣墓志载

① 黄清连:《忠武军:唐代藩镇个案研究》,《"中研院"历史语言研究所集刊》第64本第1分册,1993年,第89—134页。
② 张国刚:《唐代藩镇研究》,北京:中国人民大学出版社,2011年,第50页。
③ [宋]欧阳修、宋祁:《新唐书》,北京:中华书局,2006年,第5677—5678页。
④ 毛汉光:《中古山东大族著房之研究》,《中国中古社会史论》,上海:上海书店出版社,2002年,第231页。
⑤ 毛汉光:《唐代大士族的进士第》,《中国中古社会史论》,上海:上海书店出版社,2002年,第364页。

"堂弟将仕郎守京兆府渭南尉直弘文馆栀撰"①，崔舣墓志载其"年廿八（景福元年，892年），擢进士甲科第"②，崔征墓志题为"唐故进士清河崔府君墓志铭并序"③，由此可知崔栀、崔舣、崔征三兄弟中至少崔舣、崔征二人乃进士及第。

崔融，有"唐之巨笔"的美称。崔翘④，盛唐诗人，今存诗三首，结合崔翘墓志和他的文学作品来看，其文学地位一是改变了官场文风，二是三首诗就代表了三种不同的诗歌类型，展现了他的诗歌实绩。崔异，颇具文名，与元结等人关系密切。崔从擅文，今存《请定举放官私钱事宜状》一篇，据此可见其文采。崔慎由，亦擅长文学，有"学究阃奥，文擅精华"之誉。崔安潜，能诗能文，颇具特色。⑤关于崔安潜父祖的历官情况：崔融为中书舍人、国子司业，修国史，谥曰文；崔翘为礼部尚书、东都留守，赠太子太傅，谥曰成；崔异为尚书水部员外郎、渠州刺史，赠太子太保；崔从为检校尚书右仆射兼御史大夫、淮南节度使，赠太师，谥曰贞。⑥崔从和崔安潜父子二人历任藩镇节帅，都属于文官节度使，官位尊崇。崔慎由相唐宣宗，崔胤相唐昭宗。纵观崔安潜家族在中晚唐的发展，举进士进而出将入相，但是他们一门显赫的缘由并不是清河崔氏的士族门阀身份所带来的，而是利用进士及第后所营造的援引、仕宦和婚姻圈建立起了一个属于清流文化家族的社会网络。

陆扬分析了清流文化中词臣家族的相关问题，指出词臣在唐代中期以后逐渐成为政治文化核心价值的代言人和化身，也是唐朝官僚系统中最受瞩目和尊敬的成员。⑦崔安潜家族的人员多仕宦显达，除了清流文化的家族认同

---

① 李献奇、郭引强：《洛阳新获墓志》，北京：文物出版社，1996年，第305页。
② 周绍良、赵超：《唐代墓志汇编》乾宁〇〇七，上海：上海古籍出版社，1992年，第2534页。
③ 李献奇、郭引强：《洛阳新获墓志》，北京：文物出版社，1996年，第308页。
④ 吴钢主编：《全唐文补遗》第9辑，西安：三秦出版社，2007年，第368—370页。
⑤ 胡可先：《新出石刻与唐代文学家族研究》，北京：北京大学出版社，2017年，第414—435页。
⑥ 周绍良、赵超：《唐代墓志汇编续集》，上海：上海古籍出版社，2001年，第1074页。关于崔安潜父辈的历官情况，本文以崔慎由墓志记载为准。
⑦ 陆扬：《论唐五代社会与政治中的词臣与词臣家族》，《北京大学学报》（哲学社会科学版）2013年第4期，第6页，收入氏著《清流文化与唐帝国》，北京：北京大学出版社，2016年，第284页。

之外,无疑也与其山东旧族的身份有很深的关联,可以说崔安潜家族是相对于词臣家族的另一种甚至更重要的清流家族的代表,而以崔从和崔安潜父子为代表的文官节度使群体,无疑正是以进士科仕宦成功的典型例证。崔安潜家族崇尚清流文化,是标榜礼法门风的奕代簪缨之家,由于他们身份和背景的特殊性,旧门第的一些观念自然会融合到新的价值理念当中①,而这正是崔安潜家族有别于一般清流词臣家族的地方,有着属于自己的门风特点。

关于崔安潜在文学方面的情况,胡可先有较为充分的讨论。崔安潜今存诗一首《报何泽》,据《唐摭言》和《唐诗纪事》等记载,可知崔安潜和罗邺多有往来。崔安潜撰写的崔彦冲和崔师蒙墓志文,则从另一个角度展示了他在"文"方面的才华,如彦冲墓志全用散文笔法,有叙述,有对话,有情节的铺排,文章轻重安排妥当,与一般的四六句墓志文的写作模式有别。②

崔安潜任江西观察使、检校右散骑常侍兼御史大夫,本传言在"咸通中",一般多认为时间在咸通十三年(872 年)至乾符二年(875 年)。③据墓志可知崔安潜在咸通十三年在江西任职时,自制劝善文,然后刻版印纸发给八州民众,以期达到教化一方的目的。《元和郡县图志》卷二八《江南道四》:"(江西观察使)管州八:洪州、饶州、虔州、吉州、江州、袁州、信州、抚州。管县三十八。都管户二十九万三千一百八十。"④江西观察使管辖八州三十八县,墓志说崔安潜把劝善文散发之后,"部内民果迁善,速于置邮"。虽然无法从墓志确知当时崔安潜印刷下发的印刷品数量,不过根据所要分发下达的州县地域范围来看,当时印刷的文本数量颇为可观,那么印刷物品的作坊规模亦当不小。

---

① 陆扬:《唐代的清流文化》,本文初刊于北京大学中国古代史研究中心编《田余庆先生九十华诞颂寿论文集》,北京:中华书局,2014 年,第 545—567 页。此观点乃修订稿所见,《清流文化与唐帝国》,北京:北京大学出版社,2016 年,第 234 页。

② 胡可先:《新出石刻与唐代文学家族研究》,北京:北京大学出版社,2017 年,第 420 页。

③ 吴廷燮:《唐方镇年表》,北京:中华书局,1980 年,第 846—847 页;郁贤皓:《唐刺史考全编》,合肥:安徽大学出版社,2000 年,第 2267—2268 页。

④ [唐]李吉甫:《元和郡县图志》,北京:中华书局,2008 年,第 669 页。

关于崔安潜自制的劝善文内容无法确知,不过根据教化对象来看,文字应该通俗易懂,同时会有佛教劝善思想在内,不过世俗色彩可能略浓一些,其内容约和敦煌发现的 S.5702《秀禅师劝善文》相类似。[①]在崔安潜任职江西之前,纥干臮亦曾在江西雕印《刘弘传》数千本。纥干臮,领江西观察使、洪州刺史职约在大中元年至三年(847—849 年)。[②]比较纥干臮和崔安潜的雕版行为,二者所刊印的规模都比较大,不过他们有一个最大的不同点,即纥干臮是单纯的个人行为,而崔安潜印制劝善文在一定意义上讲已经是官方的行为,在这种情况下来看的话崔安潜的行为就蕴含了某种特殊的含义。

综上所言,崔安潜作为清河崔氏南祖房的子弟,在晚唐时期不仅仅是唐廷中举足轻重的政治人物,还是当时清流士族的代表,加之他在诗歌文章方面的影响力,可以说在他身上集中体现了晚唐时期士大夫阶层的精英群体的某些特征。在他身上所发生的事情,对于当时的社会来讲具有巨大的影响力。黄永年曾指出从唐穆宗到唐僖宗的半个多世纪中,多数知识分子、官僚显贵还没有使用雕版印刷[③],以此来看的话,崔安潜在咸通十三年江西观察使任上使用雕版印刷的事情,无疑就成为唐代晚期精英人群对雕版印刷的使用及其接受的标志性事件,也表明雕版印刷真正地步入了清流士大夫阶层。

### 三、雕版印刷的咸通时代

目前发现的唐代印刷品实物约有 13 件,分别为西安沣西造纸网厂唐墓出土的纸本《陀罗尼咒经》、安徽阜阳唐墓出土的残纸本《陀罗尼咒经》、西安柴油

---

① 朱凤玉:《敦煌劝善类白话诗歌初探》,南华大学敦煌学研究中心编:《敦煌学》第 26 辑,新北:乐学书局,2005 年,第 75—92 页;杨富学、张田芳:《敦煌本〈秀禅师劝善文〉考释》,《世界宗教文化》2017 年第 2 期,第 104—109 页。

② 郁贤皓:《唐刺史考全编》,合肥:安徽大学出版社,2000 年,第 2264 页。

③ 黄永年:《古籍版本学》,南京:江苏教育出版社,2005 年,第 44—45 页。

机械厂唐墓出土的纸本《陀罗尼咒经》、西安冶金机械厂唐墓出土的纸本《陀罗尼咒经》、四川成都唐墓出土的纸本《陀罗尼咒经》、西安碑林藏西安自来水一厂唐墓出土的绢质《陀罗尼咒经》、西安三桥出土的纸本《陀罗尼咒经》、西安西郊唐墓出土的汉文纸本《陀罗尼咒经》、西安碑林藏纸本《陀罗尼咒经》、中国国家博物馆藏绢质《陀罗尼咒经》、凤翔唐墓出土的绢质《陀罗尼咒经》等。关于这批文物的年代，霍巍以为年代较早者可早到中唐时期，相对较晚者可到晚唐以后。①由于唐代发现的《陀罗尼咒经》均无纪年，且形式相似，只有成都出土品和西安沣西造纸网厂出土品的年代得到了学界公认，分别定其年代为晚唐和盛唐②，其他几件出土品主流观点认为年代定在中晚唐比较合适。③《陀罗尼咒经》的制作方式有三种，一是完全的手绘本，二是印绘结合本，三是印刷本，现今所知标准的印刷本最晚在晚唐时期已经出现。④

韩国、日本发现的许多所谓的唐代印刷品，对其年代学界至今争论不定，可确认时代的印刷品以敦煌文书中发现的开元二十九年（741 年）的授戒牒和咸通九年（868 年）的印刷品《金刚般若波罗蜜经》为代表。⑤S.P2《金刚般若波罗蜜经》（图五）题记为"咸通九年四月十五日，王玠为二亲敬造普施"，乃是王玠为父母祈福出资雕刻印刷的文书，此经卷长 488 厘米，宽 30.5 厘米，是现存唐代雕版印刷品中印刷质量最好的实物。⑥俄藏 Дх.2880《具注历》乃残片文本⑦，邓文宽通过对其残留文字的考证，认为此文书应为《唐大和八年甲寅岁（834

---

① 霍巍：《唐宋墓葬出土陀罗尼经咒及其民间信仰》，《考古》2011 年第 5 期，第 81—92 页。

② 冯汉骥：《记唐印本陀罗尼经咒的发现》，《文物参考资料》1957 年第 5 期，第 48—50、70 页；安家瑶、冯孝堂：《西安沣西出土的唐印本梵文陀罗尼经咒》，《考古》1998 年第 5 期，第 86—92 页。

③ 宿白：《唐宋时期的雕版印刷》，北京：文物出版社，1999 年，第 1—11 页；孙机：《唐代的雕版印刷》，见杨泓、孙机《寻常的精致》，沈阳：辽宁教育出版社，1996 年，第 208—209 页。

④ 马世长：《大随求陀罗尼曼荼罗图像的初步考察》，荣新江主编《唐研究》第 10 卷，北京：北京大学出版社，2004 年，第 527—562 页；李翎：《大随求陀罗尼咒经的流行与图像》，严耀中主编：《唐代国家与地域社会研究（中国唐史学会第十届年会论文集）》，上海：上海古籍出版社，2008 年，第 349—385 页。

⑤ 关于敦煌吐鲁番文书中出土刻本的情况，可参阅秦桦林《丝绸之路出土汉文刻本研究》，杭州：浙江大学博士论文，2014 年，第 73—78 页。

⑥ 中国社会科学院历史研究所、中国敦煌吐鲁番学会敦煌古文献编辑委员会、英国国家图书馆、伦敦大学亚非学院：《英藏敦煌文献》第 14 册，成都：四川人民出版社，1995 年，第 241 页。

⑦ 俄罗斯科学院东方研究所圣彼得堡分所、俄罗斯科学出版社东方文学部、上海古籍出版社：《俄藏敦煌文献》第 10 册，上海：上海古籍出版社，1998 年，第 109 页。

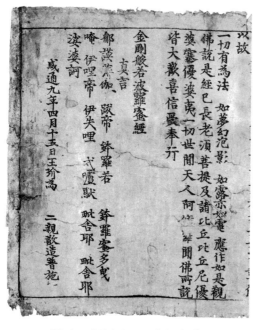

图五　咸通九年 S.P2《金刚经》

年)具注历日》,正和文献记载大和九年冯宿奏禁断历日版有关联。[①]俄藏 Дх.2881+Дх.2882《开元二十九年受戒牒》(图六)[②],在文书的 13—19 行的上部空白处,有三个印刷而成的黑色佛像,这是目前所知中国印刷史上时代最早的实物资料。[③]《具注历》和冯宿事相吻合,《金刚经》则和崔安潜墓志所载其刻版印纸劝善文的时代相对应。尤其可贵的是,在咸通时期的这两条材料中,均有刊刻者的具体信息,特别是崔安潜墓志给我们提供了在咸通时期清流士大夫使用雕版印刷的珍贵材料。

针对中国历史上的雕版印刷,向达提出了"咸通时代"的说法。他说:

> 中国刊书是否创始于唐,李唐一代在刊书史上之变迁若何,俱以文献不足,难征其全,唯就所得诸家之言,考其时代,则大都在唐懿宗咸通或其后不远之际。是刊书之事,当自此始渐为士大夫所注意,因而形诸纪述。今总称之曰咸通时代。……故在咸通之时,雕印书籍,即已偏布于长江、黄河两流域间,则其盛可知矣。[④]

---

① 邓文宽:《敦煌三篇具注历日佚文校考》,《敦煌研究》2000 年第 3 期,第 108—122 页。

② 俄罗斯科学院东方研究所、俄罗斯科学出版社东方文学部、上海古籍出版社:《俄藏敦煌文献》第 10 册,上海:上海古籍出版社,1998 年,第 109—110 页。

③ 荣新江:《盛唐长安与敦煌——从俄藏〈开元二十九年(741)授戒牒〉谈起》,《浙江大学学报》(人文社会科学版)2007 年第 3 期,第 17—18 页。

④ 向达:《唐代刊书考》,《唐代长安与西域文明》,北京:生活·读书·新知三联书店,1957 年,第 124,129 页。

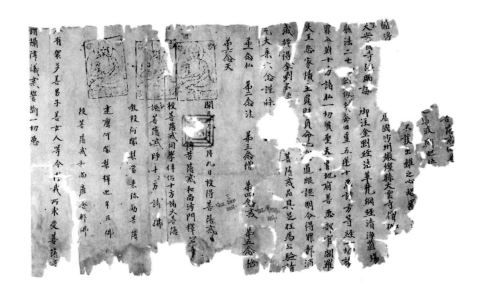

图六　《开元廿九年授戒牒》

　　晚唐的雕版印刷,以两京和蜀地为盛。安史之乱爆发后,唐玄宗仓促入川,无疑也会把这项技术带入成都, 为日后成都成为雕版印刷的重要基地奠定了基础,这在考古发现的《陀罗尼咒经》中即可见一斑。司空图《为东都敬爱寺讲律僧惠确化募雕刻律疏》记载了他为惠确撰文化募的情况,辛德勇进一步推断出相关佛教典籍刊刻时间约在文宗时期前后,即与大和九年(835年)民间雕版印刷历日约略同时①,此说不论时间对否,仅据司空图的生平分析来看此事约发生在咸通末他第一次入洛之时。②日本僧宗叡在咸通三年(862年)来唐,咸通六年(865年)回国,当时带回的除经卷外,杂书中有"西川印子《唐韵》一部五卷,同印子《玉篇》一部三十卷",均说明在咸通时期印刷物已经普及到了字书领域。③从上面能够确认年代的印刷品和文献记载来看,咸通时期是雕版印刷

　　① 辛德勇:《司空图的〈为惠确化募雕刻律疏〉与唐代后期佛教典籍的印制规模》,《中原文化研究》2017年第3期,第8—14页。

　　② 向达:《唐代刊书考》,《唐代长安与西域文明》,北京:生活·读书·新知三联书店,1957年,第127—128页。

　　③ 黄永年:《古籍版本学》,南京:江苏教育出版社,2005年,第53页。

迅速发展的一个阶段。考古发现的几件定位在晚唐时期的《陀罗尼经咒》，怀疑其中不乏咸通时代的刊本。

那么，印刷史上的"咸通时代"为什么会产生呢？我们以为，这和整个唐代后期的政治文化息息相关。雕版印刷的技术产生是伴随着密教的兴起日益成熟的，在发展的过程中按照正常轨迹的话，应该有更多的实物留存下来，但是伴随安史之乱的发生，不仅造成了唐朝政权的崩溃，同时对社会文化产生了巨大的破坏，而刚刚出现的雕版印刷术也不可避免地受到了影响。安史之乱对佛教发展造成了影响。①安史之乱后，代宗、德宗、宪宗朝佛教日益壮大。到了敬宗时信奉道教，并引道士赵归真出入禁中。文宗时已有毁法之议，至大和五年（831 年）一度禁止度僧及营建寺院，到了武宗时更是发生了长达数年之久的会昌法难。②

《资治通鉴》卷二四八"唐武宗会昌五年七月"条载："上恶僧尼耗蠹天下，欲去之，道士赵归真等复劝之；乃先毁山野招提、兰若，敕上都、东都两街各留二寺，每寺留僧三十人；天下节度、观察使治所及同、华、商、汝州各留一寺，分为三等：上等留僧二十人，中等留十人，下等五人。余僧及尼并大秦穆护、祆僧皆勒归俗。寺非应留者，立期令所在毁撤，仍遣御史分道督之。财货田产并没官，寺材以葺公廨驿舍，铜像、钟磬以铸钱。"③到了八月壬午，正式诏陈佛教之弊，宣告中外。至此共毁佛寺四千六百余所，还俗者二十六万多人，收良田数千万顷，奴婢十五万人。唐武宗抑制佛教，实际上从他登基为帝时就逐渐开始了，这从圆仁《入唐求法巡礼行记》中可以清晰地看到相关的情况。这次灭佛活动持续了几年时间。因为早期的印刷品多为佛教徒使用，所以在唐武宗会昌灭佛时除了大规模毁坏寺院，强迫僧人还俗等措施外，同时还对这类与佛教信仰相关的印刷品进行了焚坏，也许考古发现的印刷品实物数量之少与此不无关联。

① ［美］斯坦利·威斯坦因：《唐代佛教》，上海：上海古籍出版社，2010 年，第 66 页。
② 汤用彤：《隋唐佛教史稿》，北京：北京大学出版社，2010 年，第 17—41 页。
③ ［宋］司马光：《资治通鉴》，北京：中华书局，2007 年，第 8015—8016 页。

会昌三年(843年)六月,"太子詹事宗卿进佛教《涅槃经》中撰成三德廿卷,奉敕:《大圆伊字镜略》廿卷,具已详览。佛本西戎之人,教张不生之说;孔乃中土之圣,经闻利益之言。而韦宗卿素儒士林,衣冠望族,不能敷扬孔墨,翻乃溺信浮屠,妄撰胡书,辄有轻进。况中国黎庶久染此风,诚宜共遏迷聋,使其反朴;而乃集妖妄,转惑愚人。位列朝行,岂宜自愧。其所进经,内中已焚烧讫。其草本,委中书门下追索焚烧,不得传之于外"①。另,《入唐求法巡礼行记》卷四"会昌四年三月"载:"今上便令焚烧经教,毁拆佛像。起出僧众,各归本寺。"②在会昌时期,随着大量僧侣还俗返回各地,也会把与佛教信仰活动密切关联的雕版印刷技术传播到各地,为后来印刷术的复兴埋下了伏笔。

会昌六年(846年)三月,武宗崩,宣宗即位。《入唐求法巡礼行记》卷四"会昌六年"载:"(五月廿二日)新天子姓李。五月中大赦。兼有敕:'天下每州造两寺。节度府许造三所寺。每寺置五十僧。去年还俗僧年五十已上者许依旧出家。其中年登八十者国家赐五贯文。还定三长月。依旧断屠。'"③针对武宗灭佛所带来的消极作用,宣宗开始复佛,不过力度极为有限,实行的是在限制中让佛教发展的政策。晚唐佛教重新兴盛是到了懿宗时期。懿宗作为宣宗长子,由于受到宣宗的控制被关在十六宅中度过了多年囚徒般的生活,等他即位后即纵欲行乐,所费不可胜数,同时又十分佞佛。懿宗登基后即诛杀了道士赵归真等人,并于禁中设讲席,亲为唱经。在咸通十四年(873年)三月,懿宗还遣使凤翔法门寺迎佛骨,广造浮图宝帐、香辇等,皆装饰以珠玉。④懿宗在位期间,在政治上建树不多,乏善可陈,除了其个人原因之外,也与唐朝当时的体制和朝政密切相关。不过从另一方面来看,似乎正是懿宗崇佛的各种举措,使得佛教大兴,而伴随佛教徒的各种需求,此时的雕版印刷亦应得到了大力发展,以此来看的

① [日]圆仁撰,白化文等校注:《入唐求法巡礼行记校注》,北京:中华书局,2019年,第411页。
② [日]圆仁撰,白化文等校注:《入唐求法巡礼行记校注》,北京:中华书局,2019年,第429页。
③ [日]圆仁撰,白化文等校注:《入唐求法巡礼行记校注》,北京:中华书局,2019年,第488页。
④ 黄楼:《唐懿宗身世新考》,武汉大学中国三至九世纪研究所编《魏晋南北朝隋唐史资料》第22辑,武汉大学文科学报编辑部编辑出版,2005年,第98—103页。

话政治上的颓败，反而促成了印刷史上"咸通时代"的出现，可谓历史的两面性往往是出乎人们意料的。

《石林燕语》卷八载："世言雕板印书始冯道，此不然，但监本《五经》板，道为之尔。柳玭《家训序》，言其在蜀时，尝阅书肆，云'字书、小学，率雕板印纸'，则唐固有之矣，但恐不如今之工。今天下印书，以杭州为上，蜀本次之，福建最下。京师比岁印板，殆不减杭州，但纸不佳；蜀与福建多以柔木刻之，取其易成而速售，故不能工；福建本几遍天下，正以其易成故也。"①宋代版刻以杭州、蜀地、福建为三大中心，在晚唐时期可以确认的版刻中心有两京、剑南两川、淮南道、江西等地，从考古实物和文献记载来看均不乏其例，尤其是崔安潜墓志给我们说明了在咸通时期江西雕版印刷业的发展面貌。

唐代中晚期，江西道的粮食、手工业品、矿产品、造船业在整个唐朝的经济命脉中发挥着重要的作用，尤其是江西和淮南之间的交通往来十分频繁，在当时具有很大的影响。②江西处于长江中游，以江州为枢纽，可以连接蜀地和江淮，在南部中国的地理上处于相对中心的位置；同时还是沟通岭南和中原的大庾岭道的交通要地，从洪州向南经虔州、大庾岭道可以到达广州，向北经过江州、襄州可以直达中原，是贯穿南北的一条主要道路。③江西吉州生产的陟厘纸、信州生产的藤纸、临川生产的滑薄纸均享誉当时。段成式《寄温庭筠云蓝纸绝句并序》载："予在九江，出意造云蓝纸。既乏左伯之法，全无张永之功。辄送五十枚，并绝句一首，或得闲中暂当药饵也。"④段成式任江州刺史在咸通初年，可见咸通时期江西的造纸业比较发达，这些都为当地的雕版印刷业发展提供了原料支持。

在晚唐历史上，从宣宗到懿宗约三十年间是相对较为安定的阶段，也可以

---

① [宋]叶梦得：《石林燕语》，北京：中华书局，1984年，第116页。

② 韩国磐：《唐代江西道的经济和人文活动一瞥——读唐史札记》，《江西社会科学》1982年第4期，第78—88页。

③ 陈金凤：《江西通史·隋唐五代卷》，南昌：江西人民出版社，2008年，第182—194页。

④ 陈尚君：《全唐诗补编》，北京：中华书局，1992年，第421页。

说是清流士大夫治理唐廷的时期。在这个阶段,雕版印刷得到了快速的发展,尤其是经过咸通时代的转变,到了五代时期终于出现了印刷经书的现象,这都为宋代雕版印刷的完善和普及奠定了重要的基础。在一定程度上来讲,"咸通时代"乃是雕版印刷史上不可或缺的必备阶段之一。

## 结　语

崔安潜墓志,为我们呈现出了晚唐咸通时期的高层官员、清流宦族和文人士大夫对雕版印刷的态度和使用情况,正是由于这种社会精英阶层的推动,才为五代时期的印制经书奠定了基础。雕版印刷在唐代的发展,肇启于密宗的兴起,随着武宗灭佛行动而一度处于低谷,到了咸通时期又随着佛教的兴盛,在各个地区各个阶层间不同程度上得到了推广,至此雕版印刷方显示出自己独立的发展态势,为中华文化的传播发挥着日益重要的作用。

（原刊中古史集刊编委会编《中国中古史集刊》第 5 辑,商务印书馆,2018 年）

# 奚智父子墓志与北魏后期墓志形制变化中的晋制

 在中国墓志文化发展的过程中，北魏孝文帝迁都洛阳所带来的影响是十分重要和显著的，奠定了墓志成为后世葬俗礼仪的基础。墓志作为墓葬随葬品中独特的一类，兼有文本性和物质性的特征。关于北魏后期墓志文化的发展和变化，以前学者多从内容和文体学的角度展开讨论，近年墓志的物质性构成越来越引起学界的关注，产生了许多重要的研究成果。一般而言，在太和十八年（494 年）北魏迁都洛阳后，墓志的使用在数量上呈现出喷发式的增长，使用的人群以元魏宗室和胡汉大族居多，对比平城时代的墓志，最大的改变就是在墓志文的撰写中吸取了新的因素，形成了较为成熟的墓志文体。关于洛阳时代北魏墓志文体的变化，中日学者通过对冯熙、冯诞父子墓志的研究，认为这种新变背后有着北魏朝廷和孝文帝的推动作用，尤其是王肃在北魏后期墓志文化的生成过程中发挥了重要的作用①，而这种变化不是对南朝墓志形式简单的复

---

 ① ［日］梶山智史:《北魏における墓誌銘の出現》,《骏台史学》第 157 号,2016 年,第 23—46 页;刘连香:《北魏冯熙冯诞墓志与迁洛之初陵墓区规划》,《中原文物》2016 年第 3 期,第 82—89 页;［日］梶山智史:《北朝の墓誌文化》,《魏晋南北朝史のいま》,东京:勉诚出版株式会社,2017 年,第 278—288 页;［日］窪添慶文:《墓誌を用いた北魏史研究》,东京:汲古书院,2017 年,第 5—124 页;徐冲:《冯熙墓志与北魏后期墓志文化的创生》,荣新江主编《唐研究》第 23 辑,北京:北京大学出版社,2017 年,第 109—143 页;［日］梶山智史:《北朝における墓誌の普及と類型》,《刻まれた記憶と記録——中国石刻史料データベースの構筑·活用と可能性》,东京:东洋大学アジア文化研究所,2019 年,第 33—62 页。

制和移植,而是通过丧家、文士和朝廷的多重参与形成的,是丧家在政治社会方面彰显其家族身份和地位的外化表现。①

墓志在北魏后期成了丧葬文化中十分重要的一类随葬品,在葬礼过程中墓志承担着一定的展示功能,而这种展示的对象主要是从家宅到葬地之间路途上所有的人群。对于这些人群而言,墓志的外形首先被视觉所触及。在墓葬内墓志被放置于墓室内或甬道中。由此现象可以看出墓志在整个丧葬礼仪中的重要性。在洛阳时期,北魏墓志的形制以正方形或近正方形为主要形式,可能已经形成了一套对墓志外形尺寸以及装饰纹样的等级规定,虽然传世文献没有相关的记载,但从大量的考古发现中可以大致总结出人员的品级和墓志形制之间的对应关系。②

汉唐之间墓葬形制有很大的变化,总的趋势是从多室墓向单室墓转变,随葬品逐渐由仪仗组合取代了模型明器组合,经过五百余年的变化和调整,形成了考古学中所称的"晋制",而北魏平城时期和洛阳时期墓葬形制的新变无疑就是晋制影响下的产物。③墓志的形制除了有其自身发展的规律之外,外形特征的变化深刻地受到了墓葬晋制的影响,作为晋制下墓葬随葬品中的重要一环,透过墓志形制的演变,会加深我们对北魏墓葬晋制的认识。

关于晋制在北魏墓葬形制中的反映,倪润安已经从墓葬形制、随葬品的多种变化等方面进行了讨论④,不过对于墓志在晋制影响下的形制演变还有可供分析的余地。奚智、奚真父子墓志一为圆首碑形,一为方形,正属于北魏墓葬晋

---

① 徐冲:《从"异刻"现象看北魏后期墓志的"生产过程"》,《复旦学报》2011年第2期,此据《中古时代的礼仪、宗教与制度》中的修订稿,上海:上海古籍出版社,2012年,第423—447页;徐冲:《冯熙墓志与北魏后期墓志文化的创生》,荣新江主编《唐研究》第23辑,北京:北京大学出版社,2017年,第109—143页。

② 赵超:《试谈北魏墓志的等级制度》,《中原文物》2002年第1期,第56—63、68页;苗霖霖:《北魏后宫墓志等级制度试探》,《史林》2010年第5期,第51—56页。除此种意见之外,还有学者认为北魏墓志并未形成等级制度,如[日]松下宪一《北魏墓志的等级制度考略》(中国魏晋南北朝史学会:《第十届年会暨国际学术研讨会论文集》第542—550页)等。

③ 齐东方:《中国古代丧葬中的晋制》,《考古学报》2015年第3期,第345—365页;霍巍:《六朝陵墓装饰中瑞兽的嬗变与"晋制"的形成》,《考古》2015年第2期,第103—113页。

④ 倪润安:《光宅中原:拓跋至北魏的墓葬文化与社会演进》,上海:上海古籍出版社,2017年。

制转型演变过程中的典型个案。本文在分析墓志文体的基础上，探讨北魏迁洛之后晋制对墓志形制的影响，进而窥视墓志文化在南北朝时期国家正统争夺中的表现及其意义。

### 一、北魏后期新型墓志文体的来源及其表现

奚智、奚真墓志 1926 年出土于河南孟津地区，旋归于右任收藏，1938 年于右任将其捐献给陕西省历史博物馆（今西安碑林博物馆前身），这是鸳鸯七志斋藏品中比较特殊的一组父子墓志。

奚智墓志（图一）呈圆首碑形，高 57 厘米，宽 40 厘米，文字正体，14 行，满行 17 字，刊刻时间为正始四年（507 年）。为讨论方便，谨移录志文如下：

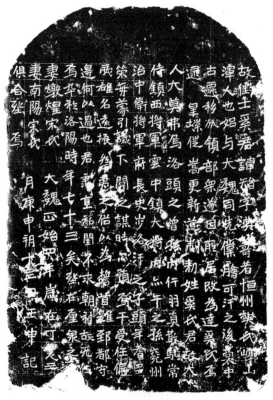

图一　奚智墓志拓本

故征士奚君讳智，字渳筹者，恒州樊氏嶬山浑人也。始与大魏同先，仆脸可汗之后裔。中古迁移，分领部众，遂因所居，改为达奚氏焉。逮皇业徙嵩，更新道制，敕姓奚氏。君故大人大莫弗乌洛头之曾孙，内行羽真散骑常侍镇西将军云中镇大将内亦干之孙，兖州治中卫将军府长史步洛汗之子。头年者多策，每蒙引议，下关之谋，时亦预焉。干受任遍威，雄名远振，为夷之俗，以为誓首，

虽郅都守边,何以过也。君秉直私闺,不求朝利,故无任焉。卒于洛阳,时年七十三矣。葬在廛泉之源。妻燉煌宋氏。大魏正始四年岁在丁亥三妻南阳宗氏。月庚申朔十三日壬申记。俱合葬焉。①

奚真墓志(图二)呈方形,长宽均47厘米,文字正书,20行,满行20字,刊刻于正光四年(523年)。为讨论方便,谨移录志文如下:

魏故孝廉奚君墓志铭

君讳真,字景琳,河阴中练里人也。其先盖肇侯轩辕,作蕃幽都,分柯皇

图二　奚真墓志拓本

① 赵力光:《鸳鸯七志斋藏石》,西安:三秦出版社,1995年,第22页;赵超:《汉魏南北朝墓志汇编》,天津:天津古籍出版社,2008年,第50页。

魏,世庇琼荫,绵弈部民,代匡王政。可谓芬桂千龄,松茂百世者矣。高祖大人乌筹,量渊凝雅,若岳镇瞩,国祚经始,百务怠殷。帏谋幄议,每蒙列预,故外抚黎庶,内赞枢衡。又尝为昭成皇帝尸位,尊公傅,式拟王仪,蒙赐鸡人之官,肃旅之卫。曾祖使持节镇西将军云中镇大将干,气略勇毅,威偃边夷,并流声所莅,勋刊秘牒。祖治中长史翰,弱冠多艺,书剑两闲,佐州翼府,每著能迹。父征君智,自生简亮,卷默玄赜,养德间詹,不干荣利。君资累叶之桢,禀气而慧,内穆宗门,外和乡邑。故为邦人所宗,本郡察孝焉。恕保永算,位登邦社,如何不吊,瘿兹患祸。春秋六十,卒于河阴西乡。宗亲噪愕,朋故悲恻,子思礼等既倾穹旻,结楚山河,乃刊玄石,悕铭不朽。其辞曰:庆自福生,验若符契,君禀先灵,诞降而慧。易色奉亲,肃躬当世,治家外接,两修能济。如何不吊,遘患殂弊,山宇长沦,泉门永翳。大魏正光四年岁在癸卯十一月癸未朔廿七日己酉葬于洛京西瀍泉之源。夫人乐安孙氏合葬。①

奚智父子出自帝室十姓之一,《魏书》卷一一三《官氏志》载:"至献帝时,七分国人,使诸兄弟各摄领之,乃分其氏。自后兼并他国,各有本部,部中别族,为内姓焉。年世稍久,互以改易,兴衰存灭,间有之矣,今举其可知者。献帝以兄为纥骨氏,后改为胡氏。次兄为普氏,后改为周氏。次兄为拓跋氏,后改为长孙氏。弟为达奚氏,后改为奚氏。次弟为伊娄氏,后改为伊氏。次弟为丘敦氏,后改为丘氏。次弟为侯氏,后改为亥氏。七族之兴,自此始也。"②北魏早期历史上,七分国人是拓跋族发展的一个重要阶段,奚智和奚真墓志所言其族出的情况,正可以和相关史料相验证,为理解具体的过程提供了可贵的线索。③奚真墓志言其

① 赵力光:《鸳鸯七志斋藏石》,西安:三秦出版社,1995年,第64页;赵超:《汉魏南北朝墓志汇编》,天津:天津古籍出版社,2008年,第142页。
② [北齐]魏收:《魏书(修订本)》,北京:中华书局,2017年,第3265—3266页。
③ 相关研究颇多,参考[日]松下宪一:《北魏胡族体制论》,札幌:北海道大学出版会,2007年;陈鹏:《拓跋鲜卑七分国人时间异说形成考》,《魏晋南北朝隋唐史资料》第28辑,武汉大学人文社会科学学报编辑部,2012年,第55—69页。

高祖为"昭成皇帝尸位",不仅说明了达奚氏和皇族的密切关系,更是魂人在北魏社会中的重要体现。①奚智父子墓志记载的家族状况,前人讨论颇多,此不赘述。

关于墓志的写作体例,明代王行总结道:"凡墓志铭书法有例,其大要十有三事焉:曰讳、曰字、曰姓氏、曰乡邑、曰族出、曰行治、曰履历、曰卒日、曰寿年、曰妻、曰子、曰葬日、曰葬地。"②所谓十三事,主要是指墓志文中序文部分的必备因素。北魏墓志文不一定满足十三事的全部要求,不过核心的内容基本都有。一篇完整的墓志文体由志题、序文和铭文三个部分组成,结合这三个部分和十三事的书写变化,是分析墓志文体发展演变的时代特征及其社会意义的基本途径。

奚智墓志刊刻于正始四年(507年),还保留着北魏墓志文的某些早期特征,没有志题和铭文部分,整篇墓志的撰写基本符合十三事的规范,不过缺少了"卒日"和"子"两个事项。奚真墓志刊刻于正光四年(523年),墓志文体中志题、序文和铭文齐全,序文写作中也缺少"卒日"和"子"两个事项。平城时期墓志文的内容比较简略,序文基本只有姓名、官历和死亡年三个方面内容,奚智父子墓志文中十三事已经接近了齐全,这也是北魏墓志在迁洛后走向成熟的体现。平城时期的墓志志题有称为"墓表"的,基本还没有写作"墓志铭"的情况出现,到了迁洛后墓志的志题多数作"墓志铭",不同时期志题的名称虽然有别,不过对于墓志文体来讲没有根本性的变化。对比奚智父子墓志,二者在文体上的最大差异就是铭文的有无,而铭文的出现也是北魏前后期墓志具有实质性变化的特征之一。

---

① 段锐超、段元秀:《"魂人"礼俗与北魏文化认同》,《民俗研究》2017年第1期,第71—79页;段锐超:《两方墓志再现拓跋鲜卑"魂人"习俗》,《寻根》2017年第5期,第44—47页;顾春军:《驳北魏"魂人"说兼谈相关问题——与段锐超、段元秀就〈"魂人"礼俗与北魏文化认同〉一文商榷》,《民俗研究》2017年第5期,第50—58页。
② 〔明〕王行:《墓铭举例》卷一,《石刻史料新编》第三辑第40册,新北:新文丰出版股份有限公司,1986年,第65页。

太和十八年孝文帝迁都洛阳给北魏墓志形制带来了巨大的改变,墓志成为丧葬习俗是从这个时间开始的,尤其在孝明帝时期普及各个阶层。在北魏墓志普及的过程中,一般学者认为文体新变尤其带铭文的新型墓志文本是从南朝传入北魏的,经过北魏社会的吸收进而成为当时墓志文体的重要组成部分。目前在南朝发现的最早书写有铭文的是宋大明八年(464年)的刘怀民墓志,此志清末出土于山东益都,长51厘米,高48厘米,略呈方形,端方旧藏,现收藏于京都大学人文科学研究所,墓志文为:

> 宋故建威将军齐北海二郡太守笠乡侯东阳城主刘府君墓志铭。茗茗玄绪,灼灼飞英,分光汉室,端禄宋庭。曾是天从,凝睿穷灵,高沉两克,方圆双清。眩紫皇极,剖金连城,野兽朝浮,家犬夕宁。淮棠不翦,渑鸦改声。履淑违征,潜照长冥。郑琴再寝,吴涕重零。铭恸幽石,丹□□□。君讳怀民,青州平原郡平原县都乡吉迁里。春秋五十三,大明七年十月己未薨。粤八年正月甲申葬于华山之阳朝。夫人长乐潘氏,父询,字士彦,给事中。君前经位,□条如左:本州别驾,勃海清河太守,除散骑侍郎,建威将军盱眙太守。①

刘怀民墓志文志题、序文和铭文齐全,不过先铭后序,与后世成熟的墓志文体有别,可能是墓志文体的早期形态表现。学界一般把墓志文中"墓志"一词的出现作为墓志起源的标志之一,早期学者认为刘怀民墓志中出现的"墓志"是最早的例证,随着新材料的不断涌现,在刘怀民墓志之前使用"墓志"来标志墓志的有刘宋永初二年(421年)谢珫墓志,据此来看北魏墓志中使用"墓志铭"的源头并不一定是刘怀民墓志。

完全成熟的墓志文体具有志题、序文和铭文,尤其是铭文更具有独特地

---

① 毛远明:《汉魏六朝碑刻校注》第三册,北京:线装书局,2008年,第119页。

位。序文重在叙事,铭文重在颂德。最早的墓志铭文从碑的铭文承袭而来,碑志中使用铭文,使铭实现了文体的一大转换,并派生了一个崭新的功能,就是抒发序文的未尽之意。①今天学者关注墓志,主要是偏重序文而忽视铭文,但是在古人撰写墓志文的时候,都是以铭文为主体、序文为补充的,所以中古时期的墓志志题多写作"某某墓志铭并序"②。甚至在北魏时还出现了只有铭文而无序文的情况,如景明二年(501年)赵谧墓志等。③关于墓志文体形成的时间,从《文选》开始相沿甚久的说法当以颜延之撰《王球墓志》为标志④;程章灿最早也是这种观点,后来他修正己说,指出有行文格式的墓志是一种起源于晋宋之际的江左文体形态⑤;孟国栋则认为墓志文体的形成当在魏晋时期。⑥

《南齐书》卷十《礼志下》云:

> 建元二年,皇太子妃薨,前宫臣疑所服。……有司奏:"大明故事,太子妃玄宫中有石志。参议:墓铭不出礼典。近宋元嘉中,颜延作王球石志。素族无碑策,故以纪德。自尔以来,王公以下,咸共遵用。储妃之重,礼殊恒列,既有哀策,谓不须石志。"从之。⑦

从上面的话语可以看出,石质墓志起源于元嘉十八年(441年)的王球墓志,墓志本身不是出于礼典。南朝墓志的流行是从王球墓志开始的。王球墓志的一个特点就是铭辞在墓志文体中的使用。在这个时期,帝陵和士族墓葬均采

---

① 程章灿:《墓志铭的结构与名目——以唐代墓志铭为例》,《古籍整理研究学刊》1997年第6期,第44—46页。

② 胡可先:《中古墓志铭的文体形态与书写规则》,《浙江大学学报》(人文社会科学版)2019年第3期,第64—81页。

③ 罗新、叶炜:《新出魏晋南北朝墓志疏证》(修订本),北京:中华书局,2016年,第54页。

④ 黄金明:《汉魏晋南北朝诔碑文研究》,北京:人民文学出版社,2005年,第285页。

⑤ 程章灿:《墓志文体新论》,《学术研究》2005年第6期,第136—140页。

⑥ 孟国栋:《墓志的起源与墓志文体的成立》,《浙江大学学报》(人文社会科学版)2013年第5期,第139—149页。

⑦ [梁]萧子显:《南齐书》(修订本),北京:中华书局,2017年,第170—171页。

取了聚葬的形式，朝廷的重臣和官吏并不陪葬帝陵，在丧葬礼制上表现出士族用家族墓分区以抗衡皇权。①南朝铭辞墓志的出现，就是在皇权再度垄断墓碑这一纪念物的背景下，对士人群体做出的文化补偿，由此形成的士族和皇权共存的一种文化模式。②

《文章缘起》载晋东阳太守殷仲文为其从弟作墓志，此志早于王球墓志30余年，虽然志文今已不存，但从当时的文学风尚来看此志应该使用铭文。西晋傅玄撰《江夏任君墓铭》为："君讳倏，承洪苗之高胄，禀岐嶷之上姿。质美珪璋，志邈云霄。景行足以作仪范，柱石足以虑安危。弱冠而英名播乎遐迩，拜江夏太守。内平五教，外运六奇，邦国人安，飘尘不作。铭曰：峨峨任君，应和秀生。如山之峙，如海之淳。才行阐茂，文武是经。群后利德，泊然弗营。宜享景福，光辅上京。如何夙逝，不延百龄。"③任倏墓志有序有铭无志题，十三事中只有讳、姓氏、族出和履历四事，这可能是墓志文体形成过程中的早期现象。墓志文体形成的典型个案是西晋元康九年（299年）的贾皇后乳母徐氏墓志，徐氏墓志呈圭首碑形，高86厘米，宽50厘米，两面刊刻文字，1953年出土于洛阳地区，其志文为：

> （碑阳）晋贾皇后乳母美人徐氏之铭。美人讳义，城阳东武城人也。其祖祢九族，出自海滨之寓。昔以乡里荒乱，父母兄弟终亡，遂流离迸窜司川河内之土。娉处大原人徐氏为妇。美人姿德，迈纵文母；立身清洁，逮矣伯姬。温雅闲闲，容容如也。居家里治，模范过于仁夫。不下堂而睹四方。忨育群子，勋导孔明，教化猛于严父，恩覆诞于春阳。机神聪鉴，闻于远近，接恤施惠，称于四邻。人咸宣歌，邑室是遵。晋故侍中行大子大保大宰鲁武公

① 韩国河：《魏晋时期丧葬礼制的承传与创新》，《文史哲》1999年第1期，第31—36页。
② 徐冲：《冯熙墓志与北魏后期墓志文化的创生》，荣新江主编《唐研究》第23辑，北京：北京大学出版社，2017年，第126页。
③ ［清］严可均：《全上古三代秦汉三国六朝文》，北京：中华书局，1958年，第3451页。

贾公,平阳人也。公家门姓族,鲜于子孙。夫人宜城君郭,每产辄不全育。美人有精诚笃爽之志,规立福祚,不顾尊贵之门。以甘露三年岁在戊寅,永保乳贾皇后及故骠骑将军南阳韩公夫人。美人乳侍,在于婴孩。抱劬养情若慈母,恩爱深重过其亲。推燥居湿,不择冰霜,贡美吐飡,是将寝不安枕,爱至贯肠。劬语未及,导不毗匡。不出闺阁,戏处庭堂。声不外闻,颜不外彰。皇后天姿挺茂,英德休康。年十三,世祖武皇帝以贾公翼赞万机,辅弼皇家。泰始六年岁在庚寅正月,遣宗正卿泗浍子陈惶娉为东官皇大子妃。妃以妙年,托在妾庶之尊。美人随侍东官,官给衣裳,服冕御者。见会处上待礼,若宾有所。论道非美人不说,寝食非美人匪卧匪食,游观非美人匪涉不行,技乐嘉音非美人匪睹不看。润洽之至,若父若亲。大康三年五月廿四日,武皇帝发诏,拜为中才人。息烈,司徒署军谋掾。大熙元年四月廿二日,武皇帝薨。皇帝陛下践祚。美人侍西官,转为良人。永平元年三月九日,故逆臣大傅杨骏委以内授举兵,图危社稷。杨大后呼贾皇后在侧,视望口候,阴为不轨。于时官人实怀汤火,惧不免豺狼之口,倾覆之祸,在于斯须。美人设作虚辞。皇后得弃离。元恶骏伏罪诛。圣上嘉感功勋。元康元年拜为美人。赏绢千匹,赐御者廿人。奉秩丰重,赠赐隆溢。皇后委以庶绩之事,托以亲尼。宰膳同于细御,宠遇殊持。元康五年二月,皇帝陛下中诏,以美人息烈为大子千人督。抽擢荣覆,积累过分,实受大晋魏魏之恩。美人以元康七年岁在丁巳七月寝疾,出还家宅,自疗治。

(碑阴)皇帝陛下、皇后、慈仁矜愍,使黄门旦夕问讯,遣殿中大医、奉车都尉关中侯程据、刘琬等,就家瞻视。供给御药、饮食众属,皇后所嗷珍奇异物,美人悉蒙之。疾病弥年,增笃不损。厥年七十八。以八年岁在戊午四月丁酉朔廿有四日丙□直平戊时丧殒。皇后追念号咷,不自堪胜。赐秘器衣服,使官人女监宋端临亲终殡。赐钱五百万,绢布五百匹,供备丧事。皇帝陛下遣使者郎中赵旋奉三性祠。皇后遣兼私府丞谒者黄门中郎将成公苞奉少牢祠于家堂墓次。九年二月五日,祖载安措,永即窈窆。子孙攀慕断绝,永无瞻奉。呜呼哀哉。遂作颂曰:穆穆美人,迈德娥英,齐纵姜姒,登于紫庭。涉历阙闼,二宫是经,侍侧皇家,扶奖顺声。启悟谶微,国政修明,宪制严威,美人惟听。退迩慕赖,宣歌驰名,当享无穷,永寿青青。昊天不吊,奄弃厥龄,神爽飞散,长幽窭窭。悠悠痛哉,千秋岂生,号咷割剥,崩碎五情。谨赞斯颂,终始素铭。①

徐氏墓志正背两面的文字组成一篇完整的墓志文本,从墓志文体的要素来看,志题、序文和铭文完整,其撰者应该是朝廷中的文章大手笔,徐氏墓志无疑应该是墓志文体形成的标志之一。

既然墓志文体的形成时间在汉晋时期,那么南北朝墓志书写的文本渊源又是什么呢？现存东晋南朝墓志数量接近 80 种，朱智武根据不同时代墓志文体的差异，分为了三个阶段:1. 东晋到刘宋大明年间。这个时期的墓志文内容比较简单,通常不超过 300 字,十三事并不齐全,中后阶段开始注意文辞的修饰,并出现了以“墓志”为称呼的语词。2. 大明末到萧齐时期。第一期的墓志形制基本不见,序文和铭文成为这个时期内墓志文本的基本格式,不过二者的位置并不固定,开始出现了撰者的记载。3. 萧梁到陈朝。这个时期墓志文体基本成熟,书写格式趋于统一,序前铭后,志题多写作“墓志铭”或“墓志铭并序”,铭文篇幅增加,几乎和序文相当,序文中骈文句式大量使用,文学色彩强烈,但记事作用减弱。②由于东晋南朝墓志文体的特点,很可能让人认为这个时期的墓志并不是西晋墓志的延续,而是某种文化中断后的重新回归和发展,比较东晋南朝的墓志特点,可以看出都是在西晋各类墓志形制下的发展和演变,并不存在文化上的割裂现象。

孝文帝迁都洛阳后,北魏墓志文化呈现出蓬勃的发展状态。洛阳时代的墓志从太和十九年(495 年)开始,其文体就和平城时期迥异,尤其是冯熙和冯诞

① 河南省文化局文物工作队第二队:《洛阳晋墓的发掘》,《考古学报》1957 年第 1 期，第 169—185 页;赵超:《汉魏南北朝墓志汇编》,天津:天津古籍出版社,2008 年,第 9—10 页。
② 朱智武:《东晋南朝墓志研究》,新北:花木兰文化出版社,2014 年,第 261—265 页。

墓志都会加深我们的这种意识。正因为这种差异性,许多学者认为北奔的王肃把南朝的新墓志知识带到了北魏,并被孝文帝所运用,然后逐渐扩大到元魏宗室和高官显贵中使用。①这种观点成立的前提是北魏文化远远落后于南朝,而且南北之间交通不便,北魏对于南朝社会中的重大事件一无所知。那么,历史事实真的如此吗?

平城地区的司马金龙夫妇墓是北魏中期一座有代表性的墓葬。司马金龙是司马懿弟司马馗的九世孙,因为刘裕诛杀诸司马,其父司马楚之降魏,受到北魏朝廷的礼遇和重视。司马金龙墓葬的形制和随葬器物都显示其受到了西晋葬俗的影响,并在融合关陇和河西文化的基础上,初步形成了北魏墓葬自身特有的物质文化,成为北魏中期丧葬文化的集中表现。②太和十八年十月六日刊刻的陶浚墓志长 51 厘米,宽 49.5 厘米,略呈正方形。陶浚为司徒录尚书事,乃陶渊明之孙,应当是由南入北之人。③陶浚墓志形制和司马金龙妻钦文姬辰墓志相类,说明墓志的制作者都有着东晋文化背景。崔亮、刘芳和郭祚等著名文士,"皆以文学为帝所亲礼,多引与讲论及密议政事"④,在太和改制时期还参与了澄清流品的事项。孝文帝时期,南北交聘颇多,达三十多次,这些交聘使节自身具有文化内涵,还兼有搜集情报的使命。⑤齐永明十一年魏臣房景高、宋弁等人出使南齐,时王融接待,房景高和宋弁分别询问王融作《曲水诗序》一事。

① [日]梶山智史:《北魏における墓誌銘の出現》,《駿台史学》第 157 号,2016 年,第 23—46 页;[日]梶山智史:《北朝の墓志文化》,《魏晋南北朝史のいま》,东京:勉诚出版株式会社,2017 年,第 278—288 页;[日]窪添慶文:《墓誌を用いた北魏史研究》,东京:汲古书院,2017 年,第 5—124 页;[日]梶山智史:《北朝における墓誌の普及と類型》,《刻まれた記憶と記録——中国石刻史料データベースの構筑·活用と可能性》,东京:东洋大学アジア文化研究所,2019 年,第 33—62 页。

② 倪润安:《光宅中原:拓跋至北魏的墓葬文化与社会演进》,上海:上海古籍出版社,2017 年,第 175—176 页。

③ 洛阳市文物局:《洛阳出土北魏墓志选编》,北京:科学出版社,2001 年,第 3 页文,第 215 页图。

④ [宋]司马光:《资治通鉴》卷一三九"齐纪五·明帝建武元年",北京:中华书局,2007 年,第 4370 页。

⑤ 逯耀东:《北魏与南朝对峙期间的外交关系》,《从平城到洛阳:拓跋魏文化转变的历程》,北京:中华书局,2006 年,第 256—289 页;蔡宗宪:《中古前期的交聘与南北互动》,新北:稻乡出版社,2008 年;史睿:《南北朝交聘记的基础研究——以〈酉阳杂俎〉为中心》,《中国典籍与文化》2016 年第 1 期,第 143—153 页;史睿:《北朝士族音韵之学与南北交聘》,《文史》2016 年第 4 期,第 53—68 页。

当时北魏都城尚在平城,南方文人一篇新作就已经被北方士人知晓,这些都说明在当时的北魏朝廷中对于南朝的知识和文化是比较了解的,并不是处于完全不知的状态。①故有学者指出,北魏后期北方的文化在礼乐改革的过程中塑造了与南朝有别的文学观念和文学作品,形成了新的文学风尚,取得的成就并不逊色于南朝,最终使北朝文学的发展达到了新的水平。②

北魏文学发展受到崔浩事件的影响,汉族文士大量被杀,不过到了献文帝时期开始恢复,到孝文帝时呈现出繁荣的面貌,在太和初年光以写作哀诗和诔文著名者已超过了百人。不仅如此,孝文帝时期朝廷诗赋唱和十分盛行,元魏宗室中就有元勰、元僖、元丕、元澄、元桢等人经常参加,这些人多是孝文帝南迁的重要支持者。从孝文帝汉化改革的参与者来看,大部分是河北、凉州和青齐士人,他们多有任职中书省的经历,加之出身和政治观念相似,组成了一个强大的文化集团。从这方面来看,孝文帝改革的参与者的知识背景有着一致性,而由南入北的归降南人很难真正融入其中,南朝因素在文化中的影响,无疑是相当微弱的。③王肃在孝文帝后期改制过程中发挥了一定的作用,但是他入魏时间较晚,而且是以边将的身份长期居于前线,仅仅在宣武帝时期短暂位居要津,如此来看的话,王肃本人在迁都改制中的作用可能并没有想象的那样重要,他可以作为北朝礼学上的参考对象之一,而很难担当主创者的角色。④在孝文帝时期,北魏的制度发生了很大的变化,即以晋制作为国家方针进行改革,丧葬制度作为汉化改革中的重要一环,不可避免地要按照晋制来实行。

墓志是葬制的核心组成部分,北魏只有按照晋制才可以塑造文化上的正

① 何德章:《北魏迁洛后鲜卑贵族的文士化——读北朝碑志札记之三》,《魏晋南北朝隋唐史资料》第 20辑,武汉大学人文社会科学学报编辑部,2003 年,收入氏著《魏晋南北朝史丛稿》,北京:商务印书馆,2010年,第 263—282 页。

② 蔡丹君:《鲜卑贵族与北魏洛阳文学风气的形成》,《民族文学研究》2018 年第 2 期,第 75—88 页。

③ 金溪:《北朝文化对南朝文化的接纳与反馈》,北京:北京大学博士论文,2012 年,第 34—63 页。

④ 沈琛:《再造礼乐:关于王肃形象的历史书写》,《学灯》第 2 辑,上海:上海古籍出版社,2017 年,第156—175 页;仇鹿鸣:《〈隋唐制度渊源略论稿〉中的王肃》,《中国中古史集刊》第 5 辑,北京:商务印书馆,2018 年,第 49—56 页。

统,由此来看,迁洛后北魏墓志文体的渊源应该是西晋的墓志文体。对于北方地区的士人来讲,南朝墓志文化知识并不陌生。王肃奔北所带来的可能是士族和刘宋皇族在文化模式的争夺和妥协事件在当时南方社会中的影响,受此启发北魏墓志也直接模仿了西晋以徐氏为代表的墓志文体模式,志题、序文和铭文兼备,当然也一定会借鉴学习南朝墓志的某些因素,以此与南朝争夺文化上的正统地位并博得南方士人精英阶层的好感。现存迁洛以后到正始末年的北魏墓志约 35 种,其中志题和铭文齐全的墓志达到了 18 种,有志题无铭文的 5 种,有铭文无志题的 7 种,志题铭文皆无的 4 种。永平年间志题和铭文齐备的墓志已经占到此时墓志总数的一半左右,之后比例逐渐增加,到了正光以降志题铭文齐备的墓志占到了八成以上。[①]孝文帝迁都后,平城地区保守势力的掣肘没有了,晋制改革全面展开,所以在墓葬文化中的一个重要表现就是墓志大量出现,也和平城时期魏制下的墓志格式呈现出了不同的面貌,以元氏墓志、冯熙和冯诞墓志为代表的文本意义上的晋制正式出现,而奚智父子墓志文本形式的变化正是晋制墓志发展过程中在不同层级人群和时间段内的产物。

### 二、从碑形墓志到方形墓志

太和十五年(491 年)正月,北魏君臣对于南北正统的问题有过激烈的争论,《魏书》卷一〇八之一《礼志一》载:

> (穆亮、冯诞、郭祚、崔挺、贾元寿等)"臣等受敕共议中书监高闾、秘书丞李彪等二人所议皇魏行次。尚书高闾以石承晋为水德,以燕承石为木德,以秦承燕为火德,大魏次秦为土德,皆以地据中夏,以为得统之征。皇魏建号,事接秦末,晋既灭亡,天命在我。故因中原有寄,即而承之。彪等据神元

---

① [日]窪添庆文:《墓誌を用いた北魏史研究》,东京:汲古书院,2017 年,第 31—42 页。

皇帝与晋武并时,桓、穆二帝,仍修旧好。始自平文,逮于太祖,抗衡秦、赵,终平慕容。晋祚终于秦方,大魏兴于云朔。据汉弃秦承周之义,以皇魏承晋为水德。二家之论,大略如此。臣等谨共参论,伏惟皇魏世王玄朔,下迄魏、晋、赵、秦、二燕虽地据中华,德祚微浅,并获推敍,于理未惬。又国家积德修长,道光万载。彪等职主东观,详究图史,所据之理,其致难夺。今欲从彪等所议,宜承晋为水德。"诏曰:"越近承远,情所未安。然考次推时,颇亦难继。朝贤所议,岂朕能有违夺。便可依为水德,祖申腊辰。"①

这是北魏朝廷文化政策明确转向晋制的宣言,在五德学说上承袭西晋为水德。东晋南朝在同北朝对峙的过程中,随着北伐的一次次失败,放弃了统一中原的思想,为了和北魏争夺国家正朔,从刘宋时基本塑造起了以建康为中心的天下观念。②

北魏向晋制转变,就是向西晋文化学习,开始塑造以洛阳为中心的天下观念,进而展开同南朝的同质性和排他性竞争,在王权和天下秩序的框架下,太和十八年(494年)迁都洛阳无疑具有文化指向的象征性,也暗示了北魏朝臣的自信心和决心。③北魏早期,拓跋珪选择"魏"作为国号,以便把鲜卑旧俗区别开来,是为了以德抚民,成为中原之主。北魏朝廷此举的深层含义是对抗江南的东晋政权,表示北魏才是曹魏政权的合法继承者,实际上国号之争是一场正朔之争。④东晋是西晋的延续,东晋朝廷曾经多次北伐,但多成为权臣争斗的工具,刘裕自立取代了东晋,这些政治更迭的影响,严重打击了南方士人对南朝政权的信心,转而大规模的投奔北魏。在这个过程中入北的士人逐渐放弃了对

---

① [北齐]魏收:《魏书》(修订本),北京:中华书局,2017年,第2999页。
② [日]中村圭爾:《六朝江南地域史研究》,东京:汲古书院,2006年,第513—535页;[日]户川貴行:《東晋南朝における傳統の創造》,东京:汲古书院,2015年,第115—135页。
③ 倪润安:《光宅中原:拓跋至北魏的墓葬文化与社会演进》,上海:上海古籍出版社,2017年,第282页。
④ 何德章:《北魏国号与正统问题》,《历史研究》1992年第3期,第113—125页。另康乐先生《从西郊到南郊:国家祭典与北魏政治》(新北:稻乡出版社,1995年,第192页)与罗新先生《十六国北朝的五德历运问题》(《中国史研究》2004年第3期,第47—56页)主张北魏早期乃承前秦为正朔,本文取何德章先生意见。

东晋的忠心,转而追求传统的汉文化。孝文帝时期,汉族士人尊称他为"四三皇而六五帝"的圣君①,自定鼎嵩洛之后,北魏政权在南北正统争夺战中逐渐处于了主动的地位。

北魏建国之后,将自己定位为曹魏的继承者,由于拓跋族本身没有太多的文化积累,所以在统一中国北方的过程中,除了大量吸收十六国文化来补充自身外,还吸收了南朝文化的某些因素。十六国文化的三个来源分别是河西、关陇和东北地区,而这三个地区的文化基本上是延续了西晋文化的传统,曹魏文化的痕迹在西晋文化中很难独立出来,所以北魏平城时期的文化面貌呈现出融汇多个地区文化的复杂情况。从墓葬材料来看,平城地区的墓葬文化来源有:1.早期拓跋族文化传统;2.十六国文化要素;3.东晋南朝文化;4.西域文明基因,其中最重要的无疑还是十六国文化。②

以洛阳地区为代表的墓葬文化形成了中国古代墓葬形制中的"晋制",主要内容包括:1.不封不树;2.墓室由多室墓向单室墓转化;3.土洞墓开始在高等级墓葬中使用;4.形成了以牛车为中心的新明器制度;5.墓志的出现和使用。③北魏在建构自己的文化过程中,无法有效地利用曹魏文化元素,曹魏立国时间太短其实没有形成独属于自身的文化面貌,即使有部分因素也已经融入了西晋文化的洪流之中,鉴于此北魏平城时期的墓葬已经开始了回归晋制的做法。对比西晋洛阳地区墓葬的特点,平城墓葬以弧方形为基本形制,高等级者还有部分前后双室的情况;随葬品形成了完整的三大俑群组合,分别是镇墓兽镇墓俑、牛车鞍马男女俑、禽畜俑;墓主生平多用砖、石质墓志表现,石质墓志有碑形、长方形和方形三种形制。④平城时期受到崔浩之难影响的汉化政策,在冯太

---

① [北齐]魏收:《魏书》(修订本)卷六二《李彪传》,北京:中华书局,2017年,第1520页。

② 倪润安:《北魏平城时代平城地区墓葬文化的来源》,《首都师范大学学报》(社会科学版)2011年第6期,第26—34页。

③ 刘斌:《洛阳地区西晋墓葬研究——兼谈晋制及其影响》,《考古》2012年第4期,第358—371页。

④ 倪润安:《北魏平城时代平城墓葬的文化转型》,《考古学报》2014年第1期,第33—65页。

后、孝文帝执政时间继续急剧发展,这种晋制传统的做法至少已经在宋绍祖墓中得到了体现,到了太和十五年(491 年)则通过诏令的形式颁布而成为北魏文化的基本国策。

墓志的使用是晋制中的重要组成部分。墓志虽然产生于东汉末,但成为墓葬文化中的礼仪制度是始于西晋的。中古墓志中,大量位于首尾、志阴等特殊位置并以特殊行款书写的家族谱系记载,是墓主的家族谱牒的抄录或节录,这种做法也是从西晋墓志中开始出现的。①西晋墓志多数为碑形墓志,有圆首、圭首,另外还有一些方形墓志存在。②在文体上西晋墓志多数不具备完整的志题、序文和铭文部分,文字书写有两面、单面及多面的情况,可以看出西晋墓志的使用还没有形成标准化和格式化,这也和墓志是新兴器物有所关联。十六国时期河西地区的墓志均呈圆首碑形,可以视为西晋墓志文化的延续,北魏平城时代的圆首碑形墓志,其形制主要就是继承了十六国时期河西圆首碑形墓表的外观,文本内容融入了东晋南朝墓志的某些撰写要素,进而形成了具有平城特征的墓志形式。③

平城时期北魏墓志数量不多,大概不超过 20 种,但是形制多样,有碑形墓志、方形墓志和四边起框的方形墓志,总体考察这个阶段还没有形成统一的样式,不过从出土情况来看,碑形墓志应该是平城时期墓志的一种基本形式。④在迁都洛阳后,北魏碑形墓志也有少量发现,据统计约有 13 种,其中太和到正始年间的有韩显宗墓志、拓跋忠暨妻司马妙玉墓志、封和突墓志和奚智墓志。太和二十年(496 年)的韩显宗墓志出土于洛阳,呈圭首碑形,墓志文体中志题、序

---

① 陈爽:《出土墓志所见中古谱牒探迹》,《中国史研究》2013 年第 4 期,第 69—100 页,又见氏著《出土墓志所见中古谱牒研究》,北京:学林出版社,2015 年,第 55—100 页。

② [日]福原启郎:《西晋墓志的意义》,《文史哲》1993 年第 3 期,第 67—69 页。

③ 张铭心:《十六国时期碑形墓志源流考》,《文史》2008 年第 2 期,第 37—54;张铭心:《司马金龙墓葬出土碑形墓志源流浅析》,《纪念西安碑林九百二十周年华诞国际学术研讨会论文集》,北京:文物出版社,2008 年,第 553—562 页;[日]关尾史郎:《"五胡"时代的墓志及其周边》,《吐鲁番学研究》2017 年第 2 期,第 128—136 页。

④ 殷宪:《北魏早期平城墓铭析》,《北朝研究》第 1 辑,北京:北京燕山出版社,1999 年,第 163—192 页。

文和铭文齐全,序文中运用了骈偶的句式。①景明五年(504 年)的拓跋忠暨妻司马妙玉墓志出土于大同,呈圆首碑形,墓志文体中志题、序文和铭文齐全,序文中运用了骈偶的句式。②正始元年(504 年)的封和突墓志出土于大同,呈圆首碑形,墓志文体中志题、序文和铭文齐全。③奚智墓志的文体只满足了十三事的要求,无题无铭。在这四方碑形墓志中,志主地位较高的韩显宗、拓跋忠和封和突三人与孝文帝南迁有密切关系,他们墓志文本所采用的格式无疑属于晋制下的产物。而奚智当时属征士,身份地位较低,他的墓志文体无题铭可能和接触不到这种新型的墓志模式有关,或者说这种志题序铭齐全的墓志书写方式首先在元魏宗亲和高级官员中使用,然后才逐渐普及开来,成为当时所有人墓志书写的标准范本。奚真墓志的文本特征就是晋制下墓志文本扩大化的映现。至于奚智等人墓志采取的碑形墓志形制正是平城时期墓志基本形制的残留,似乎说明迁洛后对于晋制下方形墓志形制的接受有一个过程,当时人们在观念上还有一定的抗拒。

洛阳时代北魏墓志的晋制特征之一是要素完整的墓志文体书写格式,另一表现就是方形墓志的选择。在平城时期方形墓志的使用以钦文姬辰墓志为代表,钦文姬辰墓志,石质,略呈方形,长 30 厘米,宽 28 厘米,正背两面阴刻铭文。这种接近方形的墓志形制,一般认为是受到东晋墓志形制的影响,而其双面刻字的方式,和西晋徐氏墓志一致,两者之间似乎有着某种渊源。在南朝社会的墓葬形制下,墓室多为单一的长方券顶,墓室中出现了各类拼嵌的砖壁画,瓷器进一步流行,随葬品中石制品成组出现,尤其是方形墓志到了齐梁时期成为墓葬文化中的新元素,但是方形墓志并没有成为南朝墓志形制的主流。④墓志属于晋制系统的器物,南朝使用方形墓志并没有超出晋制的范畴,而

---

① 毛远明:《汉魏六朝碑刻校注》第 3 册,北京:线装书局,2008 年,第 321—322 页。
② 大同北朝艺术研究院:《北朝艺术研究院藏品图录·墓志》,北京:文物出版社,2016 年,第 78—79 页。
③ 毛远明:《汉魏六朝碑刻校注》第 4 册,北京:线装书局,2008 年,第 23—25 页;郭月琼:《封和突墓志渊源考》,《中古墓志与胡汉问题研究》,银川:宁夏人民出版社,2013 年,第 23—33 页。
④ 韦正:《六朝墓葬的考古学研究》,北京:北京大学出版社,2011 年,第 268—304 页。

且方形墓志在平城时期已经成为北魏墓志形制的一种常见类型，所以北魏朝廷出于和南朝争夺文化正统的考虑和需要，在晋制范围内选择方形墓志为基本形制，从而开始了和南朝文化在同一平台上的竞争。太和二十年(498 年)的元桢墓志、太和二十三年(499 年)的元弼墓志和元彬墓志的形制均为正方形，这个时期还有一些元氏墓志非正方形，但是到了景明之后，正方形墓志的选择似乎成为元氏一种集体的有意识选择的结果。元魏宗室(包括其妻女)是这种正方形墓志的主要使用的人群。①这正说明了方形墓志的社会影响及其示范作用。

洛阳地区魏晋时期墓葬墓道多为南向和东向。②北魏平城地区墓葬的墓道以向西为主，另外还有南向和东向的情况，时间越晚南向墓葬数量越多；而迁洛之后北魏墓葬一律南向，墓室以方形或近方形为主，这种南向墓葬所遵循的应该是根据汉族礼制而制定的新制度。③在墓葬形制的变化中，方形墓志和墓室形制是比较契合的，迁洛后选择的方形墓志是晋制的代表形制。这二者之间是否有一定的关联，根据古代墓葬的生死观念和五行信仰来看，这种关联是有一定可能性的。④

洛阳时代北朝对于南朝墓葬文化的争夺方法主要有四种，即获取先机、吸收超越、并行竞争、反制破解，从而奠定了北魏王朝的正统地位和优势实力。⑤在南北对峙的情况下，南朝社会与晋制越行越远，北朝士庶则回归晋制，并进一步发展形成了墓葬文化中的新晋制，或可称之为"魏制"。以迁都洛阳为象征符号的晋制实施，使得北魏在太和时期完成了文化政策的调整，到了正光、孝

---

① 马立军:《试论北魏碑志关系的转化与墓志形制演变》,《史林》2008 年第 2 期,第 94—99 页,此据氏著《北魏墓志文体与北朝文化》,北京:中国社会科学出版社,2015 年,第 88—97 页。

② 刘斌:《洛阳地区西晋墓葬研究——兼谈晋制及其影响》,《考古》2012 年第 4 期,第 358—371 页。

③ 王音:《北朝晚期墓葬形制研究——以北魏洛阳时代至北齐都城地区的墓葬为例》,《故宫博物院院刊》2018 年第 3 期,第 92—104 页。

④ 刘凤君:《南北朝石刻墓志形制探源》,《中原文物》1988 年第 2 期,第 74—82 页;赵超:《式、穹隆顶墓室与覆斗形墓志——兼谈古代墓葬中"象天地"的思想》,《文物》1999 年第 5 期,第 72—81 页;[美]巫鸿:《黄泉下的美术:宏观中国古代墓葬》,北京:生活·读书·新知三联书店,2010 年,第 179—185 页。

⑤ 倪润安:《南北朝墓葬文化的正统争夺》,《考古》2013 年第 12 期,第 71—83 页,收入氏著《光宅中原:拓跋至北魏的墓葬文化与社会演进》,上海:上海古籍出版社,2017 年,第 278—299 页。

昌时期终于实现了晋制在旧都洛阳地区的全面复归，而奚智父子墓志的文本特征和形制变化正是晋制下墓志形成发展确立的表现。

晋制下的北魏后期墓志形式，除了形制和文本方面的表现之外，书法也是其中不可或缺的组成要素。总体来讲，北魏的文化面貌和南朝有一定的差距，对于南朝士人来说书法艺术是他们的身份标志之一，当时南朝基本是在二王书法笼罩下的发展和创新，而北魏则走上了另一条道路。书法史上，南朝"今妍"，北方"古质"。北魏楷书的特点是"斜划紧结"的模式，从最早的元桢墓志（图三）[①]到后来的元简墓志等元魏宗室墓志，以及元氏嫔妃和外嫁的元氏女儿，他们的墓志文字都写得很丰满，字形长而字势横展，撇捺的笔画弧度都比较大，横画呈现出左低右高的倾斜，刻工大多精良，能够把笔画的圆势和书写

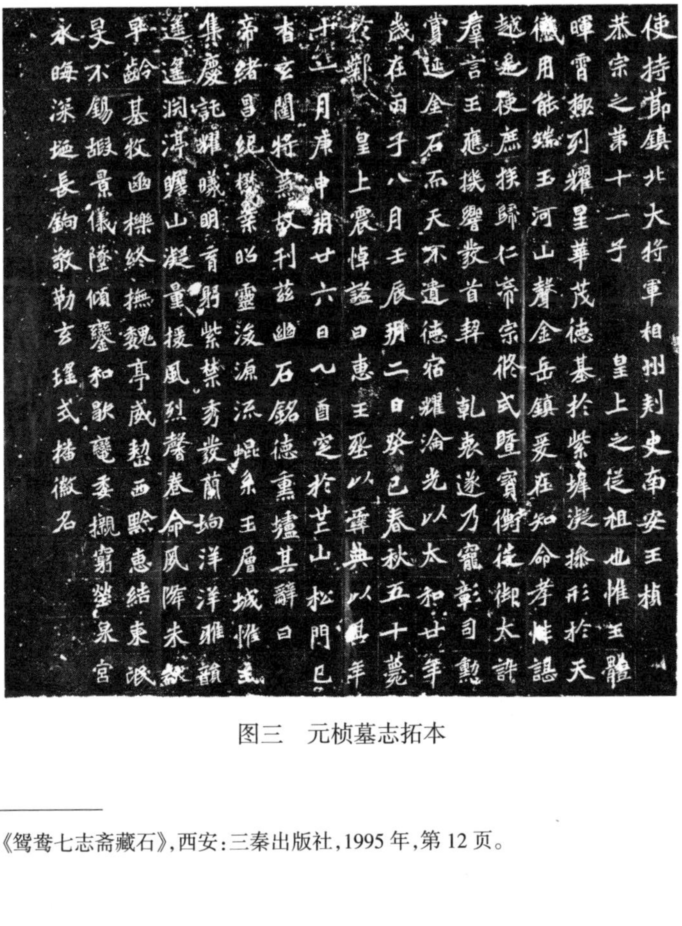

图三　元桢墓志拓本

---

① 赵力光:《鸳鸯七志斋藏石》，西安:三秦出版社，1995年，第12页。

的韵致刻画出来。①这批墓志集中出现在实施晋制后的 496 年至 524 年，无疑可以被视为北魏文字的官样模本，或者可称之为书法领域的晋制表现，而其出现的标志当属元桢墓志，奚智奚真墓志也属于这种书风。北魏迁洛后凸显的书法风尚可称之为"洛阳体"，这同平城书体相比有很大的变化。平城书体平画斜画均呈宽结姿态，而洛阳体的形成和出现可以看到南朝书体的影响，可以说晋制下的洛阳时代墓志特点中，书体是受南朝影响最大的，这也是北魏社会吸收南朝文化先进因素的重要体现。

## 结　语

在北魏墓葬文化中，从太和十五年(491 年)开始的回归晋制政策深刻地影响了北朝社会，北魏在与南朝政权争夺国家正朔的过程中，逐步形成了富有时代特色的新晋制墓葬形制。作为墓葬文化中重要组成元素的墓志，无论在外观形制、墓志文体，还是在书法艺术方面，都呈现出明显的晋制风格。不同记忆群体和政治集团的交互作用，使得历史在竞争和渗透中被各种叙述持续不断地书写，奚智奚真父子墓志中呈现出的文体变化、形制差异和书法相类等现象，都是进一步理解北魏政权实施晋制过程中的接受史。晋制下的墓志文体和书法表现在太和迁洛之后基本完成，而形制的发展则相对滞后一筹，无志盖的方形墓志属于一个过渡阶段的形制，盝顶形墓志的出现才标志着新晋制（北魏制)墓志形制的正式形成。

（原刊夏炎主编《中古中国的知识与社会》，中西书局,2020 年）

---

① 刘涛：《北魏楷书》，《书法谈丛》，北京：中华书局,2014 年，第 129—139 页；刘涛：《鲜卑汉化与北魏书法之变》，《魏晋书风：魏晋南北朝书法史札记》，广州：广东人民出版社,2019 年，第 122—129 页。

# 试论西安碑林藏北魏交脚弥勒造像的艺术来源及其内涵

关中地区的佛道造像和刻有造像题记的单体造像一直受到学人注意,其实在一些没有题记的单体造像中,也蕴含着特殊的思想需要引起重视,本文所要讨论的这尊北魏交脚菩萨造像无疑就是其中具有代表性的一件。这尊造像属于北魏中晚期的造型风格,虽然也有学者关注过①,但对其具体的年代、艺术来源及其思想内涵没有进行详细的讨论。我们在本文中针对上述问题提出自己的看法,以求方家教之。

一

这尊交脚菩萨造像乃单面造像(图一),整体为矩形砂岩,上部略窄,高93厘米,宽61厘米,西安碑林博物馆旧藏,由西安近郊出土。造像图像从上至下可分为三个单元,上面是佛传故事,中央是主体造像,下面是供养人图像。刻画佛传故事的部位有所漫漶,但还是可以看出整幅构图表现的是白马吻足的画面。这尊造像把白马吻足的故事刻在主尊上方,突出了装饰性的功能,同时反映出了小乘佛教思想的遗留。

---

① 李慧、柴华:《试析北魏几件造像的艺术特点》,《文博》2010年第6期,第55—58页。

图一　交脚弥勒造像碑

中间部分乃是主体所在，采用的是云冈石窟模式中的龛形造像，主尊菩萨头戴化佛宝冠，头像两侧有粗大的发辫斜垂而下，衣着褒衣宽带，衣带从肩头下垂然后从内侧经过膝盖缠绕而上，双手相合，手掌之间握有法器。在主尊菩萨像两侧，各有一个站立的侍者形象，右边的左手执叶形羽扇，左边的右手前伸左手扪心。在主尊像上方的龛楣刻有忍冬纹，在忍冬纹的两侧各有一个舞动的乐伎，伎乐下面两侧是随乐而舞的飞天，飞天形体腰身纤细，腿脚回折，帔帛直翻，脸型瘦长，臀部外凸。在造像的下部是供养的主题，画面中间的力士头顶香炉，香炉类似汉晋时期的博山炉。在其两边是两个供养人，供养人着汉式服装，在供养人两边是两只护法的狮子，左边狮头面向前方，神情栩栩如生，右边狮头部剥泐。

在北魏时候，交脚菩萨造像一般为弥勒造像。云冈中期开始的佛龛雕凿中，尤其是主题性的佛龛雕刻，如果雕刻戴冠呈交脚姿势，大多都是造出盝形帷幕龛；如果座旁或脚下有双狮的背景式龛形，则点明了这是身处缤纷和奢华的佛国中等待下生到人间主持教化的弥勒。[1]这尊北魏弥勒菩萨造像正是云冈模式传到关中地区后的产物。

云冈石窟分为早中晚三期，云冈后期主要是北魏迁洛之后的遗迹。云冈前期做功德的人主要是皇室成员，中期扩大到显宦和上层僧尼、邑善信士，后期

---

① 王建舜：《北魏云冈》，太原：山西古籍出版社，2004 年，第 55 页。

更多的是清信士、佛弟子之类的一般佛教徒。可见,云冈晚期佛教逐渐深入下层,到北魏佛教更加蔓延开来。①在这个时期,佛像和菩萨规模较小,但人物形象清秀俊美,面相消瘦,长颈,肩窄且下削,比例适中。尽管这种雕像出现在龙门,但它的酝酿形成是在云冈晚期,交叉穿壁装菩萨最早也出现在云冈晚期。飞天的服饰基本同以前一样,但早中期露脚,晚期不露脚。②对比云冈石窟后期的造像特点,尤其是飞天的造型,可见这尊弥勒菩萨造像虽然还保留着云冈中期的一些特点,但应该是在494年之后修凿的。

按照关中造像供养人的风格和服饰,李淞将其分为四个阶段,第一阶段是北魏之初至太和年以前,第二阶段为北魏太和至正始年间(477—507年),第三阶段为北魏永平之后,经西魏至北周保定之初,第四阶段为北周保定年间至隋开皇年间。在第二阶段的景明年间修凿的刘保生造像中,供养人显然是地位略高的汉族,上着宽袖衣,下着裳。③这种服饰和迁都洛阳后孝文帝实行的“革衣服之制”息息相关,对比刘保生造像和这尊弥勒菩萨造像中的供养人服饰,不难发现两者的着装如出一辙,据此可以推断弥勒菩萨造像的年代当在477年至507年。根据这个判断,再结合飞天形象的年代,可以推定这尊弥勒菩萨造像的年代范围在494—507年。

## 二

目前,中国早期金铜佛造像中有关弥勒的遗存可见藏于日本京都藤井有邻馆、出土于陕西三原的弥勒菩萨立像。这尊弥勒菩萨立像(图二)高达33.3厘米,是公元4世纪前后的作品,像顶束扇形发髻,发辫垂肩。④三原出土的弥勒

① 宿白:《中国佛教石窟寺遗迹——3至8世纪中国佛教考古学》,北京:文物出版社,2010年,第35页。
② 姜莉丽:《云冈石窟》,长春:吉林文史出版社,2010年,第98页。
③ 李淞:《关中北朝造像碑研读札记》,《长安艺术与宗教文明》,北京:中华书局,2002年,第337—361页。
④ 孙迪:《中国流失海外佛教造像总合图目》第1卷,北京:外文出版社,2005年,图版第30;孙迪:《日本藏传陕西三原出土西晋十六国时期弥勒菩萨立像》,《文博》2006年第5期,第14—16页。

图二 藤井有邻馆藏铜菩萨立像
（采自馆藏明信片）

菩萨立像,上袒下裙,斜披条状纹络腋,衣褶呈 U 形纹,但无背光,帔帛表现为双肩下绕式,此种表现当是三原像作为中国早期弥勒造像的图像特征,具有浓郁的犍陀罗风格。①三原像应为中国仿犍陀罗风格而制,是对犍陀罗造像的模仿和简化,同时抑或融合了传入中国之秣菟罗造像的表现手法。在犍陀罗艺术中, 菩萨像一般以世俗的王侯像为原型,尤其发辫垂肩更是犍陀罗造像的一个特征。

这尊北魏弥勒菩萨造像的手印与同时代一般意义上的弥勒菩萨手印有所不同,可能与北凉造像系统中的弥勒双手相握的形状有所关联。目前考古资料显示, 最早交脚像出现于北凉石塔中,这些北凉石塔分布于敦煌、酒泉、武威等地区。②敦煌的交脚像,均无铭文纪年,现遗存中近 70% 交脚弥勒造像为北魏时期所造,其中北凉时期交脚像 6 尊,只有 1 尊为弥勒佛样式,其余 5 尊皆表现为菩萨样,带宝冠,佩项圈及璎珞,至北魏菩萨造型更为流行,带宝冠和双蛇胸饰,上身之帔帛开始从双肩锯齿状转向双肩对称 S 形,印相除说法印外开始出现胸前交握的形状。③之后麦积山石窟中的交脚造像均为双手胸前交握

---

① ［日］村田靖子:《佛像的系谱:从犍陀罗到日本——相貌表现与华丽的悬裳座的历史》,上海:上海辞书出版社,2002 年,第 21—33 页;［日］上原和:《犍陀罗弥勒菩萨像的几个问题》,《敦煌研究》1994 年第 3 期,第 62—70 页。

② 殷光明:《北凉石塔述论》,《敦煌学辑刊》1998 年第 1 期,第 87—107 页。

③ 刘慧:《中国北方早期弥勒造像研究》,上海:上海大学博士论文,2010 年,第 174 页。

状,关中地区与北凉地区佛教的关系十分密切,这尊北魏弥勒菩萨造像的双手相合手掌间握有法器的造型很有可能受到麦积山石窟造像的风格影响,然后在此基础上结合关中地区的佛教传统和观念有所变化而已。

造像衣纹呈双棱状凸起,每条线纹呈变形的 S 形相连,衣纹分叉时作燕尾状,这种造像一般认为属于凉州模式。在北魏交脚弥勒像中可以看出,双腿间的垂饰物有时是明确的表现为放射形的裙带,有时则被处理为裙下部的放射形垂褶,这种放射状呈扇形的裙带、裙褶和衣角,在造像上有着特殊的意义。护法狮子头部面向前方。从这些衣装和狮子造型中依然可以看出犍陀罗艺术的影子。

通过上面的论述,可见这尊弥勒菩萨造像主要属于云冈模式的产物,同时还有着犍陀罗和北凉模式的艺术风格。除此之外,我们以为这尊造像还深受北魏时期人神合一的佛陀化的帝王像或帝王化的佛陀像的影响。

在十六国时期,姚兴高度的政教合一政策、凝聚王者的国家意识,给北魏人佛合一的观点以巨大影响。北魏流行弥勒造像,首先原因是帝王的倡导,昙曜五佛中把当时的帝王视为转世弥勒,这给予广大信众以深刻印象。云冈中期汉化趋势进一步加强,出现了许多新的题材和造型艺术,侧重于护法形象和各种装饰,石窟艺术中国化在这一时期起步并完成,突出了释迦佛和弥勒佛的地位,佛像面相趋于清秀。太和十三年(489 年)前后出现了褒衣博带。这个时期出现的中国宫殿建筑式样雕刻,以及在此基础上发展出的中国式佛像龛,在后世得到广泛运用。云冈中期佛像题材和造型艺术的世俗化、中国化色彩逐渐加强。云冈石窟中有些佛教造像的类型不同于中亚、西亚和我国新疆、甘肃佛像的造型。这种原型,或许与中国北方草原民族有关,而在十六国、北魏时期,则是受到了当时鲜卑拓跋族形象的影响。①

---

① 宿白:《4 至 6 世纪中国中原北方主要佛像造型的几次变化》,《魏晋南北朝唐宋考古文献辑丛》,北京:文物出版社,2011 年,第 255 页。

十六国北朝时期,关中民族成分复杂,形成胡汉混居的情形,"戎狄居半",在北魏建国之后鲜卑族人更是大量迁入,在关中地区占了相当大的比例,使得关中多是胡汉混居的村落,或胡人村落。①鲜卑人一般都束发结辫,并不束发戴冠,因此南方政权称其为"索头虏"或"索虏",可见束发结辫乃是鲜卑人的传统,而且在一些少数民族墓葬的壁画中也可以看到类似的造型。在这尊弥勒菩萨造像中出现的两条粗大的发辫,无疑正和鲜卑族族人的传统有关联,在造像中特别塑造的两条束发长辫突出的正是表明这尊弥勒造像的鲜卑色彩,结合云冈表现的人佛合一的思想,这尊造像所要表示的可能也是这样的观点。当然不能确定这尊造像是否是以帝王的容貌塑造的,但这两条发辫正是指明这尊造像的帝王化身份,可以说这尊造像借用了犍陀罗的艺术风格来表达佛陀的帝王化特点。

三

从云冈造像可以看出北魏佛教依靠世俗王权的特点,弥勒的下生是以转轮王的出现为前提的,所以弥勒下生是和转轮王信仰紧紧联系在一起的。弥勒信仰的诸多含义造就了弥勒亦佛亦菩萨的特征,上生天国时为兜率宫天主,下生人间时又有转轮王的介入,使得弥勒形象带上了世俗社会的帝王君主的某些色彩。②佛经的未来佛、净土信仰和转轮王之间形成一个互为条件的链条,佛经中弥勒菩萨与转轮王的关联,必然会影响佛教造像的艺术形象。《佛说观弥勒菩萨上生兜率天经》卷一云:

> 佛灭度后我诸弟子……应当系念念佛形像称弥勒名。如是等辈若一

---

① 马长寿:《碑铭所见前秦至隋初的关中部族》,桂林:广西师范大学出版社,2006年,第50—67页。
② 汪小洋:《中国佛教美术本土化研究》,上海:上海大学出版社,2010年,第224—248页;高金玉:《弥勒造像中的帝王化因素》,《新疆艺术学院学报》2010年第3期,第36—39页。

念顷受八戒斋,修诸净业发弘誓愿,命终之后譬如壮士屈申臂顷,即得往生兜率陀天……如是等众生若净诸业行六事法,必定无疑当得生于兜率天上值遇弥勒,亦随弥勒下阎浮提第一闻法,于未来世值遇贤劫一切诸佛,于星宿劫亦得值遇诸佛世尊,于诸佛前受菩提记。……若有归依弥勒菩萨者,当知是人于无上道得不退转。弥勒菩萨成多陀阿伽度、阿罗诃、三藐三佛陀时,如此行人见佛光明即得授记。……作是观者,若见一天人、见一莲花,若一念顷称弥勒名,此人除却千二百劫生死之罪;但闻弥勒名合掌恭敬,此人除却五十劫生死之罪;若有敬礼弥勒者,除却百亿劫生死之罪;设不生天,未来世中龙花菩提树下亦得值遇,发无上心。①

据此说,观弥勒菩萨不仅有助于修行者洗清前世罪过,而且弥勒菩萨象征的兜率天净土世界,也是教徒期望往生的场所。

从北魏造像题记中的信仰来看,北朝民众看重宗教行为,重视建立功德,"其宗旨自在求福田利益:或愿证菩提,希能成佛;或翼生安乐土,崇拜佛陀;或求生兜率,得见慈氏。或于事先预求饶益;或于事后还报前愿。或愿生者富贵;或愿出征平安;或愿病患除灭"②。

民众造像题材和祈愿间往往相互脱节,缺乏观念上的连贯性。这正是中土信仰创造性的体现,他们并不是全盘接受外来佛教思想,而是经过自己的选择来创造信仰,表达其心愿。460年至529年,弥勒造像在所有造像中的比例达15%以上,多时达到20%甚至30%以上,这个时间应是弥勒信仰的鼎盛时期。③弥勒形象分为上生像和下生像,上生像为弥勒在兜率天宫时的菩萨像,下生像是弥勒于未来成佛时在下生世界的佛像。咸亨二年(671年)的造像碑云:"读弥

---

① [南朝宋]沮渠京声译:《佛说观弥勒菩萨上生兜率天经》,《大正新修大藏经》第452号第14册,东京:日本大正一切经刊行会出版,1934年,第420页。
② 汤用彤:《汉魏两晋南北朝佛教史》,北京:北京大学出版社,2011年,第285页。
③ 侯旭东:《五、六世纪北方民众佛教信仰:以造像记为中心的考察》,北京:中国社会科学出版社,1998年,第108—111页。

勒上下生经云,兜率天上,摩尼殿中,弥勒菩萨垂二足以促劫,届此成佛,三会以度人。"①其实对一般信众而言,上生和下生究竟有多大区别,他们并不是很在意,他们关注的是自己的愿望能否实现,只要能得到"福田利益",上生兜率宫和下生遇弥勒都不是关键所在了。

太和以前流行交脚弥勒,太和以后弥勒逐渐着佛装,这尊弥勒菩萨的着装已经具有了从早期的菩萨装逐渐过渡到佛装的风格,与这种变化同步的是弥勒经画的演变,而这种经变正是净土信仰逐步普及的产物。由于弥勒从菩萨变为佛而将成为天下之主的性质,往往成为历代统治者所利用的工具,尤其是契合了鲜卑统治者宣扬的人佛合一的观念。

从造像题记来看,所表达的似乎不全是世俗的想法,其中还有为皇帝、为国家造像等语言。塚本善隆认为北魏佛教从道武帝以下具有浓厚的国家色彩。佐藤智水提出民众的皇帝崇拜和佛像镇护国家的观念。李文生提出此系将崇佛的信念和儒家的忠孝思想合二为一。侯旭东提出这是民间对国家的认同。刘淑芬则认为这应该从当时造像者的宗教角度来理解它的内涵。②

以象弘教,并在要塞通途修凿石窟,是北朝佛教的一个明显特征。北魏推行象数是为了巩固政权,但象数和政治、军事又不可避免地产生矛盾。到了孝文帝时期,北魏调整了象数的政策,大力宣扬佛教义理之学,改变民间佛教的信仰方式,同时加大了对佛教偶像崇拜和对帝王崇拜的结合力度,使得按照帝王形象造佛,成为北魏的造像传统。③以帝王形象造佛,礼天子即礼佛,充分反

① 李静杰、田军:《定州系白石佛像研究》,《故宫博物院院刊》1999 年第 3 期,第 78 页。
② [日]塚本善隆:《北朝仏教史研究》,东京:大东出版社,1974 年,第 11—27、74—78 页;[日]佐藤智水:《北朝造像铭考》,《日本中青年学者论中国史·六朝隋唐卷》,上海:上海古籍出版社,1995 年,第 56—96 页;[日]佐藤智水:《北魏仏教史論攷》,冈山:西尾综合印刷株式会社,1998 年,第 77—133 页;李文生:《中国石窟佛社造像最早出现于云冈石窟:云冈第 11 窟"北魏太和七年邑义信士女造像记"探讨》,《2005 年云冈国际学术研讨会论文集·研究卷》,北京:文物出版社,2006 年,第 312 页;侯旭东:《造像记所见民众的国家观念与国家认同》,《北朝村民的生活世界——朝廷、州县与乡里》,北京:商务印书馆,2005 年,第 265—296 页;刘淑芬:《香火因缘——北朝的佛教结社》,《中国史新论·基层社会分册》,新北:联经出版事业公司,2009 年,第 228—229 页。
③ 李书吉:《佛教在北朝的弘传及中西文化的碰撞和交融》,《4—6 世纪的北中国与欧亚大陆》,北京:科学出版社,2006 年,第 215—232 页;王永平:《北魏孝文帝崇佛之表现及其对佛教义学之倡导》,《学习与探索》2010 年第 1 期,第 207—214 页。

映了北朝率先把象教纳入国教的特点。

宗教性和世俗性、民族性与外来因素，往往是相互交融的。太武帝之后到孝明帝的时代，北魏皇帝都以北凉模式或犍陀罗模式统治北魏，这也说明犍陀罗模式是北魏承传北凉的最主要的教化模式，而云冈的护法模式就是最明显的证据。①皇帝的圣人化不断发展，即使不能直接明言自身是圣人，也会通过间接的方式表现出来，或由臣子以上事进奏的方式把它表达出来。等到了佛教盛行之后，就像以前的皇帝以圣人自居那样，当时的皇帝不免以佛自居，这样就制造佛教版的谶纬将自己佛化，或由臣民宣称皇帝为佛。虽然人们未必相信皇帝真的是佛陀，但对追求权势的皇帝而言是合适的。

孝文帝改革的目的是争取正统，他的礼教文治乃至迁都含有改变早期拓跋国家性格的用心。就是将自己转化为一个正统的汉族皇帝，以此来宣示北魏取代的乃是西晋，包括其领土和文化。佛教在中古时期已经是一种主要信仰，当时的君主除了利用它来教化民众，吸引佛教信徒的向心力之外，自然也需要利用它来加强自己权位的正统性，尤其是得位不正统或少数民族统治中原的皇帝。而转轮王观念传入中国后，在传统政治思想和大乘佛教的影响下，终于发生了本质性的变化，转轮王即佛的观念在中土出现。"初，法果每言太祖明叡好道，即是当今如来，沙门宜应尽礼，遂常致拜。谓人曰：'能鸿道者人主也，我非拜天子，乃是礼佛耳。'"②这是转轮王即佛的明确记载。昙曜五佛是以皇帝为素材的模拟像。这些造像宣传的意味非常浓烈，但不能以此认为当时转轮王即佛的观念已经非常普遍了。除了文成帝的造像外，北魏时期其他的佛像是否真的仿照皇帝容貌来造像还很难确定。其实转轮王即佛的观念在后来已经成为僧团的共识，而这种观念的滥觞则是在北魏时期，除牵涉传统中国王权的观念外，还和北亚游牧民族固有的宗教观念及王权观念有很大关联。③可见中古时

① 古正美：《从天王传统到佛王传统》，新北：商周出版，2003 年，第 106—145 页。

② ［北齐］魏收：《魏书》（修订本）卷一一四《释老志》，北京：中华书局，2017 年，第 3293 页。

③ 康乐：《转轮王观念与中国中古的佛教政治》，《"中研院"历史语言研究所集刊》第 67 本第 1 分册，1996 年，第 109—143 页；康乐：《天子与转轮王——中国中古"王权观"演变的一个个案》，《中国史新论·宗教史分册》，新北：联经出版事业公司，2010 年，第 135—216 页。

期中土传统的王权观无论怎么变化，其实都没有改变其政教合一或王权优于一切的思想。

在佛经中弥勒和转轮王是两个不同的概念，弥勒是宗教上的神圣概念，而转轮王是世俗界的最高统治者，一般来讲弥勒由转轮王进行供养，转轮王先于弥勒出现在人世。这些佛教义理上的严格分别，对于普通民众来讲不会区别得那么清楚，对他们而言两者有时候是混同的，民众关注的只是他们心目中的一种认同而已。国家和皇帝是一体的，从造像来看民众关注皇帝和国家的命运始见于北魏初年，以后比例逐渐增大，关注者中又以官吏、僧尼比例为多，多种民族共同造像时尤其热衷于为皇帝祈福。北朝民众或希望皇帝、国家可以同享造像所生的福庆，或祈求皇帝统治延续无穷，表达了对最高统治者皇帝的认同。祈愿亦揭示出对国家、皇帝的理解，他们印象最深的是皇帝，表现出一种积极的归属感。①北魏时期人们通过佛像感知佛的时候，把维护佛法的皇帝视为理想中的统治者加以崇拜，而这也正符合民间社会对权力的仰望和渴求。

从这尊弥勒菩萨造像可以看出，它的帝王化特征主要是用鲜卑族传统的束发长辫来暗示的，这不仅体现出民众的国家认同，也表达出普通民众对王权的崇拜，也说明了普通民众对转轮王即佛观念的一种朦胧感受。中古社会处于观念大变动的时期，儒道佛传统民间信仰不同程度上都对民众的思想世界产生了影响，不同观念的交织正构成中古信仰的多面性，而这也正是这一阶段民众思想的魅力所在。

（原刊《文博》2013 年第 3 期）

---

① 侯旭东:《造像记所见民众的国家观念与国家认同》,《北朝村民的生活世界——朝廷、州县与乡里》,北京:商务印书馆,2005 年,第 265—296 页。

# 墓葬中的窣堵波：再论武惠妃石椁勇士神兽图

　　陕西历史博物馆 2010 年入藏的唐敬陵武惠妃（贞顺皇后）彩绘石椁以其宏大的规模再现了盛唐文化之风采和广纳百川的唐朝特征，很快就引起了学术界的关注和讨论。①武惠妃石椁内外都雕刻着精美的图案，内壁以传统的仕女图像为主，外壁以卷草为基础穿插有人物和动物形象。内壁的图案在唐代的遗存中多有发现，外壁的图案则十分少见，尤其引起大家主要争论的是其中四幅"勇士神兽图"。本文在分析外壁图案整体内涵的基础上，认为这四幅图像可能犍陀罗佛教艺术中的护法者赫拉克勒斯和狮子形象的变体，而整个石椁外壁图案则是组成了一幅佛教的涅槃之地——窣堵波的墓葬化表现，故本文提出另一种解读意见，以为学界之参考。

---

① 葛承雍：《唐贞顺皇后（武惠妃）石椁浮雕线刻画中的西方艺术》，荣新江主编：《唐研究》第 16 卷，北京：北京大学出版社，2010 年，第 305—323 页；李杰：《勒石与勾描——唐代石椁人物线刻的绘画风格学研究》，西安：西安美术学院博士论文，2011 年；葛承雍：《再论唐武惠妃石椁线刻画中的希腊化艺术》，《中国国家博物馆馆刊》2011 年第 4 期，第 90—105 页；程旭、师小群：《唐贞顺皇后敬陵石椁》，《文物》2012 年第 5 期，第 74—96 页；葛承雍：《唐代宫廷女性画像与外来艺术手法——以新见唐武惠妃石椁女性线刻画为典型》，《故宫博物院院刊》2012 年第 4 期，第 93—102 页；杨远超：《武惠妃石椁外壁屏风式花鸟画艺术特征初探》，陕西师范大学硕士论文，2012 年；程旭：《唐武惠妃石椁纹饰初探》，《考古与文物》2012 年第 3 期，第 87—101 页；田小娟：《武惠妃石椁线刻女性服饰与装束考》，《文博》2013 年第 3 期，第 39—46 页；杨瑾：《唐武惠妃墓石椁纹饰中的外来元素初探》，《四川文物》2013 年第 3 期，第 60—72 页。

一

武惠妃石椁造型精美,青石质,高 2.45 米,宽 2.58 米,长 3.99 米,面阔 3 间,进深 2 间,由盖顶、椁板、立柱、基座共 31 块石材组成,庑殿形顶,外壁整体纹饰使用对称布局,以神话人物和花鸟画面为主,绕以各种花草纹、动物纹、云纹等,各种艺术形象一般成组出现;内壁以仕女画面为主,边框饰花卉纹。

关于石椁外壁图案(图一、二、三、四)所反映出的宗教内涵和意义,葛承雍认为武惠妃石椁围绕着冥界主题展开, 没有采用佛教、道教或儒家的生死关怀,而是取材希腊罗马神话源泉的原型构图蓝本,引入了新的西方神灵世界[1]; 程旭认为唐玄宗用皇后的礼仪埋葬武惠妃时, 通过带有佛教色彩的盛大乐舞场景抚慰自己的这位宠妃,使其死后能够享受没有痛苦和烦恼的极乐世界,石

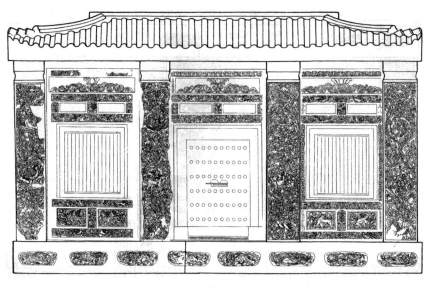

图一　武惠妃石椁正面(采自程旭文)

① 葛承雍:《唐贞顺皇后(武惠妃)石椁浮雕线刻画中的西方艺术》,《唐研究》第 16 卷,北京:北京大学出版社,2010 年,第 305—323 页;葛承雍:《再论唐武惠妃石椁线刻画中的希腊化艺术》,《中国国家博物馆馆刊》2011 年第 4 期,第 90—105 页。

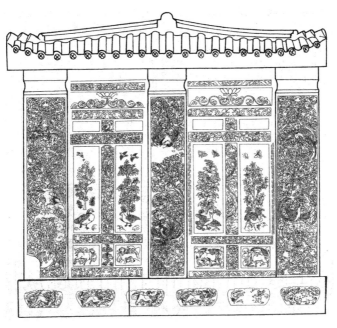

图二　武惠妃石椁左侧（采自程旭文）

图三　武惠妃石椁右侧（采自程旭文）

图四　武惠妃石椁后面(采自程旭文)

椁外壁图案散发着浓厚的佛教意味,但同时还包含着其他的思想与信仰;①杨瑾认为武惠妃石椁外壁的许多图案具有袄教艺术色彩,程式化地反映了当时社会的普遍思想和追求。②从几位先生的观点中我们深受启发,本文认为石椁外壁的图案整体表达的是佛教的内涵,其中不乏中原文化的元素,不过很可能已经被佛教化或者被佛教艺术所借用了。对于外壁图案中的佛教色彩,程旭已经对其中的伎乐图像、飞天供奉和迦陵频伽论述颇多,我们就其中还未讨论或可以增益的部分做进一步的分析。

第一组:鸿雁形象。在石椁外壁的不同部位雕刻的鸿雁形象有十三只之多,有的展翅飞翔,有的口衔璎珞颈系绶带,有的立于牡丹花上,有的作回首状,还有的鸿雁成对出现,姿态变化万千,各具特色。雁的形象在唐代是常见的祥瑞图案,在石椁上有如此多的鸿雁图案,不仅仅是为了表现一般的思想和信仰,应该有着独特的宗教意义。

① 程旭:《唐武惠妃石椁纹饰初探》,《考古与文物》2012 年第 3 期,第 87—101 页。
② 杨瑾:《唐武惠妃墓石椁纹饰中的外来元素初探》,《四川文物》2013 年第 3 期,第 60—72 页。

唐代有些舍利容器上出现了鸿雁纹饰,如陕西周至仙游寺法王塔天宫出土的银棺上装饰一对鸿雁,法门寺塔基地宫出土的六臂观音金函盖刹部位也装饰有鸿雁。鸿雁是世俗纹样中吉祥的象征,含有祈求夫妇和谐、生活美满之意,常见于唐代铜镜、金银器等日用器物,将这些纹样装饰在舍利容器之上,反映的不仅是文化融合的问题,更是供养者对美好生活期盼心情的一种折射。[①]除此之外,雁在佛教中有着重要的地位,更是佛教文化的一种代表符号。

《大唐西域记》卷九《雁窣堵波》载:

> 昔此伽蓝,习玩小乘。小乘渐教也,故开三净之食。而此伽蓝遵而不坠。其后三净,求不时获。有比丘经行,忽见群雁飞翔,戏言曰:"今日众僧中食不充,摩诃萨埵宜知是时。"言声未绝,一雁退飞,当其僧前,投身自殒。比丘见已,具白众僧。闻者悲感,咸相谓曰:"如来设法,导诱随机,我等守愚,遵行渐教。大乘者,正理也,宜改先执,务从圣旨。此雁垂诫,诚为明导,宜旌厚德,传记终古。"于是建窣堵波,式昭遗烈,以彼死雁,瘗其下焉。[②]

飞雁自殒而给众僧带来佛法感悟,这是雁在佛教中可以作为供养物出现的一个例证。佛陀三十二相中手指缦连如雁,"时雁王者,我身是也"[③],故佛陀可称之为雁王,而佛堂在佛典中经常被称作雁堂或雁宇。《大方便佛报恩经》中有五百飞雁化身为五百罗汉的故事,另外还有五百飞雁闻佛法然后得以升天的传奇记载,这些都是佛教寓教化于故事之中,通过故事向人们说教传法的重要手段。在佛教当中,雁有时候不仅仅可以用来指代佛陀本人,更是与佛教的弘法息息相关。

隋释智顗《摩诃止观》卷三上云:

---

① 冉万里:《中国古代舍利瘗埋制度研究》,北京:文物出版社,2013年,第158页。
② [唐]玄奘、辩机撰:季羡林等校注:《大唐西域记校注》,北京:中华书局,1985年,第770—771页。
③ [南朝梁]僧旻、宝唱等:《经律异相》卷二一,《大正新修大藏经》第53册,东京:日本大正一切经刊行会出版,1934年,第113页。

所言慧眼见者,其名乃同实是圆教十住之位。三观现前入三谛理,名
之为住,呼住为慧眼耳。故法华云:愿得如世尊慧眼第一净,如斯慧眼分见
未了。故言如夜见色空中鹅雁,非二乘慧眼得如此名,故法华中譬如有人
穿凿高原唯见干土,施功不已转见湿土,遂渐至泥后则得水。①

上文雁和鹅并称,两者之间有着一定的类似或关联性。②在中土佛教文献
中屡见飞雁,这是不是遗留有早期佛教中天鹅事迹的影响?在迦腻色迦圣骨盒
盖侧面装饰着飞翔的天鹅,一般认为鹅在这里具有引导灵魂飞升的含义,武惠
妃石椁中出现的众多雁是否也有着类似的含义,或者说中土佛教中飞雁是否
有贵霜王朝鹅的象征性,这都是需要进一步关注的。

今天西安的大雁塔,坐落于唐代的大慈恩寺内,关于大雁塔名称的由来虽
然还没有比较准确的答案③,但是从其命名可以看出雁在佛教中有着举足轻重
的地位。在敦煌莫高窟第 158 窟涅槃佛佛枕上面雕刻有联珠纹衔绶带大雁的
纹样,涅槃情境下出现的雁纹与武惠妃石椁上出现的雁纹似乎都有着和死亡
相关联的寓意,而这也为进一步理解雁在佛教中的内涵提供了线索。

第二组:狮子形象。在石椁外壁出现了十多幅狮子的形象,根据画面可分
为三类:一是单独一体的狮子,这种形象出现最多,造型多头顶双角,和别的动
物或植物图案构成完整画面;二是骑狮图,这种图像共有三幅,狮子肩生长翼,
回首瞠目,怒视骑者;三是还有一幅狮子追扑噬羊的画面。石椁外壁狮子的造
型富于变化,多保持着狮首,身体已经瑞兽化了。

佛教中经常以狮子象征佛陀,佛陀一般被称为狮子王。在佛陀的本传故事

① [隋]释智顗:《摩诃止观》,《大正新修大藏经》第 46 册,东京:日本大正一切经刊行会出版,1934 年,
第 25 页。
② 孙英刚:《大雁与佛教信仰》,《读书》2015 年第 8 期,第 142—144 页。
③ 阎文儒:《西安大雁塔考》,《史学月刊》1981 年第 2 期,第 14—17 页;王泽民、巨亚丽、王磊:《西安大
雁塔名称溯源——兼论九百年来的一个误解》,《考古与文物》1994 年第 4 期,第 91—93 页;申秦雁:《西安
大雁塔名称溯源补正》,《考古与文物》1999 年第 2 期,第 82—83 页。

中,狮子在其世系、修行、弘法等层面均有着极为重要的象征意义,如"佛上身如狮子相""佛之说法犹如狮子吼"等。在南北朝的造像中佛和狮子经常一起出现,狮子充当着佛法的护卫者形象,此外也作为衬托佛陀力量的动物而出现。①《大般涅槃经》中把狮子的品行与佛陀联系起来了,大乘佛教更是将狮子吼附会为佛陀天生的能力。在武惠妃石椁上面出现如此多数量的狮子形象,不能不让我们对整个石椁的艺术选择有所重视。

《新唐书》卷七六《后妃上》载:

> 玄宗贞顺皇后武氏,恒安王攸止女,幼入宫。帝即位,寝得幸。时王皇后废,故进册惠妃,其礼秩比皇后。……生子必秀嶷,凡二王、一主,皆不育。及生寿王,帝命宁王养外邸。又生盛王、咸宜太华二公主。后李林甫以寿王母爱,希妃意陷太子、鄂光二王,皆废死。会妃薨,年四十余,赠皇后及谥,葬敬陵。②

武惠妃虽然得享荣华富贵,却命途多舛,儿女多生变故,加之武氏家族的尚佛传统,一般认为武惠妃是一位虔诚的佛教徒。③佛陀与狮子的比喻和象征的主体意识存在于佛教徒的思想之中,这也是信徒们从中汲取信仰力量的一种重要方式。④在武惠妃石椁中出现大量的狮子纹饰,正可以说明武惠妃石椁在营造时对本人信仰的重视,同时似乎暗示着希望利用狮子形象的威猛来庇佑武惠妃的灵魂。

---

① 关于狮子在中古陵墓礼仪空间中的使用,可参阅李星明《护法与镇墓:唐陵礼仪空间中的石狮》,复旦大学文史研究院编:《佛教史研究的方法与前景》,北京:中华书局,2013 年,第 18—35 页。

② [宋]欧阳修、宋祁:《新唐书》,北京:中华书局,2006 年,第 3491—3492 页。

③ 武惠妃作为武则天的亲族,在其成长的过程中受到了武则天思想信仰的很大影响,关于武氏家族的佛教信仰学者论述颇多,代表性论著可参考陈寅恪《武曌与佛教》(《金明馆丛稿二编》,北京:生活·读书·新知三联书店,2001 年,第 153—174 页)与《记唐代之李武韦杨婚姻集团》(《金明馆丛稿初编》,北京:生活·读书·新知三联书店,2001 年,第 266—295 页)二文。

④ 陈怀宇:《动物与中古政治宗教秩序》,上海:上海古籍出版社,2012 年,第 256 页。

在敦煌绘画中有通过狮子攻击水牛来描绘佛陀弟子舍利弗战胜外道牢度叉的故事,石椁中刻画的狮子扑盘羊的图案,是否也蕴含着佛陀摧毁外道的意义呢?没有直接的证据表明这种推测,但是从中国僧人对狮虎的认识和解释,以及以猛虎取代狮子的例子来看,这种改变图像中某些因素的可能性是存在的。

第三组:童子形象。石椁上童子众多,整个周边不同位置共有七八种不同的造型(图五),而且均为两两出现,左右对称。其中最多的一类是莲花童子形象。这类童子或坐或立,有的手持莲叶,有的手捧果盘,不过多与莲花一起出现,似与佛教典籍中的莲花童子有关。还有一类童子形象是手捧果盘,伸腿骑在大雁身上,大雁呈展翅高飞之状。

关于石椁上的童子图案,葛承雍认为是希腊罗马题材中的小爱神,他们常常成被视家庭幸福生活的引导者,也是新生精灵的精神象征。[①]对于石椁中大量的童子形象,我们更倾向认为这是受犍陀罗佛教美术波及所致,虽然犍陀罗艺术中的童子形象深受希腊罗马题材中的爱神影响,但所表示的含义已经和希腊艺术有所不同。

犍陀罗艺术中的植物、动物和童子形象,似乎有意强调动植物的繁荣和生命的复苏。在犍陀罗美术中,扛花环的童子是极具代表性的题材,迦腻色迦舍利容器的中间部位就有童子扛花环的图案。扛花环的童子在古罗马时期一般

图五　武惠妃石椁童子造型(采自程旭文)

---

① 葛承雍:《再论唐武惠妃石椁线刻画中的希腊化艺术》,《中国国家博物馆馆刊》2011 年第 4 期,第90—105 页。

用在两个方面,一个是战胜的画面中,一个是葬礼的画面中,后者所象征的是死者在另一个世界的荣光,大量用于石棺浮雕中。犍陀罗佛教美术中扛花环的童子图,一般被雕刻在窣堵波上面,这种做法就是将佛陀的永恒世界(窣堵波)以乐园来加以修饰,穿插童子形象,从而成为丰饶乐园和再生的象征。[①]

在武惠妃石椁外壁,童子形象多与莲花一起出现,有的童子还盘坐于莲花花瓣中央,莲花在佛教中有着特别的意义,莲花化生与犍陀罗艺术中扛花环童子的寓意如出一辙,都可以表达转生的主题。在犍陀罗佛教美术中,不仅有扛花环的童子图案,还有表现裸体童子各种姿态的画面,对比石椁中各种童子形象,就会发现石椁的构图和犍陀罗的雕刻方法十分类似,不过进行了中国化的改造。在佛教美术中大量出现表现生命力的童子形象,无疑蕴含着亡者对再生的向往,这也与墓葬中的美术所要追求的目标是一致的。

经过前文的讨论,我们以为石椁外壁的图案虽然有些雕刻还不能一一和佛教中的具体形象作对比分析,但整体表现的是与佛教相关联的思想意蕴。

## 二

石椁上的四幅勇士神兽图分别两两对称分布在石椁大门两侧的窗棂之下(图六),编号1、2的处于左边窗棂下,3、4的处于右边窗棂下。编号1的图案中人物造型留有胡须,额头戴日月冠饰带,穿紧身衣服,双手拽着狮形神兽,身体紧绷;编号2的图案中人物腰部束紧而下肢细长,头戴长条饰带,颈戴数圈有吊坠的项圈,腰系革带,脚蹬波浪纹软尖鞋,双手紧绷神兽缰绳;编号3的图案中人物秃顶,卷发后梳下披,下巴胡须稀疏,颈戴三环项圈,一手拽绳,一手拉绳缠指下末尾,瑞兽狮首虎身,鬃毛后卷;编号4的图案中人物全脸髯须,脚穿尖顶鞋,头顶环形饰带,双手拉紧缰绳拽着狮形神兽。

---

① [日]宫治昭:《犍陀罗美术寻踪》,北京:人民美术出版社,2007年,第47页。

图六　武惠妃石椁勇士神兽图(采自程旭文)

　　关于这四幅雕刻,葛承雍认为表现出的是中外文化交流元素中的希腊化艺术①,程旭和杨瑾则认为属于传统观念中的胡人驯狮图案。②武惠妃石椁外壁的图案整体风格属于佛教色彩,处于显要部位的勇士神兽图也是属于佛教蕴涵的图像,我们以为这四幅图表现的可能是力士狮子的含义。

　　《洛阳伽蓝记》卷一《城内·永宁寺》载:

　　　　(永宁寺)南门楼三重,通三阁道,去地二十丈,形制似今端门。图以云气,画彩仙灵,列钱青璅,赫奕华丽。拱门有四力士、四师子,饰以金银,加

--------

① 葛承雍:《唐贞顺皇后(武惠妃)石椁浮雕线刻画中的西方艺术》,《唐研究》第16卷,北京:北京大学出版社,2010年,第305—323页;葛承雍:《再论唐武惠妃石椁线刻画中的希腊化艺术》,《中国国家博物馆馆刊》2011年第4期,第90—105页。

② 程旭:《唐武惠妃石椁纹饰初探》,《考古与文物》2012年第3期,第87—101页;杨瑾:《唐武惠妃墓石椁纹饰中的外来元素初探》,《四川文物》2013年第3期,第60—72页。

之珠玉,庄严焕炳,世所未闻。①

早在北魏迁洛初期永宁寺已在孝文帝关于都城建设的构想之中,直到孝明帝熙平年间始由胡太后付诸实现。永宁寺的建成,开创了有关寺院建筑、雕塑等方面的新格局,永宁寺作为北魏国寺,对后来的佛教艺术产生了重大的影响。②永宁寺南门是整个寺院的轴心之处,作为拱卫南门的雕塑一定有着严格的佛教意义,拱卫南门的四力士和四狮子形象,用金银、珠玉装饰,庄严肃穆。

古代的门户具有分界和通贯的双重作用,是空间控制与社会控制的重要设施,所谓"门户之政"有着实际的意义。③在墓葬美术中棺椁上雕刻的门窗有着独特的地位和象征性,这种宗教学上的意义和永宁寺南门的寓意十分接近。这四幅图案雕刻在石椁门的两侧,这和永宁寺南门的情况基本一致,根据类比原则把两者进行对比是比较合理的。由于文献记载不清晰,无法确知永宁寺力士狮子的具体情况,不过四个人物、四只动物的组合两者是一致的。那么,从表现内涵上来进行分析,武惠妃石椁上的四幅勇士神兽图案是否和这种力士狮子图有关联呢?

勇士神兽图的雕刻特点,葛承雍已经有了非常详细的论述,对于他提出的希腊化特点我们表示赞同,不过我们认为这种希腊化并不是直接产生的,而是经过犍陀罗佛教艺术的改造对中土的影响所形成的。

在希腊神话中,最著名的勇士就是赫拉克勒斯,他是希腊神话中的著名英雄,先后完成了十二项危险的任务,后来成为大力神。在赫拉克勒斯的任务当中,完成的第一项就是要杀死内梅亚森林中危害平民生命的一头雄狮。这头雄狮是一只巨大而可怕的怪兽。赫拉克勒斯与雄狮搏斗,用自己的木棒打昏了雄

① 杨衒之著、周祖谟校释:《洛阳伽蓝记校释》,北京:中华书局,2010 年,第 6—8 页。
② 中国社会科学院考古研究所:《北魏洛阳永宁寺(1979—1994 年考古发掘报告)》,北京:中国大百科全书出版社,1996 年,第 153—155 页。
③ 刘增贵:《门户与中国古代社会》,《"中研院" 历史语言研究所集刊》第 68 本第 4 分册,1997 年,第 817—897 页。

狮,然后用双手将它扼杀。从希腊神话可以看出赫拉克勒斯和狮子有着十分密切的关系,在许多希腊雕刻中和狮子一起出现的人物都是赫拉克勒斯。

犍陀罗艺术是希腊神话中的英雄和女神在当地的文化与宗教信仰的作用下,自然地与佛教的精神相交融所产生的。犍陀罗艺术中各类佛教神祇的造像,绝大部分借用了希腊罗马古代众神的外形,金刚力士就借用了古代希腊罗马的大力神赫拉克勒斯的外形,希腊的大力神赫拉克勒斯是在贵霜时期进入犍陀罗地区的。将赫拉克勒斯形象铸在钱币上为希腊诸王国所通用。赫拉克勒斯形象在贵霜王朝的银币上已有出现。近代在犍陀罗地区发现了大量面有赫拉克勒斯形象的钱币。钱币的正面是当代国王的头像,背面是赫拉克勒斯手持木棒和狮子皮的立像,将希腊大力神赫拉克勒斯用在钱币上,有护卫国王和捍卫国家利益的用意,也显示出赫拉克勒斯的重要地位。[①]赫拉克勒斯在犍陀罗佛教美术中一出现,就和佛陀紧密联系在一起了,往往是作为护法者的身份出现,这和赫拉克勒斯护卫王权的观念是同出一辙的。

巴基斯坦的安丹赫里出土有一件浮雕,在佛左侧的部位站立着裸体的赫拉克勒斯,左肩扛着大木棒,右臂搭着狮子皮。收藏在英国大英博物馆有一件大约为公元 2—3 世纪的石雕残件,佛陀左下方是一金刚力士,金刚力士披着狮子皮,头上戴狮头冠,右手紧握金刚杵,左手按在长剑柄上,这是将希腊赫拉克勒斯外形用于佛教金刚力士的一件极为典型的艺术作品。在佛教艺术发展过程中,赫拉克勒斯造型不断发生变化,在公元 2—3 世纪出现了头带狮头皮冠、手持金刚杵的造型,这种造型被固定下来之后,逐渐就从犍陀罗普遍流行并开始向西域以至更东的地方传播。

在中原佛教艺术中发现的天王像或力士像,是多种外来文化和中国本土文化不断融合与互动的结果。这些外来文化包括印度、犍陀罗、伊朗,间接包括

---

① 霍旭初:《龟兹金刚力士图像研究》,《敦煌研究》2005 年第 3 期,第 1—7 页。

古希腊罗马。①在力士像中,赫拉克勒斯的造型影响最为明显,可以说是从犍陀罗一路东行来到了中原大地,在这一路上不断适应新的变化,加入新的艺术元素,不过作为护法者的主要身份一直保留着。巴楚托库孜萨拉依佛寺出土的金刚力士雕塑、高昌古城发现的力士图像壁画,都是赫拉克勒斯形象不断东行变化之后的产物。

通过上文分析,我们倾向于认为武惠妃石椁上的勇士神兽图是赫拉克勒斯和狮子造型的变体。在唐代塔基地宫或天宫中,狮子、天王以及金刚力士像是一种重要的供养品,如法门寺塔基地宫阿育王石塔一侧出土有两件彩绘石狮,陕西临潼庆山寺塔基地宫出土有三彩护法狮子,法门寺塔基地宫中室和后室石门两侧有天王像。另外多有雕刻在石门上和甬道两侧的天王、力士等护法者的形象。

一般发现的力士多和佛陀一起出现,和狮子组合出现的比较少,但在犍陀罗佛教美术中这种构图的造像已经出现。赫拉克勒斯与狮子的图像至少有两种表现方式,一种是搏斗的场面,一种是和平的形式。在美国大都会博物馆收藏有一件公元1—2世纪赫拉克勒斯和狮子图像的浮雕(图七)。这件浮雕出自犍陀罗地区,浮雕中的赫拉克勒斯全身赤裸,头上系着希腊英雄化的头饰,左臂上搭着狮皮,右手拿着一根大木棒,炯炯有神的目光注视着左侧的狮子,狮子右前爪向前伸出,尾巴向上舞动充满了动感。浮雕以赫拉克勒斯为主体,狮子处于从属地位,不过两者之间并不是希腊瓶画中常出现的搏斗场景,而是看起来比较和平的画面。这种场景的出现可能和赫拉克勒斯与狮子同属于佛陀的护法者有密切的关联。

赫拉克勒斯和狮子的图像是犍陀罗艺术中很特别的一种,随着佛教东传越过葱岭,这种图案也随着僧侣或商队传入了中原。北魏的力士多是手持金刚

① 李淞:《略论中国早期天王图像以及西方来源》,《长安艺术与宗教文明》,北京:中华书局,2002年,第136页。

图七　力士狮子图(现藏于美国大都会博物馆,孙英刚提供)

杵的形象特征,在永宁寺南门处出现的四力士、四狮子的配合是否和大都会博物馆所藏的赫拉克勒斯与狮子图有内在的关联,或者说这种赫拉克勒斯和狮子图的佛教寓意影响了永宁寺南门处的力士狮子的组合选择,这些都需要引起我们特别的关注。

尼雅遗址的东汉墓曾经出土过一件夹缬蓝印花棉布,在上端残破处有佛脚、狮尾和蹄形痕迹,左下角有一个半身菩萨像裸体露胸,颈项部满配璎珞,头后有背光,手捧一个喇叭口形的容器。(图八)① 从残存的人脚趾和狮尾看,这幅画的主体画面表现的是赫拉克勒斯斗狮子的内容。②

图八　尼雅遗址出土的棉布残片(采自林梅村文)

西安碑林藏《石台孝经》台基共分三层,最上面一层的东侧面刻有两幅人物狮子图,构图造型突出了狮子的比例,狮子刻画逼真栩栩如生。两幅图左右对称,内侧为狮子,外

① 李遇春:《新疆民丰县北大沙漠中古遗址墓葬区东汉合葬墓清理简报》,《文物》1960年第6期,第9—12页。

② 林梅村:《汉代西域艺术中的希腊化因素》,郑培凯主编:《九州学林》第1卷第2期,上海:复旦大学出版社,2003年,第2—35页。

侧为人物。左边的人物左手拽着缰绳,右手举着前端弯曲如环状的棍形物(图九)。右边的人物形象上部有所剥泐,不过仍可以看出双手紧拽缰绳(图十)。同武惠妃石椁上的图案相比,两者构图非常相似,都突出了狮子的形象。不过《石台孝经》中的狮子写实性比较强,手举棍状物的人物头戴幞头帽,面部圆润,穿着宽大的汉服,看起来已经是中原人物造型了。右边的人物和武惠妃石椁图案中编号4的画面极其类似,穿着紧身衣服、小腿曲线夸张,头上赤裸,侧脸高鼻深目,完全是西方人的外貌。《石台孝经》和武惠妃石椁的这两幅图案可能有着

图九　力士狮子图(现藏于西安碑林博物馆,杨兵绘)

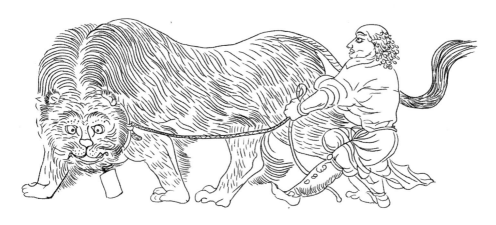

图十　力士狮子图(现藏于西安碑林博物馆,杨中林绘)

共同的来源。《石台孝经》的年代为天宝四载（745 年），比武惠妃石椁晚七八年，可以认为《石台孝经》上线刻的人物狮子图应是力士狮子，右边的一幅还保留着犍陀罗的艺术痕迹，而左边的人物造型已经完全中国化了。在武惠妃石椁立柱上还有三幅胡人御兽图，其中一幅人物的手持之物和图六人物手持的棍状物基本一样，这两幅图之间应该有着一定的关联。对于这三幅胡人御兽图的内涵我们倾向于认为是和佛教的供养有关，至于如何具体解读还有待进一步的考证。《石台孝经》作为玄宗自己的一座纪念碑，表达着至高的皇权和威望，在基座上面雕刻力士狮子图的目的和犍陀罗地区在金币上刻画赫拉克勒斯的目的是一致的。古代西域是狮崇拜的流行区，从印度到波斯，狮子被赋予了神秘的色彩而享誉僧俗两界，成为神力和王权的象征。[①]力士狮子图有着两方面的内涵，对于佛教来说是护法者，对于世俗社会来讲则是王权的守卫者。这在《石台孝经》和武惠妃石椁中分别表达着不同的思想和意识倾向。

从考古发现来看，东汉末中国与犍陀罗的文化艺术交流并没有因为东汉对西域失去控制而削弱，相反犍陀罗语还成为洛阳和犍陀罗之间的国际通用语，并在塔里木盆地的许多绿洲国家成了官方语言。[②]不过犍陀罗对中国的影响主要在佛教艺术方面，米兰佛寺的壁画、克孜尔石窟的壁画、楼兰遗址的葡萄纹佛门以及于阗和喀什绿洲流行的艺术品大多是按照犍陀罗的艺术原则创作的。从尼雅遗址的棉布画面到武惠妃石椁上的力士狮子图，从东汉到盛唐，都可见犍陀罗文化对中国文明的影响。

武惠妃石椁勇士神兽图的母题可能是赫拉克勒斯和狮子的图像，一方面他们的造型距离原始的希腊形象越来越远，不仔细分析的话甚至难以找到两者间的承袭关系，但是他们象征性的角色——勇士和护卫者的身份一直不曾改变。希腊赫拉克勒斯的造型特色似乎越往东，丢失、增添和改变的情形就越多，由西

---

① 蔡鸿生：《狮在华夏》，《中外交流史事考述》，郑州：大象出版社，2007 年，第 173 页。
② 林梅村：《松漠之间：考古新发现所见中外文化交流》，北京：生活·读书·新知三联书店，2007 年，第46—69 页。

域进入中国河西地区,不再全然裸体,取而代之的是越来越东方化的造型,不过他手中的大木棒和狮皮或隐或现,顽强地保留在中古艺术中。[①]石椁上的四幅力士狮子图中,力士的形象中隆起的额头下垂的卷发卷曲的胡须和宽阔的胸部等充满了希腊化色彩,但都不是常见的裸体形象,而有着酷似胡人的着装,不过身侧的狮子和浓密的大胡子似乎都预示着赫拉克勒斯的身份和来历。

力士,乃护法之神;狮子,守护伽蓝者也。以四狮子作为装饰很容易使人想起阿育王石柱的四狮柱头造型,北魏皇兴造像背后所雕刻的四大护法天人和西安碑林藏景俊石函四侧所刻画的护法天人形象,武惠妃石椁中力士狮子图的佛教内涵可以确认,他们之间应该有着十分紧密的关系和影响。

## 三

武惠妃石椁外壁有画面 20 幅,各幅构图不同,内容丰富。石椁外壁主题为花鸟图案,由牡丹、莲花、团花、石榴、葡萄等组成繁复华丽的卷草纹饰,各种鸟类和动物穿插其中;有立柱画面 20 幅,以缠枝卷草、海石榴、牡丹、葡萄、西番莲纹饰为主,穿插异兽、天马、狮子、鸿雁、鸳鸯、伎乐、童子等各种形象。这些形象中除了佛教寓意的图案,还有着中亚或者粟特特色的艺术,亦有中原本土"多子"心愿的表达,组成了立体化的图像。

植物纹饰的大量使用,是这个时期艺术的风尚和潮流。在石椁外壁雕刻的各种植物纹,线条虽简单却蕴含着丰富的文化气息,表达着时代的审美趋向。为死者和生者所采用的动物和植物纹饰都是模仿宇宙的一部分,并由此创造出与宇宙相一致的吉祥空间。人们认为,图像创造了吉祥图景,而不仅仅是描摹原物。[②]生与死是统一的连续体,墓葬不仅仅呈现了死后世界,也表现出对日

---

① 邢义田:《赫拉克利斯在东方——其形象在古代中亚、印度与中国造型艺术中的流播与变形》,《画为心声:画像石、画像砖与壁画》,北京:中华书局,2011 年,第 458—513 页。

② [英]杰西卡·罗森:《作为艺术、装饰与图案之源的宇宙观体系》,《祖先与永恒:杰西卡·罗森中国考古艺术文集》,北京:生活·读书·新知三联书店,2012 年,第 307—343 页。

常生活的解释和说明。

花草纹饰是春夏来临的标志,古人通过强调春夏之际来确保墓主人享受到这些美景。植物图案是构成丰饶乐园最重要的因素,同时还往往和女性联系在一起。在武惠妃石椁中大量采用植物纹饰,也许和她的身份有着一定的关联。

已经有学者对唐代墓葬中的佛教因素进行了考察①,武惠妃石椁外壁的纹饰整体构成了一幅佛教的圣地,动植物纹饰萦绕的画面,把石椁营造成了一个墓葬中的窣堵波。窣堵波象征着佛教的最高境界——涅槃。在佛教文献中,很多时候雁的出现都是和表现佛教天国的美好联系在一起的,在《南本涅槃经》和《长阿含经》中,雁和鸳鸯以及各种异类奇鸟相和而鸣,共同构成了佛国净土,而这正和石椁外壁图案所要表达的窣堵波的内涵是相通的。在武惠妃石椁外壁雕刻有多幅类似屏风画的图案,下方是一只鸟类,上方是植物纹饰,这种构图方式在新疆阿斯塔那唐代墓葬中亦有发现,对于这种图案是否具有佛教意蕴还需进一步分析,不过表现的都是对于死后世界的向往。

在印度早期的窣堵波周围,用浮雕表现了充满茂盛生命力的动植物,供奉舍利的窣堵波成为人们的礼拜对象。据说,作为释迦坟墓的窣堵波,它所表现的是绝对永恒的寂灭世界,于是作为涅槃的象征而成为佛教徒崇拜的对象。窣堵波其实并不仅仅是释迦个人的墓葬,更在于释迦所达到的涅槃境界,那是佛教徒的一种理想追求。在印度佛教艺术中,桑奇三塔有着重要的地位,半球形②;在拉合尔博物馆收藏有一件石质窣堵波(图十一),形状与一般的窣堵波相同。③

门、窗棂似乎都在暗示着在画面深处还有另外一个空间,从而把石椁内外不同的世界有机地联合起来。门窗这类建筑元素刻画在墓室或棺椁上面,是为

---

① 张建林:《唐代丧葬习俗中佛教因素的考古学考察》,西北大学考古学系编:《西部考古》第1辑,西安:三秦出版社,2006年,第462—470页;李星明:《隋唐墓葬艺术中的佛教文化因素》,巫鸿、郑岩主编《古代墓葬美术研究》第1辑,北京:文物出版社,2011年,第245—269页。

② 关于桑奇三塔的详细介绍请参阅扬之水《桑奇三塔:西天佛国的世俗情味》一书(北京:生活·读书·新知三联书店,2012年)。

③ [巴基斯坦]穆罕默德·瓦利乌拉·汗:《犍陀罗:来自巴基斯坦的佛教文明》,北京:五洲传播出版社,2009年,第195页。

了将其转化为一种完整的"建筑"，而这种建筑在亡者的世界里有着独特的意义和象征性，实质上是将生者世界的建筑构件符号重新包装赋予新的内涵，从而成为为亡者所用的一种独特的"语言"①。门与窗在墓葬中可能意味着通过这些孔道进入另一个世界，同时这些孔道类的装饰经常也象征着亡者升仙的通道。武惠妃石椁用种种艺术

图十一　现藏于拉合尔博物馆（采自《犍陀罗》

象征与元素来呈现佛国净土，门和窗户显示的正是佛国的入口，亡者灵魂的目的地是奔赴往生的净土，而动物和植物纹饰则加强了各种符号的祥瑞和神圣含义。可以说，武惠妃石椁所要表达的是将石椁幻化成一座墓葬中的涅槃之地——窣堵波。

犍陀罗涅槃图中一定有执金刚神作为护卫者出现，这种雕刻在犍陀罗发现很多。执金刚神在犍陀罗的佛传故事雕刻中有着多种多样的造型，在佛教文献中几乎不涉及执金刚神，但在犍陀罗的佛教艺术中执金刚神占据了极其重要的位置。②执金刚神和力士的概念经常混淆，作用也十分类似。在武惠妃石椁门两侧雕刻力士狮子图，正和佛陀涅槃中的纹饰图案相一致。

石椁外壁图案的犍陀罗色彩十分强烈，再三强调与古印度的密切关系，其

---

① 郑岩：《逝者的面具：汉唐墓葬艺术研究》，北京：北京大学出版社，2013年，第378—419页。
② ［日］宫治昭：《犍陀罗美术寻踪》，北京：人民美术出版社，2007年，第171页。

意图很明确，来自佛教发源地的西方的艺术形象应该受到格外的尊崇，这样就会显示出石椁窣堵波化的正统性和权威性①，或者可以说是体现了中国佛徒所设想出的"西方印度佛国"的记忆。这种用神圣空间感所表达的窣堵波，通过中国化的表现形式与主题，来表明这是真正承袭印度正统佛教特征的。

窣堵波具有生与死的双重特征，它所表现的涅槃世界和彼岸世界是互为表里的两个层面，这样的艺术形式产生在犍陀罗地区，给后来的佛教艺术带来很大影响。在犍陀罗艺术中，窣堵波雕刻的纹饰以动植物为主，充满着与生命的丰饶乐园相关的表现。窣堵波虽然代表死的坟墓，但它超越了生死轮回世界，这样"死"的窣堵波就可以被当作体现轮回根源的"生"的场所。②在窣堵波中，佛教的涅槃、生命的再生、丰饶的乐园三者是互相映衬的，武惠妃石椁外壁的纹饰雕刻就是围绕着这三方面展开的。

武惠妃石椁中雕刻的佛教纹饰，许多都保留着犍陀罗艺术的痕迹，虽然中国人对于源自希腊的古老艺术不是很熟悉，但与之有关的象征图像和本土传统艺术结合在了一起，虽然经过了变化，但许多重要的象征符号还是被保留了下来。若干源于希腊罗马风格的样式和装饰主题在传播到东方时已经过了艺术的改造③，在武惠妃石椁门两侧雕刻的力士狮子的图案也是这种文化传播中的典型个案之一。

## 结　语

武惠妃石椁上力士狮子图的母题可能是来自赫拉克勒斯和狮子的故事，在东传的过程中其形象不断发生着变化，但是作为护卫者的身份一直没有改

---

① ［日］肥田路美：《南北朝时期至唐代瑞像造型的特征及意义》，《庆贺饶宗颐先生 95 华诞敦煌学国际学术研讨会论文集》，北京：中华书局，2012 年，第 68 页。

② ［日］宫治昭：《涅槃和弥勒的图像学——从印度到中亚》，北京：文物出版社，2009 年，第 15—60 页。

③ Patricia Karetzky：*The Presence of the Goddess Anahita and Cosmological Symbols Associated with the Goddess on Western Decorative Arte Excavated in Early Medieval China*，巫鸿主编：《汉唐之间文化艺术的互动与交融》，北京：文物出版社，2001 年，第 341—371 页。

图十二　武惠妃石椁图

变。石椁（图十二）外壁雕刻大量带有佛教色彩的动植物纹饰，让整个石椁为了墓葬中的窣堵波。早期佛教艺术中对亡者的终极关怀在盛唐皇妃的墓葬中出现，也证明了佛教对当时社会的影响力也许比我们所要了解的还要深刻。石椁内外壁的图像表达着不同的生死信仰，把佛教的乐土、天界和幸福家园结合起来，希望武惠妃可以在死后得到真正的涅槃，从而进入另一个生者祝愿的彼岸的终极世界。

（原刊《敦煌学辑刊》2014 年第 1 期）

# 祆神还是日月:释迦牟尼降伏外道造像再论

唐代长安地区的佛教造像,素来都是学界聚集的焦点,在中外文化交流史上具有重要的地位。本文所要论述的这尊释迦牟尼降伏外道造像因其独特、精美的造型艺术而备受关注,在唐代文明和各类涉及丝绸之路的展览中都是非常重要的文物之一,但是关于此尊造像的具体刊刻内涵一直以来都有着不同的看法,给观者产生了许多困惑和不解,故我们在前贤讨论的基础上再作申论,为相关研究提供进一步的思考。

## 一、年代源流考

释迦牟尼降伏外道造像(图一)现藏于西安碑林博物馆(原陕西省博物馆),由西安市文管会在 1955 年移交陕西省博物馆。整尊造像呈竖长方形,由台座和背壁组成,通高 71.5 厘米,宽 41.5 厘米,厚 20 厘米,使用了高浮雕的镌刻技法。背壁在造像上部,高 50 厘米,为一尊释迦牟尼佛像。此佛像左手下按,右手上托,所按所托者均为一浮雕圆轮。上下两个圆轮大小相同,构图模式亦基本一致,只是在圆轮内雕刻的图案有所差异,二者主体均为一着铠甲的男子,束发,手持围绕头顶飘舞飞扬的帛带,双腿坐在搭着坐垫的动物背上。动物身上的坐垫线条浑然一体,据此来看并非背向而驰的两只动物,而应该是双首动物形象。在上方圆轮内的动物为双头马,在下方圆轮内的动物为双头鹅,分

别为奔驰或奋飞的形态。佛像螺发,高肉
髻,面部饱满,双目微微闭合,双耳垂肩,头
后有桃形头光,头光分为三匝,外匝雕刻着
火焰纹,内部几匝素面光滑。身着袒右肩式
袈裟,跣足站立在覆莲座上。袈裟轻薄贴
体,自然下垂,线条流畅。背壁之下为高约
20厘米的台座,在台座正前的左侧镌刻有
10字铭文,楷书,3行,满行4字,内容为
"释迦牟尼佛降伏外道时"。

关于释迦牟尼降伏外道造像的年代问
题,根据整体特征来看,一般认为这是一尊
唐代风格的造像。[①]韦陀通过对其艺术风格
的分析,认为可能是7世纪的作品,至少不
晚于8世纪。[②]索珀将这尊造像和日本奈良
法华堂所藏的一件佛像比较,亦认为年代

图一 释迦牟尼降外道造像

在8世纪;[③]冉万里亦推断在7至8世纪。[④]荣新江推断此尊造像碑镌刻时代应
在安史乱前不久,当时佛教虽然势力在各种宗教中最强,但在某些特定的区域
内和特定的时间里,或许会有某些寺院或佛教教团受到祆教的威胁或打击,而

① 陕西省博物馆编:《陕西省博物馆藏石刻选集》,北京:文物出版社,1957年,第39页;[日]京都文化
博物馆编:《大唐长安展:京都のはるかな源流をたずねる》,京都:1994年,第105页;西安碑林博物馆编:
《西安碑林博物馆》,西安:陕西人民出版社,2000年,第133页;西安碑林博物馆编:《长安佛韵:西安碑林
佛教造像艺术》,西安:陕西师范大学出版社,2010年,第166页;国家文物局编:《丝绸之路》,北京:文物出
版社,2014年,第300页。

② R. Whitfield, *The Art of Central Asia. The Stien Collection in the British Museum* Vol. 2, Tokyo: Kodansha,
pl. 11.

③ A. C. Soper, *Representation of Famous Images at Tun-Huang, Artbus Asiae* Vol. 27, No.4 (1964-1965),
pp. 362-363.

④ 冉万里:《西安碑林博物馆收藏"释迦降伏外道造像"新解》,《文博》2012年第5期,第37—42页,收
入氏著:《唐代长安地区佛教造像的考古学研究》,北京:科学出版社,2017年,第185页。本文所引以后者
为据。

图二　韩小华造弥勒像（采自《丝绸之路》，
文物出版社，2014 年）

此造像也是这种情况的反映，而这种情况只能在安禄山叛乱之前的长安发生。[1]不过，翟战胜则指出此像年代属于北周时期。[2]那么，此尊造像的年代应该属于什么时间呢？

翟战胜认为此像属于北周时期的依据主要有二：1.造像形式；2.佛像的身体特征。青州出土的北魏永安二年（529 年）韩小华造弥勒像（图二）与释迦牟尼降伏外道造像在外观上相似，也是上部为背壁，下部为突出的台座，上部主像是一弥勒二协侍，均站立在覆莲座上，在背光的左上角和右上角各有一天神用右手或左手托圆轮，天神像只露出了其头部和托圆轮的一只手臂。在台座上刊刻有图案和文字，中间是香炉，香炉两边分别为狮子和手持莲花的供养人形象，在台座最外侧两边分别是铭文"乐丑儿供养"和"韩小华供养"等字样。[3]释迦牟尼降伏外道造像属于背屏式造像，背屏式造像在北魏晚期流行较广，直到隋唐都有，以此来推断释迦牟尼降伏外道造像代表了北周风格，这在论证上是不合适的，且韩小华造像代表的是青州北魏时期的风格，而非北齐的造像模式。关中等地的佛像面貌从北周开

① 荣新江：《释迦降伏外道像中的祆神密斯拉和祖尔万》，《中古中国与外来文明》，北京：生活·读书·新知三联书店，2001 年，第 341—342 页。

② 翟战胜：《西安碑林博物馆藏"石雕释迦牟尼降伏外道造像"再探讨》，沙武田主编《丝绸之路研究集刊》第 2 辑，北京：商务印书馆，2018 年，第 50—60 页。

③ 国家文物局编：《丝绸之路》，北京：文物出版社，2014 年，第 282 页；夏名采：《青州龙兴寺佛教造像的艺术特色》，《中国历史博物馆馆刊》2000 年第 1 期，第 97—103 页。

始,逐渐脱离秀骨清像的特点,逐渐向圆脸丰满的方向发展,释迦牟尼降伏外道造像虽然保留了北周时期佛像的某些特征,不过从面部刻画的神态来看,比照长安地区的其他唐代佛像容貌①,与后者的相似度更高。

除此之外,释迦牟尼降伏外道造像的时代特点在其佛衣和头光中表现得更为明显。此像着右袒式袈裟,这种样式的佛衣在早期佛教艺术中发现不多,比较有代表性的是炳灵寺169窟中的一尊属于十六国时期的佛像,之后在北凉石塔也有发现,如玄始十五年(426年)敦煌□吉德石塔和承阳二年(426年)酒泉马德惠石塔中,均有做说法相身着右袒式袈裟的坐佛,衣纹阴刻密线,衣质薄软宽松,不过到了沮渠牧犍时期这种右袒式佛衣基本消失。②从目前的材料可以看出,在云冈、麦积山、莫高窟等地的佛衣样式已经由半披式取代了右袒式成为一种主流模式。南北朝的早中期右袒式佛衣居于次要地位,甚至沉寂消失,直到晚期尤其在北齐阶段又在天龙山和青州佛像中出现了。等到了隋唐时期,右袒式佛衣反而重新成为重要的佛衣样式之一,不管在佛像和菩萨像中均有体现。③在长安地区的北周佛像中佛衣以通肩式较为常见,右袒露肩式佛衣如同释迦牟尼降伏外道造像样式的基本未见。④在唐代造像佛衣中,右袒式佛衣是伴随着密教造像的传入重新得以兴盛起来的。⑤

把密教介绍进中原的本土僧人以义净为代表,他曾经翻译过《大孔雀咒王经》之类的密教经典,做了一定的普及工作,但并没有给全社会带来信仰的高潮。⑥纯粹的印度瑜伽密教传入中原是以开元四年(716年)印度僧人善无畏来

---

① 西安碑林博物馆编:《长安佛韵:西安碑林佛教造像艺术》,西安:陕西师范大学出版社,2010年,第167页。

② 殷光明:《北凉石塔分期试论》,《敦煌研究》1997年第3期,第84—91页;殷光明:《北凉石塔论述》,《敦煌学辑刊》1998年第1期,第87—106页。

③ 费泳:《"通肩式""右袒式"佛衣在汉地发生的变化及成因考》,《民族艺术》2010年第3期,第100—107页;费泳:《中国佛教艺术中的佛衣样式研究》,北京:中华书局,2012年,第168—201页。

④ 王敏庆:《北周佛教美术研究——以敦煌莫高窟为中心》,北京:中央美术学院博士论文,2010年,第82—97页;于春:《长安地区北朝佛教造像考古学研究》,西安:西北大学博士论文,2015年,第119页。

⑤ 宫大中:《龙门石窟艺术试探》,《文物》1980年第1期,第6—14页。

⑥ 周一良:《唐代密宗》,上海:上海远东出版社,1996年,第7页。

华为标志的。到了开元八年（720 年），另有印度密教僧人金刚智和其弟子不空来到了长安，在密教三大士的大力弘法下，密教得到了唐玄宗的支持，成为高官贵胄等上层人士追捧的对象，从而影响到了全社会，使得密教风行天下。密教对中国社会产生了巨大影响，对雕版印刷的形成有着重要的促进作用，[1]在佛教艺术中的直接影响就是使得右袒式袈裟的佛像再次大量出现，形成了一股新的审美思潮。从释迦牟尼降伏外道造像的佛衣样式来看，其刊刻时间在开元四年(716 年)之后较为合理。

在佛像造型中，背光的时代特征非常明显的。背光分为头光(项光)和身光两种。南北朝时期，佛像背光的外形主要分为八种，即圆形、长圆形、莲瓣形、长方形、方形、半圆形、椭圆形、桃形，此尊释迦牟尼降伏外道造像的头光即是桃形头光。此种背光似桃形状，叶尖向上，根据相关研究这种头光在北魏时期已经出现了，多为菩萨头光，集中在云冈三期内，不过数量并不多，有两种表现样式：一是仅仅在边沿刻画一道弧线，如第六窟中的供养菩萨像；二是有图案，中间刻有莲花，边线做火焰状，如第六、八、三窟中主室内的菩萨均为此类样式。[2]隋唐时期，佛像的背光外形分为八种，即莲叶形、桃叶形、椭圆形、圆形、扇形、舟形、背影形。桃形头光酷似桃子形，叶尖突出，如敦煌第 276、304、312、394、404、427 等窟的造像。桃形是敦煌佛像背光中隋代和初唐的主题装饰之一，到了盛中唐时期背光样式则以圆形状为主了，桃形背光亦有，不过数量较少。[3]桃形佛像头光出现的时间比较晚，对比西安碑林收藏的至德三年(758 年)佛造像的头光图案，释迦牟尼降伏外道造像的刊刻时间约属于盛中唐阶段。

通过前文对造像佛衣和头光的考察，结合荣新江的讨论，我们认为西安碑林博物馆收藏的释迦牟尼降伏外道造像的刊刻时间在开元四年(716 年)至天

---

① 辛德勇：《中国印刷史研究》，北京：生活·读书·新知三联书店，2016 年，第 256—285 页。

② 卢秀文：《云冈石窟背光》，《2005 年云冈国际学术研讨会论文集·研究卷》，北京：文物出版社，2006 年，第 675—685 页。参金建荣《中国南北朝时期佛教造像背光研究》，南京：南京艺术学院博士论文，2015 年。

③ 卢秀文：《敦煌莫高窟隋唐背光研究》，《敦煌学辑刊》1996 年第 1 期，第 87—92 页。

宝十四载(755年),属于盛唐时期的造像。

这尊降伏外道造像的造型和敦煌的指日月瑞像关系密切,如敦煌231窟中的佛像造型(图三)也是一尊立佛,站立在覆莲座上,左手下伸,在此手下方有一圆环,右手上举,在此手上有一圆环。除了佛衣和头光上的差异,这尊佛像和降伏外道造像的背壁构图基本一致。除了敦煌231窟之外,在同时期的236、237等窟中也有类似的瑞像。这种指日月瑞像都属于吐蕃(中唐)统治敦煌及其以后的时期。此种瑞像在敦煌最早见于藏经洞所出的绢画Ch.xxii.0023上,关于这件绢画的时代,韦陀认为是7世纪的作品,不晚于8世纪。①比较这件绢画和降伏外道造像的时代,降伏外道造像的时间会稍早一些,故此

图三　敦煌231窟中的佛像造型
(采自张小刚文)

我们怀疑这种右手上举、左手下按的构图形式可能是从长安传播到敦煌地区的,也就是说其属于长安图像模式的一个类型。

韩小华造像中手持圆环的天神分别为日神和月神,手持日月,和敦煌指日月瑞像相比只是把日月分别放置于整个图案的左右角而已。韩小华造像左右角的圆环内为素面,没有刊刻纹样,而在关中地区的北魏造像碑中日月形象则有明显的图案,如西安碑林藏景明二年(501年)徐安洛四面造像碑、熙平二年(517年)邑子六十人造像碑、正光三年(522年)茹氏一百人造像碑和普泰元年(531年)四面造像碑的佛龛左上角和右上角均刻有日月,日月外观为圆环,圆环内刻有图案。一般来看佛龛右上角刻的是月亮,邑子六十人造像碑和茹氏一

---

① R. Whitfield, *The Art of Central Asia. The Stien Collection in the British Museum* Vol.2, Tokyo: Kodansha, pl.11.

图四　四面造像碑

百人造像碑上圆环内的图案是蟾蜍，普泰四面造像碑上圆环内的图案是蟾蜍和兔子；佛龛左上角刻的是太阳，邑子六十人造像碑、茹氏一百人造像碑和普泰四面造像碑上圆环内的图案均是金乌。需要注意的是，徐安洛四面造像碑上圆环内的图案比较特殊，刊刻的是飞天形象(图四)，不过表达的应该是日月含义。关中地区北朝造像碑上的日月图案，给了降伏外道造像碑构图模式的直接启发，或者可以说降伏外道造像上的圆环表示方法，就是借鉴了早期图像后加以改造而形成的唐代长安样式，进而为敦煌的指日月瑞像所承袭。

## 二、内涵背景考

对于释迦牟尼降伏外道造像的具体内涵，学者争议较大：一是图案整体的表达思想，到底是降伏外道还是指日月瑞像；二是佛像背壁左上圆轮(图五)和右下圆轮(图六)内刻画图案的表示内容，是祆神还是日月(日天月天)。据此，基本可以分成三种意见：1.圆轮内图案为日月的瑞像图，此说支持者最众,有索珀、韦陀、冉万里、张小刚、李静杰、翟战胜、张元林、吕德廷等。①2.圆轮内内容为祆神的降伏外道图,此说乃荣新江观点,王剑平等学者同意此种意见。②3.张总认为此尊造像是圆轮内图案为日月的降伏外道像。③

图五　佛像背壁左上圆轮

在这三种观点中,一个最重要的出发点就是针对释迦牟尼降伏外道造像上面铭文字样的认识,主张第一种意见的学者均认为造像中的铭文乃后刻而成的。那么,事实真的如此吗?

李域铮首先提出降伏外道造像上面的铭文(图七)是后刻的。他认为:“阶

①　A.C.Soper,*Representation of Famous Images at Tun-Huang*,*Artbus Asiae* Vol.27,No.4（1964-1965）,pp.362-363;R.Whitfield,The Art of Central Asia. The Stien Collection in the British Museum Vol. 2,Tokyo:Kodan-sha,pl. 11;冉万里:《唐代长安地区佛教造像的考古学研究》,北京:科学出版社,2017年,第179—192页;张小刚:《敦煌佛教感通画研究》,兰州:甘肃教育出版社,2015年,第69—71页;李静杰:《关于佛教感通图像研究的新成果——〈敦煌佛教感通画研究〉读后感言》,《敦煌研究》2017年第5期,第128页;翟战胜:《西安碑林博物馆藏“石雕释迦牟尼降伏外道造像”再探讨》,沙武田主编《丝绸之路研究集刊》第2辑,北京:商务印书馆,2018年,第53页;张元林:《跨越洲际的旅程——敦煌壁画中日神、月神和风神图像上的希腊艺术元素》,沙武田主编《丝绸之路研究集刊》第1辑,商务印书馆,2017年,第62—63页;吕德廷:《敦煌石窟中的外道形象研究综述》,《2013年敦煌学国际联络委员会通讯》,上海:上海古籍出版社,2013年,第75—85页。

②　荣新江:《释迦降伏外道像中的祆神密斯拉和祖尔万》,《中古中国与外来文明》,北京:生活·读书·新知三联书店,2001年,第332—333页;王剑平、张建荣、雷玉华:《中国内地舍卫城大神变造像遗存探索》,《石窟寺研究》第1辑,北京:文物出版社,2010年,第158—159页。

③　Zhang Zong,*The Region of Qingzhou as a Center of Buddhist Art in the Sixth Century*,Lukas Nickel（ed.）,*Return of the Buddha:Buddhist Sculptures of the 6th Century from Qingzhou*,China,London:Royal Academy of Arts,2002,pp.74-75.

图六　佛像背壁右下圆轮

图七　释迦牟尼降伏外道造像铭文

前有释迦牟尼佛降伏外道时楷书十字,似后刻,但字迹秀劲。"①由于李域铮在陕西省博物馆（今西安碑林博物馆）工作,他提出的意见直接影响了后来诸多的研究者,如索珀即以为题记字体较大,跟其他唐代雕像相比线条粗疏,可能是在一段时间后刻的,而刻字之人大概已经不知道此尊造像的实际含义了。②翟战胜以为铭文题记字体接近行楷,显然不是北朝字体。③笔者因为工作关系,得以多次近距离接触此尊降伏外道造像,从铭文刊刻的情况来看属于唐代无疑,无法找到所谓后刻的蛛丝马迹。另外铭文字体具有明显的盛唐风格,时代特征明显,对比开

---

① 李域铮:《陕西石刻艺术》,西安:三秦出版社,1995年,第94页。

② A.C.Soper, *Representation of Famous Images at Tun-Huang, Artbus Asiae* Vol.27,No.4,(1964-1965), pp.362-363.

③ 翟战胜:《西安碑林博物馆藏"石雕释迦牟尼降伏外道造像"再探讨》,沙武田主编《丝绸之路研究集刊》第2辑,北京:商务印书馆,2018年,第53页。

元二十六年(738年)韦翰墓志(图八)的书写面貌①,二者从运笔到字体的间架结构如出一辙,都是盛唐书体的一种表现。荣新江已经指出铭文字体俊秀有力不失唐风,而这件造像性质特殊,亦不可和其他题材的造像碑相提并论,更重要的是造像碑的铭文和图像内容密切相关,不可分割。②每尊造像在刊刻之初一般都有一个整体的构图方式,从布局、主题等方面综合加以考虑,模件体系的使用是中国传统文化的固有模式之一,不同图案的具体部分也许会有所差异,但整体构成一定具有某种主题思想在内。③降伏外道造像的图像部分和文字组成之间互相关联,在没有证据可以否定铭文和雕像非一起完成之前,把文字内容割裂开来只讨论图像是不合适的。在造像碑座上面镌刻主旨文字,这和昭陵功臣碑碑座上面刻写碑主姓名做法是一致的,如阿史那社尔和薛延陀毗伽可汗碑座等,其布局也非常相似。在关中地区北朝的背屏式造像中,在底座

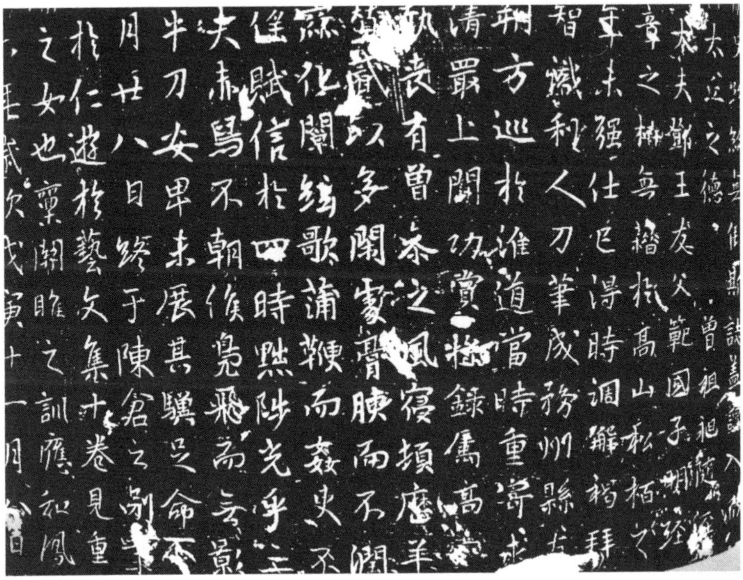

图八　韦翰墓志拓本(采自《长安新出墓志》)

① 西安市长安博物馆编:《长安新出墓志》,北京:文物出版社,2011年,第166页。
② 荣新江:《释迦降伏外道像中的祅神密斯拉和祖尔万》,《中古中国与外来文明》,北京:生活·读书·新知三联书店,2001年,第332—333页。
③ [德]雷德侯:《万物:中国艺术中的模件化和规模化生产》,北京:生活·读书·新知三联书店,2005年,第22—25页。

图九　西魏菩萨立像

刊刻题记的做法十分普遍，如西魏元钦元年（552年）的菩萨立像（图九）①，其底座镌刻的发愿文也是居于底座正面左侧，右侧留有空白，可见降伏外道造像的题记刊刻方式乃是一般的惯例。通常来讲，佛像在完成后进入供养阶段，此时再在台座十分明显的地方补刻文字是不符合常理的，比照其他造像补刻情况，多数镌刻在不太明显的方位，而这也和此尊造像铭文的刊刻地方不相符合。

在佛教材料中，留下了许多图像资料，如日本奈良国立博物馆收藏的《胎藏图像》和《大随求曼荼罗诸尊等图案》中的日天均手持莲华乘坐在七匹马上，在敦煌莫高窟中唐时期的第144窟（图十）、第361窟、第384窟中有乘坐五匹马的日天形象。目前发现的材料中日天图像主尊多着菩萨装，一种是乘坐在马拉的车厢内，一种是直接乘坐在马匹身上，日天所乘的马有多重情况，不过多是奇数，有三、五、七匹等。②月天形象多与日天组合出现，构图方式和日天基本相似，月天所骑坐的鹅数量也有三、五、七之别，如敦煌莫高窟第144窟中的月天即是以乘坐五只鹅的形象出现的（图十一）。从构图方式来看，降伏外道造像上部圆轮内的图案和日天相近，下部圆轮内的图案和月天相似，不过区别也很明显，二者坐姿完全不同，圆轮内的主尊像着铠甲，似乎表明了其战斗的身份，而且乘坐马或鹅均为偶数二只，而目前所见的日月天形象中均少见此种着铠甲的造

① 西安市文物保护考古所:《西安文物精华·佛教造像》，西安:世界图书出版西安公司，2010年，第51页。
② 张元林:《敦煌乘马"日天"和乘鹅"月天"图像研究》，《敦煌文献·考古·艺术综合研究——纪念向达先生诞辰110周年国际学术研讨会论文集》，北京:中华书局，2011年，第233—235页。

图十　敦煌 144 窟日天形象(采自翟战胜文)　图十一　敦煌 144 窟月天形象(采自翟战胜文)

型,所乘动物亦少有偶数的情况,以此来看的话即便二者之间有某些相似性,但是表达的内容还是有所区别的。

　　结合造像刊刻的铭文,可以看出此像所刻画的佛教外道,实际上是 7—8世纪流行于唐朝的祆教神像。此造像中上下圆轮内的神像屈腿坐在一圆形毡垫上面的坐姿方式,和粟特地区一个祆教徒墓葬出土的骨瓮图案基本一致。圆轮内的双首连体马或鹅的姿态,也是祆神形象中常常可看到的图案。另外圆轮内神像手持的飘带也是粟特美术中常见的装饰物,这在太原出土的虞弘墓石椁图案中就有发现。[①]祆教是一种多神宗教,诸多神祇均以人形出现,而他们代表的动物特征则用他们的坐骑来表示,用人像结合不同的坐骑并且一一对应。这是祆教神祇的表达方式,如密斯拉对应的天神是太阳,相关联的动物为马;娜娜女神对应的天神是金星,相关联的动物是狮子;马兹达对应的天神是水星,相关联的动物是大象;祖尔万对应的天神是土星,相关联的动物是鹅。以此来看,释迦牟尼降伏外道造像中圆轮内的图像内涵分别表现的是祆神密斯拉和祖尔万。

---

　　① 荣新江:《释迦降伏外道像中的祆神密斯拉和祖尔万》,《中古中国与外来文明》,北京:生活·读书·新知三联书店,2001 年,第 334—339 页。

祆教属于古波斯琐罗亚斯德教的变体,琐罗亚斯德教因教主名讳而得名,在东传过程中,因为教义中推崇拜日月星辰而被中国人误以为拜天之教,遂被命名为祆教。在唐代之前,亦被称作天神、火神、胡天神等,到了唐代专门用祆教来指称。祆教传入中原,主要是粟特人的作用,不过中亚的粟特祆教和原始的波斯琐罗亚斯德教已经有所不同,祆教不像佛教、摩尼教那样以义理传教,而是作为一种习俗和信仰影响着一般的人群,可以说祆教就是粟特人的一种民间宗教信仰。

密斯拉神是光明与公义之神,源于雅利安人的密多罗神。密斯拉是伊朗在琐罗亚斯德教兴起之前所崇拜的司掌太阳、正义、契约和战争之神,古波斯的密斯拉形象具有战士特征,在贵霜时期的中亚地区发现的密斯拉形象是希腊文化和伊朗文化融合的结果。在中国本土的材料中,除了释迦牟尼降伏外道造像之外,可以定为密斯拉形象的还有三例,一是莫高窟第285窟西壁南龛上部的图像,二是甘肃天水发现的一件隋唐时期石棺床上刊刻的图像,三是隋代虞弘墓石椁前壁门左侧和右侧的两幅图案。①在阿富汗、中亚粟特地区发现的密斯拉图像,许多都是主神坐在双头马上面,这与降伏外道造像左上方圆轮内的图案如出一辙,据此来看右下方的主神坐在双头鹅身上,其主神应当是祖尔万神。祖尔万神是时间之神,在粟特文书中经常出现,具有最高神地位,还加有"伟大的"和"众神之王"的尊号。从粟特地区、印度河上游地区到中原都有关于祖尔万神的考古发现,1963年西安南郊沙坡村出土的银碗口沿下有粟特语的"祖尔万神"刻字,固原地区史氏家族墓志文字和九龙山M33中也有相关的信息。②

佛教所言的外道,一般指的是释迦牟尼在创建佛教的过程中发生冲突或争执的印度其他教派的宣教者,这在佛教经典中多有记载。佛教所言的外道数量也随着佛典的不断扩充而增加,在较早期的佛教典籍中记载的外道主要有

---

① 张小贵:《祆教史考论与述评》,兰州:兰州大学出版社,2013年,第15—35页。
② 陈婧修:《固原九龙山M33出土下颌托研究》,朱玉麒主编《西域文史》第12辑,北京:科学出版社,2018年,第145—158页。

六种,被称为"外道六师",分别是珊阇耶毗罗胝子、阿耆多翅舍钦婆罗、末伽梨拘舍梨、富兰那迦叶、迦罗鸠驮迦旃延、尼乾陀若提子。随着佛教经典逐渐增多,外道的数量也随之增加,甚至有九十五种之众,不过这些外道的原型,基本都是以印度的婆罗门为主的。

在佛教图像中,大多数外道的形象和释迦降伏外道造像上的不同,有时候塑造为裸体的男性形象,有时候塑造为各种别的艺术形象,经常出现在劳度叉斗圣变、报恩经变、涅槃经变等经变中,以及须摩提女因缘、外道踩佛晒衣石等佛传因缘中,除此之外还有执雀外道、鹿头梵志等形象。[①]在藏经洞发现的五代时期降魔外道绢画中,在图案两侧各有表示释迦牟尼神通的画面,右侧的佛像经常手擎日月,这与指日月瑞像十分相似。文献中所言的"手扪日月",和释迦牟尼降魔外道时展示的神通变化息息关联,据此来看,特定图景下的日月和降伏外道之间具有内在的关系。[②]在敦煌、于阗等地发现的指日月瑞像中圆环内的太阳多用金乌表示,月亮多用花草、蟾蜍等暗喻,没有发现用神祇表示日月的情况,而乘坐马或鹅的日天月天图像只在单独构图时出现,并没有和指日月瑞像形成有机的组合关系,可见这尊释迦牟尼降伏外道造像并不是指日月瑞像,内涵应该属于降伏外道内涵。碑林造像中的外道使用了富有粟特色彩的外道形象来表现内容,这种来自粟特形象的外道更能体现出中国僧人心目中的佛教来自印度的正统性和权威性,而长安的这尊释迦牟尼降伏外道造像可能除了蕴含宗教属性之外,还有着更为隐晦的政治色彩。

在青州造像中,日月形象和胡人之间有着密切的关系。东营博物馆藏皆公寺造像两侧上角各雕出三尊人像,中间一像外侧手举日月,两边人像留着尖形胡须,头戴尖形帽;段家造像与皆公寺造像构图相近,三人像中以最下一像的

① 赵莉:《克孜尔石窟降伏六师外道壁画考析》,《敦煌研究》1995年第1期,第146—153页;吕德廷:《敦煌石窟中的外道形象研究综述》,《2013年敦煌学国际联络委员会通讯》,上海:上海古籍出版社,2013年,第75—85页;吕德廷:《论涅槃图中的外道形象》,《民族艺术》2013年第6期,第130—135页;满盈盈:《克孜尔石窟降伏六师外道图像嬗变考》,《中国美术研究》2017年第3期,第42—46页。

② 李静杰:《关于佛教感通图像研究的新成果——〈敦煌佛教感通画研究〉读后感言》,《敦煌研究》2017年第5期,第128页。

图十二　卢舍那法界人中像
（采自《青州龙兴寺佛教造像艺术》）

内侧手举日月,右侧三像均为尖形胡须，左侧二像也多戴尖形帽。在北齐卢舍那法界人中像的肩上也彩绘有胡人,左右各有三人,其中右部的三个胡人或高鼻突起,或高眉钩鼻,或头戴尖帽,胡人身边有象征日天或太阳的牛头形象(图十二)。[1]整个青州地区涉及日月的图像中,一类是韩小华造像的模式,一类是和戴尖形帽的胡人密切关联的。青州佛像中日月和胡人的组合,可能有降伏外道或外道归服的寓意,而这可能正是北齐造像天竺化和北齐上层胡化严重的一种表现方式。[2]关于这些胡人的族属身份,学界有波斯、粟特、多种族等不同的看法。通过和虞弘墓等图像的比较,邱忠鸣认为卢舍那法界人中像是北齐时期流寓青州的一个粟特商队出资修造，五个胡人属于商队中的成员,而其中的戴帽胡人多半是粟特人首领。[3]粟特人信奉的宗教是本民族的祆教,而粟特人和日月的这种关联无疑加强了释迦牟尼降伏外道造像的寓意。

唐代前期粟特人的聚居区内,一般都有祆祠存在,当时长安的布政坊、崇

---

① 青州市博物馆:《青州龙兴寺佛教造像艺术》,济南:山东美术出版社,1999 年,第 115 页。

② Zhang Zong, *The Region of Qingzhou as a Center of Buddhist Art in the Sixth Century*, Lukas Nickel(ed.), *Return of the Buddha:Buddhist Sculptures of the 6th Century from Qingzhou*, China, London:Royal Academy of Arts, 2002, pp74—75.

③ 邱忠鸣:《拈花的胡人——由北齐青州佛衣胡人画像管窥中古丝绸之路上的粟特商队》,《中古中国研究》第 1 卷,上海:中西书局,2017 年,第 211—231 页。

化坊、醴泉坊、普宁坊、靖恭坊等均有祆教寺院存在。在禅宗灯史《历代法宝记》中，四川僧人把他们祖师降伏的外道从婆罗门形象变成了摩尼教教祖和景教教祖，这正是安史之乱后摩尼教和景教盛行下的产物，而长安的降伏外道图案应该也是在某一时段里祆教在长安盛行的反映，二者有着异曲同工之妙。①《资治通鉴》卷二一五"唐玄宗天宝三载三月"条载："三月，己巳，以平卢节度使安禄山兼范阳节度使；以范阳节度使裴宽为户部尚书。礼部尚书席建侯为河北黜陟使，称禄山公直；李林甫、裴宽皆顺旨称其美。三人皆上所信任，由是禄山之宠益固不摇矣。"②安禄山是信仰祆教的粟特胡人，天宝二年（743年）因军功入朝受赏被玄宗加封骠骑大将军衔，在他先后担任范阳、平卢二节度使，祆教势力进一步增长。③各种宗教势力此起彼伏，一定会压缩当时佛教的影响力，或许有些寺院或僧团就是在这种情况下借助唐朝对牟尼教等宗教进行禁断的政治环境④，借用释迦牟尼佛降伏外道的故事，雕镌出此尊降伏外道造像碑，希望降伏祆教诸神并阻止祆教势力的扩张。

### 结　语

西安碑林收藏的释迦牟尼降伏外道造像，其刊刻年代属于盛唐时期，约为开元四年（716年）至天宝十四载（755年）的产物，甚至可以缩小到天宝时期之内，镌刻风格属于唐代长安的造像样式。这尊造像圆轮内为祆神密斯拉和祖尔

---

① 荣新江：《〈历代法宝记〉中的末曼尼和弥师诃——兼谈吐蕃文献中的摩尼教和景教因素的来历》，《中古中国与外来文明》，北京：生活·读书·新知三联书店，2001年，第343—368页。
② ［宋］司马光：《资治通鉴》卷二一五"唐玄宗天宝三载三月"条，北京：中华书局，2007年，第6859—6860页。
③ 荣新江：《安禄山的种族、宗教信仰及其叛乱基础》，《中古中国与粟特文明》，北京：生活·读书·新知三联书店，2014年，第266—291页。
④ 关于唐玄宗对摩尼教等宗教的禁断探讨，参王媛媛：《从波斯到中国：摩尼教在中亚和中国的传播》，北京：中华书局，2012年，第138—158页；杨富学：《回鹘摩尼教研究》，北京：中国社会科学出版社，2016年，第140—149页。

万的释迦牟尼降伏外道像。它除了蕴含宗教属性之外,可能还有着更为细微的政治色彩,尤其与安禄山在安史之乱前政治身份的变化息息关联,至于其背后是否存在着安禄山的对手打击其影响力的政治考虑, 则还需要更多信息的考察和分析。

(原刊《国学学刊》2020 年第 3 期,文中观点有所修正)

# 后 记

陈寅恪先生言："一时代之学术，必有其新材料与新问题。取用此材料，以研求问题，则为此时代学术之新潮流。治学之士，得预于此潮流者，谓之预流。"新材料的发掘和利用一直贯穿近代学术发展的整个过程。对于唐史研究来讲，在传世文献之外，敦煌吐鲁番文书和石刻史料成为推动相关研究的最大助力，使得许多湮没在历史中的细节片段呈现在我们面前，可以对唐代社会的构建从单一走向多元、从平面走向立体。

文书研究已经走过了百年历程，取得了丰硕成果，由于大宗材料多已发表，大的突破极为困难，寻找新视角、发现新问题就成为其焕发青春的重要途径。近四十年来，随着考古事业的蓬勃发展和基本建设的大量进行，石刻史料中的墓志材料大量被发现，气贺泽保规先生编的《新编唐代墓志所在综合目录》著录了一万二千多种墓志。唐代墓志数量保守估计已有一万七千余种。这些庞大的材料一方面给研究带来了很多困境，另一方面则为学术进展提供了无数可能。从研究文书到研究碑志是今后中古史研究的一种趋势。数量巨大的碑志为我们提供了不同层面的重要史料，引发了新的研究思路，开拓了新的学术视野，利用石刻史料已经成为学者的共识。

不同于高校和科研院所，我所供职的西安碑林博物馆并不是专门的学术研究机构。作为一名文物工作者，首先面对的就是馆藏文物，由于碑林藏品的特点自然而然地进入了石刻研究的领域。我最初的研究方向是古文字与先秦考古,对于中古史知之甚少,到西安碑林博物馆后因为工作缘故,才重新学习汉唐考古与历史知识,从罗王到岑陈,个中滋味甘苦自知。

是集是我的第一部学术论著,收录了我博士和后博士阶段十年间完成的24篇相近主题的文章,其中未刊稿3篇。传统意义上的石刻研究是铭刻研究。在现代学术视野下,石刻不管有无铭文,只要是经过人类加工过的石质物质文化遗存都是所要关注的对象。石刻本质上属于文物之一种,不管文本抑或物质形态都是考古学研究的重要内容,据此可以把石刻分为四个大的类别:1. 器物附属刻铭,包括石质棺椁等地下陵墓石刻;2. 建筑物附属刻铭,包括石阙、石柱、经幢等;3. 艺术雕刻附属刻铭,包括画像石、造像等;4. 专门文字石刻,包括刻石、摩崖、石碑、墓志、买地券、镇墓石等。不同类别的石刻研究方法也有一定差异,不过主要还是以文献学、历史学、考古学、艺术史的方法为主。石刻材料包含文本、形制、书法、图像、纹饰等多方面内容,在此基础上把石刻还原于具体的历史空间之中进行综合研究,是我们遵循的学术理念。本书的研究对象涉及石刻的四个类别,主题要旨侧重于唐代政治史下的长安、西域和中外文化交流的考察,故题为《从长安到西域:石刻铭记的丝路文史》。

是书乃我学习中古石刻的学步集。生有涯而学无涯。审视本书收录的文章,不同阶段完成的稿件水平颇为参差,由于多篇属于新材料的刊布之作,在文章发表后继有学者进行了相关研究,故本书除了补充相关资料、修订文字错误和统一体例格式之外,内容上基本不做大的修订,也以此见证自己阅历的积累和学力的进步。

在个人的学术道路上,需要感谢的诸多师友可以列一份长长的名单,对他们我一直心存感激。不过在此,我要对三位师长着重表示诚挚的谢意,正是在他们的指点帮助下才有了本书的面世,他们分别是业师复旦大学中文系陈尚君教授、北京大学中古史中心荣新江教授、敦煌研究院杨富学研究员。

与诸多同门相比,我基础较为薄弱,蒙尚君师不弃,特招我入门,对于唐代文史研究方渐得门径。尚君师治学讲求学问的格局与气象,我们的博士论文选题一般建议在个人研究旨趣的基础上,要有长远和可持续研究的规划,故在和尚君师商议时,根据我的情况早早就确定了《唐代石刻史料编年辑证》作为博士论文选题。其生也愚,习亦浅,完全低估了论文所要面对材料的庞杂和难度,虽然五年间投入了全身心的精力,最后还只是完成了唐代前期部分。毕业之后,以同名选题申报了国家社科基金项目,幸运的是得到了基金资助,而本书中的多篇文章也是受益于此而完成的。我的日常工作是展览策划和科研事务,时间较为有限,所以课题进展十分缓慢,从撰写博士论文至今十余年间,近三百万字的《唐代石刻史料编年辑证》将要完成,论文规模如此,虽遑论对学界有多少助益,于己而言可谓是悲喜交加。当初选择这个论文题目时,尚君师曾建议是否可以只做某几个帝王或某时间段的史料编年,然后在此基础上完成某个专题的深度研究,当时我立志完成有唐一代全部石刻史料的通盘整理,对于尚君师的建议搁置未做,现今想来才明白了尚君师的良苦用心,希望本书是给老师上交的一份较为合格的答卷。

尚君师常言"渊源有自,转益多师"是治学之门径,告诫我们"严守门户,恪循师训,当然是一种美德,而广参山林,转益多师,或能寻得契合个人发展之机缘"。在尚君师之外,对我影响最大的一位师长是荣新江教授。荣老师是我钦佩和敬畏的学者,从学习中古史开始,就受到了荣老师的深刻影响和指导,他惠赐的专著我均认真研读学习,虽然未曾亲炙教诲,但有一句话我一直铭记于心。荣老师有次给我说,唐史研究一定要多利用各种文书材料和相关成果,从石刻到文书是我需要努力的方向。针对荣老师的教导,我想出了一个笨办法来实施,那就是从长安出发,把目光投向敦煌和西域,以石刻为基础,尽力结合文书材料及其成果,在此方面努力耕耘期望有所创获。本书所收入的多篇文章,都是在荣老师研究基础上的效颦之作,诚恳能够以这种方式向荣老师致敬。

与杨富学研究员相识于网络。杨老师,谦谦君子,学问通达,每次与杨老师畅谈后均获益良多。杨老师与我见面机会不多,却对我勉励有加,在他主持"丝绸之路历史文化研究书系"时,鼓励我把近些年来相关文章结为一集,长者言,不敢辞,正因为有了杨老师的一次次督促鞭策,我才把相关思考写成文稿,期不负杨老师之厚意。杨老师书酒人生，大作不断，是我学习努力的方向。不过最怀念的，还是和杨老师一起喝酒讨论学问时的快意。

中古研究领域，大家众多，畏友频出，"中古中国共同研究班"和"长安中国中古史沙龙"给了我成长的学术共同体环境。本书不是一部系统化的专著，而仅仅是论文的汇集，体系上较为分散，希望可以呈现出形散而神不散的结构，书中文章还多有不足，冀博雅君子赐以正之，促使自己继续努力和进步。蹉跎岁月，油腻中男，不过自己的学术研究才刚刚起步，敬畏传统，砥砺学术，俟待下一个十年，能够有更好的成果提供给学界。谨以此书献给天堂里的双亲，告慰二老的在天之灵。我爱的和爱我的人，是你们带给我无穷的力量和快乐，陪伴我不断前行。

是为记。

王庆卫
2021 年季冬于西安